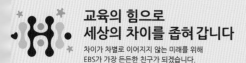

**교육의 힘으로
세상의 차이를 좁혀 갑니다**

차이가 차별로 이어지지 않는 미래를 위해
EBS가 가장 든든한 친구가 되겠습니다.

모든 교재 정보와 다양한 이벤트가 가득!
EBS 교재사이트 book.ebs.co.kr

본 교재는 EBS 교재사이트에서
eBook으로도 구입하실 수 있습니다.

KB214443

2025학년도 수능 대비

수능특강
연계 기출

문학작품 연계 기출2

고전 산문·현대 소설

본 교재의 강의는 TV와 모바일 APP, EBS*i* 사이트(www.ebsi.co.kr)에서 무료로 제공됩니다.

발행일 2024. 2. 3. **1쇄 인쇄일** 2024. 1. 27. **신고번호** 제2017-000193호 **펴낸곳** 한국교육방송공사 경기도 고양시 일산동구 한류월드로 281
기획 및 개발 EBS 교재 개발팀
표지디자인 ㈜무닉 **편집** ㈜하이테크컴 **인쇄** ㈜재능인쇄
인쇄 과정 중 잘못된 교재는 구입하신 곳에서 교환하여 드립니다. 신규 사업 및 교재 광고 문의 pub@ebs.co.kr

EBS와 **교보문고**가 함께하는 듄듄한 스터디메이트!

듄듄한 할인 혜택을 담은 **학습용품**과 **참고서**를 한 번에!

기프트/도서/음반 추가 할인 쿠폰팩

COUPON PACK

+QR코드를 스캔하시면 듄듄문고 쿠폰팩을 다운받을 수 있는 이벤트 페이지로 연결됩니다+

2 0 2 5 학년도 수능 대비

수능특강 연계 기출

문학작품 연계 기출2

고전 산문·현대 소설

이 책의 구성과 특징
S T R U C T U R E

본문

- 2025학년도 수능 대비 〈수능특강 문학〉에 수록된 지문 중 고전 산문·현대 소설과 연관 있는 지문을 다루었습니다.
- 〈수능특강 문학〉의 학습 순서에 따라 'Ⅰ 교과서 개념 학습, Ⅱ 적용 학습, Ⅲ 실전 학습'의 단계로 구성하였습니다.
- 교재에 수록된 작품 표기는 출제 및 집필 당시 수록된 표기 그대로 수록하였기 때문에, 2025학년도 〈수능특강 문학〉 표기와 다소 차이가 있을 수 있습니다.

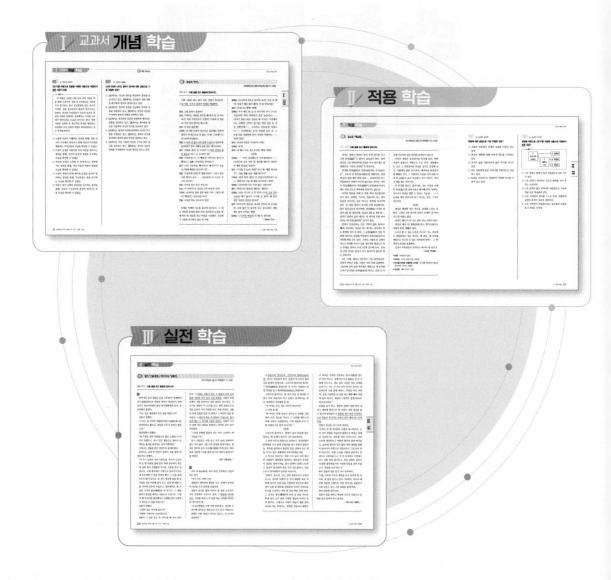

이 책은 2025학년도 대학수학능력시험에 효율적으로 대비할 수 있도록 2025학년도 〈수능특강 문학〉에 실린 지문과 유사도가 높은 수능 · 모의평가 · 학력평가 · EBS 연계 교재의 기출 지문과 문항을 선별하여 수록하였습니다. 〈수능특강 문학〉과 가장 닮은 기출 문항을 풀어 봄으로써 연계 교재를 한층 심도 있게 학습할 수 있습니다.

정답과 해설

작품 일치 확인

교재와 〈수능특강 문학〉에 수록된 작품이 동일 작품인지 유사 작품인지 확인할 수 있도록 표시하였습니다.

수록 부분 표시

전체 작품 줄거리를 수록하고, '교재 수록 부분'의 줄거리와 '수능특강 수록 부분(2025학년도)'의 줄거리를 구분하여 해당 부분을 쉽게 파악할 수 있도록 표시하였습니다.

한눈에 보는 작품

교재 수록 작품의 해제와 주제, 전체 줄거리를 한눈에 파악할 수 있도록 정리하였습니다.

연결 포인트

교재와 〈수능특강 문학〉의 작품이 어떤 점에서 연관성을 가지는지 파악할 수 있도록 제시하였습니다.

명쾌하고 자세한 해설

정답 해설과 오답 해설을 명쾌하고 자세하게 서술하여 쉽게 이해할 수 있도록 하였습니다.

이 책의 차례
CONTENTS

이 책의 차례
CONTENTS

실전 학습

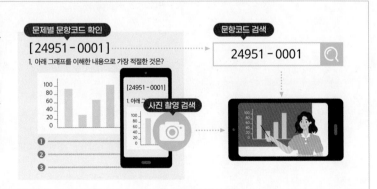

인공지능 DANCHOO
푸리봇 문|제|검|색

EBS*i* 사이트와 EBS*i* 고교강의 APP 하단의
AI 학습도우미 푸리봇을 통해 문항코드를
검색하면 푸리봇이 해당 문제의 해설과
해설 강의를 찾아 줍니다. 사진 촬영으로도
검색할 수 있습니다.

문제별 문항코드 확인

[24951 - 0001]

1. 아래 그래프를 이해한 내용으로 가장 적절한 것은?

[24951 - 0001]

1. 아래 그
사진 촬영 검색

문항코드 검색

24951 - 0001

수 능 특 강 연 계 기 출 고 전 산 문 · 현 대 소 설

I

교과서 개념 학습

[001~004] 다음 글을 읽고 물음에 답하시오.

가

[앞부분의 줄거리] '나'는 친구의 부탁으로 친구의 며느리가 출산 후 입원해 있는 병원에 함께 간다. 친구의 며느리가 누워 있는 옆 침대에서는 아들을 낳은 산모를 시끌벅적하게 축하하고 있다. 이 모습을 본 친구는 둘째도 딸을 낳은 며느리를 매우 못마땅하게 여긴다.

"쟤가 시에미 대접을 어찌 이리할 수가 있습니까? 한 번쯤 쳐다봐도 제가 시에미 같은 건 안중에 없다는 걸 모를 내가 아닌데."

친구가 착 가라앉은 그러나 떨리는 소리로 사돈 마님한테 이렇게 쓰고 드러누운 며느리를 나무랐다.

"저도 면목이 없어서 안 그럽니까. 잘 먹지도 않고 시시때때로 저렇게 울고 속을 끓이니 저 애 꼴이 말이 아닙니다."

"아니죠. 쟤가 시에미 알기를 워낙 개떡같이 아는 앱니다. 벼르고 별러서 한마디 해도 어느 바람이 부나 하는 식이죠. 그러니 말해 뭘 하겠습니까. 그래도 이번 일만은 어른 된 입장에서 한마디 다짐을 받고 넘어가야겠다 싶어 이렇게 왔더니만 바로 내가 하고 싶은 말을 아까 그 사람들이 다 해 주지 뭡니까? 저도 귀가 있으니까 들었겠죠. 더 보태지도 덜지도 않을 테니 **그 사람들한테서 들은 소리를 고스란히 명심하고 있으라 이르세요.** 나 절대로 심한 시에미 아닙니다. 이번에 또 딸 낳은 것 가지고 뭐라지 않아요. 이 친구는 딸을 넷 낳고 기어이 아들을 낳았답니다. 딸 둘이 흥 될 것 하나 없어요. 그렇지만 **남의 집 대를 끊어 놓겠다는 걸 어떻게 가만히 보고만 있습니까.** 그건 안 될 말이죠. 부처님 가운데 토막도 눈을 부라릴 일입니다. 알아들으

셨죠? 사돈 마님. 더 긴 말은 안 하겠어요. **아까 그 사람들이 내 속에 들어갔다 나온 것처럼 내 하고 싶은 말 다 해 줬으니까.** 그 사람들처럼 젊고 교양 있는 사람들이 그렇게 말했으니 이 시에미 생각을 덮어놓고 구닥다리 낡은 생각으로 치지도외하지는 못하겠죠. 이만 가 보겠습니다. **지가 시에미 꼴 안 보려고 흥물을 떨고 있는데 시에미라고 제 꼴 보고 싶겠습니까? 애, 가자."**

친구가 서슬이 퍼렇게 말하고 나서 내 소매를 잡아끌었다.

"이대로 가면 어떡하니? 안 오니만도 못하게."

나는 친구 눈치를 봐 가며 모포 위로 슬머시 산모의 어깨를 잡았다. 격렬한 떨림이 손아귀에 닿자마자 나는 미리 준비한 축하와 위로를 겸한 인사말을 까먹고 말았다.

"가자니까, 시에미 우습게 아는 게 시에미 친구들 안중에 있을라구."

친구는 내 등을 떠다밀다시피 해서 먼저 문밖으로 내쫓고 따라 나왔다. 뒤쫓아 나온 사돈 마님은 참회하는 죄인보다 더 기운 없이 고개를 떨구고 파리한 입술을 간신히 들먹여 면목없다는 소리만 되풀이했다.

(중략)

내가 첫애를 뱄을 때 시어머님은 해산달을 짚어 보고 섣달이구나, 좋을 때다, 곧 해가 길어지면서 기저귀가 잘 마를 테니, 하시더니 그해 가을 일부러 사람을 시켜 시골에 가서 ⓐ해산 바가지를 구해 오게 했다.

"잘생기고, 여물게 굳고, 정한 데서 자란 햇바가지여야 하네. 첫 손자 첫국밥 지을 미역 빨고 쌀 씻을 소중한 바가지니까."

이러면서 후한 값까지 미리 쳐주는 것이었다.

그럴 때의 그분은 너무 경건해 보여 나도 덩달아서 아기를 가졌다는 데 대한 경건한 기쁨을 느꼈었다. 이윽고 정말 잘 굽고 잘생기고 정갈한 두 짝의 바가지가 당도했고, 시어머니는 그걸 신령한 물건인 양 선반 위에 고이 모셔 놓았다. 또 손수 장에 나가 보얀 젖빛 사발도 한 쌍을 사다가 선반에 얹어 두었다. 그건 해산 사발이라고 했다.

나는 내가 낳은 첫아이가 딸이라는 걸 알자 속으로 약간 켕겼다. 외아들을 둔 시어머니가 흔히 그렇듯이 그분도 아들을 기다렸음 직하고 더구나 그분의 남다른 엄숙한 해산 준비는 대를 이을 손자를 위해서나 어울림 직했기 때문이다. 그러나 퇴원한 나를 맞아들이는 그분에게서 섭섭한 티 따위는 조금도 찾아볼 수 없었다. 그 잘생긴 해산 바가지로 미역 빨고 쌀 씻어 두 개의 해산 사발에 밥 따로 국 따로 퍼다가 내 머리맡에 놓더니 정성껏 산모의 건강과 아기의 명과 복을 비는 것이었다. 그런 그분의 모습이 어찌나 진지하고 아름답던지, 비로소 내가 엄마 됐음에 황홀한 기쁨을 느낄 수가 있었고, 내 아기가 장차 무엇이 될지는 몰라도 착하게 자라리라는 것 하나만은 믿어도 될 것 같은 확신이 생겼다. 대문에 인줄을 걸고 부정을 기(忌)하는 삼칠일 동안이 끝나자 해산 바가지는 정결하게 말려서 다시 선반 위로 올라갔다. 다음 해산 때 쓰기 위해서였다. 다음에도 또 딸이었지만 그 희색이 만면하고도 경건한 의식은 조금도 생략되거나 소홀해지지 않았다. 다음에도 딸이었고 그 다음에도 딸이었다. 네 번째 딸을 낳고는 병원에서 밤새도록 울었다. 의사나 간호사까지 나를 동정했고 나는 무엇보다도 시어머니의 그 경건한 의식을 받을 면목이 없어서 눈물이 났다. 그러나 그분은 여전히 희색이 만면했고 경건했다. 다음에 아들을 낳았을 때도 더도 아니고 덜도 아닌 똑같은 영접을 받았을 뿐이었다. 그분은 어디서 배운 바 없이, 또 스스로 노력한 바 없이도 저절로 인간의 생명을 어떻게 대접해야 하는지를 알고 있는 분이었다. 그분이 아직 살아 있지 않은가. 그분의 여생도 거기 합당한 대우를 받아 마땅했다. **나는**

하마터면 큰일을 저지를 뻔했다. 그분의 망가진 정신, 노추한 육체만 보았지 한때 얼마나 아름다운 정신이 깃들었었나를 잊고 있었던 것이다. 비록 지금 빈 그릇이 되었다 해도 사이비 기도원 같은 데 맡겨 있지도 않은 마귀를 내쫓게 하는 수모와 학대를 당하게 할 수는 없는 일이었다.

나는 남편이 막걸릿병을 다 비우기도 전에 길을 재촉해 오던 길을 되돌아섰다. 암자 쪽을 등진 남편은 더 이상 땀을 흘리지 않았다. 시어머님은 그 후에도 삼 년을 더 살고 돌아가셨지만 그동안 힘이 덜 들었단 얘기는 아니다. 그분의 망령은 여전히 해괴하고 새록새록해서 감당하기 힘들었지만 **나는 효부인 척 위선을 떨지 않음으로써 조금은 숨구멍을 만들 수가 있었다.** 너무 속상할 때는 아이들이나 이웃 사람의 눈치 볼 것 없이 큰 소리로 분풀이도 했고 목욕시키거나 옷 갈아입힐 때는 아프지 않을 만큼 거칠게 다루기도 했다. 너무했다 뉘우쳐지면 즉각 애정 표시에도 인색하지 않았다.

위선을 떨지 않고 마음껏 못된 며느리 노릇을 할 수 있고부터 신경 안정제가 필요 없게 됐다. 시어머니도 나를 잘 따랐다. 마치 갓난아기처럼 천진한 얼굴로 내 치마꼬리만 졸졸 따라다녔다. 외출했다 늦게 돌아오면 그분은 저녁도 안 들고 어린애처럼 칭얼대며 골목 밖에서 나를 기다리고 있곤 했다. **임종 때의 그분은 주름살까지 말끔히 가셔 평화롭고 순결하기가 마치 그분이 이 세상에 갓 태어날 때의 얼굴을 보는 것 같았다.** 나는 마치 그분의 그런 고운 얼굴을 내가 만든 양 크나큰 성취감에 도취했었다.

− 박완서, 「해산 바가지」 −

나

[앞부분의 줄거리] 천별산을 다스리는 오구 대왕은 부인을 맞기 위해 천하궁의 갈이 박사에게 길흉화복을 묻는다.

상궁에게 점괘를 일러 주었는데,
ㄱ"아뢰옵기 황송하나, 금년에 길례를 하면 칠 공주를 보실 것이요, 내년에 길례를 하면 삼 동

궁을 보시리이다."

상궁은 돌아와 그대로 아뢰었다. 상궁의 말을 들은 대왕은 웃으면서 말했다.

ⓛ"문복이 용하다고 한들 제 어찌 알쏘냐, 일각이 여삼추요, 하루가 열흘 같은데 어떻게 기다리겠느냐."

오구 대왕은 예조에 택일을 명했다. 삼월 삼일에 초간택을 봉하시고 오월 오일 단오는 이간택을 봉하시고, 칠월 칠일 견우직녀가 상봉하는 날을 길례로 정하고 길례도감을 설치한 후 준비하기 시작했다.

세월은 유수와 같아 몇 달이 지나가니 길대 부인의 몸에 이상이 생겼다. 수라에서는 생쌀 내가 나고, 중전마마가 드시는 물에서는 물속에 생기는 썩은 냄새나는 찌꺼기 내가 나고, 담배에 풋내가 나고 국에서는 생장 냄새가 나 모든 음식을 먹을 수 없었다.

대왕마마에게 아뢰자 대왕마마가 묻는다.

"몽사가 어떠하더이까?"

"예, 품안에 달이 돋아 뵈고 오른손에 푸른 봉숭아꽃 한 짝을 꺾어 들고 있더이다."

대왕마마는 상궁에게 점을 보러 가라 명했다. 천하궁의 갈이 박사는 점을 쳐 상궁에게 일러 준다.

ⓒ"길대 중전마마의 태기가 분명하구나. 자식을 보시는데 여 공주를 볼 것이오."

그대로 상달하자,

"문복이 용하다고 한들 제 어찌 알쏘냐."

고 웃어넘긴다. 열 달이 되어 낳으니 공주였다. 공주의 탄생을 대왕마마께 아뢰자,

"공주를 낳았으니 세자인들 아니 날쏘냐, 귀하게 길러라."

하신다. 공주 애기가 태어난 지 석 달이 되자 청대 공주라 하고 별호로 달이장 아씨라 하였다.

세월이 흘러 길대 부인은 또 잉태했는데, 몽사를 말하기를,

"품안에 칠성별이 떨어져 보이고, 오른손에 붉은 봉숭아꽃 한 가지를 물고 있더이다."

또 딸을 낳아 이름을 홍도 공주라 하고, 별호로 별이장 아씨라고 하였다. 그러고는 아들이 태어나기를 기다렸는데, 계속 딸이 태어나 딸만 육 형제를 두게 되었다.

육 형제를 낳은 후 길대 부인은 다시 잉태하였다.

"이번 몽사는 어떠하더이까?"

ⓔ"이번 몽사는 연약한 몸이 부지하기 어려울까 하나이다. 대명전 대들보에 청룡 황룡이 엉켜져 보이고 오른손에 보라매, 왼손에 백마를 받아 보이고 왼 무릎에 흑 거북이 앉아 뵈고 양 어깨에는 일월이 돋아 뵈더이다."

길대 부인의 말을 들은 대왕은 크게 기뻐했다.

"그대가 이번에는 세자 대군을 낳겠구려."

그러고는 상궁에게 문복 갈 것을 명했다. 문복을 다녀온 상궁이 아뢰었다.

"이번에도 공주를 본다고 합니다."

"점복이 용하다 한들 점복마다 맞출쏘냐. 이번 몽사는 세자 대군을 얻을 몽사로다."

하며 사대문에 방을 붙여 옥문을 열어 중죄인을 용서하게 하였다. 드디어 열 달이 되어 해산을 하였는데 또 딸이었다. 길대 중전마마는 그만 울음을 터뜨렸다.

대왕은 길게 탄식하며 말하였다.

"내 전생의 죄가 남아 옥황상제가 일곱 딸을 점지하였구나. 서해 용왕에게 진상이나 보내리다."

옥장이 불러서 ⓑ옥함을 짜게 하여 함 뚜껑에 '국왕 공주'라고 새기게 했다.

중전마마가 탄식하며 말했다.

"대왕마마는 모질기도 모지시다. 혈육을 버리려 하옵시니, 신하 중 자식 없는 신하에게 양녀로 주시지."

대왕마마는 중전마마의 말을 듣지 않았다.

"버리는 자손 이름이나 지읍시다."

ⓜ"버려도 버릴 것이요 던져도 던질 것이니 '바리공주'라 지어라."

양 마마의 생월 일시와 아기의 생월 생시를 옷

고름에 맨 후에 옥병에 젖을 넣어 아기 입에 물린 후 함에 넣었다. 금 거북 금 자물쇠, 흑 거북 흑 자물쇠를 채운 후에 신하를 시켜 바다에 버릴 것을 명했다. 앞에는 황천강, 뒤에는 유사강이 흐르는 여울에 한 번 던지니 용솟음하여 뭍으로 다시

나오고, 두 번째 던져도 뭍으로 다시 나온다. 세 번째 던지니 물속으로 들어가는데, 하늘이 아는 자손이라 깊이 가라앉지 않고 금 거북이 나타나지고 간다.

– 작자 미상, 「바리데기」 –

I
교과서 개념 학습

001 ▶ 24951-0001

(가)와 (나)에 대한 이해로 적절하지 <u>않은</u> 것은?

① (가)의 '나'의 시어머니와 달리 (나)의 오구 대왕은 딸보다는 아들을 낳기를 바랐다.
② (가)의 '나'와 달리 (나)의 길대 부인은 딸을 낳은 것에 대해 편치 못한 마음을 지녔다.
③ (가)의 '나'의 친구와 (나)의 오구 대왕은 모두 집안의 대를 잇기 위해 아들을 원했다.
④ (가)의 '나'의 친구 며느리와 (나)의 길대 부인은 모두 딸만 낳은 것에 대해 울면서 속상해했다.
⑤ (가)의 '나'의 시어머니와 (나)의 오구 대왕은 각각 '나'와 길대 부인이 낳은 첫딸을 귀하게 여겼다.

002 ▶ 24951-0002

㉠~㉤에 대한 설명으로 적절하지 <u>않은</u> 것은?

① ㉠: 앞으로 일곱 명의 딸이 태어날 수도 있음을 암시한다.
② ㉡: 오구 대왕과 갈이 박사 간의 갈등이 심화될 것임을 예고한다.
③ ㉢: 갈이 박사의 점괘 풀이가 믿을 만한 것임을 짐작하게 한다.
④ ㉣: 이전과 달리 평범하지 않은 아이가 태어날 것임을 암시한다.
⑤ ㉤: '바리공주'라는 이름이 생기게 된 내막을 드러낸다.

003 ▶ 24951-0003

ⓐ와 ⓑ에 대한 설명으로 가장 적절한 것은?

① ⓐ는 이야기를 긴박한 분위기로 몰고 가고, ⓑ는 이야기의 흐름을 지연시킨다.

② ⓐ는 갈등이 해소되는 계기를 마련하고, ⓑ는 갈등이 약화되는 분기점을 제공한다.

③ ⓐ는 새로운 서사가 전개될 것임을 암시하고, ⓑ는 사건 해결의 실마리를 마련한다.

④ ⓐ는 현재에서 과거로 시간을 전환하고, ⓑ는 비현실 세계에서 현실 세계로 되돌아오게 한다.

⑤ ⓐ는 지난 일을 환기하는 계기로서 서사적 전환을 야기하고, ⓑ는 사건을 새로운 국면으로 이끈다.

004 ▶ 24951-0004

〈보기〉를 바탕으로 (가)를 감상한 내용으로 적절하지 않은 것은?

┌─ 보기 ─┐

　「해산 바가지」는 우리 사회에 나타나는 고부간의 갈등을 소재로 하고 있다. 전반부는 아들을 낳은 산모를 찾은 방문객들의 대화와 '나'의 친구를 통해 우리 사회에 만연한 남아 선호 사상과 이로 인한 고부간의 갈등을 드러내고 있다. 후반부는 치매에 걸린 시어머니를 부양하면서도 힘든 내색을 하지 못하는 '나'의 모습을 통해 여성에게 지워진 사회적 굴레를 보여 주고 있다. 결국 '나'는 시어머니를 맡길 수용 기관을 찾아가던 중 과거를 떠올리고 자신의 태도를 성찰하면서, 시어머니를 통해 생명의 고귀함에 대해 되새긴다.

① '나는 하마터면 큰일을 저지를 뻔했다. 그분의 망가진 정신, 노추한 육체만 보았지 한때 얼마나 아름다운 정신이 깃들었었나를 잊고 있었던 것이다.'에서 '나'가 자신의 태도를 성찰하고 있음을 확인할 수 있군.

② '임종 때의 그분은 주름살까지 말끔히 가셔 평화롭고 순결하기가 마치 그분이 이 세상에 갓 태어날 때의 얼굴을 보는 것 같았다.'에서 '나'가 시어머니를 통해 생명의 고귀함에 대해 처음으로 깨닫게 되었음을 알 수 있군.

③ '남의 집 대를 끊어 놓겠다는 걸 어떻게 가만히 보고만 있습니까.', '지가 시에미 꼴 안 보려고 흉물을 떨고 있는데 시에미라고 제 꼴 보고 싶겠습니까?'라는 친구의 말에서 남아 선호 사상이 고부간의 갈등으로 이어지고 있음을 확인할 수 있군.

④ '나는 효부인 척 위선을 떨지 않음으로써 조금은 숨구멍을 만들 수가 있었다.', '위선을 떨지 않고 마음껏 못된 며느리 노릇을 할 수 있고부터 신경 안정제가 필요 없게 됐다.'에서 여성에게 지워진 사회적 굴레로 인해 힘들게 살아왔음을 짐작할 수 있군.

⑤ '그 사람들한테서 들은 소리를 고스란히 명심하고 있으라 이르세요.', '아까 그 사람들이 내 속에 들어갔다 나온 것처럼 내 하고 싶은 말 다 해 줬으니까.'에서 아들을 낳은 산모를 찾은 방문객들의 대화 내용이 남아 선호 사상과 관련된 것임을 짐작할 수 있군.

02 임방, 「옥소선」

[005~008] 다음 글을 읽고 물음에 답하시오.

관찰사는 아들을 불러 말했다.

"남녀의 사랑에 대해서는 아비도 아들에게 가르칠 수 없는 법이니, 나 역시 네 마음을 막을 도리가 없다. 내가 보니 자란과 네가 사랑하는 정이 깊어 헤어지기 어려울 듯하구나. 헌데 너는 아직 혼인하지 않은 터라, 지금 만일 자란을 데리고 간다면 앞으로 혼인하는 데 방해가 되지 않을까 싶다. 다만 남자가 첩 하나 두는 거야 세상에 흔한 일이니, 네가 자란을 사랑해서 도저히 잊을 수 없다면 비록 약간의 문제가 있더라도 감당해야겠지. 네 뜻에 따라 결정하는 게 좋겠으니, 숨기지 말고 네 속마음을 말해 보거라."

도령이 서슴없이 이렇게 대답했다.

[A]
"아버지께선 제가 그깟 기녀 하나와 떨어진다고 해서 상사병이라도 들 거라 생각하십니까? 한때 제가 번화한 데 눈을 주긴 했지만, 지금 그 아이를 버리고 서울로 가면 헌신짝 여기듯이 할 겁니다. 그러니 제가 그 아이에게 연연하여 잊지 못하는 마음을 가질 리 있겠습니까? 아버지께서는 이 일로 더 이상 염려하지 마십시오."

관찰사 부부가 매우 기뻐하며 말했다.

"우리 아이가 진정 대장부로구나."

이별의 날이 왔다. 자란은 눈물을 쏟고 목메어 울며 도령의 얼굴을 차마 보지 못했다. 하지만 도령은 조금도 연연해하는 기색이 없었다. ㉠관아의 모든 사람들이 그 광경을 보며 도령의 의연한 모습에 감탄했다.

그러나 실은 도령이 자란과 오륙 년을 함께 지내며 한시도 떨어져 본 적이 없었던 까닭에 이별이라는 게 도대체 어떤 것인지 알지 못했고, 그래서 호쾌한 말을 내뱉으며 이별을 가볍게 여겼던 것이다. 관찰사는 임무를 마치고 대사헌에 임명되어 조정으로 돌아왔다. 도령은 부모를 따라 ㉡서울로 돌아온 뒤 차츰 자신이 자란을 그리워하고 있음을 깨닫게 되었다. 그렇지만 감히 내색할 수는 없는 일이었다.

감시가 다가왔다. 도령은 부친의 명을 받아 친구 몇 사람과 함께 산속에 있는 ㉢절에 들어가 시험 준비를 했다. 그러던 어느 날 밤이었다. 벗들은 모두 잠들었는데, 도령 혼자 잠 못 이루고 뒤척이다 나와 뜰 앞을 서성였다. 때는 바야흐로 한겨울이라 쌓인 눈 위로 달빛이 환했고, 깊은 산 적막한 밤에 아무런 소리도 들리지 않았다. 도령은 달을 바라보다가 문득 자란 생각이 들며 마음이 서글퍼졌다. 한 번만이라도 자란의 얼굴을 보고 싶은 욕망을 억누를 수 없어 마치 실성한 사람처럼 되었다.

마침내 도령은 한밤중에 절을 뛰쳐나와 곧장 ㉣평양으로 향했다. 털모자에 쪽빛 비단옷을 입고 가죽신을 신은 채 길을 걷노라니 10여 리도 채 못 가서 발병이 나 걸을 수가 없었다. 시골 농가를 찾아가 신고 있던 가죽신을 내주고는 짚신을 얻어 신었고, 털모자를 벗어 던지고 그 대신 해지고 테두리가 뜯어진 벙거지를 얻어 머리에 썼다. 길을 가며 밥을 빌어먹다 보니 늘 굶주릴 때가 많았고, 여관 한 귀퉁이에 빌붙어 잠을 자다 보니 밤새도록 추위에 몸이 얼었다.

[중략 부분의 줄거리] 평양에 도착한 도령은 자란을 만나기를 원하지만, 기녀인 자란은 이미 새로 부임한 관찰사 아들의 총애를 받고 있다. 도령은 자란을 만나기 위해 그녀가 기거하는 곳에서 눈을 쓰는 인부로 일을 하게 되고, 둘은 극적으로 재회하게 된다.

이윽고 밤이 깊어지자 두 사람은 자란의 어미가 깊이 잠든 틈을 타 보따리를 이고 지고 몰래 달아났다. 양덕과 맹산 사이의 ⓐ깊은 골짜기 안으로 들어가서는 시골 촌가에 몸을 의탁했다.

처음에는 그 집 머슴살이를 했는데, 도령은 천한 일을 제대로 해내지 못했다. 하지만 자란이 베 짜기와 바느질을 잘했으므로 그 덕분에 겨우 입에 풀칠을 할 수 있었다. 그리하여 얼마 뒤에는 마을에 몇 칸짜리 초가집을 짓고 살게 되었다. 자란이 베 짜기와 바느질을 부지런히 하며 밤낮으로 쉬지 않았고, 또 지니고 온 옷가지와 패물을 팔아서 먹을 것과 입을 것을 마련하니 살림이 아주 궁핍하지는 않았다. 자란은 또 이웃과도 잘 지내며 환심을 샀기에, 사방 이웃들이 새로 이사 온 젊은 부부가 가난하게 사는 것을 안타까이 여기며 도움을 주었으므로 마침내 자리를 잡을 수 있었다.

예전에 도령이 절을 뛰쳐나왔을 때의 일이다. 절에서 함께 공부하던 도령의 친구들은 아침에 일어나 도령이 보이지 않자 깜짝 놀랐다. 친구들은 즉시 승려들과 함께 온 산을 샅샅이 뒤졌지만 끝내 도령의 종적을 찾을 수 없었다. 도령의 집에 소식이 전해지자 온 집안사람들이 소스라치게 놀랐다. 많은 하인들을 풀어 절 부근 수십 리를 며칠 동안 샅샅이 뒤져 보았지만 역시 그 자취를 찾을 수 없었다. 모두들 이렇게 말했다.

"요사한 여우에게 흘려서 죽었거나 호랑이 밥이 된 게 틀림없다."

결국 도령의 상을 치르고 빈 무덤 앞에서 제사를 지냈다.

신임 관찰사의 아들은 자란이 달아난 뒤 서윤으로 하여금 자란의 어미와 친척을 모두 가두고 자란의 행방을 쫓게 했으나, 몇 달이 지나도 종적을 알 수 없자 포기하고 말았다.

자란은 도령과 자리를 잡고 살아가던 어느 날 도령에게 이렇게 말했다.

[B]
"당신은 재상 가문의 외아들이건만 한낱 기생에게 빠져 부모를 버리고 달아나 외진 산골에 숨어 살며 집에서는 살았는지 죽었는지조차 알지 못하니, 이보다 더 큰 불효는 없을 것이며 이보다 나쁜 행실은 없을 거예요. 이제 우리가 여기서 늙어 죽을 수는 없는 일이요, 그렇다고 지금 얼굴을 들고 집으로 돌아갈 수도 없는 일이어요. 당신은 앞으로 어쩌실 작정인가요?"

도령이 눈물을 줄줄 흘리며 말했다.

"나도 그게 걱정이지만, 어떡해야 좋을지 모르겠소."

자란이 말했다.

"오직 한 가지 방법이 있긴 해요. 그런대로 과거의 허물을 덮는 동시에 새로운 공을 이룰 수 있어, 위로는 부모님을 다시 모실 수 있고 아래로는 세상에 홀로 나설 수 있는 길인데, 당신이 할 수 있을지 모르겠어요."

도령이 물었다.

"대체 어떤 방법이오?"

자란이 말했다.

"오직 과거에 급제해서 이름을 떨치는 길 한 가지뿐이어요. 더 말씀 안 드려도 무슨 말인지 아시겠지요?"

도령이 몹시 기뻐하며 이렇게 말했다.

"참으로 좋은 계책이오."

– 임방, 「옥소선」 –

005 ▶ 24951-0005

윗글에 나타난 서술상의 특징으로 적절하지 않은 것은?

① 인물이 겪은 일들을 요약적으로 제시하고 있다.
② 인물이 처한 상황을 외양 묘사를 통해 제시하고 있다.
③ 갈등이 해소되는 과정을 전기적 요소를 통해 제시하고 있다.
④ 서술자가 개입하여 자신의 생각을 직접적으로 제시하고 있다.
⑤ 이야기의 전개 도중 그보다 이전에 일어났던 사건에 대한 추가 정보를 제시하고 있다.

006 ▶ 24951-0006

〈보기〉는 윗글의 '도령'이 이동한 경로를 도식화한 것이다. 이를 이해한 내용으로 적절하지 않은 것은?

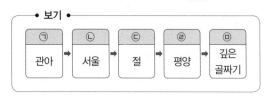

• 보기 •

㉠	㉡	㉢	㉣	㉤
관아	서울	절	평양	깊은 골짜기

① ㉠에서 ㉡으로 이동한 이유는 부친이 ㉠에서의 임무를 마쳤기 때문이다.
② ㉡에서 ㉢으로 이동한 것은 ㉣의 인물들이 옥에 갇히는 직접적인 원인이 되었다.
③ ㉢에서 ㉣로 향한 것을 ㉢에 함께 있었던 인물들은 알지 못했다.
④ ㉢에서 ㉣로 향한 것은 과거 ㉠에서 헤어졌던 인물이 보고 싶어졌기 때문이다.
⑤ ㉣에서 ㉤으로 이동한 것은 ㉣에서 만난 인물과 함께 살기 위해서이다.

007 ▶ 24951-0007

〈보기〉를 바탕으로 윗글을 이해한 내용으로 적절하지 않은 것은? [3점]

● 보기 ●

　이 작품은 신분이 다른 남녀 간의 사랑을 다룬 애정 소설이다. 작품 속 주인공들은 사회적으로 중시되는 효나 입신양명과 같은 유교적 가치와, 신분 질서로부터 완전히 벗어나지는 못한다. 하지만 주인공들이 인간의 본질적 욕망인 사랑을 성취하는 과정에서는 이러한 구속에서 벗어나려는 모습을 보이기도 한다. 한편 사랑을 성취한 후 현실적인 문제를 해결하는 과정에서 여성 인물의 역할이 확대되었다는 것은 주목할 만하다.

① 도령과 자란이 이별하는 장면을 통해, 신분 질서의 구속에서 벗어나기 위해 개인의 의지대로 행동하는 주인공들의 모습을 확인할 수 있겠군.

② 도령이 실성한 사람처럼 되어 자란을 찾아가는 장면을 통해, 인간의 본질적 욕망을 추구하는 모습을 확인할 수 있겠군.

③ 자란과 도령이 도망한 후 안정적으로 정착해 가는 장면을 통해, 여성 인물의 역할이 확대된 모습을 확인할 수 있겠군.

④ 도령이 자란의 문제 제기에 눈물을 흘리며 동의하는 장면을 통해, 주인공들이 효를 중시하는 모습을 확인할 수 있겠군.

⑤ 자란이 과거 급제의 당위성을 강조하는 장면을 통해, 유교적 가치로부터 완전히 벗어나지 못한 모습을 확인할 수 있겠군.

008 ▶ 24951-0008

[A]와 [B]에 나타난 말하기 방식에 대한 설명으로 가장 적절한 것은?

① [A]에서는 자신의 생각을 확신하며 청자를 안심시키고 있고, [B]에서는 자신들이 처한 상황을 환기하며 청자의 생각을 묻고 있다.

② [A]에서는 청자의 장점을 언급하며 청자의 성품을 칭송하고 있고, [B]에서는 청자의 잘못을 지적하며 청자의 언행을 질책하고 있다.

③ [A]에서는 청자에게 질문을 반복하며 예견되는 상황을 장담하고 있고, [B]에서는 청자에게 명령을 거듭하며 자신의 의지를 강요하고 있다.

④ [A]에서는 청자의 의견에 반박하며 자신의 무고함을 주장하고 있고, [B]에서는 청자의 의견에 동의하며 청자의 삶의 방식을 칭찬하고 있다.

⑤ [A]에서는 다른 사람의 의견을 근거로 들며 청자를 설득하고 있고, [B]에서는 청자의 신분적 위세를 두려워하며 자신의 생각을 감추고 있다.

03 천승세, 「만선」

[009~011] 다음 글을 읽고 물음에 답하시오.

이때 그물을 메고 풀이 죽은 연철이 들어온다. ㉠네 사람, 우르르 몰려가 연철을 에워싼다.

곰치: 그래 을마나 올렸어?

도삼: 기다리는 사람들 생각을 해 줘사 쓸 것 아니라고! 자네 기다리다가 지쳤어! (기대에 찬 얼굴로) 어서 어서 말이나 해 보게!

성삼: 석 장은 올랐제?

구포댁: 저 사람 무담씨 장난치고 싶응께는 일부러 쌍다구 딱 찡그리고 말 않는 거 봐! 그라제? (수선스럽게 웃어댄다.)

연철: (㉡아무 말 없이 마루 끝에 가 앉으며 침통하게) 놀려라우? 맘이 기뻐사 놀릴 맘도 생기지라우!

곰치: (영문을 몰라) 믄 소리여? (㉢와락 연철의 팔을 붙들고) 아니, 믄 소리여? 엉?

연철: (처절하게) 다, 다 뺏겼오! 아무것도 없이 다 뺏겼오! / **일동:** (비명처럼) 뭇이라고?

곰치: (미친 사람처럼) 뺏기다니? 뺏기다니? 믓을 누구한테 뺏겼단 말이여? 엉?

연철: (처절하게) 빚에 싹 잽혔지라우! 그것도 빚은 이만 원이나 남고……. (절규하듯) 믄 도리로 막는단 말이요?

성삼: (주먹을 불끈 쥐곤) 죽일 놈!

도삼: (두 손바닥으로 얼굴을 감싸 버리며) 아아!

구포댁: (손바닥을 철썩 철썩 때려 가며) 그렇게 됐어? 뺏겼어? (신음처럼) 허어!

연철: (사립문 쪽을 가리키며) 쉬잇!

임제순 어색한 미소를 흘리며 들어온다. 그 뒤로 야릇한 표정의 범쇠 따라 들어와선 눈길을 땅에 박은 채, 뒷짐을 쥐고 마당을 서성댄다. 긴장해서 그들을 응시하고 있는 네 사람.

임제순: (능글맞게 웃음을 흘리며) 곰치! 오늘 잘 했어! 자네가 제일 많이 했어! 거 참 멋있거등!

곰치: (건성으로) 예에! 예에!

임제순: 부서 떼도 몇 십 년 만이지만 부서 크기도 처음이여! 죄다 허벅다리 같은 놈들이니……. (갑자기 불만스러운 얼굴을 해 가지곤) 그라제만 나는 손해여! 이익이 없그등! 천상 널린 돈 거둔 것뿐잉께……. 그나마도 일부분만 거뒀으니……. (속상한다는 듯이) 진장칠 놈의 것, 그 돈을 다른 사람한테 줘서 이자만 키웠어도……. 에잇! 쯧쯧!

범쇠: (여전히 마당을 서성대며) 아암!

임제순: 곰치!

곰치: (넋 빼고 서선, 헛소리처럼) 예에! 예에!

(중략)

임제순: ……자네 섭섭할지 모르겠네만은……. (강경하게) 남은 이만 원 청산할 때까지 내일부터 배를 묶겠네! 묶겠어!

곰치: (기겁할 듯 놀라) 예에? 아니 배, 배를 묶어라우? / **성삼, 연철, 도삼:** 배를 묶다니?

구포댁: (펄쩍 뛰며) 웟따! 믄 말씀이싱게라우? 아니, 해필이면 이럴 때 배를 묶으라우? 예에?

임제순: (단호하게) 나는 두말 않는 사람이여!

곰치: (애걸조로) 영감님! 배만은, 배만은…….

임제순: (손을 저으며) 더 말 말어! (㉣몇 걸음 걸어나가며) 배가 없어서 고기를 못 잡어! 배 빌려 달란 사람이 밀린단 말이여!

곰치: (따라가며) 영감님! 사나흘 안으로 빚 갚지랍녀! 요참 물만 안 놓치면 되고 말고라우! 제발 배는 풀어 주씨요! 제발!

임제순: (㉤곰치를 떠밀며) 안 돼! 안 된다면!

– 천승세, 「만선」 –

009 ▶ 24951-0009

윗글에 대한 설명으로 적절하지 <u>않은</u> 것은?

① 대화를 간결하고 속도감 있게 진행시키고 있다.
② 현장감을 강조하기 위해서 사투리를 사용하고 있다.
③ 언어유희를 통해 인물 간의 갈등을 부각시키고 있다.
④ 인물의 직업과 공간적 배경을 짐작하게 하는 단어를 사용하고 있다.
⑤ 지시문을 많이 사용하여 인물의 말과 행동에 대한 이해를 돕고 있다.

010 ▶ 24951-0010

〈보기〉는 '연철'과 관련된 설명이다. 적절하지 <u>않은</u> 것은?

━━ • 보기 • ━━

연철은 ⓐ무대 바깥에서 일어난 사건을 등장인물과 관객에게 전달하는 역할을 맡는다. ⓑ연철의 첫 대사는 분위기를 반전시킨다. 또한 연철은 관객의 호기심을 자극하는 역할을 한다. ⓒ연철은 전달해야 할 내용을 부분적인 정보로 분할하여 점진적으로 제공하고 있지만, 누가 빼앗아 갔느냐는 물음에는 끝까지 명시적으로 대답하지 않는다. ⓓ연철은 그 인물이 등장하는 시점을 무대에 있는 사람들에게 알려 줌으로써, 빼앗아 간 자의 정체를 관객들에게 시각적으로 소개하는 기능도 수행하고 있다. ⓔ이후에는 방관적인 태도를 취하며 사태를 관망한다.

① ⓐ   ② ⓑ   ③ ⓒ   ④ ⓓ   ⑤ ⓔ

011 ▶ 24951-0011

연출가가 〈보기〉와 같이 ㉠~㉤을 해석한 후 연기를 지시한다고 할 때, 적절하지 <u>않은</u> 것은?

━━ • 보기 • ━━

배우의 움직임은 상대와 접촉하려는 욕망이나 상대를 회피하려는 욕망을 표현합니다. 움직임은 사람의 다양한 감정, 심리, 태도 등을 드러내는데, ㉠, ㉢, ㉣, ㉤은 접촉하려는 욕망으로, ㉡은 회피하려는 욕망으로 해석해 봅시다.

① ㉠: 상대에 대한 적극적인 관심을 드러내야 합니다.
② ㉡: 상대의 기대에 부응할 수 없는 착잡함을 드러내야 합니다.
③ ㉢: 상대를 질책하는 태도를 표현해야 합니다.
④ ㉣: 상대를 초조하게 만들어야 합니다.
⑤ ㉤: 상대에게 자신의 생각이 확고한 척해야 합니다.

04 최순우,「백자 달 항아리」

2020학년도 수능특강 문학 217~219쪽 01~03번

[012~014] 다음 글을 읽고 물음에 답하시오.

한국의 흰 빛깔과 공예 미술에 표현된 둥근 맛은 한국적인 조형미의 특이한 체질 가운데 하나이다. 따라서 폭넓은 흰빛의 세계와 형언하기 힘든 부정형의 원이 그려 주는 무심한 아름다움을 모르고서 ㉠한국미의 본바탕을 체득했다고 말할 수 없을 것이다. 더구나 조선 시대 백자 항아리들에 표현된 원의 어진 맛은 그 흰 바탕색과 아울러 너무나 욕심이 없고 너무나 순정적이어서 마치 인간이 지닌 **가식 없는 어진 마음**의 본바탕을 보는 듯한 느낌이다.

외국 사람들이 곧잘 한국을 항아리의 나라라고도 부르듯이, 우리네의 집안 살림살이 중에서 크고 작은 항아리 종류들을 **빼놓으면** 집안이 허수룩해질 만큼 그 위치가 크다. 따라서 이렇게 많은 항아리들 중에는 잘생긴 작품이 매우 많다. 이 항아리들을 빚어낸 사람들도 큰 욕심 없이 무심히 빚어내었을 것이고 이것을 사들여 아침저녁 매만지던 조선 시대 여인들도 그저 **대견스러운 마음**으로 무심하게 다루어 왔을 것은 말할 것도 없다. 이렇게 남겨진 백자 항아리들이 오늘날 한국미 의 가장 특색 있는 아름다움의 한 가닥을 차지하게 되었고, 요사이는 잘생긴 백자 항아리 하나에 천만금이 간다고 해도 놀랄 사람이 없게 된 것이다.

이러한 백자 항아리의 작자들이 비록 그 아름다움을 인식하고 의식적으로 작품화한 것이 아니었다 해도 그들은 자신의 손끝에서 빚어지는 항아리의 둥근 맛과 여기에서 저절로 지어지는 의젓한 곡선미에 남몰래 흥겨웠을는지도 모른다. 말하자면 비록 작가 의식을 가지고 계산해서 낳아 놓은 아름다움은 아니라 해도 **도공들의 손길**이 그들의 흥겨운 마음을 따라 움직였을 것임은 두말할 것도 없다. 즉 ㉡모르고 만들어 낸 아름다움은 결코 아니었던 것이라고 생각한다.

아무런 장식도 고운 색깔도 아랑곳할 것 없이 오로지 흰색으로만 구워 낸 백자 항아리의 흰빛의 변화나 그 **어리숭하게만 생긴 둥근 맛**을 우리는 ㉢어느 나라 항아리에서도 찾아볼 수 없다는 데서 대견함을 느낀다. 이러한 백자 항아리들을 수십 개 늘어놓고 바라보면 마치 어느 시골 장터에 모인 어진 아낙네들의 흰옷 입은 군상이 생각나리만큼 백자 항아리의 흰색은 우리 민족의 성정과 그들이 즐기는 색채를 잘 반영한 것이라고 생각한다.

한국 사람들은 백의민족(白衣民族)이라는 이름을 스스로 지어 부르기도 했는데, 우리네의 흰 의복과 백자 항아리의 흰색은 같은 마음씨에서 나온 것이라고 해야겠다. 이웃 나라 중국 자기나 일본 자기들이 그렇게 다채로운 빛깔로 온통 사기그릇을 뒤덮던 시대에 우리는 마치 산 배꽃이나 젖 빛깔에도 비길 수 있는 **순정 어린** 흰빛의 조화를 유유하게 즐겨 왔으니 과연 한국 사람은 백의민족이라고 부를 만한 것이 아닌가 한다.

아주 일그러지지도 않았으며 더구나 둥그런 원을 그린 것도 아닌 이 어수룩하면서도 순진한 아름다움에 정이 간다 하면 혹시 ㉣심미에 대한 건강한 태도가 아니라고 할 사람이 있을지도 모르지만, 조선 자기의 아름다움은 계산을 초월해서 이러한 설명이 필요하리만큼 ㉤신기롭고도 천연스러운 아름다움에 틀림없다고 나는 생각한다.

– 최순우,「백자 달 항아리」–

012 ▶ 24951-0012

윗글에 대한 설명으로 가장 적절한 것은?

① 여러 대상이 가진 장단점을 비교하여 핵심 소재의 가치를 부각하고 있다.

② 대상에 대한 설명과 글쓴이의 주관적 판단을 결합하여 주제를 드러내고 있다.

③ 대상의 모습을 전체와 부분의 순서로 서술하여 입체적인 느낌을 자아내고 있다.

④ 대상의 변화 양상을 시간의 흐름에 따라 제시하여 옛것에 대한 그리움을 드러내고 있다.

⑤ 대상에 대한 상이한 가치 판단을 차례로 소개하여 대상의 의미를 객관적으로 조명하고 있다.

013 ▶ 24951-0013

㉠~㉤에 대한 이해로 적절하지 않은 것은?

① ㉠은 한국미의 특성을 제대로 깨닫지 못했던 자신의 과거 모습에 대한 글쓴이의 자조적 태도를 암시하는군.

② ㉡은 흥겨운 느낌에 따라 자연스럽게 백자 항아리를 만들어 낸 도공들의 예술적 성취에 대한 글쓴이의 예찬의 태도를 보여 주는군.

③ ㉢은 백자 항아리의 빛깔을 통해 우리 민족만의 독특한 아름다움을 발견하고 있는 글쓴이의 인식을 보여 주는군.

④ ㉣은 백자 항아리의 미적 가치를 부정적으로 인식하는 타인의 존재를 글쓴이가 의식하고 있음을 보여 주는군.

⑤ ㉤은 백자 항아리에 대한 자신의 미적 판단에 대해 글쓴이가 확신하고 있음을 보여 주는군.

014 ▶ 24951-0014

[한국미]에 대한 윗글의 관점을 바탕으로 〈보기〉를 이해할 때, 가장 적절한 것은?

● 보기 ●

현대 시조 중에는 우리의 전통 문화유산을 소재로 한 작품이 많이 있다. 김상옥의 연시조 「백자부」는 백자의 아름다운 모습을 다양한 필치로 그려 내어 우리 민족의 심성을 표상한 것으로 평가받는다.

찬 서리 눈보라에 절개 외려 푸르르고
바람이 절로 이는 소나무 굽은 가지
이제 막 백학 한 쌍이 앉아 깃을 접는다.

드높은 부연* 끝에 풍경 소리 들리던 날
몹사리 기다리던 그린 임이 오셨을 제
꽃 아래 빚은 그 술을 여기 담아 오도다.

갸우숙 바위틈에 불로초 돋아나고
채운 비껴 날고 시냇물도 흐르는데
아직도 사슴 한 마리 숲을 뛰어드노다.

불 속에 구워 내도 얼음같이 하얀 살결
티 하나 내려와도 그대로 흠이 지다
흙 속에 잃은 그날은 이리 순박하도다.
– 김상옥, 「백자부(白磁賦)」 –

＊부연 처마 서까래의 끝에 덧얹는 네모지고 짧은 서까래.

① 첫 수에서 '찬 서리 눈보라'와 '바람'은 고통을 상징하는 시어로서, '도공들의 손길'이 백자의 조형미를 만들어 내는 과정에서 맞닥뜨린 어려움을 떠올리게 하는군.

② 둘째 수에서 '꽃 아래 빚은' 술을 담는 백자의 용도는 '대견스러운 마음'으로 아침저녁 백자 항아리를 매만지던 조선 여인들의 마음과 대조되는군.

③ 셋째 수에서 그려진 백자의 '불로초'와 '사슴' 장식은 우리 민족의 '가식 없는 어진 마음'을 상징하기 위한 것으로 볼 수 있군.

④ 마지막 수에서 '불 속에 구워 내도 얼음같이 하얀 살결'은 백자의 색채를 역설적으로 표현하여, 어려움 속에서도 '순정 어린' 성정을 가진 우리 민족을 떠올리게 하는군.

⑤ 마지막 수에서 '티 하나 내려와도 그대로 흠이 지다'는 백자의 연약한 형태를 강조하여, 백자의 '어리숭하게만 생긴 둥근 맛'을 즐기는 백의 민족의 심성을 나타내고 있군.

05 황순원, 「두꺼비」

2015학년도 10월 고3 학력평가 41~45번

[015~019] 다음 글을 읽고 물음에 답하시오.

[앞부분의 줄거리] 현세는 셋방에서 쫓겨날 위기에 처해 있다. 우연히 만난 옛 친구인 두갑이는 어떤 집의 주인이 셋방 사람들을 내보내려 하는데 그들이 나가려 하지 않는다면서, 현세가 그 집을 구매하는 것처럼 연기를 해 준다면 그 대가로 방을 내어 줄 것을 약속한다. 고민 끝에 현세는 집을 구매하는 척하여 결국 사람들을 내쫓고, 구문*을 지불하기 위해 집주름* 영감을 만난다.

"선생님, 이러지 마시구 좀 더 생각해 주셔야죠." 하는 것이었다.

"그만하믄 되디 않습네까?"

[A] "선생님두 다 아시다시피 이번 사신 집이야 그저 은으셨죠. 어제두 요 뒤에 집 매매가 있었는데 매 칸에 꼭꼭 일만 오천 원씩에 팔렸죠. 그런 데 비기면 그저지 뭡니까. 거 다 선생님 복이시지만, 내가 별별 수단을 다 써서 그렇게 싸게 사셨다는 것두 생각허셔야죠. 그리구 전에두 잠깐 말씀드렸지만서두 일이 성사만 되게 허느라구 저편에서는 일 전 한 푼 못 받았습죠. 그뿐인가요, 전재민*으루 오신 선생님네 하루라두 속히 이사 오시두룩 허느라구 **셋방 사람들** 방 내는 덴 을마나 또 속을 썩였다구요. 선생님두 그날 같이 가셨으니까 짐작이 가시겠지만 그동안 내가 하루에두 몇 번씩 그 노파 성화를 받았는지 모르죠. 증말 이번에 학질 뗐습니다. 학질 뗐어요. 제 자랑이 아니라 나 아니면 절대루 셋방 사람들 내보내지 못헙니다. 그 다 선생님네 하루라두 속히 이사 오시두룩 허기 위해 헌 게 아닙니까. 그러니 선생님이 이런 거 다 생각해 주셔야 헙죠."

셋방 사람들 내보내는 데 힘들었다는 것은 집주름 영감의 말대로 그렇다 해도, 저편 집주인의 구문은 물론 셋방 사람들 방 얻어 내보내 준 삯까지 모두 두갑이의 말대로 받았을지도 모른다고 생각했다. 그러나 그건 어찌됐건 현세는 이 일을 어서 끝내고만 싶었다.

"우린 전재민이 아니웨까?"

"그런 말씀을…… 어디 전재민이구 전재민 아니구가 있나요. 선생님 겉은 이헌테 비기면 우리가 전재민이죠. 수다한 식솔에, 식구가 자그만치 열넷이랍니다. 버는 사람이라군 이 늙은 것 혼자구 그나마 조금씩 보태든 아들 녀석은 턱 앓아눕지를 않았수. 그런데다 엊그젠 또 며늘애가 몸꺼지 풀어 놨으니, 그래 우리 성한 사람이야 어쨌건 앓는 사람 죽술이나 허구 애어미 미역국이나 끓여 먹여야 허잖겠수? 선생님 그러시지 마시구 더 좀 생각해 주십쇼."

그러는 늙은 집주름의 얼굴은 온통 땀투성이가 되고 눈도 충혈이 돼 있었다.

현세는 문득 자기네도 미역 이파리나 사 놔야 하지 않나 하는 생각이 들었다. 그러자 현세는 이 늙은 집주름에게 이번 집 매매의 내막을 툭 털어 놓고 얘기하고 싶은 충동을 느꼈다. 그러나 다음 순간 현세는 그런 이야기를 할 경황도 경황이려니와 우선 그럴 기운이 없다는 걸 느꼈다.

현세가 그냥 걷기 시작하니까 집주름 영감은 다급하게,

"아니 선생님, 다른 건 다 그만두구 보통 구문대루 일 푼만 친대두 천 원이면 십만 원에 대한 구문밖엔 더 안 되지 않수? 어디 그래서야 되나요." 하고 수표를 도로 돌려주기라도 할 것 같은 기세를 보이는 것이었다.

여기서 현세는 두갑이가 말한 찰거머리라는 말과 잡아뗄 적에는 딱 잡아떼야 한다는 말이 떠올랐으나 그보다도 이제는 더 서서 말할 기운조차 없어 그냥 걷기만 했다. 이 현세의 태도가 늙은 집주름에게는 또 혹시 수표를 내준다면 그것을 그냥 받아 가지고 갈 것같이 보였던지 탄원하는 어조로,

"그럼 선생님 다시 잘 생각해서 처분해 주십쇼. 그럼 조심해 가시우."

하면서 꾸뻑꾸뻑 절을 했다.

퍽 구름이 걷힌 하늘 아래서 현세는 이제는 다리만 허청거릴 뿐 아니라 눈에 보이는 것이 모두 아까보다 아주 흐리어졌다. 눈을 가느스름히 뜨면 좀 낫게 보이지만 그렇게 눈을 가느스름하게 하면 그러지 않아도 자꾸 들어만 가는 눈이 절로 찌쁘득하니 감기어지며 쓰린 **눈물**이 내배는 것이었다.

(중략)

"그런데 말야, 자네에게 미안한 말 하나 하게 됐네."

한다.

현세는 왜 그런지 가슴이 섬뜩함을 느꼈다.

"저, 다른 게 아니구 말야, 집쥔이 자기네가 방을 다 써야 될 일이 생겼다누만."

현세는 종내 가슴이 철렁 무너앉을밖에 없었다.

두갑이는 바지 뒤 포켓에서 십 원짜리 한 묶음을 꺼내 현세 앞에 놓으며,

"그래 미안하다구 하믄서 이걸 보내데. 정말 안 됐네. 좋은 일 하려다 되레 자네한텐 원망 듣게 됐어."

그리고는 살피듯이 현세를 한 번 바라다보고 나서,

[B]
"글쎄 첨엔 단돈 오백 원을 내놓지 않겠어? 그래 내 고함을 질렀다. 그 사람이 돈이나 오백 원 바래구 그런 승한 광대놀음 할 사람인 줄 아느냐구. 당신 눈에는 오백 원이 대단해 뵐지 모르지만 그 사람은 아무리 전재민이라두 이런 돈 없이두 사는 사람이라구 해 줬지. 그랬더니 오백 원을 더 내놓두만. 서울깍쟁이라더니 정말……"

사뭇 분개해 하는 말투요 표정이었다.

현세는 또 이 두갑이의 분개해 하는 말투와 표정과는 달리 가슴속 한가운데서 누구에게라 없이 악이 머리를 들고 일어남을 느꼈다. 그것은 뱀같이 독이 오른 대가리였다.

"하기야 요즘 아무리 돈 가치가 없대두 천 원이 믄 적잖은 돈이지. 그리구 말야, 자네 방 문젠 내 또 알아봄세. 발 벗구 나서믄 그까짓 방 한 칸쯤 문젠가. 내 꼭 책임지지. 아예 이번 집에 못 가게 된 거 서운하게 생각 말라구. 되레 잘되는 일인지두 몰라. 교통두 불편하구 더구나 요새 그 집쥔은 돈냥이나 버니까 뭣 부족할 것 없이 들여다 먹는데 말야, 한집에서 그걸 보구 어떻게 견디나. 내 자네 있기 존 방 하나 구해 주지."

현세의 악은 이제야 분명히 누구에게보다도 먼저 이 두갑이에게 향해짐을 느꼈다. 그저 이놈의 우뚝한 코를 평안도식으로 한 대 지끈! 그러나 그것은 벌써 이미 **다 죽어 가는 실뱀의 악**에 지나지 못하는 것이었다.

두갑이가 윗몸을 현세 앞으로 내밀더니 돈 묶음을 들어 엄지손가락으로 한 편 끝을 몰아 쥐었다가 펄럭펄럭 놓아 주면서,

"요새 십 원짜리 2호에 가짜 돈이 많다데. 그래서 여긴 2호짜린 한 장두 받아 오지 않았지."

그러는 두갑이의 두꺼비 입에서는 또 불고기와 소주와 마늘을 먹은 뒤에 나는 냄새가 풍기어 왔다.

현세는 종내 이 두갑이의 입김에 못 견디어 도망이나 하듯이 그곳을 나오고 말았다. 저도 모르는 새 **돈 묶음만은 집어 쥔 채**. 두갑이의, 자기는 이 다방에만 오면 만날 수 있으니 꼭 만나자는 말을 먼 메아리처럼 등 뒤로 들으면서.

– 황순원, 「두꺼비」 –

＊**구문** 흥정을 붙여 주고 그 보수로 받는 돈.

＊**집주름** 집을 사고팔거나 빌리는 흥정을 전문으로 하는 사람.

＊**전재민** 전쟁으로 재난을 입은 사람.

015 ▶ 24951-0015

윗글의 서술상 특징으로 가장 적절한 것은?

① 대화를 통해 이상적인 삶의 모습을 형상화하고 있다.

② 여러 인물들의 내적 독백을 나열하여 주제를 나타내고 있다.

③ 특정 인물에 초점을 맞추어 상황에 대한 인물의 심리를 드러내고 있다.

④ 공간적 배경을 세밀하게 묘사하여 사건의 전개 방향을 암시하고 있다.

⑤ 현학적 표현을 사용하여 인물이 처한 시대적 현실을 총체적으로 그려 내고 있다.

016 ▶ 24951-0016

[A]와 [B]에 대한 설명으로 적절한 것은?

① [A], [B]에는 모두 현세를 위해 행한 노력이 강조되어 있다.

② [A], [B]에는 모두 자신과 현세가 처한 부정적 상황에 대한 걱정이 담겨 있다.

③ [A]와 달리 [B]에는 현세에 대한 비판적 태도가 드러나 있다.

④ [A]와 달리 [B]에는 현세에 대한 인식 변화가 제시되어 있다.

⑤ [B]와 달리 [A]에는 현세의 상황에 대한 호기심이 표현되어 있다.

017 ▶ 24951-0017

〈보기〉를 참고하여 윗글을 이해한 내용으로 적절하지 않은 것은?

• 보기 •

　이 작품에서 현세는 일제 강점기에 만주 일대를 떠돌다 해방 이후 큰 기대를 안고 고국으로 돌아온 전재민이다. 해방 후 혼란으로 인해 모두가 경제적 어려움에 처해 있었기 때문에 당시의 전재민들은 동포들에게조차 이해나 도움을 받지 못하고 타국에서와 마찬가지로 궁핍하고도 고단한 삶을 이어 가야 했다. 작품은 극심한 경제적 어려움으로 도덕보다는 자신의 생존을 중요시할 수밖에 없는 혼란한 현실에서 공동체 의식이 흔들리고 있음을 그리고 있다.

---

① 집주름 영감과 함께 공동체 의식을 바로 세우려 했던 현세의 고뇌에 찬 '눈물'을 통해 도덕이 무너진 혼란한 현실을 엿볼 수 있다.

② 자신의 '악'이 '다 죽어 가는 실뱀의 악'일 뿐임을 깨닫는 현세에게서 당대 현실 속에 무력할 수밖에 없는 전재민의 처지를 엿볼 수 있다.

③ 두갑이에게 속마음을 표현하지 못하고 '돈 묶음만은 집어 쥔 채' 자리를 떠나는 현세에게서 전재민의 궁핍한 처지를 엿볼 수 있다.

④ '우린 전재민이 아니웨까?'라는 현세의 말에서 경제적 어려움에 대해 동포들에게 이해를 구하려는 전재민의 모습을 엿볼 수 있다.

⑤ 자신의 살 곳을 마련하기 위해 어려운 처지의 '셋방 사람들'을 내쫓는 역할을 한 현세에게서 도덕보다 자신의 생존을 우선시할 수밖에 없었던 당대 사람들의 모습을 엿볼 수 있다.

018 ▶ 24951-0018

〈보기〉를 참고하여 윗글을 감상한 내용으로 가장 적절한 것은? [3점]

• 보기 •

　우리 설화 속에서 두꺼비는 은혜를 갚기 위해 자신보다 강한 대상과 맞서 싸우는 정의로운 동물로 자주 등장한다. 또한 우리 전래 동요에서는 두꺼비에게 집을 달라고 비는 등 두꺼비를 기원의 대상으로 여기기도 한다. 이 작품에서는 이러한 두꺼비 이미지를 변형하여 '두갑이'라는 인물로 설정하고 있다.

---

① 설화의 두꺼비가 강자 앞에서 나약했던 것처럼, 윗글에서도 두갑이를 집주인 앞에서 비굴하게 구는 것으로 그려 냈군.

② 설화에서 두꺼비가 은혜를 갚는다는 내용과 달리, 윗글에서는 현세가 두갑이에게 은혜를 갚는다는 내용으로 구성했군.

③ 설화와 전래 동요에 두꺼비가 긍정적으로 묘사된 것처럼, 윗글에서도 독자들이 두갑이에게 희망적 이미지를 느낄 수 있도록 형상화했군.

④ 설화에서 두꺼비가 정의로운 존재로 여겨진 것과는 달리, 윗글에서 현세는 자신의 어려운 처지를 두갑이가 이용했을 뿐임을 깨닫는 것으로 설정했군.

⑤ 전래 동요에서 두꺼비에게 집을 달라고 기원한 것처럼, 윗글에서도 현세는 두갑이가 방을 얻어 주리라는 기대를 끝까지 버리지 않는 것으로 구현했군.

019 ▶ 24951-0019

윗글에 대한 독자의 반응으로 적절하지 않은 것은?

① 집주름 영감과 대화를 나누고 있는 현세는 기진맥진(氣盡脈盡)해 있군.

② 현세는 두갑이의 말을 듣고 그에게 동병상련(同病相憐)을 느끼고 있군.

③ 집주름 영감은 현세에게 돈을 더 받기 위해 애걸복걸(哀乞伏乞)하고 있군.

④ 집주름 영감의 말에 나타난 집주름 영감의 집안 상황은 가히 설상가상(雪上加霜)이군.

⑤ 두갑이는 현세에게 자신이 나중에 방을 얻어 주겠다며 호언장담(豪言壯談)하고 있군.

06 ﹥ 최인훈, 「어디서 무엇이 되어 만나랴」

2011학년도 9월 모의평가 32~34번

[020~022] **다음 글을 읽고 물음에 답하시오.**

[앞부분의 줄거리] 궁에서 쫓겨난 평강 공주는 대사와 함께 절로 가던 길에 온달을 만나 결혼한다. 10년 후 온달과 함께 궁으로 돌아온 공주는 온달이 장군이 되도록 돕는다. 온달은 전쟁터에서 죽게 되는데 장례를 치르려고 하나 관이 움직이지 않는다.

공주: 장군*, 비록 어제까지 장군이 치닫던 벌판이라 하나, ㉠이제 누구를 위해 여기 머물겠다고 이렇게 떼를 쓰십니까? 장군의 마음을 내가 알고 있으니 집으로 돌아가십시다. 고구려는 내 아버지의 나라. 당신의 원수를 용서치 않으리다. 평양성에 가서 반역자들을 모조리 도륙을 합시다. 자, 돌아가십시다. (손짓을 한다.)

의병장들, ㉡관 뚜껑을 닫고 관을 올려놓은 받침의 채를 감는다.

공주: 들어 올려라.

올라오는 관. 모두, 놀라는 소리.

공주: 가자, 평양성으로. 그곳에서 잔악한 반역자들을 샅샅이 가려내어 목을 베이리라. (공주, 움직인다.)

공주, 시녀, 관, 군사들, 서서히 퇴장. 부장과 장수 몇 사람만 무대에 남는다.

장수1: (부장에게) 공주의 노여워하심이 두렵습니다.
장수2: 필시 무슨 기미를 알아보셨음이 틀림없습니다.
부장: 어떻게 알 수 있단 말인가?

장수3: 투구를 벗으라고 하신 것이 증거가 아닙니까?
부장: 어떻게 알았을까? (둘러보고) 너희들 중에 배반하는 자가 있으면 행여 온전히 상금을 누릴 목숨이 있거니는 생각 말아라.
장수들: 무슨 말씀입니까. 억울합니다.
부장: 그렇겠지. 이것을 문제 삼는다 치더라도 (투구를 벗는다. 머리를 처맸다. 피가 배어 있다.) 이것이 어쨌단 말인가? ㉢이토록 신라 놈들과 싸운 것이 군법에 어긋난단 말인가? (음험한 웃음) 두려워 말라. 공주보다 더 높은 분이 우리 편이야.
장수들: (비위 맞추는 너털웃음)
부장: 가자, 평양성으로. 그곳에서 과연 누구의 목이 먼저 떨어지는가를 보기로 하자.

(중략)

장교: (공주에게) 자, 걸으시오.
공주: 네가 정녕 내 말을 듣지 못하겠느냐?
장교: 내 말을? 왕명을 받들고 온 사람에게?
공주: 이놈이 정녕 실성했구나. 내가 돌아가면 어찌 될 줄을 모르느냐? 나는 이곳에 머물기로 하고 이미 아버님께도 여쭙고 오는 길, 누가 또 나를 지시한단 말이냐? 정 그렇다면 근일 중에 내가 궁에 갈 것이니 오늘은 물러가라.
장교: 정 안 가시겠소?
공주: (분을 누르며) 내가? 말을 어느 귀로 듣느냐? (타이르듯) 네가 아마 잘못 알고 온 것이니, 그대로 돌아가면 오늘의 허물을 내가 과히 묻지 않으리라.
[A] **장교**: (들은 체를 않고) ㉣정 소원이라면 평안하게 모셔 오라는 명령이었다. 잡아라.

병사들, 공주의 팔을 좌우에서 잡는다.

공주: 어머니.
장교: 편하게 해 드려라.

병사1, 칼을 뽑아 공주를 앞에서 찌른다. 공주, 앞으로 쓰러진다. 붙잡았던 병사들, 서서히 땅에 눕힌다.

장교, 손으로 지시한다.
병사2, ⓜ큰 비단 보자기로 공주의 시체를 싼다.
장교, 또 지시한다.

병사들, 공주를 들고 퇴장. 장교, 뒤따라 퇴장. 공주의 살해에서 퇴장까지의 동작은 마치 의전(儀典) 동작처럼. 기계적으로 마디 있게 처리.

대사: 공주. 좋은 세상에서 또다시 만납시다.

온모*, 사건이 진행되는 동안 전혀 움직이지 않고 서 있다가 모두 퇴장한 다음 무대 정면으로 조금씩 움직여 나온다.

     – 최인훈, 「어디서 무엇이 되어 만나랴」 –

＊**장군** 온달.
＊**온모** 온달의 어머니.

---

020 ▶ 24951-0020

윗글의 인물에 대한 설명으로 적절하지 않은 것은?

① 공주는 장군의 죽음에 반역자가 연루되었다고 생각한다.
② 장수들은 부장의 머리 상처의 진실이 밝혀지는 것을 염려하고 있다.
③ 부장은 공주와의 싸움에서 승리할 것이라고 예상한다.
④ 장교는 부장의 명을 받고 왔다고 말한다.
⑤ 병사들은 장교의 명령에 복종하고 있다.

021 ▶ 24951-0021

㉠~ⓜ 중 〈보기〉의 밑줄 친 부분과 가장 관계가 깊은 것은?

┌─ ● 보기 ●
│ 이 작품은 고전 비극의 형식을 모방하여 '바보 온달과 평강 공주 이야기'를 재창작하면서 설화가 지니는 비현실적 요소를 여전히 남겨 놓았다.
└─

① ㉠   ② ㉡   ③ ㉢   ④ ㉣   ⑤ ⓜ

022 ▶ 24951-0022

[A]를 연극으로 상연하기 위해 두 명의 연출가가 [A]의 첫 장면의 무대 구성을 〈보기〉와 같이 짜 보았다. 연출 의도를 비교한 것으로 적절하지 <u>않은</u> 것은? (단, 인물의 배치만 고려할 것) [3점]

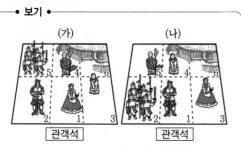

● 보기 ●

- 무대 구성의 목적은 무대 위에 서게 될 배우들의 위치를 정하면서 무엇을 강조할 것인가를 보여 주는 것임.
- 그림의 숫자는 등장인물이 서는 무대 지역의 중요도 순서임.

① (가)에서는 대사를 공주와 가깝게 배치하여 (나)에 비해 대사와 공주와의 친밀도를 더 부각할 수 있겠군.

② (가)에서는 장교를 2번 지역에 배치하여 (나)에 비해 장교가 극적 사건 진행의 주도권을 쥐고 있음을 더 잘 보여 줄 수 있겠군.

③ (가)에서는 장교, 병사들과 공주, 대사, 온모를 좌우로 나누어 배치하여 (나)에 비해 두 집단의 갈등 관계를 더 강조할 수 있겠군.

④ (가)에서는 이후 사건 진행 과정에서 온모를 다른 인물에 가리지 않게 함으로써, 움직이지 않고 사건을 지켜보는 온모의 역할을 (나)에 비해 더 잘 드러낼 수 있겠군.

⑤ (나)에서는 병사들을 2번 지역에 배치하여 (가)에 비해 위압감을 더 잘 나타낼 수 있겠군.

I
교과서
개념
학습

수 능 특 강 연 계 기 출 고 전 산 문 · 현 대 소 설

II

적용 학습

2020학년도 수능특강 문학 118~120쪽 01~03번

[001~003] 다음 글을 읽고 물음에 답하시오.

그래 이야기 가 어찌 되느냐 하면, 그전에 사부자(四父子)가 있었는데, 농사를 많이 지으면, 오히려 농사 안 지은 때보다도 더 간고하게 산단 말이지. 짚신을 삼고 살면 땟거리는 되는데, 그중 끝에 아들이 한 날은 아버지에게 말하기를,

"난 하늘에 올라가서 옥황상제한테 왜 우린 복이 없느냐고 원정(原情)을 가겠소."

했거든. 그러니까,

"에이 미친놈, 네가 하늘을 어찌 가?"

야단치니,

"전 그래도 갑니다."

하고는 하루는 쇠지팡이를 맞춰서,

"하늘을 가리라."

하고,

"어딘지 쇠지팡이가 닳도록 가면 하늘가가 있겠지."

했어. 그래 죽 간다고 간 것이 바다에 나섰어. 무변대해(無邊大海) 바다를 갈 재간이 있어야지. 아냐, 틀렸군. 이건 나중이고. 그래 간다고 가니까 배는 고픈데, 기와집이 있는데, 거기 가서 자야겠다 하고, 주인을 찾으니, 밥해 먹는 여자가 나온다 말야.

"나 여기서 자고 가야겠다."

하고 대문간 방을 얻어 들어가서 저녁을 먹고 있으니, 주인이란 젊은 여자인데, 식모하고만 살고 있었어. 저녁 후 서로 만나서 이야기를 하는데,

"어디 사는 도령인데 어디를 가오?"

"난 아무 데 사는데, 난 그 집의 막내요. 농사를 지으면 얻어먹고, 짚신을 삼으면 사니 그 이유를 알고자 원정 가고 등장(等狀) 가는 길이오."

"그럼 가시는 길이면 기왕 가는 길이면 내 원정을 좀 들어다 주시오."

"뭐요?"

"이 앞들이 다 내 것인데 남편을 얻기만 하면 죽어서 만날 과부가 되니 내 원정을 얻어다 주시오."

"그러시오."

하고 밥을 먹고 갔지. 그래 바다에 달하니 갈 길이 없어 방황을 하다 보니까 조그만 배가 있어서 타니까 갑자기 회오리바람이 불어 무변대해로 가니 복판에 한 뾰족한 산이 있는데 거기다 대거든. 그 산꼭대기에 무엇이 맷방석만치 번들번들한 것이 있어 보니까 용 못 된 이무기야. 그래 그때에는 뱀도 말했던지 뚜르르 일어서며,

"웬 사람이 여길 오느냐?"

그래,

"내가 옥황상제께 원정을 하러 하늘을 가는 길이오."

"그럼 내가 하늘을 가도록 해 줄 테니까, 나는 득천(得天) 기회가 넘었는데도 왜 올라가지 못하는지 그 원정을 들어다 달라."

고 해서,

"그러마."

고 했다. 그래서 입으로 안개를 뿜어 무지개다리를 만들어 준 덕에 하늘을 올라가니 옥황상제가 있는 곳엘 갔어.

"제가 원정을 왔습니다."

"어찌 왔느냐?"

"그래 저희 사부자는 복을 어찌 마련하셨습니까? 농사지으면 밥 못 먹고, 짚신을 삼아야 겨우 살아가니 어찌 된 일입니까?"

"너희는 그밖에 복을 마련할 길이 없어. 편하면 일찍 죽으니 그런다."

"저희 복은 그렇다 하고도 그러면 아무데 사는

과택(寡宅) 여자는 어찌 그럽니까?"

"그 여자는 아무 때라도 여의주를 얻은 남편을 얻어야 해로하고 살지, 여의주가 없는 남편은 죽는다."

"그 아무개 산의 이무기는 왜 승천을 못 합니까?"

"그놈은 욕심이 많아서 여의주를 하나면 득천할 것을 **두 개를 가져서** 못 올라간다."

이래서 제 것은 못 알고 남의 원정만 듣고 도로 나와서 무지개다리로 와서 그것을 타고 내려오니 이무기가,

"그래 뭐라더냐?"

"용님은 욕심이 많아서, 여의주가 두 개라면서요. 날 하나 주시오. 그러면 간단해요."

"그럼 그래라."

하고 한 개를 주니 이내 득천이야. 그 배에 앉아서 바람으로 딱 가서 그 여자한테로 가니 여자가 물으니,

"아무 때라도 **여의주를 얻은 남편을 얻어야 백년해로한다**니 내가 가졌으니 나하고 살자."

이래서 여자 얻고 의복을 차반하고 자기 집으로 와서 제 부형을 보니 놀라더래. 그래 잘 살았소.

– 작자 미상, 「구복 여행(求福旅行)」 –

001 ▶ 24951-0023

윗글로부터 알 수 있는 내용이 아닌 것은?

① 아버지는 옥황상제를 찾아가겠다는 아들을 야
단쳤다.
② 과부는 궁핍하고 의지할 데 없는 자신의 처지
를 비관하였다.
③ 아들은 옥황상제를 찾아가는 데에 이무기의 도
움을 받았다.
④ 이무기는 무변대해 한가운데 산에 사람이 찾아
온 것을 의아해하였다.
⑤ 옥황상제는 사부자에게 짚신 삼는 일을 하도록
하여 오래 사는 복을 마련하였다.

002 ▶ 24951-0024

**〈보기〉를 바탕으로 윗글을 감상한 내용으로 적절하지
않은 것은?**

> ● 보기 ●
>
> 구복 여행담은 세계적으로 널리 퍼져 있는
> 설화이다. 구복 여행담에서는 대체로 가난한
> 주인공이 복을 찾아 길을 나서고 여행 끝에 자
> 신에게 점지된 복을 얻게 된다. 이러한 이야기
> 에는 현실 너머에 복이 이미 마련되어 있을 것
> 이라는 복에 대한 보편적인 관념이 담겨 있으
> 며, 복이 실현되기 위한 조건으로서 선행, 이타
> 적 행위를 강조하는 권선(勸善)의 교훈이 드러
> 난다.

① '왜 우린 복이 없느냐고' 한탄하며 '하늘에 올라
가'겠다는 아들의 모습을 통해 복은 하늘로 부
터 주어지는 것이라는 생각을 발견할 수 있군.
② '짚신을 삼'아 '땟거리'를 하는 아들과 '남편을
얻기만 하면 죽'는 과부가 옥황상제에게 원정
하려는 것을 통해 주어진 삶을 바꿈으로써 현
실의 고통에서 벗어날 수 있다는 생각을 엿볼
수 있군.
③ 이무기가 여의주를 '두 개를 가져서' 득천할 수
없다는 것을 통해 복된 삶을 살기 위해 필요
한 마음 자세에 대해 읽어 낼 수 있군.
④ 과부가 '여의주를 얻은 남편을 얻어야 백년해
로한다'는 것을 통해 본래부터 주어져 있는 복
을 변화시키기 위해서는 스스로 복을 만들어
내려는 노력이 요구된다는 것을 알 수 있군.
⑤ 아들이 과부와 이무기의 원정을 옥황상제에게
전해 주고 나서 행복한 삶을 살게 된 것을 통
해 복을 실현하기 위해서는 남을 위하는 행동
이 필요하다는 것을 파악할 수 있군.

003 ▶ 24951-0025

〈보기〉를 참고하여 윗글의 [이야기]를 이해한 내용으로 적절하지 않은 것은?

● 보기 ●

〈기록 문학〉	〈구비 문학〉

작가 → 작품(글) → 독자
　　　　　 ↗ 독자
　　　　　 → 독자
　　　　　 ↘ 독자

화자 → 작품(이야기) → 청자

　작가에 의해 기록된 문학 작품은 문자를 매개로 하여 독자에게 전달된다. 이때 작가와 독자 간의 소통은 시간과 공간을 초월하여 이루어진다. 한편, 구비 문학에서는 화자가 청자에게 말로써 작품을 전달한다. 구비 문학의 청자는 또 다른 청자에게 이야기를 전달하는 화자의 역할을 할 수 있고, 이때 전달되는 이야기는 이전과 달라지거나 구체화될 수 있다.

① 윗글의 이야기는 화자에게서 청자로 소통되는 것으로서, 작가에게서 독자로 소통되는 기록 문학의 작품에 대응하는 것이겠군.

② 윗글의 이야기가 지금까지 전승될 수 있었던 것은 이야기를 들은 청자가 다시 화자로서 역할을 하였기 때문이겠군.

③ 윗글의 '했거든. 그러니까', '나온다 말야.'와 같은 이야기의 표현은 화자에 따라 다르게 구연될 수 있는 부분이겠군.

④ 윗글의 '아냐, 틀렸군. 이건 나중이고.'와 같은 표현은 이야기가 소통의 과정을 여러 번 거치면서 사건이 달라진다는 것을 보여 주는 것이겠군.

⑤ 윗글의 '그래 잘 살았소.'와 같이 간결하게 제시된 이야기의 결말은 화자에 따라 보다 구체화되어 제시될 수 있겠군.

02 〉 작자 미상, 「거타지 설화」/ 작자 미상, 「왕수재취득용녀설」

2022학년도 수능완성 독서·문학·화법과 작문 71~75쪽 01~04번

[004~007] 다음 글을 읽고 물음에 답하시오.

가

배가 곡도(鵠島)에 닿으니 풍랑이 크게 일어났으므로 열흘 이상이나 묵게 되었다. 양패공(良貝公)은 이를 근심하여 사람을 시켜 이 일을 점치게 했다.

"섬에 신지(神池)가 있으니 그곳에 제사 지내는 것이 좋겠습니다."

이에 못 위에서 제물을 차려 놓으니 못물이 한 길 남짓이나 높이 치솟았다. 그날 밤 꿈에 한 노인이 나타나 공에게 말했다.

㉠"활 잘 쏘는 사람 하나를 이 섬 안에 남겨 두면 순풍을 얻을 수 있을 것입니다."

공은 꿈을 깨어 그 일을 좌우 사람들에게 물었다.

"누구를 남겨 두면 좋겠는가?"

여러 사람들이 대답했다.

"나뭇조각 50쪽에 저희 궁수들 이름을 각각 써서 물속에 가라앉게 함으로써 제비를 뽑아야 할 것입니다."

공은 그 말에 따랐다. 궁수 중에 거타지란 사람이 있었는데, 그의 이름이 물속에 가라앉았다. 그를 남겨 두니 순풍이 문득 일어나 배는 지체 없이 잘 갔다.

거타지가 근심에 잠겨 섬에 서 있으니 갑자기 한 노인이 못 속으로부터 나와 말했다.

"나는 서쪽 바다의 신이오. ㉡매양 한 중이 해 뜰 때면 하늘에서 내려와 다라니 주문을 외우고 이 못을 세 번 돌면 우리 부부와 자손들이 모두 물 위에 뜨게 되는데, 중은 내 자손의 간장을 빼 먹곤 하오. 이제 우리 부부와 딸 하나만 남았소. 내일 아침에 또 반드시 올 것이니 그대는 중을 활로 쏘아 주시오."

"활 쏘는 일은 저의 장기(長技)니 명령을 받겠

습니다."

노인은 그에게 고맙다 하고는 물속으로 들어갔다. 거타지는 숨어서 기다렸다. 이튿날 동쪽에서 해가 뜨니 과연 중이 와서 그전처럼 주문을 외우면서 늙은 용의 간을 빼려 했다. 이때 거타지가 활을 쏘아 중을 맞히니 중은 즉시 늙은 여우가 되어 땅에 떨어져 죽었다. 이에 노인이 물속에서 나와 치사했다.

"공의 덕택으로 생명을 보전하게 되었으니 내 딸을 공에게 아내로 드리겠소."

"저에게 따님을 주시고 저버리지 않으시니 원하던 바입니다."

노인은 그 딸을 한 송이 꽃으로 변하게 하여 거타지의 품속에 넣어 주고 이내 두 용을 시켜 거타지를 받들고 사신의 배를 따라가서 그 배를 호위하여 당나라 지경에 들어가게 했다. 당나라 사람은 신라의 배를 두 용이 받들고 있음을 보고 사실대로 황제에게 아뢰었다. 황제는 말했다.

"신라의 사신은 정녕코 비상한 사람이다."

그리고 잔치를 베풀어 여러 신하들의 윗자리에 앉히고 금과 비단을 후히 주었다. 고국에 돌아오자 거타지는 꽃가지를 내어 여자로 변하게 한 다음 함께 살았다.

– 작자 미상, 「거타지 설화」 –

나

이튿날 과연 요망한 여우가 많은 군졸을 거느리고 와서 싸움을 걸었다. 노인은 수재에게 거듭 부탁을 하고는 싸움을 하러 바다로 나섰는데, 바다 위를 마치 평지 밟듯이 다녔다. 수재는 화살을 메기고 시위를 잔뜩 당겨 부인을 쏘려 했지만, 부인의 얼굴이 너무도 아름다운 것을 보고는 차마 활을 쏠 수가 없었다. 수재는 속으로 이렇게 생각했다.

'저건 사람이다. 여우가 둔갑을 한다고 어찌 저리될 수 있겠나? 사람이 사람을 쏴 죽여서야 되겠는가?'

결국 활을 쏘지 못한 채 시위를 당기고 있던 손을 풀었다. 곧이어 노인과 부인은 한바탕 큰 싸움을 끝낸 뒤 각자 자기 진영으로 돌아갔다. 노인은 수재를 보고 몹시 화를 내며 이렇게 말했다.

"내 말을 듣지 않고 끝내 활을 쏘지 않다니, 수재는 대체 무슨 마음으로 그런 거요?"

수재가 말했다.

"그 얼굴을 보니 이는 사람이지 결코 여우가 아니었습니다. 그래서 차마 죽일 수가 없었습니다."

노인이 말했다.

"수재가 만일 이 늙은이의 말을 들어주지 않는다면 모셔 온 뜻이 없지 않겠소. 내 말을 들어주지 않으면 살아 돌아가지 못할 거요. 내게는 늦게 본 딸이 하나 있는데, 지금 나이가 열여섯이지만 아직 배필을 정하지 못했소. 수재가 내 말대로 요망한 여우를 활로 쏴 죽여 준다면 내 딸을 아내로 삼게 해 주겠소."

ⓒ수재는 이곳에 올 때 보았던 처녀의 아리따운 자태를 가슴속 깊이 흠모하여 잊지 못하고 있었기에 이 말을 듣고 내심 기뻐하지 않을 수 없었다. 그러나 노인의 말에 의심되는 바가 있으므로 무릎을 꿇고 이렇게 말했다.

"저는 속세의 천한 사람이고 따님은 용궁의 귀인이신데, 어찌 감히 부부의 연을 맺을 수 있겠습니까? 또 물속 세계와 땅 위 세계가 다르고 사람과 용은 서로 다른 세계에 사는 존재이니, 비록 선생의 허락이 있다 한들 제 생각엔 인연을 이룰 수 없을 것 같습니다."

노인이 말했다.

"수재는 그런 걱정 말고 우선 내 골칫거리부터 없애 주시오. 베풀어 준 은혜에 대해서는 반드시 보답하겠소."

[A] 닷새 뒤에 요망한 여우가 또 와서 싸움을 걸었다. 노인은 튼튼한 활과 독화살을 수재에게 내주며 다시 신신당부를 하고 싸움을 하러 바다 위로 나섰다. 이윽고 먹구름이 가득 끼고 광풍이 불며, 천둥소리가 울리고 번갯불이 번뜩였다. 천지가 암흑 속에 휩싸여 지척을 분간할 수 없는데, 용과 여우가 쟁패를 벌여 엎치락뒤치락하며 승부를 가리지 못하고 있었다. 수재는 정신을 하나로 모아 화살을 메기고 시위를 당긴 채 여우 부인의 얼굴이 드러나기를 기다렸다. 그때 까마귀가 울며 보름달이 떠올랐다. 갑자기 활시위 소리가 나더니 화살이 유성처럼 날아가 여우 부인의 얼굴에 정통으로 맞았다. 여우는 한바탕 소리를 지르며 고통스러워하다가 파도 위에 쓰러져 죽었다. 아홉 개의 꼬리를 가진 늙은 여우였다. 어여쁘게 단장하고 분을 바른 나머지 무리들은 모두 새끼 여우로 변했다. 그러자 구름이 사라지고 바람이 그치며 천지가 환해졌고 파도도 멈추었다. 노인이 덩실덩실 춤을 추며 돌아와 수재에게 감사 인사를 했다.

ⓔ"수재의 신묘한 활 솜씨 덕분에 이 늙은이의 큰 골칫거리가 사라졌으니, 산처럼 높고 바다처럼 깊은 은혜에 보답할 길이 없소이다. 내가 백 살 노인이긴 하나 어찌 감히 식언을 할 수 있겠소?"

그러고는 수재의 손을 잡고 안방으로 들어가 딸에게 말했다.

"이 수재는 내게 큰 은혜를 베풀어 준 분이시다. 너와 평생의 짝으로 백년가약을 맺고 부부간의 즐거움을 누렸으면 한다."

[중략 부분의 줄거리] 용녀(龍女)와 부부의 인연을 맺은 왕수재는 노인이 끌고 온 소를 타고 아내와 육지로 이동한다. 송악산 아래 집을 짓고 자리를 잡은 왕수재는 큰 부자가 된다.

그러던 어느 날, 칡베로 만든 두건에 베옷을 입은 도사 한 사람이 손에 육환장을 들고 어깨에 바랑을 메고 와서는 왕생에게 절을 했다. 왕생이 물었다.

"뉘시오?"

도사가 대답했다.

"저는 산인*입니다. 산수를 좋아해서, 기러기가 남북으로 오가고 뜬구름이 동서로 흘러가는 것처럼 사방을 유유히 다니고 있지요. 그러다 이곳에 이르러 댁의 집터를 보니 참으로 천하의 명승지가 아닐 수 없습니다. 1년 안에 성인이 태어나시어 이 나라의 주인이 되실 것이 틀림없습니다. 주인장께서는 소중히 잘 기르시기 바랍니다. 저는 3년 뒤에 다시 찾아뵙겠습니다."

왕생이 말했다.

"참으로 위험천만한 소리군요. 부디 그 말을 입 밖에 내지 말기 바라오. 그런데 그대의 성명을 알 수 있겠소?"

도사가 대답했다.

"제 이름은 도선*으로, 중국 사람 일행(一行)의 제자입니다."

도사가 절하고 물러갔다. 왕생은 도사의 말을 듣고 혼자 속으로 기뻐하며 큰 자부심을 가졌다.

이달부터 문득 아내에게 태기가 있더니 열 달 만에 아들을 낳았다. ㉤콧대가 우뚝 솟고 용과 같은 제왕의 상에 이마가 훤하고 눈은 샛별처럼 빛났으며, 상서로운 광채가 은은히 비치고 기상이 엄숙했다. 왕생은 속으로 매우 기뻐했다.

3년 뒤 과연 도사가 다시 찾아와 왕생에게 축하 인사를 올렸다.

"주인장께서 성인을 낳으신 것을 축하드립니다! 잘 기르시면, 흉악한 무리들을 모조리 평정하고 삼한(三韓)을 통일하여 도탄에 빠진 만백성을 구하고 후세에 큰 이름을 남길 분이 되실 것입니다."

— 작자 미상, 「왕수재취득용녀설(王秀才娶得龍女說)」 —

*산인 산속에 사는 사람이라는 뜻으로, 승려나 도사를 이르는 말.

*도선 통일 신라 말기의 승려. 풍수지리설의 대가. 일찍이 고려 태조 왕건의 탄생과 그의 건국을 예언했다고 함.

004 ▶ 24951-0026

(가)와 (나)의 내용에 대한 이해로 적절하지 않은 것은?

① (가)의 노인이 양패공의 꿈속에 나타난 것은 자신과 가족을 보호하려 했기 때문이다.

② (가)의 거타지가 섬에 남은 것은 양패공이 꿈에서 만난 노인의 말을 믿었기 때문이다.

③ (나)의 왕수재가 처음에 활을 쏘지 못한 것은 여우의 외모를 보고 사람이라고 생각했기 때문이다.

④ (나)의 여우가 노인에게 계속 싸움을 건 것은 왕수재가 노인을 돕지 않을 것이라고 판단했기 때문이다.

⑤ (나)의 왕수재가 도선에게 자신에게 한 예언을 입 밖에 내지 말라고 당부한 것은 가족이 해를 입을까 염려했기 때문이다.

005 ▶ 24951-0027

㉠~㉤에 대한 설명으로 적절하지 않은 것은?

① ㉠: 노인이 자기의 요구 사항과 그것을 수용할 경우의 혜택을 밝히고 있다.

② ㉡: 노인이 늙은 여우의 행동과 그로 인한 피해를 요약적으로 언급하고 있다.

③ ㉢: 왕수재가 노인의 딸에게 반한 계기와 그녀와의 재회를 확신하는 이유를 나타내고 있다.

④ ㉣: 노인이 왕수재의 공을 인정하며 그와의 약속을 지키겠다는 의지를 드러내고 있다.

⑤ ㉤: 태어난 아기의 외양을 묘사하여 왕수재의 아들이 비범한 존재임을 나타내고 있다.

006 ▶ 24951-0028

〈보기〉와 같은 선생님의 안내에 따라 학생들이 (나)를 감상한 내용으로 적절하지 <u>않은</u> 것은?

━━● 보기 ●━━

선생님: 우리 문학사를 살펴보면 특정한 근원 설화에 영향을 받아 만들어진 후대의 설화나 고전 소설들을 찾을 수 있습니다. 이러한 작품들은 서사의 원천이 되는 근원 설화의 골격을 유지하면서 부분적으로 내용을 바꾸거나 추가하여 완성됩니다. (가)는 『삼국유사』에 실린 「거타지 설화」로 이후 『고려사』의 「작제건 설화」의 원형이 됩니다. 「작제건 설화」는 고려 태조 왕건의 할아버지인 작제건이 주인공인데, 그는 당나라 상선을 타고 항해하다가 풍랑을 만나 섬에 남게 되고, 서해 용왕의 부탁으로 늙은 여우를 화살로 쏘아 죽이고 용녀(龍女)를 취하여 아내로 맞이합니다. 이러한 연관성을 바탕으로 (가)는 고려 왕실의 조상을 신성시하는 작품들의 근원 설화로 간주되고 있습니다. 그러면 근원 설화인 (가)와 이를 바탕으로 왕수재의 비범한 능력과 왕건의 탄생을 다룬 고전 소설인 (나)를 비교하면서, (나)에서 (가)의 내용이 유지된 것과 (가)의 내용이 바뀌거나 새로운 내용이 추가된 것을 살펴봅시다.

(가)의 내용 유지	(가)의 내용 변경
학생 1: 주인공의 탁월한 능력을 드러내기 위해 사악한 요물을 퇴치하는 내용은 유지했어요. ·············· ⓐ	학생 3: 건국의 시조 탄생을 알리기 위해 특정한 인물의 예언과, 그가 시조 탄생 후에 경하의 말을 건네는 내용을 추가했어요. ···················· ⓒ
학생 2: 인간인 주인공과 용녀의 결연(結緣) 이유를 제시하기 위해 노인이 은혜를 갚으려고 주인공을 사위로 맞아들이는 내용은 유지했어요. ········· ⓑ	학생 4: 작품의 주제를 강조하기 위해 중국과의 화합 대신에 민족적 자존 의식을 높여야 한다는 내용으로 바꿨어요. ········· ⓓ
	학생 5: 주인공이 노인의 부탁대로 활을 쏘게 된 구체적 이유를 나타내기 위해 노인이 주인공을 위협하는 내용과 보상을 약속하는 내용을 추가했어요. ···················· ⓔ

① ⓐ   ② ⓑ   ③ ⓒ   ④ ⓓ   ⑤ ⓔ

007 ▶ 24951-0029

[A]에 대한 이해로 가장 적절한 것은?

① 주인공을 돕는 천상계의 조력자를 등장시켜 주인공의 고귀함을 강조하고 있다.

② 주인공의 이율배반적인 태도를 나타내어 주인공의 복잡한 심리를 부각하고 있다.

③ 주인공의 곤란한 처지에 대한 서술자의 주관적인 판단을 드러내어 긴장감을 조성하고 있다.

④ 주인공이 문제를 해결한 후 이와 조응하는 자연적 배경을 묘사하여 상황의 변화를 나타내고 있다.

⑤ 주인공과 주변 인물에게 일어난 사건의 발생원인과 진행 과정을 역전적으로 제시하여 장면을 입체적으로 구성하고 있다.

03 임제, 「수성지」

2019학년도 수능특강 문학 306~308쪽 13~15번

[008~010] 다음 글을 읽고 물음에 답하시오.

그 앞에 오는 사람은 안색이 초췌하고, 형용이 고고(枯槁)하며 절운관(切雲冠)을 썼는데, 허리에는 긴 칼을 차고 연잎의 웃옷을 입고, 호초(胡椒)와 난초의 패물을 달고, ㉠눈썹에는 나라를 걱정하는 수심(愁心)을 띠고, 눈에는 임금을 생각하는 눈물이 가득하니, 곧 회왕을 통탄하고 상관을 원망하는 사람*이 아닌가!

뒤따라오는 사람은 신색(神色)이 추수(秋水)처럼 맑고, 얼굴은 관옥 같고 초나라 의복에 초나라 갓을 쓰고, 초나라의 말씨로 초나라의 노래를 하니, 이는 한평생 오직 초양왕만을 섬겼던 사람*이 아닌가!

함께 와서 천군(天君)에게 절하며 아뢰기를,

"천군의 높은 의리를 듣고 특별히 와서 함께 방문하노니, 다만 천지가 비록 넓다고 하나, 우리를 제대로 용납하지 못하였더니, 이제 천군을 보니 마음의 경지가 자못 넓어집니다. 원컨대, 돌무더기 한 구석을 빌어서 성(城)을 쌓아 거처하려 하오니, 천군께서는 쉬이 허락하실지 않으실지 알지 못하겠사옵니다."

천군이 이에 옷깃을 거두고 추연(愀然)히 이르기를,

"남자의 회포는 고금(古今)이 마찬가지라. ㉡내 어찌 조그마한 땅을 아껴서 조처하지 않을까 보냐!"

드디어 조서(詔書)를 내리어 가로되,

"그들이 와서 살 수 있도록 감찰관이 알아서 하고, 그들이 성을 쌓을 수 있도록 뇌외공(磊磈公)이 알아서 조처하라."

고 분부를 내리니, 두 사람이 절하여 사례하고 흉해(胸海)가로 향하여 가 버리더라.

이 뒤부터 천군은 두 사람을 생각하고 생각해서 능히 마음에 잊지 못하여 항상 출납관을 시켜 초사(楚辭)를 높이 읊게 하고는 다른 일을 겸하여 주관하지 않더니, 추구월에 천군이 해상에 친히 다다라서 성 쌓는 것을 관망할 때 수만 갈래의 원통한 기운과 수심에 찬 천첩(千疊)이나 되는 구름 사이로 옛날의 충신·의사(義士) 등 까닭 없이 죽음을 당한 사람들이 여기저기서 하나씩 둘씩 오락가락하는데, 그중에 진나라의 태자 부소는 일찍이 장성(長城)을 쌓는 것을 감독했던 까닭에, 몽염과 더불어 형곡(硎谷)에서 일을 하던 유생 400여 명을 묻으려 할 때*, ㉢경영(經營)을 급히 말게 하여도 재빠르게 되었으니, 그 성을 쌓아 이루는 데는 토석은 쓰지 않았으니, 수송하는 일에는 무슨 수고가 있었겠느냐?

크다고 하려니 붙여진 곳이 비좁고, 적다고 하려니 포괄한 바가 많도다. 없는 듯하면서도 있고, 형용이 드러나지 않는데도 형체가 있어, 북으로는 태산(泰山)에 의거하였고, 남으로는 푸른 바다에 연(連)했으며, 지맥(地脈)은 바로 아미산(峨眉山)으로부터 내려왔으므로 울퉁불퉁하고 더덕더덕해서 수심과 한(恨)이 모인 까닭에 이름을 수성(愁城)이라 하였다.

[중략 부분의 줄거리] 성중에 조고대와 충의문, 장렬문, 무고문, 별리문 등 네 문을 설치하고, 백성들이 항상 불안과 수심에 싸여 살게 되자, 그 세력이 천군에까지 미치게 된다. 중대한 위기에 처한 천군에게 주인옹은 수성을 뿌리째 없애 버릴 수 있는 방책을 제안하면서 국양 장군을 추천한다.

장군이 옥으로 만든 배를 타고 술못[酒池]을 건너면서, 돛대를 치며 맹세하여 말하기를,

"수성을 탕평(蕩平)하지 못하고 다시 건너는 일이 있다면, 이 물과 같이 되리라."

하고는 이에 바다 입구에 배를 대고, 곧 장서기(掌書記)인 모영을 불러서 그 자리에서 ⓐ격문(檄文)을 지어 말하기를,

"모월 모일에 옹주(雍州)·병주(並州)·뇌주(雷州)의 대도독(大都督) 구수대장군(驅愁大將軍)이 수성에 격문을 보내노니, 대저 여관 같은 천지간과 과객 같은 세월 중에 팽조와 같이 오래 살았던 이나, 요절한 사람이나 모두가 한바탕의 꿈이었으니, 무릇 모든 인생은 똑같은 궤도를 따라 살아가는 것이라.

살아서 근심하고 한함은 촉루의 낙(樂)*에 미치지 못하나니, 어찌 슬프지 않으리오? 오직 네 수성은 우환으로 된 지가 오래여서 ⓔ쫓겨난 신하와 근심 걱정이 있는 부인과 열사(烈士)와 소인(騷人)들만 편벽스럽게 찾아서, 거울 속의 얼굴빛을 쉽게 시들게 하고 귀밑의 머리털을 서리로 재촉하니, 이로 하여금 뺄고 뺄어도 도모하기 어렵도록 해서는 안 될지라.

이제 나는 천군의 명령을 받아서 신풍의 군사를 거느리고, 선봉은 곧 서주(西州) 역사(力士)이고 좌막은 함리 해오라. 비록 제갈공이 풍운의 진(陣)을 벌이더라도, 또한 고금에 으뜸가는 초패왕의 용맹이라도 어린애를 희롱하는 것 같이 될 것이다. 어찌 능히 우리를 당하랴! 하물며, 초나라 못에서 홀로 깬 사람이야 어찌 족히 개의라도 할 수 있으리오?"

격문이 이르는 날에 일찍이 항복하는 깃발을 세우라 하고, 출납관을 시켜서 소리를 가다듬어 격문을 읽게 하여, 성중(城中)에 들리게 하였더니, 성안에 가득한 사람들이 모두 항복할 마음을 가졌으나, 굴평만이 홀로 굴복하지 않고 머리털을 풀어 헤친 채로 달아나서, 그가 간 곳을 알지 못하겠더라.

장군이 바다 입구로부터 물이 든 병을 거꾸로 세운 듯이 급히 내려가니, 형세가 대나무 쪼개듯이 급박한 기세로, 공격하지 않아도 성문이 저절로 열리고, 싸우지 않아도 성중에서 이미 항복하니, 장군이 이에 무기를 번쩍거리며 위엄을 부리면서, 혹은 흩어져서 밖으로 포위하고, 혹은 모여서 안에 진을 치니, 형세가 바다 나라에 조수(潮水)가 생기듯, 강성(江城)이 비로 인하여 물이 넘치는 듯하매, 천군이 영대(靈臺)에 올라서 바라보니 ⓜ구름은 사라지고 안개는 걷히고, 자혜로운 바람과 나른한 햇빛에 접때 슬펐던 것이 기쁘게 되고, 괴로웠던 것이 즐겁게 되고, 원망스럽던 것은 잊혀지고, 한스럽던 것은 사라지고, 분한 것은 빠져나가고, 성났던 것은 기쁘게 되고, 근심하던 것은 즐거워지고, 답답하던 것은 후련해지고, 신음하던 것은 노래 부르고, 주먹 쥐었던 것은 춤추며 뛰고, 백륜은 그 덕을 칭송하고, 사종이 그 가슴을 씻고, 도연명은 갈건과 소금으로써 뜰의 나뭇가지를 바라보매 기쁜 얼굴로 되고, 이태백은 접이와 금포를 입고 술잔을 기울이면서 달에 취했더라.

– 임제, 「수성지(愁城誌)」 –

＊회왕을 통탄하고 상관을 원망하는 사람 초나라의 대부 굴원을 지칭함.

＊한평생 오직 초양왕만을 섬겼던 사람 굴원의 제자인 송옥을 지칭함.

＊유생 400여 명을 묻으려 할 때 분서갱유(焚書坑儒). 중국의 진시황이 학자들의 정치적 비판을 막기 위하여 의약, 점복, 농업에 관한 것을 제외한 민간의 모든 서적을 불태우고, 이듬해 유생들을 생매장한 일을 말함.

＊촉루의 낙 「장자」에 '죽음은 남면(南面)의 왕락(王樂)보다 낫다'고 한 말에서 나온 말.

008 ▶ 24951-0030

윗글에 대한 설명으로 가장 적절한 것은?

① 서술자의 교체를 통해 사건을 다채롭게 해석하고 있다.

② 시간의 역전적 구성을 통해 사건의 인과성을 강조하고 있다.

③ 비유적 표현을 통해 인물의 특성이나 상황을 드러내고 있다.

④ 인물이 주고받는 대화를 통해 인물 사이의 갈등을 드러내고 있다.

⑤ 실존 인물을 등장시켜 주요 사건이 역사적 사실임을 알려 주고 있다.

009 ▶ 24951-0031

ⓐ에 대한 설명으로 적절하지 않은 것은?

① 적을 항복시키기 위한 목적을 가지고 작성된 것이다.

② 상대의 잘못을 질책하고 죽음으로써 투항하기를 요구하고 있다.

③ 수성에 사는 자들에게 근심과 걱정이 만연한 것을 문제로 삼고 있다.

④ 전투에 임하는 군대와 전략의 우월성을 자랑하며 상대를 압박하고 있다.

⑤ 전투를 하기 전에 상대에게 그 내용을 전달하여 상대의 사기를 꺾고 있다.

010 ▶ 24951-0032

〈보기〉를 바탕으로 ㉠～㉤을 이해한 것으로 적절하지 <u>않은</u> 것은?

● 보기 ●

천군 소설이란 마음을 천군(天君)으로, 사단 칠정(四端七情)과 같은 마음씨나 감정 등을 신하로 의인화하여, 인간의 마음 변화를 우의적으로 다루는 소설을 말한다. 천군 소설은 천군을 중심으로 천군을 이롭게 하는 인물형과 천군을 곤경에 빠뜨리는 인물형의 대립과 갈등을 통해 사건이 전개되는데, 임제의 「수성지」는 이와 같은 천군 소설의 구조를 충실하게 따르고 있는 작품이다.

① ㉠: '그 앞에 오는 사람'이 천군을 곤경에 빠뜨리는 인물이 될 것임을 짐작하게 한다.
② ㉡: 천군으로 의인화된 사람의 마음에 부정적인 변화가 일어날 것임을 짐작하게 한다.
③ ㉢: 사람의 마음에 근심이 자리 잡는 것은 매우 빠른 시간에 이루어짐을 말하기 위한 표현이다.
④ ㉣: 근심이 인간의 마음속에서 내쫓아 버린 즐거움이나 평온함 같은 것을 의인화한 것이다.
⑤ ㉤: 사람의 마음에 근심이 사라지고 평온한 마음의 상태가 찾아왔음을 보여 주는 것이다.

04 > 작자 미상, 「위경천전」

2017학년도 수능특강 문학 160~162쪽 01~04번

[011~014] 다음 글을 읽고 물음에 답하시오.

[앞부분의 줄거리] 임진년 봄, 위경천은 동정호 유람을 나섰다가 소숙방을 보고 한눈에 반해 인연을 맺는다. 위경천이 집으로 돌아간 뒤, 두 사람은 서로에 대한 그리움으로 병이 든다. 사연을 알게 된 양가 부모가 두 사람을 혼인시키기로 한다.

여인(소숙방)은 소식을 듣자 약을 쓰지 않고도 홀연 병이 나았다. 이로부터 양쪽 집안이 끊임없이 소식을 주고받았다. 드디어 약속한 날이 되어 혼례식이 거행되었다. 두 사람이 서로를 얻은 기쁨은 장석과 두난향의 만남*이나 배항과 운영의 만남*과도 견줄 수 없을 만큼 컸다. 부부가 된 두 사람이 늘 사랑하는 마음으로 서로를 공경했으므로, 가깝고 먼 친척들 모두가 예의를 다해 이들을 대했다.

이해 8월, **왜군이 조선에 쳐들어왔다.** 조선의 국왕은 수도를 버리고 멀리 신의주까지 피란을 와서 중국으로 끊임없이 사신을 보내 구원을 요청했다.

황제는 병사를 징집하는 격문을 보내고, 위생의 부친을 왜군을 징벌하는 장군으로 임명하여 3만 병사를 거느리고 멀리 요양으로 가게 했다. 전쟁터는 사지인 데다가 멀리 동쪽 변방에 들어갔다가 언제 돌아오는지 알 수 없는 일이었다. 한편 위생의 부친은 그 막하에서 서기관의 임무를 수행할 만한 마땅한 사람을 구하기가 어려웠다. 그리하여 그는 즉각 위생에게 편지를 보내 함께 계문으로 가자고 했다.

위생은 **부친의 편지를 읽고** 눈물을 흘리며 식음을 전폐한 채 마음을 잡지 못했다. 소숙방이 문득 슬픔을 억누르고 사리를 따져 가며 위생을 타일렀다.

┌ "듣건대 남자는 세상에 태어나 붉은 활을

[A]

들고 백마를 타고 싸움터에 나아가 죽음을 무릅쓰고 싸울 뜻을 가져야 하며, 철기(鐵騎)를 타고 병부를 꿰어 차고는 마침내 큰 무공을 세워야 한다고 하더군요. 하물며 천하의 굳센 병사를 모아 변방의 흉악한 무리를 섬멸하고자 하는 지금, 산을 누를 듯한 기세는 있으되 땅이 무너질 듯한 근심은 없으니, 훌륭한 공적을 세우고자 하신다면 지금이 바로 그 기회입니다. 어찌 오활*한 선비의 모습을 보이며 끝내 서재를 지키고 앉아 계시려 합니까? 더구나 지금 아버님께서 변경 먼 곳에서 근심을 안고 계시건만, 아들 된 사람으로서 아버님의 괴로움을 어찌 모른 척할 수 있겠어요? 속히 돌아올 수 있을 테니 아버님의 뜻을 어기지 마셔요. 다만 제 팔자가 기구해서 세상사가 자주 어그러지더니, 좋은 인연을 맺자마자 **슬픈 이별**이 또 찾아오는군요. 인생이 얼마나 된다고 함께 기쁨을 누리는 날이 이리도 짧은지요? 이제 뜰의 오동나무 잎이 지고 바닷가 기러기가 구슬피 울며 달빛이 섬돌을 비출 때 누가 제 피리 소리를 들어 주겠어요? 새하얀 벽에 벌레만 울고 원앙새의 꿈도 차갑게 식어 저는 다시 애태우며 망부석이 되리니, 오직 낭군께서 하루빨리 돌아오시기만

└ 을 바랄 뿐입니다."

말을 마치자 술을 마련하여 안채에서 작별의 자리를 가졌다.

[중략 부분의 줄거리] 위생은 부친의 행렬에 합류하나 마음이 극히 허전한 상태로 산을 넘고 물을 건너는 등 온갖 고생을 겪은 데다가, 제대로 먹고 자지도 못해 예전의 병이 다시 도지게 된다.

이러구러 몇 달이 지났다. ㉮위생의 맥이 실낱같아 금방이라도 목숨이 끊어질 듯하자 부하 한 사람이 급히 장군에게 소식을 알렸다. 장군은 전투 계획을 뒤로 미루고 황급히 달려와 위생의 이마를 어루만지며 말했다.

"내 황제의 명을 받들어 천 리 길을 함께 왔다만, 부자간의 도리가 중하니 네 목숨을 꼭 구할 것이다. 너를 데리고 온 건 병약한 아비를 도와 달라는 뜻이었는데, 늙은 아비가 덕이 없어 네가 먼저 병이 들고 말았구나. 하늘 끝에 칼 한 자루 들고 선 나는 이제 누구를 의지해야 할지? 전쟁터에 나와 약을 쓸 겨를도 없었으니, 내 참담한 마음이야 너도 잘 알겠지. 고향 땅이 비록 멀지만 돌아갈 길이 험하지 않으니 배를 타고 하룻밤이면 강남에 도착할 수 있을 게다. 마음을 편히 먹고 조금도 근심하지 말거라."

위생이 부친의 말을 듣고 고개를 드는데, 서글픔에 눈물이 줄줄 흘러내렸다. 마침내 장군의 손을 꼭 잡고 목메어 울며 이렇게 고하였다.

"소자의 남은 목숨은 재앙을 면하지 못할 것 같습니다. 전쟁터에서 지병이 더욱 심해져 편작이 온다 해도 고치지 못하리니, 운명을 어쩌겠습니까? 다만 마음에 걸리는 건 아버지께서 변방에 와 아직 교전 한 번 못 하신 채 자식의 죽음에 곡하며 상심하게 될 일입니다. 어려서는 재주가 없어 부모님께 영예를 끼치지 못했고, 커

서는 부모님보다 먼저 세상을 떠서 평생 곁에서 모실 수 없게 되었으니, 이승에서나 저승에서나 제 죄는 용서받지 못할 것입니다. **저승에서도 이 원통함이 사라지지 않**으니, 어찌 제가 눈을 감을 수 있겠습니까. 저는 황량한 산에 떠도는 외로운 혼과 다를 것이 없습니다. 바라옵건대 제 **뼈**를 고향 선산에 묻어 주십시오."

위생은 말을 마치자마자 돌연 **숨을 거두**었다. 장군이 통곡하며 초상 준비를 서두르는 한편, 고향에서 장례를 치르고 선영(先塋) 곁에 묻도록 명하였다.

상여를 떠나보내는 날, 위생이 장군의 ㉠꿈에 나타나 이렇게 말했다.

"소씨 댁 낭자와는 정을 다 나누지 못했습니다. 살아서는 함께 살지 못했지만, 죽어서는 한 무덤에 묻히고 싶습니다."

그러고는 홀연 보이지 않았다. 장군이 놀라서 깨니 꿈이었다. 군막에 달이 지고 피리 소리와 북소리가 구슬프게 들려왔다.

– 작자 미상, 「위경천전」 –

＊**장석과 두난향의 만남** 후한 때 선녀 두난향이 동정호 부근에 살던 장석의 집에 내려와 부부의 인연을 맺었다는 고사.

＊**배항과 운영의 만남** 당나라 때 선비 배항이 운교 부인의 소개로 운영이라는 미인을 만났다는 고사.

＊**오활** 사리에 어둡고 세상 물정을 잘 모름.

011 ▶ 24951-0033

[A]를 통해 알 수 있는 소숙방의 생각으로 적절하지 않은 것은?

① 남자라면 전쟁터에 나가 적을 무찔러 큰 공적을 남겨야 한다.

② 낭군께서 돌아올 때까지 사랑의 마음을 지키면서 낭군을 기다리겠다.

③ 전쟁터에서 돌아오게 되면 낭군은 학문을 수양하는 데 매진해야 한다.

④ 낭군과 좋은 인연을 맺자마자 또다시 이별을 맞이하게 되어 안타깝다.

⑤ 변방에서 고통을 겪을 부친을 도와 낭군은 자식의 도리를 다해야 한다.

012 ▶ 24951-0034

〈보기〉를 참고하여 윗글을 감상한 내용으로 적절하지 않은 것은?

• 보기 •

이 작품은 전쟁 상황을 배경으로 젊은 남녀의 사랑과 그리움, 예기치 않은 이별, 죽음으로 인한 비극적 사건을 보여 주는 작품이다. 특히 작가는 당대의 사회적 현실을 배경으로 남녀 간의 애정에서 비롯된 인물들의 심리적 정황을 잘 드러내고 있다.

① '왜군이 조선에 쳐들어'와 조선의 국왕이 구원을 요청한다는 데서 이 작품이 전쟁 상황을 배경으로 사건이 전개되고 있음을 알 수 있군.

② 위경천이 '부친의 편지를 읽고' 눈물을 흘리며 마음을 잡지 못하는 것은 부당한 권력으로 인해 개인이 고통을 당하는 당대의 현실을 반영한 것이군.

③ 서로 그리워하던 위경천과 소숙방이 인연을 맺지만 '슬픈 이별'을 하게 된다는 점에서 이 작품이 남녀 간의 애정을 바탕으로 한 것임을 알 수 있군.

④ 위경천이 부친께 '저승에서도 이 원통함이 사라지지 않'을 것이라며 애통해하는 모습에서 인물의 심리적 정황이 잘 나타나 있다고 할 수 있겠군.

⑤ 위경천이 전쟁터에 나가 소숙방에게 돌아오지 못하고 결국 '숨을 거두'고 죽음을 맞이하게 되는 데서 비극적 사건으로서의 성격을 드러내고 있군.

013 ▶ 24951-0035

㉠의 기능으로 가장 적절한 것은?

① 대립적인 상황을 해결하는 계기가 되고 있다.

② 인물의 과거 행적을 요약적으로 드러내고 있다.

③ 장면을 전환시켜 긴박한 분위기를 이완하고 있다.

④ 인물의 간절한 소망을 드러내는 장치가 되고 있다.

⑤ 인물 간의 관계를 밝혀 사건의 원인을 드러내고 있다.

014 ▶ 24951-0036

㉮의 상황을 나타내는 한자 성어로 가장 적절한 것은?

① 동병상련(同病相憐)

② 맥수지탄(麥秀之嘆)

③ 명재경각(命在頃刻)

④ 사고무친(四顧無親)

⑤ 적수공권(赤手空拳)

05 심의, 「대관재몽유록」

2022학년도 수능특강 문학 124~127쪽 01~03번

[015~017] 다음 글을 읽고 물음에 답하시오.

[앞부분의 줄거리] 벼슬에 오르지 못하고 시대를 한탄하며 지내던 선비 심의가 팔을 베고 잠이 들어 꿈속 세계로 들어가는데, 천자는 최치원, 수상은 을지문덕, 좌우상은 이규보와 이제현, 대제학은 이색, 각각의 관직도 유명한 문인들이 맡고 있는 왕국이었다. 심의 또한 천자의 총애를 받게 되어 금자광록대부와 벽부학사라는 관직을 맡게 된다.

황제가 변란을 듣고 매우 근심하여 거의 병이 될 지경이었다. 경내의 백성을 다 모으고 무기 창고의 무기를 다 꺼내어 친정을 하여 토벌하고자 했다. 대제학 이색이 비밀히 아뢰었다.

"바라옵건대 **벽부학사 심 아무개**를 보내어 순리를 거스른 행위를 깨우치게 하시면, 군사들이 피를 흘리지 않고도 스스로 그치게 할 것이니, 옥체를 수고롭게 하지 않으시기 바랍니다."

천자가 재계하고 장대를 쌓고 나를 대장군에 임명하며 말씀하셨다.

"장군에게 몇만의 군사를 임의로 쓰게 하노라!"

나는 명을 듣고 무릎을 쳤으며, 충성심이 우뚝 솟아 나도 모르게 호언장담을 하였다.

"신은 무기란 상스럽지 못한 것이라고 들었기에 쓰기를 원하지 않습니다. 다만 달밤에 휘파람으로 읊조리는 남모르는 방법이 있어 추운 겨울에 우레를 일으키고 더운 여름에 얼음을 만들며, 짐승들을 거두어 희롱하고, 귀신을 삼키고 뱉을 수 있어, 앉아서 만 명의 적을 대적할 수가 있습니다."

천자께서는 공경을 거느리고 북쪽 교외로 행차하여 길제사를 베풀어 전별하고는 비단 주머니 한 개를 꺼내어 그것을 차게 하시었다. 나는 감사하여 무릎을 꿇고 말하였다.

"전쟁은 신속한 것을 귀하게 여깁니다. 마땅히

난적을 바람이 불면 풀이 쏠리듯이 감화를 시킬 뿐입니다. 어찌 번거롭게 전쟁을 꾀하겠습니까!"

바로 그날 단기로 길을 떠났는데, 다만 첨두노[*] 몇 명만 데리고 밤낮을 가리지 않고 갔다. 열흘이 채 못 되어 적의 성채로 달려갔더니 무기가 햇빛에 번쩍이며 세 겹으로 에워싸고 있었다. 내가 기를 돋우어 입술을 벌리고 한 번 휘파람을 불었더니 적은 용기를 잃었고, 두 번 불었더니 만 명의 기병이 북쪽으로 달아났다. 휘파람 소리가 점점 멀어지자 채색 구름이 자욱하게 가리었고, 난새와 봉이 엇갈리어 날았으며, 바다와 산이 변색하고 천지가 떨리고 흔들렸다. 몇 되지 않은 모든 반적들은 바람에 쓰러지듯이 달아나고 흩어졌다. 적장 김시습은 두 손을 앞으로 묶고 투항하며 말했다.

"뜻밖에 사단(詞壇)[*]의 노장 심 공께서 오셨구려!"

나는 노포를 걸고 「첩개가」를 불렀다. 천자께서는 크게 기뻐하시고 상을 내리셨으며, 좌우를 돌아보며,

"옛날에 긴 휘파람으로 호기를 물리친 일이 있었거늘, 이제 경에게서 그것을 보았노라."

하고는, 배식사문 경륜일시 진국공신의 호를 내리게 하고, 안동백에 봉했으며, 몇만의 큰 상을 내리시고 김시습을 폐하여 좌선을 삼았다.

이로부터 위명이 날로 드러나고 임금의 총애가 더욱 커서 매일 새벽에 출근하여 밤에 들어오며 마음을 다하여 나라의 은혜에 보답하였다. 벼슬한 지 10년에 아들을 낳고 손자를 길러 문벌이 빛났으며, **많은 녹을 받아 집안 재산이 넘쳤다.** 공경 중에 누가 명함을 내고 보기를 청하는 사람이 있으면 번번이

"신하 된 도리로 사사로이 교제할 수가 없습니

다."

하고는 읍하고 사양했다. 조정에 있으면 모든 일을 맡아보았고 시를 읊었다. 사치가 몸에 배었지만 나와 같이 청렴하고 검소한 사람이 여러 사람의 논란거리가 되겠는가. 나는 늘 우승상 이규보를 허물하여 대궐에 가서 항소하기를,

[A] "이 아무개는 문장이 경솔부박하며 나약하고 뼈대가 없어, 비록 귀신처럼 날래지만 귀하지 못합니다. 다른 것은 적지 않습니다."

라고 하였더니 천자께서 그 아뢴 것이 옳다 하여 나에게 오거서(五車書)*를 내리고 영경연으로 특진을 시키시었다.

(중략)

며칠이 지나 낮 시강(侍講)*을 마치고, 천자께서 정색을 하고 불쾌한 표정으로 소차 하나를 보라고 하셨는데 바로 한림 선생이 나를 탄핵하는 상소문이었다.

[B] "심 모는 속세의 허물을 벗지 못하여 사사로운 욕심이 너무 지나칩니다. 나머지는 적지 않습니다."

라고 하였다. 천자께서는,

"한때의 부질없는 논의를 어찌 마음에 두리오!"

하고는 대관 선생이란 호를 내리고 고향에 돌아가라고 하면서 손에 술잔을 잡고 [나에게] 주며 말씀하셨다.

"풀과 나무며 산과 강을 함부로 침범하지 마시

오. 조물이 공을 꺼리는 것이 있습니다. 경의 첩 옥란은 다시 주식(酒食)을 맡게 되어 내 명을 기다리게 되었습니다. 공은 옛날 직분으로 돌아가시오."

나는 머리를 섬돌에 부딪치고 하직하였는데, 눈물이 옷을 적시었다. 집안 식구를 돌아보아 생각하니 차마 서로 떠날 수가 없었다. 조금 있으니 상국 이색이 등을 쓰다듬으며 협실로 꾀어 들여서 나를 난초 탕에 목욕시키고는 금 칼로 나의 오장 육부를 갈라놓고 갈아 놓은 먹물 몇 말을 들어부으며 말했다.

"40여 년을 기다리면 꼭 여기에 다시 돌아와 함께 부귀를 누릴 것이니 걱정하지 마시오."

배가 칼로 찌르는 듯이 아파 갑자기 깨니, 배가 북처럼 부풀어 올랐고, 잔등은 가물가물하는데 병든 아내가 곁에 누워 앓는 소리를 할 뿐이었다.

아! 사람이 세상에 나서 궁달(窮達)은 팔자소관이니 어찌 꿈을 깨는 자가 있을 것인가! 괴이쩍은 이야기를 드러내어 꿈에 겪었던 일을 적는다.

가정(嘉靖) 8년 12월 상한에 심의는 대관재에서 쓰다.

— 심의, 「대관재몽유록(大觀齋夢遊錄)」 —

*첨두노 여기서는 글을 쓰는 '붓'을 이름.
*사단 문인(文人)들의 사회. 문단.
*오거서 다섯 수레에 실을 만한 책. 많은 장서.
*시강 왕이나 동궁 앞에서 학문을 강의하던 일. 또는 그런 사람.

※ 〈보기〉를 참고하여 015번과 016번 두 물음에 답하시오.

● 보기 ●

　　다음과 같이 현실 세계에 살던 주인공이 꿈을 통해 다른 세계로 들어갔다가 돌아오는 구조를 흔히 환몽 구조라고 한다.

　⑦ 현실 세계 　→입몽　 ④ 꿈속 세계 　→각몽　 ④ 현실 세계

　　이와 유사한 구조를 가진 소설 중 몽유록 소설은 대개 다음과 같은 특징을 보인다. 우선, 작가를 대변하는 서술자가 자신의 동일성과 의식을 유지한 채 꿈속 세계로 들어가는 경우가 많다. 꿈속 세계에서 일련의 일을 겪은 이 서술자는 본래의 현실로 돌아와 자신의 체험을 전달하는 방식을 취한다. 이때 ㉠몽유록 소설에서의 꿈은 작가의 바람이나 현실의 불만을 드러내는 수단이나 역사적 사건 또는 인물에 대한 주관적 판단을 제시하는 방법이 된다.

015 ▶ 24951-0037

〈보기〉를 바탕으로 윗글을 감상한 내용으로 적절하지 않은 것은?

① ④의 '벽부학사 심 아무개'는 ④의 '심의'로 깨어난다는 점에서 작가가 자신의 동일성과 의식을 유지한 채 만들어 낸 주인공이라 할 수 있겠군.

② ④에서 '나'가 받은 '대관 선생'이라는 호는 ④의 '심의'가 꿈속 내용을 기록한 '대관재'와 연결된다는 점에서 현실 세계와 꿈속 세계의 관련성을 높이는 장치가 되겠군.

③ ④에서 '나'가 '많은 녹을 받아 집안 재산이 넘'치는 상황으로 그려진 것은 서술자가 현실 세계에서 가지지 못한 것에 대한 아쉬움이 투영된 것이겠군.

④ ④에서 '천자'가 '나'를 두고 '조물이 공을 꺼리는 것이 있'다고 말하는 것은 서술자의 삶이 ⑦~④ 모두 순탄하지만은 않음을 암시하는 장치가 되겠군.

⑤ ④에서 '40여 년을 기다리면' 다시 돌아갈 수 있다는 기대감을 표현한 것은 ④에 이른 서술자가 ⑦에서와 달리, 새로운 삶의 방식을 선택할 것임을 드러내는군.

016 ▶ 24951-0038

다음은 윗글의 인물과 관련된 정보를 수집한 자료이다. 다음 자료와 ㉠을 관련지어 ④의 상황 설정을 설명한 내용으로 적절하지 않은 것은?

● 보기 ●

• 천자(최치원): 통일 신라 말기의 문장가. 당나라 빈공과에 급제하였으며, 반란군 황소를 비판하는 '토황소격문'을 지어 이름을 높였다. 신라에 돌아온 후 가야산에 은거하여 종적을 감추었다.

• 이색: 고려 후기의 문신이자 학자. 고려의 멸망과 함께 은둔하였다. 성리학을 깊이 연구하고 뛰어난 제자들을 배출하여 성리학의 발전에 커다란 발자취를 남겼다.

• 김시습: 조선 초의 문장가이자 생육신(生六臣)의 한 사람. 어려서부터 천재로 불렸으나, 세조가 왕위를 찬탈하자 비분강개하여 승려가 되어 전국을 유랑하며 일생을 보냈다.

① ㉯의 천자, 이색, 김시습 등은 서로 다른 시기에 실존했던 인물들이지만, 작가는 이상적 문인 왕국을 그려 내기 위해 동시대의 인물로 설정한 것이겠군.

② ㉯에서 심 아무개가 첨두노(붓) 몇 명만 데리고 문제를 해결하도록 설정한 것은, '토황소격문'을 지어 이름을 높였던 최치원의 일화를 긍정적으로 평가했기 때문이겠군.

③ ㉯에서 김시습의 투항을 받는 것이 매우 간단한 일로 표현된 것은, 어려서부터 천재로 불린 김시습의 능력이 대단한 것이 아니라는 작가의 주관적 판단이 투영된 것이겠군.

④ ㉯에서 이색을 심 아무개가 꿈을 깨는 것을 돕는 인물로 그려 낸 것은, 이제까지 사람들이 모르고 있던 이색의 공적을 세상에 알리려는 작가의 의도 때문이겠군.

⑤ ㉯에서 최치원과 이색에게 높은 지위를 부여한 것은, 은둔하여 제 뜻을 펼치지 못한 인물들에게 더 많은 기회가 주어진 상황을 작가가 그려 보고자 했기 때문이겠군.

017 ▶ 24951-0039

[A]와 [B]에 대한 설명으로 적절하지 않은 것은?

① [A]와 [B]는 모두 누군가의 문제를 들추어내기 위해 쓴 것이다.

② [A]는 [B]와 달리 타인을 평가할 때 그의 문장력을 기준으로 삼고 있다.

③ [B]는 [A]와 달리 천자의 결심을 이끌어 내는 데 성공하지 못하고 있다.

④ [A]가 인물에 대한 '나'의 평가라면, [B]는 '나'에 대한 타인의 평가이다.

⑤ [A]로 인해 '나'는 더 높은 벼슬을 얻지만, [B]로 인해 '나'는 고향으로 돌아가게 된다.

06 작자 미상, 「조웅전」

2020학년도 6월 모의평가 23~26번

[018~021] 다음 글을 읽고 물음에 답하시오.

[앞부분의 줄거리] 조웅은 송나라 회복을 위해 태자를 구해 함께 위국으로 가던 중 서번국 병사가 매복한 함곡을 향한다.

이적에 원수가 여러 날 만에 연주에 도달하여 군마를 다 쉬게 하고 원수도 노곤하여 사관에서 쉬고 있었는데,

[A] 한 나비가 침상에 날아들거늘 원수도 자연스럽게 날개를 얻어 그 나비를 따라 공중에 날아 한 곳에 이르니, 첩첩한 산중에 수목이 **빽빽한** 곳을 깊이 들어가니 그 가운데 광활하여 완연한 별세계라. 또 한 곳을 들어가니 아름다운 궁궐이 하늘에 닿았거늘, 나아가 보니 문에 현판을 붙였으되, '만고충렬문'이라 뚜렷이 쓰여 있었다.

궁궐 위를 바라보니 한 노인이 앉았으되 얼굴은 관옥 같고 머리에 황금관을 쓰고 몸에 용포를 입고 윗자리에 높이 앉았는데, 무수한 사람들이 열좌하여 큰 잔치 를 배설하고 술과 음식이 가득한 중에 절대 가인이 차례로 앉았으니, 그 아름다움이 측량없더라. 좌석에 가득 앉은 사람들이 여러 왕의 흥망성쇠와 만고역대를 역력히 이르는지라. 맨 윗자리에 앉은 제왕은 어찌 된 줄을 모르매 분부 왈,

"그대 등은 각각 공을 밝히어 올리라."

하니 좌석에 가득 앉은 사람들이 각각 공을 밝히는 글을 올리니 그 공적에 왈,

"저는 본래 한나라 신하로 깊은 뜻이 많지 아니하리로다. 옛일을 살펴보니 복이 북두칠성과 일월에 찬란하리로다."

또 한 공적에 왈,

"칼을 잡아 흉적을 소멸하니 제후 될 만하도다. 천하를 성처럼 막았으니 문호 세상에 진동하는

도다."

하였더라.

그 남은 공적은 어찌 다 기록하리오. 좌중의 여러 사람들이 각각 소회를 다하고, 혹 노기 등천하며, 혹 칼을 빼들고 매우 성을 내고, 어떤 자는 땅에 섰고, 어떤 자는 깡충깡충 뛰며, 어떤 자는 노래하고, 어떤 자는 춤추기도 하는지라. 이러한 좋은 장면을 세밀히 구경할새, 한 사람이 좌중에 나와 앉으며 왈,

"우리 각각 소회는 옛일이라. 한하여도 미치지 못하려니와 알지 못하겠노라. 대송이 역적에 망하니 인하여 멸송이 되오면 언제 회복되오리까?"

하니 한 사람이

"송나라의 복은 아직 길고 멀었는지라. 어찌 회복이 없사오리까?"

한데, 또 한 사람이,

"그대 등은 알지 못하는도다. 하늘이 송나라 왕실을 회복하고자 조웅을 명하였더니, 불쌍하도다 조웅이여! 일시가 극난하여 명일 미명에 서번 적의 간계에 걸려들어 죽을 듯하니 불쌍하도다. 조웅의 일도 우리와 같을지라. 정해진 나이를 못 마치고 전쟁의 패한 혼이 될 듯하니 불쌍코 가련하다."

이러할 제 문 지키는 군사 급히 고하기를,

"송나라 문제 들어오시나이다."

하니, 여러 사람이 일시에 뜰로 내려와 영접하여 상좌한 후에 여러 사람이 아뢰기를,

"오늘날 만날 약속을 정하옵고 어찌 늦게 도착하시나이까?"

문제 왈,

"송나라 왕실을 회복할 신하는 조웅이라. 오다가 한 곳을 보니 불측한 서번이 조웅을 잡으려

고 이러저러하였거늘, 행여 그러할까 하여 시운 일수를 통치 못하여 죽을 듯함에, 도사를 찾아가 구하라 하고 부탁하고 오노라.”

하시니, 좌중이 외쳐 왈,

“우리는 분명 조웅이 죽으리라 하고 불쌍한 공론을 하였더니, 대운이 막히지 아니하였사오니 천수를 어찌 하오리까?”

원수가 깨달으니 남가일몽이라.

(중략)

원수 꿈속의 일을 생각하니 저절로 마음이 비창하여 슬픔을 머금고 종일 행군할 동안에 염려가 끊이지 않았다.

[B] 이날 함곡에 도달하니 해는 서쪽 산 위로 떨어지고 달은 동쪽 고개 위로 떠올랐는데, 무심한 잔나비는 달빛 아래에서 슬피 울고, 그윽한 두견성은 불여귀를 일삼았다. 갈 길은 험악한데 동쪽은 험한 산이고 서쪽은 깊은 골짜기여서 층층이 험한 산봉우리는 가슴을 찌르는 듯하고 야광은 희미하기만 했다.

선봉을 재촉하여 함곡으로 들어가는데 문득 바라보니 동편 작은 골짜기에 갈포로 만든 두건과 베옷을 입은 한 노옹이 있어 푸른 나귀를 재촉하며 백우선으로 원수를 만류하거늘 원수가 그 노옹을 바라보니 정신이 황홀하였다. 원수가 말을 머물게 하고 잠깐 기다리니 그 노옹이 묻기를,

“연주로부터 오십니까?”

원수가 답 왈,

“그러하오이다.”

노옹이 왈,

“위국으로 가는 조 원수를 혹 보셨습니까? 보시면 바삐 알려 주소서.”

하였다. 원수는 마음속으로 의심하고 한편으로 이상하게 여겨 왈,

“내가 바로 조웅이거니와 무슨 일로 긴히 찾습니까?”

하니, 노옹이 크게 기뻐하며 왈,

“나는 떠돌아다니는 나그네라. 성품이 남과 달라 빼어난 산천과 명승지지를 즐겨 구경하고 두루 다녔는데, 오로봉에 들어갔다가 천명 도사를 만나 수삼 일을 머물렀더니 출발할 때 한 서찰을 주며 왈, ‘그대에게 오늘 오시에 전하라’ 하여 나귀를 바삐 몰아 진시에 도착하려고 했으나 피곤한 나귀 탓으로 시간을 넘겨 버렸기에 행여 못 만날까 염려하였더니 이곳에서 만나니 어찌 즐겁지 아니하겠습니까?”

하며, 소매 속에서 한 통 편지를 내어 주고는 팔을 들어 하직하거늘 원수 다시 노옹을 바라보니 행색이 아득하였다. 마음속으로 신기하게 여겨 그 편지를 급히 떼어 보니 다른 말은 없고 ‘함곡에 들어가지 말고 성중으로 먼저 들어가서 포를 한 번 쏘라’고만 쓰여 있었다. 원수가 편지를 다 보고는 대경실색하여 좌장군 위홍창을 불러 왈,

“장졸을 함곡에 들어가지 못하게 하라.”

하니, 홍창이 급히 아뢰길,

“선봉이 이미 함곡에 들어갔습니다.”

하거늘 원수가 크게 놀라며 왈,

“너는 급히 들어가 선봉을 데려오라. 데려올 때 조금도 어수선하게 하지 말고 그곳에 진을 치고 있는 것처럼 하면서 한둘씩 숨어 나오되 빨리 데리고 나오너라.”

홍창이 원수의 명을 듣고는 급히 함곡에 들어가서 전하니 선봉이 군사를 물려 돌아왔다. 원수가 편지를 얻어 기뻐하며 진을 쳤다.

– 작자 미상, 「조웅전」 –

018 ▶ 24951-0040

윗글에 대한 이해로 가장 적절한 것은?

① 송 문제는 서번 적의 간계에 빠져 사람들과의 약속을 지키지 못했다.

② 원수는 함곡에서 연주로 가는 도중에 사관에서 쉬려고 군마를 멈추었다.

③ 노옹은 자신의 계획보다 늦게 도착했음에도 조웅을 만나게 되어 기뻐했다.

④ 위홍창은 역적에게 망한 송나라를 구하고자 선봉을 이끌고 함곡에 들어갔다.

⑤ 황금관을 쓴 노인은 모임의 상석에 앉아 있다가 뜰로 내려와 여러 사람을 맞이했다.

019 ▶ 24951-0041

[A]와 [B]에 대한 설명으로 가장 적절한 것은?

① [A]에서는 공간의 광활함을 통해 인물의 진취적인 기상이 드러나고 있다.

② [B]에서는 시간의 흐름을 통해 인물의 낙관적 태도가 드러나고 있다.

③ [A]에서는 낭만적인 사건에 의한 환상성이, [B]에서는 구체적인 시대적 상황에 의한 현실성이 부각되고 있다.

④ [A]에서는 공간적 변화에서 비롯되는 긴장감이, [B]에서는 계절적 상황에서 비롯되는 쓸쓸함이 강조되고 있다.

⑤ [A]에서는 비현실적 공간에서 느껴지는 신비로움이, [B]에서는 현실 공간에서 느껴지는 불길함이 드러나고 있다.

020 ▶ 24951-0042

큰 잔치 에 대한 설명으로 적절하지 <u>않은</u> 것은?

① 참석자들은 서로의 공적을 평가하며 소회를 드러내고 있다.

② 참석자들은 특정 인물에 대한 염려와 기대를 드러내고 있다.

③ 참석자들은 대화를 통해 국가의 흥망성쇠에 대한 관심을 드러내고 있다.

④ 참석자들은 소회를 다한 후 여러 행위를 통해 각자의 심정을 드러내고 있다.

⑤ 많은 참석자와 가득한 음식 차림을 통해 풍성한 잔치 분위기를 드러내고 있다.

021 ▶ 24951-0043

〈보기〉를 참고하여 윗글을 감상한 내용으로 적절하지 <u>않은</u> 것은? [3점]

> • 보기 •
>
> 「조웅전」에서 꿈은 초월적 세계의 뜻을 주인공에게 전달하는 기능을 한다. 꿈속 경험을 통해 주인공은 자신에게 부여된 천명과 현실 세계에서의 위기, 자신에 대한 초월적 세계의 비호 등을 알게 된다. 이러한 초월적 세계의 뜻에 대해 주인공은 확신하지 못하지만, 전달자와 구체적 증거물을 통해 초월적 세계의 뜻을 확인하게 된다. 주인공은 이와 같이 초월적 세계의 뜻을 확인하고 실천하여 영웅적 면모를 드러낸다.

① 꿈속에서 송 문제가 조웅을 구하려 하는 것은, 조웅에 대한 초월적 세계의 비호를 보여 주는 것이겠군.

② 조웅이 행군 중에 슬퍼하는 것은, 전쟁에 패한 혼이 될 것이라는 꿈속의 말에 대해 확신하지 못한 것이겠군.

③ 꿈속에서 송나라 왕실을 회복할 신하로 조웅이 거론되는 것은, 조웅에게 주어진 천명을 알게 하려는 것이겠군.

④ 조웅이 노옹을 통해 전달받은 편지의 지시에 따른 것은, 조웅이 꿈속 경험에서 알게 된 초월적 세계의 뜻을 신뢰한 것이겠군.

⑤ 노옹이 천명 도사의 부탁을 받아 편지를 전하고 떠나는 것은, 노옹이 초월적 세계의 뜻을 조웅에게 전달하는 사람임을 보여 주는 것이겠군.

II
적용
학습

07 작자 미상, 「이대봉전」

2023학년도 3월 고3 학력평가 31~34번

[022~025] **다음 글을 읽고 물음에 답하시오.**

장 원수가 본진에서 군사를 쉬게 하더니, 이윽고 ㉠일색이 저물게 이르러 원수가 장대에서 몽사(夢事)를 생각하고 군사를 지휘하더니, 과연 **세찬 물결**이 진중으로 달려들거늘, 촉날의 흉계인 줄 알고 물을 피하여 동으로 가는 체하다가 가만히 ⓐ운곡에 들어가 군사를 쉬게 하고 동정을 살피니, 촉날이 과연 기병을 거느려 원수의 뒤를 따라 운곡을 지나거늘, 원수가 재촉하여 촉날의 추격 병을 급습해 죽이고 급히 ⓑ반운산에 들어가 매복하니라.

[A] 이때 촉날이 원수를 따라 동편에 이르니, 굴막대의 복병이 일시에 일어나 고각함성이 진동하며 화살이 비 오듯 하니, 촉날의 군사가 복병인 줄 알고 접전치 아니하고 스스로 요란하여 죽는 자가 태반이요, 촉날도 또한 가슴을 맞고 외쳐 왈,

"굴막대는 나를 모르난다?"

하되, 함성 소리에 듣지 못하고 급습해 죽이니, 촉날의 군사가 십분 위태한지라. 촉날이 견디지 못하여 황망히 남은 군사를 거느려 평구로 달아나다가 석용달의 복병을 만나 남은 군사를 다 죽이고 겨우 십여 명 군사를 데리고 돌아가려 하다가, 운곡에 장 원수의 군사가 매복하였다 하여 협로로 들어 반운산 좌편으로 향하여 가더니, 원수의 복병이 내달아 적장 촉날을 에워싸고 원수가 참사검을 들고 대호 왈,

"촉날 적자(賊子)*야! 간계로 나를 해하려다가 네 꾀에 너의 군사가 패몰하였으니, 무삼 면목으로 너의 왕을 보려 하난다? 차라리 이곳에서 죽어 네 죄를 속(贖)하라."

말이 끝남에 참사검을 들어 버히려 하니, 촉날이 급히 철궁을 들어 칼을 막다가 오른팔이 맞아 철궁과 함께 떨어지거늘, 다시 칼을 들어 **촉날의 머리를 버혀** 들고 말을 몰아 적진에 돌입하여 좌우충돌하여 적진 장졸을 풀 버히듯 하니, 선우의 군중(軍中)이 대란하여 항오를 차리지 못하고 사방으로 흩어져 달아나거늘, 원수가 **크게 외쳐** 왈,

"촉날이 이미 죽었으니, 반적 선우는 빨리 나와 나의 칼을 받으라."

하고 사면으로 짓치다가 ㉡날이 밝기에 본진으로 돌아오니라. 이때 선우가 장대에 올라 바라보니, 촉날 명장(明將)을 따라가다가 진중이 대란하며 명진 장졸에게 대패하여 촉날이 명 원수의 손에 죽고 남은 장졸은 흩어져 달아나거늘, **대경실색하여** 성주 남문을 열고 군사를 거느려 달아나거늘, 원수가 선우의 달아남을 보고 기병을 거느려 따를새 선우가 밤낮으로 쉬지 않고 가서 남해에 다다라 배를 타고 **교지국**으로 달아나거늘, 원수가 제장과 의논 왈,

"이제 선우가 교지로 달아나니 만일 죽이지 않으면 후환이 되리라."

하고 승첩한 사연을 천자께 아뢰고, 남해 태수에게 전령하여 선척을 준비하여 타고 선우를 쫓아가니라.

[중략 부분의 줄거리] 장 원수가 남쪽의 선우와 싸우는 틈을 타 북쪽의 흉노가 중원을 침범해 천자가 금릉으로 피한다. 이때 이대봉이 백운암에서의 수련을 마치고 금릉으로 와 참전한다.

흉노왕이 장대에 높이 앉아 황제의 항복하러 나옴을 보고 대희하여 진을 굳게 하지 아니하였더니, 뜻밖에 진중이 대란하며 일원 소년 대장이 번개같이 달려들며 한칼로 묵특남을 베어 들고 진중에 횡행함을 보고 대경하여 중군장 동돌수로 접전

하라 하니, 동돌수가 그에 응하여 말을 타고 나갈 새 좌수에 패룡검을 들고 우수에 철퇴를 쥐고 능운마를 채쳐 진중에 달려드니, 사납게 흘겨보고 머리카락이 위로 뻗쳐 소리를 벽력같이 질러 왈,

"네 천하 장군 동돌수를 모르난다? 하늘이 나 같은 영웅을 내심은 너를 사로잡아 우리 황제가 통일지공을 이루게 하심이거늘, 너는 무삼 재주 있관대 천의를 거슬러 혼자 말을 타고 진중에 들어와 감히 충돌하난다? 너의 머리를 버혀 우리 선봉의 원수를 갚으리니 빨리 나와 나의 칼을 받으라."

말이 마치지 못하여서 대봉이 청룡도를 들어 동돌수의 패룡검을 두 조각에 내어 진 밖에 던지니, 동돌수가 더욱 분노하여 철퇴를 들어 대봉을 바라고 던지니, 대봉의 눈이 밝은지라 몸을 기울여 피하고 다시 싸워 십여 합에 승부를 결치 못하더니, 동돌수가 군사를 재촉하여 깃발을 두르니, 진이 홀연 변하여 팔문금사진이 되니, 대봉이 **진중에 싸여** 벗어나지 못할지라. 대봉이 냉소하고 진언을 염하여 후토신장과 기백뇌공*을 부르니, 문득 ⓒ음산한 구름이 자욱하며 천지 어둡고 캄캄하고 대풍이 일어나며, 급한 비 크게 오며 뇌성이 진동하여 산천이 무너지는 듯하니, 적진 장졸이 황겁하여 능

히 항오를 차리지 못하고 정신을 진정치 못하여 금사진이 변하여 추풍낙엽같이 사방으로 흩어지거늘, 대봉이 정신을 가다듬어 오추마를 채를 치며 청룡도를 높이 들고 남으로 향하여 주작장군을 파하고, 말을 돌리어 북으로 향하여 현무장군을 버히니, 앞의 군사는 뒤의 군사 죽는 줄 모르고, 서편 장수는 동편 장수 죽는 줄 모르더라. 대봉의 칼이 번듯하며 **동돌수의 머리를 버혀** 칼끝에 꿰어 들고 장대에 달아 **크게 외쳐** 왈,

"반적 흉노왕은 빨리 나와 항복하라. 만일 더디면 동돌수와 같이 머리를 버히리라."

하고 진문 밖에 나와 의기양양하더라. ⓔ이윽고 운무가 흩어지며 천지 명랑하거늘, 흉노왕이 군사를 살펴보니 백만지중에 주검이 산처럼 쌓여 있어서 남은 군사가 불과 오 천여 명이라 사방으로 다 도망하는지라. 흉노왕이 **대겁하여** 달아나거늘, 대봉 공자 말을 채쳐 흉노왕을 따라 **앵무주에** 다다르니 ⓜ중천에 있던 해가 거의 서산에 걸리더라.

– 작자 미상, 「이대봉전」 –

* **적자** 불충한 사람.
* **후토신장과 기백뇌공** 토지, 바람, 천둥, 번개 등을 관장하는 신들.

022 ▶ 24951-0044

윗글의 인물에 대한 이해로 적절하지 않은 것은?

① 선우는 촉날이 대패하고 죽자 장 원수와 계속 싸워 이길 수 없다고 판단했군.

② 장 원수는 선우가 달아나게 되면 뒷날의 근심거리가 될 수 있다고 보았군.

③ 흉노왕은 황제가 항복하려 할 때 대봉이 공격할 것을 미리 짐작했군.

④ 동돌수는 자신의 진중으로 혼자 공격하러 들어온 대봉에 대해 분개했군.

⑤ 대봉은 자신의 위용을 드러내며 흉노왕에게 항복하라고 말했군.

023 ▶ 24951-0045

㉠~㉤에 대한 설명으로 가장 적절한 것은?

① ㉠에서 ㉡에 이르기까지의 시간은 인물들 간의 관계를 개선하는 계기로 작용하고 있다.

② ㉠과 ㉢에서 배경이 어두워지는 것은 각각 내적 갈등의 시작과 종결을 의미한다는 점에서 대립적 성격을 나타내고 있다.

③ ㉡과 ㉣에서 하늘이 밝아지는 것은 사건의 반전을 예고하고 있다.

④ ㉢으로 드러난 인물의 역량이 전투에서 발휘된 결과가 ㉣ 이후에 확인되고 있다.

⑤ ㉣의 변화가 인물에 의해 인위적으로 일어난 것임이 ㉤에서 해의 위치가 바뀐 것을 통해 드러나고 있다.

024 ▶ 24951-0046

ⓐ, ⓑ에 주목하여 [A]를 이해한 내용으로 가장 적절한 것은?

① 장 원수는 ⓐ에 이르러서야 촉날의 간계를 간파했지만 ⓑ에서 촉날과 싸워 우월한 지위를 점했다.

② 장 원수의 군사들이 ⓐ에 있다가 ⓑ로 간 것을 촉날이 모름으로써 전황이 장 원수에게 유리하게 되었다.

③ 장 원수는 ⓐ에서 촉날의 기병들이 자신을 공격한 행동들을 ⓑ에서 촉날의 잘못을 꾸짖는 근거로 언급했다.

④ 장 원수는 ⓐ로 촉날의 군사들을 유인하여 ⓑ로 촉날의 군사들이 가지 못하게 함으로써 전쟁의 승기를 잡았다.

⑤ 장 원수의 군사들을 촉날의 군사들이 ⓐ에서 ⓑ로 뒤쫓아옴으로써 촉날의 군사들이 굴막대의 복병을 만나게 되었다.

025 ▶ 24951-0047

〈보기〉를 참고하여 윗글을 감상한 내용으로 적절하지 않은 것은? [3점]

> ● 보기 ●
>
> 「이대봉전」에는 여자 주인공인 장애황과 남자 주인공인 이대봉의 서사가 각각 전개되는 부분이 있다. 두 서사는 유사한 구조를 띠고 있는데, 세부 요소의 측면에서 보면 서로 구별되는 요소를 지니고 있기도 하다. 이러한 특징은 장애황이 선우의 군사들을 물리치는 군담과 이대봉이 흉노왕의 군사들을 물리치는 군담을 통해 잘 드러난다. 두 군담의 서사는 별개의 공간에서 전개되면서 남녀 주인공의 특성을 나타내어 두 주인공의 대등한 면모를 유추할 수 있게 하고 있다.

① 장 원수는 '세찬 물결'로, 대봉은 '진중에 싸'여 위기에 처한 것은 인물을 위기 상황에 처하게 한 세부 요소의 측면에서 두 군담에 서로 구별되는 요소가 있음을 나타낸다고 할 수 있어.

② 장 원수가 '촉날의 머리를 버'히는 것과 대봉이 '동돌수의 머리를 버'히는 것은 무용을 떨치는 측면에서 두 인물이 대등한 면모를 지니고 있음을 나타낸다고 할 수 있어.

③ 장 원수가 선우에게 '크게 외쳐' 한 말과 대봉이 흉노왕에게 '크게 외쳐' 한 말은 각각 장 원수가 예지 능력을 지니고 있고 대봉이 술법에 능한 인물임을 나타낸다고 할 수 있어.

④ 장 원수에게 패하여 선우가 '대경실색하여' 도망치는 것과 대봉에게 패하여 흉노왕이 '대겁하여' 도망치는 것은 두 군담의 서사 구조가 유사함을 나타낸다고 할 수 있어.

⑤ 장 원수는 선우와 싸우다가 '교지국'으로, 대봉은 흉노왕과 싸우다가 '앵무주'로 이동하는 것은 두 군담이 별개의 공간을 배경으로 펼쳐지고 있음을 나타낸다고 할 수 있어.

Ⅱ 적용 학습

08 작자 미상, 「춘향전」 / 작자 미상, 「춘향이별가」

[026~030] 다음 글을 읽고 물음에 답하시오.

가

[A]

만금 같은 너를 만나 백년해로하잤더니, 금일 이별 어이하리! 너를 두고 어이 가잔 말이냐? 나는 아마도 못 살겠다! 내 마음에는 어르신네 공조참의 승진 말고, 이 고을 풍헌(風憲)만 하신다면 이런 이별 없을 것을, 생눈 나올 일을 당하니, 이를 어이한단 말인고? 귀신이 장난치고 조물주가 시기하니, 누구를 탓하겠냐마는 속절없이 춘향을 어찌할 수 없네! 네 말이 다 못 될 말이니, 아무튼 잘 있거라!

춘향이 대답하되, 우리 당초에 광한루에서 만날 적에 내가 먼저 도련님더러 살자 하였소? 도련님이 먼저 나에게 하신 말씀은 다 잊어 계시오? 이런 일이 있겠기로 처음부터 마다하지 아니하였소? 우리가 그때 맺은 금석 같은 약속 오늘날 다 허사로세! 이리해서 분명 못 데려가겠소? 진정 못 데려가겠소? 떠보려고 이리하시오? 끝내 아니 데려가시려 하오? 정 아니 데려가실 터이면 날 죽이고 가오!

그렇지 않으면 광한루에서 날 호리려고 ㉠명문(明文) 써 준 것이 있으니, ㉡소지(所志) 지어 가지고 본관 원님께 이 사연을 하소연하겠소. 원님이 만일 딩신의 귀공자 편을 들어 패소시키시면, 그 소지를 덧붙이고 다시 글을 지어 전주 감영에 올라가서 순사또께 소장(訴狀)을 올리겠소. 도련님은 양반이기에 ㉢편지 한 장만 부치면 순사또도 같은 양반이라 또 나를 패소시키거든, 그 글을 덧붙여 한양 안에 들어가서, 형조와 한성부와 비변사까지 올리면 도련님은 사대부라 여기저기 청탁하여 또다시 송사에서 지게 하겠지요. 그러면 그 ㉣판결문을 모두 덧보태어 똘똘 말아 품에 품고 팔만장안 억만가호마다 걸식하며 다니다가, 돈 한 푼씩 빌어 얻어서 동이전에 들어가 바리뚜껑 하나

사고, 지전으로 들어가 장지 한 장 사서 거기에다 언문으로 ㉤상언(上言)을 쓸 때, 마음속에 먹은 뜻을 자세히 적어 이월이나 팔월이나, 동교(東郊)로나 서교(西郊)로나 임금님이 능에 거둥하실 때, 문밖으로 내달아 백성의 무리 속에 섞여 있다가, 용대기(龍大旗)가 지나가고, 협연군(挾輦軍)의 자개창이 들어서며, 붉은 양산이 따라오며, 임금님이 가마나 말 위에 당당히 지나가실 제, 왈칵 뛰어 내달아서 바리뚜껑 손에 들고, 높이 들어 땡땡하고 세 번만 쳐서 억울함을 하소연하는 격쟁(擊錚)을 하오리다! 애고애고 설운지고!

그것도 안 되거든, 애쓰느라 마르고 초조해하다 죽은 후에 넋이라도 삼수갑산 험한 곳을 날아다니는 제비가 되어 도련님 계신 처마에 집을 지어, 밤이 되면 집으로 들어가는 체하고 도련님 품으로 들어가 볼까! 이별 말이 웬 말이오?

이별이란 두 글자 만든 사람은 나와 백 년 원수로다! 진시황이 분서(焚書)할 때 이별 두 글자를 잊었던가? 그때 불살랐다면 이별이 있을쏘냐? 박랑사(博浪沙)*에서 쓰고 남은 철퇴를 천하장사 항우에게 주어 힘껏 둘러메어 이별 두 글자를 깨치고 싶네! 옥황전에 솟아올라 억울함을 호소하여, 벼락을 담당하는 상좌가 되어 내려와 이별 두 글자를 깨치고 싶네!

– 작자 미상, 「춘향전」 –

*박랑사 중국 지명. 장량이 진시황을 암살하려 했던 곳.

나

이별이라네 이별이라네 이 도령 춘향이가 이별이로다

춘향이가 도련님 앞에 바짝 달려들어 눈물짓고 하는 말이

도련님 들으시오 나를 두고 못 가리다

나를 두고 가겠으면 홍로화(紅爐火) 모진 불에

다 사르겠으면 사르고 가시오

날 살려 두고는 못 가시리라

ⓐ삼단같이 좋은 머리를

휘휘칭칭 감아쥐고라도 날 데리고 가시오

[B] 살려 두고는 못 가시리다

날 두고 가겠으면 용천검(龍泉劍) 드는 칼로다

요 내 목을 베겠으면 베고 가시오

날 살려 두고는 못 가시리라

두어 두고는 못 가시리다

날 두고 가겠으면 ⓑ영천수(潁川水) 맑은 물에다

던지겠으면 던지고나 가시오

날 살려 두고는 못 가시리다

이리 한참 힐난하다 할 수 없이 도련님이 떠나실 때

방자 놈 분부하여 나귀 안장 고이 지으니

도련님이 나귀 등에 올라앉으실 때

춘향이 기가 막혀 미칠 듯이 날뛰다가

우르르 달려들어 나귀 꼬리를 부여잡으니

ⓒ나귀 네 발로 동동 굴러 춘향 가슴을 찰 때

안 나던 생각이 절로 나

그때에 이별 별(別) 자 내인 사람 나와 한백 년 대원수로다

깨치리로다 깨치리로다 박랑사 중 쓰고 남은 철퇴로

천하장사 항우 주어 이별 두 자를 깨치리로다

할 수 없이 도련님이 떠나실 때

향단이 준비했던 주안을 갖추어 놓고

풋고추 겨리김치 문어 전복을 곁들여 놓고

잡수시오 잡수시오 이별 낭군이 잡수시오

언제는 살자 하고 화촉동방(華燭洞房) 긴긴 밤에

청실홍실로 인연을 맺고 백 년 살자 언약할 때

물을 두고 맹세하고 산을 두고 증삼(曾參)* 되자더니

ⓓ산수 증삼은 간 곳이 없고

이제 와서 이별이란 웬 말이오

잘 가시오

잘 있거라

산첩첩(山疊疊) 수중중(水重重)한데 부디 편안히 잘 가시오

나도 ⓔ명년 양춘가절*이 돌아오면 또다시 상봉할까나

– 작자 미상, 「춘향이별가」 –

*증삼 공자의 제자. 고지식하여 약속을 반드시 지킴.
*양춘가절 따뜻하고 좋은 봄철.

026 ▶ 24951-0048

(가)에 대한 이해로 적절하지 않은 것은?

① '도련님'은 이별의 상황이 자신의 입장에서는 불가피한 것임을 드러내고 있다.

② '춘향'은 '도련님'을 처음 만날 때부터 이별의 상황을 우려하였음을 말하고 있다.

③ '춘향'은 '도련님' 곁에 머물고 싶은 마음을 자연물에 의탁하여 드러내고 있다.

④ '춘향'은 고사를 활용하여 자신의 상황이 역사적 사건과 관련되어 있음을 말하고 있다.

⑤ '춘향'은 천상의 존재에게 억울함을 전하는 상황을 설정하여 자신의 감정을 드러내고 있다.

027 ▶ 24951-0049

㉠~㉤에 대한 설명으로 가장 적절한 것은?

① ㉠: '도련님'의 마음을 확인하고자 '춘향'이 쓴 글이다.

② ㉡: '도련님'이 자신의 무고함을 밝히는 내용이 담길 것이다.

③ ㉢: '춘향'과의 친밀감을 강화하려는 '도련님'의 마음을 전하는 내용이 담길 것이다.

④ ㉣: '도련님'에게는 약속 파기의 책임을 물을 수 없음을 밝히는 내용이 담길 것이다.

⑤ ㉤: '춘향'이 '순사또'의 힘을 빌려 '임금'에게 자신의 입장을 전하는 내용이 담길 것이다.

028 ▶ 24951-0050

ⓐ~ⓔ에 대한 설명으로 가장 적절한 것은?

① ⓐ는 인물이 지닌 자부심을 환기하여 좌절감을 완화하는 소재이다.

② ⓑ는 초월적 공간에 대한 지향을 드러내어 현재의 고통과 대비하기 위한 소재이다.

③ ⓒ는 부정적인 상황을 희화화함으로써 당면한 현실을 풍자하는 표현이다.

④ ⓓ는 기대가 어긋나 버린 사정을 부각하여 비애감을 심화하는 표현이다.

⑤ ⓔ는 미래에 대한 전망을 바탕으로 대상과의 재회를 확신하는 표현이다.

029 ▶ 24951-0051

〈보기〉를 바탕으로 (가), (나)를 이해한 내용으로 적절하지 않은 것은?

● 보기 ●

여러 작품에서 '춘향'은 다양한 면모를 지닌 인물로 형상화되었다. '춘향'은 원치 않는 상황을 받아들이는 수용적 면모를 보이기도, 목표를 이루려 단호하게 행동하는 적극적 면모를 보이기도 한다. 신세를 한탄하며 절규하는 격정적 면모를 드러내는가 하면, 문제를 숙고하여 대응책을 모색하는 치밀한 면모를 표출하기도 한다. 한편 '춘향'은 당대 민중의 시각을 대변하는 면모를 지니기도 한다.

① (가)에서 양반들이 한통속이어서 '도련님'을 두둔할 것이라고 언급하는 모습을 통해, 민중의 입장을 취하는 '춘향'의 면모를 확인할 수 있다.

② (가)에서 구걸하고 다니면서라도 자신의 상황을 알리겠다는 모습을 통해, 뜻한 바를 성취하려는 '춘향'의 적극적 면모를 확인할 수 있다.

③ (나)에서 이별 후 자신이 겪을 고난을 말하며 '도련님'의 마음을 돌리려는 모습을 통해, 문제 해결책을 강구하는 '춘향'의 치밀한 면모를 확인할 수 있다.

④ (나)에서 '도련님'에게 주안을 올리며 어쩔 수 없이 이별을 받아들이는 모습을 통해, 서글픈 현실을 감내하려는 '춘향'의 수용적 면모를 확인할 수 있다.

⑤ (가), (나)에서 '이별'이라는 두 글자를 철퇴로 깨뜨리고자 하는 모습을 통해, 북받친 감정을 토로하면서 탄식하는 '춘향'의 격정적 면모를 확인할 수 있다.

Ⅱ

적용 학습

030 ▶ 24951-0052

〈보기〉를 바탕으로 [A], [B]를 감상한 내용으로 적절하지 않은 것은? [3점]

● 보기 ●

조선 후기에 책을 대여하고 값을 받는 세책 업자는 「춘향전」을 (가)와 같은 세책본 소설로, 유흥적 노래를 지은 잡가의 담당층은 「춘향전」의 대목을 (나)와 같은 잡가로 제작했다. 세책 업자는 과장되고 재치 있는 표현을 활용하여 흥미를 높이거나 특정 부분의 분량을 늘려 이윤을 얻으려 했다. 잡가의 담당층은 노래의 내용을 단시간에 전달하기 위해 상황을 집약해 설명하고 인물의 감정을 드러내는 가사를 반복해 청중의 공감을 끌어냈다. 연속되지 않은 장면들을 엮어 노래를 구성할 때에는 작품 속 화자의 역할이 바뀌기도 하였다.

① [A]에서 '생눈 나올 일'이라는 과장된 표현을 쓴 것은 작품의 흥미를 높이려는 취지와 관련되겠군.

② [A]에서 '도련님'에게 거듭하여 묻는 형식을 사용한 것은 분량을 늘리려는 의도와 관련되겠군.

③ [B]에서 첫 행에 작품의 상황을 제시한 것은 청중을 작품의 내용에 빠르게 끌어 들이려는 전략과 관련되겠군.

④ [B]에서 '못 가시리다'라는 구절을 반복하여 인물의 감정을 강조한 것은 청중의 공감을 유발하려는 목적과 관련되겠군.

⑤ [B]에서 화자가 해설자에서 인물로 역할을 바꾸는 것은 연속되지 않은 장면들이 엮여 작품이 구성되었음을 알게 해 주는 단서이겠군.

09 작자 미상, 「장끼전」

[031~033] 다음 글을 읽고 물음에 답하시오.

'콩알 하나 없으니 주린 처자를 어이할꼬? 어떻
든 협사촌의 서대주가 도적들과 아래위 낭청을
다니며 함께 도적하여 부유하다 하니 찾아가 얻
어 보리라.'
하고 협사촌을 찾아간다. 허위허위 이 산 저 산 어
정어정 걸어가며 생각하되,
'이놈이 본디 큰 쥐로 도적질하는 놈이니 무엇
이라 부를꼬? 쥐라 해도 좋지 않고, 서대주라
해도 좋지 않으니, 이놈 부르기 어렵구나. 어떻
든 대접함이 으뜸이라.'
길을 재촉해 협사촌을 찾아 서대주 집 문 앞에
서 장끼 큰기침 두 번 하고,
"서동지 계시오?"
하며 찾으니, 이윽고 시비 쥐 나오거늘 장끼 문왈,
"이 댁이 아래위 낭청으로 다니며 관리하시는
서동지 댁이오?"
물으니 시비 답왈,
"어찌 찾으시오?"
장끼 가로되,
"잠깐 뵈오리다."
이때 서대주 자녀의 재미 보며 아내와 함께 있
더니, 시비 와서 왈,
"문전에 어떤 객이 왔으되 위풍이 헌앙(軒昂)*
하고 빛갓 쓰고 옥관자 붙이고 여차여차 동지
님을 뵈러 왔다 하나이다."
서대주 동지란 말을 듣더니 대희하여 외헌으로
청하고, 정주(頂珠) 탕건 모자 쓰고 평복으로 나아
가 장끼를 맞아 예하고 자리를 정하니, 장끼 하는
말이,
"댁이 서동지라 하시오? 나는 양지촌 사는 화충
이라고도 하고, 세상에서 부르기를 장끼라고도
혹 꿩이라고도 하는데, 귀댁을 찾아 금일 만나
니 구면처럼 반갑소이다. 한 번도 뵌 적 없으나

평안하시었소?"
서대주 맹랑하다, 탕건을 어루만지며 답왈,
"존객의 이름은 높이 들었더니 나를 먼저 찾아
누지에 와 주시니 황공 감사하오이다."
장끼 답왈,
"서로 찾기에 선후가 있는 것 아니니 아무커나
반갑다 못하여 진저리 나노라."
하거늘 서대주 웃으며 온갖 음식으로 대접하고 고
금사를 문답하며 장끼를 조롱하며 벗하더니, 장끼
콧소리를 내며 말하기를,
"서동지께 청할 말이 있노라. 내 본시 넉넉지 못
해 오늘까지 먹지 못하다가 처음 청하온데 양미
이천 석만 빌려주시면 내년 가을에 갚으리니 동
지 님 생각에 어떠시오?"
서대주 웃으며 하는 말이,
"속담에 '우마(牛馬)도 초분식(草分食)하고, 산
저(山猪)도 갈분식(葛分食)이라.'* 하였거든 우
리 사이에 무엇이 어려우리오?"
(중략)
장끼 감사함을 칭사하고 양지촌으로 돌아가니
라. 이때 서대주 노비 쥐를 명하여 창고를 열고 이
천 석 콩을 배로 옮겨 양지촌으로 보내니라.
각설. 이때 동지촌에 딱부리란 새가 있으되 주먹
볏에 흑공단 두루마기, 홍공단 끝동이며, 주둥이는
두 자나 하고 위풍이 헌앙한 짐승이라. 양지촌 장
끼를 찾아가 오래 못 본 인사 하고 하는 말이,
"자네는 어찌하여 양식이 저리 풍족하여 쌓아
두었는가?"
장끼가 협사촌 서대주를 찾아가 양식 빌린 사연
을 자세히 말하니, 딱부리 놈이 고개를 끄덕이며,
"자네 마음이 녹녹지 아니하거늘 미천한 도적놈
을 무엇이라 찾았는가?"
장끼 답왈,

"나도 생각이 있으나 옛글에 '교만한 자는 집이 망한다.' 했고, '남을 대접하면 내가 대접을 받는다.' 했고, 내 가난하여 빌리러 갔기로 저를 대접하여 서동지라 존칭하였더니 대희하여 후대하고 종일 문답하며 여차여차하였노라."

하거늘 딱부리 하는 말이,

"자네 일정 간사하도다. 만일 입신양명하면 충신을 험담하여 귀양 보내고 조정을 농권하며 임금을 어둡게 하리로다. 나는 그놈을 찾아가서 서대주라 하고 도적질한 말을 하면 그놈이 겁내어 만석이라도 추심(推尋)*하리라."

장끼 답왈,

"자네 재주를 몰랐더니 오늘에야 알리로다."

딱부리 웃으며 나와 협사촌을 찾아가, 구멍 앞에 나가서 생각은 많으나 이를 갈고 "서대주, 서대주." 찾으니 이윽하여 시비 쥐 나오며 하는 말이,

"뉘 집을 찾아오시니까?"

딱부리 하는 말이,

"네 명색이 무엇이냐? 이 집이 아래위 낭청으로 다니며 도적질하는 서대주 집이냐? 나는 동지촌 사는 딱장군이니 와 계시다 일러라."

하거늘 쥐란 놈이 골을 내어 대답하고 들어가 고하니, 서대주 크게 성내고 분부하는 말이,

"어떤 놈이든지 잡아들이라."

하니 수십 명 범 같은 쥐들이 명을 듣고 딱부리를 에워싸고 결박하고 이 뺨 치고 저 뺨 치며 몰아가니 딱부리 애걸하며 비는 말이,

"내 무슨 잘못이 있다 이리하시오? 내 손주 노릇할 터이니 놓아주고 달아났다 하시오."

한데 듣지 않고 잡아들여 서대주 앞에다 꿇리니 서대주 호령하되,

"이놈! 너는 어인 놈이기에 주인 찾을 때 근본을 해하여 찾으니 그중에 너 같은 놈은 만단을 내리라."

하며 매우 치라 하니 딱부리 머리를 조아리고 애걸하며 빌더라.

– 작자 미상, 「장끼전」 –

*헌앙 풍채가 좋고 의기가 당당함.
*우마도 초분식하고, 산저도 갈분식이라 소와 말도 풀을 나눠 먹고, 산돼지도 칡을 나눠 먹는다.
*추심 찾아내어 가지거나 받아 냄.

031 ▶ 24951-0053

윗글에 대한 설명으로 가장 적절한 것은?

① 세밀한 외양 묘사를 통해 인물의 속성을 드러내고 있다.

② 서술자가 개입하여 인물의 행동에 대해 호감을 보이고 있다.

③ 속담과 옛글을 삽입하여 인물의 내적 갈등을 강조하고 있다.

④ 과거와 현재를 대비하여 인물의 초월적 능력을 부각하고 있다.

⑤ 공간적 배경을 자세히 묘사하여 인물의 심리 변화를 암시하고 있다.

032 ▶ 24951-0054

'장끼'와 '딱부리'가 '서대주'를 각각 방문하는 상황에 대한 이해로 적절하지 <u>않은</u> 것은?

① 서대주를 방문하기 전에, 장끼와 딱부리는 서대주의 정체에 대해 알고 있었다.

② 서대주를 방문하기 전에, 장끼와 딱부리는 각자의 생각에 따라 서대주를 대할 방식을 계획했다.

③ 서대주를 방문하여, 장끼는 시종 일관된 태도를 보였고 딱부리는 상황의 변화에 따라 자신의 태도를 바꾸었다.

④ 서대주의 거처를 확인하면서, 장끼는 서대주의 환심을 살 만하게, 딱부리는 서대주의 반감을 살 만하게 표현했다.

⑤ 서대주를 방문하는 목적을, 장끼는 경제적인 이익을 취하는 데에 두었고 딱부리는 도적질을 벌로 다스리고 교화하는 데 두었다.

II
적용
학습

033 ▶ 24951-0055

〈보기〉를 참고하여 윗글을 감상한 내용으로 적절하지 않은 것은? [3점]

● 보기 ●

「장끼전」은 '까투리'를 중심으로 남존여비와 여성의 개가 금지 같은 가부장제 사회의 문제를, '장끼'를 중심으로는 몰락 양반의 삶과 조선 후기 향촌 사회의 다양한 변화상을 형상화했다. 이 대목은 가족의 생계 문제를 걱정하는 몰락 양반의 출현과 향촌 사회에 새롭게 등장한 신흥 부호의 생활상을 보여 주고 있다. 또한 신흥 부호의 위세로 인해 빚어지는 신흥 부호와 몰락 양반의 갈등, 그리고 신흥 부호를 둘러싼 몰락 양반 간의 불화를 그려 내고 있다.

① 장끼가 양식이 떨어져 굶주리는 처자식을 위해 부유한 서대주를 찾아가 양식을 빌리는 장면에서, 가장으로서의 책무를 다하려는 몰락 양반의 면모를 알 수 있군.

② 서대주가 '시비 쥐'를 부리고 복색을 갖추어 손님을 '외헌'에서 맞이하는 장면에서, 신흥 부호의 생활상을 알 수 있군.

③ 서대주를 대접하여 양식을 빌린 장끼에게 딱부리가 '간사하도다'라고 언급하는 장면에서, 신흥 부호에 대한 처신을 놓고 몰락 양반 간에 의견 차이가 있었음을 알 수 있군.

④ 서대주의 '시비 쥐'가 딱부리에게 골을 내는 장면에서, 몰락 양반의 경제적 곤궁함을 업신여기는 신흥 부호의 모습을 알 수 있군.

⑤ 서대주가 '수십 명 범 같은 쥐들'에게 명령하여 딱부리를 결박하는 장면에서, 향촌 사회에서의 신흥 부호의 위세를 알 수 있군.

10 › 작자 미상, 「정을선전」

2019학년도 7월 고3 학력평가 25~27번

[034~036] **다음 글을 읽고 물음에 답하시오.**

[앞부분의 줄거리] 계모 노 씨와 친척 노태의 모해(謀害)로 인해 첫날밤 정을선에게 버림받은 유춘연은 적삼에 혈서를 남기고 자결한다. 유 승상은 딸 춘연의 혈서를 읽은 후 노 씨의 시비를 심문한다.

승상이 시비가 죄상을 털어놓지 않으매 노하여 형벌(刑罰)로 추문하더니, 홀연 공중으로서 외쳐 왈,

"부친은 애매한 시비를 엄형(嚴刑)치 마르소서. 소녀의 애매한 누명을 자연 알리다."

하더니, 홀연 방 안에 앉았던 노 씨 문밖에 나와 엎어지며 안개 자욱하고 무삼 소리 나더니 노 씨 피를 무수히 토하고 죽는지라. 모두 이르되,

"불측한 행실을 하다가 이렇듯 죽으니, 신명이 무심치 아니타."

하고,

"불쌍한 소저는 이팔청춘에 몹쓸 악명을 쓰고 죽으니 철천(徹天)한 원한을 뉘라서 씻으리오?"

노태는 그 경상을 보고 스스로 목숨을 끊고 노 씨 자녀는 그날부터 말도 못 하고 세상일을 버렸더라.

(중략)

익일에 유모를 따라 한가지로 소저의 빈소에 이르르는 유모가 먼저 들어가 이르되,

"소저야, 정 시랑 상공이 오셨나이다."

소저가 대 왈,

㉠"어미는 어찌 저런 말을 하나뇨? 시랑이 나를 버렸거든 다시 오기 만무하니라."

유모가 다시 이르되,

"내 어찌 소저에게 허언을 하리잇고? 지금 밖에 오신 상공이 곧 정 시랑이시니 들어오시라 하리잇가?"

소저가 이르되,

"정 시랑이신지 분명히 옳으냐?"

유모 왈,

"어찌 거짓말을 하리잇고?"

하고 나와 이대로 고한대, 어사가 친히 문밖에서 소리하여 왈,

"생이 곧 정을선이니 나의 어리석음으로 부인이 누명을 쓰고 저렇듯 원혼(冤魂)이 되었으니, 그 외 다른 말씀을 어찌 다 헤아릴 수 있으리잇고. 을선이 곧 황명(皇命)을 받자와 이곳에 와서 부인의 애매함을 깨닫사오니, 백골이나 보고 이곳에서 한가지로 죽어 부인의 각골지원(刻骨之冤)을 위로코자 하나니, 부인의 명백한 혼령은 용렬한 을선의 죄를 사(赦)하시면 잠깐 뵈옵고 위로함을 바라나이다."

말 끝에 크게 우니, 소저가 유모를 불러 말을 전하여 왈,

"정 시랑이 이곳에 오시기 만무하니 어디서 과객이 와서 원통하고 억울하게 죽은 몸을 이렇듯 조르나뇨? 부질없이 조르지 말고 빨리 가라."

하는 소리가 애절(哀切)하여 원근에 사무치는지라. 유모가 수차 타이르되, 듣지 않으니, 시랑이 유모를 대하여 왈,

"내가 이렇듯 말하되 소저 듣지 아니하니 내 도리에 어긋나더라도 들어가 보리라."

유모가 말려 왈,

㉡"그러하면 좋지 아님이 있을지라. 깊이 생각하소서."

어사가 생각하되, '이는 철천지원(徹天之冤)이니 범연히 보지 못하리라'하고, 황급히 생각하고 즉시 익주자사에게 관자(關子)*하되,

'익주 순무어사(巡撫御使) 정을선은 자사에게 급히 할 말이 있으니 수일 내로 유 승상 부중(府中) 녹림원상(綠林苑上)으로 대령하라.'

하니, 익주자사가 관자를 보고 황황히 예를 갖추어 녹림원상으로 오니, 어사가 그늘에 앉아 민간(民間) 사정을 묻고 왈,

"내 전일에 유 승상에게 여차여차한 일이 있더니 마침 이리 지나다가 유모를 만나 그동안 사연을 자세히 들으니, 그 소저가 별세한 지 삼 년이로되 이리이리하오니 어찌 가련치 않으리오? 이러므로 그 원혼을 위로코자 하니 자사는 나를 위하여 의혹을 풀게 하라."

자사가 듣기를 다 마치매 소저 빈소에 나아가 무릎을 꿇고 말하길,

"이는 곧 정 상공일시 분명하고 나는 이 고을 자사옵더니, 정 어사의 분부를 들어 아뢰옵나니 존위(尊威)하신 신령은 살피소서."

소저가 유모를 불러 말을 전하여 왈,

"아무리 유명(幽明)이 다르나 남녀 분명하거늘 어찌 외인(外人)을 만나리오? 아무리 분명한 정 시랑이라 하되 내 어찌 곧이 들으리오?"

어사가 하릴없어 이 연유를 천자께 주(奏)한대, 상이 들으시고 애처롭게 여기사 원혼에게 벼슬을 하사하여 충렬부인을 봉하시고 직첩과 교지(敎旨)*를 내리시니, 언관(言官)이 밤낮으로 내려와 소저 빈소 방문 앞에서 교지를 자세히 읽으니,

'아무리 유명이 다르나 아비를 모르고 님군을 모르리오? 교지를 나려 너의 원혼을 깨닫게 하노라. 정을선의 상소를 보니 너의 참혹한 말을 어찌 다 헤아리리오? ⓒ너를 위하여 조서(詔書)를 내리나니 짐의 뜻을 저버리지 말라. 만일 조서를 거역한즉 역명을 면치 못하리라.'

하였더라. 소저가 듣기를 다하매 그제야 유모를 불러 왈,

"천은이 망극하사 아녀자의 혼백을 위로하시고 또 가부(家夫)가 틀림없는 줄을 밝히시니 황은이 태산 같도다."

인하여 시랑을 청하여 들어오라 하거늘, 어사가 유모를 따라 들어가 보니, ⓒ좌우 창호(窓戶)가 겹겹이 닫혔거늘, 어사가 좌우로 살피나 티끌이 자욱하여 인귀(人鬼)를 분변치 못할지라. 마음에 비창(悲愴)하여 이불을 들고 보니 비록 살은 썩지 아녔으나 시신이 뼈만 남은지라. 어사가 울며 왈,

"낭자야, 나를 보면 능히 알소냐?"

그 소저가 공중으로서 대답하되,

"첩의 용납지 못할 죄를 사하시고 천 리 원정에 오시니 아무리 백골인들 어찌 감격치 않으리오? 첩이 박명한 죄인으로 상공의 하해 같은 인덕을 입사와 외람하온 직첩을 받자오니 어찌 감은치 않으리잇가?"

어사 왈,

"어찌하면 낭자가 다시 살아날꼬?"

소저가 답 왈,

ⓓ"첩을 살리려 하시거든 금성산 옥륜동을 찾아가 금성진인을 보고 약을 구하여 오시면 첩이 회생하려니와 상공이 어찌 가 구하여 오심을 바라리잇고?"

어사가 기뻐 즉시 유모를 분부하여 '행장을 차리라'하여, 유모 부처(夫妻)를 데리고 길에 올라 여러 날 만에 옥륜동에 이르러 기험(崎險)한 산천을 넘어 도관(道觀)을 찾으되, 운무가 자욱하여 능히 찾을 길이 없는지라.

– 작자 미상, 「정을선전」 –

*관자 상급 관청에서 하급 관청으로 보내던 공문서.
*교지 임명, 해임 등 인사에 관한 임금의 명령.

034 ▶ 24951-0056

윗글에 대한 이해로 가장 적절한 것은?

① 정을선은 춘연의 혼령을 위로하고자 춘연과의 만남을 시도하고 있다.

② 정을선은 자사를 불러 춘연의 원한에 얽힌 사연을 알려 달라고 부탁하고 있다.

③ 승상은 노 씨의 시비를 통해 딸이 죽은 이유를 알게 된다.

④ 춘연은 황명을 이유로 자신의 죽음을 확인하러 온 정을선을 모른 척하고 있다.

⑤ 유모는 춘연의 빈소 앞에서 교지를 읽어 춘연이 충렬부인으로 봉해졌음을 알리고 있다.

035 ▶ 24951-0057

㉠~㉤에 대한 설명으로 적절하지 않은 것은?

① ㉠: 과거에 있었던 사건을 언급하며 자신이 유모의 말을 믿지 않는 이유를 나타내고 있다.

② ㉡: 앞으로 일어날 수 있는 일을 염려하며 정을선의 행동을 만류하고 있다.

③ ㉢: 천자의 권위를 내세워 춘연에게 자신의 뜻을 따라야 함을 촉구하고 있다.

④ ㉣: 공간에 대한 묘사를 통해 정을선에게 닥칠 위기 상황을 암시하고 있다.

⑤ ㉤: 구체적 지명과 인물을 언급하며 정을선이 원하는 바를 이룰 수 있는 방법을 제시하고 있다.

036 ▶ 24951-0058

〈보기〉를 참고하여 윗글을 감상한 내용으로 적절하지 않은 것은? [3점]

> ● 보기 ●
>
> 이 작품과 같은 여성 원귀(冤鬼) 소설에서는 억울한 죽음으로 인해 원귀가 된 주인공이 자신을 해한 사람들에게 복수를 하고, 조력자의 도움을 받아 원한을 푸는 해원(解冤)의 과정이 나타난다. 이후 조력자의 도움으로 주인공은 환생하여 가족의 구성원으로 복귀하기도 한다.

① 춘연이 원귀가 되어 노 씨를 비참한 모습으로 죽게 만든 것은 춘연이 자신을 해한 사람에게 복수했음을 보여 주는군.

② 춘연이 원귀가 된 사연을 알게 된 후에 정을선은 춘연의 억울함을 깨닫고 용서를 비는군.

③ 춘연이 자사의 청을 거절하는 것은 가족 구성원으로서의 복귀를 다른 사람들 앞에서 인정받기 위한 것이군.

④ 춘연이 직첩과 교지를 받고서야 정을선을 받아들이는 것은 천자의 인정으로 춘연의 억울함이 풀렸음을 드러내는군.

⑤ 정을선이 춘연을 위해 약을 찾아 옥륜동에 가는 것은 춘연의 환생을 위한 조력자의 노력에 해당하는군.

11 작자 미상, 「배비장전」

2022학년도 9월 모의평가 18~21번

[037~040] 다음 글을 읽고 물음에 답하시오.

[앞부분의 줄거리] 제주도에 간 배 비장은 애랑의 유혹에 넘어가, 사람들에게 조롱을 받는다. 창피를 당한 배 비장은 서울로 돌아가려고 한다.

이때 배 비장은 떠나는 배가 어디 있나 물어보려고 무서움을 억지로 참고,

"ⓐ여보게, 이 사람. 말씀 물어보세."

그 계집이 한참 물끄러미 보다가 대답도 아니하고 고개를 돌리니, 배 비장 그중에도 분해서 목소리를 돋우어 다시 책망 겸 묻것다.

"ⓑ이 사람, **양반이 물으면 어찌하여 대답이 없노?**"

"무슨 말이람나? 양반, 양반, 무슨 양반이야. 품행이 좋아야 양반이지. 양반이면 남녀유별 예의 염치도 모르고 남의 여인네 발가벗고 일하는 데 와서 말이 무슨 말이며, 싸라기밥 먹고 병풍 뒤에서 낮잠 자다 왔습나? 초면에 반말이 무슨 반말이여? 참 듣기 싫군. 어서 가소. 오래지 아니하여 우리 집 남정네가 물속에서 전복 따 가지고 나오게 되면 큰 탈이 날 것이니, 어서 바삐 가시라구! 요사이 세력이 빨랫줄 같은 배 비장도 궤 속 귀신이 될 뻔한 일 못 들었습나?"

배 비장이 구식적 습관으로 **지방이라고 한 손 놓고 하대를** 하다가 그 말을 들어 보니, 부끄럽고 분한 마음이 앞서져서 혼잣말로 자탄을 하것다.

"허허 내가 금년 신수 불길하다! 우리 부모 만류할 제 오지나 말았더면 좋을 것을, 고집을 세우고 예 왔다가 경향에 유명한 웃음거리가 되고, 또 도처마다 망신을 당하니 섬이라는 데 참 사람 못 살 곳이로구!"

하며, 분한 마음에 그 계집과 다시 말싸움을 하고 싶지 않건마는, 해는 점점 서산에 걸치고 앞길은 **물을 사람이 없어** 함경도 문자로 '붙은 데 붙으라'

하는 말과 같이 '**사과나 하고 다시 물을 수밖에 없다.**' 하여, 말공대를 얼마쯤 올려 다시 수작을 하것다.

"ⓒ여보시오, 내가 참 실수를 대단히 하였소. 이곳 풍속을 모르고."

"실수라 할 것이 왜 있사오리까? 그렇다 하는 말씀이지요. 그런데 당신은 어디로 가시는 양반이십니까?"

"네, 나는 지금 급한 일이 있어 서울을 갈 터인데, 어느 배가 서울로 가는지 그것을 좀 묻고자 그리하오."

"서울 양반이시면 무슨 일로 여기를 오셨으며, 또 성함은 뉘시오니까?"

"성명은 차차 아시지오마는, 내가 이곳에 볼일이 있어서 왔다가, 부모 병환 기별을 듣고 급히 가는 길인데, 가는 배가 없어 이처럼 애절이오."

"그러하면 가이없습니다. 서울로 가는 배는 어제저녁에 다 떠나고, 인제는 다시 사오 일을 기다려야 있겠습니다."

"그러하면 **이 노릇을 어찌하여야 좋소?**"

"참 딱한 일이올시다."

하더니,

"옳지! 가는 배 하나 있습니다. 그러나 그 배에서 행인을 잘 태울는지 모르겠소. 저기 저편 언덕 밑에 포장 치고 조그마한 돛대 세운 배에 가서 물어보시오. 그 배가 제주 성내에 사는 부인 한 분이 친정이 해남인데 급한 일이 있어 비싼 값을 주고 혼자 빌려 저녁 물에 떠난다더니, 참 떠나는지 알 수 없습니다."

배 비장이 그 말 듣고 좋아라고 허겁지겁 그 배로 뛰어가서 사공을 찾는다.

"ⓓ어이, 뱃사공이 누구여?"

사공이 반말에 비위가 틀려,

"어! 사공은 왜 찾어?"

"말 좀 물어보면…."

"무슨 말?"

"그 배가 어디로 가는 배여?"

"물로 가는 배여."

원래 배 비장이 사공을 공손하게 대하기는 초라하고 '해라' 하자니 제 모양 보고 받는지 몰라, **어정쩡하게** 말을 내놓다가 사공의 대답이 한층 더 올라가는 것을 보고, 한숨을 휘이 쉬며,

"허! 내가 그저 **춘몽을 못 깨고 또 실수를** 하였구나!"

어법을 고쳐 입맛이 썩 들어붙게,

"여보시오, ⓔ<u>노형</u>이 이 배 임자시오?"

사공은 목낭청*의 혼이 씌었던지 그대로 좇아가며,

"그렇습니다. 내가 이 배 임자올시다."

"들으니까 노형 배가 오늘 떠나 해남으로 간다지요?"

"예, 오늘 저녁 물에 떠납니다."

"그러면 내가 서울 사는데 지금 가는 길이니 좀 타고 가옵시다."

"좋은 말씀이올시다마는 이 배가 행객 싣는 배가 아니옵고, 해남으로 가시는 부인 한 분이 혼자 빌려 가시는 터인즉, 사공의 임의로 다른 행객을 태울 수가 없습니다."

"그는 그러하겠소마는, 내가 부모 병환 급보를 듣고 급히 가는 길인데, 달리 가는 배는 없고 이 배가 간다 하니, 아무리 부인이 타신 터이라도 이러한 정세를 말씀하시고, 한편 이물 구석에 종용히 끼어 가게 하여 주시면 그 아니 적선이오?"

"당신 정경이 불쌍하오. 그러면 해 진 후에 다시 오시면, 부인 모르시게라도 슬며시 타고 가시게 하오리다."

– 작자 미상, 「배비장전」 –

＊**목낭청** 자기 주관 없이 응대하는 사람을 이르는 말.

Ⅱ 적용 학습

037 ▶ 24951-0059

윗글의 내용에 대한 이해로 적절하지 않은 것은?

① '계집'은 '배 비장'의 문제점을 지적함으로써 양반답지 못한 태도에 대해 비판적 인식을 표출하고 있다.

② '배 비장'은 자신에게 이름을 묻는 '계집'의 질문에 즉답을 피함으로써 자신의 정체를 숨기고 있다.

③ '계집'은 '배 비장'에게 배편이 있을 수도 있다는 말을 건넴으로써 그가 궁금해했던 정보를 제공하고 있다.

④ '사공'은 '부인'의 허락 없이 임의로 다른 행객을 태울 수 없다고 말함으로써 낯선 이에 대한 경계심을 드러내고 있다.

⑤ '사공'은 '배 비장'의 다급한 상황을 듣고 해결책을 알려 줌으로써 상대방에 대한 연민의 감정을 보여 주고 있다.

038 ▶ 24951-0060

ⓐ~ⓔ 중 '배 비장'이 상대의 기분을 풀어 주기 위해 사용한 표현으로만 짝지어진 것은?

① ⓐ, ⓑ   ② ⓐ, ⓓ   ③ ⓑ, ⓒ

④ ⓒ, ⓔ   ⑤ ⓓ, ⓔ

039 ▶ 24951-0061

조그마한 돛대 세운 배 에 대한 이해로 가장 적절한 것은?

① 주인공이 부모의 병환 소식을 듣게 되는 공간이다.
② 주인공을 태우고 서울로 가기 위해 급히 준비되었다.
③ 주인공이 당일에 제주도를 떠나기 위해 타려는 대상이다.
④ 주인공이 경제적 보상까지 내세우며 타고자 하는 것이다.
⑤ 주인공이 행객들을 데리고 제주도를 떠나기 위해 타려 한다.

040 ▶ 24951-0062

〈보기〉를 참고하여 윗글을 감상한 내용으로 적절하지 않은 것은? [3점]

● 보기 ●

「배비장전」에서 창피를 당해 제주도를 떠나려 했던 배 비장은 제주도에 남게 되고, 결말에 가서는 현감에 올라 사람들의 칭송을 받게 된다. 이와 같은 변화가 어떻게 가능했을까? 배 비장이 제주도를 떠나고자 할 때, 제주도 사람들의 도움을 받기 위해 자신이 서울 양반이라는 우월감을 버리고 그들을 존중하는 경험을 했기 때문이다. 이는 비록 불가피한 선택이었지만, 이 과정에서 그는 자신의 태도를 돌아보게 된다. 서울 양반의 경직된 관념에 변화가 일기 시작한 것이다.

① '양반이' 묻는데 '어찌하여 대답이' 없냐고 계집을 책망한 배 비장의 행위에서, 그가 자신의 신분에 대해 우월감을 갖고 있음을 알 수 있군.
② '지방이라고 한 손 놓고 하대를' 한 배 비장의 태도에서, 그가 서울에서 온 양반이라는 이유로 제주도 사람을 얕보고 있음을 알 수 있군.
③ '물을 사람이 없어' 계집에게 '사과나 하고 다시 물을 수밖에 없다'고 하는 배 비장의 생각에서, 그가 계집의 도움을 받기 위해 불가피한 선택을 했음을 알 수 있군.
④ '이 노릇을 어찌하여야' 좋겠냐고 묻는 배 비장의 모습에서, 그가 경직된 관념을 버리고 제주도 사람을 존중하는 방법을 고민하고 있음을 알 수 있군.
⑤ '어정쩡하게' 말하려다 '춘몽을 못 깨고 또 실수'했다고 한 배 비장의 발언에서, 그가 우월감을 가지고 있던 자신의 태도를 돌아보고 있음을 알 수 있군.

12 〉 허균, 「남궁 선생전」

2020학년도 수능특강 문학 131~134쪽 01~04번

[041~044] 다음 글을 읽고 물음에 답하시오.

[앞부분의 줄거리] 남궁두는 과거를 보아 문명을 떨치자 자신의 재주만 믿고 고을 수령에게 예를 다하지 않아 미움을 산다. 첩과 당질이 정을 통하는 것을 본 남궁두는 두 사람을 죽이고 붙잡혀 죽을 지경에 이르게 되나, 아내의 도움으로 탈옥하게 된다. 그 후 이곳저곳을 떠돌던 남궁두는 치상산에 들어가 장로의 가르침에 따라 도사의 선술을 연마한다.

가

　장로는 곧바로 삼재경(三才鏡)*을 벽에 걸고 칠성검(七星劍)* 두 개를 양편에 세우고는 우보(禹步)*로 걸으며 주문을 외우면서 남궁두가 마귀를 물리치고 도(道)를 이루기를 빌었다.

　단련한 지 거의 여섯 달 만에 단전(丹田)이 가득 채워져 마치 금빛이 배꼽 아래에서 나오는 듯했다. 남궁두는 그의 도가 이루어지려 함을 기뻐하여 급히 이루고자 하니, 선천(先天)의 마음이 갑자기 흔들리는 것을 억제할 수 없어서 후천(後天)의 마음에 불이 붙고, 그 불길이 위로 올라가 이환(泥丸)*을 태우자 고함을 지르며 방에서 뛰쳐나왔다. 장로가 지팡이로써 그의 머리를 치며 말했다.

　"아! 도가 이루어지지 않는구나."

　급히 남궁두를 편안히 앉게 하여서 기(氣)를 내리니, 기는 비록 수그러졌으나 마음이 아직 두근거려서 온종일 진정되지 않았다. 장로는 탄식하며 말했다.

　"세상에 드문 한 사람을 만나서 가르침에 성심껏 하지 않은 바가 없었거늘, 업보(業報)가 가로막음을 제거하지 못해서 끝내 실패에 이르렀으니, 이는 그대의 운명일 뿐이네. 내 힘으로 어떻게 하겠나."

　이내 기운을 회복시키는 차를 마시게 한 지 7일 만에야 마음이 비로소 편안해지고 기가 위로 치받

쳐 오르지 않았다. 장로가 말했다.

　"그대는 비록 신단(神丹)인 신태(神胎)를 이루지는 못하였으나 지상선(地上仙)은 될 수 있을 것이며, 조금 더 자기 감정을 억제하고 수양만 한다면 팔백 년은 누리며 살 수 있을 것이네. 그대의 운명에는 아들을 두도록 되어 있었으나 정자가 나오는 구멍이 꽉 막혔으니 약을 먹고 트이도록 하세나."

　그러면서 붉은 오동나무 열매처럼 생긴 환약 두 알을 꺼내 주며 삼키도록 했다.

(중략)

　선생은 비록 다시 가업을 일으켰으나 스승의 교훈을 가슴에 새기고 끝까지 조금도 게으르지 않았다. 해남을 떠나 용담 지역에 있는 깊은 산골짜기를 골라 숨어 살았는데, 치상산이 가까운 것으로 보아 다시금 선사 만나기를 바라는 계획이었으리라. 수십 년 동안 죽대 뿌리와 솔잎을 채취하여 먹으니 몸이 날이 갈수록 더욱 건강해지고 수염도 희지 않고 걸음걸이도 마치 나는 듯하였다.

나

　만력(萬曆)* 무신년(1608) 가을 나는 공주에서 파직을 당하고 부안에서 살았다. 선생이 고부로부터 도보로 나의 객사(客舍)를 찾아왔다. 그리하여 네 경(經)의 오묘한 뜻을 나에게 전해 주시고, 또 그분이 선사를 만났던 전말을 상세히 이야기함이 위와 같았다.

　선생의 나이는 그해에 여든셋이었으나 얼굴은 마치 마흔예닐곱 살 된 사람과 같았고, 보고 듣는 능력이 조금도 쇠약하지 않았고, 눈초리가 깊었고 머리털이 검었으며, 빨리 걷는 것이 마치 여윈 학(鶴)과 같았다. 더러는 며칠씩을 먹지도 않고 자지도 않으며 『참동계』나 『황정경』을 외기에 그치지

않았는데, 그때마다 가르쳐 타일렀다.

"남몰래 험악한 일을 하지 말며, '귀신이 없다.' 고도 말하지 말게. 착한 일을 행하여 덕을 쌓고, 욕심을 끊고 마음을 단련한다면 신선이 되어 하늘에 오르는 것을 곧 이룰 수 있으며, 난새와 학이 멀지 않은 앞날에 내려와서 맞아 줄 것이네."

나는 선생이 마시고 먹는 것, 또 먹고 쉬는 것이 보통 사람과 똑같음을 보고서 괴이하게 여겼더니, 선생이 말했다.

"내가 처음에는 신선이 되어 날아서 하늘로 오르리라 여겼는데 빨리 이루려다 결국 이루지 못하고 말았네. 우리 스승님께서 이미 지상선이 될 수 있음을 인정하셨으니, 부지런히 수련한다면 팔백 년이야 기필할 수 있을 것이네. 요즘 산중이 자못 한가하고 적막하여 속세로 내려왔으나 아는 사람 하나도 없을뿐더러, 가는 곳마다 젊은이들이 나의 늙고 누추함을 멸시하니, 인간의 재미라고는 전혀 없네. 사람이 오래도록 살고자 하는 것은 본래 기쁜 일을 누리기 위함이거늘, 그러나 쓸쓸하고 기쁜 일이라고는 전혀 없으니 내가 무엇 때문에 오래 살기를 바라리오? 그러므로 속세의 음식을 금하지 않고 아들을 안고 손자를 껴안고 희롱하면서 여생을 보내다 자연의 변화를 따라 죽음에로 돌아가 하늘이 주신 운명에 따르려네. 그대야말로 선재(仙才)와 도골(道骨)이 있으니 힘써 행하고 게으르

지 않는다면 이 세상의 진선(眞仙)이 되는 것이야 그대에게 어찌 먼일이겠는가? 우리 스승께서 일찍이 내게 '참을성 있다.'고 하셨는데 참아 내지 못하고 이 지경에 이르렀으니, '인(忍)'이란 한 글자는 선가(仙家)의 오묘한 비결인 만큼 그대 또한 삼가 지녀 잃지 말기를 바라네."

그는 수십 일을 머물다가 옷을 떨치며 떠나 버렸다. 이때 사람들은 '그가 용담으로 다시 갔다.'고 하였다.

나는 말한다.

[A] ┌ 전해 오는 말에 '우리나라 사람들은 불교는 숭상했어도 도교는 숭상하지 않았다.'고 한다. 신라 시대로부터 조선 시대에 이르기까지 몇 천 년이 지났으나 한 사람도 득도하여 신선이 되었다는 말을 듣지 못했다고 해서, 과연 전해 오는 말이 징험되는 것인가? 그러나 내가 보 았던 남궁 선생으로 말한다면 다르다 하겠다.

└ – 허균, 「남궁 선생전(南宮先生傳)」 –

＊**삼재경** 천(天), 지(地), 인(人)을 비추는 거울.

＊**칠성검** 북두칠성이 새겨져 있는 칼.

＊**우보** 북두성을 걸어서 그 정기(正氣)를 취하여 마신다고 하는. 일종의 걷는 방법으로 도교 술법의 하나. 우(禹)임금이 창시했다고 전해짐.

＊**이환** 도가(道家)에서 말하는 삼단전(三丹田)의 하나인 상단전(上丹田)을 가리키는 말로, 뇌(腦)를 지칭함.

＊**만력** 중국 명나라 신종(神宗)의 연호.

041 ▶ 24951-0063

(가)와 (나)에 대한 설명으로 적절하지 않은 것은?

① (가)에 제시된 행적과 관련하여 (나)에서는 인물의 말을 통해 그 내용을 요약적으로 제시하고 있다.

② (가)는 전지적 시점에서 서술이 이루어지고 있는 반면, (나)는 1인칭 시점에서 서술이 이루어지고 있다.

③ (가)에는 (나)의 서술자가 전해들은 이야기가 제시되어 있으며, (나)에는 (가)에 제시된 이야기를 알게 된 내력이 제시되어 있다.

④ (나)에서는 (가)의 주인공의 말을 인용하고 서술자의 말을 직접적으로 제시하여 주인공의 특성을 나타내고 있다.

⑤ (나)에서는 (가)에서 전개된 사건의 양상을 정리하고 그와 관련하여 주인공에게 미래에 일어날 일을 상징적 소재로 암시하고 있다.

042 ▶ 24951-0064

윗글의 인물에 대한 설명으로 적절하지 않은 것은?

① 장로는 남궁두를 가르치는 데 최선을 다했다고 생각했다.

② 장로는 남궁두가 자식을 낳아 기르며 살 수 있을 것이라고 여겼다.

③ 장로는 운명에 따라 남궁두가 도를 이루지 못할 것을 염려하고 그에 대비했다.

④ 남궁두는 오래 사는 데 뜻을 두지 않고 보통 사람처럼 살겠다고 다짐했다.

⑤ 남궁두는 도를 이루기 위해 애쓰던 과정을 돌아보고 욕념을 끊지 못했던 것을 후회했다.

043 ▶ 24951-0065

[A]의 기능에 대한 이해로 적절한 것은?

① 주인공의 심리적 정황을 비유적으로 제시하고 있다.

② 사건 전개 속도를 빠르게 하여 긴장감을 조성하고 있다.

③ 시대적 배경을 제시하여 사건의 인과성을 높여 주고 있다.

④ 작가의 생각을 제시하여 주인공의 비범성을 강조하고 있다.

⑤ 인물에 대한 다양한 평을 소개하여 서술자의 평을 뒷받침하고 있다.

044 ▶ 24951-0066

〈보기〉를 바탕으로 윗글을 이해한 내용으로 적절하지 않은 것은?

─● 보기 ●─

「남궁 선생전」은 전(傳)이 소설화된 전계 소설로 볼 수 있는 작품이다. 전계 소설은 역사적 실존 인물에 관심을 갖고 그 행적을 기록하는 열전의 서술 전통이 상대적으로 강하게 잔존한, '나름대로 근거 있는 역사적 사실에 바탕한 허구'로서의 성격을 갖고 있는 양식이라고 할 수 있다. 어떤 사람의 행적을 기록하고 교훈적인 내용이나 비판을 덧붙이는 글인 전은 개괄적인 서술을 그 특징으로 갖고 있는데, 이와 같은 전에 비해 전계 소설은 대화와 행동을 구체적으로 제시하며 인물의 내면을 묘사해 드러낸다. 특히 이것은 사건을 입체적으로 전개하고 입전된 인물의 개성을 뚜렷이 부각하는 효과를 거두는 데 기여한다. 그리고 전계 소설은 경험적 사실을 바탕으로 일정 정도 허구화를 가미하고 있지만, 객관적이고 사실적인 서술 태도에 의해 실기적(實記的)인 성격 또한 지니고 있다. 이는 사실에 대한 객관적인 서술을 중시하는 전의 전통에서 비롯된 것이다.

① '도'를 급히 이루고자 한 남궁두의 내면을 묘사하고 그에 대한 장로의 반응을 제시한 것은 인물의 행적을 기록하고 그에 대한 비판을 덧붙이는 전의 서술 전통을 따른 것이라고 할 수 있다.

② '이환'이 타는 고통으로 방에서 뛰쳐나온 남궁두를 장로가 지팡이로 머리를 치면서 탄식하며 한 말은 사건 전개에 구체성을 더해 주고 있다고 할 수 있다.

③ '지상선'은 될 수 있다며 수양을 하면 팔백 년을 살 수 있다고 장로가 남궁두에게 해 준 말은 작품에 일정 정도 허구화가 가미되어 있음을 보여 준다고 할 수 있다.

④ 남궁두가 작가를 찾아왔을 때의 시간적 배경과 그 당시 작가가 살고 있던 지명을 언급한 것은 작품의 실기적 성격을 나타내는 데 기여하고 있다고 할 수 있다.

⑤ 작가가 자신의 집에서 본 남궁두의 모습과 행동을 제시하고 남궁두로부터 들은 말을 인용해 제시한 것은 남궁두의 입전이 경험적 사실을 토대로 이루어진 것임을 뒷받침한다고 할 수 있다.

Ⅱ

적용
학습

13 ▶ 유득공, 「유우춘전」

2021학년도 수능특강 문학 127~130쪽 01~03번

[045~047] 다음 글을 읽고 물음에 답하시오.

서기공은 음악에 조예가 깊고 손님을 좋아해서 손님이 오면 술을 내오고 거문고와 피리를 연주하게 해서 흥을 돋우었다.

나는 기공을 따라 놀며 즐기다가 한번은 해금을 하나 얻어 가지고 가서 손을 놀려 벌레 소리와 새소리를 내 보았다. 기공이 그 소리를 듣고 깜짝 놀라며 말했다.

"쌀이나 한 움큼 퍼 주어야겠군. 이건 거지 깽깽이 소리지 뭐야."

"무슨 말씀이신지요?"

[A]
"심하기도 하지, 자네가 이리도 음악을 모르다니! 우리나라 음악에는 '아악(雅樂)'과 '속악(俗樂)'의 두 가지가 있네. 아악이라는 건 옛날의 음악이요, 속악이라는 건 후대의 음악일세. 사직과 문묘에서는 아악을 쓰네. 종묘에는 속악을 섞어 쓰는데, 이게 바로 장악원의 속악이지. 군대에서 쓰는 속악은 '세악'이라고 하네. 사기를 고취하기도 하고 개선가로 연주되기도 하는데, 화평하거나 미묘한 소리까지 모두 갖추었기에 놀이며 잔치에서도 이 음악을 쓰지. 그리하여 철의 거문고며 안의 젓대며 동의 장구며 복의 피리를 일컫게 되었고, 유우춘과 호궁기는 모두 해금으로 유명하네.

자네가 해금을 좋아한다면 저 사람들에게 가서 배울 일이지, 어쩌자고 이런 비렁뱅이 깽깽이 소리를 배웠는가? 지금 저 비렁뱅이들은 남의 집 문에 기대어 해금을 켜서 할아비며 할미며 갓난아기며 가축이며 닭이나 오리며 온갖 벌레 소리를 내고 있다가 그 집에서 쌀을 준 뒤에야 떠나지. 자네의 해금 소리가 바로 그렇군."

나는 기공의 말을 듣고 몹시 부끄러워서 해금을 자루에 넣고는 몇 달 동안이나 그대로 내팽개쳐 두고 꺼내 보지 않았다.

어느 날 일가 사람인 금대 거사가 찾아왔다. 거사는 작고한 현감 유운경의 아들이다. 유운경은 젊어서 협객 기질이 있었고 말타기와 활쏘기를 좋아했으며, 영조 무신년(1728년)에 충청도에서 일어난 반란을 토벌해 큰 공을 세웠다. 유운경은 이 장군 댁 여종을 좋아하여 아들 둘을 낳았다. 나는 그 일을 떠올리고 조용히 거사에게 물었다.

"두 아우는 지금 모두 어디 있습니까?"

"어허! 모두 여기 있지. 내 친구 중에 변방 고을 수령이 된 자가 있거든. 내가 발을 싸매고 2천 리 길을 걸어서 그 친구에게 돈 5백 냥을 얻어 왔어. 그 돈을 가지고 이 장군 댁에 가서 두 아우의 몸값을 치르고 데려왔어. 지금 큰 아우는 남대문 밖에서 망건을 팔고 있지. 작은 아우는 용호영에 소속되어 있는데 해금을 잘 켜서 요사이 '유우춘의 해금'이라고들 하는 유우춘이 바로 그일세."

나는 비로소 기공의 말을 기억해 내며 깜짝 놀랐다. 이름난 가문의 후예로서 군대의 병졸 노릇이나 하고 있다는 게 우선 서글펐지만, 한 가지 재주로 이름이 나서 생계를 꾸려 가고 있다는 게 반갑기도 했다.

(중략)

이때 나는 자루에 넣어 가지고 갔던 해금을 보여 주며 말했다.

"이 해금은 어떤가? 전에 나는 자네가 연주하는 해금에 뜻을 두어 벌레 소리며 새소리를 내 보려 한 적이 있었지. 그랬더니 남이 듣고는 거지 깽깽이 소리라고 해 몹시 창피했네. 어떻게 하면 거지 깽깽이 소리가 아니게 할 수 있나?"

우춘은 손뼉을 치며 껄껄 웃더니 말했다.

"물정 모르는 말씀이로군요! 모기가 앵앵거리는 소리며 파리가 잉잉거리는 소리며 온갖 기술자들이 뚝딱거리는 소리며 선비가 개골개골 글 읽는 소리며 천하의 이 모든 소리는 먹을 것을 구하는 데 그 목적이 있습니다. 그러니 저의 해금과 거지의 해금 사이에 무슨 차이가 있겠습니까? 또 제가 해금을 배운 건 노모가 계시기 때문이니, 재주가 묘하지 않다면 무슨 수로 노모를 모실 수 있겠습니까? 그렇긴 하지만 저의 해금 재주는 거지의 해금 연주가 묘하지 않은 듯하면서도 묘한 것에 미치지 못합니다.

[B]
우선 제 해금과 비렁뱅이의 해금은 그 재료로 보자면 똑같습니다. 해금은 활대에 말총을 매고 말총에 송진을 발라 꺼끌꺼끌하게 합니다. 현악기도 아니요 관악기도 아니며, 손으로 타는 현악기 소리인듯도 하고, 입으로 부는 관악기 소리인 듯도 하지요.

저는 해금을 배우기 시작한 지 3년 만에 재주를 이루었는데, 그러는 동안 다섯 손가락에 모두 굳은살이 박였습니다. 그런데 기예는 더욱 높아졌으나 살림이 나아지지 않았으니, 사람들이 갈수록 내 음악을 이해하지 못하게 됐기 때문입니다.

그런데 저 거지는 못 쓰는 해금 하나를 주워다가 몇 달을 다루고 나면 그 소리를 듣는 사람들이 우르르 모여듭니다. 연주를 마치고 돌아가면 그 뒤를 따라다니는 자가 수십 명은 되지요. 거지는 그렇게 해서 하루에 쌀 한 말은 얻고 저금통에 돈까지 거둬 갑니다. 그 이유는 다름이 아니라 그 음악을 이해하는 자가 많기 때문입니다.

지금 '유우춘의 해금'이라 하면 온 나라 사람들이 모두 압니다. 그러나 그 이름을 듣고 알 뿐이지 그 해금 소리를 듣고 이해하는 자야 몇 사람이나 되겠습니까?

종실이나 대신들이 밤에 악공을 부르면 악공들은 저마다 자기 악기를 들고 종종걸음으로 마루에 오릅니다. 불빛이 휘황한 가운데 시종은 이리 말하지요.

'잘하면 상이 있을 것이다.'

그러면 악공들은 몸을 굽히며 말합니다.

'예이.'

이에 현악기가 관악기에 애써 맞추려 하지 않고, 관악기가 현악기에 애써 맞추려 하지 않아도, 소리의 장단과 빠르기가 은은하게 하나로 어우러지지요. 나직이 읊조리는 소리나 음식을 씹는 소리가 문밖에 들리지 않아 흘낏 곁눈질해 보면 듣던 이는 망연히 책상에 기대 졸고 있습니다. 그리고 잠시 후 기지개를 켜며 말하지요.

'그만해라!'

악공들은 '예이.' 하고 내려옵니다. 돌아와 생각해 보면 내가 연주하고 내가 듣다 온 것일 뿐입니다.

귀한 집 자제며 풍류 있는 유명한 선비들이 맑은 이야기를 나누는 고상한 모임에도 해금을 안고 가 자리한 적이 있습니다. 어떤 이는 글을 평론하고 어떤 이는 과거에 급제한 인물들을 비교합니다. 술에 흐드러지게 취하고 등불이 다 타들어 갈 무렵 뜻은 높으나 글이 잘 지어지지 않아 괴로운 모습을 하다가 붓을 날려 종이에다 글을 써 댑니다. 그러다 누군가가 문득 저를 돌아보며 말합니다.

'너는 네가 가진 해금의 시초를 아느냐?'

그러면 저는 엎드려 대답합니다.

'모르옵니다.'

'옛날에 혜강(嵆康)이 만들었느니라.'

그러면 또 엎드려 대답하지요.

'예이, 알겠습니다.'

그러면 또 누군가가 웃으며 말합니다.

'해(奚) 부족의 금(琴)이란 뜻이지, 혜강의 혜(嵆)가 아니야.'

그리하여 좌중의 사람들이 분분히 다투지만, 그게 내 해금과 무슨 상관이겠습니까?

(중략)

우리 무리 중에 궁기라는 이가 있습니다. 한

가로운 날 만나서 두 사람이 각자 자루에서 해금을 꺼내 켭니다. 눈길은 푸른 하늘에 던져두고 마음은 손가락 끝에 두어, 연주에 한 치의 실수라도 있으면 껄껄 웃으며 돈 한 푼을 상대방에게 줍니다. 하지만 우리 두 사람이 돈을 주는 일은 그리 많지 않았습니다. 그래서 저는 생각했지요.

'내 해금을 이해하는 사람은 궁기뿐이야.'

그러나 궁기가 제 해금을 이해하는 건 제 자신이 제 해금을 이해하는 것만큼 정밀하진 않습니다.

지금 그대는 공을 이루기 쉽고 남들이 알아주는 일을 버리고, 공을 이루기 어렵고 남들이 알아주지 않는 일을 배우려 하니, 어리석은 일이 아니겠습니까?"

우춘은 모친이 세상을 뜬 뒤로 자기 일을 버렸고, 그 뒤로는 나를 찾아오지도 않았다. 우춘은 아마 효자로서 악공의 무리 중에 숨어 지내던 사람일 것이다. 우춘이 말한 '기예가 높아질수록 사람들은 이해하지 못한다.'라는 말이 어찌 해금에만 해당되는 말이겠는가.

– 유득공, 「유우춘전(柳遇春傳)」 –

045 ▶ 24951-0067

〈보기〉를 바탕으로 윗글을 이해한 내용으로 적절하지 않은 것은?

● 보기 ●

'전(傳)'은 실존했던 인물과 그 인물과 관련된 실재한 사건을 내용으로, 작가가 교훈적 측면에서 후대에 남기려는 의도로 기록된 양식이다. 전은 일반적으로 앞부분에서 전하고자 하는 인물의 행적 및 사건을 설명한 후 평결부에서는 그 인물에 대한 논평을 제시하는 구성을 취한다. 조선 시대 후기에는 전 양식을 차용하면서 인과적 사건 전개와 인물의 갈등과 개성에 초점을 맞춘 소설들이 활발하게 창작되었는데, 이러한 소설을 '전계 소설(傳係小說)'이라고 한다. 「유우춘전」에서는 이러한 전계 소설의 특징을 확인할 수 있다.

① 진정한 예술의 가치를 알아주지 않는 현실을 비판하는 유우춘의 말에서 작가의 교훈적 의도를 확인할 수 있다.

② 유우춘이 지닌 예술가로서의 면모와 고뇌를 전달하고 있다는 점에서, 인물의 개성에 초점을 맞추는 전계 소설의 특징을 확인할 수 있다.

③ 유우춘에 대한 행적을 제시한 후 그의 삶에 대한 평가로 글을 마무리하고 있다는 점에서, 설명과 논평의 방식으로 이야기를 전달하는 전의 특징을 확인할 수 있다.

④ 실존 인물인 '유우춘'의 행적을 '서기공' 및 '유운경' 등의 인물과 관련지어 제시하고 있다는 점에서, 실존 인물과 그 인물과 관련된 실재 사건을 전달하는 전의 특징을 확인할 수 있다.

⑤ 유우춘과 관련된 여러 인물을 소개한 후 그들의 행적과 관련지어 유우춘의 갈등 해소 과정을 제시하고 있다는 점에서, 인과적으로 사건을 전개하는 전계 소설의 특징을 확인할 수 있다.

046 ▶ 24951-0068

[A]와 [B]에 대한 이해로 적절하지 않은 것은?

① [A]는 우리나라 음악을 분류하고 각각의 특징을 언급한 후 '나'의 음악이 본받아야 할 대상을 제시하고 있다.

② [A]는 비렁뱅이의 음악과 '나'의 음악이 차이가 없다고 말하며 '나'가 제대로 된 음악을 모르고 있음을 비판하고 있다.

③ [B]는 이 세상의 존재들이 소리를 내는 목적을 언급한 후 비렁뱅이의 음악을 폄하해서는 안 된다는 생각을 드러내고 있다.

④ [B]는 '우춘' 자신의 해금과 비렁뱅이의 해금에 차이가 없다는 점을 이유로 '나'의 음악이 비렁뱅이의 음악에 미치지 못한다고 평가하고 있다.

⑤ [A]와 [B]는 모두 비렁뱅이들이 해금을 연주하는 상황을 언급하며 비렁뱅이의 음악에 대한 평가를 제시하고 있다.

047 ▶ 24951-0069

〈보기〉의 '갑', '을'의 입장에서 윗글의 음악에 대해 평가한 것으로 가장 적절한 것은?

─ 보기 ─

갑: 서화(書畫)는 심화(心畫), 즉 물(物)을 빌려 내 마음을 그리는 것인즉 높은 기예를 바탕으로 드높은 정신을 표현해야 한다. 어떤 사람들은 물(物)을 충실히 재현하여 사람들이 쉽게 이해하는 그림을 그리는 거리의 화공을 높이 평가하지만, 그들의 그림이 나중에는 방바닥 뚫어진 것을 메우게 되는 것은 그림에 담긴 뜻이 얕고 천하기 때문이다. 비록 서화를 이해하는 이가 많더라도, 드높은 정신의 경지가 곁들어 있지 않으면 다만 검은 것은 먹이요, 흰 것은 종이일 뿐이다.

을: 정소남은 난의 노근(露根)을 드러내어 망송(亡宋)의 한을 그렸고, 조맹부는 훼절(毁節)하여 원(元)에 출사(出仕)했지만, 정소남의 난초만 홀로 향기롭고 조맹부의 송설체(松雪體)가 비천하다는 말은 듣지 못했다. 서화는 높은 기예를 바탕으로 물화(物畫), 즉 대상의 정(情)과 의(意)를 드러내어 대상이 지닌 아름다움을 표현해야 한다. 서화가 한낱 선비의 강개(慷慨)를 의탁하는 수단으로 사람들이 그 뜻을 이해하지 못한다면, 그 얼마나 덧없는 일이겠는가?

① 갑: 화공이 그린 그림과 마찬가지로 비렁뱅이의 음악은 드높은 마음만 드러낼 뿐, 높은 기예를 바탕으로 하지 않았기 때문에 높은 평가를 받을 수 없다.

② 갑: 유우춘의 해금 연주를 이해하지 못하는 사람이 많더라도 그 연주에 높은 기예를 바탕으로 한 드높은 정신의 경지가 담겨 있다면 높은 평가를 받을 만하다.

③ 을: 유우춘의 해금 연주는 궁기에게 돈을 지불할 정도로 기예가 부족하여 그 연주를 궁기가 이해하지 못한다는 점에서 높은 평가를 받을 수 없다.

④ 을: 종실과 대신들이 듣는 악공들의 연주는 음악을 듣는 사람들이 음악에 담긴 악공의 마음을 쉽게 이해할 수 있다는 점에서 높은 평가를 받을 만하다.

⑤ 을: 비렁뱅이의 음악은 정소남의 그림과 조맹부의 글씨처럼 높은 기예를 바탕으로 자신이 추구하는 아름다움을 표현했기 때문에 높은 평가를 받을 만하다.

14 염상섭, 「만세전」

2014학년도 6월 모의평가 B형 41~43번

[048~050] 다음 글을 읽고 물음에 답하시오.

천대를 받아도 얻어맞는 것보다는 낫다! 그도 그럴 것이다. 미친 체하고 떡목판에 엎드러진다는 셈으로 미친 체하고 어리광 비슷한 수작을 하거나, 스라소니 행세를 하거나 하여, 어떻든지 저편의 호감을 사고 저편을 웃기기만 하면 목전에 닥쳐오는 핍박은 면할 것이다. 속으로는 요놈 하면서라도 얼굴에만 웃는 빛을 띠면 당장의 급한 욕은 면할 것이다. 공포(恐怖), 경계(警戒), 미봉(彌縫), 가식(假飾), 굴복(屈服), 도회(韜晦)*, 비굴(卑屈)…… 이러한 모든 것에 숨어 사는 것이 조선 사람의 가장 유리한 생활 방도요, 현명한 **처세술**이다. 실상 생각하면 우리의 이러한 **생활 철학**은 오늘에 터득한 것이 아니요, 오랫동안 **봉건적** 성장과 관료전제 밑에서 더께가 앉고 굳어 빠진 껍질이지마는, 그 껍질 속으로 점점 더 파고들어 가는 것이 **지금의 우리 생활**이다.

"어떻든지 그저 내지인과 동등한 대우만 해 주면 나중엔 어찌 되든지 살아갈 수 있겠죠."

청년은 무엇에 쫓겨 가는 사람처럼 차 안을 휘휘 돌려다 보고 나서 목소리를 한층 낮추어서 다시 말을 잇는다.

"가령 공동묘지만 하더라도 내지에도 그런 법률이 있다 하면 싫든 좋든 우리도 따라가는 수밖에 없겠죠. 하지만 우리에게는 또 우리의 유풍이 있지 않습니까? 대관절 내지에도 그런 법이 있나요?"

의외에 이 장돌뱅이도 공동묘지 이야기를 꺼낸다. 나는 아까 형님한테 한참 설법을 듣고 오는 길에 또 이러한 질문을 받고 보니, 언제 규정이 된 것이요 어떻게 시행하라는 것인지는 나로서는 알고 싶지도 않고, 그까짓 것은 아무렇거나 상관이 없는 일이지마는, 아마 요사이 경향에서 모여 앉으면 꽤들 문젯거리, **화젯거리**가 되는 모양이다.

나는 한번 껄껄 웃어 주고 싶었으나 그리할 수는 없었다.

"일본에도 공동묘지야 있다우."

나 역시 누가 듣지나 않는가 하고 아까부터 수상쩍게 보이던 저편 뒤로 컴컴한 구석에 금테를 한 동 두른 모자를 쓴 채 외투를 뒤집어쓰고 누웠는 일본 사람과, 김천서 나하고 같이 오른 양복쟁이 편을 돌려다 보았다. 나의 말이 조금이라도 총독 정치를 비방하는 것은 아니지만, 그중에서 무슨 오해가 생길지 그것이 나에게는 염려되는 것이었다.

"정말 내지에도 공동묘지가 있어요? 하지만 행세하는 사람야 좀 다르겠죠?"

"그야 좀 다르겠지마는, 어떻든지 일본에서는 주로 화장을 지내기 때문에 타고 남은…… 아마 목구멍 뼈라든가를 갖다가 묻고 목패든지 비석을 세운다우. 그러지 않아도 살아 있는 사람도 터전이 좁아서 땅 조각이 금 조각 같은데, 죽는 사람마다 넓은 터전을 차지하다가는 이 세상에는 무덤만 남고 말지 않겠소, 허허허."

나는 이러한 소리를 하면서도 묘지를 간략하게 하여 지면을 축소하고 남는 땅은 누구의 손으로 들어가고 마누 하는 생각을 하여 보았다.

"그리구서니 자기의 부모나 처자를 죽었다구 금세루 살라야 버릴 수가 있습니까? 더구나 대대로 내려오는 제 집 산소까지를."

이 사람은 나의 말이 옳다는 모양으로 고개를 끄덕끄덕하면서도 그래도 반대를 한다.

"화장을 지낸다기루 상관이 뭐겠소. 예전에 애급이라는 나라에서는 왕후장상의 시체는 방부제를 쓰고 나무 관에 넣은 시체를 다시 석관까지에 튼튼히 넣어서 피라미드라는 큰 굴 속에 묻어 두었지만, 지금 와서는 미이라밖에는 되지 않고 만 것을 보면 죽은 송장에게 능라주의(綾羅紬衣)*를 입히고 백 평, 천 평 되는 땅에다가 아무리 굳게 파묻기로 그것이 무엇이란 말이오. 동상을 세우면 무얼 하고 송덕비를 세우면 무엇에 쓴다는 말이오."

내 앞에 앉았는 장꾼은 무슨 소리인지 귀에 자세히 들어오지 않는 모양이다.

"녜에, 그런 것이 있에요?"

하고 멀거니 앉았다.

"하여간 부모를 생사장제(生事葬祭)에 예(禮)로써 받들어야 할 거야 더 말할 것 없지마는, 예로 하라는 것은 결국에 공경하는 마음이나 정성을 말하는 것 아니겠소? 그러니 공동묘지 법이란 난 아직 내용도 모르지마는, 그것은 별문제로 치고라도, 그 근본정신은 생각지 않고 부모

나 선조의 산소치레를 해서 외화(外華)나 자랑하고 음덕(蔭德)이나 바란다는 것도 우스운 수작이란 것을 알아야 할 거 아니겠소. 지금 우리는 공동묘지 때문에 못살게 되었소? 염통 밑에 쉬스는 줄은 모른다구, 깝살릴* 것 다 깝살리고 뱃속에서 쪼르륵 소리가 나도 죽은 뒤에 파묻힐 곳부터 염려를 하고 앉았을 때인지? 너무도 얼빠진 늦둥이 수작이 아니오? 허허허."

나는 형님에게 하고 싶던 말을 장돌뱅이로 돌아다니는 이 자를 붙들고 한참 푸념을 하였다.

– 염상섭, 「만세전」 –

*도회 재능이나 학식 따위를 숨겨 감춤.
*능라주의 비단옷과 명주옷.
*깝살리다 재물이나 기회 따위를 흐지부지 다 없애다.

048 ▶ 24951-0070

윗글의 서술상 특징으로 가장 적절한 것은?

① 상징적 배경을 통해 갈등이 해소될 것임을 암시하고 있다.

② 냉소적 어조를 통해 세태에 대한 비판적 태도를 드러내고 있다.

③ 빈번한 장면 전환을 통해 인물들 사이의 긴장감을 고조하고 있다.

④ 동시에 진행되는 사건을 병렬하여 이야기를 입체적으로 구성하고 있다.

⑤ 인물들의 체험을 삽화 형식으로 나열하여 주제를 다각적으로 조명하고 있다.

049 ▶ 24951-0071

'공동묘지 법'과 관련한 인물들의 태도로 가장 적절한 것은?

① '나'는 '공동묘지 법' 시행에 따른 '화장'의 제도화를 우려하고 있다.

② '나'는 '공동묘지 법'의 시행 전에 충분한 정보가 제공되어야 한다고 지적하고 있다.

③ '나'는 '공동묘지 법'과 관련한 자신의 발언이 정치적으로 해석되는 것을 염려하고 있다.

④ '장돌뱅이'는 '공동묘지 법'의 목적이 묘지를 없애 집터를 넓히는 데 있다고 믿고 있다.

⑤ '장돌뱅이'는 '공동묘지 법'이 '애급'의 관습을 따른 것이라는 사실에 흥미로워하고 있다.

Ⅱ
적용
학습

050 ▶ 24951-0072

〈보기〉를 참고하여 윗글을 감상할 때, 적절하지 않은 것은? [3점]

• 보기 •

1920년대 문학의 전개 과정에서, 염상섭은 개인의 발견과 현실 인식이라는 소설의 근대적인 특성을 분명하게 제시하고 있다. 특히 일인칭 시점을 적용한 소설을 통해 개인의 내면을 드러내는 방식을 모색하여, 개성의 표현으로서의 문학에 대한 인식을 구체화하였다. 나아가 그는 생활 현실에 근거한 문학으로 관심을 확장하였는데, 그에 따르면, 문예는 생활의 기록이요, 흔적이요, 주장이다. 생활에 대한 염상섭의 새로운 인식은 생활의 표현을 통해 삶의 문제를 총체적인 시각에서 조망하려는 근대 문학의 정신에 접근하고 있다.

① 시속의 '처세술'에 대해 성찰하여 평가한 점을 통해, 생활의 문제에 대한 작가의 주장을 확인할 수 있겠군.

② '생활 철학'을 터득하려는 개개인의 의지를 옹호한 점을 통해, 개인의 발견에 관한 작가의 의식을 이해할 수 있겠군.

③ '지금의 우리 생활'을 '봉건적' 의식과 문화에 견주어 문제 삼은 점을 통해, 삶의 문제를 총체적으로 조망하려는 작가의 시각을 엿볼 수 있겠군.

④ 일상적 관심사로 오르내리는 '화젯거리'를 이야기한 점을 통해, 생활의 흔적을 기록하려는 작가의 노력을 살필 수 있겠군.

⑤ 자신의 경험과 생각을 '나'가 서술하도록 설정한 점을 통해, 개성을 표현하는 문학의 방식을 모색하는 작가의 관심을 찾아볼 수 있겠군.

15 〉 **김유정, 「봄·봄」**

2016학년도 6월 모의평가 A형 34~37번

[051~054] **다음 글을 읽고 물음에 답하시오.**

우리 장인님은 약이 오르면 이렇게 손버릇이 아주 못됐다. 또 사위에게 이 자식 저 자식 하는 이놈의 장인님은 어디 있느냐. 오죽해야 우리 동리에서 누굴 물론하고 그에게 욕을 안 먹는 사람은 명이 짜르다, 한다. 조그만 아이들까지도 그를 돌라세 놓고 욕필이 ㉠(본 이름이 봉필이니까), 욕필이, 하고 손가락질을 할 만치 두루 인심을 잃었다. 허나 인심을 정말 잃었다면 욕보다 읍의 배 참봉 댁 마름으로 더 잃었다. 번이 마름이란 욕 잘하고 사람 잘 치고 그리고 생김 생기길 호박개 같아야 쓰는 거지만 장인님은 외양이 똑 됐다. 작인이 닭 마리나 좀 보내지 않는다든가 애벌논 때 품을 좀 안 준다든가 하면 그해 ⓐ 가을 에는 영락없이 땅이 뚝뚝 떨어진다. 그러면 미리부터 돈도 먹이고 술도 먹이고 안달재신으로 돌아치던 놈이 그 땅을 슬쩍 돌라안는다. 이 바람에 장인님 집 빈 외양간에는 눈깔 커다란 황소 한 놈이 절로 엉금엉금 기어들고, 동리 사람들은 그 욕을 다 먹어 가면서도 그래도 굽신굽신하는 게 아닌가—

그러나 내겐 장인님이 감히 큰소리할 계제가 못 된다.

뒷생각은 못 하고 뺨 한 개를 딱 때려 놓고는 장인님은 무색해서 덤덤히 쓴침만 삼킨다. 난 그 속을 퍽 잘 안다. 조금 있으면 갈도 꺾어야 하고 모도 내야 하고, 한창 바쁜 때인데 나 일 안 하고 우리 집으로 그냥 가면 고만이니까. 작년 이맘때도 트집을 좀 하니까 늦잠 잔다고 돌멩이를 집어 던져서 자는 놈의 발목을 삐게 해 놨다. 사날씩이나 건승 꽁, 꽁, 앓았더니 종당에는 거반 울상이 되지 않았는가—

"얘, 그만 일어나 일 좀 해라. 그래야 올갈에 벼 잘 되면 너 장가들지 않니."

그래 귀가 번쩍 띄어서 그날로 일어나서 남이

이틀 품 들일 ⓑ 논 을 혼자 삶아 놓으니까 장인님도 눈깔이 커다랗게 놀랐다. 그럼 정말로 가을에 와서 혼인을 시켜 줘야 원 경우가 옳지 않겠나. 볏섬을 척척 들여 쌓아도 다른 소리는 없고 물동이를 이고 들어오는 점순이를 담배통으로 가리키며,

"이 자식아 미처 커야지. 조걸 데리고 무슨 혼인을 한다고 그러니 원!" 하고 남 낯짝만 붉게 해 주고 고만이다.

(중략)

그 전날 왜 내가 새고개 맞은 봉우리 ⓒ 화전밭 을 혼자 갈고 있지 않았느냐. 밭 가생이로 돌 적마다 야릇한 꽃내가 물컥물컥 코를 찌르고 머리 위에서 벌들은 가끔 붕, 붕, 소리를 친다. 바위틈에서 샘물 소리밖에 안 들리는 산골짜기니까 맑은 하늘의 봄볕은 이불 속같이 따스하고 꼭 꿈꾸는 것 같다. 나는 몸이 나른하고 몸살ⓛ(을 아직 모르지만 병)이 나려고 그러는지 가슴이 울렁울렁하고 이랬다.

"어러이! 말이! 맘 마 마……."

이렇게 노래를 하며 소를 부리면 여느 때 같으면 어깨가 으쓱으쓱한다. 웬일인지 ⓓ 밭 반도 갈지 않아서 온몸의 맥이 풀리고 대고 짜증만 난다. 공연히 소만 들입다 두들기며—

"안야! 안야! 이 망할 자식의 소 ⓒ(장인님의 소니까) 대리를 꺾어 줄라."

그러나 내 속은 정말 안야 때문이 아니라 점심을 이고 온 점순이의 키를 보고 울화가 났던 것이다.

점순이는 뭐 그리 썩 이쁜 계집애는 못 된다. 그렇다구 또 개떡이냐 하면 그런 것도 아니고, 꼭 내 아내가 돼야 할 만치 그저 툼툼하게 생긴 얼굴이다. 나보다 십 년이 아래니까 올해 열여섯인데 몸은 남보다 두 살이나 덜 자랐다. 남은 잘도 훤칠

히들 크건만 이건 위아래가 몽툭한 것이 내 눈에는 헐없이 감참외 같다. 참외 중에는 감참외가 젤 맛 좋고 이쁘니까 말이다. 둥글고 커단 눈은 서글서글하니 좋고 좀 지쳐 찢어졌지만 입은 밥술이나 혹혹이 먹음직하니 좋다. 아따 밥만 많이 먹게 되면 팔자는 고만 아니냐. 헌데 한 가지 파가 있다면 가끔가다 몸이 ⓐ(장인님은 이걸 채신이 없이 들까분다고 하지만) 너무 빨리빨리 논다. 그래서 밥을 나르다가 때 없이 풀밭에서 깨빡을 쳐서 흙투성이 밥을 곧잘 먹인다. 안 먹으면 무안해할까 봐서 이걸 씹고 앉았노라면 으적으적 소리만 나고 돌을 먹는 겐지 밥을 먹는 겐지—

그러나 ⓔ 이날 은 웬일인지 성한 밥채로 밭머리에 곱게 내려놓았다. 그리고 또 내외를 해야 하니까 저만큼 떨어져 이쪽으로 등을 향하고 웅크리고 앉아서 그릇 나기를 기다린다. 내가 다 먹고 물러섰을 때 그릇을 와서 챙기는데 그런데 난 깜짝

놀라지 않았느냐. 고개를 푹 숙이고 밥함지에 그릇을 포개면서 날더러 들으라는지 혹은 제 소린지,

"밤낮 일만 하다 말 텐가!" 하고 혼자서 종알거린다. 고대 잘 내외하다가 이게 무슨 소린가, 하고 난 정신이 얼떨떨했다. 그러면서도 한편 무슨 좋은 수나 있는가 싶어서 나도 공중을 대고 혼잣말로,

"그럼 어떻게?" 하니까,

"성례시켜 달라지 뭘 어떻게." 하고 되알지게 쏘아붙이고 얼굴이 발개져서 산으로 그저 도망질을 친다.

나는 잠시 동안 어떻게 되는 셈판인지 맥을 몰라서 그 뒷모양만 덤덤히 바라보았다.

봄이 되면 온갖 초목이 물이 오르고 싹이 트고 한다. 사람도 아마 그런가 보다, 하고 며칠 내에 부쩍 ⓜ(속으로) 자란 듯싶은 점순이가 여간 반가운 것이 아니다.

– 김유정, 「봄·봄」 –

051 ▶ 24951-0073

윗글에 대한 설명으로 가장 적절한 것은?

① 동시에 일어나는 두 개의 사건을 병치하여 긴 장감을 조성하고 있다.

② 과거 사건을 현재 상황에 끌어들여 인물들의 관계를 드러내고 있다.

③ 현학적 표현을 사용하여 등장인물들의 긍정적 성격을 강조하고 있다.

④ 작중 인물이 관찰자의 입장에서 작중 세계를 객관적으로 묘사하고 있다.

⑤ 다른 사람의 체험을 듣고 독자에게 전해 주는 액자식 구성을 취하고 있다.

052 ▶ 24951-0074

윗글의 인물에 대한 이해로 가장 적절한 것은?

① '점순이'는 성례를 위해 적극적으로 행동을 취하지 않는 '나'에게 불만을 표시한다.

② '나'는 '점순이'와의 갈등을 회피하기 위해서 자신의 집으로 돌아갈 것을 결심한다.

③ '나'와 '장인'이 갈등을 일으키는 이유는 '점순이'에게 함부로 일을 시키는 '장인'의 태도 때문이다.

④ '동리 사람들'에게 '장인'이 인심을 잃게 된 주된 이유는 '나'와 '점순이'의 혼례를 치러 주지 않았기 때문이다.

⑤ '나'는 '동리 사람들'이 '장인'에게 보여 주는 태도와 상반된 입장을 보임으로써, '나'는 '장인'이 '동리 사람들'에게 취하는 행동을 옹호한다.

II
적용
학습

053 ▶ 24951-0075

㉠~㉤에 대한 설명으로 적절하지 않은 것은?

① ㉠: 인물의 이름과 별명의 연관성을 제시하고 있다.

② ㉡: 괄호를 제거해도 자연스러운 문장이 되도록 서술자의 진술이 이루어지고 있다.

③ ㉢: 소의 주인과 소를 동일시하여 '장인'에 대한 서술자의 반감을 드러내고 있다.

④ ㉣: '너무 빨리빨리 논다'라는 행동에 대한 '장인'의 평가를 첨가하고 있다.

⑤ ㉤: '점순이'가 부쩍 자란 사실을 숨겨 온 '장인'의 속셈을 알아내고 반가워하는 '나'의 태도를 제시하고 있다.

054 ▶ 24951-0076

〈보기〉를 참조할 때, ⓐ~ⓔ에 대한 감상으로 적절하지 않은 것은? [3점]

> • 보기 •
>
> 「봄·봄」은 시·공간의 이동을 통해 사건들이 전개된다. 소설 속 사건이 일어나는 배경은 단순히 물리적 시·공간을 제시하는 데에서 그치는 것이 아니다. 인물을 둘러싼 구체적 환경은 인물의 성격을 드러내거나 태도에 변화를 줄 뿐만 아니라 사건의 분위기를 조성하기도 한다. 그리고 인물이 처한 사회적 환경을 환기하기도 하고 때로는 인물의 심리 상태에 영향을 미친다.

① ⓐ: 대부분의 마름들이 '장인'과 같이 행동하였다면, '가을'에 많은 소작농들은 불안감에 시달렸겠군.

② ⓑ: '논'은 '장인'의 회유에 넘어간 '나'가 일꾼으로서의 면모를 발휘하는 장소로군.

③ ⓒ: '화전밭'에서 '나'는 생기 있는 봄의 분위기에 취해 정서적으로 반응하고 있군.

④ ⓓ: '밭'에서 '나'는 '장인' 때문에 생긴 울화를 '소'와 '점순이'에게 한껏 터트리고 있군.

⑤ ⓔ: '이날'은 '점순이'의 평소와 다른 말과 행동을 통해 '나'가 '점순이'의 본심을 알아채는 날이겠군.

2014학년도 6월 모의평가 A형 34~37번

[055~058] 다음 글을 읽고 물음에 답하시오.

1945년 8월 15일, 역사적인 날.

이날도 신기료장수 방삼복은 종로의 공원 건너편 응달에 앉아서, 구두 징을 박으면서, 해방의 날을 맞이하였다. 그러나 삼복은 감격한 줄도 기쁜 줄도 모르겠었다. 지나가는 행인이, 서로 모르던 사람끼리면서 덥쑥 서로 껴안고 기뻐하고 눈물을 흘리고 하는 것이, 삼복은 속을 모르겠고 차라리 쑥스러 보일 따름이었다. ㉠몰려 닫는 군중이 오히려 성가시고, 만세 소리가 귀가 아파 이맛살이 지푸려질 지경이었다.

몰려다니고 만세를 부르고 하기에 미쳐 날뛰느라고 정신이 없어, 손님이 없어, 손님이 부쩍 줄었다.

"우랄질! 독립이 배부른가?"

이렇게 그는 두런거리면서 반감이 솟았다. 이삼일 지나면서부터야 삼복에게도 삼복에게다운 해방의 혜택이 나누어졌다.

십 전이나 십오 전에 박아 주던 징을, 오십 전을 받아도 눈을 부라리는 순사를 볼 수가 없었다. ㉡순사가 없어졌다면야, 활개를 쳐 가면서 무슨 짓을 하여도 상관이 없고 무서울 것이 없던 것이었다.

"옳아, 그렇다면 독립도 할 만한 건가 보다."

삼복은 징 열 개를 박아 주고 오 원을 받아 넣으면서 이렇게 속으로 중얼거리기까지 하였다.

그러나 며칠이 못 가서 삼복은 다시금 해방을 저주하여야 하였다. 삼복이 저 혼자만 돈을 더 받으며, 더 받아 상관이 없는 것이 아니라, 첫째 도가(都家)들이 제 맘대로 재료 값을 올리던 것이었다. 징, 가죽, 고무, 실 모두가 오곱 십곱 비싸졌다. 그러니 ㉢신기료장수는 손님한테 아무리 비싸게 받는댔자 재료를 비싼 값으로 사야 하니, 결국 도가만 살찌울 뿐이지 소득은 전과 크게 다를 것이 없었다.

"이런 옘병헐! 그눔에 경제겐 다 어디루 가 뒈졌어. 독립은 우라진다구 독립을 헌담."

석양 때 신기료 궤짝 어깨에 멘 채 홧김에 막걸리청으로 들어가, 서너 사발 들이켜고는 그는 이렇게 게걸거렸다.

[중략 줄거리] 영어 실력 덕에 미군 통역관이 된 방삼복은 권력을 얻는다. 친일 행위로 모은 재산을 해방 이후에 모두 빼앗긴 백 주사는 방삼복을 만나 자신의 재산을 되찾아 달라고 부탁한다.

㉣옛날의 영화가 꿈이 되고, 일보에 몰락하여 가뜩이나 초상집 개처럼 초라한 자기가 또 한번 어깨가 옴츠러듦을 느끼지 아니치 못하였다. 그런데다 이 녀석이, 언제 적 저라고 무엄스럽게 굴어 심히 불쾌하였고, 그래서 엔간히 자리를 털고 일어설 생각이 몇 번이나 나지 아니한 것도 아니었다. 그러나 참았다.

보아하니 큰 세도를 부리는 것이 분명하였다. 잘만 하면 그 힘을 빌려, 분풀이와 빼앗긴 재물을 도로 찾을 여망이 있을 듯싶었다. ⓐ분풀이를 하고, 더구나 재물을 도로 찾고 하는 것이라면야 코삐뚤이 삼복이는 말고, 그보다 더한 놈한테라도 머리 숙이는 것쯤 상관할 바 아니었다.

"그러니, 여보게 미씨다 방……."

있는 말 없는 말 보태 가며 일장 경과 설명을 한 후에, 백 주사는 끝을 맺기를,

"어쨌든지 그놈들을 말이네, 그놈들을 한 놈 냉기지 말구섬 죄다 붙잡아다가 말이네, 괴수놈들일랑 목을 썰어 죽이구, 다른 놈들일랑 뼉다구가 부러지두룩 두들겨 주구. 꿇어앉히구 항복

받구. 그리구 빼앗긴 것 일일이 도루 다 찾구. 집허구 세간 쳐부신 것 말끔 다 물리구…… 그렇게만 해 준다면, 내, 내, 재산 절반 노나 주문세, 절반. 응, 여보게 미씨다 방."

"염려 마슈."

미스터 방은 선뜻 쾌한 대답이었다.

"진정인가?"

"머, 지끔 당장이래두, 내 입 한 번만 떨어진다 치면, 기관총들 멘 엠피가 백 명이구 천 명이구 들끓어 내려가서, 들이 쑥밭을 만들어 놉니다, 쑥밭을."

"고마우이!"

백 주사는 복수하여지는 광경을 서언히 연상하면서, 미스터 방의 손목을 덥쑥 잡는다.

"백골난망이겠네."

"놈들을 깡그리 죽여 놀 테니, 보슈."

"자네라면야 어련하겠나."

"흰말이 아니라 참 ○○○ 박사두 내 말 한 마디면 고만 다 제바리유."

미스터 방은 그러고는 냉수 그릇을 집어 한 모금 물고 꿀쩍꿀쩍 양치를 한다. ㉤웬 버릇인지, 하여간 그는 미스터 방이 된 뒤로, 술을 먹으면서 양치하는 버릇이 생겼었다.

양치한 물을 처치하려고 휘휘 둘러보다, 일어서서 노대로 성큼성큼 나간다.

– 채만식, 「미스터 방」 –

055 ▶ 24951-0077

윗글의 서술상 특징으로 가장 적절한 것은?

① 서술자가 자신의 이야기를 중심으로 사건을 전개하고 있다.

② 서술자를 작중 인물로 설정하여 사건의 현장감을 높이고 있다.

③ 서술자가 작중 상황과 사건을 전지적 시점으로 전달하고 있다.

④ 서술자가 회상을 통해 외부 이야기에서 내부 이야기로 이동하고 있다.

⑤ 서술자는 과거와 현재를 반복적으로 교차시켜 사건에 입체감을 부여하고 있다.

056 ▶ 24951-0078

㉠~㉤에 대한 설명으로 적절한 것은?

① ㉠: 새로운 국가의 미래를 비관적으로 전망하는 인물의 복잡한 심정을 표현한다.

② ㉡: 치안 부재의 상황으로 인해 야기된 인물의 슬픔과 분노를 표현한다.

③ ㉢: 물가 상승으로 대표되는 경제 상황에 대한 인물의 불편한 심경을 표현한다.

④ ㉣: 전통 윤리를 회복해 타락한 세태를 견뎌 내고자 하는 인물의 의지를 표현한다.

⑤ ㉤: 새로운 생활 문화를 체험하며 나타나는 인물의 혼란스러운 내면을 표현한다.

II

적용
학습

057 ▶ 24951-0079

다음 학습 활동에서 [A]에 들어갈 내용으로 적절하지 않은 것은? [3점]

┌─────────────────────────────────┐
│ ● 학습 활동 ●
│
│ ┌──────┐   이 소설을 감상하기 위해서는
│ │ 감상의 │   인물과 시대 현실을 비판적으로
│ │ 길잡이 │   이해하는 것이 중요하다.
│ └──────┘
│
│ 1. 작품의 시·공간적 배경을 알아보자.
│   – 해방 직후의 서울
│
│ 2. 작중 인물의 태도를 살펴보자.
│   – 방삼복은 해방된 사회의 현실에 대해 일
│   관성 없는 태도를 보임.
│   – 백 주사는 몰락을 가져온 현실에 대해 부
│   정적 태도를 보임.
│   – 백 주사는 갑자기 출세한 방삼복에 대해
│   이중적 태도를 보임.
│
│ 3. 작중 인물과 시대 현실을 중심으로 작품을 감상
│   해 보자.
│   ┌─────────────────────────┐
│   │   [A]   │
│   └─────────────────────────┘
└─────────────────────────────────┘

① 방삼복의 출세를 통해 해방 직후 사회의 부정적 단면을 비판적으로 드러낸다.

② 백 주사의 몰락을 통해 개인을 억압하는 시대 변화의 부당함을 비판적으로 드러낸다.

③ 현실에 대한 백 주사의 부정적 태도를 통해 그의 시대착오적 역사 인식을 비판적으로 드러낸다.

④ 현실에 대한 방삼복의 일관성 없는 태도를 통해 그의 현실 인식에 나타난 문제점을 비판적으로 드러낸다.

⑤ 방삼복에 대한 백 주사의 이중적 태도를 통해 자신의 이익만을 추구하는 기회주의적인 모습을 비판적으로 드러낸다.

058 ▶ 24951-0080

ⓐ의 상황을 나타내기에 가장 적절한 것은?

① 꿩 먹고 알 먹는다.

② 되로 주고 말로 받는다.

③ 소 잃고 외양간 고친다.

④ 오는 말이 고와야 가는 말이 곱다.

⑤ 종로에서 뺨 맞고 한강에서 눈 흘긴다.

17 〉 이태준, 「돌다리」

2012학년도 대학수학능력시험 13~16번

[059~062] 다음 글을 읽고 물음에 답하시오.

　남을 주면 땅을 버린다고 여간 근실한 자국이 아니면 소작을 주지 않았고, 소를 두 필이나 매고 일꾼을 세 명씩이나 두고 적지 않은 전답을 전부 자농(自農)으로 버티어 왔다. 실속이 타작만 못하다는 둥, 일꾼 셋이 저희 농사 해 가지고 나간다는 둥 이해만을 따져 비평하는 소리가 많았으나 창섭의 아버지는 땅을 위해서는 자기의 이해만으로 타산하려 하지 않았다. 이와 같은 임자를 가진 땅들이라 곡식은 거둔 뒤 그루만 남은 논과 밭이되, 그 바닥들의 고름, 그 언저리들의 바름, 흙의 부드러움이 마치 시루떡 모판이나 대하는 것처럼 누구의 눈에나 탐스럽게 흐뭇해 보였다.

　이런 땅을 팔기에는, 아무리 수입은 몇 배 더 나은 병원을 늘쿠기 위해서나 아버지께 미안하지 않을 수 없었다. 그러나 잡히기나 해 가지고는 삼만 원 돈을 만들 수가 없었고, 서울서 큰 양관(洋館)을 손에 넣기란 돈만 있다고도 아무 때나 될 일이 아니었다.

(중략)

　"웬일인데 어째 혼자만 오느냐?"

　어머니는 손자 아이들부터 보이지 않음을 물으신다.

　"오늘루 가야겠어서 아무두 안 데리구 왔습니다."

　"오늘루 갈 걸 뭘 허 오누?"

　"인전 어머니서껀 서울로 모셔 갈 채빌 허러 왔다우."

　"서울루! 제발 아이들허구 한데서 살아 봤음 원이 없겠다."

하고 어머니는 땅보다, 조상님들 산소나 사당보다 손자 아이들에게 더 마음이 끌리시는 눈치였다. 그러나 아버지만은 그처럼 단순히 들떠질 마음이 아니었다.

　아버지는 아들의 뒤를 쫓아 이내 개울에서 들어왔다.

[A] 　아들은, 의사인 아들은, 마치 환자에게 치료 방법을 이르듯이, 냉정히 차근차근히 이야기를 시작하였다. 외아들인 자기가 부모님을 진작 모시지 못한 것이 잘못인 것, 한집에 모이려면 자기가 병원을 버리기보다는 부모님이 농토를 버리시고 서울로 오시는 것이 순리인 것, 병원은 나날이 환자가 늘어 가나 입원실이 부족되어 오는 환자의 삼분지 일밖에 수용 못 하는 것, 지금 시국에 큰 건물을 새로 짓기란 거의 불가능의 일인 것, 마침 교통 편한 자리에 삼층 양옥이 하나 난 것, 인쇄소였던 집인데 전체가 콘크리트여서 방화 방공으로 가치가 충분한 것, 삼층은 살림집과 직공들의 합숙실로 꾸미었던 것이라 입원실로 변장하기에 용이한 것, 각층에 수도·가스가 다 들어온 것, 그러면서도 가격은 염한 것, 염하기는 하나 삼만 이천 원이라, 지금의 병원을 팔면 일만 오천 원쯤은 받겠지만 그것은 새 집을 고치는 데와, 수술실의 기계를 완비하는 데 다 들어갈 것이니 집값 삼만 이천 원은 따로 있어야 할 것, 시골에 땅을 둔대야 일 년에 고작 삼천 원의 실리가 떨어질지 말지 하지만 땅을 팔아다 병원만 확장해 놓으면, 적어도 일 년에 만 원 하나씩은 이익을 뽑을 자신이 있는 것, 돈만 있으면 땅은 이담에라도, 서울 가까이라도 얼마든지 좋은 것으로 살 수 있는 것……

　아버지는 아들의 의견을 끝까지 잠잠히 들었다. 그리고,

　"점심이나 먹어라. 나두 좀 생각해 봐야 대답허겠다."

하고는 다시 개울로 나갔고, 떨어졌던 다릿돌을 올려놓고야 들어와 그도 점심상을 받았다.

점심을 자시면서였다.

"원, 요즘 사람들은 힘두 줄었나 봐! 그 다리 첨 놀 제 내가 어려서 봤는데 불과 여남은이서 거들던 돌인데 장정 수십 명이 한나잘을 씨름을 허다니!"

"나무다리가 있는데 건 왜 고치시나요?"

"너두 그런 소릴 허는구나. 나무가 돌만 허다든? 넌 그 다리서 고기 잡던 생각두 안 나니? 서울루 공부 갈 때 그 다리 건너서 떠나던 생각 안 나니? 시쳇사람들은 모두 인정이란 게 사람헌테만 쓰는 건 줄 알드라! 내 할아버님 산소에 상돌을 그 다리로 건네다 모셨구, 내가 천잘 끼구 그 다리루 글 읽으러 댕겼다. 네 에미두 그 다리루 가말 타구 내 집에 왔어. 나 죽건 그 다리루 건네다 묻어라……. 난 서울 갈 생각 없다."

"네?"

"천금이 쏟아진대두 난 땅은 못 팔겠다. 내 아버님께서 손수 이룩허시는 걸 내 눈으루 본 밭이구, 내 할아버님께서 손수 피땀을 흘려 모신 돈으루 장만허신 논들이야. 돈 있다고 어디가 느르지논 같은 게 있구, 독시장밭 같은 걸 사? 느르지 논둑에 선 느티나문 할아버님께서 심으신 거구, 저 사랑 마당의 은행나무는 아버님께서 심으신 거다. 그 나무 밑에를 설 때마다 난 그 어룬들 동상(銅像)이나 다름없이 경건한 마음이 솟아 우러러보군 헌다. 땅이란 걸 어떻게 일시 이해를 따져 사구팔구 허느냐? 땅 없어 봐라, 집이 어딨으며 나라가 어딨는 줄 아니? 땅이란 천지만물의 근거야. 돈 있다구 땅이 뭔지두 모르구 욕심만 내 문서 쪽으로 사 모기만 하는 사람들, 돈놀이처럼 변리만 생각허구 제 조상들과 그 땅과 어떤 인연이란 건 도시 생각지 않구 헌 신짝 버리듯 하는 사람들, 다 내 눈엔 괴이한 사람들루밖엔 뵈지 않드라."

"……."

– 이태준, 「돌다리」 –

059 ▶ 24951-0081

윗글의 사건을 일어난 순서대로 정리할 때, 다음 중 가장 뒤에 올 것은? [1점]

① '창섭'이 '아버지'에게 계획을 말하다.
② '아버지'가 다시 개울로 나가다.
③ '장정'들이 다릿돌을 올려놓다.
④ '어머니'가 '창섭'을 맞이하다.
⑤ '아버지'가 점심상을 받다.

060 ▶ 24951-0082

〈보기〉를 참고하여 윗글을 감상한 내용으로 가장 적절한 것은?

● 보기 ●

　소설 속의 모든 인물은 자아이면서 동시에 세계의 일부이다. 자아를 작품 속에서 행동하는 주체라고 하면, 그 주체를 둘러싸고 있는 모든 것은 세계가 된다. 이러한 자아와 세계의 대립과 갈등으로 전개되는 것이 서사의 본질이다.

① '창섭'은 자아로서의 논리를 통해 세계와의 갈등을 해소하는 인물이다.
② '아버지'는 자아로서의 완고한 성격을 세계에 대해서도 유지하고 있는 인물이다.
③ 자아로서의 '창섭'은 세계의 부정적 속성들을 들추어 고발하고 있다.
④ 자아로서의 '아버지'는 '창섭'과 '어머니'의 대립과 갈등을 중재하고 있다.
⑤ 자아로서의 '어머니'는 자신 속에 존재하는 또 다른 자아와 갈등하고 있다.

II
적용
학습

061 ▶ 24951-0083

[A]에 대한 이해로 가장 적절한 것은?

① 부모님을 서울로 모시려는 계획을 통해, 이해관계에 얽매이지 않는 '창섭'의 진심이 드러난다.
② 땅을 팔아야 하는 이유를 나열함으로써, '창섭'의 계획이 일목요연하게 전해지는 효과가 생긴다.
③ 시국 탓에 건물 신축이 불가능하다는 사실을 통해, '창섭'이 현실을 대하는 태도의 원인이 드러난다.
④ 건물의 일부에 직원 합숙실을 두려는 계획을 통해, 배려심 많은 '창섭'의 성격에 개연성이 더해진다.
⑤ 자신의 의사를 전하는 '창섭'의 말투를 실감 나게 표현하여, '아버지'를 대하는 '창섭'의 태도를 제시한다.

062 ▶ 24951-0084

〈보기〉를 참고하여 윗글을 해석한 내용으로 적절하지 않은 것은?

● 보기 ●

'장소애(場所愛)'는 인간의 안정된 삶을 보호하는 터전인 장소에 애착하는 심성이다. 근대 이전에는 '땅'과 '집'이 대표적인 장소애의 대상이었으나, 근대 이후 도시 사회에서는 이들이 도구적 대상이나 교환의 대상으로 변질되었다.

① '창섭'에게 집은 도구적 가치를 지닌 것으로, 장소애의 대상이 아니다.
② '아버지'에게 돌다리는 삶의 추억과 애환이 투영된 장소애의 대상이다.
③ 마당의 은행나무는 '아버지'에게 장소애의 대상인 집의 성격을 강화하고 있다.
④ 땅에 애착하는 '아버지'의 생각과 행동은 땅에 대한 장소애의 의미를 부각하고 있다.
⑤ 땅을 장소애의 대상으로 여기는 의식이 두루 퍼져 있는 당시 상황이 전제되어 있다.

2015학년도 수능완성 국어 B형 019~021쪽 34~36번

[063~065] 다음 글을 읽고 물음에 답하시오.

"동무?"

순간 키 큰 편은 손에 들었던 깡통을 집어 던지고 몸을 일으키며 허리에 찬 대검을 쑤욱 뽑아 들었다.

"너 괴뢰구나."

"괴뢰?"

"괴뢰지! 꼼짝 마라 손들어."

가냘픈 편의 손에서 깡통이 떨어져 땅바닥에 굴렀다.

"너 괴뢰지?"

"아, 아냐 난 인민군야."

"역시 괴뢰군."

"너, 넌 뭐가?"

가냘픈 편의 목소리가 떨렸다.

"나? 난 국군이다."

"국방군! 괴 괴뢰구나."

"자식이, 꼼짝 마."

국군 병사는 인민군 병사의 가슴에 총검을 겨눈 채 그의 옆으로 다가가며 거기 놓여진 총을 힘껏 구둣발로 걷어찼다.

"어쩔 테야?"

인민군 병사가 높이 팔을 든 채 국군 병사에게 물었다.

"어쩔 테야라구? 손을 모아 뒷덜미에다 얹어!"

"어쩔 테야?"

"어쩔 것 같애?"

대답이 없었다.

"네가 선수를 썼더면 어떡허지?"

그래도 대답이 없었다.

"죽이겠지?"

역시 대답이 없었다.

"들어 봐, 넌 벌써 죽은 셈야."

그리곤 국군 병사는 잠깐 말을 못 잇고 그대로

거기 버티고 서 있었다.

㉠"여기서 널, 지금 죽인다? 어디 시체하구야 한밤을 새울 수 있나. 살려 두자니 잘못하면 내가 죽을 거구 어떡헐까."

국군 병사는 오히려 인민군 병사에게 반문하는 조로 중얼거렸다.

"어떡허면 좋지?"

인민군 병사는 그저 먹먹하니 앉아 있었다.

"별수 없군. 묶어야겠어."

국군 병사는 결심한 듯 뇌까렸다.

"어때?"

인민군 병사는 대답이 없었다. 국군 병사는 그러고도 한참 동안 힘없이 그대로 서 있었다.

㉡"묶어 놓고 내 손으로 먹일 수 없구. 여, 손 내려. 우선 제 손으로 먹고 싶은 대루 처먹어."

인민군 병사는 손을 내려놓고도 그대로 한참 동안 멍하니 앉아 있었다.

"왜 그래? 못 먹겠나?"

대답이 없었다.

"먹어! 안 먹으면 별수 있어?"

국군 병사는 발밑에 있는 따진 통조림 하나를 들어 인민군 병사의 턱 밑에 내밀었다.

"이건 쇠고기야, 먹어 봐."

인민군 병사는 느릿느릿 손을 내밀었다. 깡통을 받아 들고도 좀처럼 숟가락을 들지 않았다. 서향한 탓으로 동굴 안은 아직 희미하게나마 빛이 있었다.

"여, 그 대신 너, 아예 그 깡통을 들어 나한테 내던질 생각은 마."

인민군 병사는 반 통도 못 먹고 나서 깡통을 땅바닥에다 놓았다.

"더 먹지그래."

"……."

"그럼 이제 묶는다아, 돌아앉어, 팔을 뒤로 돌려."

인민군 병사는 맥없이 시키는 대로 돌아앉더니 뒤로 두 팔을 돌렸다.

국군 병사는 야전잠바 한가운데를 조이는 노끈을 풀어내어 인민군 병사의 팔목을 묶기 시작했다.

[중략 줄거리] 둘은 함께 동굴에서 하룻밤을 보내기로 하고 서로 공격하지 않기로 약속한다. 처음에는 티격태격했지만, 둘은 점차 서로에게 인간적인 정을 느끼게 된다. 다음 날 아침 인민군(장)이 먼저 북쪽으로 떠난 직후 국군(양)은 중공군을 만나게 되고, 장은 가던 길을 다시 돌아 양을 도우러 온다.

"글쎄 내려가래두."

양은 언성을 높였다. 그러나 장은 골짜구니를 보고 있었다. 벌써 중공군은 산개 대형으로 동굴 가까이 올라오고 있었다. 양은 왼켠 쪽에서 올라오는 중공군을 겨누었다. 가만히 방아쇠를 잡아당겼다. 그자는 총을 던지고 푹 눈 속에 엎어졌다.

장의 총구에서 탄환이 날았다. 오른켠 중공군 한 명이 뒹굴었다. ㉢장이 양을 건너보고 방긋 웃었다.

그러자 나머지 중공군은 둘로 갈라지며 이쪽 골짜구니와 저쪽 골짜구니로 몸을 숨기고 기어오르기 시작했다.

양은 좌로 이동했다. 앞에 드리운 소나무 가지가 사격을 방해했다. 어느덧 중공군은 거의 삼백 야드 안으로 밀려들었다. 양은 벌떡 몸을 일으켜 '서서 쏴'의 자세로 연거푸 세 발을 갈겼다. 그중 한 명이 쓰러지는 것을 확인하는 순간 양은 명치에 뜨거운 동통을 느끼며 쓰러졌다.

"양 형!"

장이 벌떡 일어나서 뛰어오려고 했다.

㉣"바보, 엎디어 저쪽을 봐. 그리고 그대로 들어."

양은 전신의 힘을 모아 소리쳤다.

"장, 손 들고 일어나."

장이 흠칫 놀라며 양을 건너보았다.

"손 들고 내려가."

"아뇨, 양 형."

"내려가라니까!"

"양 형!"

"장, 이 바보, 넌, 내가— ."

"양 형!"

㉤양의 얼굴에 어찌할 수 없는 안타까운 빛이 흘렀다. 그것은 순시, 갑자기 환희에 가까운 회심의 빛으로 변했다.

"옳지 그러고 보니 넌— ."

"예?"

"그렇군, 날 죽이려고, 나를 죽이려구 되돌아왔군, 그렇지? 그렇다면— ."

양은 마지막 힘을 돋우어 떨구었던 엠원 총을 끌어당기며 간신히 상반신을 일으켰다.

"내가 내가 널 죽일 테다."

"아니야!"

장은 벌떡 몸을 일으켰다.

"아니야! 아니야! 아니야!"

장은 울부짖으며 양한테로 달려들었다. 타타타탕, 다다다다. 좌우의 골짜구니로부터 장총과 따발총의 일제 사격이 가해졌다.

장은 총을 끌어 쥔 채 천천히 한 바퀴 몸을 돌리더니 양이 넘어진 위에 겹치듯이 쓰러졌다. 얽힌 두 몸에서 뿜어 나오는 피와 피는 서로 엉기면서 희디흰 눈 속으로 배어들어 갔다.

한참 후 중공군 다섯 명은 옷에 묻은 눈가루를 털면서 천천히 동굴을 향해 올라오고 있었다.

— 선우휘, 「단독 강화(單獨講和)」 —

063 ▶ 24951-0085

윗글의 서술 방식으로 적절한 것은?

① 잦은 장면 전환을 통해 사건을 빠르게 전개하고 있다.

② 서술자가 인물의 대화와 행동을 통해 심리를 드러내고 있다.

③ 한 인물의 시각을 중심으로 주변 인물과 사건을 관찰하고 있다.

④ 인물의 내적 독백을 활용하여 인물의 내적 갈등을 보여 주고 있다.

⑤ 장면에 따라 서술자를 달리하여 사건을 다각적으로 조망하고 있다.

064 ▶ 24951-0086

〈보기〉를 토대로 윗글을 이해한 내용으로 적절하지 않은 것은?

● 보기 ●

이 작품은 전쟁 중 낙오한 남북의 두 병사가 동굴에서 하룻밤을 보내게 되면서, 그동안 남북의 이데올로기 대립이 빚어낸 갈등을 서서히 극복해 가는 모습을 보여 주고 있다. 특히 마지막 장면에서는 끝까지 양을 도우려는 장과 그런 장을 죽이겠다고 말하면서까지 그를 살리려는 양의 모습을 통해 두 병사가 민족의식을 회복해 가는 모습이 감동적으로 그려지고 있다. 작가는 이러한 주제 의식을 작품 제목의 설정이나 구성 차원에서 적절히 구현하고 있다.

① 두 병사가 서로를 '괴뢰'라고 부르는 장면은 남북의 이데올로기 대립이 빚어낸 갈등을 단적으로 보여 주는 것이겠군.

② 두 병사가 하룻밤을 함께 보내는 '동굴'은 그들이 서로에게 가진 적대감을 해소하고 우호적 관계로 거듭나는 공간으로 설정된 것이겠군.

③ 두 병사가 함께 '중공군'에 맞서다 죽음을 맞는 결말은 민족 내부의 대립을 극복하는 것이 외세에 맞서는 것보다 더 어려운 것임을 보여 주기 위한 것이겠군.

④ 두 병사가 죽음을 맞이하는 마지막 장면에서 '얽힌 두 몸에서 뿜어 나오는 피와 피'가 서로 엉기는 장면은 남북의 민족적 동질성을 강조하기 위한 것이겠군.

⑤ 제목인 '단독 강화'는 '한 나라가 동맹에서 이탈하여 상대국과 단독으로 맺는 강화'를 뜻하는 것으로, 남과 북의 전쟁 상황에서도 화합을 이루어 낸 두 사람의 상황을 빗대어 표현한 것이겠군.

II

적용
학습

065 ▶ 24951-0087

㉠~㉤에 대한 이해로 적절하지 않은 것은?

① ㉠: 적군이지만 차마 상대를 죽일 수 없어, 그 럴듯한 이유를 찾으며 갈등하고 있다.

② ㉡: 자신이 우위에 있는 상황에서 적군에게 최 소한의 호의를 베풀고 있다.

③ ㉢: 상대를 도와 중공군에 끝까지 저항하겠다 는 의지를 웃음으로 대신하고 있다.

④ ㉣: 자신은 죽게 되더라도 마지막까지 상대를 살리려 하고 있다.

⑤ ㉤: 위급한 상황에서 자신이 살기 위해 상대를 죽일 수밖에 없는 상황에 대한 안타까움이 드 러나고 있다.

2021학년도 7월 고3 학력평가 25~28번

[066~069] 다음 글을 읽고 물음에 답하시오.

편집국 안에 들어섰을 때, 그가 두려워하고 있던 예측이 이젠 어쩔 수 없게 된 것을 최초로 그에게 느끼게 해 준 것은 국내(局內)에서 심부름하는 계집애의 표정에서였다. 여느 때 그 계집애는 만화가를 만화 속의 인물과 똑같이 생각하고 있는 탓인지 그를 보기만 하면 웃음을 참지 못하고 고개를 돌리며 휭 가 버리곤 하는 것이었는데, 그날은 제법 나붓이 '안녕하세요'를 하고 나서 미소를 띈 채 그의 얼굴을 똑바로 올려다보는 것이었다.

그것이 극히 잠깐 동안이었지만 신경을 곤두세우고 있던 그에게 모든 걸 알 수 있게 해 주었다. 계집애가 자기를 올려다보던 맑은 눈 속을 살짝 스치고 가던 게 어쩌면 연민이 아니었을까 하고 생각하자 분노보다도 오히려 전신에서 맥이 빠져나가는 것을 그는 느끼면서 굳어진 얼굴로 문화부를 향하여 갔다.

자기들의 데스크 앞에 앉아 있던 몇 명의 기자들이 여느 때와 달리 유별나게 반갑게 인사할 때는 그는 이미 알고 있다는 듯이 자기도 덩달아서 지금 작별을 하듯이 정중하게 인사를 하고 있었다. 그리고 나서 잠시 동안 그는 자기가 어떻게 처신해야 될지 알 수 없었다. 흐르던 시간이 갑자기 끊어지면서 공백이 생기는구나 하는 생각이 알 수 없는 부끄러움과 함께 그를 엄습했다. 그리고 있는 그를 문화부장이 구해 줬다.

㉠"오늘 치 만화 좀……"

하면서 문화부장은 손을 내밀었던 것이었다. 그는 당황해졌다. 그가 짐작하고 있던 사태 속에서는 문화부장의 지금 얘기는 불필요한 게 아닌가. 그는 옆구리에 끼고 있던 서류 봉투를 살그머니 좀 더 힘을 주어 끼면서 땀이 송글송글 맺히고 빨개진 얼굴을 손바닥으로 닦으며 말했다.

㉡"그려 오지 않았는데요."

말하고 나서 그는 금방 후회했다. 어쩌면 자기의 짐작이란 게 얼토당토않은 게 아닐까…… 자기의 신경과민으로 자기는 지금 큰 실수를 저지르고 있는 건 아닌지…… 그러나 문화부장의 다음 말은 그의 그러한 희망에 찬 기대를 산산이 부숴버렸다.

㉢"그럼 알고 계셨군요."

문화부장은 자리에서 일어서면서 그에게 말했다.

"차나 한잔 하러 가실까요?"

할 얘기가 있다는 암시를 그에게 주면서 문화부장은 그의 앞장을 서서 걸어가기 시작했다.

"아주 섭섭하게 됐습니다. 퍽 오랫동안 함께 일해 왔는데……"

다방에 들어가서 자리에 앉자 문화부장은 그에게 말했다.

"저는 이형(李兄)을 두둔했습니다만…… 국장님도 이형의 만화에는 항상 칭찬을 하셨댔는데…… 그…… 독자들이 자꾸 투서를……"

"아니 사실 재미가 없었지요. 제 자신이 잘 알고 있었습니다만."

그는 문화부장이 우물쭈물하고 있는 게 미안해서 얼른 말을 받았다.

"아니지요. 독자들이 이형의 유머를 이해할 수 없었던 것뿐이지요."

[중략 줄거리] 신문사에서 해고당한 그는 다른 신문사의 문화부장을 찾아가 차 한잔 마시자고 권하며 만화 연재를 부탁한다. 그러나 문화부장은 신문사에 돈을 쓰지 않는 사장을 핑계로 부탁을 거절하고 찻값을 먼저 계산한다. 그는 만화가인 김 선생을 만나 술을 마시며 자신에게 해고를 통보한 문화부장에 대해 이야기한다.

"ⓐ문화부장이 차나 한잔 하자고 하더군요."

그는 속으로는, 자기가 만화 연재를 부탁하러 갔던 ⓑ문화부장을 생각하면서 말하고 있었다.

[A]
"다방에 가서 그 양반이 그러더군요. 사람 웃기는 방법의 몇 가지 패턴을 안다고 곧 만화가가 되는 것이 아니다. 바로 그 양반이 그랬어요. 두꺼비 같은 눈알을 부라리면서 말입니다."

찻값을 앞질러 내 버리던 그 키가 작달막한 문화부장. 날 무척 무안하게 해 줬었지.

"그러면서 말입니다. 너는 미역국이다, 이거죠."

자기네 사장이 얼른 뒈져 달라는 기도를 하라던 그 사람. 난 참 면목이 없어서 혼났지.

"차나 한잔. 그것은 일종의 추파다. 아시겠습니까, 김 선생님?"

그는 혀가 잘 돌아가지 않았다.

"그것은 내가 그 속에서 성실을 다했던 하나의 우연이 끝나고……."

그는 술을 한 모금 꿀꺽 마셨다.

"새로운 우연이 다가온다는 징조다. 헤헤, 이건 낙관적이죠, 김 선생님?"

그는 김 선생이 방금 비워 낸 술잔에 취해서 떨리는 손으로 술을 따랐다.

"차나 한잔. 그것은 이 회색빛 도시의 따뜻한 비극이다. 아시겠습니까? 김 선생님, 해고시키면서 차라도 한잔 나누는 이 인정. 동양적인 특히 한국적인 미담…… 말입니다."

ⓓ"그, 어린이 신문에 그리고 있는 거라도 열심히 하고 있게. 기다리면 또 뭐가 생길 테지."

김 선생이 술잔을 들면서 말했다.

"자, 드세."

그는 자기의 술잔을 잡으려고 했다. 잘못해서 술잔이 넘어져 버렸다. 그는 손가락 끝에 엎질러진 술을 찍어서 술상 위에 '아톰X군'의 얼굴을 그리기 시작했다.

"ⓜ자, '아톰X군', 차나 한잔 하실까? 군과도 이별이다. 참 어디서 헤어지게 됐더라."

그는 그림을 그리고 있지 않는 다른 손으로 자기의 이마를 한번 찰싹 때렸다. 골치가 쑤셨기 때문이다.

"오, 화성인들의 계략에 빠져서 군이 포로가 되어…… 바야흐로 생명이 위험해져 있는 데서 '다음 호에 계속'이었군…… 미안하다. '아톰X군'…… 사람들은 항상 그런 걸 요구하거든. 아슬아슬한 데서 '다음 호에 계속'."

그는 다 그려진 '아톰X군'의 얼굴을 다시 손가락 끝에 술을 찍어서, 지우기 시작했다.

"미안하다, '아톰X군'. 어떻게 군의 힘으로 적진을 뚫고 나오기 부탁한다. 이제 난…… 힘이 없단 말야. 나와 헤어지더라도…… 여보게, 우주의 광대하고." 그러면서 그는 양쪽 팔을 넓게 벌렸다. "어두운 공간 속에서 영원한 소년으로 살아 있게."

– 김승옥, 「차나 한잔」 –

066 ▶ 24951-0088

[A]에 대한 설명으로 가장 적절한 것은?

① 빈번하게 장면을 전환하여 긴박한 분위기를 조성하고 있다.

② 과거의 장면을 삽입하여 갈등 해소의 실마리를 제시하고 있다.

③ 인물의 말과 내적 독백을 교차하여 인물의 심리를 드러내고 있다.

④ 대화를 통해 상황에 대한 인물 간의 시각 차이를 드러내고 있다.

⑤ 동시에 일어난 두 사건을 병치하여 인물 간의 갈등을 부각하고 있다.

067 ▶ 24951-0089

㉠～㉑에 대한 설명으로 적절하지 않은 것은?

① ㉠: '그'의 만화를 형식적으로 요구하고 있다.

② ㉡: 자신의 해고를 짐작하며 '문화부장'에게 말하고 있다.

③ ㉢: '그'가 만화를 그려 오지 않을 것을 이미 알고 있었음을 드러내고 있다.

④ ㉣: 기다리면 새로운 일거리가 생길 것이라며 해고당한 '그'를 위로하고 있다.

⑤ ㉑: '아톰X군'을 더 이상 그리지 않으려는 마음을 드러내고 있다.

II

적용
학습

068 ▶ 24951-0090

ⓐ와 ⓑ에 대한 이해로 가장 적절한 것은?

① ⓐ는 해고 상황을 국장의 탓으로 돌려 책임을 회피한다.

② ⓑ는 만화가의 자질에 대해 말하며 '그'의 행동 변화를 유도한다.

③ ⓑ는 ⓐ와 달리 '그'에게 먼저 차를 마시자고 권한다.

④ ⓐ와 ⓑ는 모두 '그'의 능력을 인정하지만 '그'의 제안은 거절한다.

⑤ ⓐ와의 만남과 ⓑ와의 만남은 모두 '그'에게 부정적 감정을 유발한다.

069 ▶ 24951-0091

〈보기〉를 참고하여 윗글을 감상한 내용으로 적절하지 않은 것은? [3점]

> • 보기 •
>
> 이 작품은 만화가가 겪는 하루의 사건을 통해 1960년대를 살아가는 소시민의 생계에 대한 불안과 비애를 드러낸다. 작품에서 만화가는 만화를 충실히 연재함에도 불구하고 결국 해고를 당하고 새로운 일자리를 구하려 하지만 실패한다. 작가는 이 과정에서 인물의 상황과 심리를 우회적으로 드러내기 위해 비유적 표현, 모순 형용 등을 활용한다. 또한 자신이 그리는 만화 속 가상의 인물에게 말을 하는 상황을 통해 인물의 심리를 드러내기도 한다.

① '그'가 '계집애'의 표정을 보며 '두려워하고 있던 예측이 이젠 어쩔 수 없게' 되었다고 느끼는 모습을 통해 해고로 인해 생계를 걱정하는 '그'의 불안을 드러낸다고 볼 수 있겠군.

② '그'가 자신의 해고를 '미역국'이라고 말하는 것은 해고당하는 상황을 비유적 표현을 통해 우회적으로 드러낸 것으로 볼 수 있겠군.

③ '그'가 자신의 해고를 '새로운 우연이 다가온다는 징조'라고 말하는 것은 자신을 해고한 신문사로부터 다시 만화 연재를 의뢰받게 되리라는 기대를 드러낸 것으로 볼 수 있겠군.

④ '그'가 '차나 한잔'의 의미를 '이 회색빛 도시의 따뜻한 비극'이라고 말하는 것은 해고를 당한 '그'의 비참한 심리를 모순 형용을 통해 표현한 것으로 볼 수 있겠군.

⑤ '그'가 '아톰X군'의 얼굴을 술상 위에 그렸다 지우며 '힘이 없'다고 말하는 것을 통해 '그'가 처한 상황에 대해 느끼는 무력감을 드러낸 것으로 볼 수 있겠군.

20 윤흥길, 「매우 잘생긴 우산 하나」

2022학년도 대학수학능력시험 24~27번

[070~073] 다음 글을 읽고 물음에 답하시오.

[A]
　김달채 씨는 퇴근하기 무섭게 뽀르르 집으로 달려가던 묵은 습관을 버리고 밤늦도록 하릴없이 길거리를 배회하면서 시간을 보내는 새로운 습관을 몸에 붙였다. 지하철이나 버스 혹은 공중변소나 포장마차 안에서, 백화점에서 사지도 않을 물건을 흥정하거나 정류장에서 토큰 아니면 올림픽복권을 사면서, 그리고 행인에게 담뱃불을 빌거나 더욱 과감하게는 파출소에 들어가 경찰관에게 길을 묻는 시늉을 하는 사이에 마주치는 각계각층의 사람들을 상대로 달채 씨는 실수를 가장하기도 하고 때로는 또렷한 목적의식을 드러내기도 해 가며 우산의 존재를 알리기 위해 갖가지 수단과 방법을 다 동원했다. 그런 다음 상대방의 눈에 과연 우산이 어떻게 비치는지, 그리하여 상대방이 우산 임자인 자기를 어떻게 대우하는지 반응을 떠보는 작업을 일삼아 계속해 나갔다. 참으로 긴장과 전율이 넘치는 뻐근한 나날들이었다. 구청 호적계장의 직위에 오르기까지 여태껏 전혀 몰랐던 세계가 구청과 자기 집구석 바깥에 따로 있음을 그는 우산을 통해서 비로소 실질적으로 체험할 수가 있었다.

　그는 사람들의 반응을 종합해서 몇 가지 결론을 얻어 내는 데 성공했다.

　첫째는, 진짜 무전기에 익숙한 일부 극소수의 사람들을 제외한 거개의 서민들은 의외로 쉽사리 우산에 속아 넘어간다는 사실이었다.

　둘째는, 상대방이 무전기를 지니고 있다고 알아차리는 그 순간부터 사람들의 태도가 확 달라진다는 사실이었다. 일껏 하던 이야기를 뚝 그치거나 얼렁뚱땅 말머리를 돌리는 등으로 지은 죄도 없이 공연히 겁부터 집어먹고는 꾀죄죄한 몰골의 자기한테 갑자기 저자세로 구는 것이었다. 밤늦도록 수고가 많다면서 한사코 술값을 받지 않으려 하던 어떤 포장마찻집 주인의 경우가 단적인 예였다.

　셋째는, 노골적으로 손에 쥐고 보여 줄 때보다 그냥 뒤꽁무니에 꿰 찬 채 부주의한 몸가짐인 척하면서 웃옷 자락을 슬쩍 들어 ㉠케이스의 끝부분만 감질나게 보여 주는 편이 오히려 사람들을 놀라게 하는 데 훨씬 더 효과적이고 반응도 민감하다는 사실이었다.

　김달채 씨는 그러잖아도 짧은 머리를 더욱 짧게 깎았다. 옷차림도 낡은 양복에서 스포티한 잠바 스타일로 개비했는가 하면 구청 밖에서는 항상 선글라스를 끼고 다녀 버릇했다. 달채 씨는 그처럼 달라진 모습으로 짬만 생기면 하릴없이 길거리를 나다니며 청명한 가을날에 우산을 이용해서 사람들을 떠보는 색다른 취미에 점점 깊숙이 빠져 들어가기 시작했다.

(중략)

　그리 멀지 않은 곳에서 뭔가 벌어지고 있는 중이라고 생각하자 까닭 모를 흥분과 기대감이 그를 사로잡아 버렸다. 한 건 올리는 정도가 아니라 뭔가 이제껏 맛보지 못한 엄청난 보람을 느끼게 될 일대 사건을 만날 듯싶은 예감 때문이었다. 그는 다른 행인들이 종종걸음으로 달아나는 방향과는 정반대 편을 향해 정신없이 달려가기 시작했다.

　예상했던 그대로의 살벌한 풍경이었다. 깨진 보도블록 조각이나 돌멩이들이 인도와 차도 가릴 것 없이 사방에 흩어져 나뒹굴고 있었다. 시커먼 그을음 연기를 피워 올리며 불타는 자동차와 창유리가 박살 난 건물도 보였다. 김달채 씨는 주체 못할 지경으로 쏟아지는 눈물 콧물도 돌볼 겨를 없이 여전히 선글라스를 착용한 채 최루 가스에 심하게 오염된 지역을 향해 가까이 접근했다. 중무장한 전경대에 의해 도로가 완전 차단되어 더 이상 접근이 불가능해지자 달채 씨는 구경꾼들 뒷전에서 작은 키를 한껏 발돋움하고는 시위 현장의 분위기를 살폈다. 어디선가 보이지 않는 저쪽 건물 모퉁이에서 어기찬 함성이 아직도 기세를 올리는 중이었다. 사복 경찰관들한테 붙잡혀 끌려오는 학생의 모습이 구경꾼들 어깨 너머로 내다보였다. 달채 씨는 저도 모르는 사이에 앞사람들 틈바귀를 비집고 전면으로 썩 나섰다.

"이봐요, 거기!"

김달채 씨는 창문마다 철망이 쳐진 버스 안으로 학생들을 마구 밀어 넣는 사복들을 향해 느닷없이 목청을 높였다.

"아직도 어린애야! 다치지 않게 살살 좀 다뤄!"

어디서 그런 용기가 솟아나는지 김달채 씨 자신도 깜짝 놀랄 지경이었다.

"당신 뭐야?"

옷깃에 비표를 단 사복 차림의 청년 하나가 달려와서 김달채 씨의 가슴을 떼밀었다.

"나 이런 사람이오."

김달채 씨는 엉겁결에 잠바 자락 한끝을 슬쩍 들어 뒷주머니에 꿰 찬 우산 케이스를 내보였다. 하지만 상대방 청년은 그런 물건 따위는 애당초 거들떠볼 생심조차 하지 않았다.

"당신도 저 차에 같이 타고 싶어? 여러 소리 말고 빨리 집에나 들어가 봐요!"

이른바 닭장차에 어린 학생들과 함께 실리고 싶은 생각은 물론 털끝만큼도 없었다. 옷깃에 비표를 단 청년이 우산을 ⓛ우산 이상의 것으로 보아 주지 않는다면 그건 어쩔 도리 없는 노릇이었다. 김달채 씨는 남의 채마밭에서 무 뽑아 먹다 들킨 아이처럼 무르춤한 꼬락서니가 되어 맥없이 돌아설 수밖에 없었다.

– 윤흥길, 「매우 잘생긴 우산 하나」 –

070 ▶ 24951-0092

[A]의 서술상 특징으로 가장 적절한 것은?

① 중심인물이 알지 못하는 사건을 제시해 긴장감을 조성하고 있다.

② 공간 이동에 따른 인물의 내면 변화를 회상을 통해 제시하고 있다.

③ 동시적 사건들의 병치로 사건에 대한 서로 다른 관점을 드러내고 있다.

④ 한 가지의 목적으로 수렴되는 인물의 의도적인 행위들을 나열하고 있다.

⑤ 상대를 달리하여 벌이는 인물의 행동을 서술하여 점진적으로 심화되는 갈등을 묘사하고 있다.

071 ▶ 24951-0093

윗글의 내용에 대한 이해로 가장 적절한 것은?

① 거리를 배회하며 새로운 습관을 익히려는 김달채는 생활의 활기를 찾기 위해 비 오는 날을 기다린다.

② 꾀죄죄한 몰골의 김달채는 사람들이 자신을 무시하는 태도를 변화시키기 위해 무전기를 보여 준다.

③ 흥미를 느낄 만한 일이 벌어지고 있음을 짐작한 김달채는 달아나는 행인들과 달리 시위 현장으로 향한다.

④ 시위 진압의 영향으로 고통받던 김달채는 전경대의 위세에 압도되어 구경꾼들 뒤로 물러선다.

⑤ 닭장차에 끌려가게 된 김달채는 건물 모퉁이에서 들려오는 함성에 안도감을 느낀다.

Ⅱ
적용
학습

072 ▶ 24951-0094

㉠, ㉡에 대한 이해로 적절하지 **않은** 것은?

① 김달채는 ㉠을 그 생김새로 인해 ㉡으로 인식하는 사람들이 있다는 사실을 발견한다.
② 김달채는 사람들로부터 기대하는 반응을 효과적으로 이끌어 낼 수 있는 ㉠의 사용법을 알게 된다.
③ '일부 극소수의 사람'에게는 ㉡을 가진 사람으로 보이려는 김달채의 의도가 실현되지 않는다.
④ 김달채는 ㉡에 익숙하지 않은 '거개의 서민들'이 ㉠을 ㉡으로 오인한다고 판단한다.
⑤ '사복 차림의 청년'은 ㉡에 익숙하여 ㉠을 이용하려는 김달채의 의도를 알아챘다.

073 ▶ 24951-0095

〈보기〉를 바탕으로 윗글을 감상한 내용으로 적절하지 **않은** 것은? [3점]

> ● 보기 ●
>
> 소시민은 자신의 기득권을 지키기 위해 권력관계에 민감하게 반응한다. 권력관계가 형성되기 위해서는 타인의 승인이 요구되며, 이로 인해 힘의 우열 관계가 발생한다. 이 작품은 허구적 권력 표지를 통해 타인의 승인을 얻음으로써 자신감을 갖게 된 인물이, 승인을 거부하는 타인 앞에서는 소시민적 면모를 드러내는 상황을 그려 낸다. 이를 통해 상황 논리를 따르는 소시민의 타산적 태도를 비판하고 있다.

① 김달채가 각계각층 사람들의 반응을 떠보는 것은, 권력이 타인들에게 미치는 영향을 살핀다는 점에서 김달채가 권력관계를 의식하는 인물임을 드러내는군.
② 김달채가 준 술값을 포장마찻집 주인이 받지 않으려는 것은, 권력에 대한 사람들의 태도를 나타낸다는 점에서 권력이 인물 간의 우열 관계를 형성하는 요인임을 보여 주는군.
③ 김달채가 외양에 변화를 준 것은, 타인의 승인을 용이하게 받으려 한다는 점에서 허구적 권력 표지를 이용하는 데 더 적극적으로 나서려는 김달채의 의도를 나타내는군.
④ 김달채가 사복들에게 목청을 높이며 항의하는 것은, 자신도 모르게 용기를 드러냈다는 점에서 승인받은 경험들을 통해 얻게 된 김달채의 자신감을 보여 주는군.
⑤ 김달채가 비표를 단 청년 앞에서 돌아서는 것은, 학생들과 맺은 유대 관계를 단절하여 기득권을 지키려 한다는 점에서 상황 논리를 따르는 김달채의 타산적 태도를 드러내는군.

21 송기숙, 「몽기미 풍경」

2022학년도 11월 고1 학력평가 30~33번

[074~077] 다음 글을 읽고 물음에 답하시오.

멀리서 안타깝게 손만 흔들던 그 연락선이 드디어 몽기미에 닿았다. 몽기미 생기고 처음이었다. ⓐ연락선에 올라간 아이들은 모두 이층으로 우르르 올라가 난간을 붙잡고 먼 데 바다를 건너다보고 있었다. 멀리 까맣게만 보이던 섬들이 차츰 가까워지며 동네가 나타나고, 더 멀리 회색으로만 보이던 섬들도 차츰 가까워지며 포구 모습이 드러났다.

"와, 기와집이다."

연락선을 대는 포구에 말로만 듣던 까만 기와집도 있었고, 크고 작은 배들이 스무남은 척이나 몰려 있었다.

[A]
목포에 닿자 아이들은 멍청하게 입만 벌렸다. 크고 작은 배들이 수백 척 부두를 가득 메우고 있었고, 크고 작은 건물들이 빼곡히 차 있었으며, 큰길에는 사람들이 엄청나게 북적거리고 자동차가 빵빵 경적을 울리며 내달았다. 색색으로 예쁘게 꾸며 놓은 간판 아래 수많은 상점과, 거기 빼곡히 쌓여 있는 갖가지 상품들이며, 모두가 꿈에도 보지 못했던 광경이었다. 몽기미 아이들은 밤에 꾸는 꿈도 기껏 연락선을 탄다거나 벼랑에서 바다로 곤두박이는 따위였지, 이런 엄청난 세상은 꿈속에도 나타난 적이 없었다.

"야, 저 비단 좀 봐."

순자의 손을 잡고 가던 두 학년 아래 남분이가 걸음을 멈추며 손가락질을 했다. 길가 포목전에서 주인이 손님 앞에다 비단을 활짝 펼친 것이다. 가게 벽에는 그런 비단이 천장이 닿게 차곡차곡 쌓여 있었다. 남분이는 그 비단에서 눈을 떼지 못했다.

도시의 모든 것이 꿈만 같았고, 더구나 서울의 며칠 동안은 무슨 동화 속의 세상을 헤매는 것만 같았다. 돌아오는 ⓑ기차에서 남분이는 어째서

우리는 이런 세상을 놔두고 그 작은 섬에서 살아야 하는지 내내 그 생각뿐이었다.

순자는 바로 그 서울에 다시 와서 지금까지 오 년을 살았다. 그 오 년이라는 세월은 그 동화 같던 서울에 대한 소녀의 꿈이 **뼈마디가 저미는 고통**으로 조각조각 조각이 나는 기간이었고, 그 조각난 꿈을 딛고 **살벌한 현실**에 뼈마디를 부딪치며 자신을 추슬러온 기간이었다. 어려서 왔을 때는 따뜻하게만 웃어 주는 것 같던 그 서울이 제 발로 들어오자 너무도 싸늘하고 매정스럽게 돌아앉아 있었다.

그때마다 순자는 자기 집에서 기르던 돼지 새끼 무녀리가 떠올랐다. 다른 새끼들은 어미 젖꼭지를 두 개 세 개씩 차지하고 걸퍼지게 빨아대지만, 그 무녀리는 힘센 녀석들이 거세게 내두르는 주둥이에 꺅꺅 베돌기만 할 뿐 젖은 한 모금도 빨지 못했다. 그렇지만 그런 새끼들은 거들떠보지도 않고 널퍼덕 퍼질러 누워 젖꼭지만 내맡기고 있는 어미가 얼마나 미웠던지 모른다. 저러니까 잡아먹는 짐승이겠지 싶었다. 서울에 온 자기는 바로 그 **무녀리**가 되어 있었고, 그 어미 돼지처럼 **누구 하나 돌봐 주는 사람**이 없었다.

순자는 그 무녀리처럼 이 공장 저 공장 떠돌다가 지금 다니는 장난감 공장에 자리를 잡았고, 이제는 숙련공으로 월급도 사만 원이나 받고 있다. 그사이 그럭저럭 오 년이 흘러갔다. 그동안 순자는 하루도 고향을 떠올리지 않는 날이 없었다. 모두가 가난하게는 살지만 깔보는 사람도 없고 쳐다볼 사람도 없으며, 무엇에 쫓기는 절박감도 없었다. 무엇보다 몽기미의 그 포근한 인정이 그리웠다.

[중략 줄거리] 순자는 상경한 이후 처음으로 고향으로 가는 중에, 기차 안에서 우연히 남분이를 만나 몽기미 소식을 듣는다.

섬을 산다는 것은 근처 무인도의 일 년간 해초 채취권을 사는 것을 말한다. 그 해에 갯것이 잘 자라면 상당히 재미를 보는 수도 있지만, 흉작일 때는 **본전도 못 건지**기 일쑤였다. 들보기장사 애 말라 죽는다고, 그런 투기를 한 사람들은 이른 봄부터 미역은 포자가 제대로 붙나 톳은 제대로 자라나, 부등가리 안 옆 조이듯 **가슴을 조이**며 **날이면 날마다 그 섬을 들락거렸다.** 순자는 **몽기미 집집마다** 굴쩍처럼 너덜너덜 **달라붙은 그 가난**이 새삼스레 **가슴을 후볐다.**

"나는 작년에 우리 집에 삼십만 원 송금했어. 그러고도 또 그만치 저축은 저축대로 따로 했거든. ㉠언니, 우리 동네 한 집 일 년 수입이 통틀어 얼만 줄 알아? 어촌계에서 갯것을 똑같이 나누니까 뻔한데, 미역·톳·우뭇가사리·돌김, 이런 것들을 상회에 넘긴 값을 촘촘히 계산해 보니까, 일 년 수입이 꼭 십이만 원이야. 내 한 달 벌이도 못 되더라고. 깔깔."

남분이는 은근히 자기 자랑을 하며 큰소리로 깔깔거렸다. 시골뜨기 계집아이가 한 달 수입이 십이만 원이 넘는다면 이것은 자랑할 정도가 아니었다.

"지금 뭘 하고 있는데 벌이가 그렇게 좋아?"

㉡"히히. 언니 실망하지 않을래?"

남분이는 야살스럽게* 히들거렸다.

"실망하긴?"

"운전하고 있어. 히히."

"운전? 아니, 계집애가 어떻게 운전을 다 배웠어?"

"히히. 기술이 별로 필요 없는 운전이야?"

"기술이 필요 없는 운전?"

"주전자 운전 있잖아?"

"주전자 운전이라니?"

순자는 눈을 더 크게 뜨고 도무지 어리둥절하기만 한 표정이었다.

"어이구, 칵 막혔구먼. 서울 헛살았어. 깔깔."

㉢"아니, 무슨 소리를 하고 있는 거야?"

"손에다 쥐어 모셔야 알겠구먼. 술 주전자 운전이란 말이야. 술 주전자! 깔깔."

㉣"그러니까……"

순자는 그제야 웃물이 도는 듯* 눈을 거슴츠레하게 떴다.

"어때? 서울서야 돈만 벌면 그만이잖아. 지금 서울에 주전자 운전사가 몇 만 명인 줄 알아? ㉤그것도 당당한 직업이야. 그사이에 **식순이 공순이** 다 해 봤지만, 그건 남의 **종살이**밖에 안 되더라고. 몸뚱이 도사리고 더런 새끼들한테 구박받으며 붙박여 하루 종일 **뼛골 빼** 봐야 하루 벌이가 그게 얼마야? 서울서 사람값은 하나도 돈이고 둘도 돈이야. 국장이 과장보다 월급이 많고 서기가 급사보다 월급이 많은 건, 그만치 층하 가려 사람대접을 달리 하는 게 아니고 뭐야?"

남분이는 조금도 스스럼이 없었다. 그러니까 십만 원 넘게 번다는 자기가 과장이라면 공순이들은 급사 턱이나 된다는 본새였다.

 – 송기숙, 「몽기미 풍경」 –

＊**야살스럽게** 얄밉고 되바라지게.

＊**웃물이 도는 듯** 알 것 같은 실마리가 잡히는 듯.

074 ▶ 24951-0096

[A]의 서술상 특징으로 가장 적절한 것은?

① 이야기 내부의 서술자가 인물의 내력을 제시하고 있다.

② 인물의 행위를 제시하여 긴박한 분위기를 조성하고 있다.

③ 요약적 서술을 통해 갈등이 해소되는 과정을 제시하고 있다.

④ 추측하는 표현을 통해 일어날 사건에 대한 예상을 드러내고 있다.

⑤ 감각적인 묘사를 사용하여 관찰 대상을 실감 나게 드러내고 있다.

075 ▶ 24951-0097

ⓐ와 ⓑ에 대한 이해로 가장 적절한 것은?

① ⓐ는 인물이 기대했던 바를 실제로 확인하게 하는 소재이고, ⓑ는 인물의 욕망이 충족되는 공간이다.

② ⓐ는 인물이 사회의 문제를 해결하게 하는 소재이고, ⓑ는 인물이 자신을 타인과 비교하는 공간이다.

③ ⓐ는 인물이 타인과의 단절을 유발하는 소재이고, ⓑ는 인물이 타인과 소통하는 원인이 되는 공간이다.

④ ⓐ는 인물이 거부해 오던 운명을 적극적으로 수용하게 하는 소재이고, ⓑ는 인물이 자신의 운명을 개척하는 공간이다.

⑤ ⓐ는 인물이 경험해 보지 못한 세상을 체험하게 하는 소재이고, ⓑ는 인물이 경험을 바탕으로 자신의 현실을 인식하는 공간이다.

Ⅱ
적용
학습

076 ▶ 24951-0098

㉠~㉤에 대한 설명으로 적절하지 <u>않은</u> 것은?

① ㉠: 고향의 상황과 비교하여 자신의 상황을 자랑하고 싶어 하는 남분이의 심정이 드러나 있다.

② ㉡: 순자의 마음이 상할 것을 걱정하여 조심스러워하는 남분이의 태도가 드러나 있다.

③ ㉢: 남분이가 하는 말의 의미를 제대로 이해하지 못해 어리둥절해하는 순자의 모습이 드러나 있다.

④ ㉣: 남분이가 하고 있는 일이 무엇인지 어렴풋이 짐작하고 있는 순자의 모습이 드러나 있다.

⑤ ㉤: 자신의 직업에 대해 부끄럼 없이 떳떳하게 여기는 남분이의 태도가 드러나 있다.

077 ▶ 24951-0099

〈보기〉를 바탕으로 윗글을 감상한 내용으로 적절하지 <u>않은</u> 것은? [3점]

● 보기 ●

이 작품은 급속한 산업 발전이 이루어지던 1970년대를 배경으로 하고 있다. 어촌 마을에서 도시로 상경한 인물들을 중심으로, 물질적 가치를 중시하는 모습과 고된 노동의 현실을 통해 당시의 세태를 사실적으로 드러낸다. 이러한 상황 속에서 어촌 마을은 경제적 발전에서 낙후된 공간이자, 도시의 삶에서 소외감을 느끼는 이들에게 그리움의 공간으로 나타나 있다.

① '뼈마디가 저미는 고통'을 느끼며 '살벌한 현실'을 살고 있는 순자의 모습에서, 고된 삶을 살고 있는 노동자의 현실을 짐작할 수 있군.

② '누구 하나 돌봐 주는 사람' 없이 생활하는 자신을 '무녀리'와 동일시하는 순자의 모습에서, 도시 생활에서 느끼는 소외감을 짐작할 수 있군.

③ '본전도 못 건지'며 '가슴을 조이'는 사람들이 '날이면 날마다 그 섬을 들락거렸다'는 것에서, 도시로 상경한 인물들에게 어촌 마을은 그리움의 공간임을 짐작할 수 있군.

④ '몽기미 집집마다' '달라붙은 그 가난'이 '가슴을 후볐다'는 것에서, 경제적 발전에서 낙후된 어촌 마을의 현실을 짐작할 수 있군.

⑤ '식순이 공순이'는 '종살이' 취급밖에 받지 못한다며 돈을 쉽게 버는 일을 선택한 남분이의 모습에서, 물질적 가치를 우선시하는 세태를 짐작할 수 있군.

22 양귀자, 「원미동 시인」

2024학년도 9월 모의평가 28~31번

[078~081] 다음 글을 읽고 물음에 답하시오.

몽달 씨 나이가 스물일곱이라니까 나보다 스무 살이나 많지만 우리는 엄연히 친구다. 믿지 않겠지만 내게는 스물일곱짜리 남자 친구가 또 하나 있다. 우리 집 옆, 형제슈퍼 의 김 반장이 바로 또 하나의 내 친구인데 그는 원미 23통 5반의 반장으로 누구보다도 씩씩하고 재미있는 사람이었다. 나는 **매일같이** 슈퍼 앞의 비치파라솔 의자에 앉아 그와 함께 낄낄거리는 재미로 하루를 보내다시피 하였는데 **요즘**은 내가 의자에 앉아 있어도 전처럼 웃기는 소리를 해 주거나 쭈쭈바 따위를 건네주는 법 없이 다소 퉁명스러워졌다. ㉠그 까닭도 나는 환히 알고 있지만 모르는 척하는 수밖에. 우리 집 셋째 딸 선옥이 언니가 지난달에 서울 이모 집으로 훌쩍 떠나 버렸기 때문인 것이다. 김 반장이 선옥이 언니랑 좋아지내는 것은 온 동네가 다 아는 일이지만 선옥이 언니 마음이 요새 좀 싱숭생숭하더니 기어이는 이모네가 하는 옷 가게를 도와준다고 서울로 가 버렸다. 선옥이 언니는 얼굴이 아주 예뻤다. 남들 말대로 개천에서 용이 났다고 해도 과언이 아닐 만큼 지지리 궁상인 우리 집에 두고 보기로는 아까운 편인데, 그 지지리 궁상이 지겨워 맨날 퉁하던 언니였다.

(중략)

집으로 가다 말고 문득 형제슈퍼 쪽을 돌아보니 음료수 박스들을 차곡차곡 쟁여 놓는 일에 땀을 뻘뻘 흘리고 있는 몽달 씨가 보였다. ㉡실컷 두들겨 맞고 열흘간이나 누워 있었던 사람이라 안색이 차마 마주 보기 어려울 만큼 핼쑥했다. 그런데도 뭐가 좋은지 히죽히죽 웃어 가면서 열심히 박스들을 나르고 있는 게 아닌가. 그것도 김 반장네 가게에서. 아무리 눈을 크게 뜨고 보아도 몽달 씨가 분명했다. 저럴 수가. ㉢어쨌든 제정신이 아닌 작자임이 틀림없었다. 아무리 정신이 좀 헷갈린 사람

이래도 그렇지, 그날 밤의 김 반장 행동을 깡그리 잊어버리지 않고서야 저럴 수가 없다는 게 내 생각이었다.

잊었을까. 그날 밤 머리의 어딘가를 세게 다쳐서 김 반장이 자기를 내쫓은 부분만큼만 감쪽같이 지워진 것은 아닐까. 전혀 엉뚱한 이야기만도 아니었다. 텔레비전에서도 보면 기억 상실증인가 뭔가로 자기 아들도 못 알아보는 연속극이 있었다. 그런 쪽의 상상이라면 나를 따라올 만한 아이가 없는 형편이었다. 내 머릿속은 기기괴괴한 온갖 상상들로 늘 모래주머니처럼 빽빽했으니까. 나는 청소부 아버지의 딸이 아니라 사실은 어느 부잣집의 버려진 딸이다, 라는 식의 유치한 상상은 작년도 못 되어 이미 졸업했었다. 요즘의 내 상상이란 외계인 아버지와 지구인 엄마와의 사랑, 뭐 그런 쪽의 의젓한 것이었다. ㉣아무튼 나의 기막힌 상상력으로 인해 몽달 씨는 부분적인 기억 상실증 환자로 결정되었다. 그렇다면 이제는 확인할 일만 남은 셈이었다. 오래 기다릴 필요도 없었다. 나는 김 반장네 가게 일을 거들어 주고 난 뒤 비치파라솔 밑의 **의자**에 앉아 **뭔가**를 읽고 있는 몽달 씨에게로 갔다. 보나마나 주머니 속에 잔뜩 들어 있는 종잇조각 중의 하나일 것이었다. ㉤멀쩡한 정신도 아닌 주제에 이번엔 기억 상실증이란 병까지 얻어 놓고도 여태 시 따위나 읽고 있는 몽달 씨 꼴이 한심했다.

ⓐ"이거, 또 시예요?"

ⓑ"그래. 슬픈 시야. 아주 슬픈…….."

몽달 씨가 핼쑥한 얼굴을 쳐들며 행복하게 웃었다. 슬픈 시라고 해 놓고선 웃다니. 나는 이맛살을 찡그리며 몽달 씨 옆에 앉았다. 그리고 아주 낮은 목소리로 물었다.

ⓒ"이제 다 나았어요?"

ⓓ"응. 시를 읽으면서 누워 있었더니 금방 나았지."

금방은 무슨 금방. 열흘이나 되었는데. 또 한 번 나는 몽달 씨의 형편없는 정신 상태에 실망했다.

"**그날** 밤에 난 **여기**에 앉아서 다 봤어요."

"무얼?"

ⓔ"김 반장이 아저씨를 쫓아내는 것⋯⋯."

순간 몽달 씨가 정색을 하고 내 얼굴을 쳐다보았다. 예전의 그 풀려 있던 눈동자가 아니었다. 까맣고 반짝이는 눈이었다. 그러나 잠깐이었다. 다시는 내 얼굴을 보지 않을 작정인지 괜스레 팔뚝에 엉겨 붙은 상처 딱지를 떼어 내려고 애쓰는 척했다. 나는 더욱 바싹 다가앉았다.

ⓕ"김 반장은 나쁜 사람이야. 그렇지요?"

몽달 씨가 팔뚝을 탁 치면서 "아니야."라고 응수했는데도 나는 계속 다그쳤다.

ⓖ"그렇지요? 맞죠?"

그래도 몽달 씨는 못 들은 척 팔뚝만 문지르고 있었다. 바보같이. 기억 상실도 아니면서⋯⋯. 나는 자꾸만 약이 올라 견딜 수 없는데도 몽달 씨는 마냥 딴전만 피우고 있었다.

– 양귀자, 「원미동 시인」 –

078 ▶ 24951-0100

윗글에 대한 이해로 가장 적절한 것은?

① 몽달 씨는 김 반장이 자기를 매정하게 대했으나, 김 반장네 가게 일을 해 주고 있다.

② 김 반장은 선옥을 좋아했으나, 선옥이 서울로 가자 '나'를 통해 선옥과의 관계를 회복해 나갔다.

③ '나'는 김 반장을 좋은 친구라고 생각했으나, 김 반장이 빈둥거리며 실없는 행동을 해서 당황했다.

④ 선옥은 자신의 집안 형편에 대해 부정적으로 생각하고 있지만, '나'는 집안 형편을 그렇게 생각하지 않는다.

⑤ '나'는 몽달 씨를 친구라 여겼으나, 몽달 씨가 김 반장 가게에 다시 나온 것을 보고 그렇게 생각한 것을 후회했다.

079 ▶ 24951-0101

ⓐ∼ⓖ에 대한 이해로 적절하지 않은 것은?

① ⓐ는 상대를 못마땅해하는 발언이지만, ⓒ를 고려하면 상대의 상태에 대한 관심에서 비롯된 것이라고 할 수 있다.

② ⓑ와 ⓓ의 시에 대한 인물의 태도를 고려하면, 인물이 시를 통해 위안을 얻었음을 알 수 있다.

③ ⓔ는 ⓓ를 듣고 실망하여, 상대의 새로운 반응을 기대하며 한 발언이라고 할 수 있다.

④ ⓕ는 ⓔ에 대한 상대의 반응이 예상을 벗어났지만, 상대가 보여 준 판단을 수용하기 위한 질문이라고 할 수 있다.

⑤ ⓖ는 ⓕ의 주장을 확인하는 질문으로, 상대의 태도를 탐탁지 않게 여기는 마음이 반영된 발언이라고 할 수 있다.

080 ▶ 24951-0102

형제슈퍼 를 중심으로 확인할 수 있는 인물의 행위에 대한 설명으로 가장 적절한 것은?

① '나'가 '매일같이' 김 반장과 재미있게 낄낄거렸던 행위는 '그날'보다 앞선 시간대에 이루어지며, '그날'의 일을 지켜보기만 한 '나'의 부정적 자기 인식으로 이어지고 있다.

② 김 반장이 '나'를 퉁명스럽게 대하는 행위는 '요즘'보다 앞선 시간대에 이루어지며, '나'에게 반성을 유도하고 있다.

③ 몽달 씨가 '히죽히죽' 웃는 행위는 현재 '여기'에서 '나'에게 속내를 감추는 행위보다 앞선 시간대에 이루어지며, '나'에게 진심을 드러내어 보여 주고 있다.

④ '의자'에서 '뭔가'를 읽는 몽달 씨의 행위는 '여기'에서 환기된 '그날'의 경험보다 앞선 시간대에 이루어지며, '나'가 '그날' 느꼈을 긴박감과 대비되는 이완된 상황을 보여 주고 있다.

⑤ '여기'에서 목격된 '그날' 김 반장의 행위는 '요즘'보다 이후의 시간대에 이루어지며, '나'가 김 반장을 이전과 다르게 평가하는 원인으로 기능하고 있다.

081 ▶ 24951-0103

〈보기〉를 바탕으로 ㉠~㉤을 이해한 내용으로 적절하지 않은 것은? [3점]

• 보기 •

미성숙한 어린아이 서술자라도 합리적 정보를 제공하면 독자는 서술자를 신뢰하게 된다. 그러나 작가는 때로 합리성이 부족한 어린아이의 특성을 강화하여 독자가 서술자를 의심하게 한다. 이때 독자는 서술자가 제공하는 정보가 틀릴 수 있다고 생각하면서 서술자와 다른 각도에서 작품이 전하려는 의미를 탐색하게 된다. 이 경우에도 독자는 서술자가 제공하는 제한된 정보에 의존할 수밖에 없으므로, 서술적 상황과 작품이 전하려는 의미가 서로 달라져 작품을 더욱 집중해서 읽게 된다.

① ㉠: 문제적 상황의 원인을 파악하여 이에 대응하고, 인물의 태도 변화를 설명할 수 있는 정보를 제시한다는 점에서 독자가 서술자를 신뢰하도록 유도하고 있군.

② ㉡: 인물이 처한 부정적 상황을 보여 주고, 인물의 안색과 그 이유에 대해 여러 정보를 제공한다는 점에서 독자가 서술자를 신뢰하도록 유도하고 있군.

③ ㉢: 논리적 연관을 무시하고, 추측에 근거하여 인물의 의식 상태를 단정하는 모습을 통해 독자가 작품에 더욱 집중하면서, 서술자와 다른 각도로 생각하도록 유도하고 있군.

④ ㉣: 인물에 대해 적극적으로 탐색하고, 인물의 상태를 스스로 진단하여 그 정보를 제공하는 모습을 통해 독자가 서술자를 신뢰하도록 유도하고 있군.

⑤ ㉤: 시에 대한 이해가 부족하고, 합당한 이유 없이 인물의 취향을 비난하는 모습을 통해 독자가 작품에 더욱 집중하면서, 서술자와 다른 각도로 생각하도록 유도하고 있군.

23 〉 김원일, 「도요새에 관한 명상」

2015학년도 9월 모의평가 B형 34~37번

[082~085] **다음 글을 읽고 물음에 답하시오.**

죽음을 거부하면서도 삶답지 못한 생존의 늪을 허우적거릴 때, 이 도시의 생활 환경이 왜 자연을 파손시키느냐의 또 다른 문제에 관심을 갖게 되었다. 그와 동시에 나는 동진강 하구의 삼각주 개펄에서 새 떼를 만난 것이다. 실의의 낙향 생활로 술만 죽여 내던 내 깜깜한 생활 안으로 나그네새의 울음소리가 화톳불처럼 살아나기 시작했다. 새가 내 머릿속으로 자유자재 날아다녔다. ㉠수백 마리로 떼를 이루어 의식의 공간을 무한대로 휘저었다. 새 중에서도 동진강 하구에서 자취를 감춘 도요새였다. 나는 도요새를 찾아 헤매었다. 그중 중부리도요를 발견하기 위해 휴일에는 정배 형과 함께, 그 외의 날은 나 혼자서 동남만 일대의 습지와 못과 개펄을 싸돌았다. 그러나 봄은 짧았고 곧 초여름으로 접어들었다. 그때는 이미 물떼새목의 도요샛과에 포함된 그 무리는 우리나라 남단부를 거쳐 휴전선 하늘을 질러 북상한 뒤였다. ㉡다시 도요새 무리가 도래할 시절을 만해의 임처럼 기다렸다. 그래서 시베리아 알래스카 캐나다의 툰드라에서 편도 일만 킬로미터를 날아 남으로 남으로 내려오는 그 작은 새 떼의 길고 긴 여정에 밤마다 동참했던 것이다. 나의 일상이 너무 권태스러울 정도로 자유스러우면서, ㉢전혀 자유스럽지 못한 내 사고의 굳게 닫힌 문을 도요새가 그 날카로운 부리로 쪼며 밀려들었다. 그리고 떠남의 자유와 고통에 대해 여러 말을 재잘거렸다.

[A]

─우리는 여름에 그 한대의 추운 지방에서 번식하여 가을이면 지구의 반을 가로지르는 여행길에 오른다. 우리는 떠나야 할 때를 안다. 얇은 햇살 아래 파르스름하게 살아 있던 이끼류와 작은 떨기나무가 잿빛으로 시들고, 긴 밤이 저 북빙의 찬 바람을 몰아올 때쯤이면 우리는 여정의 채비를 차린다. 여름 동안 부쩍 큰 새끼들도 날개를 손질하며 출발의 한때를 기다린다. 우리의 여행은 자유를 찾기 위한 고통의 길고 긴 도정이다. 처음 떠날 때, 우리는 무리를 이룬다. 그러나 창공을 가로질러 쉬지 않고 날 때는 다만 혼자 날 뿐이다. 마라톤 선수가 사십이 점 일구오 킬로를 완주할 때는 오직 자기 자신의 극기와의 싸움이라고 말했듯, 작은 심장으로 숨 가빠 하며 열심히 열심히 혼자 날아간다. 그렇다고 방향이나 길을 잃는 법은 없다. 혼자 날지만 결코 혼자가 아니기 때문이다. 우리는 각각 떨어진 개체의 몸이지만 나는 속도가 일정하고 행로가 분명하므로 우리는 낙오되거나 결코 헤어지지 않는다. 오백만 년 전 신생대부터 우리 조상들은 그런 고통의 긴 여행을 터득해 왔다. 인간으로서는 감히 상상할 수 없는 바다와 하늘이 맞물려 있는 무공 천지에 길을 열어 봄 가을 두 차례를 대이동으로 장식해 온 것이다. 오직 생활 환경에 적응키 위해서라는 한마디로 치부해 버린다면 인간도 거기에서 예외일 수는 없다. 오히려 인간은 거기에 적응하기 위해 사악하고 간사하고 탐욕하고 음란하고 권력욕에 차 있어, 자연의 환경을 파괴하고 끝내 너희들 스스로까지 파멸시키기 위해 기계와 조직의 노예가 되고 있지 않은가…….

㉣나는 여름 내내 도요새의 이런 재잘거림을 꿈을 통해, 또는 환청으로 들어 왔다. 가을이 왔다. 그러나 이제 동진강 하류의 삼각주에서 중부리도요는 찾아볼 수가 없었다. 아니, 중부리도요보다 몸집이 좀 큰 마도요, 등이 불그스름한 민물도요도 볼 수가 없었다. 동진강은 이미 공장 지대에서 흘러내린 폐수로 수질이 크게 오염되고 말았다. 그래서 그 많은 철새나 나그네새 중에 이제는 공

해에 비교적 강한 몇 종류의 철새와 나그네새만이 도래할 뿐이다. 바다쇠오리 청둥오리 등의 오리무리와, 흰목물떼새 꼬마물떼새 등의 물떼새 무리가 그것이다.

나는 열 개의 미터글라스가 꽂힌 시험관 꽂이를 들고 동진강의 지류로 수질 오염도가 아주 높은 석교천 둑 위를 걷고 있었다.

(중략)

나는 시험관 꽂이를 들고 자갈밭으로 되돌아 걷기 시작했다. 이제 석교천은 살아 있는 물이라 부를 수는 없다고 생각했다. 석교천 물은 이미 죽어 버렸다. 아니, 악마의 혼으로 살아 있다. 이 폐유가 결국 동진강으로 흘러 들어가지 않는가. 그렇다면 강폭이 팔십 미터에 가까운 동진강은 몰라도 이 석교천에는 분명 인체에 절대적인 영향을 줄

만큼의 크롬산이나 수은을 함량하고 있을 것이다. 또 석교천 주민 중 십 년이나 이십 년 뒤 육가크롬화로 앓지 않는다고 누가 감히 장담할 수 있을 것인가. 나는 자갈밭에 앉아 양말을 신었다.

"두고 봐라. 내가 기필코 석교천은 물론 동진강까지 예전의 자연수 상태로 만들고 말 테니." 누가 들으란 듯 내가 말했다. ⓜ나 자신도 수천 번을 반복하여 이미 자기 최면에 걸린 말이었다. 누가 이 말을 듣는다면 그것은 터무니없는 헛된 집념이라고 나를 비웃을는지도 몰랐다. 아니 미쳤다고 손가락질할 것이다. 그러나 지구의 절반을 한 해에 두 번씩이나 건너다니는 그 작은 도요새 의 고통보다는 그 일이 내게 결코 어렵게 생각되지 않았다.

– 김원일, 「도요새에 관한 명상」 –

082 ▶ 24951-0104

윗글의 서술상의 특징으로 가장 적절한 것은?

① 어리숙한 인물을 서술자로 내세워 진술의 해학성을 강화하고 있다.

② 주변 인물이 서술자가 되어 주인공의 행동과 심리를 제시하고 있다.

③ 서술자가 자신의 체험을 진술하여 현실에 대한 인식을 드러내고 있다.

④ 서술자가 관찰자의 입장에서 사건을 전달함으로써 객관성을 높이고 있다.

⑤ 작중 인물이 아닌 서술자의 전지적 시점을 통해 갈등 상황을 부각하고 있다.

083 ▶ 24951-0105

㉠~㉤에 대한 이해로 적절하지 않은 것은?

① ㉠: 인물의 의식이 대상에 대한 생각으로 가득 차 있다.

② ㉡: 인물이 대상과의 만남을 간절하게 염원하고 있다.

③ ㉢: 인물의 의식이 대상에 의해 각성되고 있다.

④ ㉣: 인물이 대상의 존재를 의도적으로 부인하고 있다.

⑤ ㉤: 인물의 의지가 확고해진 상태에 이르렀다.

II

적용
학습

084 ▶ 24951-0106

[A]에 대한 이해로 가장 적절한 것은?

① 도요새들 간의 논쟁적 상황을 설정하여 도요새의 지혜로움을 부각하고 있다.

② 도요새의 말이라는 우화적 장치를 통해 인간 세계에 대한 비판적 관점을 드러내고 있다.

③ 도요새의 이동에 따른 공간 변화를 통해 도요새 무리의 갈등 해소 과정을 보여 주고 있다.

④ 도요새의 비행경로에 관한 관찰 결과를 제시하여 인간 문명의 발전 과정을 비유적으로 드러내고 있다.

⑤ 도요새의 습성과 인간의 특성을 비교하여 인간과 자연이 조화를 이루며 공존하고 있는 현실을 드러내고 있다.

085 ▶ 24951-0107

윗글의 도요새 와 〈보기〉의 매화 에 대하여 감상한 내용으로 가장 적절한 것은? [3점]

> ● 보기 ●
>
> 어리고 성긴 매화 너를 믿지 않았더니
>
> 눈 기약(期約) 능(能)히 지켜 두세 송이 피었구나
>
> 촉(燭) 잡고 가까이 사랑할 제 암향부동(暗香浮動)* 하더라
>
> — 안민영, 「매화사」 제2수 —
>
> *암향부동 그윽한 향기가 은근히 떠돎.

① '도요새'는 인물에게 자신감을 주고, '매화'는 화자에게 자존감을 상실하게 한다.

② '도요새'는 인물의 욕망을 대리 표현하고, '매화'는 화자가 극복해야 할 존재를 의미한다.

③ '도요새'는 인물에 종속된 존재를 표상하고, '매화'는 화자에게서 독립된 존재를 상징한다.

④ '도요새'는 작지만 인물에게 교훈을 주고, '매화'는 어리지만 화자에게 경이로움을 느끼게 한다.

⑤ '도요새'는 현실의 문제를 회피하고자 하는 인물의 태도를 표상하고, '매화'는 화자가 추구하는 이념을 상징한다.

24 > 최윤, 「속삭임, 속삭임」

2021학년도 10월 고3 학력평가 31~34번

[086~089] **다음 글을 읽고 물음에 답하시오.**

[앞부분의 줄거리] '나'는 지인의 과수원에서 어린 딸과 시간을 보내며 '아재비'를 떠올린다. 남로당*의 고위 간부로 사형 선고를 받았으나 도망쳐 '나'의 집 과수원에서 일한 '아재비'는 '나'를 보살펴 주며 작은 호수를 만들어 주었었다. '아재비'와의 일을 떠올리다가 딸과 놀아 주던 '나'는 품에 안은 딸이 잠들자 딸에게 속삭인다.

아이 머리의 묵직한 무게가 가슴에 와 닿았다. 긴장이 풀린 아이는 어느새 잠이 들어 있었던 것이다.

이애, 밖은 **전쟁**이다. 밖은 늘 전쟁이었다. 어느 해 어느 시 어느 대륙에 전쟁이 멈춘 적이 있었더냐. 아무리 방으로 방으로 숨어들고 아무리 방패를 꺼내 들어도 사방의 문틈으로 전쟁의 냄새는 새어 들어오지. 그 냄새는 딱딱하고 질기고 직선으로 세상을 자르는 그런 **고약한 냄새**지. 아, 너를 위해 세상의 미운 단어들을 모두 바꿀 수 있다면…… 모든 **딱딱하고 근육질이 박힌** 단어에 **공기 같은 가벼움과 부드러움**을 주고 모든 악취 나는 단어에 지상의 들꽃 이름을 대신해 줄 수 있다면. 너도개미자리, 둥근바위솔, 찔레, 명아주, 두메투구풀, 미나리아재비, 땅비싸리, 무릇꽃, 청사조, 패랭이, 쑥부쟁이, 아 그리고 채송화, 채송화……. 이애, 너는 아무래도 시인이 되어야겠다. 미운 단어를 아름답게 만드는, 악취에 향기를 주는, 입을 벌리면 **음악**이 나오는…… 너는 아주 **고전적인 시인이어야겠다**. 발가락, 땅콩, 코딱지 같은 단어를 예쁘게 발음할 줄 아는 너. 처음 글을 배울 때 네 성인 '박' 자를 삐뚤삐뚤하게 써 놓고 글자가 웃고 있다고 말하던 너. 이 먼 과수원의 오수의 나른한 틈새에까지 비집고 들어오는, 아 비릿한 그 냄새를 이애, 빨리 지워 다오. 아주 강력한, 아주 향긋한 방취 살포제인 너의 웃음. 이애,

그토록 짙은 미소를 지을 줄 아는 너는 아마도 외계인인 모양이다. 그래서 네가 자전거에만 오르면, 너의 그 짧고 가는 다리를 소금쟁이만큼 빠르게 놀려 앞으로 갈 때면 나는 그만 가슴이 무섭게 뛰기 시작하는 걸 느낀다. 너의 자전거에 가속이 붙고 앞바퀴가 들려지고, 공중으로 공중 저 높이로 솟아오르는 것이 보이는구나.

작은 호수가 있네. 호수 주변에 채송화를 심었네. 달력에 찍은 수많은 점들이 언젠가 별이 되려니. 살.사랑.사람.살림.서리.성에.잘 살으오…….

그가 남긴 낡은 ㉠**공책**에는 이해하기 어렵게 갈겨쓴, 일기라고 하기에는 너무도 딱딱한 어투의 글들에 섞여 이처럼 정갈하게 정리해서 쓴 모호한 암호 문자들도 적지않이 들어차 있었다. 그 암호 문자 중의 몇 개는 낱장에 옮겨져, 몇 년에 한 번씩 딱지 편지로 접혔다. 변함없는 기름한 글씨. 변함없이 세 번 돌려 접은 딱지 편지. 글쎄 그것은 꼭 암호 문자가 아닐 수도 있었다.

그와의 첫 여행에서부터 그가 죽기 전까지 십여 년에 걸쳐 모두 다섯 번을 나는 그런 이상한 편지 심부름을 했다. 수신인은 그의 처자였다.

(중략)

그가 간 후 한참이 지나, 이미 야산으로 변해 버린 과수원을 정리하기 위해 내려갔었다. 인력도 달리었거니와 무엇보다도 오래된 아버지의 투병으로 진 빚 감당으로 팔려 나간 과수원에 방책을 만들러 벌써 남자 서너 명이 와서 일하고 있었다. 나는 딸애의 출산을 얼마 남겨 놓고 있지 않은 때였다.

과수원의 길이 곧게 뻗어 나가는 게 보이는 호숫가에 앉아서 나는 다시는 못 보게 될지도 모르

는 낯익은 풍경들 하나하나에 나의 애정 어린 시선을 나누어 주었다. **과수원**은 황폐했어도 내게는 **평화**였다. 설령 그것이 어느 날 없어졌다 해도. 그 안에서 일어난 일을 알고 있는 무언의 동반자인 나무들은, 내일에 다가올 걱정에는 무관심한 채 늠연하게 푸른 하늘에 미세한 실핏줄을 그리고 있었다. 잎이 다 진 가을이었던 것이다.

그 비어 있는 길 위에 하나의 영상이 떠올랐다. 아재비의 어깨에 팔을 얹어 기대고 불편한 몸을 움직이며 짧은 산책을 하는 아버지와 그 옆에 그림자처럼 엉킨 아재비의 모습이었다. 그들은 늘 할 말이 많았다. **단둘이서**. 나는 그럴 때의 그들이 제일 아름다웠다고 생각한다. 그들은 무에 그리 할 말이 많았을까. 혈혈단신 가족을 모두 버리고 남쪽을 택해 내려온 아버지였던 만큼 건강이 좋았던 젊은 시절만 해도 읍으로 나가서 또는 내가 다니는 국민학교에 와서 가끔 반공 강연을 하곤 했었다. 모든 사람이 고개를 끄덕여 주어 내 어깨를 으쓱하게 한 강연들이었다.

바로 그가 남로당의 열성 간부였던 아재비를 과수원에서 발견했고 그의 불안한 신원의 바람막이가 되어 주었으며 그와 일생의 의형제가 된 것이다. 그리고 어머니가 내준 아재비의 공책에 보면 자연을 읊은 글만 있었던 것이 아니었다. 거기에는 잘 알아볼 수 없을 정도로 흘려 쓴 글씨이기는 하지만 그가 일생 동안 붙잡고 있었던 생각들이 두서없이 채워져 있었다. 그가 겪어 온 사고의 모든 갈피들. 어떻건 그는 변하지 않은 채로 일생을 살았던 것 같고 그것을 아버지나 어머니한테 그다지 숨겼던 것 같지도 않다. **상식으로는 설명되지 않는 일들**이, 그 이전 혹은 그것을 뛰어넘은 어떤 곳에 그들의 삶과 함께 위치해 있었던 것이다.

과수원의 사방에 그들의 속삭임이 있었다. 그들이 근본적으로 지니고 있는 차이가 끝도 없는 속삭임을 만들었던 것일까. 특히 늦은 밤의 집 앞에 내놓은 **평상 위**와 과수원의 **좁은 길들**, 야산 밑에 파인 **호수 주변**……. 사방에서 귀만 기울이면 **바람 소리 같은 그들의 속삭임**이 들려왔다. 무엇보다도 호수 주변에. 그것이 수많은 세월이 흐른 지금까지도 황량하고 지난하던 과수원의 생활을 안온한 미소로서 기억하게 하는 것이다.

– 최윤, 「속삭임, 속삭임」 –

*****남로당** 1946년 11월 서울에서 결성된 공산주의 정당인 남조선 노동당의 줄임말.

086 ▶ 24951-0108

윗글에 대한 설명으로 가장 적절한 것은?

① 공간적 배경에 대한 묘사를 통해 인물의 태도가 변화하는 양상을 드러내고 있다.

② 인물 간의 대화를 통해 인물이 겪은 과거 사건의 비현실적인 성격을 드러내고 있다.

③ 서술자의 고백적 진술을 바탕으로 과거에 대한 기억과 그 기억에 부여한 의미를 제시하고 있다.

④ 시간적 배경에 따라 서술자를 달리하여 인물의 행위와 사건에 대한 다양한 관점을 서술하고 있다.

⑤ 서술자가 서술의 초점이 되는 인물의 시선으로 주변 인물들의 행위에 담긴 의미를 제시하고 있다.

087 ▶ 24951-0109

윗글을 읽은 독자의 반응으로 적절하지 <u>않은</u> 것은?

① 아재비는 거동하기가 어려웠던 아버지가 의지할 수 있는 대상이었겠군.

② 아재비가 매사에 조심스럽게 행동하여 아버지가 그의 신원을 알아차릴 수 없었던 것이겠군.

③ 어린 시절 과수원의 호숫가에 앉아서 볼 수 있었던 풍경들을 '나'는 애정 어린 시선으로 보았겠군.

④ '나'가 어린 시절을 보낸 과수원을 보전하기 힘들었던 것은 인력 부족과 아버지의 오랜 투병 때문이었겠군.

⑤ 어린 시절 국민학교에서 아버지가 한 반공 강연을 들은 사람들의 태도를 보고 '나'는 아버지를 자랑스럽게 생각했겠군.

II
적용
학습

088 ▶ 24951-0110

〈보기〉를 참고하여 윗글을 감상한 내용으로 적절하지 않은 것은? [3점]

> ● 보기 ●
>
> 「속삭임, 속삭임」은 "'나'가 딸에게 하는 속삭임'과 '아버지와 아재비가 나눈 속삭임'을 통해 대립을 초월하는 화해와 공존에 대한 지향을 주제 의식으로 표현하고 있다. 전자의 속삭임은 다양한 감각적 이미지를 환기하는 내용을 통해 주제 의식을 나타내고 있다. 후자의 속삭임은 인물들이 교감을 나누는 조화로운 모습으로 제시되며 공간과 연계된 감각적 이미지로 형상화되어 주제 의식을 나타내고 있다. 그리고 전자의 속삭임을 통해 형성된 대조적 의미 구조는 후자의 속삭임과 유기적 관련성을 맺으며 주제 의식의 형상화를 뒷받침하고 있다.

① '전쟁'의 이미지인 '딱딱하고 근육질이 박힌'과 대조되는 '공기 같은 가벼움과 부드러움'은 '과수원'에 담긴 '평화'의 의미와 어울려 주제 의식의 형성에 기여하고 있다고 할 수 있어.

② '고약한 냄새'를 지울 수 있는 '향기', '음악' 등은 다양한 감각적 이미지를 환기하며 아버지와 아재비의 속삭임에서 '나'가 느낀 아름다움과 조응하고 있다고 할 수 있어.

③ '나'가 딸에게 '고전적인 시인이어야겠다'라고 한 말은 '상식으로는 설명되지 않는 일들'을 이해하려는 '나'의 소망이 투영된 것으로 속삭임들 간의 유기성을 드러내고 있다고 할 수 있어.

④ '단둘이서' 속삭였던 아버지와 아재비의 모습은 교감을 나누는 조화로운 모습으로 대립을 초월한 화해와 공존을 보여 주고 있다고 할 수 있어.

⑤ '바람 소리 같은 그들의 속삭임'은 과수원의 '평상 위', '좁은 길들', '호수 주변' 등의 공간과 연계되어 수많은 세월이 흘러도 잊히지 않는 이미지로 형상화되고 있다고 할 수 있어.

089 ▶ 24951-0111

㉠에 대한 설명으로 가장 적절한 것은?

① 딱지 편지에 인용된 문장이 본래 너무도 딱딱한 어투였음을 보여 주는 말들이 적혀 있었다.

② 자연을 읊은 글들로만 가득 차 있어 '나'가 아재비의 감성을 느낄 수 있는 말들이 많이 적혀 있었다.

③ 아재비가 일생 동안 붙잡고 있던 생각들을 어린 '나'도 이해하기 쉽게 설명해 주는 말들이 적혀 있었다.

④ 아재비가 아버지와 의형제 관계를 맺을 정도로 친밀한 관계였음을 '나'가 깨닫게 해 주는 말들이 적혀 있었다.

⑤ 아재비가 과수원에서 생활하는 동안에도 아재비의 신념에 변화가 없었음을 '나'가 짐작하게 해 주는 말들이 적혀 있었다.

25 오영진, 「정직한 사기한」

[090~091] 다음 글을 읽고 물음에 답하시오.

[앞부분의 줄거리] 위조지폐를 만드는 가족(사장, 사원 갑, 사원 을, 사원 병)이 빌딩에 유령 회사를 차려 놓고, 누명을 써서 전과자가 된 청년을 사원으로 채용한다. 청년은 한 달 치 월급으로 받은 위조지폐로 양복을 구입하다 사복형사에게 잡혀 사무실로 끌려오게 된다.

청년: 오! 사장님!

사복: 선생이 간편무역 사장이십니까?

청년: 그렇습니다. 이분이 바로······.

사장: 잘못 아시고 오신 모양이군.

사원 갑: 용산서에서 오셨어요.

사장: 나한테? 무슨 일로?

사복: 이 남자가 선생 회사에 취직했다는뎁쇼.

사장: 천만에! 대체 누구입니까? 이 남자는 난 생면부지올시다.

청년: 아닙니다. 사장님, 그런 말씀이 어디 있습니까? 금방 제가 눈물을 흘리며 고마워하지 않았어요? 전 여기 사원이에요, 사장님. ⎤ [A]

사복: (뺨을 갈기며) 인마, 아직도 거짓말이야, 응? ⎦

청년: 아녜요. 나으리는 몰라요, 나으린. 아씨, 아씨! 아씨가 아십니다. 회계과장이 한 달 월급을 선불해 주시고, 양복을 사 입으라고 달러 지폐를 주셨어요.

사복: 인마, 떠들지 마라. 글쎄 이 미련한 친구가 누굴 속여 보겠다고 백 불짜리 지폐를 위조해 가지고 백주에 서울 네거리를 횡행합니다그려. 헛헛······. 그래서 월급을 받았다? (머리를 갈기며) 인마, 뭐 양복을 짓겠다고? 가짜 돈을 찍으려면 남이 봐도 그럴 듯하게 만들어. 진짜 백 불짜린 구경도 못했을 자식이. 가자, 인마. 실례 많았습니다. ⎤ [B] ⎦

사장: 원 천만에요.

청년: 사장님, 나으리! 제겐 아무 죄도 없어요. 제발, 미련은 하지만 나쁜 짓을 한 적은 한 번도 없어요. 하나님이 아십니다, 하나님이! 어이구 그 지긋지긋한 감옥살이 어떻게 하라고 이러십니까, 이러시길. 사장님! 구두도 사서 신구 양복도 새로 맞추고 추천서도 일없고 신원 보증도 일없다고 그러시지 않았어요. 사장님! 아씨를 만나게 해 주세요, 아씨를. 아씨는 거짓말을 안 하실 겁니다. 아씨! 아씨!

사복: 인마, 떠들지 마라, 가자! (억지로 끌고 나간다.) ⎤ ⎦

청년: (복도로 해서 오른쪽으로 끌려가며) 사장님! 왜 제게 취직자리를 줬어요? 취직만 안 했더라면 감옥에도 안 가고······ 감옥엘, 감옥엘······ 저 사장님······ 너무합니다. 사장님! ⎤ [C] ⎦

사장과 사원 갑은 사장실로, 사원 정은 복도로 가서 청년이 간 뒤를 물끄러미 바라본다.

사장: 결국 또 실패지. 이번엔 얼마나 찍었더냐?

사원 갑: 시험 삼아 3백 장만 찍었어요.

사장: 흥, 3만 불이로구나. (지갑에서 진짜를 꺼내 대조하며) 어디가 다른가 좀 자세히 보아라. ⎤ [D] ⎦

사원 갑: 도안이 좀 이상하다 했더니만.

사원 병: 도안이 아녜요, 형님. 인쇄 잉크가 달라요. ⎤ ⎦

사원 을: 잉크가 어떻다고 그래, 종이가 틀리는걸 뭐.

사원 갑: 종이야 할 수 없지. 미국을 간다고 같은 종이를 사겠니. ⎤ [E] ⎦

Ⅱ

적용 학습

사원 병: 아녜요, 잉크예요.

사원 을: 종이야.

사원 갑: 도안이 틀렸어.

사원 병: 잉크가 아니라니깐.

사원 을: 잉크가 어쨌단 말야. 네가 도안을 잘 못 그려 놓곤.

사원 병: 도안이 어디가 틀렸어!

사장: 얘들아, 떠들지 마라. 그 미련한 녀석 때문에 단단히 손해 봤다.

사원 병: 참 그 자식 때문이야.

사원 갑: 첫눈에도 자식이 좀 모자라는 것 같더니만.

― 오영진, 「정직한 사기한」 ―

090 ▶ 24951-0112

윗글에 대한 이해로 적절하지 <u>않은</u> 것은?

① '사복'은 '청년'보다는 '사장'의 말을 신뢰한다.

② '청년'은 자신의 결백함을 '아씨'가 밝혀 줄 수 있다고 믿고 있다.

③ '사장'은 위기를 모면하기 위해 '사복' 앞에서 '청년'을 모른 체한다.

④ '사장'은 잡혀 온 '청년'을 통해 지폐를 위조하는 데 실패했음을 확인한다.

⑤ '사원 갑'과 '사원 병'은 위조지폐를 사용하다 '사복'에게 붙잡힌 '청년'을 동정한다.

091 ▶ 24951-0113

[A]~[E] 중, 〈보기〉의 밑줄 친 부분에 해당하는 것은?

> **• 보기 •**
>
> 단막극인 이 작품은 무대 공간이 회사 안으로 제한된다. 무대 공간에서 이루어지는 인물들의 행동과 대화로 이야기가 형상화되기도 하지만, 무대 공간의 제약으로 인해 무대 밖에서 일어난 사건이 오직 인물의 언어적 표현으로 전달되기도 한다.

① [A]: 사복이 청년의 뺨을 때리고 의견을 묵살하는 일

② [B]: 청년이 백 불짜리 위조지폐로 양복을 구매하려는 일

③ [C]: 사복이 청년을 끌고 사무실 밖으로 나가는 일

④ [D]: 사장이 진짜 지폐를 꺼내 사원들에게 대조시키는 일

⑤ [E]: 사원들이 위조지폐의 조잡함에 대해서 이야기하는 일

II

적용
학습

26 〉 황석영, 「한씨 연대기」

2015학년도 4월 고3 학력평가 39~42번

[092~095] 다음 글을 읽고 물음에 답하시오.

"한 동무, **특병동**에 위급한 환자가 생겼시요. 원장 동무가 직접 나와보구 야단났습네다레."

"여긴 더 위급한 환자가 있소. 수술 중이라 꼼짝할 수가 없소."

한 교수는 나지막한 의자에 누운 **아이**의 몸에 얼굴을 바짝 갖다 대고 뒤도 돌아보지 않았다.

"서 동무도 어디루 갔는지 자리를 비웠시요. 지금 사방으루 찾아댕기멘 법석이래두요."

"끝나면 곧 가갔다고 전하시오."

"다 알아서 하시갔디만…… 가서 보고를 하디요."

한영덕 교수가 밖의 왁자지껄하는 소리에 주의를 돌리고 나서 옆에 섰는 두 사람에게 속삭였다.

㉠"간호원과 조수 두 분은 빨리 나가시오."

간호원이 말했다.

"우리가 어케 손써볼 테니 선생님 날래 가보시라요."

한 교수는 그들의 등을 밀어 내보내고 침착하게 바늘귀에 실을 꿰었다. 재봉실에 보통 바늘이었지만, 별로 손색이 있을 것 같지는 않았다. 거친 음성과 구둣발 소리가 다가왔으나 ㉡그는 첫 바늘을 꿰어 실이 팽팽해질 때까지 살포시 잡아당겼다.

방공호의 통로를 몸 그림자로 가리고서 원장이 성급하게 소리쳤다.

"뭘 하구 있는 거요?"

한 교수는 봉합 부분을 잘 살피기 위해 아이의 몸 가까이 무릎을 꿇었다. 방공호 안의 어둠에 눈이 익은 원장이 그 광경을 들여다보고 어처구니없다는 듯 혀를 찼다.

"까짓, 애들은 또 낳는 거요. 지금 경무원이 기총소사의 관통상을 입구 피를 흘리는데 이런 따위 일에 시간을 낭비하기요?"

한영덕 씨는 침착하게 바늘을 들고 섬세한 솜씨로 장의 천공 부위를 꿰매어 나갔는데, 경험 많은 외과 전문의에 못지않은 훌륭한 솜씨였다.

[A]

"관통상은 압박 붕대 처리만 해 놓으면, 몇 시간이라두 견딜 수 있습니다."

지혈 겸자를 떼어내고 혈관을 묶는 동안 피가 그 작은 몸에서 샘처럼 솟구쳐 한씨의 손과 방공호 바닥을 적셨다. 원장이 분개한 어조로 말했다.

"고발하겠소."

"좀 비켜 주시오. 어둡습네다."

한 교수의 이마에서 땀이 솟아나 볼을 타고 줄지어 흘러내렸다. 그는 마지막 부분의 봉합을 끝내고서 얼굴을 들었다. 호의 통로에서 잔광이 비껴 들어왔다. 싱싱하고 아름다워 보이는 나무들의 건강한 잎새 사이로 석양이 물 발처럼 퍼져 나와 여기저기 누운 환자들의 몸 위를 적시고 있었다. 그는 두 손바닥을 벌려 눈앞에 갖다 댔다. 피가 검게 말라붙은 손톱이며 손가락 틈을 뚫고 햇빛은 여전히 쏟아져 들어왔다.

그들은 잠적해 버린 서학준 교수의 행방도 추궁했으나 한 교수는 입을 굳게 다물었다. 한씨는 **지하실**에 일주일 동안이나 갇혀 있었다. 하루에 한 번씩 이층의 깨끗하고 밝은 방에 불리어 가서 조사를 받았다. 그 방은 벽이 온통 희게 칠해져 있었고 매일 다른 심문자가 두 사람씩 교대로 기다리고 있었다. 한 교수는 축축한 냉기 속에서 밤을 지낸 다음 아침마다 그 방으로 끌려가면서 자기가 예상 외로 침착한 것에 놀라곤 했다.

[중략 줄거리] 북한에서 처형의 위기를 간신히 넘겨 살아남은 한영덕은 가족을 두고 홀로 월남하여 서학준과

여동생 한영숙과 재회한다. 그는 생계 유지를 위해 박가, 김가와 동업을 하지만 박가의 불법 중절 수술로 갈등을 빚는다. 박가의 불법 수술 도중 환자가 위험해지자 한씨는 환자의 생명을 살리기 위해 자궁 척출 수술을 해 주고 곧 병원을 그만둔다. 무면허 영업 단속을 받은 박가는 한씨를 의심하며 앙심을 품고 그를 간첩으로 고발하고, 정보대 문관 민상호는 이를 이용해 돈을 뜯어낸다. 한영숙은 감옥에서 고초를 겪는 한씨를 면회하러 간다.

한영덕 씨는 훨씬 늙어 보이는 대신 진실한 표정을 하고 있었다.

"이남엔 혈육이라곤 누이동생 하나하구, 친구는 서 선생님밖에 없으니끼니 아무두 믿디 말라요."

"기래. 알갔다."

"오라바니, 휴전이 됐시요. 어제 협정이 끝났대요."

한영덕 씨는 한참 동안이나 눈두덩을 손끝으로 찍어 누르고 있었다.

"……되구 말았구나."

끝날 시간이 다 되었으나, 한 여사는 꼭 전해야 할 말을 간직해 두고 있었다. 정보대에서 고문하면서, 시인했던 사실을 재판 때에 부정하면 다시 정보대로 돌려보내어 처음부터 조사를 새로 할 거라는 식의 **협박**을 했다는 말을 들었던 것이었다. 알려야겠는데 간수가 면회 일지에다 두 사람의 대화를 적고 있었다. 그 여자는 기록을 피하고 싶었다. 간수가 일지를 덮고 나서 문을 열었고, 한영덕 씨가 따라 일어섰을 때 한 여사가 그들의 등뒤에다 대고 말했다.

ⓒ"오라바니, 정보대서 한번 넘어왔으문 다신 보내지 못한대요. 걱정 말고 안 한 건 하지 않았다구 끝까지 우기시라요."

한씨는 붉게 충혈된 눈을 껌벅이며 고개를 끄덕였다.

한편으로 그 여자는 법원에다 진정서를 올리기로 했다. 그러나 아무도 서명을 해 주지 않았다. 한씨의 친구들은 거의 하나같이 다른 일은 몰라도 그런 문제에 관여하고 싶지 않다며 발뺌했다. 하는 수 없이 한 여사 자신과 서학준 소령, 고동수 박사, 세 사람의 이름으로 진정서를 올렸는데도 중도에서 탈락됐는지 감감무소식이었다. 재판은 자꾸 연기되었다가 한씨가 법원으로 넘어간 후에도 4개월이 지나서야 그 사건은 일단 불기소 처분이 내려졌다. 한씨는 새로운 사건으로 **재판**을 받았다. **자궁 척출**에 관한 사건이었다. 한씨가 환자의 생명을 건지기 위해 뒷수습으로 수술했던 일이었다. 정보대에서는 투서한 비밀을 보장해 주겠다며 박가, 김가, 이가에게서 돈을 많이 뜯어낸 모양이었다. 사소한 감정으로 한씨를 찍어 넣었던 그들은 손해를 예상외로 많이 입게 되자― 에라 내친김이다. 한영덕이 죽어 버려라 하며 사건을 들쑤셔 냈던 거였다. 검사 측에서도 수개월씩 가두었던 자를 생판 무죄로 내보내느니 면목을 세워야 했으므로, 재수사를 해서 의료법으로 입건을 했었다. 서학준 씨도, 한 여사도 한영덕 씨의 실수였는 줄로 알고 있었다. 그자들이 뒤집어씌운 것을 한씨는 밝혀내기도 지쳤을 것이며, 또한 그 일만큼은 자기에게 **책임**이 있었다고 그는 느꼈던 것이다. 그것은 바로 자신의 천직에 대한 회한이었을지도 몰랐다.

언도 결과는 환자의 위탁이나 승낙 없이 낙태 중 치상시킨 죄에 해당되는 1년의 징역과 3년의 자격 정지였다. 한씨 주변 사람들은 판결이 표면상으로는 의료법을 적용했으나 사실은 정치적 인상이 짙었다는 느낌을 받았다. 한 여사가 재판정을 나오다가 민상호와 박가, 김가, 이가의 네 사람이 나란히 어울려 가는 뒤를 쫓아가 길을 막았다. 그 여자는 창백하게 질려서 어깨까지 떨었었다.

"우리 오라바니가 들으시문 섭섭해할 거디만, 만약에 오라바니가 아니구 ⓔ내 남편이댔으문 너이는 이 자리에서 내 손에 칼 맞구 죽었을 거다."

민상호가 웃으면서 한영숙 씨의 어깨를 잡아 한쪽으로 비켜 세우고 대꾸했다.

ⓜ"야, 참으라우. 다 참아 둬야 살인죄두 면할

거 아니가."

"너이 뼈를 갈아 한강물에다…… 아니 기러문 한이 맺혀서 안 되갔다. 이댐에 내 고향 대동강

에 개쳐다가 훌훌 뿌리갔다."

한 여사의 볼 위로 눈물이 줄지어 흘러내렸다.

– 황석영, 「한씨 연대기」 –

092 ▶ 24951-0114

윗글에 대한 설명으로 가장 적절한 것은?

① 특정 인물의 시선에서 사건을 서술하여 가치관의 변화 과정을 드러내고 있다.

② 서술자가 인물의 내면과 사건의 정황을 직접 서술하여 독자의 이해를 돕고 있다.

③ 동시에 진행되는 사건을 병렬적으로 서술하여 이야기를 입체적으로 전달하고 있다.

④ 장면에 따라 서술자를 교체하여 사건 해석이 다양한 관점에서 이루어지도록 하고 있다.

⑤ 인물의 독백을 통해 과거와 현재를 교차하여 서술함으로써 사건의 의미를 재구성하고 있다.

093 ▶ 24951-0115

㉠~㉢에 대한 설명으로 적절하지 않은 것은?

① ㉠: 간호원과 조수를 배려하는 한영덕의 마음이 드러나 있다.

② ㉡: 자신에게 닥칠 상황에 대한 한영덕의 두려움이 드러나 있다.

③ ㉢: 한영덕을 걱정하는 한 여사의 당부가 드러나 있다.

④ ㉣: 민상호와 박가, 김가, 이가에 대한 한 여사의 분노가 드러나 있다.

⑤ ㉤: 한 여사에 대한 민상호의 빈정거림이 드러나 있다.

094 ▶ 24951-0116

〈보기〉를 바탕으로 윗글을 감상한 내용으로 적절하지 않은 것은? [3점]

• 보기 •

이 작품은 이데올로기에 의한 억압을 서로 다른 두 공간을 통해서 보여 주고 있다. 이 두 공간에서 인물들은 이데올로기에 대해 다양한 태도를 보여 준다. 주인공은 각 사회에서 자신이 지향하는 가치를 지켜 내려 하지만 사회의 이데올로기와 충돌하게 되고, 그로 인해 시련을 겪게 된다. 이를 통해 작가는 개인과 사회의 갈등으로 인해 개인의 삶이 파괴되는 부조리한 현실을 보여 준다.

① 공간 A에서 인물에게 '특병동' 환자를 우선 치료하라고 요구하는 행위와, 공간 B에서 진위 여부와 상관없이 '협박'을 일삼는 행위는 각 사회의 이데올로기에 의한 억압을 보여 주고 있군.

② 공간 A에서 '아이'를 치료하는 행위와, 공간 B에서 '자궁 척출' 수술을 한 행위는 모두 인물이 지향하는 가치관을 보여 주고 있군.

③ 공간 A에서 인물이 일주일 동안 '지하실'에 갇히게 된 것은 개인의 가치관과 사회의 가치관이 충돌한 결과로 볼 수 있군.

④ 공간 B에서 인물이 생명을 살리기 위해서 양심적인 의료 행위를 했음에도 불구하고, '재판'을 통해 처벌을 받은 것은 현실의 부조리함을 보여 주는군.

⑤ 공간 B에서 인물이 자신의 행위에 대해 '책임'이 있다고 생각한 것은 개인이 사회의 이데올로기에 굴복한 것이라고 볼 수 있군.

095 ▶ 24951-0117

[A]를 〈보기〉의 희곡으로 각색하기 위해 토의한 내용으로 적절하지 않은 것은?

• 보기 •

(두 사람이 수술에 몰두하고 있는 사이, 원장이 들어온다.)
원장: 한 동무! (수술하던 한영덕과 간호원 흠칫 놀란다.) 특병동에 위급한 환자를 놔두고 여기서 뭐하는 거요?
한영덕: 여기에 더 위급한 환자가 있습네다. 수술 중이라 꼼짝할 수 없습네다.
원장: (화를 억제하며 수술대로 와서 지시봉으로 환자 얼굴을 가린 천을 들춰 보고) 까짓, 애들은 또 낳는 거요. 지금 특병동에는 경무원이 기총소사로 관통상을 입고 피를 흘리고 있는데 이따위 일에 시간을 낭비하깁니까?
한영덕: 낭비가 아닙네다. 관통상은 압박 붕대 처리만 해 놓으면 몇 시간이라도 견딜 수 있습네다.
원장: 한 동무, 고발하겠소.
한영덕: 어둡습니다. 비켜 주시구레.
(원장, 입을 굳게 다물고 나간다.)
한영덕: (핀셋으로 파편을 집어 들고) 파편을 꺼냈소. 이 무쇳조각. 누구래 어디서 만들어 낸 거인지……
(조명, 어두워진다. 포격 소리가 더 크게 들린다.)

① 원장이 퇴장하는 모습과 표정을 추가하여 원장의 심리를 부각시키자.

② 조명의 변화와 음향 효과를 활용하여 전쟁 중이라는 시대적 배경을 드러내자.

③ 상징적인 소재와 그에 관한 대사를 삽입하여 전쟁의 비극성을 부각시키자.

④ 원장의 행동을 나타내는 지시문을 추가하여 인물의 부정적인 모습을 강조하자.

⑤ 새로운 인물을 등장시켜 무대 밖의 사건을 전달함으로써 인물 간의 갈등을 고조시키자.

27 〉 김수영, 「구름의 파수병」 / 이강백, 「느낌, 극락같은」

2017학년도 대학수학능력시험 27~32번

[096~101] 다음 글을 읽고 물음에 답하시오.

가

만약에 나라는 사람을 유심히 들여다본다고 하자
그러면 나는 **내가 시와는 반역된 생활을 하고
있다**는 것을 알 것이다

먼 산정에 서 있는 마음으로 나의 자식과 나의
아내와
그 주위에 놓인 잡스러운 물건들을 본다

그리고
나는 이미 정해진 물체만을 보기로 결심하고 있
는데
만약에 또 어느 나의 친구가 와서 나의 꿈을 깨
워 주고
나의 그릇됨을 꾸짖어 주어도 좋다

함부로 흘리는 피가 싫어서
이다지 낡아 빠진 생활을 하는 것은 아니리라
먼지 낀 잡초 우에
잠자는 구름이여
고생도 마음대로 할 수 없는 세상에서는
철 늦은 거미같이 존재 없이 살기도 어려운 일

방 두 칸과 마루 한 칸과 말쑥한 부엌과 애 ⌐
처로운 처를 거느리고 │
외양만이라도 남과 같이 살아간다는 것이 │[A]
이다지도 쑥스러울 수가 있을까 ⌐

시를 배반하고 사는 마음이여
자기의 나체를 더듬어 보고 살펴볼 수 없는 시
인처럼 비참한 사람이 또 어디 있을까
거리에 나와서 **집**을 보고 **집**에 앉아서 **거리**를
그리던 어리석음도 이제는 모두 사라졌나 보다

날아간 제비와 같이

날아간 제비와 같이 자국도 꿈도 없이
어디로인지 알 수 없으나
어디로이든 가야 할 반역의 정신

나는 지금 산정에 있다 ―
시를 반역한 죄로
이 **메마른 산정**에서 오랫동안 꿈도 없이 바라보
아야 할 구름
그리고 그 **구름의 파수병**인 나.

– 김수영, 「구름의 파수병」 –

나

함이정: 처녀 때 난 생각했었지. 영리하고 듬직한
아들 하나 있으면 얼마나 좋을까…… 기쁜 일
슬픈 일 뭐든지 의논할 수 있는 내 아들…… 그
러다가 너를 느꼈고…… 네 느낌과 이야기하길
즐겼다. 사람들은 나 혼자 중얼중얼거린다고 괴
상하게 보더라. 사실은 너와 나, 둘이서 함께 말
하고 있었는데…….
조숭인: 처음부터 다시 이야기해 주세요, 어머니.
함이정: 처음부터……?
조숭인: 네. 제가 태어나기 전, **어머니의 처녀 시절**
부터요. 그때 두 분 아버지의 관계는 어땠죠?
함이정: 그땐 좋았다. 두 분 다 우리 집에서 가족처
럼 살면서, 우리 아버님한테 불상 제작을 배우
는 제자였지. **그런데 어느 날, 스승인 아버님이
불상 제작장에 가 보니까 두 제자들이 자릴 비
우고 없었어.** 몹시 화가 난 아버님은 집 안으로
들어와 제자들의 이름을 부르셨다. "동연아! 서
연아!" 아버님 목소리가 어찌나 쩌렁쩌렁 울렸
는지, 천 리 밖까지 들릴 것 같더라.

(조명, 밝게 변화한다. ⓐ한가운데 펼쳐 있던 천막이 접혀지면서 무대 천장 위로 올라간다. 함묘진의 집. 함묘진이 성난 모습으로 등장한다. 함이정과 조숭인은 서연의 관, 촛대, 향로 등을 무대 밖으로 갖고 나간다.)

함묘진: 동연아! 서연아! 어디 있느냐?

함이정: (무대 밖에서) 여긴 없어요, 아버지.

함묘진: 여기 집 안에도 없다……?

함이정: (무대 밖에서) 내가 나가서 찾아올까요?

함묘진: 넌 가만 있거라. (다시 외쳐 부른다.) 동연아! 서연아!

(ⓑ상복을 벗고 밝은색 옷을 입은 함이정과 조숭인, 무대 안으로 나온다.)

조숭인: 할아버지 목청은 왜 저렇게 커요?

함이정: 귀머거리도 들을 정도야. 그치?

함묘진: 동연아! 서연아!

(동연과 서연, 등장한다. 그들은 당황한 모습으로 함묘진 앞에 선다.)

동연, 서연: 부르셨습니까?

함묘진: 작업장엔 너희들이 없더구나!

동연: 죄송합니다. 잠깐 밖에 나가 있었습니다.

함묘진: 밖에는 왜?

동연: 말다툼 때문에…… 서로 의견이 달라서요.

함묘진: 말다툼?

동연: 네.

함묘진: 서연아, 네가 다툰 이유를 말해 봐라.

서연: 송구스럽습니다…….

함묘진: 너흰 생각도 행동도 똑같았다. 그런 너희들이 말다툼을 하다니, 도대체 다르다면 뭐가 달랐다더냐?

서연: 동연은 부처의 모습을 만들면, 그 모습 속에 부처의 마음도 있다고 했습니다.

함묘진: 그런데, 너는?

서연: 그런데 저는…… 부처의 모습을 만들어도, 부처의 마음이 그 안에 없다면 무슨 소용이 있겠는가 했습니다.

동연 : 사부님, 서연을 꾸짖어 주십시오. **서연은 쓸데없는 주장으로 저를 괴롭힙니다.**

(중략)

(서연과 함이정, 일어선다. **돌부처를 만들면서 길을 따라간다.** 물 흐르는 소리가 점점 가깝게 들려온다. ⓒ조명, 개울물의 흐름을 나타낸다.)

함이정: 개울물이에요, 서연 오빠. 여기서 길은 끊겼어요.

서연: (개울가로 다가가서 두 손으로 물을 떠서 마시며) 너도 마시렴. 목마를 텐데…….

함이정: (서연 곁으로 가서 개울물을 바라본다.) 물 위에 비쳐 보여요, 우리 얼굴이…… 얼굴 뒤엔 구름이…… 구름 뒤엔 **하늘**이……. (물을 떠서 마신다.) 물이 맑고 시원해요. ⎤[B]

(서연, 장난스럽게 개울물을 마치 눈덩이처럼 뭉치는 동작을 한다.)

함이정: 오빠…… 뭘 하는 거죠?

서연: 물부처를 만든다.

함이정: 물부처요?

서연: **돌로도 부처님을 만드는데, 물이라고 안 될 건 없지.**

(서연, 흐르는 물 속으로 들어가 물로 만든 부처를 세워 놓는다. 부처의 느낌은 남고 형태는 사라진다.)

함이정: 오빠, **이쪽**으로 나와요.

서연: (개울물을 건너가며) 난 이제 **저쪽**으로 간다.

함이정: 서연 오빠…….

서연: 넌 나중에 건너와.

함이정: (손을 흔든다.) 그래요, 오빠…… 먼저 가

요. 나는 나중에…….

(서연과 함이정, 잠시 개울물 양쪽에서 서로를 바라본다. ⓓ조숭인이 피아노 앞에 앉아 건반을 두드리며 작곡 중이다. 개울물 건너쪽, 눈부시도록 밝아진다. 때를 놓치지 않으려는 듯 함묘진이 다급하게 휠체어 바퀴를 굴리면서 들어온다. 그는 피아노 옆을 지나 개울물을 건너간다.

코러스(돌부처)들, 개울물을 건너가는 서연을 배웅하듯이, 따라가듯이, 마중하듯이, 서연과 함께 어우러져 춤을 추며 간다. 개울 저쪽, 눈부시도록 빛이 밝다. ⓔ함묘진이 다급하게 휠체어 바퀴를 굴리며 들어온다.)

조숭인: 할아버지, 어딜 그렇게 급히 가세요?
함묘진: 극락문이 열렸다! 극락문이 열렸어!

(함묘진, 휠체어에서 일어난다. 그는 서연의 뒤를 따라 빛 안으로 들어간다. 무대 조명, 변화한다. 동연, 등장한다. 그는 조숭인에게 다가와서 전보 용지를 내놓는다.)

– 이강백, 「느낌, 극락같은」 –

096 ▶ 24951-0118

(가)를 이해한 내용으로 적절하지 않은 것은?

① 화자는 자신과 가족뿐만 아니라 '주위'의 '물건들'까지 살펴보면서 자기의 생활을 성찰하고 있다.

② 화자는 '나의 친구'가 방문한 뒤에야 비로소 자신의 삶이 '그릇됨'을 자각하고 있다.

③ 화자는 '고생도 마음대로 할 수 없는 세상'에서 '존재 없이' 살아가는 것이 어렵다고 느끼고 있다.

④ 화자는 자신을 '자기의 나체를 더듬어 보고 살펴볼 수 없는' 비참한 존재로 인식하고 있다.

⑤ 화자는 '시와는 반역된 생활'을 '죄'로 받아들이면서 자신을 '구름의 파수병'으로 규정하고 있다.

097 ▶ 24951-0119

〈보기〉를 고려하여 (가)를 감상한 내용으로 적절하지 않은 것은?

> **• 보기 •**
>
> 「구름의 파수병」에는 시와 생활 사이에서 갈등하는 화자의 진솔한 자기 성찰이 드러난다. 화자는 ㉠생활에 몰두하려는 자아와 이러한 자아를 극복하고자 하면서 ㉡시를 새롭게 지향하려는 자아를 등장시킨다. ㉠은 시선을 고정하려는 태도나 움츠러들어 있는 이미지로 나타나는데, ㉠에서 벗어나 ㉡으로 변모하고자 하는 화자는 '날아간 제비'를 떠올리다가 '반역의 정신'을 추구하는 데 이른다.

① '내가 시와는 반역된 생활을 하고 있다'에서는 화자의 진솔한 성찰의 어조가 느껴지는군.

② '나는 이미 정해진 ~ 결심하고'는 ㉠과 ㉡의 갈등을 해소한 화자의 심정을 드러낸 것이겠군.

③ 화자가 자신을 '어디로이든 가야 할' 존재로 여기는 것은 ㉠에서 ㉡으로 나아가려는 의지에서 비롯한 것이겠군.

④ 화자가 '메마른 산정'에서 지향하는 '반역의 정신'은 ㉡이 추구하는 것이겠군.

⑤ '구름의 파수병'은 두 자아의 갈등 속에서 시를 새롭게 지향하려는 화자의 의식이 반영된 이미지이겠군.

098 ▶ 24951-0120

[A]와 [B]에 대한 설명으로 가장 적절한 것은?

① [A]는 대상을 나열함으로써 화자의 정서가 촉발된 상황을 제시하고 있다.

② [B]는 의미가 확장되는 대상들의 연쇄를 통해 인물의 혼란스러운 내면을 보여 주고 있다.

③ [A]의 대상들은 화자의 만족을, [B]의 대상들은 인물의 불만을 드러내는 기능을 하고 있다.

④ [A]에서는 화자와 대상들 간의 연속성이 드러나고, [B]에서는 인물 간의 단절감이 암시된다.

⑤ [A]와 [B]는 대상의 속성을 반어적으로 표현함으로써 화자나 인물의 심리적 상황을 드러내고 있다.

099 ▶ 24951-0121

무대 상연을 전제로 하는 희곡의 특성을 고려할 때, ⓐ~ⓔ를 설명한 내용으로 가장 적절한 것은?

① ⓐ: 무대 장치의 이동으로 극 중 공간을 좌우로 분리시킨다.

② ⓑ: 등장인물들의 의상 교체로 장면 전환을 나타낸다.

③ ⓒ: 조명 변화를 통해 등장인물들의 갈등 해소를 보여 준다.

④ ⓓ: 등장인물이 무대 밖에서 피아노로 음향 효과를 낸다.

⑤ ⓔ: 소품을 이용해서 극적 긴장감을 완화시킨다.

100 ▶ 24951-0122

〈보기〉를 바탕으로 (가), (나)를 감상한 내용으로 적절하지 않은 것은? [3점]

> **• 보기 •**
>
> (가)의 공간이 화자의 내면이 투영된 상징적 공간이라면, (나)의 공간은 제한된 시간 내에 인생을 압축해서 보여 줘야 하는 극의 특성상 극 중 인물의 현실이 상징화된 공간이라고 할 수 있다. (가)와 (나)에서, 공간들은 때로 대비되면서 여러 가지 상징적인 의미를 지닌다.

① (가)의 '집'과 '거리'는 삶의 방향을 정하지 못했던 화자에게 대비적으로 인식되었던 공간이군.

② (가)에서 생활 공간과 대비되는 '먼 산정'은 화자가 자신의 현실을 응시하기 위해 상정한 공간이군.

③ (나)에서 '작업장'은 불상을 제작하는 과정에서 동연과 서연의 예술관이 부딪치는 공간이군.

④ (나)의 '돌부처'를 만들며 가는 '길'은 '하늘'과 대비되는 곳으로 서연의 예술관이 조숭인에게 전수되는 공간이군.

⑤ (나)의 개울물 '저쪽'은 개울물 '이쪽'과 대비되는 곳으로 예술의 본질을 추구하던 서연이 도달하게 되는 공간이군.

101 ▶ 24951-0123

(나)의 등장인물에 대한 이해로 적절하지 않은 것은?

① "그런데 어느 날, 스승인 아버님이~두 제자들이 자릴 비우고 없었어."라는 대사에서 함이정은 극 중의 사건을 현재에서 과거로 전환시키는 기능을 한다.

② "동연아! 서연아! 어디 있냐?"라는 대사에서 함묘진은 '어머니의 처녀 시절' 이야기 속의 인물들을 무대로 등장하게 하는 기능을 한다.

③ "할아버지 목청은 왜 저렇게 커요?"라는 대사에서 조숭인은 등장인물의 행동을 평하면서 다른 인물들 간의 갈등을 유발하는 기능을 한다.

④ "서연은 쓸데없는 주장으로 저를 괴롭힙니다."라는 대사에서 알 수 있듯 동연은 '어머니의 처녀 시절' 이야기 속 갈등의 한 축으로서 기능한다.

⑤ "돌로도 부처님을~안 될 건 없지."라는 대사에서 알 수 있듯 서연은 작품의 주제 의식을 전달하는 인물 중 하나로 기능한다.

28 송혜진 · 박흥식, 「인어 공주」

2020학년도 수능완성 국어 122~125쪽 01~03번

[102~104] 다음 글을 읽고 물음에 답하시오.

[앞부분의 줄거리] 나영은 때밀이로 억척스럽게 살아가는 어머니와, 빚보증으로 집안을 휘청이게 만든 아버지와의 생활을 지긋지긋해한다. 그러던 어느 겨울날 투병 중이라는 사실을 가족들에게 숨긴 아버지가 가출을 하고, 그 사실을 알게 된 후 제주도로 아버지를 찾아 나선 나영은 그곳에서 젊은 시절의 어머니 연순과 아버지 진국을 만난다. 진국은 연순에게 공책, 연필과 동화책을 선물하면서 한글을 가르쳐 주고, 둘은 좋아하는 마음을 키워 나간다. 그러나 우체부인 진국이 다른 지역으로 떠나게 되고, 그 사실에 낙담한 연순이 물질을 하던 중 물에 빠지는 사고가 일어난다.

S#93. 연순의 집

가마솥에 물을 붓고 군불을 지피는 진국. 이제 새벽이다. 나영, 부엌문 밖에서 지켜보고 있다.

진국: (잠깐 동안 현실의 아버지 모습으로) 연순 씨 좀…… 부탁드려요. 잘 좀…….
나영: (고개를 끄덕인다.)

진국이 가고 부엌으로 들어가던 나영의 눈에 보자기가 들어온다. 보자기를 풀어 보는 나영. 공책, 연필들 위에 놓인 동화책 「인어 공주」. 나영, 울지도 못하고 참지도 못하겠어서 숨소리만 고통스럽다. 동화책을 넘겨 보는 나영.

S#94. 나영의 회상

연순: (소리) 옛날에 옛날에 인어 공주가 살았는디 어느 날 물에 빠진 왕자님을 살려 줬어, 인어 공주니께 다리는 엄꼬 물괴기겉이 지느러미가 달렸겄쟈? 그러니께 헤엄도 잘 쳤겄재이……. 이? 이? 이. 근디 왕자님은 딴 사람이 구해 준 중 알었어, 그것도 또 공준디 뭍에 사는 공주여, 진짜로 구해 준거슨 인어 공주고이……. 자 인

제 기억이 나쟈?

누워서 듣고 있는 어린 나영.

연순: 자 그러믄 여그서부텀은 책으로 읽어 줄 것잉께 잘 들어 봐라이. 우리 나영이, 자냐아? 안 자지? 아부지 오믄 자야지이. 잉.

(인서트[*])

낡은 「인어 공주」 동화 책장에 나오는, 크레용으로 그려진 그림들. 천천히 또박또박 읽어 내려가는 연순의 목소리

연순: 인어 공주는 슬펐습니다. 매일 바닷속 왕인 아버지를 속이고 물 위로 올라갔어요. 바위에 앉아 인어 공주는 왕자님을 바라보았습니다. 기다리고 기다리고 또 기다렸습니다.

㉠어느 순간 연순의 낭독과 어울려 동화책의 그림들은 해녀 연순과 우체부 옷을 입은 진국의 모습으로 대체된다.

S#95. 연순의 방, 밤

연순의 몸을 정성스럽게 닦아 주고 있는 나영, 울고 있다.

(중략)

연순 가늘게 눈을 뜬다. 나영, 땀 때문에 젖어 이마에 붙은 연순의 머리를 옆으로 넘겨 준다.

연순: 나가 쌤 아프다고 호강이네요이.
나영: 더 자요.
연순: 고마워요. 언니. (나영의 손을 꼭 잡는다.)

나영: 그냥 나영이라고 해요. 그래야 내가 맘이 편해요.

연순: 꿈에서 엄니를 봤어라.

나영: ······.

연순: 지는 주워 왔대요. 지도 몰랐는디 아지메들이 말하는 거 듣고 알았어요. 첨엔 놀랐는디··· 가끔씩 이상허니 맴이 허하고 짠하게 슬픈 것이 그래서 그랬던 거구나. 나가 첨부터 버림받은 아이라서. 그랬었는데 그게 아니었어요.

나영: ······.

연순: 보고 잡아서 그랬던 거예요. 그냥 보고 잡아서. 엄니 얼굴이. (까맣게 그은 볼을 타고 눈물이 흐른다.) 나가 말여요 다시 태어난다면······ 엄니하고 헤어지고 싶덜 않아요. 물질도 하고 싶덜 않아요. 그냥 넘들맨키로 핵교도 다니고 ······그라구······.

나영: (눈물이 나올 것 같지만 참고 있다.)

연순: (나영이 품으로 파고든다.) 고마워요. 고마워요.

연순, 나영의 품속에서 다시 잠이 든다. 한동안 연순을 바라보던 나영.

나영: 우리 엄마는 때밀이예요. 매일 목욕탕에서 젊은 여자들 때 밀어 주고 돈을 받아요. 한 명 밀어 주면 만 원. 10명이면 10만 원. 돈이 제일 중요하죠. 엄마한텐. 욕도 잘해요. 챙피한 것도 모르죠. 아버지한테도 모질게 대해요. 그게 우리 엄마예요. 나는 엄마를 싫어해요. 절대로 엄마처럼은 살지 않겠다고 생각하고 또 생각했어요. 근데 왜 이러지····· 엄마····· 엄마가 가엽고 엄마가 불쌍하고 자꾸 엄마 생각이 나요. 이렇게 엄마를 보고 있는데도 자꾸 엄마 생각이 나.

나영, 잠든 연순의 손을 잡고 참았던 눈물을 흘린다.

S#96. 아침, 방에서 마루로

나영이 눈을 뜬다. 연순의 모습이 보이지 않는

다. 금방 연순이 빠져나간 빈 이부자리 흔적. 반닫이 위에서 편지를 발견하는 나영. 겉봉에 김진국 씨에게라고 쓰여 있다. 내용을 읽어 보는 나영, 글썽인다. 연순의 편지를 다시 접어 봉투에 넣고 집을 나서는 나영.

S#97. 우체국 앞

우체국에서 나와 환한 햇빛에 손가리개를 하고 껑충껑충 뛰어오는 나영. 신발에 돌이 들어갔는지 깽깽이로 서서 한쪽씩 신발을 터는 나영. 나영, 문득 신발을 짝짝이로 신어 본다.

나영, 왼쪽과 오른쪽을 거꾸로 신은 자기 발을 내려다본다.

(회상 혹은 환상)

엄마가 나영의 발밑에 앉아 왼쪽 오른쪽 신발 구별하는 법을 가르친다. (조금 전까지의 바로 그 장소에서 그대로 이어진다. 나영은 어린 나영이 아니라 그냥 나영이고 엄마는 나영이 어릴 때 보았던 옷을 입고 있는 젊은 엄마, 연순이다.)

엄마가 신발을 바꿔 신겨 주며 부드럽고 지혜로운 목소리로

엄마: 이란게, 발이 아프지이, 요거 봐아, 요렇게 허면 각이 크고오, 요렇게 허면 각이 작지이 ······. 나영이, 나영이 발도 봐봐아, 요렇게 허면 각이 크고오, 요렇게 허면······.

나영이 엄마가 시키는 대로 발을 내려다보며 엄마의 말을 이해하려고 노력하고 있다. 엄마가 가르쳐 주는 대로 신을 바로 신었다.

엄마: 어쩌, 이자 맴이 편아안 허지?

나영: 응.

엄마: 그럼 가자. 아무 걱정 말고 앞으로만 쭉 가라이. 그냥 쭈욱 가능겨. (나영의 등을 힘껏 밀어 준다.)

휘익 - 하고 엄마에게 밀려 화면 밖으로 빠져나

오는 나영. 때맞춰 나영 옆으로 버스가 휘익 – 하며 빠른 속도로 지나간다. 나영, 버스를 잡으려고 어린애같이 껑충껑충 뛴다. 뛰다가 나영이 멈춰 서서 추운지 양팔을 감싸 쥐고 손으로 쓸어 본다. 주위를 돌아보면, 다시 겨울.

S#98. 섬

달라진 우도의 풍경. 나영이 연순의 집에 거의 다 왔을 때 들려오는 노랫소리. 님이라는 글짜에에 – 점 하나만 채우면 도로 남이 되는 장난 같은 이 세사앙 – 대머리 외삼촌이 나영을 맞는다.

– 송혜진 · 박흥식, 「인어 공주」 –

＊인서트(INSERT) 삽입 화면. 일련의 화면 사이에 또 다른 화면이 삽입되는 것.

102 ▶ 24951-0124

윗글을 이해한 내용으로 적절하지 않은 것은?

① 나영은 젊은 시절의 연순을 정성스럽게 간호하고 있다.

② 연순은 자신의 과거를 언급하며 나영에게 용서를 구하고 있다.

③ 물질하는 해녀였던 연순은 현재 때밀이가 되어 살아가고 있다.

④ 나영은 연순이 진국에게 쓴 편지를 보며 눈물을 글썽이고 있다.

⑤ 노래를 부르던 외삼촌은 집으로 돌아오는 나영을 맞이하고 있다.

103 ▶ 24951-0125

윗글의 내용이 전개되는 양상을 고려할 때, ㉠이 주는 효과로 가장 적절한 것은?

① 연순이 진국에게 처음으로 좋아하는 마음을 가지게 된 계기를 동화적으로 형상화하는 효과를 줄 수 있다.

② 연순과 진국 사이의 갈등이 어떻게 해소되고 있는지를 관객들에게 구체적으로 설명하는 효과를 줄 수 있다.

③ 과거에는 연순도 동화책의 주인공과 같이 진국에게 애틋한 마음을 갖고 있었음을 극적으로 전달하는 효과를 줄 수 있다.

④ 나영이 「인어 공주」 동화책을 매개로 어린 시절 보았던 엄마의 모습을 떠올리는 상황을 신비롭게 표현하는 효과를 줄 수 있다.

⑤ 연순과 진국이 이별하는 사건과 연순이 나영에게 동화책을 읽어 주는 사건이 동시에 전개되고 있음을 시각적으로 구현하는 효과를 줄 수 있다.

104 ▶ 24951-0126

〈보기〉를 참고하여 윗글을 감상한 내용으로 적절하지 않은 것은?

● 보기 ●

「인어 공주」는 시간 이동을 통해 사건을 전개하는 '타임 슬립'의 기법을 활용하고 있다. 성인이 된 나영이 시간 이동을 통해 과거의 연순과 진국을 만남으로써 현재의 부모님을 이해하게 되고 그동안 잊고 지냈던 자신에 대한 엄마의 사랑을 깨닫는 과정을 그리고 있다. 시간적 배경에 변화를 주거나 독특한 영상 처리 기법을 통해 시간 이동을 구현하면서 과거와 현재가 자연스럽게 연결되도록 하고 있다.

① 나영이 '엄마를 보고 있는데도 자꾸 엄마 생각'이 난다며 눈물을 흘리는 것은 젊은 연순의 이야기를 통해 현재의 엄마에 대한 연민을 가지게 되었음을 보여 주는 것이겠군.

② 나영이 우체국을 나오는 장면과 우체국 앞에서 젊은 엄마의 모습을 떠올리는 장면을 병치한 것은 시간적 배경이 과거에서 현재로 변화하는 것을 보여 주기 위한 것이겠군.

③ 연순에게 밀려 나영이 화면 밖으로 빠져나오는 것은 독특한 영상 처리 기법을 통해 과거에서 현재로 순식간에 시간이 이동되고 있음을 보여 주는 것이겠군.

④ 젊은 엄마 연순이 나영에게 신발 신는 법을 알려 주는 장면을 설정한 것은 현재의 나영이 잊고 있었던 자신에 대한 엄마의 사랑을 깨닫고 있음을 보여 주는 것이겠군.

⑤ 계절적 배경이 '다시 겨울'로 바뀌는 것은 '현재－과거－현재'의 순서로 시간 이동이 이루어지면서 사건들이 전개되고 있음을 보여 주는 것이겠군.

29 〉 박상연 원작, 박찬욱 외 각색, 「공동 경비 구역 JSA」

2019학년도 9월 모의평가 39~41번

[105~107] **다음 글을 읽고 물음에 답하시오.**

[앞부분 줄거리] 공동 경비 구역에서 근무하는 국군 이수혁 병장, 남성식 일병(수정의 오빠)과 인민군 오경필 중사, 정우진 전사 사이에 총격 사건이 일어난다. 중립국 감독 위원회는 소피 소령을 파견하여 보타 소장 관할 아래 사건을 조사하게 한다.

ⓐ**S#79. 팔각정 (낮)**

팔각정에서 본 판문각 근처 부감* 전경 — 대질 심문을 받고 나온 수혁, 경필 일행이 회담장 앞에서 각각 차를 타고 현장을 떠난다. 카메라, 후진하면서 팔각정 내부로 초점 이동하면 보타의 손이 쑥 들어와 서류 봉투를 내민다.

소피: (영어) (봉투를 받아 들고) 뭐죠?

보타, 대답 대신 관측경을 들여다본다.

보타: (영어) 한국이 처음이랬지?

㉠보타의 관측경으로, 판문각 앞에서 쌍안경을 들고 이쪽을 관찰하는 북한 군인이 보인다.

보타: (영어) (목소리) 그래 '아버지' 나라가 마음에 들던가?

㉡판문각 쪽에서 북한 군인의 쌍안경 시점으로, 사진을 보고 있는 소피의 모습이 잡힌다.

보타의 설명 사이사이, 한국전 당시 거제도 포로수용소의 생활과 좌우 투쟁, 종전 후 공산 포로 북송, 반공 포로 석방 및 제3국행 포로의 출발과 도착 장면들이 사진과 기록 영화 화면으로 편집된다.

보타: (영어) (목소리) ㉢한국전 당시 거제도에는 인민군 포로수용소가 있었지. 그 속에서 공산주의자와 반공주의자, 두 무리 간엔 처참한 살육이 계속됐어. 종전되고 그들에게 선택권이 주어졌어. 남으로의 귀순이냐, 북으로의 귀환이냐… 그 17만 포로 중 76명은 둘 다를 거부했어. 그들 중 지금도 행방이 묘연한 사람이 있네. 바로… 자네 아버지 장연우 같은 사람이지.

소피, 놀란 얼굴로 손에 든 다른 사진을 내려다보면 거제 포로수용소에서 포로들, 결박당한 채 쪼그리고 앉아 있다. ㉣그중 동그라미가 쳐진 사람 얼굴로 줌인*.

보타: (영어) 표 장군이 매우 잽싸게 움직였더군. 국방부, 외무부, 인도, 아르헨티나, 스위스 대사관… 며칠 사이 정보란 정보는 다 모았어. 표 장군으로선 ⓑ전 인민군 장교의 딸인 자네에게 사건을 맡길 수 없었겠지.

소피: (영어) (흥분해서) 3일이면 돼요. 곧 이 병장의 자백을 받아낼 수 있다구요.

(중략)

㉤**S#81. 소피의 숙소 (낮)**

침대에 가방을 올려놓고 짐을 싸는 소피. 사진 액자를 가방에 넣으려다 말고 들여다본다. 어린 시절의 소피와 스위스인 엄마 사진. 액자 뒤를 열어 가족사진을 꺼낸다. 접힌 부분을 펴자 숨겨진 아버지의 모습이 온전히 나타난다. 물끄러미 사진을 바라보는 소피.

S#82. 수사본부 (낮)

문이 열리고 들어오는 수혁, 목발을 짚었다. 사진을 바라보고 앉아 있는 소피.

소피: (수혁을 돌아보며) 오라고 해서 미안해요. 몸도 불편한데.

영문을 모르고 불려 온 수혁이 가만히 지켜보는 가운데, 탁자에 놓인 서류 봉투를 집어 들고 출입구 앞으로 가는 소피, 과녁판에서 다트 화살을 뽑아 든 다음 서류 한 장을 꽂아 고정시킨다.

소피: 내일 자정을 기해 나를 제이에스에이 근무에서 해제한다는 명령서예요.
수혁: 들었습니다, 아버지 얘기.
소피: 그래, 내가 인민군 장교의 딸이란 얘길 듣고 기분이 어떻던가요?
수혁: (주저 없이) 친근감이 들었습니다.

ⓑ소피, 당황한 듯 잠시 침묵했다가 군복 안에 받쳐 입은 터틀넥 스웨터의 목을 젖혀 보인다. 목에 나 있는 피멍 자국.

소피: 난 아직 흔적이 남아 있는데 이 병장은 깨끗하네요. 이 병장이 오 중사보다 힘이 센가 보지요?

당황하는 수혁, 대답 없다.

소피: 자, 진짜 재미난 쇼는 이제부터예요. 잘 봐요.

수정의 얼굴이 프린트된 출력물을 과녁판에 꽂는 소피. 당황하는 수혁.

소피: 수정 씨를 만나자마자 전에 본 적이 있는 얼굴이라고 생각했어요. 그런데 그 사람이 누군지 알아내는 건 그렇게 어려운 일이 아니었죠.

이번에는 수정의 초상화를 과녁판에 꽂는 소피. 놀라는 수혁.

소피: 정우진이 그린 초상화예요. 그리고 이건 (찢어져 너덜너덜한 얼굴 없는 사진을 과녁판에 꽂으며) 정우진의 시신에서 나온 사진이에요.

과녁판에 나란히 부착된 ⓒ석 장의 이미지. 충격받은 표정의 수혁.

소피: '사라진 탄환'이 남 일병의 알리바이를 깨는 증거였다면…… (얼굴이 찢겨 나간 사진을 가리키며) '사라진 얼굴'은 네 명의 병사가 오랫동안 친하게 지냈다는 걸 뜻하는 증거죠.

수혁, 애써 외면하고 걸어간다.

수혁: 그래서요?

ⓓ노란색과 빨간색 디스켓 두 개를 꺼내 보이는 소피.

소피: 완전히 다른 두 개의 수사 보고서예요. 내가 뭘 제출하느냐는 이 병장한테 달렸어요. 진실을 말해 준다면 난 후임자한테 어떤 증거나 추리도 제공하지 않겠어요.
수혁: 협박입니까?
소피: 거래죠.
수혁: 영창을 가든 훈장을 받든 전 관심 없습니다. 그렇다면 ⓔ진실의 대가로 소령님이 저한테 해 줄 수 있는 게 뭡니까?
소피: 이 병장이 끝까지 보호하려고 하는 사람… 오경필의 안전이에요.

– 박상연 원작, 박찬욱 외 각색, 「공동 경비 구역 JSA」 –

＊**부감** 카메라가 인물의 시선보다 높은 곳에서 아래로 내려다보며 촬영하는 것.
＊**줌인** 피사체의 크기를 점점 확대 촬영하는 것.

105 ▶ 24951-0127

윗글의 인물에 대한 설명으로 가장 적절한 것은?

① '소피'의 아버지는 전쟁이 끝나자 북으로 귀환한다.
② '소피'는 사건의 진실에 대해 조사 의지가 없다.
③ '수혁'은 '소피'의 아버지의 전력을 듣고 '소피'를 경계한다.
④ '소피'는 '사라진 얼굴'이 누구인지 짐작하지 못한다.
⑤ '소피'는 '수혁'이 '오경필'의 안전을 염려한다고 생각한다.

106 ▶ 24951-0128

ⓐ~ⓔ에 대한 설명으로 적절하지 않은 것은?

① ⓐ의 공간 범위는 팔각정 내부뿐만 아니라 외부도 포함한다.
② ⓑ는 '소피'가 직무에서 해제되는 원인이 된다.
③ ⓒ는 '소피'가 네 병사의 관계를 짐작하게 된 단서이다.
④ ⓓ는 '수혁'이 진실을 밝히느냐에 따라 어느 것이 제출될지가 정해질 것이다.
⑤ ⓔ는 '수혁'이 수사본부에 있는 '소피'를 만나러 온 이유이다.

107 ▶ 24951-0129

윗글을 영상화한다고 가정할 때, ㉠~㉡에 해당하는 감독의 연출 계획으로 적절하지 않은 것은? [3점]

① ㉠과 ㉡은 각각 관측경과 쌍안경으로 상대측을 바라보는 장면을 설정하여 남북한 대치 국면에 있는 S#79 공간의 특수성을 그려야겠어.
② ㉢은 인물에 초점을 맞추는 촬영과 달리 사진이나 기록 영상물을 제시하여 당시 상황을 보여 주어야겠어.
③ ㉣은 동그라미 쳐진 얼굴을 확대 촬영하여 '소피'의 아버지가 포로 중 한 사람이었다는 사실을 환기해야겠어.
④ ㉤은 대사 없이 인물의 행동과 소품으로 인물의 심리를 간접적으로 표현해야겠어.
⑤ ㉡은 사건의 맥락이 관객에게 인지될 수 있도록 실내 전체를 한 화면에 담아야겠어.

30 작자 미상, 「낙빈가」 / 조위, 「규정기」

2020학년도 4월 고3 학력평가 42~45번

[108~111] 다음 글을 읽고 물음에 답하시오.

가

　이 몸이 쓸듸 업셔 성상(聖上) 이 바리시니
부귀를 하직하고 빈천(貧賤)을 낙을 삼아
일간모옥(一間茅屋)을 **산수간(山水間)**에 지어
두고
삼순구식(三旬九食)을 먹으나 못 먹으나
십년일관(十年一冠)을 쓰거나 못 쓰거나
분별이 업거니 시름인들 잇슬소냐
만사를 다 잇으니 일신(一身)이 **한가**하다
　　　　　　　(중략)
삼산(三山)이 어드메요 **무릉(武陵)**이 **여기**로다
무심(無心)한 구름은 취수(翠峀)*에 걸려 잇고
유의(有意)한 갈매기는 백사(白沙)에 버려 잇다
아침에 캐온 취를 점심에 다 먹으니
일업시 노닐면서 석조(夕釣)를 말녀 하야
갈건(葛巾)을 기우 쓰고 마의(麻衣)를 님의차고
낙대를 둘러메고 조대(釣臺)로 나려가니
흐르느니 물결이요 뛰노느니 고기로다
은린옥척(銀鱗玉尺)을 버들 움에 꿰어들고
낙조강호(落照江湖)로 적막히 돌아오며
산가촌적(山歌村笛)을 어부사(漁父詞)로 화답
하니
서호매학(西湖梅鶴)*은 겨루지 못하여도
증점영귀(曾點詠歸)야 이에서 더할소냐
기산영천(箕山穎川)에 **소허(巢許)***의 몸이 되야
천사(千駟)*를 냉소하니 만종(萬鍾)*이 초개(草
芥)*로다
⊙**내 살림살이 담박하니 어느 벗이 찾아오리**
　　　　　　　　　　　　 － 작자 미상, 「낙빈가」 －

***취수** 숲이 우거져 푸른 빛이 도는 산봉우리.
***서호매학** 속세를 떠나 자연을 벗 삼으며 유유자적하게
　사는 것을 비유한 말.
***소허** 요임금 시절 부귀공명을 멀리하며 살았던 인물들.

***천사** 화려하고 호화로운 시정에서의 생활을 비유한 말.
***만종** 많은 녹봉.
***초개** 지푸라기.

나

　내가 의주로 귀양 간 이듬해 여름이었다. 세 든 집이 낮고 좁아서 덥고 답답함을 참을 수가 없었다. 그래서 채소밭에서 좀 높고 바람이 잘 통하는 곳을 골라 서까래 몇 개로 정자를 얽고 띠로 지붕을 덮어 놓으니, 대여섯 사람은 앉을 만했다. 옆집과 나란히 붙어서 몇 자도 떨어지지 않았다. 채소밭이라고 해야 폭이 겨우 여덟 발인데, 단지 해바라기 수십 포기가 푸른 줄기에 부드러운 잎을 훈풍에 나부끼고 있을 뿐이었다. 그걸 보고 이름을 규정(葵亭)이라고 했다.
　손님 가운데 ⓒ나에게 묻는 이가 있었다.
　"저 해바라기는 식물 가운데 보잘것없는 것입니다. 옛날 사람들은 여러 가지 풀이나 나무, 또는 꽃 가운데서 어떤 이는 그 특별한 풍치를 높이 사기도 하고, 어떤 이는 그 향기를 높이 치기도 하였습니다. 그래서 많은 이들이 소나무, 대나무, 매화, 국화, 난이나 혜초로 자기가 사는 집의 이름을 지었지, 이처럼 하찮은 식물로 이름을 지었다는 말은 아직까지 들어 보지 못했습니다. 당신은 해바라기에서 무엇을 높이 사신 것입니까? 이에 대한 말씀이 있으십니까?"
　내가 그 말에 이렇게 대답했다.
　"사물이 한결같지 않은 것은 그리 타고나서 그런 것입니다. 귀하고 천하고 가볍고 무겁고 하여 만의 하나도 같은 것이 없습니다. 저 해바라기는 식물 가운데 연약하고 보잘것이 없는 것입니다. 사람에 비유하면 더럽고 변변치 못하여 이보다 못한 것이 없는 것과 같습니다. 소나무,

대나무, 매화, 국화, 난초, 혜초는 식물 가운데 굳고도 세어서 특별한 풍치가 있거나 향기를 지닌 것들입니다. 사람에 비유하면 무리에서 뛰어나며, 세상에 우뚝 홀로 서서 명성과 덕망이 울연한 것과 같습니다.

내가 지금 황량하고 머나먼 적막한 바닷가로 쫓겨나서, 사람들은 천히 여겨 사람 대접을 하지 않고, 식물도 나를 서먹서먹하게 내치는 형편입니다. 내가 소나무나 대나무 같은 것으로 나의 정자 이름을 짓고자 한다 해도, 또한 그 식물들의 수치가 되고 사람들의 비웃음거리가 되지 않겠습니까?

버림받은 사람으로서 천한 식물로 짝하고, 먼 데서 찾지 않고 가까운 데서 취했으니 이것이 나의 뜻입니다. 또 내가 들으니 천하에 버릴 물건도 없고 버릴 재주도 없다고 합니다. 그래서 어저귀나 삽바귀, 무나 배추 같은 하찮은 것들도 옛 사람들은 모두 버려서는 안 된다고 했습니다. 거기다 해바라기는 두 가지 훌륭한 점을 가지고 있습니다. 해바라기는 능히 해를 향하여 그 빛을 따라 기울어집니다. 그러니 이것을 충성이라고 해도 괜찮을 것입니다. 또 분수를 지킬 줄 아니 그것을 지혜라고 해도 괜찮을 것입니다. 대개 충성과 지혜는 남의 신하된 자가 갖

추어야 할 절조이니, 충성으로써 임금을 섬겨 자기의 정성을 다하고 지혜로써 사물을 분별하여 시비를 가리는 데 잘못됨이 없는 것, 이것은 군자도 어렵게 여기는 바이지만, 내가 옛날부터 흠모해 오던 덕목입니다. 이런 두 가지의 아름다움이 있는데도 연약한 뭇풀들에 섞여 있다고 해서 그것을 천하게 여길 수 있겠습니까? 이로써 말하면 유독 소나무나 대나무나 매화나 국화나 난이나 혜초만이 귀한 것이 아님을 살필 수 있습니다.

지금 내가 비록 귀양살이를 하고 있지만, 자고 먹고 하는 것이 임금님 의 은혜가 아님이 없습니다. 낮잠을 자고 일어나 밥을 한술 뜨고 나서 심휴문(沈休文)이나 사마군실(史馬君實)의 시를 읊을 때마다 해를 향하는 마음을 스스로 그칠 수가 없었으니, 해바라기로 나의 정자의 이름을 지은 것이 어찌 아무런 근거도 없다 하겠습니까?"

손님이 말했다.

"나는 하나는 알고 둘은 알지 못했는데, 그대 정자의 이야기를 듣고 보니 더할 것이 없어졌소이다."

— 조위, 「규정기」 —

108 ▶ 24951-0130

(가)와 (나)의 공통점으로 가장 적절한 것은?

① 역설적 표현을 통해 주제 의식을 부각하고 있다.
② 언어유희를 통해 대상의 속성을 희화화하고 있다.
③ 설의적 표현을 통해 드러내고자 하는 의미를 강조하고 있다.
④ 부르는 말의 반복을 통해 대상과의 친밀감을 드러내고 있다.
⑤ 명령적 어조를 통해 대상에 대한 비판적 태도를 드러내고 있다.

109 ▶ 24951-0131

〈보기〉를 바탕으로 (가)를 감상한 내용으로 적절하지 않은 것은? [3점]

보기

이 작품에는 자신의 뜻을 알아주지 않는 정치 현실을 떠나 자연으로 돌아가 살아가려는 귀거래 의식이 드러나 있다. 화자는 속세와 대비되는 자연에서 세속적 가치에 구애받지 않는 소박한 생활을 영위하며 이에 대한 만족감을 드러내고 있다.

① '이 몸이 쓸듸 업셔' 버림받았다는 것에서 정치 현실을 떠난 화자의 상황을 짐작할 수 있군.
② '산수간'에서 '만사를 다 잊'은 채 '한가'하게 지내는 것에서 세속적 가치에 구애받지 않는 화자의 모습을 확인할 수 있군.
③ '여기'가 '무릉'이라고 생각하는 것에서 자연으로 돌아온 화자의 만족감을 짐작할 수 있군.
④ '아침에 캐온 취'를 먹으며 '일없이 노닐'고 있는 것에서 소박한 삶을 살아가는 화자의 모습을 확인할 수 있군.
⑤ '소허의 몸'이 되어 '천사를 냉소'하는 것에서 자신의 뜻을 속세에서 알아주기 바라는 화자의 태도를 짐작할 수 있군.

110 ▶ 24951-0132

〈보기〉는 (나)의 '정자 이름에 대한 대화'를 구조화한 것이다. 이에 대한 이해로 적절하지 <u>않은</u> 것은?

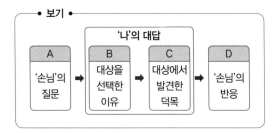

① A에서 '손님'은 많은 사람들이 가치 있다고 여기는 식물들과 해바라기를 대비하며 '나'가 정자 이름을 지은 이유를 묻고 있다.

② A에서 '손님'이 해바라기를 보잘것없는 것으로 여긴 것에 대해, B에서 '나'는 해바라기를 세상에 우뚝 홀로 선 사람들에 비유하며 인정하지 않고 있다.

③ B에서 '나'는 특별한 풍치나 향기가 있는 식물로 정자 이름을 짓지 않은 것이 자신의 처지를 고려한 선택이었음을 밝히고 있다.

④ C에서 '나'는 해바라기의 속성을 충성이라는 덕목과 연결 지어 '손님'의 평가에 대해 반박하고 있다.

⑤ D에서 '손님'은, A에서 가졌던 정자 이름에 대한 자신의 생각이 부족했음을 인정하고 있다.

111 ▶ 24951-0133

㉠과 ㉡에 대한 이해로 가장 적절한 것은?

① ㉠은 '성상'과의, ㉡은 '임금님'과의 갈등 해소를 통해 가치관의 변화를 드러내고 있다.

② ㉠은 '성상'의, ㉡은 '임금님'의 입장 변화로 인해 현재 상황에 대한 불안함을 드러내고 있다.

③ ㉠은 '성상'에게 자신의 억울함을 호소하지만, ㉡은 '임금님'에게 자신의 업적을 과시하고 있다.

④ ㉠은 '성상'에 대한 감사를 표면적으로 드러내지 않지만, ㉡은 '임금님'에 대한 감사를 표면적으로 드러내고 있다.

⑤ ㉠은 일반적인 통념을 바탕으로 '성상'을 비난하지만, ㉡은 '임금님'의 생각을 바탕으로 다른 이들의 태도를 비판하고 있다.

II
적용
학습

[112~115] 다음 글을 읽고 물음에 답하시오.

가

청산(青山)은 에워 들고 **녹수(綠水)**는 도라가고
석양(夕陽)이 거들 째예 신월(新月)이 소사난다
안전(眼前)의 **일존주(一尊酒)**[*] 가지고 시롬 프
자 ᄒ노라

〈제1수〉

강산(江山)의 눈이 닉고 **세로(世路)**의 ᄂᆞᆺ치 서니
어딕 뉘 문(門)의 이 허리 굽닐손고
일존주 삼척금(三尺琴) 가지고 **백년소일(百年消
日)**호리라

〈제3수〉

닉 말도 **늠**이 마소 늠의 말도 닉 아닌닉
고산(孤山) 불고정(不孤亭)의 조하 늙ᄂᆞᆫ 몸이로
쇠
어듸셔 망녕의 **손**이 검다 셰다 ᄒ나니

〈제4수〉

엇긔제 비즌 술이 다만 세 병(甁)쑨이로다
ᄒᆞᆫ 병(甁)은 믈의 놀고 쪼 ᄒᆞᆫ 병(甁) 뫼희
노셔
이 밧긔 나믄 병(甁) 가지고 달의 논들 엇더
리

[A]

〈제6수〉

생애도 **고초(苦楚)**ᄒ고 세미(世味)[*]도 **담박(淡
泊)**ᄒ다[*]
흰 술 ᄒ두 잔의 프른 글귀 쑨이로쇠
옥경헌(玉鏡軒)[*] 평생행장(平生行狀)이 이 밧긔
ᄂᆞᆫ 업세라

〈제7수〉

칠현(七絃)이 냉냉(冷冷)ᄒ니 녜 소릭ᄂᆞᆫ 잇다마
ᄂᆞ
종기(鍾期)[*]을 못 맛나니 이 곡조(曲調) 게 뉘
알이
벽공(碧空)의 **일륜명월(一輪明月)**이 닉 버진가
ᄒ노라

〈제9수〉

— 장복겸, 「고산별곡(孤山別曲)」 —

***일존주** 한 통의 술.
***세미** 세상 사는 맛.
***담박하다** 멋스럽지 못하다.
***옥경헌** 작가 소유의 전각의 이름이며 아호임.
***종기** 중국 춘추 시대 인물로 자신의 친구인 백아의 거문
고 실력이 뛰어남을 알아봄.

나

까치 소리는 반갑다. 아름답게 굴린다거나 구
슬프게 노래한다거나 그런 것이 아니고 **기교 없이
가볍고 솔직하게 짖는 단 두 음절 '깍깍'.** 첫 '깍'은
높고 둘째 '깍'은 얕게 계속되는 단순하고 간단한
그 음정(音程)이 그저 반갑다. 나는 어려서부터 까
치 소리를 좋아했다. 지금도 아침에 문을 나설 때
까치 소리를 들으면 그날은 기분이 좋다.

반포지은(反哺之恩)을 안다고 해서 효조(孝鳥)
라 일러 왔지만 나는 그런 것과는 상관없이 좋다.
사랑 앞마당 밤나무 위에 까치가 와서 집을 짓더
니 그것이 길조(吉兆)라서 그 해 안변 부사(安邊府
使)로 영전(榮轉)이 되었다던가, 서재(書齋) 남창
앞 높은 나뭇가지에 까치가 와서 집을 짓더니 글
재주가 크게 늘어서 문명(文名)을 날렸다던가 하
는 옛이야기도 있지만, 그런 것과 상관없이 까치
소리는 반갑고 기쁘다.

나는 까치뿐이 아니라 **까치집**을 또 좋아한다.

높은 나무 위에 마른 나뭇가지를 모아다가 엉성하게 얽어 놓은 것이, 나무에 그대로 어울려서 덧붙여 놓은 것 같지가 않고 나무 삭정이가 그대로 떨어져서 쌓인 것 같다. 그러면서도 소쇄한 맛이 난다. 엉성하게 얽어 놓은 그 어리가 용하게도 비가 아니 샌다. 오직 달빛과 바람을 받을 뿐이다.

나는 항상 이담에 내 사랑채를 짓는다면 꼭 저 까치집같이 **소쇄한 맛**이 나도록 짓고 싶었다. 내가 완자창이나 아자창(亞字窓)을 취하지 않고 간소한 용자창(用字窓)을 좋아하는 이유도 그런 정서에서다. **제비집**같이 아늑한 집이 아니면 까치집같이 소쇄한 집이라야 한다. 제비집은 얌전하고 단아한 가정부인이 매만져 나가는 살림집이요, 까치집은 쇄락하고 풍류스러운 시인이 거처하는 집이다.

비둘기장은 아무리 색스럽게 꾸며도 **장**이지 집이 아니다. 다른 새집은 새 보금자리, 새 둥지, 이런 말을 쓰면서 오직 제비집 까치집만 **집**이라 하는 것을 보면, 한국 사람의 집에 대한 관념이나 정서를 알 수가 있다. 한국 건축의 정서를 알려는 건축가들은 한번 생각해 봄 직한 문제인 듯하다. 요새 고층 건물, 특히 아파트 같은 건물들을 보면 아무리 고급으로 지었다 해도 그것은 '사람장'이지 '집'은 아니다.

지금은 아침 여덟 시, 나는 **정릉 안 숲속**에 자리 잡고 앉아 있다. 오래간만에 까치 소리를 들었다. 나뭇잎들은 아침 햇빛을 받아 유난히 곱게 푸르다. 나뭇잎 사이사이로 파란 하늘이 차갑게 맑다. 그간 비가 많이 왔던 관계로 물소리도 제법 크게 들려온다. 나는 **어느 날 이른 새벽**에 여길 와 본 적이 있었다. 보건 운동을 하러 온 사람, 약물을 먹으러 온 사람들로 붐비어 다시 오고 싶은 생각이 없었다. 그런데 지금 와 보니 사람은 아무도

없고 그윽한 숲속이 한없이 고요하다. 지금이 제일 고요한 시간이다. 까치들이 내 앞에 와서 깡충깡충 뛰어다닌다. 이른바 까치걸음이다. 손으로 만져도 가만히 있을 것만 같다. 그렇게 사람이 옆에 앉아 있다는 데는 아무 관심이나 의구심도 없이 내 옆에서 깡충깡충 뛰놀고 있다.

나는 일찍이 어디선가 본 적이 있는 **민화(民畵)** 하나를 생각한다. 한 노옹(老翁)이 나무 밑에서 허연 배를 내놓고 낮잠을 자는데, 그 배 위에 까치 한 마리가 우뚝 서 있었다. 나는 신기한 그 상상화에 기쁨을 느꼈다. 민화란 어린아이와 자유화(自由畵)같이 천진하고 기발한 데가 있어서 저런 재미있는 그림도 그려진다고 생각했다. 그러나 지금 저 까치들을 보고 그것은 기발(奇拔)한 상상이 아니요, 사실이었다는 것을 깨달았다.

예전에 이지봉(李芝峯)이 정호음(鄭湖陰)의 "산과 물이 바람에 소리치며, 강물은 거세게 울먹이는데, 달은 외로이 비쳐 있다."는 시를 보고 '강물이 거세게 이는데 달이 외롭게'라는 건 실경(實景)에 맞지 않는다고 폄(貶)했었다. 그도 그럴 것이 달이 고요히 밝은 밤중에는 물결이 잔잔한 것이 보통이다. 그러나 김백곡(金栢谷)이 황강역(黃江驛)에서 자다가 여울 소리가 하도 거세기에 문을 열고 보니 달이 외롭게 걸려 있었다. 그래서 비로소 그 구가 실경을 그린 명구(名句)인 것을 알았다는 **시화(詩話)**가 있다. 나도 그 민화가 실경인 것은 모르고 기상(奇想)으로만 여겼던 것이다.

[B] ⌜ 그 태고연(太古然)한 풍경의 민화 한 폭이 다시금 눈앞에 뚜렷이 떠오른다. 나무 밑에서 허연 배를 내놓고 누워서 잠자는 노옹(老翁), 그 배 위에 서 있는 까치 한 마리. ⌟

– 윤오영, 「까치」 –

112 ▶ 24951-0134

(가)와 (나)에 대한 설명으로 가장 적절한 것은?

① (가)에는 인간의 유한한 삶에 대해 안타까워하는 태도가 드러나 있다.

② (가)에는 불우한 환경에서 벗어날 수 있으리라 기대하는 태도가 드러나 있다.

③ (나)에는 대상을 관조하며 가치 있는 삶에 대해 사색하는 태도가 드러나 있다.

④ (나)에는 현재의 처지를 개선하여 더 나은 삶을 살고자 하는 태도가 드러나 있다.

⑤ (가)와 (나)에는 당면한 문제 상황을 해소하기 위해 고뇌하는 태도가 드러나 있다.

113 ▶ 24951-0135

[A]와 [B]를 비교한 내용으로 가장 적절한 것은?

① [A]는 시선의 이동에 따라, [B]는 공간의 이동에 따라 변화하는 자연의 모습을 형상화하고 있다.

② [A]는 대상을 열거하는 방식으로, [B]는 대상을 의인화하는 방식으로 자연의 아름다움을 묘사하고 있다.

③ [A]는 구체적 대상에 빗대어, [B]는 추상적 소재를 열거하여 자연의 섭리에 대한 경외감을 표출하고 있다.

④ [A]와 [B]는 감각적 이미지를 사용하여 자연이 지닌 역동적 생명력을 강조하고 있다.

⑤ [A]와 [B]는 모두 사물을 매개로 하여 화자가 추구하는 삶의 모습을 제시하고 있다.

114 ▶ 24951-0136

〈보기〉를 참고하여 (가)를 감상한 것으로 적절하지 않은 것은? [3점]

● 보기 ●

　　강호한정을 노래한 시조에서 사대부들은 세속적 삶을 멀리하고 물질적 빈곤 속에서도 자연과 함께 정신적 풍요를 누리며 만족해하는 모습을 드러낸다. 「고산별곡」에서도 작가는 평생 관직에 몸담지 않고 자연에 은거하며 풍류를 즐기는 자신의 삶에 대한 만족감을 노래하고 있다. 그러나 한편으로는 출사의 기회를 얻지 못한 채 특별히 이루어 놓은 일 없이 만년에 접어들었다는 작가의 안타까움도 작품 속에 담겨 있다.

① 〈제1수〉에서 화자는 '청산', '녹수' 등을 통해 자연 속에서 살아가는 모습을 드러내면서도 만년에 느끼는 시름을 '일존주'로 달래려 하고 있어.

② 〈제3수〉에서 화자는 '세로'의 삶과 달리 '백년소일'하는 '강산'에서의 삶을 긍정하며 자연에 은거하는 삶을 이어가고자 하는 의지를 드러내고 있어.

③ 〈제4수〉에서 화자는 '님', '손'의 평가와 상관없이 '고산 불고정'에서 지내는 삶을 통해 현재의 생활에 대한 만족감을 드러내고 있어.

④ 〈제7수〉에서 화자는 '고초'하고 '담박'했던 생애를 긍정하면서도 '흰 술'에 만족해야 하는 현재의 삶에 대해 안타까워하고 있어.

⑤ 〈제9수〉에서 화자는 자신을 알아주는 사람을 만나지 못한 아쉬움을 드러내며 '일륜명월'을 통해 자신의 마음을 달래고 있어.

115 ▶ 24951-0137

〈보기〉를 참고하여 (나)를 이해한 내용으로 적절하지 않은 것은?

● 보기 ●

　　이 작품의 소재를 중심으로 주제 제시 과정을 재구성하면 다음과 같다.

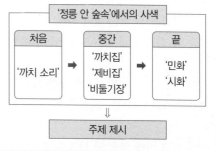

① '어느 날 이른 새벽'의 경험과 대비되는 '정릉 안 숲속'에서의 경험은 이 글의 창작 동기가 되고 있다.

② '까치 소리'의 '기교 없이 가볍고 솔직'한 속성에 주목하여 '반갑다'라고 정서를 드러내며 글을 시작하고 있다.

③ 까치에 이어 '까치집'을 떠올리면서 그 특성을 서술하고 '소쇄한 맛'이라는 표현을 통해 그것이 좋은 이유를 밝히고 있다.

④ '까치집'에서 다시 '제비집', '비둘기장'으로 소재가 이어지면서 '집'과 '장'의 차이를 중심으로 글을 전개하고 있다.

⑤ '민화'에 대해 새롭게 깨달은 내용을 바탕으로 '시화'에 담긴 상반된 해석들을 비판하면서 글의 주제를 드러내고 있다.

II
적용
학습

32 박인로, 「상사곡」 / 유경환, 「고향 이루는 생각들」

2018학년도 9월 고2 학력평가 42~45번

[116~119] **다음 글을 읽고 물음에 답하시오.**

가

　가을밤 아주 긴 때 **적막한 방** 안에
　어둑한 그림자 말 없는 벗이 되어
　외로운 등 심지를 태우고 전전반측(輾轉反側)하여
　밤중에 어느 잠이 ㉠빗소리에 깨어나니
　구곡간장(九曲肝腸)을 끊는 듯 째는 듯 새도록 끓인다
　하물며 맑은 바람 밝은 달 삼경(三更)이 깊어 갈 때
　동창(東窓)을 더디 닫고 외로이 앉았으니
　임의 얼굴에 비친 **달**이 한 빛으로 밝았으니
　반기는 진정(眞情)은 임을 본 듯하다마는
　임도 달을 보고 나를 본 듯 반기는가
　저 달을 높이 불러 물어나 보고 싶은데
　구만리장천(九萬里長天)의 어느 달이 대답하리
　묻지도 못하니 눈물질 뿐이로다
　어디 뉘 말이 춘풍추월(春風秋月)을 흥(興) 많다 하던가
　어찌한 내 눈에는 다 슬퍼 보이는구나
　봄이라 이러하고 가을이라 그러하니
　옛 근심과 새 한(恨)이 첩첩이 쌓였구나
　세월이 아무리 흐른들 이내 한이 그칠까
　몇 백세(百歲) 인생이 천년의 근심을 품어 있어
　못 보는 저 임을 이토록 그리는가
　잠깐 동안 아주 잊어 후리쳐 던져두자
　운수에 정해진 만남과 이별을 마음대로 할 수 있는가
　언약을 굳게 **믿고** 기다려는 보자구나
　행복과 불행은 하늘의 이치에 자연 그러하니
　초생(初生)에 이지러진 **달**도 **보름**에 둥글듯이
　청춘에 나눈 거울 이제 아니 모을소냐
　신혼에 즐거웠거늘 오랜 옛정이 지금이라고 어

떠하랴
　흰머리 속의 소년의 마음을 가져 있어
　산수(山水) 갖춘 고을에 **초막(草幕)**을 작게 짓고
　편안치 못한 생애를 유여(有餘)하고자 바랄소냐
　두세 이랑 돌밭을 갈거니 짓거니
　오곡이 익거든 조상 제사 받들고 성경(誠敬)을 이룬 후에
　있으면 밥이오 없으면 **죽**을 먹고
　좋은 일 못 보아도 궂은 일 없을지니
　오십에 아들 낳아 자손 아기 늦도록
　일생에 덜 밉던 정을 밉도록 좇으리라

　　　　　　　　　　　－ 박인로, 「상사곡(相思曲)」 －

나

　내 나이 대여섯 살 적에 나는 동리 사람들이 '금융조합 이사 집 아들'이라고 부르는 것을 알게 되었다. 그리고 우리 집의 대명사가 '금융조합 집'인 것도 귀담아듣게 되었다. 때문에 송천, 사리원, 겸이포, 장연 등지로 번질나게 이사를 다녔다고 한다. 이사(理事)네 집이기 때문에 이사(移徙)만 다닌다고, 나는 그때 혼자서 그렇게 생각했다. 그래서 ⓐ도라지꽃, 하늘 색깔 닮아 고웁던 그 구월산 줄기 남쪽엘 거의 안 다닌 곳 없이 다닌 것이었다.
　요즈음도 그 ㉡몽금포 타령, 라디오에서 흐르는 그 가락은, 가끔 날 눈 감게 하여 주고, 그러고는 나의 고향을 그 가락에 매어 끌어다 준다. 마치 수평선 저쪽에서 다가오는 한 척의 돛배처럼 느리고 잔잔하게.
　감나무 두 그루가 엇갈려 서 있는 송천의 금융조합 이사 집이, 내 감은 두 눈 속에서 얌전히 찾아와 스며든다. 그것은 빛바랜, 옛날의 사진처럼 부우연 원색화이다.

뽕나무밭이 줄 그어 가시울타리까지 달려간 뒷밭에서, 오디 철 한여름을 보내면, 감나무의 감이 어린 나를 어르면서 익어 갔다.

오딧물 들어, 입술이 너나없이 연둣빛이 되던 그 한 철이 지나, ⓑ뽕잎에 기름진 여름이 줄줄 녹아 흐르고 나면 그다음엔 떫은 입속의 감 맛을 느끼게 된다. 그 떫은 감겹을 소매에 부빈다고 야단을 맞던 ⓒ어린 시절이 나의 눈앞에서 희죽희죽 웃는다. 내가 순수 무구하게 웃음을 찾을 수 있다면 그것은 이런 혼자만의 회상 속에서 가능한 것 같다.

처음 담근 감의 떫음이 빠지기를 기다리다 못해, 가을이 먼저 오는 곳이 그곳이었다. 개암 익기 기다려 산을 파헤치고 다닌다. 또 ⓓ두 산이 기역 자처럼 붙어 버린 산그늘, 그 속의 바위 냇물로 빨래하러 가는 아낙들을 부끄러운 줄 모르고 따라다니던 생각……. 사라지지 않는 방망이 소리. 또 먼지 피우며 달아나는 한두어 대의 목탄차가 신작로로 빠져나가는 것 바라보고 가슴 설레던 생각도,

시금털털한 머루 따 먹느라고 쐐기에 쏘이던 생각도, 지금은 애써 다 그려 보고 싶은 풍경들이다.

(중략)

고향은 지워지지 않고, 잊어버릴 뿐. 그러나 아직 잊어버리지 않으나, 잃어버리는 생각은 있다. 쬐그만 옛날의 장난감을 잃어버리듯이.

비 온 뒤, 광에서 채를 훔쳐 내다가 달치 새끼나 건져 나누며, 싸우던 냇가의 생각, 또 포플러 높은 키의 그림자가 물속에 드리울 때, 잔등에 뿔이 솟은 쏘가리가 그 그늘로 기어들고 모래 속에 주둥이만 콱 파묻는 모래무지가 무지무지하게 많던 강가.

그놈들 잡아서 한 마리도 국 끓여 먹어 보질 못했건만, 무엇 때문에 잡으려고 고무신만 떠내려 보내고 울곤 하였던가. ⓔ수수깡 뽑아 마디마디 끝마다 씹어 빨아 먹고, 안경 만들어 쓰고 '에헴!' 우편소의 문을 밀고 들어서 보던 시절로 지금도 달려가는 나의 생각들, 그것이 몰려가선, 나의 고향을 이룬다.

– 유경환, 「고향 이루는 생각들」 –

Ⅱ
적용
학습

116 ▶ 24951-0138

(가), (나)의 공통점으로 가장 적절한 것은?

① 그리운 대상을 떠올리며 자신의 삶을 되돌아보고 있다.

② 해결하기 어려운 내면적 고통을 토로하며 현실을 비판하고 있다.

③ 차분하게 주변을 돌아보며 주변의 모습에서 깨달음을 얻고 있다.

④ 어지러운 세속을 부정하며 세속과 타협하지 않으려는 태도를 드러내고 있다.

⑤ 변해 버린 현실에 대해 아쉬워하며 현실에 대해 좌절하는 모습을 보이고 있다.

117 ▶ 24951-0139

㉠과 ㉡을 비교한 내용으로 가장 적절한 것은?

① ㉠은 화자의 상상 속에, ㉡은 작가의 현실 속에 있는 소재이다.

② ㉠은 화자가 함께하고 싶어 하는, ㉡은 작가가 멀리하고 싶어 하는 소재이다.

③ ㉠은 화자의 처지가 긍정적임을, ㉡은 작가의 처지가 부정적임을 알게 하는 소재이다.

④ ㉠은 화자의 현재의 정서를 심화시키고, ㉡은 작가의 과거의 정서를 떠올리게 하는 소재이다.

⑤ ㉠은 화자의 내적 갈등이 고조됨을, ㉡은 작가의 외적 갈등이 해소됨을 알게 하는 소재이다.

118 ▶ 24951-0140

〈보기〉를 참고하여 (가)를 감상한 내용으로 적절하지 않은 것은? [3점]

─── • 보기 • ───

　　박인로의 「상사곡」은 이별한 임에 대한 연정의 마음을 잘 표현한 시가로서 화자를 둘러싼 배경과 자연물을 활용하여 임에 대한 간절함을 잘 드러내고 있다. 또한 이 작품은 이별의 상황을 신의로 극복하려는 모습에서 더 나아가 안분지족의 일념으로 자신의 부정적 상황을 견디려는 선비로서의 자세를 드러낸다는 점이 특징이다.

① '가을밤'과 '적막한 방'은 화자를 둘러싼 배경으로, 임과 이별하고 외로워하는 화자의 정서와 조응되는군.

② '동창'에 비친 '달'은 임을 떠올리게 하는 대상으로, 임에 대한 화자의 간절함을 느끼게 하는군.

③ '언약'을 '믿고' 기다리려는 행동은 화자의 의지가 담긴 것으로, 임에 대한 화자의 신의를 보여 주는군.

④ '초생'의 '달'과 '보름'의 달의 대비로, 임과의 재회가 어려운 화자의 부정적 상황을 강조하는군.

⑤ '초막'과 '죽'은 화자의 태도와 관련된 소재로, 화자가 자신의 현실을 안분지족의 정신으로 견디려고 함을 알게 하는군.

119 ▶ 24951-0141

ⓐ~ⓔ를 이해한 내용으로 적절하지 않은 것은?

① ⓐ: 회상 속 고향을 '도라지꽃, 하늘 색깔'의 시각적 이미지로 표현하여, 고향의 이미지를 형상화하고 있다.

② ⓑ: '여름'과 '감'을 감각적으로 표현하여, 고향의 계절감을 생동감 있게 드러내고 있다.

③ ⓒ: 음성 상징어를 활용하여, '어린 시절' 순수했던 추억에 정감을 표현하고 있다.

④ ⓓ: 말줄임표를 사용하여, 고향의 '산그늘'과 '아낙들'을 따라다니던 추억에 여운을 주고 있다.

⑤ ⓔ: '나의 고향'을 이루는 '생각들'을 점층적으로 확대하여, '나'가 순수성을 회복하기 위해 노력하는 모습을 보여 주고 있다.

33 〉 이옥, 「류광억전」

2014학년도 6월 고2 학력평가 B형 40~43번

[120~123] 다음 글을 읽고 물음에 답하시오.

가

천하가 버글거리며 온통 이익을 위하여 오고 이익을 위하여 간다. 세상이 이익을 숭상함이 오래되었다. 그러나 이익을 위하여 사는 사람은 반드시 이익 때문에 죽는다. 그렇기 때문에 군자는 이익을 말하지 아니하고, 소인은 이익을 위하여 죽기까지 한다.

서울은 장인바치와 장사치들이 모이는 곳이다. 가게들에 수많은 물품들이 별처럼 벌여 있고 바둑판처럼 펼쳐 있다. 남에게 손과 손가락을 파는 사람이 있고, 어깨와 등을 파는 사람도 있고, 뒷간 치는 사람도 있고, 칼을 갈아서 소 잡는 사람도 있고, 얼굴을 꾸며 몸을 파는 사람도 있으니, ㉠세상에서 사고파는 것이 이처럼 극도에 달하고 있다.

외사씨(外史氏)*는 말한다.

"벌거숭이 나라에는 실과 비단을 파는 저자가 없고, 산 짐승을 잡아 날고기로 먹던 시대에는 솥을 팔지 않았다. 수요가 있어야만 파는 자가 생기는 것이다. 큰 대장장이의 문 앞에서는 칼이나 망치를 선전하지 못하고, 힘써 농사짓는 집에는 쌀 행상이 지나가면서도 소리치지 않는다. 자기에게 없는 다음에라야 남에게서 구하는 것이다."

나

류광억(柳光億)은 영남 합천군 사람이다. 시를 대강 할 줄 알았으며 과체(科體)*를 잘한다고 남쪽 지방에 소문이 났으나, 그의 집이 가난하고 지체는 미천하였다. 그 당시 시골에서는 과거 글을 팔아 생계를 삼는 자가 많았는데, 광억도 그것으로 이득을 취하였다. 일찍이 영남 향시(鄕試)에 합격하여 장차 서울로 과거 보러 가는데, 부인들이 타는 수레로 길에서 맞이하는 사람이 있었다. 당

도해 보니 붉은 문이 여러 겹이고 화려한 집이 수십 채인데, ㉡얼굴이 희고 수염이 성긴 서사꾼* 몇 사람이 바야흐로 종이를 펼쳐 놓고 광억이 글을 쓰면 깨끗하게 옮겨 적을 준비를 하고 있었다.

광억에게는 그 집 안채에 숙소를 정해 두고 매일 다섯 번 진수성찬을 바치며, 주인이 서너 번씩 광억을 보러 와서 공경하였는데, 마치 아들이 부모를 봉양하는 듯하였다. 이윽고 주인의 아들이 과거를 치렀는데 예상대로 광억의 글로 진사에 올랐다. 이에 주인은 광억에게 말 한 필과 종 한 사람을 주어 집으로 보냈다. ㉢이후 이만 냥을 가지고 광억을 찾아온 사람도 있었고, 그가 빌렸던 고을의 환곡(還穀)을 미리 갚은 감사(監司)도 있었다.

광억의 문사(文詞)는 격이 별로 높은 것이 아니고, 다만 잔재주를 부리는 것이 장기인데, 이로써 과거 글에 득의하였던 것이다. 광억은 이미 늙었는데도 나라 안에 더욱 소문이 났다.

경시관(京試官)*이 감사를 만난 자리에서 물었다.

"영남의 인재 가운데 누가 제일입니까?"

감사가 답하였다.

"류광억이라는 사람이 있습니다."

"이번에 내가 반드시 장원으로 뽑겠소."

"당신이 그렇게 골라낼 수 있을까요?"

"능히 할 수 있습니다."

마침내 서로 논란하다가 광억의 글을 알아내느냐, 못하느냐로 내기를 하게 되었다. 경시관이 이윽고 과장에 올라 시제(詩題)를 내는데 '영남 시월에 중구회(重九會)를 여니, 남쪽과 북쪽의 기후가 같지 않음을 탄식한다.'라는 것이었다. 조금 있다 가답안 하나가 들어 왔는데 그 글에,

중양절 놀이가 또한 중음달에 펼쳐지니,

북쪽에서 오신 손 남쪽 데운 술 억지로 먹고 취하였네.

라고 하였다. 시관이 그것을 읽고 말하였다.
"이것은 광억의 솜씨가 틀림없다."
주묵(朱墨)으로 비점(批點)을 마구 쳐서 이하(二下)의 등급을 매겨 장원으로 뽑았다. 또 어떤 답안이 있어 자못 작법에 합치되므로 이등으로 하였고, 또 한 답안을 얻어 삼등으로 삼았는데, 봉한 부분을 떼어보니 광억의 이름은 없었다. 몰래 조사해 보니 모두 광억이 ㉣남이 건넨 돈의 많고 적음을 가려 선후를 차등 있게 한 것이었다. 시관은 그 사실을 알았으나, 감사가 글을 보는 자신의 안목을 믿지 않을 것을 염려하여 광억의 공초(供招)*를 얻어 증거로 삼으려고 합천군에 이관(移關)하여 광억을 잡아서 보내도록 하였다. 그러나 실상 ㉤옥사(獄事)를 일으킬 뜻이 있었던 것은 아니었다.
광억이 군수에게 잡혀 장차 압송되기 직전에 지레 두려워하면서, '나는 과적(科賊)이라, 가더라도 역시 죽을 것이니, 가지 않는 것만 같지 못하다.'고 여겨, 밤에 친척들과 더불어 마음껏 술을 마시고 이내 몰래 강에 투신하여 죽었다. 시관은 이를 듣고 애석해하였다. 광억의 재능을 아까워하지 않는 이가 없었지만, 군자는 "광억이 죽어 없어지는 것이 마땅하다."라고 말하였다.

다

매화외사(梅花外史)*는 말한다.
"세상에 팔 수 없는 것이 없다. 몸을 팔아 남의 종이 되는 자도 있고, 미세한 터럭과 형체 없는 꿈까지도 모두 사고팔 수 있으나 아직 그 마음을 파는 자는 있지 않았다. 아마도 모든 사물은 다 팔 수 있지만 마음은 팔 수 없는 것이 아니겠는가? 하지만 류광억과 같은 자는 그 마음까지 팔아버린 자가 아닌가? 아! 누가 알았으랴, 천하의 파는 것 중에서 지극히 천한 매매를 글 읽는 자가 하였다는 사실을. 법전(法典)에는 '주는 것과 받는 것이 죄가 같다.'라고 하였다."

– 이옥, 「류광억전(柳光億傳)」 –

*외사씨(外史氏), 매화외사(梅花外史) 작가 이옥의 별호.
*과체(科體) 조선 시대에 과거를 볼 때 사용하던 문체.
*서사꾼 글씨 쓰는 일을 직업으로 하는 사람.
*경시관(京試官) 서울에서 파견된 시험관.
*공초(供招) 조선 시대에 죄인이 범죄 사실을 진술하던 일 또는 진술서.

120 ▶ 24951-0142

윗글의 서술상 특징으로 가장 적절한 것은?

① 구체적인 배경 묘사를 통해 현장감을 살리고 있다.

② 요약적 진술을 사용하여 인물의 특성을 드러내고 있다.

③ 시를 삽입하여 주인공의 비극적 결말을 암시하고 있다.

④ 서술의 시점을 달리하여 사건의 입체성을 살리고 있다.

⑤ 대화 장면을 제시하여 인물 간의 갈등을 구체화하고 있다.

121 ▶ 24951-0143

㉠~㉤을 통해 알 수 있는 사실이 <u>아닌</u> 것은?

① ㉠: 사회 전반에 잇속을 좇는 풍조가 만연하였다.

② ㉡: 과거 부정행위에 동원되는 사람들이 있었다.

③ ㉢: 돈과 권력을 가진 자들이 광억에게 청탁을 하였다.

④ ㉣: 답안의 수준을 조절할 수 있을 정도로 과체에 능했다.

⑤ ㉤: 경시관은 광억에게 청탁한 인물들을 체포하려고 하였다.

122 ▶ 24951-0144

〈보기〉를 참고하여 (가)~(다)를 이해한 내용으로 적절하지 **않은** 것은? [3점]

> ● 보기 ●
>
> 전(傳)은 한 인물의 일생을 시간의 순서에 따라 서술하는 서사 양식이다. 주인공은 주로 유교적 덕목을 실현하는 존재로 한정되었다가 신선, 도인, 예술가, 패륜자 등으로 확장된다. 전의 구조는 초기에 '도입 – 전개 – 논평'의 단계로 정형화되어 있었다. 도입부에서 인물의 가계나 성장 과정을 제시하고, 전개부에서 인물의 업적이나 잘못을 열거하며, 논평부에서 저자의 견해, 평가, 교훈 등을 제시하는 것이 일반적이었다. 조선 후기에 이르면 변형된 구조가 나타나기도 하였다.

① (가)에 논평이 나타나는 것으로 보아 전형적인 전의 구조에 변화를 준 것으로 볼 수 있다.
② (가)는 주인공의 집안 내력과 성장 환경을 서술하고 있는 것으로 보아 도입부에 해당한다.
③ (나)는 주인공의 그릇된 행위를 몇 개의 사건을 들어 제시하고 있는 것으로 보아 전개부에 해당한다.
④ (나)에서 부도덕한 주인공을 설정한 것으로 보아 전에 등장하는 주인공의 범위가 확장된 것을 알 수 있다.
⑤ (다)는 주인공의 옳고 그름을 따져 부정을 일삼는 세태를 비판하고 있는 것으로 보아 논평부에 해당한다.

123 ▶ 24951-0145

윗글에 나타난 주인 의 태도를 비판할 수 있는 말로 가장 적절한 것은?

① 사공이 많으면 배가 산으로 간다는 것도 모르는군.
② 모로 가도 서울만 가면 된다는 식으로 행동하는군.
③ 뒷간에 갈 적 마음 다르고 올 적 마음 다른 격이군.
④ 떡 줄 사람은 생각지도 않는데 김칫국부터 마시고 있군.
⑤ 얌전한 고양이 부뚜막에 먼저 올라간다더니 영판 그렇군.

Ⅱ
적용
학습

34 유몽인, 「김인복 설화」

1997학년도 대학수학능력평가 18~23번

[124~129] 다음 글을 읽고 물음에 답하시오.

김인복(金仁福)이 소시에 노상에서 한 시골 선비를 만났는데 수정 갓끈을 달고 있었다. ㉠그 갓끈이 너무 짧아서 겨우 턱 밑을 돌아갔다. 인복이 말을 세우고 채찍을 들어 읍하고 말하였다.

㉡"아, 아름답구나, 저 수정 갓끈이여! 천하일품이구려. 나의 가산을 기울여서라도 당신의 갓끈을 갖고 싶소."

그 사람이 묻기를

"당신 집이 어디요?"

"내 집은 숭례문 밖 청파리라오. ㉢내일 아침에 배다리만 찾아오우. 게서 김인복이를 물으면 행길에 누군들 모르겠소."

서로 언약을 하고 헤어졌다.

㉣이튿날 인복이 잠자리에서 일어나기도 전에 그 사람이 대문으로 들어섰다. ㉤인복이 마루 끝으로 나와 채마밭 머리에 평상을 내놓고 앉게 하였다. 인복이 말을 꺼내었다.

"우리 집 논이 동성(東城) 흥인문(興仁門) 밖에 있는데 한 말을 뿌리면 곡식 석 섬을 먹는다오. ⓐ우리 집에 크기가 실로 낙산(落山) 봉우리만 한 소가 두 필이라구. 봄 이삼월 토양이 살 풀리고 산골의 얼음이 녹아 시냇물이 졸졸 흐르기 시작하면 두 필 소에 쟁기를 달아 논을 갈고 써레질을 하여서 물을 싣는다오. 한 필지에 보통 15두(斗)를 파종하는 논이 여러 자리라. 팔월이 되어 논에 황금물결이 일면 초승달 같은 낫을 대어 베어다가 타작을 하고 방아를 찧고 키질을 해서 옥처럼 닦이고 구슬처럼 정한 쌀이 솥에 넣고 불을 때어 밥을 지으면 기름이 자르르 밥술에 흐르고 구수한 맛이 혀끝을 감도는구만.

지금 당신이 앉았는 채마밭은 또 좀 기름지고 걸어야지. 상추가 얼마나 잘 되는지. 삼

(가) 사월경에 갈아서 거름을 흡족히 주면 이슬을 머금고 비를 맞아 잎이 파초처럼 너푼너푼 자라서 연하고 싱그러운 모양이라니. 그걸 대바구니에 넘치도록 따 담는단 말씀야. 봄볕이 따뜻한 날 양지바른 곳에 장독을 두고 장을 담그면 영락 달기가 벌꿀이요, 색깔이 말피라. 인천(仁川), 안산(案山) 바다에서 그물로 잡은 밴댕이가 장에 나오면 그놈을 사다가 석쇠에 구울 제, 기름간장을 바르면 냄새가 코를 진동하것다. 그러면 상추를 물기를 탈탈 털어 손바닥 위에 벌여 놓고 기름이 흐르는 올벼 쌀밥 한 숟갈을 뚝 떠서 달고 고소한 된장을 얹은 위에 노릿노릿 구워진 밴댕이를 올려 혜임령(惠任嶺)* 장사꾼 짐 들어올리듯 두 손으로 들어올려, 종루(鐘樓)에 파루(罷漏)친 후에 남대문 열리듯 입을 떡 벌리고 밀어 넣는데……."

이 때에 그 사람도 따라서 입을 벌리다가 짧은 갓끈이 그만 뚝 끊어져 수정알들이 땅으로 굴러떨어졌다.

(나) "우리 집에 함경도의 세포(細布), 충청·전라도의 종면(綜綿)*, 평안도의 좋은 명주, 남경(南京)의 팽금(彭錦)*, 요동(遼東)의 모단(帽緞)*이 일곱 간 다락에 채곡채곡 쌓였지만 나는 갓끈을 살 수가 없소."

그 사람은 여기까지 이야기를 듣다가 자기도 모르게 입이 절로 헤 벌어져서 군침을 줄줄 흘리며 돌아갔다.

– 유몽인, 「김인복 설화」 –

*혜임령 서울에서 서북 지역으로 갈 때 넘는 고개.

*종면, 팽금, 모단 각각 포목, 비단, 우단의 일종으로 당시 값나가던 옷감들.

124 ▶ 24951-0146

(가)에 대한 설명으로 적절하지 <u>않은</u> 것은?

① 사실과 과장을 적절히 안배하고 있다.

② 감각을 자극하는 묘사를 반복하고 있다.

③ 특정한 장면을 극대화시켜 부각하고 있다.

④ 개개의 사건을 인과 관계를 중심으로 엮고 있다.

⑤ 서로 연관된 일들을 특정한 곳으로 집중시키고 있다.

126 ▶ 24951-0148

㉠~㉤을 잘못 설명한 것은?

① ㉠은 김인복이 꾀를 내게 된 착안점이다.

② ㉡은 김인복이 시골 선비의 욕심을 부추긴 것이다.

③ ㉢은 김인복이 자신이 유명함을 과시한 것이다.

④ ㉣은 시골 선비가 상당히 안달이 났음을 보여 준다.

⑤ ㉤은 김인복이 시골 선비를 홀대한 것이다.

125 ▶ 24951-0147

(나)와 같은 발상으로 이루어진 표현은? [2점]

① 양덕 맹산 철산 가산 나린 물은 부벽루로 감돌아 들고, 임 그려 우는 눈물은 베갯모로 돌아든다.

② 안방 금궤 안에 엽전 지전 은돈 금돈 가득가득 떼돈이 들었다 한들 너 주자고 궤돈 헐까.

③ 사랑을 사자 하니 사랑 팔 이 뉘 있으며, 이별을 팔자 하니 이별 살 이 전혀 없다.

④ 돈 봐라 돈, 돈 봐라 돈, 이 돈을 눈에 대고 보면 삼강오륜이 다 보이네.

⑤ 죽어 영이별은 문 앞마다 하건마는 살아 생이별은 차마 진정 못하겠구나.

127 ▶ 24951-0149

ⓐ와 같은 표현을 가리키기에 가장 적절한 말은?

① 과대망상(誇大妄想)
② 기고만장(氣高萬丈)
③ 구우일모(九牛一毛)
④ 능소능대(能小能大)
⑤ 침소봉대(針小棒大)

129 ▶ 24951-0151

김인복과 시골 선비의 관계를 〈화자(話者) : 청자(聽者)〉의 관계로 볼 때, 청자로서 시골 선비가 제대로 지키지 못한 것은?

① 이야기를 경청하기
② 이야기에 동의하기
③ 이야기를 통해 연상하기
④ 이야기에 비판적 거리 두기
⑤ 시선을 주어 관심을 표하기

128 ▶ 24951-0150

김인복의 인물을 평가한다고 할 때 적절한 것은? [2점]

① 입심 센 익살꾼이군!
② 눈치 빠른 장사꾼이군!
③ 인정 없는 깍쟁이군!
④ 뒷심 없는 허풍쟁이군!
⑤ 질이 나쁜 거짓말쟁이군!

35 김시습, 「유객」 / 김광욱, 「율리유곡」 / 김용준, 「조어삼매」

2022학년도 6월 모의평가 22~27번

[130~135] 다음 글을 읽고 물음에 답하시오.

가

청평사의 나그네	有客淸平寺
봄 산을 마음대로 노니네	春山任意遊
고요한 외로운 탑에 산새 지저귀고	鳥啼孤塔靜
흐르는 작은 내에 꽃잎 떨어지네	花落小溪流
좋은 나물은 때 알아 돋아나고	佳菜知時秀
향기로운 버섯은 비 맞아 부드럽네	香菌過雨柔
시 읊조리며 **신선 골짝** 들어서니	行吟入仙洞
나의 **백 년 근심** 사라지네	消我百年愁

– 김시습, 「유객(有客)」 –

나

도연명(陶淵明) 죽은 후에 또 연명(淵明)이 나다니
밤마을 옛 이름이 때마침 같을시고
돌아와 수졸전원(守拙田園)*이야 그와 내가 다
르랴
〈제1곡〉

삼공(三公)이 귀하다 한들 이 강산과 바꿀쏘냐
조각배에 달을 싣고 낚싯대 흩던질 때
이 몸이 이 청흥(淸興) 가지고 만호후*인들 부
러우랴
〈제8곡〉

어지럽고 시끄런 문서 다 주어 내던지고
필마(匹馬) 추풍에 채를 쳐 돌아오니
아무리 매인 새 놓였다고 **이대도록 시원하랴**
〈제10곡〉

세버들 가지 꺾어 낚은 고기 꿰어 들고
주가(酒家)를 찾으려 **낡은 다리** 건너가니
온 골에 살구꽃 져 쌓이니 갈 길 몰라 하노라
〈제15곡〉

최 행수 쑥달임 하세 조 동갑 꽃달임 하세
닭찜 게찜 올벼 점심은 날 시키소
매일에 이렇게 지내면 무슨 **시름** 있으랴
〈제17곡〉

– 김광욱, 「율리유곡(栗里遺曲)」 –

＊**수졸전원** 전원에서 분수를 지키며 소박하게 살아감.
＊**만호후** 재력과 권력을 겸비한 세도가.

다

오십이 넘은 **판교(板橋)**는 마음에 맞지 않는 관직을 버리고 거리낌 없는 자유로운 심경에서 여생을 보냈다.
"**청수(淸瘦)**한 한 폭 대를 그리어 추풍강상(秋風江上)에 낚대나 만들까 보다."
㉠궁핍을 면할 양으로 본의 아닌 생활을 계속하느니보다 모든 속사(俗事)를 버리고 표연히 강상(江上)의 어객(漁客)이 되는 것이 운치 있는 생활이기도 하려니와 얼마나 자유를 사랑하는 청고(淸高)한 마음이냐. 고기를 낚는 취미도 실로 **삼매경**에 몰입할 수 있는 좋은 놀음이다.
푸른 물이 그득히 담긴 못가에서 흐느적거리는 낚싯대를 척 휘어잡고 바늘에 미끼를 물린다. 가장자리에는 물이끼들이 꽉 엉켰을 뿐 아니라 고기도 **송사리** 떼밖에 오지 않는지라, 팔 힘 자라는 대로 낚싯줄이 허(許)하는 대로 되도록 멀리 낚시를 던져 조금이라도 큰 고기를 잡을 양으로 한껏 내던져도 본다. 풍당 물결이 여울처럼 흔들리고 나면 거울 같은 수면에 찌만이 외롭고 슬프게 곧추서 있다.
㉡한 점 찌는 객이 되고 나는 주인이 되어 알력과 모략과 시기와 저주로 꽉 찬 이 풍진(風塵) 세상을 등 뒤로 두고 서로 무언의 우정을 교환한다.
내 모든 정열을 오로지 외로이 떠 있는 한 점 찌

Ⅱ
적용
학습

에 기울이고 있노라면, 가다가 ⓒ별안간 이 한 점
찌는 술 취한 놈처럼 까딱까딱 흔들리기 시작한
다.

'고기가 왔구나!'

다음 순간, 찌는 물속으로 자꾸 딸려 들어간다.

'옳다, 큰 놈이 물린 게로군.'

[A]
　　잡아당길 때 무거울 것을 생각하면서 배꼽
　에 힘을 잔뜩 주고 행여나 낚대를 놓칠세라
　두 손으로 꽉 붙잡고 번쩍 치켜 올리면, 허허
　이런 기막힌 일도 있을까. 큰 고기는커녕 어
　떤 때는 방게란 놈이 달려 나오고, 어떤 때는
　개구리란 놈이 발버둥을 치는 수가 많다. 하
　면 되는 줄만 알았던 낚시질도 간대로 우리
　따위까지 단번에 되란 법은 없나 보다.

　　세상일이란 모조리 그러한 것이리랴마는
　아무리 내 재주가 서툴다기로서니 개구리나
　방게란 놈들도 염치가 있지, 속어에 이르기
　를 숭어가 뛰니 망둥이도 뛴다는 셈으로 나는
　나대로 제법 강상의 어객인 양하고 나섰는 판
　에, 그래도 그럴 듯 미끈한 잉어까지야 못 물

[B]
린다손 치더라도 고기도 체면은 알 법한지라,
하다못해 붕어 새끼쯤이야 안 물리랴 하는 판
에, 얼토당토않은 구역질 나는 놈들이 제가
젠체하고 가다듬은 내 마음을 더럽힐 줄 어찌
알았으랴.

ⓔ세상이 하 뒤숭숭하니 고요히 서재나 지키어
한묵(翰墨)*의 유희(遊戲)로 푹 박혀 있자는 것도
말처럼 쉽사리 되는 것은 아니라, 그렇다고 거리
로 나가 **성격 파산자**처럼 공연스레 왔다 갔다 하
기도 부질없고, 보이는 것 들리는 것이 모조리 **심
사 틀리는 소식**밖엔 없어 그래도 죄 없는 곳은 **내
서재**니 하여 며칠만 틀어박혀 있으면 그만 **속에
서 울화가 터져 나온다.**

위진(魏晉) 간에 심산벽촌(深山僻村)에 은거하
여 청담(淸談)이나 일삼던 그네의 심경을 한때는
욕을 한 적도 있었으나, ⓜ막상 나 자신이 그런
심경에 처해 있고 보니 고인(古人)의 불우한 그 심
정을 넉넉히 동감하게 된다.

　　　　　　　　　　　　　　－ 김용준, 「조어삼매(釣魚三昧)」 －

*한묵 글을 짓거나 쓰는 것을 이르는 말.

130 ▶ 24951-0152

(가)와 (나)의 공통점으로 가장 적절한 것은?

① 자연물의 속성에 주목하여 교훈적 의미를 전달하고 있다.

② 설의적 표현을 통해 추구하고자 하는 삶의 태도를 제시하고 있다.

③ 먼 경치에서부터 가까운 곳으로 시선을 옮기며 심리의 변화를 드러내고 있다.

④ 화자가 자신을 객관화하는 표현을 내세워 내적 갈등에 대한 공감을 유도하고 있다.

⑤ 계절을 드러내는 시어를 사용하여 시기에 부합하는 자연의 모습을 구체화하고 있다.

131 ▶ 24951-0153

(나)에 대한 이해로 적절하지 <u>않은</u> 것은?

① 〈제1곡〉에서는 지명에 주목하여 화자의 지향을 드러내고 있다.

② 〈제8곡〉에서는 자연의 가치를 부각하여 화자가 즐기는 흥취를 강조하고 있다.

③ 〈제10곡〉에서는 화자의 현재 상황에 대한 만족감을 바탕으로 자연물에 대한 연민을 드러내고 있다.

④ 〈제15곡〉에서는 다양한 행위를 연속적으로 나열하여 화자가 누리는 생활의 일면을 제시하고 있다.

⑤ 〈제17곡〉에서는 청자를 호명하며 즐거움을 함께하려는 화자의 마음을 전달하고 있다.

132 ▶ 24951-0154

문맥을 고려하여 ⊙~⑩에 대해 이해한 내용으로 적절하지 않은 것은?

① ⊙: 생계를 유지하기 위한 생활과 대비되는 낚시의 의의를 드러내고 있다.

② ⓛ: 낚시 도구와 글쓴이의 관계를 설정하여 낚시에 몰입하는 태도를 표현하고 있다.

③ ⓒ: 낚시에 집중했던 글쓴이의 기다림과 기대에 부응하는 순간을 부각하고 있다.

④ ⓔ: 낚시의 대안으로 선택한 것으로서, 글쓴이에게 마음의 안정을 찾게 해 준 방법으로 제시되고 있다.

⑤ ⓜ: 낚시를 해 본 후 달라진 글쓴이의 마음가짐으로서, 은거했던 옛사람들에 기대어 자신의 심정을 드러내고 있다.

133 ▶ 24951-0155

(나)와 (다)를 비교하여 이해한 내용으로 가장 적절한 것은?

① (나)의 '도연명'과 (다)의 '판교'는 각각 화자와 글쓴이가 행적을 따르고자 하는 인물이다.

② (나)의 '삼공'과 (다)의 '성격 파산자'는 모두 세속에서 높은 지위를 차지하고 있는 이들을 가리킨다.

③ (나)의 '세버들 가지'와 (다)의 '청수한 한 폭 대'는 각각 화자와 글쓴이가 자신과 동일시하는 대상이다.

④ (나)의 '고기'와 (다)의 '송사리'는 각각 화자와 글쓴이가 자신을 보잘것없는 존재로 비유한 표현이다.

⑤ (나)의 '시름'과 (다)의 '욕'은 각각 화자와 글쓴이가 자신을 억압하는 존재를 염두에 둔 표현이다.

134 ▶ 24951-0156

[A]와 [B]에 대한 이해로 가장 적절한 것은?

① [A]에 나타난 글쓴이의 경이감은 [B]에서 인생에 대한 낙관적 기대로 확장된다.

② [A]에 나타난 글쓴이의 무력감은 [B]에서 과거의 삶에 대한 동경을 통해 해소된다.

③ [A]에 나타난 글쓴이의 실망감은 [B]에서 자신의 손상된 체면에 대한 한탄으로 이어진다.

④ [A]에 나타난 글쓴이의 상실감은 [B]에서 새로운 이상을 품도록 만드는 계기로 작용한다.

⑤ [A]에 나타난 글쓴이의 혐오감은 [B]에서 자신의 능력에 대한 겸손한 반성으로 전환된다.

135 ▶ 24951-0157

〈보기〉를 바탕으로 (가)~(다)를 감상한 내용으로 적절하지 _않은_ 것은? [3점]

● 보기 ●

　문학 작품에서 공간에 대한 인식을 형상화하는 방식은 다양하다. 공간에 대한 인식을 직접적으로 드러내는 표현을 사용하거나, 공간 내 특정 대상의 속성으로써 그 대상이 포함된 공간 전체를 표상하기도 한다. 또한 이러한 인식은 공간 간의 관계를 통해 표현되기도 한다. 이때 관계를 이루는 공간에는 작품에 명시된 공간은 물론 그 이면에 전제된 공간도 포함된다.

① (가)의 '신선 골짝'은 화자가 지향하는 공간으로서, 이에 대립되는 곳으로 '백 년 근심'이 유발된 공간이 이면에 전제된 것이라 할 수 있겠군.

② (나)의 '낡은 다리'는 '주가'와 '온 골'이라는 대비되는 속성을 지닌 두 공간의 경계를 표현하여, 양쪽 모두에 미련을 버리지 못한 화자의 상황을 상징하고 있겠군.

③ (나)에서 화자가 돌아온 곳은 '어지럽고 시끄런 문서'로 표상되는 공간과 대비되는 공간으로서, '이대도록 시원하랴'와 같은 반응을 자연스럽게 이끌어낸 것이겠군.

④ (다)에서 '푸른 물이 그득히 담긴 못가'는 글쓴이가 '삼매경'에 빠지기를 기대하는 곳으로, 글쓴이가 자신의 지향과 직결되는 공간을 직접적으로 드러낸 것이겠군.

⑤ (다)에서 '내 서재'는 '심사 틀리는 소식'을 피하기 위한 곳임에도 불구하고 '속에서 울화가 터져 나온다'고 언급되었다는 점에서, 그 이면에는 새로운 공간에 대한 지향이 있음을 알 수 있겠군.

36 ▶ 작자 미상, 「소현성록」

2023학년도 6월 모의평가 18~21번

[136~139] 다음 글을 읽고 물음에 답하시오.

상서의 셋째 부인 여씨는 둘째 부인 석씨의 행실과 마음 씀이 매사 뛰어남을 보고 마음속에 불평하여 생각하되, '이 사람이 있으면 내게 상서의 총애가 오지 않으리라.' 하여 좋은 마음이 없더라. 날이 늦어져 모임이 흩어진 후 상서의 서모(庶母) 석파가 청운당에 오니 여씨가 말하길,

"석 부인은 실로 적강선녀라. 상공의 총애가 가볍지 않으리로다."

석파가 취해 실언함을 깨닫지 못하고 왈,

"석 부인은 비단 얼굴뿐 아니라 덕행을 겸비하여 시모이신 양 부인이 더욱 사랑하시나이다."

이때 석씨가 석파를 청하자 석파가 벽운당에 이르러 웃고 왈,

"나를 불러 무엇 하려 하느뇨? 내 석 부인이 받는 총애를 여 부인에게 자랑하였나이다."

석씨가 내키지 않아 하며 당부하되,

㉠"후일은 그런 말을 마소서."

하니, 석파 웃더라.

여씨의 거동이 점점 아름답지 않으나 양 부인과 상서는 내색하지 않더라. 일일은 상서가 문안 후 청운당에 가니 여씨 없고, 녹운당에 이르니 희미한 달빛 아래 여씨가 난간에 엎드려 화씨의 방을 엿듣는지라, 도로 청운당에 와 시녀로 하여금 청하니 여씨가 급히 돌아오니 상서가 정색하고 문왈,

"부인은 깊은 밤에 어디 갔더뇨?"

여씨 답 왈,

㉡"문안 후 소 부인의 운취각에 갔더이다."

상서는 본래 사람을 지극한 도로 가르치는지라 책망하며 왈,

"부인이 여자의 행실을 전혀 모르는지라. 무릇 여자의 행세 하나하나 몹시 어려운지라. 어찌 깊은 밤에 분주히 다니리오? 더욱이 다른 부인의 방을 엿들음은 **금수의 행동**이라 전일 말한 사람이 있어도 전혀 믿지 않았더니 내 눈에 세 번 뵈니 비로소 그 말이 사실임을 알지라. 부인은 다시 이 행동을 말고 과실을 고쳐 나와 함께 늙어갈 일을 생각할지어다."

하며 기세가 엄숙하니, 여씨가 크게 부끄러워하더라.

이후 여씨 밤낮으로 생각하더니, 문득 옛날 강충이란 자가 저주로써 한 무제와 여 태자를 **이간**했던 일을 떠올리고, 저주의 말을 꾸며 취성전을 범하니 일이 치밀한지라 뉘 능히 알리오?

일일은 취성전에서 양 부인이 일찍 일어나 앉았으나 석씨가 마침 병이 나서 문안에 불참하매 시녀 계성에게 청소시키니, 계성이 짐짓 침상 아래를 쓸다가 갑자기 **봉한 것**을 얻어 내며,

"알지 못하겠도다. 누가 잃은 것인고? 필연 동료 중 잃은 것이니 임자를 찾아 주리라."

하고 스스로 혼잣말하거늘 부인이 수상히 여겨 가져오라 하여 풀어 보니, **그 글**에 품은 한이 흉악하여 차마 보지 못할 바이러라. 필적이 산뜻하니 완연히 석씨의 것이라 크게 괴히 여겨 다시 보니 그 언사의 흉함이 차마 바로 보지 못할지라. 양 부인이 불을 가져다가 사르고 시녀들을 당부하여 왈,

"너희들이 이 일을 누설한즉 죽을 죄를 당하리라."

좌우 시녀 듣고 송구하여 입을 봉하되, 홀로 계성은 누설치 못함을 조급해하고 양 부인은 이후 석씨와 자녀를 보나 내색하지 않더라.

[중략 부분의 줄거리] 석씨가 쫓겨난 후, 첫째 부인 화씨를 모함하려고 여씨가 여의개용단을 먹고 화씨로 둔갑해 나타나자, 상서는 친누나 소씨, 의남매 윤씨, 석파를 불러 모아 함께 실상을 밝히려 여씨의 심복을 찾는다.

시녀가 여씨 심복 미양을 가리켜 아뢰니, 상서가 미양을 잡아내어 엄하게 조사하더라. 미양이 혼비백산하여 사실대로 고하고 두 가지 약을 내어 드리니, 소씨 등이 다투어 보고 웃되, 상서는 홀로 눈을 들어 보지 않으니 사악한 빛을 보지 않으려 함이라. 석파가 그중 **회면단**을 물에 풀어 두 화씨에게 나누어 주니 진짜 화씨 노기 가득하여 먹고 왈,

"약을 먹더라도 부모님 남긴 몸이 달리 되랴? 네 굳이 내 얼굴이 되고자 하니, 이 무슨 괴이한 생각으로 패악을 떨려 하느뇨?"

상서 왈,

"어지럽게 굴지 말라."

진짜 화씨는 회면단을 마시되 용모 변치 않더라. 상서가 또 여씨에게 권하니, 여씨 먹지 않거늘 윤씨 웃고 왈,

"아니 먹는 죄 의심되도다."

소씨 나아가 우김질로 들이붓더라. 여씨가 마지못하여 먹으니 화씨 변하여 여씨 되는지라. 좌우 사람들이 박장대소하더라. 상서 바야흐로 단정히 고쳐 앉으며 왈,

"군자 있는 곳에는 요사스러운 일이 없거늘 이 아우가 어질지 못하여 집안에 이런 변이 있으니 대장부 되어 아녀자를 거느리지 못하여 이런 행동거지 있으니 어찌 부끄럽지 않으리오. 석씨를 모함함도 여씨의 일이니 누님은 따져 물으소서."

석파가 먼저 나서며 미양을 붙들고 물으니 미양이 당초부터 여씨가 계교를 꾸몄던 일들을 낱낱이 말하더라. 소씨, 윤씨 두 사람이 웃으며 왈,

"이제 보건대, 당초 우리 의심이 그르지 않았도다."

석파가 몹시 좋아해 뛰면서 기쁨을 이기지 못하고, 여씨는 부끄러움을 이기지 못하여 움직이지 못하고, 화씨는 꾸짖기를 마지않더라. 날이 새어 취성전에 들어가 어젯밤 일을 일일이 아뢰더라. 양 부인이 놀라고 여씨를 불러 마루 아래에 꿇리고 벌주니 가장 엄숙하여 언어 명백하며 들음에 모골이 송연하더라. 이에 여씨를 내치고 계성과 미양 등을 엄히 다스리고 집안을 평정하더라.

– 작자 미상, 「소현성록」 –

136 ▶ 24951-0158

윗글에 대한 설명으로 가장 적절한 것은?

① 배경 묘사를 통해 인물의 성격 변화를 암시하고 있다.

② 독백을 반복하여 내적 갈등의 해결 과정을 드러내고 있다.

③ 과거와 현재를 교차하여 사건을 입체적으로 전개하고 있다.

④ 한 인물과 다른 인물들 간의 다면적 갈등 관계를 제시하고 있다.

⑤ 두 공간에서 동시에 일어나는 사건을 병렬적으로 배치하고 있다.

137 ▶ 24951-0159

윗글의 내용에 대한 이해로 적절하지 <u>않은</u> 것은?

① 석파는 집안사람들과 교류하며 집안일에 관여한다.

② 상서는 남의 말의 진위를 직접 확인하여 판단한다.

③ 여씨는 상서의 책망에도 부끄러워하지 않는다.

④ 양 부인은 권위를 지니고 가족과 시녀들을 통솔한다.

⑤ 소씨는 여씨를 압박하여 의혹을 해소하려 한다.

138 ▶ 24951-0160

맥락을 고려하여 ㉠과 ㉡을 이해한 내용으로 가장 적절한 것은?

① ㉠은 석파의 독선을 질책하는 말이고, ㉡은 상서의 오해를 증폭시키는 말이다.

② ㉠은 석파의 안전을 도모하기 위한 말이고, ㉡은 상서를 위험에 빠뜨리기 위한 말이다.

③ ㉠은 석파에 대한 호의를 표현하는 말이고, ㉡은 상서에 대한 불신을 표현하는 말이다.

④ ㉠은 석파의 경솔함을 염려하는 말이고, ㉡은 상서의 의심을 피하기 위해 한 말이다.

⑤ ㉠은 석파에게 얻은 정보를 불신하는 말이고, ㉡은 상서가 가진 정보를 몰라서 하는 말이다.

139 ▶ 24951-0161

〈보기〉를 참고하여 윗글을 감상한 내용으로 적절하지 않은 것은? [3점]

> • 보기 •
>
> 음모 모티프는 인물이 욕망을 실현하기 위해 음모를 실행하는 이야기 단위이다. 음모의 진행 과정에 환상적 요소가 사용되기도 하고 조력자가 등장해 음모자를 돕기도 한다. 음모가 실행되면서 서사적 긴장이 고조되는데, 음모자의 욕망 실현이 지연되면 서사적 긴장은 일시적으로 이완된다. 이때 음모자가 또 다른 음모를 꾸미나 결국 음모의 실체가 드러나며 죄상에 따라 처벌된다.

① 여씨가 자신을 석씨와 견주고 양 부인과 석씨를 '이간'하려는 데서, 석씨와의 경쟁 관계를 의식한 여씨의 욕망에서 음모가 비롯됨을 알 수 있군.

② 여씨가 꾸민 '봉한 것'이 계성을 통해 양 부인에게 건네진 데서, 상하 관계에 있는 음모자와 조력자에 의해 서사적 긴장이 고조됨을 알 수 있군.

③ '그 글'이 불살라지고 시녀들의 누설이 금지된 데서, 양 부인에 의해 음모의 실행이 저지되어 서사적 긴장이 일시적으로 이완됨을 알 수 있군.

④ '회면단'을 먹고 여씨가 본래 모습으로 돌아오는 데서, 음모자가 욕망의 실현을 위해 준비한 환상적 요소가 음모의 실체를 드러내는 도구로 작용함을 알 수 있군.

⑤ 상서는 '금수의 행동'을 한 여씨를 교화하려 했지만 양 부인은 '어젯밤 일'로 여씨를 내친 데서, 처벌 방법을 두고 대립이 있음을 알 수 있군.

Ⅱ 적용 학습

37 이홍유, 「산민육가」 / 작자 미상, 「유산가」 / 정비석, 「산정무한」

[140~144] 다음 글을 읽고 물음에 답하시오.

가

이 몸이 한가하여 산수간(山水間)에 절로 늙어
공명부귀(功名富貴)를 뜻 밖에 잊었으니
차중(此中)에 청유(淸幽)한 흥미(興味)를 혼자
좋아 하노라

〈제1수〉

조그만 이 내 몸이 천지간(天地間)에 혼자 있어
청풍명월(淸風明月)을 벗 삼아 누었으니
세상(世上)의 시시비비(是是非非)를 나는 몰라
하노라

〈제2수〉

늙고 병든 몸을 세상이 버리실새
조그만 초당(草堂)을 시내 위에 일워 두고
목전(目前)에 보이는 송죽(松竹)아 **내 벗인가 하
노라**

〈제4수〉

산림(山林)에 들어온 지 오래니 세상사(世上事)
를 모르노라
㉠십장 홍진(十丈紅塵)이 얼마나 가렸는고
물외(物外)에 뛰어든 몸이 보은(報恩)이 어려워
라

〈제5수〉

– 이홍유, 「산민육가」 –

나

화란 춘성(花爛春城)하고 만화방창(萬化方暢)
이라. ㉡때 좋다 벗님네야, 산천경개를 구경을 가
세.
죽장망혜(竹杖芒鞋) 단표자(單瓢子)로 천리 강
산을 들어를 가니, ㉢만산 홍록(滿山紅綠)들은 일

년 일도 다시 피어 춘색(春色)을 자랑노라 색색이
붉었는데, 창송취죽(蒼松翠竹)은 창창울울한데,
기화요초(琪花瑤草) 난만 중에 꽃 속에 잠든 나비
자취 없이 날아난다.
유상 앵비(柳上鶯飛)는 편편금(片片金)이요, 화
간접무(花間蝶舞)는 분분설(紛紛雪)이라. 삼춘가
절이 좋을씨고. 도화 만발 점점홍(桃花滿發點點
紅)이로구나. 어주 축수 애삼춘(魚舟逐水愛三春)
이어든 **무릉도원이 예 아니냐.**

(중략)

층암절벽상의 폭포수는 콸콸, 수정렴 드리운
듯, 이 골 물이 주루루룩, 저 골 물이 쏼쏼, 열에
열 골 물이 한데 합수(合水)하여 천방져 지방져 소
쿠라지고 펑퍼져, 넌출지고 방울져, 저 건너 병풍
석으로 으르렁 콸콸 흐르는 물결이 은옥(銀玉)같
이 흩어지니, 소부 허유* 문답하던 기산 영수(箕
山潁水)가 예 아니냐.
주곡제금*은 천고절(千古節)이요, 적다정조*는
일년풍(一年豊)이라. 일출 낙조가 눈앞에 벌여나
경개 무궁(景槪無窮) 좋을씨고.

– 작자 미상, 「유산가」 –

* **소부 허유(巢父許由)** 중국 요순시대에 속세를 벗어난 삶
  을 살았던 인물들.
* **주곡제금(奏穀啼禽)** 두견새.
* **적다정조(積多鼎鳥)** 소쩍새.

다

산은 언제 어디다 이렇게 많은 색소를 간직해
두었다가, 일시에 지천으로 내뿜는 것일까?
단풍이 이렇게까지 고운 줄은 몰랐다. 문 형은
몇 번이고 탄복하면서, 흡사히 동양화의 화폭 속
을 거니는 감흥을 그대로 맛본다는 것이다. 정말
우리도 한 떨기 단풍에 지나지 않아 보인다. ㉣다

리는 줄기요, 팔은 가지인 채, 피부는 단풍으로 물 들어 버린 것 같다. 옷을 훨훨 벗어 꼭 쥐어짜면, 물에 헹궈 낸 빨래처럼 진주홍 물이 주르르 흘러 내릴 것만 같다.

그림 같은 연화담(蓮花潭) 수렴폭(垂簾瀑)을 완상하며, 몇십 굽이의 석계(石階)와 목잔*과 철삭*을 답파하고 나니, 문득 눈앞에 막아서는 무려 삼백 단의 가파른 사닥다리 — 한 층계 한 층계 한사코 기어오르는 마지막 발걸음에서 시야는 일망무제(一望無際)로 탁 트인다. 여기가 해발 오천 척의 망군대(望軍臺) — 아! 천하는 이렇게도 광활하고 웅장하고 숭엄하던가!

이름도 정다운 백마봉은 바로 지호지간(指呼之間)에 서 있고, 내일 오르기로 예정된 비로봉은 단걸음에 건너뛸 정도로 가깝다. 그 밖에도 유상무상(有象無象)의 허다한 봉들이 전시(戰時)에 할거(割據)하는 영웅들처럼 여기에서도 우뚝 저기에서도 우뚝, 시선을 낮춰 아래로 굽어보니, 발밑은 천인단애(千仞斷崖), 무한제(無限際)로 뚝 떨어진 황천 계곡에 단풍이 선혈(鮮血)처럼 붉다. 우러러보는 단풍이 새색시 머리의 칠보단장(七寶丹粧) 같다면, 굽어보는 단풍은 치렁치렁 늘어진 규수의 붉은 치마폭 같다고나 할까. 수줍어 수줍어 생글 돌아서는 낯 붉힌 아가씨가 어느 구석에서 금방 뛰어나올 것도 같구나!

저물 무렵에 마하연(摩訶衍)의 여사(旅舍)를 찾았다. ㉤산중에 사람이 귀해서였던가. 어서 오십사는, 상냥한 안주인의 환대도 은근하거니와, 문고리 잡고 말없이 맞아 주는 여관집 아가씨의 정성은 무르익은 머루알같이 고왔다.

여장(旅裝)을 풀고 마하연사를 찾아갔다. 여기는 선원(禪院)이어서, 불경 공부하는 승려뿐이라고 한다. 크지도 않은 절이건만, 늙은 승려만도 실로 삼십 명은 됨 직하다. 이런 심산에 노승이 그렇게도 많을까?

[A]
무한청산행욕진(無限靑山行欲盡)
백운심처노승다(白雲深處老僧多)

옛글 그대로다.

노독(路毒)을 풀 겸 식후에 바둑이나 두려고 남포등 아래에 앉으니, 온고지정(溫故之情)이 불현듯 새로워졌다.

"남포등은 참말 오래간만인데."

하며 불을 바라보는 문 형의 말씨가 하도 따뜻해서, 나도 장난삼아 심지를 돋우어 보았다 줄여 보았다 하며, 까맣게 잊었던 옛 기억을 되살렸다. 그리운 얼굴들이, 흐르는 물의 낙화(落花) 송이같이 떠돌았다.

— 정비석, 「산정무한」 —

＊목잔(木棧) 나무로 사다리처럼 놓는 길.
＊철삭(鐵索) 철사를 꼬아서 만든 줄.

Ⅱ 적용 학습

140 ▶ 24951-0162

(가)~(다)에 대한 설명으로 가장 적절한 것은?

① (가)와 (나)는 음성 상징어를 사용하여 생동감을 높이고 있다.

② (가)와 (나)는 과거와 현재를 대비하여 지향하는 가치를 밝히고 있다.

③ (가)와 (다)는 움직임을 나타내는 어휘를 반복하여 대상의 역동적 측면을 강조하고 있다.

④ (나)와 (다)는 비유적 표현을 통해 대상에 대한 긍정적 인식을 드러내고 있다.

⑤ (나)와 (다)는 어조의 변화를 통해 화자나 글쓴이의 심리 변화 과정을 보여 주고 있다.

141 ▶ 24951-0163

㉠~㉤을 이해한 내용으로 적절하지 않은 것은?

① ㉠: 속세와 거리를 둔 처지임을 나타내고 있다.

② ㉡: 아름다운 경치를 보러 갈 것을 권유하고 있다.

③ ㉢: 꽃이 활짝 피어난 봄의 계절감을 부각하고 있다.

④ ㉣: 주위의 단풍과 물아일체가 된 심정을 제시하고 있다.

⑤ ㉤: 마하연 여사의 퇴락한 모습을 드러내고 있다.

142 ▶ 24951-0164

〈보기〉를 참고하여 (가)와 (나)를 감상한 내용으로 적절하지 _않은_ 것은? [3점]

┌─── ● 보기 ● ───┐

(가)의 작가와 같은 사대부들은 관직에 오르지 못했거나 관직에서 물러났을 경우, 주로 자연에 귀의하여 자연물과 조화를 이루는 생활을 하였다. 그들은 자연 속에서 심리적 위안을 받으며 자신들이 직접 체험한 바를 시가를 통해 표현하였다. 하지만 (나)와 같이 평민 계층의 전문 가객들이 부른 잡가에 나타나는 자연은 주로 아름다운 풍광의 재현을 통해 청중들이 대리 체험을 하도록 하는 것과 관련이 있다. 그래서 잡가의 자연은 감각적 흥을 극대화한 이상적인 유흥(遊興)의 공간으로 형상화되고 있다.

└──────────────┘

① (가)의 '공명부귀'는 화자가 관직에 나아가 이룰 수 있는 세속적 가치와 관련이 있다고 볼 수 있겠군.

② (가)의 '조그만 이 내 몸'은 자연 속에서 심리적 위안이 필요한 속세에서의 화자의 모습을 일컫는 것으로 볼 수 있겠군.

③ (가)의 '내 벗인가 하노라'는 화자가 자연물과 조화를 이루는 친밀감을 드러낸 것으로 볼 수 있겠군.

④ (나)의 '무릉도원이 예 아니냐'는 화자가 자연을 이상향의 이미지와 연결시켜 이상적인 유흥의 공간으로 제시한 것으로 볼 수 있겠군.

⑤ (나)의 '경개 무궁 좋을씨고'는 화자가 아름다운 풍광을 통해 감각적 흥을 느끼는 상황으로 볼 수 있겠군.

143 ▶ 24951-0165

(다)에 대한 설명으로 가장 적절한 것은?

① 마하연 여사에서 과거를 회상하며 여정을 계속하려는 이유를 제시하고 있다.

② 백마봉에서 비로봉으로 이동하는 과정을 다른 여정에 비해 상세하게 묘사하고 있다.

③ 기상 상황이 좋지 않았음에도 불구하고 연화담과 수렴폭을 둘러보았음을 밝히고 있다.

④ 객관적인 사실과 자신의 소감을 제시하며 망군대 등정 과정과 망군대에서의 조망을 나타내고 있다.

⑤ 마하연 여사에서 동행하는 사람이 한 말에 공감하며 오늘 여정 중에 발생한 일행 사이의 갈등이 해소되었음을 드러내고 있다.

II

적용 학습

144 ▶ 24951-0166

〈보기〉의 ㉮에 들어갈 대답으로 가장 적절한 것은?

─● 보기 ●─

선생님: [A]는 당나라 승려 영일(靈一)이 지은 한시의 일부로 '한없는 청산 끝나 가려 하는데, 흰 구름 깊은 곳에 노승도 많아라.'라는 의미입니다. 만약 글쓴이가 처음에 황혼 무렵 마하연사 주변에서 바라본 단풍의 애상적 아름다움을 부각하기 위해 '저녁볕 아래 수레 멈추고 단풍잎 바라보니(停車坐愛楓林晚), 서리 물든 가을 잎 봄꽃보다 더 붉네.(霜葉紅於二月花)'라는 구절을 인용하려 했다가, 퇴고 과정에서 생각을 바꾸어 [A]를 인용했다면 그 이유는 무엇일까요?

학생: 단풍에 대한 묘사를 지속함으로써 발생할 수 있는 전개상의 단조로움을 피해 (㉮) 의도로 볼 수 있습니다.

① 마하연사의 고즈넉한 분위기와 그곳에 대한 인상을 드러내려는
② 마하연사에서 자신의 삶을 반성하고 얻은 깨달음을 독자에게 알리려는
③ 마하연사의 유래와 마하연사가 어떤 역할을 수행하는 절인지 소개하려는
④ 마하연사가 깊은 산속에 자리 잡아 방문하는데에 고생이 많았음을 나타내려는
⑤ 마하연사에 옛날과 달리 종교적 교리를 익히기 위해 애쓰는 승려가 없음을 비판하려는

38 이한직, 「낙타」 / 피천득, 「시골 한약국」

2016학년도 수능완성 국어 A형 44~45쪽 31~33번

[145~147] 다음 글을 읽고 물음에 답하시오.

가

눈을 감으면

어린 시절, 선생님이 걸어오신다
회초리를 들고서

선생님은 낙타처럼 늙으셨다
늦은 봄 햇살을 등에 지고
낙타는 항시 추억한다
―옛날에 옛날에―

낙타는 어린 시절, 선생님처럼 늙었다
나도 따뜻한 봄볕을 등에 지고
금잔디 위에서 낙타를 본다

내가 여윈 동심(童心)의 옛이야기가
여기저기 / 떨어져 있음 직한 동물원의 오후

– 이한직, 「낙타」 –

나

　나는 학생 시절에 병이 나서 어느 시골에 가서 몇 달 휴양을 하였다. 그때 내가 유(留)하던 집 할아버지의 권고로 용하다는 한약국에 가서 진찰을 받고 약을 한 제 지어 먹은 일이 있었다.

　그 의원은 한참 내 맥을 짚어 보고는 전신 쇠약이니까 ㉠녹용과 삼을 넣은 보약을 먹어야 한다고 하였다. 그런데 자기 약방에는 약재가 없고 약 살 돈도 당장 없다고 하였다. 사실 낡은 약장에는 서랍이 많지 않았고 서랍 하나에 걸려 있는 약저울도 녹이 슬어 있었다.

　약국 천장을 쳐다봐도 ㉡먼지 앉은 봉지가 십여 개쯤 매달려 있을 뿐이었다. 어째서 내 마음이 그에게 끌렸던지 그 이튿날 나는 그 한의와 같이 사오십 리나 되는 청양(靑陽)이라는 곳에 가서 내 돈

으로 나 먹을 약재를 사고 약국을 해 먹으려면 꼭 있어야 한다는 약재를 사도록 돈을 주었다.

　약의 효험인지, 여름 시냇가에 날마다 낚시질을 다니고 밤이면 곤히 잠을 잔 덕택인지 나는 몸이 건강해져서 서울로 돌아왔다. 내가 돌려주었던 그 돈은 받았는지 받지 못하였는지 지금은 생각이 나지 않는다.

　나는 그 후 셰익스피어의 극 「로미오와 줄리엣」 속에서 ㉢로미오가 독약을 사는 약방, 먼지 앉은 병들과 상자들을 벌여 놓은 초라한 약방이 나올 때마다 비상(砒霜)*조차도 없을 충청도 그 시골 약국을 회상하였다.

　양복 한 벌 변변한 것을 못 해 입고 사들인 책들을 사변통에 다 잃어버리고 그 후 5년간 애면글면 모은 나의 책은 지금 겨우 3백 권에 지나지 아니한다. 나는 이 책들을 내가 기른 꽃들을 만져 보듯이 어루만져 보기도 하고, 자라는 아이를 바라보듯이 대견스럽게 보기도 한다.

　물론 내가 구해 놓은 이 책들은 예전 그 한방의가 나한테서 돈을 취하여 사 온 ㉣진피(眞皮), 후박(厚朴), 감초(甘草), 반하(半夏), 행인(杏仁)*같은 것들이다.

　그런데 ㉤우황(牛黃), 웅담(熊膽), 사향(麝香), 영사(靈砂), 야명사(夜明砂)*같은 책자들이 필요할 때면 나는 그 시골 약국을 생각하게 된다.

– 피천득, 「시골 한약국」 –

＊비상　비석(砒石)에 열을 가하여 승화시켜 얻은 결정체 거담제와 학질 치료제로 쓰였음.

＊진피~행인　한약에 자주 쓰이는 재료들로, 비교적 값이 싸고 쉽게 구할 수 있음.

＊우황~야명사　약효는 좋지만 구하기 어려워 고가인 한약재들.

Ⅱ
적용
학습

145 ▶ 24951-0167

(가)의 표현상 특징에 대한 설명으로 적절하지 않은 것은?

① 말을 건네는 방식으로 대상과의 친밀감을 높이고 있다.

② 계절감을 드러내는 시어를 사용하여 시적 분위기를 조성하고 있다.

③ 유사한 통사 구조의 문장을 사용하여 두 대상의 연관성을 드러내고 있다.

④ 추상적 소재를 사물처럼 표현하여 그것에 대한 화자의 인식을 형상화하고 있다.

⑤ 특정 공간과 시간으로 시상을 마무리하여 그것에서 유발된 화자의 정서를 강조하고 있다.

146 ▶ 24951-0168

〈보기〉를 바탕으로 (가)와 (나)를 감상한 내용으로 적절하지 않은 것은?

> ● 보기 ●
>
> 이한직의 「낙타」와 피천득의 「시골 한약국」은 연상(緣想)을 바탕으로 한 작품이다. 연상은 하나의 관념이 다른 관념을 불러일으키는 현상을 가리킨다. 「낙타」의 '나'와 「시골 한약국」의 '나'는 연상을 통해 과거의 경험을 떠올림으로써 자신의 현재 정서나 처지에 대한 인식을 드러내고 있다.

① (가)의 화자는 연상을 통해 과거에 대한 그리움의 정서를 지니게 되었군.

② (나)의 '나'는 연상의 과정을 통해 과거의 삶보다 현재의 삶에 만족하고 있군.

③ (가)의 화자는 '낙타'로 인해, (나)의 '나'는 '나의 책'으로 인해 연상을 하게 되는군.

④ (가)의 '동물원'은 화자의 연상이 이루어지는 공간이고, (나)의 '시골 한약국'은 '나'가 연상한 공간이군.

⑤ (가)의 화자는 '낙타'와 연상을 통해 떠올린 '선생님'의 모습이 유사하다고 느끼고 있고, (나)의 '나'는 자신과 연상을 통해 떠올린 '한방의'의 처지가 유사하다고 느끼고 있군.

147 ▶ 24951-0169

㉠~㉤에 대한 이해로 적절한 것은?

① ㉠: '나'를 치료하기 위해 의원이 평소 가지고 있던 재료로 만든 것
② ㉡: '나'가 의원의 실력을 믿게 되었던 계기가 된 것
③ ㉢: '나'에게 의원에 대한 고마움을 일깨워 준 계기가 된 것
④ ㉣: '나'가 반드시 가지고 있어야 할 중요한 것들
⑤ ㉤: '나'를 가난으로부터 벗어날 수 있게 해 줄 수 있는 것들

39 › 최일남, 「흐르는 북」

2016학년도 6월 모의평가 B형 34~36번

[148~150] **다음 글을 읽고 물음에 답하시오.**

정작 문제가 터진 건 손님들이 돌아가고 난 후였다. 아들은 민 노인을 하얗게 질린 얼굴로 다잡았다. 아버지는 왜 제 체면을 판판이 우그러뜨리냐는 게 항변의 줄거리였다. 그 녀석들은 아버지의 북소리를 꼭 듣고 싶어서 청한 것이 아니라, 그 북을 통해 자기의 면목이나 위치를 빈정대기 위해서 그러는 것임을 왜 모르냐고, 민 노인의 괜찮은 기분을 구석으로 떼밀어 조각을 내었다. ㉠아들 옆에서 입을 꼭 다물고 있는 며느리는, 차라리 더 많은 힐난을 내쏘고 있음을 민 노인은 모르지 않았다. 아들 내외는 요컨대 아버지가 그냥 보통 노인네로 머물러 있기를 바랐다.

아버지의 북이 상징하는 아버지의 허랑방탕한 한평생이, 일단은 **세련된 입신(立身)**으로 평가되는 아들의 내력에 중요한 흠으로 작용한다는 점에서도 그랬다. ㉡하라는 공부는 작파하고, 북을 메고 떠돌아다니며 아내와 자식을 모른 체한 민익태, 한때는 아편쟁이로 세상을 구른 민익태, 그러면서도 북을 놓지 않은 그와 아들의 단절은, 따라서 오래 지속될 수밖에 없었다. 더구나 시아버지의 그런 생애와 전적으로 무관한 며느리가, 떼어 버릴 수도 없는 인연으로 맺어지고 있을지언정, 자기를 올곧게만은 대할 수 없는 형편임을 민 노인은 이해하고 있었다. 심지어 다 늦게 아들네 집을 찾아온 영감을 대하던 마누라의 눈에도, 당장은 증오가 앞섰으니까 더 할 말이 없다. ㉢그래도 할망구가 살아 있던 시절은, 미움과 연민을 골고루 섞어 가면서도 어지간히 바람막이 구실을 해 주어 견디기가 쉬웠는데, 외톨이로 남으면서 운신하기가 수월찮았다. 그러나 아들이 결정적으로 자기의 **날씬한 생활** 속에서 아버지를 격리시키고자 하는 까닭은, 부담의 차원보다는 아버지를 접합으로써 새삼스럽게 확인하게 되는, 자신의 고통과 낭떠러지의 세월을 떠올리기 때문이 아닌가 하였다.

(중략)

"너는 할아버지와 나와의 관계에 대해, 특히 내가 취하고 있는 입장에 대단히 불만이지?"

"그럴 것도 없습니다. 아버지의 할아버지에 대한 처지를 이해하면서도, 그 논리를 그대로 저와 연결시키고 싶지도 않고, 그럴 필요도 없다고 생각하는 편이에요."

"㉣기특하구나. 그러니까 너만이라도 할아버지에게 화해의 제스처를 보이겠다는 거냐 뭐냐. 지금까지의 네 행동을 보면 그런 추측을 가능케 하더라만."

"그것도 맞지 않는 말이에요. 도대체 할아버지와 저와는 갈등이 있었어야 말이죠. 처음부터 갈등이 없었는데 화해의 제스처를 보이고 말고가 어디 있습니까. 할아버지와의 갈등이 있었다면, 그건 아버지의 몫이지 저와는 상관이 없는 겁니다. 오히려 전 세대끼리의 갈등이 다음 세대에서 쾌적한 만남으로 이어진다면, 그건 환영할 만한 일이고, 그게 또 **역사의 의미** 아니겠습니까?"

"뭐야, 이놈의 자식, 네가 나를 훈계하는 거얏!"

말이 떨어지기 무섭게, 아버지의 손바닥이 성규의 볼때기를 후려쳤다. 옆에 있던 어머니의 쇳소리가 그의 뺨에 달라붙었다.

㉤"또박또박 말대답하는 것 좀 봐."

"아버지의 마음을 모르는 게 아니에요. 그렇다고 아버지의 생각 속으로만 저를 챙겨 넣으려고 하지 마세요."

성규는 얻어맞은 자리를 어루만지지도 않고, 되레 풀죽은 목소리가 되었다.

"네가 알긴 뭘 알아. 네가 내 속을 어떻게 알아."

"그런 말씀은 이제 그만 좀 하셨으면 해요. 안팎에서 듣는 그 말에 물릴 지경이거든요. '너는 아직 모른다. 너도 내 나이가 되어 봐라…….' 고 깝게 듣지 마세요. 그때 가서 그 뜻을 알지언정, 지금부터 제 사고와 행동을 포기하고 싶지는 않습니다. 그런 뜻에서 제가 할아버지를 우리 모임에 초청한 사실을 후회하지 않을뿐더러, 옳았다고 생각합니다. 아버지가 할아버지를 심리적으로 격리시키려 하고, 또 한편으로는 이해하려는 모순을 저도 이해합니다. 노상 이기적인 현실에의 집착이 그걸 누르는 데 대한, 어쩔 수 없는 **생활인의 감각**까지도 저는 알고 있습니다. 그러나 역설적이고 건방지게 들릴지 모르지만, 제 나이는 또 할아버지의 생애를 이해합니다.

북으로 상징되는 할아버지의 삶을 놓고, 아버지와 제가 감정적으로 갈라서는 걸 **비극의 차원**에서 파악할 것도 아니라고 봅니다. 할아버지가 자신의 광대 기질에 철저하여 가족을 버린 건 비난받아야 할 일이나, 예술의 이름으로는 용서받을 수 있습니다."

"그래서? 할아버지가 나름대로의 예술을 완성했니?"

아버지의 입가에 냉소가 머물렀다.

"그건 인식하기 나름입니다. 다만 할아버지에게서 북을 뺏는 건, 할아버지의 한(恨)을 배가시키고, 생의 마지막 의지를 짓밟는 것에 다름 아니라는 생각만은 갖고 있습니다."

– 최일남, 「흐르는 북」 –

148 ▶ 24951-0170

㉠~㉤에 대한 설명으로 적절하지 <u>않은</u> 것은?

① ㉠: 특정 인물의 시선을 통해 다른 인물의 심리를 해석하여 보여 준다.

② ㉡: 인물의 행적을 요약적으로 제시하여 다른 인물과의 갈등을 짐작하게 한다.

③ ㉢: 현재의 상황을 과거의 상황과 대비하여 인물의 처지를 강조한다.

④ ㉣: 인물의 반어적인 발화를 제시하여 다른 인물의 의견에 대한 부정적 태도를 드러낸다.

⑤ ㉤: 새로운 인물의 발화를 제시하여 갈등이 발생한 근본적 원인을 보여 준다.

149 ▶ 24951-0171

윗글의 구절에 대한 이해로 가장 적절한 것은?

① '세련된 입신'은 '성규'의 아버지가 방황하는 삶을 그만두고 세속적인 삶을 지향하기를 바라는 '민 노인'의 소망을 드러내고 있다.

② '날씬한 생활'은 새로운 세대인 '성규'가 지향하는 삶에 대한 '아버지'의 비판적 시선을 보여 주고 있다.

③ '역사의 의미'는 '민 노인'의 자유로운 삶이 자신에게로 이어지는 것에 대한 '성규'의 두려움을 반영하고 있다.

④ '생활인의 감각'은 현실에 집착하는 모습을 보이는 '아버지'를 바라보는 '성규'의 태도를 보여 주고 있다.

⑤ '비극의 차원'은 '민 노인'과 '아버지'가 감정적으로 갈라선 상황에 대한 '성규'의 판단을 드러내고 있다.

150 ▶ 24951-0172

다음 〈학습 활동 과제〉를 해결한 내용으로 적절하지 않은 것은? [3점]

● 학습 활동 과제 ●

최일남의 「흐르는 북」은 산업화 시대에 전통 예술을 둘러싼 세대 간의 가치관 대립과 갈등, 그리고 화해의 문제를 다룬 소설이다. 다음을 참고하여 작품을 감상해 보자.

소통은 경험이나 가치관의 공유를 전제로 하는데, 인간은 다양한 방식의 통해 사회적 관계 속에서 자신의 존재 가치를 인정받으려 한다. 그런데 산업화 시대에는 가치관이 급격히 변하고 세대 간에 서로가 경험을 공유하지 못하여 소통에 어려움을 겪는 경우가 많았다. 이는 예술가의 삶에도 영향을 미쳤다.

① '성규'의 아버지가 '민 노인'과 소통할 수 없는 것은 예술에 대한 가치관을 '민 노인'과 공유하지 못한 데서 원인을 찾을 수 있겠군.

② '성규'가 자신의 아버지와 소통할 수 없는 것은 '민 노인'의 예술가로서의 삶에 대한 두 사람의 가치관이 서로 다르기 때문이겠군.

③ '민 노인'이 자신의 아들에게서 예술가로서의 삶을 이해받지 못하고 격리된 것은 아버지로서 존재 가치를 인정받지 못했기 때문이겠군.

④ '성규'가 '민 노인'에게서 예술적 재능을 인정받으려 한 것은 자신의 아버지와 '민 노인' 간의 화해를 이끌어 내려는 노력으로 해석할 수 있겠군.

⑤ '성규'의 아버지가 '민 노인'이 평범한 노인으로 살기를 바라는 것은 사회적 관계에서 자신의 존재 가치를 인정받는 데 '민 노인'의 예술가로서의 삶이 방해가 된다고 판단했기 때문이겠군.

40 김득연, 「산중잡곡」 / 권섭, 「영산별곡」 / 이수광, 「침류대기」

2020학년도 10월 고3 학력평가 22~26번

[151~155] 다음 글을 읽고 물음에 답하시오.

가

솔 아래 길을 내고 못 위에 대를 싸니
풍월(風月) 연하(煙霞)는 좌우로 오는고야
이 사이 한가히 앉아 **늙는 줄을 모르리라**

〈제3수〉

㉠집 뒤에 자차리 뜯고 문 앞에 맑은 샘 길어
기장밥 익게 짓고 산채갱* **므로*** **삶아**
조석에 풍미가 족함도 내 분인가 하노라

〈제5수〉

늙어 해올 일 없어 **산중**에 돌아오니
송국(松菊) 원학(猿鶴)이 다 나를 반기나다
아이야 술 가득 부어라 낙이망우(樂而忘憂) 하
리라

〈제10수〉

도원이 있다 하여도 예 듣고 못 봤더니
홍하*이 만동(滿洞)하니 이 진짓 거기로다 [A]
이 몸이 또 어떠하뇨 무릉인인가 하노라

〈제14수〉

— 김득연, 「산중잡곡」 —

***산채갱** 산나물로 만든 국.
***므로** 푹.
***홍하** 붉은 노을.

나

별이(別異)실 외딴 마을 해는 어이 쉬 넘거니
봉당(封堂)에 자리 보아 더새고* 가자꾸나
밤중(中)만 사립 밖에 긴 바람 일어나며
새끼 곰 큰 호랑(虎狼)이 목 갈아 우는 소리
산골에 울려 있어 기염(氣焰)도 흘난할샤*
칼 빼어 곁에 놓고 이 밤을 겨우 새워

앞내에 빠진 옷을 줍짜서 손에 쥐고
㉡긴 별로(別路) 돌아 달려가 벌불에 쬐어 입고
진(秦) 때의 숨은 백성 이제 와 보게 되면
도원이 여기보다 낫단 말 못 하려니
천변(天邊)의 가려진 뫼 대관령이었으니 [B]
위태코 높은고개 촉도난*이 이렇던가
하늘에 돋은 별을 져기면 만질노다
망망대양이 그 앞에 둘러 있어
대지 산악을 일야의 흔드는 듯
밑 없는 큰 구렁에 한없이 쌓인 물이
만고에 한결같이 영축*이 있었던가

— 권섭, 「영삼별곡」 —

***더새고** 밤을 지내고.
***기염도 흘난할샤** 기세가 어지럽구나.
***촉도난** 촉나라로 가는 험한 길의 어려움.
***영축** 가득 차는 것과 줄어드는 것.

다

정업원동은 창덕궁의 서쪽에 있는데, 숲과 골짜기가 깊숙한 데다가 그 골짜기로부터 시냇물이 흘러 내려와서 서늘하고 아름다운 운치를 갖고 있었다. 나는 일찍이 실록국에서 일하고 있어서 아침저녁으로 이곳을 지나게 되었다. 그러나 늘 직책에 얽매이다 보니 한 번도 조용히 찾아볼 수 없어서 한탄만 하였다. 그러던 중 하루는 유희경을 따라 금천교 위에 올라갔다가 그 다리 아래로 시냇물이 흐르고 그 시냇물 위로 무수히 떨어진 꽃잎들이 떠내려오는 것을 보고 기쁜 마음으로 이렇게 말했다.

"아마 무릉도원이 여기서 멀지 않나 보군.
이 물을 따라 올라가면 만리장성의 노역을
면하기 위해 피난 왔다가 수백 년 동안 죽 [C]
지도 않고 살아 있다는 그 진(秦)나라 사람
도 만나 보겠군."

그러자 유희경이 살짝 웃으며 말했다.

"이 물의 상류에 내가 살고 있네. 나는 그곳에 누대를 지어놓았는데 마침 복숭아꽃이 활짝 피었다네. 어젯밤에 비바람이 몹시 불더니 아마 오늘 그 꽃잎들이 많이 떨어졌나 보군. 공이 만일 가 보겠다면 내 마땅히 이곳의 주인으로서 기쁘게 맞이하겠네."

나는 기쁜 마음으로 그를 따라갔다. 한 백 발자국 남짓 올라가자 오른쪽에 경치 좋은 곳이 있었다. 그곳이 바로 그가 사는 곳이었다. 흐르는 물이 맑고 찬데, 그 물가에 돌을 쌓아 누대를 지었다. 그 누대의 섬돌은 흐르는 물 위로 한 자 남짓 높게 쌓여 있었다. ⓒ그래서 물을 베고 있다는 뜻으로 '침류대'라는 이름을 붙인 것일까?

이 누대의 아래위에는 다른 꽃이라고는 없고 오직 복숭아나무 수십 그루가 개울물의 좌우에 늘어서 있어서, 그 나무의 떨어지는 꽃들이 붉은 비가 되어 물 위로 떠내려갔다.

그리고 이 개울은 한 폭의 비단을 펼쳐 놓은 듯 출렁출렁 춤을 추었다. 옛날 사람이 일 [D]

컫는 무릉도원이라는 곳도 여기보다 낫지는 않을 듯하다.

당나라 사람 조영이 그의 시에서 '무릉도원의 멋을 저잣거리에서도 찾을 수 있다.'고 한 뜻을 이제야 알 것 같다. 나는 감탄하며 말했다.

"ⓔ옛날 유신이라는 자는 천태산의 도원에 들어가서 신선을 만나 돌아오지 않았다고 하는데, 그대가 바로 유신 같은 사람이 아닌가? 나는 지금 다행스럽게도 이 신비스러운 경치를 보았으니 무릉도원을 찾아갔던 어부의 느낌이 나와 같았겠지. 내 이 물에 들어가서 이 물로 입을 가신다고 하여 방해될 것이 있겠는가?"

우리는 서로 마주 보며 한바탕 웃은 뒤에 물가에 자리를 펴고 앉았다. 졸졸 흐르는 물소리에 굳이 씻지 않아도 깨끗해졌다. ⓜ속세의 티끌 하나 묻어 있지 않은 곳이라서 온갖 잡념이 가시니, 정신과 기운이 저절로 맑아져서 바람이 불지 않아도 날아갈 듯하였다. 속세를 벗어난 경지가 참으로 이런 것인가?

– 이수광, 「침류대기」 –

151 ▶ 24951-0173

(가)에 대한 설명으로 적절하지 않은 것은?

① '풍월'과 '연하'는 화자가 느끼는 한가함의 정서와 조응이 되는 대상을 나타낸 것이다.

② '이 사이'와 '산중'은 화자가 현재 자연을 즐기는 공간을 나타낸 것이다.

③ '늙는 줄을 모르리라'는 자연과 조화를 이룬 화자의 심정을 나타낸 것이다.

④ '기장밥 익게 짓고 산채갱 므로 삶아'는 소박한 삶을 살고 있음을 나타낸 것이다.

⑤ '아이야 술 가득 부어라'는 풍류적 지향과 정신적 수양 사이의 고뇌를 나타낸 것이다.

152 ▶ 24951-0174

(가)와 (나)의 표현상의 특징으로 적절하지 않은 것은?

① (가)는 묻고 답하는 방식을 통해 시적 의미를 부각하고 있다.

② (나)는 공간의 이동에 따라 시상을 전개하고 있다.

③ (나)는 과장적 표현을 통해 주관적 인식을 드러내고 있다.

④ (가)와 (나)는 모두 음보율을 사용하여 운율감을 드러내고 있다.

⑤ (가)와 (나)는 모두 음성 상징어를 활용하여 대상을 생동감 있게 묘사하고 있다.

153 ▶ 24951-0175

⟨보기⟩를 참고하여 [A]~[D]를 감상한 내용으로 적절하지 <u>않은</u> 것은? [3점]

• 보기 •

중국의 「도화원기」는 어부가 복숭아꽃이 만발한 숲속의 물길을 따라갔다가 수백 년 전 진(秦)나라 때 노역이나 난리를 피하여 온 사람들이 모여 사는 이상향인 무릉도원을 방문했다는 이야기를 담고 있다. 여기에 영향을 받은 우리 선조들은 무릉도원과 같은 이상향을 동경하다가 차츰 현실의 삶에서 무릉도원을 연상했다. 그래서 여행지나 일상적 생활 공간에서 만족감을 얻으면 무릉도원과 유사하다고 인식하기도 했다. 이러한 인식은 상상의 관념을 현실화하려는 욕망의 구현으로 볼 수 있다.

---

① [A]는 자연의 아름다움과 관련지어 자신이 무릉도원에 산다는 사람들과 유사하다는 인식을 드러내고 있군.

② [B]는 일상적 생활 공간에서 벗어난 사람이 무릉도원보다 나은 새로운 이상향을 찾기 위해 애쓰는 모습을 부각하고 있군.

③ [B]와 [C]는 모두 「도화원기」에 언급된 이상향에 모여 사는 사람들의 내용과 연결하여 자신의 생각을 드러내고 있군.

④ [C]와 [D]는 모두 「도화원기」와 관련된 자연물이 있는 시냇물의 광경을 통해 무릉도원을 연상하고 있군.

⑤ [B]는 여행지에서 체험한 풍경을, [D]는 특정한 인물의 생활 공간인 누대 주변의 풍경을 무릉도원과 비교하고 있군.

154 ▶ 24951-0176

(나)의 화자의 심리를 이해한 내용으로 가장 적절한 것은?

① 밤중에 짐승들의 울음소리를 듣고 불안감을 느꼈군.

② 걸어가는 길이 평탄해서 먼 산을 바라보며 즐거워했군.

③ 인가에 머무르지 못해 야외에서 잠자리를 찾으며 탄식했군.

④ 하늘의 별을 바라보며 부재하는 임에 대한 그리움을 느꼈군.

⑤ 높은 산들로 시야가 차단되어 바다를 보지 못하게 되자 아쉬워했군.

155 ▶ 24951-0177

㉠~㉤에 대한 설명으로 적절하지 않은 것은?

① ㉠: 자신의 생활상을 구체적으로 제시하고 있다.

② ㉡: 냇물에 젖은 옷을 말리는 모습이 나타나 있다.

③ ㉢: 누대가 놓인 형세를 토대로 누대의 이름을 붙인 이유를 짐작하고 있다.

④ ㉣: 은밀하게 혼자서만 경치를 즐기려는 태도에 문제를 제기하고 있다.

⑤ ㉤: 아름다운 경치에 몰입하여 느끼게 된 흥취를 표현하고 있다.

41 함세덕,「산허구리」

2012학년도 대학수학능력시험 37~39번

[156~158] 다음 글을 읽고 물음에 답하시오.

이때 ㉠동리 사람들, 들것에 복조 송장을 태워 들어온다. 물이 뚝뚝 떨어진다. 복실과 분 어미, 의아하여 잠시 보고 있더니 달려들어 목 놓고 운다. 동리 사람들, 소리를 낮춰 힐끽힐끽 운다.

간(間)

처: (부엌에서 나오며) 왜들 우니?

분 어미와 복실: 어머니, 복조예요.

동리 사람 3: ㉡쇠뿌리로 배 내다가 보니 범바위 틈에 꼈습디다.

처: 물에서 죽은 놈이 복조뿐인가? 어떻게 복조라고 장담해. (아무 관계없는 듯이 부엌으로 들어간다.)

(노어부를 석이와 윤 첨지가 양편에서 꽉 붙들고 들어온다.)

노어부: 놔. 두고 볼 거 아니야.

윤 첨지: 참어. 참는 데 복이 있다네. 그저 참는 것이 제일이야. 참을 인(忍) 자가 셋이면 사람 하나 살린다는 말이 있지 않나.

석이: (그제야 들것과 사람들을 보고) 누나, 이것이 작은형이요? (붙들고 운다.)

윤 첨지: 찾았으니 다행이군. 눈물을 씻는다.)

노어부: (한참 바라보고 있더니 눈물을 닦으며 서러운 소리로 똑똑히) 몇 해 전에는 배도 서너 척 있었고, 그물도 동리에 뛰어나게 가졌드랬지. 배 팔고 그물 팔고 나머지는 뭐냐? 내 살덩이밖에 없었어. 그것도 다ー 못해서 다리 한쪽 뺏겼지. 고기잡이 3년에 자식 다ー 잡아먹는다는 것은, 윤 첨지⋯⋯.

윤 첨지: ⋯⋯.

┌ **노어부:** 나를 두고 하는 말이야. 두고 보고 바랄 것이 인제는 하나도 없어. (별안간 부엌 뒤로 퇴장. 들어가더니 **괭이**를 들고 나온 └

다. 뒤따라 처가 미친 듯이 달려들어 부지깽이로 노어부의 머리를 후려 때린다. 노어부 쓰러진다.)

처: (괭이를 잡아 뺏으며) 이 괭이가 무슨 괭인 줄 알어?

노어부: (덤비려다가 처의 너무도 핼쑥한 얼굴을 보고 고개를 돌려 복조를 붙들고 운다.)

처: 내가 맑은 물 떠 놓고 수신께 빌었거든. 이것은 우리 복조 아니야. 내 정성을 봐서라도 이렇게 전신을 먹히게 안 했을 거야. 지금쯤은 너구리섬 동녘에 있는 시퍼런 깊은 물속에. 참 거기는 미역 냄새가 향기롭지. 그리고 백옥 같은 모래가 깔렸지. 거기서 팔다리 쭉 뻗고 눈감았을 거야. 나는 지금 눈에 완연히 보이는걸. 복조 배 위로 무지갯빛 같은 고기가 쑥ー 지나갔어. (눈앞에 보이는 환영을 물리치는 듯이 손으로 앞을 가리며) 눈감은 얼굴이 너무도 쓸쓸하군. 이렇ー게 (시늉을 하며) 원망스러운 얼굴이야. 불만스러운 얼굴이야. 다문 입이 너무도 쓸쓸해.

[A]

간(間), 울음소리

통창으로 가야지. 서남풍이 자고, 동풍이 불면 나를 만나러 올지도 몰라. 아니야 꼭 올 거야. 저녁물 아니면 내일 아침물 그도 아니면 모레 아침물. 산수자리를 골라놓고 동쪽을 보고 기대려야지. (일동을 보고 픽 웃으며) 뭣 때문에 울어들? (괭이를 들고 밖으로 뛰어 나간다.)

석이: 어머니, 어머니, 어머니. (속이 타서 발을 구르며) 아버지, 얼른 가서 어머니 좀 붙드세요. 얼른 얼른 아버지.

노어부: 내 알 것 아니야.

석이: (어머니, 어머니 부르며 뒤따라 퇴장)

　ⓒ(멀리서 처의 웃는 소리 우는 소리 번갈아 들린다.)

노어부: (일어서며) 윤 첨지, 북망산으로 가지.

복실: 촛불 하나 안 키고 관도 없이 어델 가요?

분 어미: 사람 목숨이 이렇게도 싼가. 뒤란에 검부락지 쓸어가듯 휙 쓸어 가면 고만이야.

윤 첨지: 장성한 사람을 그럴 수 있나.

분 어미: (일어서며) 난 항구로 가겠다. 더 있는댔자 가슴만 졸이지. 울며 웃으며 한세상 살다 그럭저럭 죽을 때 되면 죽지. (언덕을 넘어 퇴장)

노어부: (뒷모양을 바라보다가) 왜, 과부 수절하기가 싫으냐?

석이: (울면서 등장) ②어머니가 갯가에서 괭이로 물을 파며 통곡을 하시다가는 별안간 허파가 끊어진 것처럼 웃으며 (복실의 가슴에 안겨) 누나

야. 어머니는 한세상 참말 헛사셨다. 왜 우리는 밤낮 울고불고 살아야 한다든?

복실: (머리를 쓰다듬으며) 굴뚝에 연기 한 번 무럭무럭 피어오른 적도 없었지.

석이: (울음 섞인 소리로, 그러나 한 마디 한 마디 똑똑히) 왜 그런지를 난 생각해 볼 테야. 긴긴밤 갯가에서 조개 잡으며, 긴긴낮 신작로 오가는 길에 생각해 볼 테야.

복실: (바다를 보고) 인제 물결이 자는구나.

윤 첨지: ⑩먼동이 트는군. (나가면서)

　(노어부를 보고) 사람 삼키더니 물결이 얼음판 같아 졌지. 자네 한 잔 쭉– 들이키고 수염 닦는 듯이. 어서 초상 준비나 하게. 상엿집에 휭하니 다녀올 테니.

　　　　　— 막 —

　　　　　　　　　– 함세덕, 「산허구리」 –

156 ▶ 24951-0178

윗글의 등장인물에 대한 이해로 적절한 것은?

① '복조'와 '복실'은 평소에 친했던 이웃이다.

② '석이'는 형의 죽음을 차분하게 받아들이고 있다.

③ '윤 첨지'는 '노어부'의 처지에 대해 공감하고 있다.

④ '분 어미'는 친정이 있는 항구로 돌아가려 하고 있다.

⑤ '복실'은 행복하기만 했던 어린 시절을 그리워하고 있다.

157 ▶ 24951-0179

㉠~㉤을 통해 무대 밖에서 일어난 사건이 관객에게 전달된다고 할 때, 그에 대한 설명으로 적절하지 않은 것은?

① ㉠은 무대 밖에서 이미 일어난 사건을 추후에 시각적 효과를 활용하여 알려 주고 있다.

② ㉠과 상반된 ㉡의 정보로 인해, ㉡에 대한 관객들의 의심이 증폭되고 있다.

③ ㉢은 무대 밖에서 현재 진행되고 있는 사건을 청각적 효과를 활용하여 전달하고 있다.

④ ㉣은 무대 밖에서 이미 일어난 사건을 추후에 알려 주지만, ㉢과 연관되면서 무대 밖에서 동시에 진행되는 사건을 환기하기도 한다.

⑤ 관객은 ㉤을 통해 시간의 경과를 분명하게 인지하여 새로운 아침이 시작되었다는 것을 알 수 있다.

158 ▶ 24951-0180

〈보기〉의 ⓐ~ⓔ 중 [A]의 괭이 에 대한 해석으로 적절하지 않은 것은?

● 보기 ●

　괭이는 '복조'가 사용하던 것으로, 사건 진행과 인물의 정서적 변화에 중요한 역할을 하는 소도구이다. 처음에 괭이는 관객이 볼 수 없는 부엌 뒤에 놓여 있었는데, ⓐ'노어부'가 무대로 가지고 들어오면서 관객들의 주목을 끌게 된다. 이후 괭이는 ⓑ'처'가 '노어부'를 뒤따라 움직이는 계기를 제공하고, ⓒ'처'가 '노어부'와 충돌하게 만드는 매개체 구실을 하며, ⓓ'처'가 내면 심경을 직접 토로하지 못하도록 억제하는 기능을 순차적으로 수행한다. ⓔ관객들은 괭이에 대한 '처'의 집착을 지켜보면서 '처'의 내면을 엿볼 수 있게 된다.

① ⓐ　　② ⓑ　　③ ⓒ　　④ ⓓ　　⑤ ⓔ

42 김정한, 「모래톱 이야기」

2015학년도 6월 모의평가 A·B형 34~38번

[159~163] 다음 글을 읽고 물음에 답하시오.

나는 미안스런 생각으로 건우 어머니가 따라 주는 술잔을 받았다. 손이 유달리 작아 보였다. 유달리 자그마한 손이 상일에 거칠어 있는 양이 보기에 더욱 안타까울 정도였다.

기어이 저녁까지 대접하겠다고 부엌으로 가 버린 뒤, 나는 건우를 앞에 두고 잔을 들면서, 그녀의 칠칠한 인사범절에 새삼 생각되는 바가 있었다.

[A]
나는 모든 것을 다시 보았다. 농삿집치고는 유난히도 말끔한 마루청, 먼지를 뒤집어쓰고 있지 않은 장독대, 울타리 너머로 보이는 길찬 장다리꽃들…… 그 어느 것 하나에도 그녀의 손이 안 간 곳이 없으리라 싶었다. 이러한 집 안팎 광경들을 통해서 나는 건우 어머니가 꽤 부지런하고 친절한 여성이라는 것을 고대 짐작할 수가 있었다.

젊음이 한창인 열아홉부터 악지 세게 혼자서 살아왔다는 것과, 어려운 가운데서도 외아들 건우를 나룻배를 태워 가면서까지 먼 일류 중학에 보내고 있다는 사실, 그리고 농촌 아이라고는 믿어지지 않을 만큼 건우의 입성이 항시 깨끗했다는 사실들이 어련히 안 그러리 싶어지기도 했다. 얼핏 보아서는 어리무던한 여인 같기도 하지만 유난히 볼가진 듯한 이마라든가, 역시 건우처럼 짙은 눈썹 같은 데선 그녀의 심상치 않을 의지랄까, 정열 같은 것을 읽을 수가 있었다.

나는 술상을 물리고서, 건우의 공부방을 — 어머니의 방일 테지만 — 잠깐 들여다보았다. 사과 궤짝 같은 것에 종이를 발라 쓰는 책상 위에는 몇 권 안 되는 책들이 나란히 꽂혀 있었다. 그 가운데서 〈섬 얘기〉라고, 잉크로써 굵직하게 등마루에 씌어진 두툼한 책 한 권이 특별히 눈에 띄었다.

"섬 얘기? 저건 무슨 책이지?"

나는 건우를 돌아보고 물었다.

"암것도 아입니더."

"소설?"

"아입니더."

"어디 가져와 봐!"

건우는 싫어도 무가내라 뽑아 오면서,

"일기랑 또 책 같은 거 보고 적은 김더."

부끄러운 내색을 하였다.

"일기는 남의 비밀이니까 읽을 수가 없고, 어디 책 읽은 소감이나 봬 주게."

나는 책을 도로 돌렸다. 건우는 마지못해 여기저길 뒤적거리다가 한 군데를 펴 주었다. 또박또박 깨알같이 박아 쓴 글씨였다.

○○○ 여사는 어머니처럼 혼자 사시는 분이라 그런지 그분의 글에는 한결 감동되는 바가 있었다. 「내가 본 국도」 속의 한 구절 — 그래도 선거 때가 되면 소속 육지에서 똑딱선을 가지고 섬 백성을 모시러 오는 알뜰한 정당이 있어, 이들은 다만, 그 배로 실려 가서 실상 자기네 실생활과는 무연한 정치를 위하여 지정해 주는 기호 밑에 도장을 찍어 주고 그 배에 실려 돌아온다는 것입니다.

(중략)

건우 할아버지와 윤춘삼 씨가 들려준 조마이섬 이야기는 언젠가 건우가 써냈던 〈섬 얘기〉에 몇 가지 기막히는 일화가 붙은 것이었다.

"우리 조마이섬 사람들은 지 땅이 없는 사람들이오. 와 처음부터 없기싸 없었겠소마는 죄다 뺏기고 말았지요. 옛적부터 이 고장 사람들이 젖줄같이 믿어 오던 낙동강 물이 맨들어 준 우리 조마이섬은……."

건우 할아버지는 처음부터 개탄조로 나왔다. 선조로부터 물려받은 땅, 자기들 것이라고 믿어 오던 땅이 자기들이 겨우 철 들락말락할 무렵에 별안간 왜놈의 동척* 명의로 둔갑을 했더란 것이었다.

"이완용이란 놈이 '을사 보호 조약'이란 걸 맨들어 낸 뒤라 카더만!"

윤춘삼 씨의 퉁방울 같은 눈에도 증오의 빛이 이글거리기 시작했다.

[B] 1905년— 을사년 겨울, 일본 군대의 포위 속에서 맺어진 '을사 보호 조약'이란 매국 조약을 계기로, 소위 '조선 토지 사업'이란 것이 전국적으로 실시되던 일, 그리고 이태 후인 정미년에 가서는 "한국 정부는 시정 개선에 관하여 통감의 지도를 수할 사"란 치욕적인 조목으로 시작된 '한일 신협약'에 따라, 더욱 그 사업을 강행하고 역둔토(驛屯土)의 대부분과 삼림원야(森林原野)들을 모조리 국유로 편입시키는 등 교묘한 구실과 방법으로써 농민으로부터 빼앗은 뒤, 다시 불하*하는 형식으로 동척과 일인(日人) 수중에 옮겨 놓던 그 해

괴망측한 처사들이 문득 내 머리 속에도 떠올랐다.

"쥑일 놈들."

건우 할아버지는 그렇게 해서 다시 국회의원, 다음은 하천 부지의 매립 허가를 얻은 유력자…… 이런 식으로 소유자가 둔갑되어 간 사연들을 죽 들먹거리더니,

"이 꼴이 되고 보니 선조 때부터 둑 을 맨들고 물과 싸워 가며 살아온 우리들은 대관절 우찌 되는기요?"

그의 꺽꺽한 목소리에는, 건우가 지각을 하고 꾸중을 듣던 날 "나릿배 통학생임더." 하던 때의, 그 무엇인가를 저주하듯 한 감정이 꿈틀거리고 있는 것 같았다. ⓐ얼마나 그들의 땅에 대한 원한이 컸던가를 가히 짐작할 수가 있었다.

— 김정한, 「모래톱 이야기」 —

*동척 일제 강점기 '동양 척식 주식회사'의 준말.

*불하 국가 또는 공공 단체의 재산을 개인에게 팔아넘기는 일.

159 ▶ 24951-0181

[A]의 서술상 특징에 대한 설명으로 가장 적절한 것은?

① 공간적 배경을 활용하여 주제를 암시적으로 드러낸다.

② 일상적 소재를 열거하여 인물의 복잡한 심리를 보여 준다.

③ 서술자의 논평을 통해 인물의 성격 변화의 양상을 드러낸다.

④ 구체적 묘사와 서술자의 판단을 통해 인물의 성격을 제시한다.

⑤ 현재와 과거의 사실을 교차하여 향후 전개될 사건의 단서를 제공한다.

160 ▶ 24951-0182

윗글에 대한 이해로 적절하지 <u>않은</u> 것은?

① '손'은 어머니가 고된 생활을 감당해 왔음을 알려 준다.

② '일류 중학'은 건우 모자의 불화가 교육관의 차이에서 비롯되었음을 알려 준다.

③ '책상'은 넉넉하지 못한 살림살이의 단면을 보여 준다.

④ '책 읽은 소감'은 정치 현실에 대한 건우의 관심을 드러내고 있다.

⑤ '둑'은 조마이섬 사람들의 삶의 내력을 담고 있다.

161 ▶ 24951-0183

[B]를 〈보기〉의 시나리오로 각색했다고 할 때, 고려한 내용으로 적절하지 <u>않은</u> 것은?

● 보기 ●

S#98. 강둑 위 (오후, 길게 펼쳐진 조마이섬 모습 후) E.L.S.[*]

건우 증조부: (손에 쥔 종이를 움켜쥐고 부르르 떨며) 대명천지에 이럴 수는 없는 기다!

소년(건우 할아버지): 이기 무신 소립니꺼? 인자 우리 땅이 아니라니요, 조마이섬이 왜놈 땅이 됐다 카는 기 무신 말씀입니꺼? (건우 증조부, 손에 쥔 종이를 갈기갈기 찢고, 집으로 달려간다. 소년 뒤따라간다.) O.L.

S#99. 나루터 선술집 (저녁)

건우 선생님: (놀랍다는 듯이) 그러니까 일제 때 토지 조사 사업 한답시고 국유지로 편입시켰다가, 그걸 다시 팔아먹었던 거군요?

건우 할아버지: (증오의 눈빛으로) 거서 끝이 아니라요. 아마 건우 애비 중학 졸업하던 땐가 해방 됐다꼬 만세 부르고 와 보니, 이번엔 국회 의원 손에 넘어갔다 카이.

윤춘삼: 얼마 전부터는 하천 부지를 매립한다나 어쩐다나…….

건우 할아버지: 오늘은 시키면 놈들이 우르르 몰려와서는 종이 쪼각을 봬 주며 그랍디다, 섬에서 나가는 기 좋을 끼라고, 내일은 결판을 낼 끼라고. (입술을 깨물었다가 무슨 결심이라도 한 듯이) 대명천지에 이럴 수는 없는 기다!

*E.L.S. 익스트림 롱 숏. 아주 멀리서 넓은 지역을 조망하는 촬영 기법.

---

① S#98에서 조마이섬의 지형적 특징을 보여 주기 위해 멀리서 섬을 조망하는 촬영 기법을 도입해야겠어.

② S#99에서 관객의 이해를 돕기 위해 인물의 대사로 역사적 사실에 대한 정보를 전달해야겠어.

③ S#99에서 관객의 긴장을 유발하기 위해 이후 벌어질 갈등 상황을 인물의 대사 속에 넣어야겠어.

④ S#98~99에서 인물 간 갈등을 부각시키기 위해 조마이섬의 소유권 이전에 찬동하는 등장인물을 넣어야겠어.

⑤ S#98~99에서 억울한 상황이 되풀이됨을 강조하기 위해 서로 다른 인물이 동일한 특정 대사를 구사하도록 해야겠어.

162 ▶ 24951-0184

〈보기〉를 참고하여 윗글을 감상한 내용으로 적절하지 않은 것은? [3점]

> • 보기 •
>
> 「모래톱 이야기」에서 작가는 땅을 둘러싼 권력의 횡포를 비판하고 '뿌리 뽑힌 사람들'의 삶을 서술자와 등장인물을 통해 증언한다. 이 과정에서 등장인물들은 절망의 나락에 빠지지 않는 저항적 주체의 모습으로 형상화된다. 작가는 공동체의 고통에 대한 공감을 바탕으로 하여 부조리한 현실을 전달하고 증언하기 위해 서술자 '나'의 이야기를 창조하였다. 이는 작가의 적극적인 현실 참여 의식이 가미된 결과이다.

① 건우 할아버지와 윤춘삼의 이야기에 대한 '나'의 태도로 보아, '나'의 이야기는 조마이섬 사람들에 대한 공감을 담아낸 것임을 알 수 있어.

② 조마이섬 사람들에 대한 '나'의 이야기가 건우의 〈섬 얘기〉와 관련된 것으로 보아, 건우는 땅의 소유권이 바뀌어 온 현실을 증언하는 인물임을 알 수 있어.

③ 건우 할아버지와 윤춘삼의 이야기가 건우의 〈섬 얘기〉에 원천을 두고 있는 것으로 보아, '나'의 이야기는 건우를 저항적 주체들의 중심인물로 삼고 있음을 알 수 있어.

④ '나'의 이야기가 조마이섬과 관련된 몇 가지 기막힌 일화를 다루는 것으로 보아, '나'의 이야기는 현실의 이면에 감춰진 부조리한 실상을 증언하기 위한 것임을 알 수 있어.

⑤ 건우 할아버지의 이야기가 대대로 땅을 빼앗겨 온 조마이섬 사람들에 관한 것으로 보아, '나'의 이야기는 '뿌리 뽑힌 사람들'에 대한 권력의 횡포를 비판하는 것임을 알 수 있어.

163 ▶ 24951-0185

문맥상 ⓐ를 가장 잘 나타낸 것은?

① 각골통한(刻骨痛恨)
② 노심초사(勞心焦思)
③ 전전반측(輾轉反側)
④ 풍수지탄(風樹之嘆)
⑤ 후회막급(後悔莫及)

43 안수길, 「제3인간형」

2018학년도 수능특강 문학 155~157쪽 01~03번

[164~166] 다음 글을 읽고 물음에 답하시오.

[A]
　　일정한 수입이, 그것도 제달 제달에 **꼬박꼬박** 약속되는 것이 대견한 일이었다. 그리고 마음과 생활을 가다듬어 무얼 여유 있게 생각하고 내키지 않는 잡문을 끼적거려 팔아먹는 것이 아니라, 쓰고 싶던 것을 마음먹고 쓸 수 있다고, 영도 어귀에 떠 있는, 어떤 때에는 주전자같이도 보이고 때로는 전진하는 탱크같이도 보이는 섬을 내다보며, 가슴을 쭉 벌려 크게 호흡도 하였다.

　　그러나 여름과 겨울, 방학이 두 번이나 지났고, 이제 학년 말도 몇 주일 남지 않은 오늘에 이르기까지, 석은 한 편의 작품도 이룩하지 못하였고, 아쉬운 때 끼적여 들고 나가 돈과 바꿔 오던 잡문 하나도 쓸 여유가 없었다. 교편생활이란 그렇게 만만한 것이 아니었다. 자질구레한 잡무가 꼬리를 물고 그칠 줄 몰랐다.

　　아이들과 아귀다툼하는 일, 수업은 하루에 세 시간밖에 되지 않았으나, 스물네 시간 전 신경이 아이들 하나하나에 쓰여지지 않아서는 안 되는 일이었다.

　　거기에 석의 집은 걸어서 한 시간 반, 그것도 전차나 버스를 이용하기에는 반지빠른* 위치에 있었다. 판자 울타리 너머에 꽃 한 포기 볼 수 없는 삭막한 길, 더욱이 비 오는 날이면 발목을 넘는 진창길을, 아침이면 눈을 비비며 걸어갔다가 저녁이면 어두컴컴해서야 돌아오게 되는 석은, 피로에 지치어 밤이면 곯아떨어지지 않을 수 없었다.

　　한가하게 무얼 생각할 여유나, 팽팽한 마음으로 책상을 대하여 원고지 빈칸을 메울 육체와 정신적 기력이 없어졌다.

　　나른한 몸과 안개 낀 머리를 채찍질하여 책상을 대해 앉았다가는, 펜 쥔 손가락에 맥이 저절로 풀려지고 눈꺼풀이 스스로 덮여질 때, 석은 모른다 하고 자빠져 누우면서 중얼거렸다.

　　"교육도 사내의 보람 있는 일이거니, 차라리 훌륭한 교육자가 되자!"

　　그러나 교육자로서 석은 아직 애송이였다. 아니 엑스트라의 자격밖에 없었다. 그러나 그렇게 생각하니, 또 이십 년, 마음의 지주였고 생활의 목표였던 그 길을 이제 일조에 분필로 바꾼다는 것이 자신을 배반하는 일밖에 되지 않았다. 더욱이 제 자신에 충실하여 학교를 그만둔다면 또 그나마도 생활의 방편이 막히는 것이었다. 직업에도 충실하지 못하고 자신에도 엉거주춤하고 이러한 자책의 채찍을 맞으면서, 석은 점심밥 그릇과 원고지 권이 함께 들어 있는 무거운 가방을 들고, 벌써 십여 개월 날마다 삭막한 통근 코스를 흐리터분한 분위기 속에 학교에 왔다 갔다 하였다. 초조감만 북돋아졌다. 그러나 그럴수록 마음은 공허해 간다. 그리고 안일을 탐하여 현실과 타협하려고 들었다.

　　허탈한 마음으로 학교 주위의 바다 풍경을 즐기고, 이레 만에 찾아오는 일요일을 고대하는 게으른 사람이 되고 말았다.

　　그가 조운에게서 정신적인 위압을 느낀 것은 그의 내면이 이러했기 때문이었다.

[중략 부분 줄거리] 조운은 석에게 미이의 편지를 보여 준다. 6·25 전쟁 전 가난한 문학도였던 조운은 전쟁이 터지자 처가에 숨어 지내며 세상의 추악한 면을 목도한다. 이후, 작가 생활을 포기하고 운수업을 하여 큰 성공을 이룬 조운은 우연히 부산역 앞에서 미이를 만난다. 미이는 전쟁 전 조운을 따르던 부유한 가정의 문학소녀인데, 전쟁으로 집안이 파산한 후 부산에서 취직자리를 구하는 중이라고 조운에게 말한다.

이튿날부터 부산에서의 새 사업 계획에 분망한 틈을 타서, 나는 미이를 하루 한 번씩은 만났고, 그의 판잣집에도 찾아가 보았네. 그 생활이란 말이 아니데. 꼼짝 못 하고 누워 있는 미이 아버지의 얼빠진 모양, 고생 모르고 늙던 어머니의 목판 장사 하는 정경.

나는 미이의 가족을 구해야겠다는 생각이 더욱 간절했네. 그러나 미이와 자주 만나는 사이 처음 순수했던 생각보다도 야심이 더 앞을 섰다는 것을 고백하네. 술과 계집이 마음대로였던 내 생활이라, 미이에 대해 밖으로 나타나는 태도도 좀 다르다고 미이 자신이 눈치챘을 것일세.

나는 다방을 하나 차려 줄 것에 생각이 미치었네. 이것이면 내 힘으로 자금 유통도 되고, 미이의 명랑성도 센스도 살릴 수 있고 수입 면도 문제없다고 생각했네. 이 계획을 말했더니 처음에는 그럴싸하게 듣고, 얼굴에 희망의 불그레한 홍조까지 떠올리던 미이였으나 다음날 오 일간의 생각할 여유를 달라는 것이었네. 더 생각할 여지도 없는 일일 터인데 망설이는 것이 수상쩍었으나, 그러마 하고 나는 동아극장 옆에 있는, 마침 물려주겠다는 다방 하나를 넘겨 맡기로 이야기가 다 되었었네. 그 닷새 되는 날이 오늘이고, 정한 시간에 연락 장소인 다방엘 갔더니, 레지가 내민 것이 **종이 꾸러미**였었네. 펴 보고 놀라지 않을 수 없었네. 다른 길과 달라 **간호 장교**이고 보니, 생활 방편을 위한 것이 아님이 대뜸 짐작이 갔고, 더욱 나의 뒤통수를 때린 것이 검정 넥타이였었네. 그러면 미이가 첫날 다방에서 '사명 운운'했던 것은 그 길을 말함이었던가? 나는 부끄럽기 짝이 없었네. 검정 넥타이를 들고 나는 비로소 삼 년 동안이나 내가 정신적으로 타락의 길을 걷고 있었다는 것을 뼈아프게 느끼었네. 미이가 말하는 그 사명을 찾는 길, 사명을 다하는 일을 나는 **사변이라는 외적인 격동 때문에** 포기하고 만 것일세. 가장 잘 생각하는 체하던 나

는 가장 바보같이 생각했고, 부박하다고* 세상을 모른다고 여기었던 미이는 사변에서 키워졌고 굳세어졌고 올바른 사람이 된 것일세. 이렇게 생각하자 나는 천야만야한 낭떠러지를 굴러떨어지는 듯했네. 구르면서 걷어잡으려고 한 것이 친구의 구원이었네. 자네를 찾은 것은 이 때문일세……

조운의 긴 이야기를 듣고 난 석은, 여기 올 때까지 그렇게 호기심을 끌었고 기대의 대상이 되었던 그에게 이젠 **아무런 흥미**도 가지지 않았다. 더욱이 그의 고민 같은 것은 문제도 아니었다.

석의 뇌와 마음은 강렬한 미이의 인상으로 꽉 차 있었다.

그리고 미이가 조운의 마음에 던져 준 충격 이상의 충격을 석도 받지 않을 수 없었다.

안주가 좋아서만이 아니었다. 그 강렬한 배갈도 석을 취하게 하지 못했다. / 역시 마음이 미이로 말미암아 팽팽 차 있었기 때문이었다.

조운의 차로 집에 돌아와서도 석은 큰소리를 탕탕 치거나 울거나 하지 않았다. 얌전하게 자리에 들어가 가족들을 들볶지 않았다.

그의 엄숙한 태도에 가족들은 또 술을 먹었다고 잔소리를 할 수 없었다.

자리에 드러누워 그는 생각하였다.

'조운의 말대로 조운은 사변의 압력으로 그의 사명을 포기했고, 사변을 통하여 미이는 용감하게 시대적 요구에 응할 수 있는 사람으로 변하였다. 그러면 나는?'

눈을 감았다 뜨며 석은 중얼거렸다.

"사명을 포기치도 그것에 충실치도 못하고 말라가는 나는? 나도 **사변이 빚어낸 한 타입이라고 할까?**"

— 안수길, 「제3인간형」 —

＊**반지빠른** 어중간하여 알맞지 아니한.
＊**부박하다고** 천박하고 경솔하다고.

164 ▶ 24951-0186

[A]의 서술상 특징에 대한 설명으로 가장 적절한 것은?

① 특정 인물의 입장에서 인물이 처한 상황을 드러내고 있다.

② 관찰자의 시점으로 인물의 행동을 객관적으로 보여 주고 있다.

③ 공간의 묘사를 통해 인물의 내적 갈등이 해소될 것임을 드러내고 있다.

④ 현학적인 표현을 주로 사용하여 인물의 의지를 긍정적으로 형상화하고 있다.

⑤ 시간의 흐름에 따라 인물의 처지가 변화한 것에 대해 비판적 관점에서 서술하고 있다.

165 ▶ 24951-0187

〈보기〉를 참고하여 윗글을 감상한 내용으로 적절하지 않은 것은?

• 보기 •

어떤 일이 가치 있는 일인가에 대한 의미 찾기가 무시되는 시대를 살고 있는 사람들은 변화를 강요받는다. 어떤 사람들은 가치 있는 일을 찾고 이를 행하기 위해 자기 자신을 변화시키는 반면, 또 다른 사람들은 생존을 유일한 목표로 삼아 자신이 옳다고 생각하던 가치들을 부정하는 변화를 겪는다. 그리고 이 두 부류에 속하지 못한 사람들은 현실에 적당히 안주하며 의미 있는 일을 고민하기도 하면서 우유부단하게 살아간다. 안수길은 소설을 통해 이 유형들을 보여 주며, 어떻게 살아야 할 것인가에 대한 고민을 던지고 있다.

① '제달 제달에 꼬박꼬박' 들어오는 '일정한 수입'은 석이 교편생활에 만족하지 못하면서도 교편생활을 포기하지 못하게 하는 요인이군.

② '사변이라는 외적인 격동 때문에' 자신의 사명을 포기한 조운은 자신이 옳다고 생각하던 가치들을 부정하고 살아가는 부류에 속하는 사람이군.

③ 부박하고 세상을 모르던 미이가 '간호 장교'를 선택한 것은 이전과 달리 미이가 가치 있는 일을 행할 수 있는 사람으로 변화한 것을 보여 주는군.

④ 석이 조운의 이야기에 '아무런 흥미'가 생기지 않는 것은 조운의 삶이 자신에게 우유부단함을 버릴 것에 대해 강요하는 것으로 받아들이기 때문이군.

⑤ 석이 자신을 돌아보며 '사변이 빚어낸 한 타입이라고 할까?'라고 고민하는 것은 조운처럼도 미이처럼도 살지 못하는 자신에 대한 자괴감을 드러내는 것이군.

166 ▶ 24951-0188

종이 꾸러미 에 대한 설명으로 적절한 것끼리 짝지은 것은?

● 보기 ●

ㄱ. 조운이 석을 오랜만에 찾아오게 된 계기가 된다.

ㄴ. 조운이 미이에게 빚진 과거를 청산하지 못하는 이유가 된다.

ㄷ. 조운과 석이 전쟁 후 자신의 삶을 돌아보게 하는 역할을 한다.

ㄹ. 조운과 석에게 전쟁 당시 미이와의 만남을 추억하는 매개체가 된다.

① ㄱ, ㄴ   ② ㄱ, ㄷ   ③ ㄱ, ㄹ
④ ㄴ, ㄷ   ⑤ ㄷ, ㄹ

Ⅱ
적용
학습

44 〉 김소운, 「특급품」

2015학년도 6월 고2 학력평가 44~45번

[167~168] 다음 글을 읽고 물음에 답하시오.

비자는 연하고 탄력이 있어 두세 판국을 두고 나면 반면(盤面)*이 얽어서 곰보같이 된다. 얼마 동안을 그냥 내버려두면 반면은 다시 본디대로 평평해진다. 이것이 비자반*의 특징이다.

비자를 반재(盤材)로 진중(珍重)하는 소이(所以)는*, 오로지 이 유연성(柔軟性)을 취함이다. 반면에 돌이 닿을 때의 연한 감촉―, 비자반이면 여느 바둑판보다 어깨가 마치지 않는다는 것이다. 아무리 흑단(黑檀)이나 자단(紫檀)이 귀목(貴木)이라고 해도 이런 것으로 바둑판을 만들지는 않는다.

비자반 일등품 위에 또 한층 뛰어 특급품이란 것이 있다. 반재며, 치수며, 연륜이며 어느 점이 일급과 다르다는 것은 아니나, 반면에 머리카락 같은 가느다란 흉터가 보이면 이게 특급품이다. 알기 쉽게 값으로 따지자면, 전전(戰前) 시세로 일급이 2천 원 전후인데, 특급은 2천 4, 5백 원―, 상처가 있어서 값이 내리는 게 아니라 되레 비싸진다는 데 진진(津津)한* 묘미가 있다.

반면이 갈라진다는 것은 기약치 않은 불측(不測)의 사고이다. 사고란 어느 때 어느 경우에도 별로 환영할 것이 못 된다. 그 균열(龜裂)의 성질 여하에 따라서는 일급품 바둑판이 목침(木枕)감으로 전락해 버릴 수도 있다. 그러나 그렇게 큰 균열이 아니고 회생할 여지가 있을 정도라면 헝겊으로 싸고 뚜껑을 덮어서 조심스럽게 간수해 둔다. 갈라진 균열 사이로 먼지나 티가 들어가지 않도록 하는 단속이다.

1년, 이태, 때로는 3년까지 그냥 내버려둔다. 계절이 바뀌고 추위, 더위가 여러 차례 순환한다. 그동안에 상처 났던 바둑판은 제힘으로 제 상처를 고쳐서 본디대로 유착(癒着)해 버리고, 균열 진 자

리에 머리카락 같은 희미한 흔적만이 남는다.

비자의 생명은 유연성이란 특질에 있다. 한번 균열이 생겼다가 제힘으로 도로 유착·결합했다는 것은 그 유연성이란 특질을 실지로 증명해 보인, 이를테면 졸업 증서이다. 하마터면 목침감이 될 뻔했던 것이, 그 치명적인 시련을 이겨 내면 되레 한 급(級)이 올라 특급품이 되어 버린다. 재미가 깨를 볶는 이야기다.

더 부연할 필요도 없거니와, 나는 이것을 인생의 과실(過失)과 결부시켜서 생각해 본다. 언제나, 어디서나 과실을 범할 수 있다는 가능성―, 그 가능성을 매양 꽁무니에 달고 다니는 것이, 그것이 인간이다.

(중략)

과실은 예찬할 것이 아니요, 장려할 노릇도 못 된다. 그러나 그와 동시에 과실이 인생의 '올 마이너스'일 까닭도 없다.

과실로 해서 더 커 가고 깊어 가는 인격이 있다.

과실로 해서 더 정화(淨化)되고 향기로워지는 사랑이 있다. 생활이 있다.

누구나 할 수 있는 노릇은 아니다. 어느 과실에도 직용된다는 것은 아니다. 제 과실, 제 상처를 제힘으로 다스릴 수 있는 비자반의 탄력―, 그 탄력만이 과실을 효용한다.

인생이 바둑판만도 못하다고 해서야 될 말인가.

― 김소운, 「특급품」―

＊**반면** 바둑판의 겉면.

＊**비자반** 비자나무로 만든 바둑판.

＊**비자를 반재로 진중하는 소이는** 비자를 바둑판의 재료로 중요하게 여기는 까닭은.

＊**진진한** 재미 따위가 있는.

167 ▶ 24951-0189

윗글에 대한 설명으로 가장 적절한 것은?

① 사물의 성질에서 인생의 교훈을 이끌어 내고 있다.
② 현실의 세태에 대해 비판적 태도를 드러내고 있다.
③ 과거의 삶을 되돌아보며 삶의 의지를 다지고 있다.
④ 다른 사람에게 들은 이야기를 객관적으로 전달하고 있다.
⑤ 대상을 다각적으로 관찰하여 다양한 의미를 이끌어 내고 있다.

168 ▶ 24951-0190

윗글을 바탕으로 〈보기〉를 이해한 내용으로 적절하지 않은 것은?

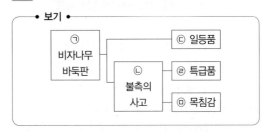

① ㉠은 연하고 탄력이 있어 바둑판으로서의 가치가 높다.
② ㉡은 반면이 갈라지는 것으로 환영할 것이 못 되는 사건이다.
③ ㉢은 균열이 없는 비자나무 바둑판으로 치수와 연륜 등은 특급품과 같다.
④ ㉣은 비자반이 상처를 스스로 유착·결합하여 균열의 흔적이 사라진 상태이다.
⑤ ㉤은 비자반이 바둑판으로는 쓸모없게 되었음을 드러내는 것이다.

[169~171] 다음 글을 읽고 물음에 답하시오.

㉠그렇게…… 그렇게도 배가 고프디야.

그 넓은 운동장을 다 걸어 나올 때까지 불현듯 어머니의 입에서 새어 나온 말은 꼭 그 한마디였다. 하지만 그것은 반드시 그를 향해 묻는 말이라기보다는 넋두리에 더 가까웠다. 교문을 나선 어머니는 집으로 가는 길을 제쳐 두고 웬일인지 곧장 다릿목에서 왼쪽으로 꺾어 드는 것이었다. 저만치 구호소 식당이 눈에 들어왔을 때 그는 까닭 모를 두려움과 수치심으로 뒷걸음질을 쳤다. 그런 그를 어머니는 별안간 무서운 힘으로 잡아끌었다.

㉡가자. 아무리 없어서 못 먹고 못 입고 살더래도 나는 절대로 내 새끼를 거지나 도둑놈으로 키울 수는 없응께. 시상에…… 시상에, 돌아가신 느 그 아버지가 이런 꼴을 보시면 뭣이라고 그러시끄나이.

어머니의 음성은 돌연 냉랭하게 변해 있었다. 끝내 그는 와앙 울음을 터뜨려 버리고 말았다. 그러나 어머니는 기어코 구호소 식당 안의 때 묻은 널빤지 의자 위에 그를 끌어다가 앉혀 놓았다.

잠시 후 어머니가 손바닥에 받쳐 들고 온 것은 ⓐ한 그릇의 국수였다. 긴 대나무 젓가락이 찔려져 있는 그것을 어머니는 그의 앞으로 밀어 놓으며 말했다.

㉢먹어라이. 어서 먹어 보란 말다이…….

어머니의 음성에는 어느새 아까의 냉랭함이 거의 지워져 있었다. 그는 몇 번 망설이다가는 젓가락을 뽑아 들고 무 조각 하나가 덩그러니 떠 있는 그 구호용 가락국수를 먹기 시작했다. 그러다가 문득 고개를 들었던 그는 그만 젓가락을 딸각 놓아 버리고 말았다. 마주 앉아서 그때까지 그를 줄곧 지켜보고 있었을 어머니의 눈에는 소리도 없이 눈물이 그득히 괴어오르고 있었기 때문이었다. 탁자 밑에 가지런히 모아져 있는 어머니의 낡은 먹고무신을 내려다보며 그는 갑자기 목구멍이 뻐근해져 옴을 느껴야 했다.

그 후, 그는 두 번 다시 그 빈민 구호소 식당 앞에서 얼쩡거리지 않았다. 아마도 그런 기억 때문이었는지는 몰라도, 두 아이의 아버지가 된 지금까지도 국수는 그에게 여전히 싫어하는 음식으로 남아 있었다.

(중략)

어머니한테 뭔가 이상한 변화가 일어나고 있을지도 모른다는 불길한 조짐을 처음으로 느끼기 시작한 것은 두 달 전쯤부터였다. 그날따라 겨울이 전에 없이 일찍 앞당겨 찾아온 듯한 늦가을 날씨로 밖은 유난히 썰렁했다. 젓가락으로 밥알을 헤아리듯 하며 맛없는 아침상을 받고 있노라니까 아내가 심상찮은 기색으로 곁에 쪼그려 앉는 것이었다. 그녀가 미처 입을 열기도 전에 그는 짐짓 신경질적인 표정부터 준비했다. 그즈음은 마침 지난달의 봉급을 받지 못한 데다가 그달 봉급마저도 벌써 며칠째 넘기고 있던 참이었으므로, 이번에도 또 아내의 입에서 보나 마나 궁색한 소리가 튀어나오리라고 지레짐작했던 때문이었다. 급료도 제대로 나오지 않는 직장을 뭣 하러 나다녀야 하느냐는 당연한 투정 때문에 얼마 전에도 한바탕 말다툼을 벌였던 적이 있었던 것이다. 그러나 이날 아침은 그게 아니었다.

여보. 나가시기 전에 어머님 좀 잠시 들여다보세요. 암만해도…….

아니 왜. 감기약을 지어 드렸는데도 여전히 차도가 없으시대?

며칠 전부터 몸이 편찮으시다고 누워 계시는 줄은 그도 알고 있었다. 병원에 가 보는 게 어떻겠느냐고 물었더니, 특별히 아픈 데는 없노라고, 아마도 고뿔인 것 같으니까 누워 있으면 곧 괜찮아질

거라고 하며 어머니는 손을 내젓던 것이었다.

그게 아니라, 저어, 암만해도 어머님이 좀 이상해지신 것 같단 말예요.

그, 그건 또 무슨 소리야.

아내는 뭔가 숨기고 있는 듯한 어정쩡한 표정으로 그의 눈치를 살피고 있었다. 문득 불길한 예감이 뒤통수를 때렸다.

아무리 봐도 예전 같지가 않으시다구요. 그렇게 정신이 총총하시던 분이 별안간 무슨 말인지도 모를 헛소리를 하시기도 하고……. 어쩌다가는 또 말짱해 보이시는 것 같다가도 막상 물어보면 전혀 엉뚱한 대답을 하시는 거예요. 처음엔 일부러 그러시는가 했는데, 글쎄 그게 아니에요.

도대체 난데없이 무슨 소릴 하고 있는 거야, 지금.

설마 어머니가 그럴 리가 있을까 싶으면서도 왠지 섬뜩한 예감에 그는 숟가락을 놓고 곧장 건너가 보았다.

어머니는 이불을 덮고 누워 무얼 생각하는지 멀거니 천장만 올려다보고 있었다. 의외로 안색이 나아 보였으므로 그는 적이 맘을 놓았다. 하지만 어머니는 두 번씩이나 부르는 아들의 목소리에도 대답이 없었다. 그저 꼼짝도 하지 않고 망연한 시선을 천장의 어느 한 점에 멈춰 두고 있을 뿐이었다. 한동안 멍청하게 앉아 있던 그가 자리에서 마

악 일어서려 할 때였다.

ⓔ찬우야이!

어머니의 입에서 불쑥 그 한마디가 튀어나오는 순간 그는 가슴이 철렁했다. 직감적으로 어떤 불길한 예감이 전신을 휩싸 안는 것 같았다. 아직까지 어머니는 한 번도 그렇게 아들의 이름을 직접 부르는 적이 없었다. 적어도 그가 결혼한 후로는 그랬다. 하지만 그보다도 더 그가 놀랐던 것은 어머니의 음성에서였다. 그것은 이미 예전의 귀에 익은 음성이 아니었다. 언제나 보이지 않는 따뜻함과 부드러움으로 흘러나오곤 하던 그 목소리에는 대신 어딘가 냉랭하면서도 들떠 있는 듯한 건조함이 배어 있었다. 그 음성을 듣는 순간 그가 내심 섬찟했던 것은 바로 그 생경한 이질감 때문이었는지도 모른다. 그는 놀란 눈으로 황급히 어머니의 얼굴을 들여다보았다.

ⓜ찬우야이. 어서 꼬두메로 돌아가자이. 느그 아부지랑 찬세가 얼매나 기다리겠냐아. 더 추워지기 전에 싸게싸게 집으로 가야 한단 말다이.

어머니는 나직하게, 그러나 힘이 서린 목소리로 그렇게 말하는 것이었다. 그가 너무 당황하여 그 말이 무슨 뜻인지를 얼른 쉽사리 가려낼 수가 없었다.

— 임철우, 「눈이 오면」 —

169 ▶ 24951-0191

윗글의 서술상 특징으로 가장 적절한 것은?

① 특정 인물의 회상을 중심으로 이야기를 전개하고 있다.

② 계절의 변화를 통해 사건 해결의 실마리가 드러나고 있다.

③ 공간적 배경에 대한 상세한 묘사를 통해 사건 전개를 지연시키고 있다.

④ 서술자가 관찰자의 입장에서 사건을 전달함으로써 객관성을 높이고 있다.

⑤ 서술의 초점을 다양한 인물로 옮겨 가며 갈등을 다각적으로 조명하고 있다.

170 ▶ 24951-0192

ⓐ에 대한 설명으로 가장 적절한 것은?

① '어머니'와 '그'의 갈등을 지속시키는 매개물이다.

② '그'가 사회 문제에 관심을 갖게 하는 매개물이다.

③ '그'가 '어머니'의 속마음을 깨닫게 하는 매개물이다.

④ '어머니'에 대한 '그'의 배려를 드러내는 매개물이다.

⑤ 어려운 처지의 '어머니'에게 위안을 주는 매개물이다.

171 ▶ 24951-0193

〈보기〉를 참고하여 ⊙~⑩을 감상한 내용으로 적절하지 않은 것은? [3점]

• 보기 •

「눈이 오면」에서는 어머니의 목소리가 발화 내용과 어우러져 '그'에게 특별한 메시지를 전달한다. 그 목소리는 '그'에게 수치심, 죄책감, 불길함, 섬찟함, 당혹감 등의 감정을 불러일으키거나 특정한 행동을 야기한다.

① ⊙에서 '어머니'가 넋두리에 가까운 말로 아들의 배고픔을 언급한 것은 '그'가 구호소 식당을 보았을 때 느낀 까닭 모를 두려움과 수치심으로 이어지는군.

② ⓛ에서 '어머니'가 냉랭한 음성으로 '아버지'를 언급한 것은 '그'에게 죄책감을 불러일으켜 결국 '그'로 하여금 울음을 터뜨리게 하는군.

③ ⓒ에서 '어머니'가 냉랭함이 사라진 음성으로 '그'에게 국수를 먹으라고 권하는 것은 '그'에게 불길함을 느끼게 하여 젓가락을 딸각 놓는 행동에 영향을 주는군.

④ ⓔ에서 '어머니'가 생경한 이질감이 느껴지는 음성으로 '그'의 이름을 부른 것은 '그'에게 '어머니'의 변화를 인식하게 하여 섬찟함을 느끼게 하는군.

⑤ ⑩에서 '어머니'가 힘이 서린 목소리로 돌아가신 아버지가 있는 집으로 가자고 하는 것은 과거와 현재를 구분하지 못하는 '어머니'의 모습을 드러내어 '그'에게 당혹감을 갖게 하는군.

수 능 특 강 연 계 기 출 고 전 산 문 · 현 대 소 설

III

실전 학습

[001~004] 다음 글을 읽고 물음에 답하시오.

이때 만복사는 이미 허물어져 승려들은 구석진 방에서 살고 있었다. 법당 앞에는 행랑만이 쓸쓸히 남아 있었고, 그 끝에는 ㉠좁은 판자방 하나가 있었다.

양생이 여인을 불러 그곳으로 들어가니 여인은 별 주저함 없이 따라갔다. 서로 이야기를 나누며 즐기는 것이 보통 사람과 다름없었다.

이윽고 밤이 깊어지자 달이 동산에 떠올라 달그림자가 창살에 비쳤다. 문득 발자국 소리가 들렸다. 여인이 묻기를,

"누구냐? 시녀가 왔느냐?"

시녀가 말하기를,

"예, 접니다. ⓐ요즘 아가씨께서는 중문 밖을 나가지 않으셨고 뜰 안에서도 좀처럼 걷지 않으셨습니다. 그런데 엊저녁에는 우연히 나가시더니 어찌 이 먼 곳까지 오셨습니까?"

라고 하였다. 이에 여인이 말하기를,

"오늘 일은 아마도 우연이 아닌가 보다. 하늘이 도우시고 부처님이 돌보셔서 한 분 고운 님을 만나 백년해로하기로 했느니라. 부모님께 알리지 않은 것은 비록 명교의 법전에는 어긋나지만, 서로 즐거이 맞이하게 되니 이 또한 평생의 기이한 인연일 것이다. 너는 집에 가서 앉을 자리와 술, 과일을 가져오너라."

시녀는 그 분부에 따라 돌아갔다. 이윽고 뜰에는 술자리가 베풀어졌는데, 밤은 이미 사경(四更)에 가까웠다.

시녀는 앉을 자리와 술상을 품위 있게 펼쳐 놓았는데, 기구들이 모두 말쑥하며 무늬라고는 찾아볼 수 없었다. 술에서는 진한 향기가 풍겨 나왔는데 정녕 인간 세상의 것은 아니었다.

양생은 의심이 나고 괴이하게 생각하는 바도 있었다. 하지만 여인의 말씨와 웃음이 맑고 고우며 몸가짐과 용모가 얌전했으므로, 틀림없이 귀한 집 처녀가 몰래 나온 것이려니 생각하고는 더 의심치 않았다.

여인은 시녀에게 노래를 불러 술을 권하도록 하고는, 양생에게 말했다.

"이 아이는 옛 가곡을 그대로만 부릅니다. 제가 새로운 가사를 하나 지어서 술을 권해 드려도 될까요?"

양생은 기뻐하며 대답했다.

"예."

여인은 만강홍 곡조에 맞추어 가사를 지어 시녀에게 부르게 했다.

(중략)

잔치가 끝나자 작별하게 되었다. 여인이 은주발 하나를 내어 양생에게 주며 말했다.

"내일 보련사에서 부모님께서 제게 음식을 내려 주십니다. 만약 저를 버리지 않으신다면, 길가에서 기다리고 계시다가 함께 절로 가셔서 부모님께 인사를 드려 주십시오."

"좋소."

이튿날 양생은 여인이 시킨 대로 주발을 쥐고 서서 보련사로 가는 길가에서 기다리고 있었다. 과연 어떤 귀족 집안에서 딸의 대상(大祥)[*]을 치르기 위해 수레와 말을 길게 이끌고 보련사를 찾아가고 있었다. 그때 길가에서 한 서생이 주발을 들고 서 있는 것을 본 종이 주인에게 말했다.

"아가씨 장례 때 함께 묻었던 물건을 어떤 사람이 훔쳐서 가지고 있습니다."

"뭐라고?"

"저 서생이 가지고 있는 주발을 보십시오."

주인은 말을 몰아 양생에게 다가가 그 연유를

물었다. 양생은 그 전날 여인과 약속한 일을 그대로 이야기했다. 여인의 부모는 놀라고 의아하게 생각하더니 이윽고 입을 열었다.

"내겐 딸만 하나 있었네. 그런데 그 아이는 왜구들의 난리 때 싸움의 와중에 죽고 말았지. 정식으로 장례도 치르지 못해서 개령사 옆에다 임시로 묻어 두고, 장사를 미루어 오다가 오늘에 이르게 되었네. 오늘이 벌써 대상 날이라 재(齋)를 올려 명복이나 빌어 줄까 해서 가는 길일세. 자네가 약속을 지키려거든 내 딸을 기다리고 있다가 같이 오게. 그리고 조금도 놀라지 말게."

말을 마치고 부모는 먼저 보련사로 떠나고, 양생은 우두커니 서서 기다리고 있었다. 약속한 시간이 되자 과연 한 여인이 시녀를 데리고 하늘거리며 왔다. 그 여인이었다. 그들은 서로 기뻐하며 손을 잡고 절 안으로 들어갔다.

여인은 부처님께 절을 올리고 ⓛ하얀 휘장 안으로 들어가는데 친척들과 승려들은 모두 그녀를 보지 못하고 오직 양생만이 볼 수 있었다. 여인이 양생에게 말했다.

"진지 드시죠."

양생은 여인의 말을 그녀의 부모에게 전했다. 부모가 시험 삼아 함께 밥을 먹도록 명했더니 수저 놀리는 소리만이 들릴 뿐이었지만, 인간이 먹는 것과 조금도 다름이 없었다. 여인의 부모는 이에 경탄해 마지않더니, 양생에게 그곳에서 여인과 함께 머물도록 권했다. 밤중에 그들의 이야기 소리가 낭랑히 들렸지만 사람들이 가만히 엿들으려 하면 갑자기 중지되곤 했다.

- 김시습, 「만복사저포기」 -

*대상 죽은 지 두 돌 만에 지내는 제사.

Ⅲ

실전
학습

001 ▶ 24951-0194

윗글의 내용으로 적절하지 않은 것은?

① 여인은 시녀와의 대화에서 자기 행위의 명분을 제시했다.

② 양생은 여인의 언행을 보고 그녀에 대한 의심을 풀었다.

③ 시녀는 노래를 불러 양생에 대한 자신의 마음을 드러냈다.

④ 종은 은주발을 보고 자신의 판단을 주인에게 전했다.

⑤ 부모는 양생의 말을 듣고 딸의 과거사를 떠올렸다.

002 ▶ 24951-0195

㉠과 ㉡을 비교한 것으로 가장 적절한 것은?

① ㉠과 ㉡은 모두 양생이 여인을 위해 마련한 공간이다.

② ㉠과 ㉡은 모두 여인이 타의에 의해 들어간 공간이다.

③ ㉠은 제의성이, ㉡은 신성성이 지배하는 공간이다.

④ ㉠은 인연을 맺는, ㉡은 인연을 인정받는 공간이다.

⑤ ㉠은 현실 속에, ㉡은 비현실 속에 설정된 공간이다.

003 ▶ 24951-0196

〈보기〉는 윗글을 바탕으로 드라마를 제작하기 위한 기획 의도이다. 기획 의도를 살리기 위한 의견으로 가장 적절한 것은?

● 보기 ●

　죽은 이와의 사랑은 다소 생소한 소재이지만 원작에 최대한 충실하려 한다. 때로는 비현실적 요소가 더 진지하게 받아들여질 때가 있다. 현실에서 소외된 양생은 절박한 외로움 때문에 현실 너머에 있는 여인과 만나서 사랑을 할 수 있었다. 가벼운 만남에 익숙한 현대의 시청자들에게 양생의 사랑은 현재의 삶을 새롭게 인식할 기회를 줄 것이다.

① 주변 인물들이 양생과 여인의 만남에 자연스럽게 반응하는 장면을 제시하여, 둘의 사랑이 시청자들에게 평범한 일상으로 다가서게 하면 좋겠어.

② 외로웠던 양생이 여인의 정체를 알고도 변함없이 그녀를 사랑하는 모습을 부각하여, 시청자들이 만남의 소중함을 깨닫게 해야겠군.

③ 여인의 역할을 맡은 배우는 신비하고 기이한 모습으로 시청자들에게 다가가게 하여, 그들로 하여금 현실을 잊게 해야겠군.

④ 양생과 여인의 만남을 밝고 경쾌하게 묘사하여, 현대 시청자들의 감각과 기호에 맞출 필요가 있겠군.

⑤ 양생과 여인의 사랑을 최대한 강조하되, 비현실적인 요소는 줄이는 것이 좋겠어.

004 ▶ 24951-0197

ⓐ의 상황을 가장 잘 나타낸 것은? [1점]

① 두문불출(杜門不出)
② 가인박명(佳人薄命)
③ 일편단심(一片丹心)
④ 망양지탄(亡羊之歎)
⑤ 독야청청(獨也靑靑)

02 김소진, 「자전거 도둑」

2020학년도 대학수학능력시험 30~32번

[005~007] 다음 글을 읽고 물음에 답하시오.

한 평도 채 안 되는 **구멍가게**는 중풍으로 쓰러져 정상적 건강 상태가 아니었던 아버지의 유일한 수입원이자 **생존 이유**였다. 때문에 ㉠그 구멍가게에 대한 아버지의 몰두와 자존심은 각별했다.

한번은 내가 아버지가 가게를 잠깐 비운 사이에 곁에 허연 인공 설탕 가루를 묻힌 '미키대장군'이라는 **캐러멜**을 하나 아무 생각 없이 널름 집어먹은 적이 있었다. 하나에 이 원, 다섯 개에 십 원이었다. 잠시 뒤에 돌아온 아버지는 단박에 그 사실을 알아채고는 불같이 화를 내며 내 목덜미에 당수를 한 대 세게 내려 꽂는 것이었다. 그 캐러멜 갑 안에 미키대장군이 몇 개 들어 있는지조차 훤히 꿰차고 있는 아버지였다.

—이런 민한 종간나래! 얌생이처럼 기러케 쏠라닥질을 허자면 이 가게 안에 뭐이가 하나 제대로 남아나겠니, 응?

그러고 나서는 좀 머쓱했는지 입이 한 발쯤 튀어나와 뾰로통해서 서 있는 내게 미키대장군 네 개를 집어 내미는 거였다. 어차피 짝이 맞아야 파니까, 하면서 억지로 내 손아귀에 쥐어 주었다. ㉡나는 그 무허가 불량 식품인 캐러멜 네 개가 끈끈하게 녹아내릴 때까지 먹지 않고 쥔 채 서 있었다.

—닐큼 털어 넣지 못하겠니, 으잉?

목덜미에 아버지의 가벼운 당수를 한 대 더 얹은 다음에야 한입에 털어 넣고 돌아서 나왔다. 아버지도 가게 일을 수월하게 보려면 잔심부름꾼인 나를 무시하고는 아쉬울 때가 많을 터였다. 워낙 짧은 밑천으로 가게를 꾸려 가자니 아버지는 물건 구색을 맞추느라 하루에도 많을 때는 세 번까지 시장통 도매상으로 정부미 포대를 거머쥐고 종종걸음을 쳐야 했고, 막내인 나는 번번이 아버지의 뒤로 **팔을 늘어뜨린 채** 졸졸 따를 수밖에 없었다.

그땐 그게 죽도록 싫었다. 하마 **시장통**에서 야구 글러브를 끼거나 조립용 신형 무기 장난감 상자를 든 **반 친구**를 만나거나, 심지어 과외나 주산 학원을 가는 여자아이들을 만나는 날에는 정말 그 자리에서 혀를 빼물고 죽고 싶은 생각뿐이었다.

(중략)

어느 날이었다. 아버지와 나는 앞서거니 뒤서거니 하면서 그 정부미 자루를 날라 왔다. 그런데 집에 도착해 한숨을 돌린 뒤 자루를 풀고 물건을 정리해 보니 스무 병이 와야 할 소주가 두 병이 모자란 채 열여덟 병만 온 것이었다.

㉢아버지의 얼굴은 맞보기가 민망할 정도로 금세 하얗게 질렸다. 왜냐하면 그 덜 온 두 병을 빼고 나면 나머지 것들을 몽땅 팔아 봤자 결국 본전 치기일 뿐이었기 때문이다. 아버지는 내 등을 떠밀어 물건을 받아 온 수도상회의 흑부리 영감한테 내려보냈다. 아버지는 말주변도 말주변이었지만 **중풍 후유증** 때문에 약간의 **언어 장애**가 있어 일부러 나를 보냈던 것이다.

— 뭐 하러 왔네?

가게 안에 북적거리는 손님들에게 셈을 치러 주느라 몇 번이고 주판알을 고르는 데 바쁜 흑부리 영감의 눈길을 잡아 두는 데 성공한 나는 더듬더듬 자초지종을 말했다. 그러나 귓등에 연필을 꽂은 채 심술이 덕지덕지 모여 이뤄진 듯한 왼쪽 이마빡의 눈깔사탕만 한 혹을 어루만지며 듣던 ㉣흑부리 영감은 풍기 때문에 왼쪽으로 힐끗 돌아간 두터운 입술을 떠들쳐 굵은 침방울을 내 얼굴에 마구 튀겼다. 애초 자기 눈앞에서 까 보이지 않은 것은 인정할 수 없다며 막무가내였다. 나중엔 아버지까지 함께 내려가서 하소연을 해 봤지만 돌아온 대답은 정 그렇게 우기면 거래를 끊겠다는 협박성 경고뿐이었다. 거래가 끊긴다면 아버지한테는 큰 타격이 아닐 수 없었다.

혹부리 영감은 아버지한테 무슨 큰 특혜를 내려 주듯이 거래를 터 준다고 허락을 놓았었다. 같은 함경도 동향이기 때문이라는 말을 덧붙이면서. 하긴 혹부리 영감한테는 매번 소주 열 병 안짝에다 새우깡 열 봉지, 껌 대여섯 개, 빵 예닐곱 개 등 일반 소매 가격 구매자보다 더 많은 물건을 떼어 가지도 않으면서 부득부득 도맷값으로 해 달라고 통사정을 해 쌓는 아버지 같은 사람 하나쯤 **거래를 끊어도** 장부상 거의 표가 나지 않을 것이었다.

결국 아버지는 자신의 과오를 인정하지 않을 수 없었다. ㉪당신의 자그마한 구멍가게로 돌아와 나머지 열여덟 병의 소주를 넋 나간 사람처럼 쓰다듬던 아버지는 기어코 아들인 내 앞에서 눈물을 보이고 말았다. 아! 아버지…….

– 김소진, 「자전거 도둑」 –

005 ▶ 24951-0198

윗글에 대한 이해로 가장 적절한 것은?

① 혹부리 영감의 위협적인 경고 때문에, 아버지는 혹부리 영감의 주장을 따를 수밖에 없었다.

② 아버지는 소주 두 병을 덜 받아 왔기 때문에 곤란했지만, '나'에게 당황한 내색을 하지 않았다.

③ 아버지는 '나'의 잘못을 묵인했지만, 혹부리 영감과의 잘못된 거래는 바로잡으려 노력했다.

④ 혹부리 영감은 가게 일로 바빴지만, '나'의 자초지종을 듣고 마지못해 '나'의 염려를 덜어 주었다.

⑤ 아버지는 '나'의 도움이 필요했기에, 친구들의 시선을 의식하여 우울해하는 '나'를 기분 좋게 하려 노력했다.

006 ▶ 24951-0199

윗글을 감상한 내용으로 적절하지 않은 것은?

① '한 평도 채 안 되는 구멍가게'를 각별한 애정으로 운영하던 아버지에 대한 기억은, '나'에게 아버지의 '생존 이유'를 짐작하게 했겠어.

② '캐러멜'을 먹었다고 화를 냈다가 남은 '캐러멜'을 '나'의 손에 쥐어 준 아버지에 대한 기억은, '나'에게 아버지가 속마음을 드러내는 데 서툰 사람이라고 생각하게 했겠어.

③ '팔을 늘어뜨린 채' 아버지를 따르던 '나'가 '시장통'에서 '반 친구'를 만났던 경험은, '나'에게 궁핍으로 인한 내면의 상처로 남은 기억이겠어.

④ '중풍 후유증' 때문에 '언어 장애'가 있는 아버지 대신 혹부리 영감을 상대하게 된 경험은, '나'에게 어린 나이에 이해타산적인 어른들의 세계를 느끼게 한 기억이겠어.

⑤ '거래를 끊어도' 표가 나지 않을 사람이었던 아버지와 거래를 끊지 않은 혹부리 영감에 대한 기억은, '나'에게 형편이 어려운 사람들 간의 유대감을 느끼게 했겠어.

007 ▶ 24951-0200

〈보기〉를 참고할 때, ⊙~⑩에 대한 반응으로 적절하지 않은 것은? [3점]

─● 보기 ●─

이 소설의 서술자인 성인 '나'는 주로 세 가지 서술 방식을 활용한다. 첫째는 서술자가 등장인물의 내면 심리나 사건을 설명하는 것이다. 이 경우 독자는 서술자의 해석을 통해 사건을 이해하게 된다. 둘째는 서술자가 인물의 외양이나 행위만을 묘사하는 것이다. 이 경우 독자는 그 묘사가 갖는 의미를 스스로 해석해야 한다. 셋째는 서술자가 유년 '나'로 시선을 제한하여 유년 '나'의 눈에 보이는 다른 인물의 외양이나 행위를 묘사하는 것이다. 이 경우 독자는 사건의 현장을 직접 보는 듯한 느낌을 가질 수 있으며, 둘째 방식에서처럼 그 묘사에 대해 해석해야 한다. 셋째 방식에 유년 '나'의 심리가 함께 서술되면 독자는 인물의 심리에 쉽게 공감하게 된다.

① ⊙: 서술자가 아버지의 내면을 설명하여 독자는 서술자의 해석을 통해 상황을 이해하겠군.

② ⓛ: 서술자가 유년 '나'의 행위를 묘사하여 독자는 그 행위가 갖는 의미를 스스로 해석하겠군.

③ ⓒ: 유년 '나'로 시선을 제한하여 아버지의 내면이 직접적으로 서술되지 않았다고 생각한 독자라면 아버지의 내면을 스스로 해석하겠군.

④ ⓔ: 유년 '나'로 시선을 제한하여 혹부리 영감의 모습과 행동을 묘사했다고 생각한 독자라면 장면을 직접 보는 듯한 느낌을 받겠군.

⑤ ⑩: 유년 '나'로 시선을 제한하여 아버지의 행위와 표정을 묘사하면서 유년 '나'의 심리를 함께 제시하여 독자는 그 심리에 공감하겠군.

03 일연, 「선율 환생」 / 작자 미상, 「설홍전」

[008~012] 다음 글을 읽고 물음에 답하시오.

가

   망덕사의 승려 선율은 돈을 시주받아 『육백반야경(六百般若經)』을 만들려 하다가 완성되기 전에 갑자기 저승사자에게 쫓겨 염라대왕에게 갔다. 염라대왕이 물었다.

   "너는 인간 세상에서 무슨 일을 하였느냐?"

   선율이 말했다.

   "소승은 늘그막에 『대품반야경(大品般若經)』을 완성하려고 했으나, 과업을 이루지 못하고 왔습니다."

   염라대왕이 말했다.

   "네 수명은 비록 다하였으나 좋은 소원을 다 마치지 못했으니, 다시 인간 세상으로 돌아가 보배로운 불전을 끝마치는 것이 마땅하다."

   그리고는 선율을 인간 세상으로 돌려보냈다.

   돌아오는 길에 한 여인이 울면서 선율 앞에 와 절을 하고 말했다.

   "저 역시 남염주 신라 사람인데, 부모가 금강사의 논 한 이랑을 몰래 훔친 죄에 연루되어 저승에 잡혀 와서 오랫동안 무거운 고통을 받고 있습니다. 이제 법사께서 고향으로 돌아가시거든 제 부모에게 이 일을 말하여 빨리 그 논을 돌려주도록 해 주십시오. 또 제가 세상에 있을 때 참기름을 침상 아래에 숨겨 두고, 곱게 짠 베를 이불 사이에 감추어 두었으니, 법사께서는 제 기름을 가져다 불등(佛燈)을 켜 주시고, 그 베를 팔아서 불경을 베끼는 비용으로 쓰십시오. 그렇게 해 주신다면 황천에서도 은혜를 입어 고통에서 벗어날 수 있을 것입니다."

   선율이 말했다.

   "그대의 집은 어디에 있는가?"

   "사량부 구원사의 서남리입니다."

   선율이 그 말을 듣고 막 가려 할 때 다시 살아났다. ㉠이때는 선율이 죽은 지 열흘이 되어 남산 동쪽 기슭에 이미 장사 지낸 후였다. 선율이 무덤 속에서 사흘 동안이나 살려 달라고 부르짖자, 지나가던 목동이 이 소리를 듣고 절에 알렸으므로 절의 승려가 가서 무덤을 파고 꺼내 주었다. 선율은 전에 있었던 일을 다 말하고 그 여인의 집을 찾아갔다. ㉡여인이 죽은 지 15년이 지났는데, 참기름과 베는 그 자리에 그대로 있었다. 선율이 그녀가 말한 대로 명복을 빌었더니 여자의 혼이 와서 아뢰었다.

   "스님의 은혜에 힘입어 저는 이미 고뇌에서 벗어났습니다."

   당시 사람들은 이를 듣고 모두 놀라 감탄하지 않는 자가 없어 그를 도와 불경을 완성시켰다. 불경은 경주의 승사 서고(僧司書庫) 안에 있다. 매년 봄과 가을에 그것을 돌려 읽으며 재앙이 물러가기를 빌었다.

   – 일연, 「선율 환생」 –

나

   사자 홍사(紅絲)를 내어 홍을 결박하여 이끌며 하는 말이,

   "어서 가자, 바삐 가자."

   성화같이 재촉하며 철퇴로 치니, 유혈이 낭자하며 전신을 쓰지 못하게 되었더라.

   설홍이 정신을 잃어 아무리 할 줄을 모르다가 겨우 진정하여 지성으로 빌되, ㉢왕명을 어이하리오. 사자를 따라서 저 있던 허공 산하를 바라보며 낙루 탄식 왈,

   "저 공산명월은 이제 가면 언제 볼꼬. 잔잔한 시냇가에 날아오는 천둥소리 다시 듣기 어렵도다. 봉황은 나를 버리고 어디로 갔는고. 내 소식이 망연하다."

ⓡ넘을수록 청산이요, 건널수록 광파(狂波)로다. 다리는 죽장같이 붓고, 눈물이 비 오듯이 흘러 길을 분별치 못하더라. 그러구러 염라국을 돌아드니 철성(鐵城)을 둘렀는데, 문 지키는 나졸들이 장창 대검을 들고 혹좌혹립(或坐或立)하였더라.

그러구러 들어가니, 한 사자 이십 전 여아를 이끌고 오며 쇠뭉치로 치니 유혈이 낭자하거늘, 홍이 대경하여 사자에게 문 왈,

"저 아이는 무슨 죄로 저다지 하나이까."

그 사자 답 왈,

"저 아이는 본래 안남국 궁녀로서 신하를 간통하여 어진 성군을 죽이고 그 신하를 세우고저 하매 국내가 요란한지라, 가히 세상에 두지 못할 인물인고로 잡아 오나이다."

(중략)

그러구러 들어가니, 철성이 높아 하늘에 닿는 듯하고, 한 궁궐이 있으되 극히 엄숙하더라.

그 문에 이르러 문틈으로 살펴보니, 염라대왕이 통천관을 쓰고 몸에 곤룡포를 입고 뚜렷이 앉았거늘, 좌우를 둘러보니 홍단령 입은 선관이 무슨 책을 가지고 분주 창황하여 오락가락하는지라.

그 안으로 들어가니 청령 소리 높이 나며 황건 쓴 나졸들이 왕방울을 둘러차고 맹호같이 달려들어 설홍을 잡아가거늘, 홍이 혼백이 상천(上天)하고 정신이 탈진하여 죽은 듯이 엎드렸더니, 전상으로서 염라대왕이 분부를 내리시되,

"설홍아, 들으라. 너는 삼태 선관으로서 상제전 모시는 선녀와 더불어 글 지어 화답한 죄로 지하에 내리어 사십 년을 구류하여 인간으로 좇아 명국 금릉 땅 앵무동 설희문의 자식이 되려니와 부모를 조실하고 여러 번 죽을 액을 겪게 하며, 그 선녀는 풍도(酆都)에 보내 십 년을 머무른 후에 명국 소주 땅의 구화동 왕녕의 여식이 되게 함이요, 고생으로 지내기 하늘이 정한 일이어니와 이는 무엇이뇨. 천명을 거슬리어 봉황으

로 하여금 상제전 진공하는 천도(天桃)를 입으로 앗아 먹으니, 상제 알으시고 봉황은 쉰 길 지함에 가두시고, 천도 맡은 선관은 멀리 유배를 보내시니, 이는 다 너로 하여 일어난 일이라. 내 문죄코져 너를 앞에 세우니, 죄상을 바로 아뢰라. 일정 기망하면 네 살을 깎고 뼈를 빼어 바람에 흩어 버리고, 세상의 그림자도 없게 하리라. 종실직고하라."

호령을 높이 하니, 재상의 선관이 영을 받아 내리니 대하에 황건으로 싼 나졸이 장창 대검을 들고 일시에 달려들어 ⓜ설홍을 잡아 내려 주살하는 소리 하늘이 무너지는 듯하고 땅이 깨어지는 듯하더라.

설홍이 정신을 다시 차려 아뢰되,

"소자는 만 번 죽사와도 아깝지 아니하오나, 소자 어찌 천명을 거슬리어 봉황으로 하여금 상제전 진공하시는 천도를 앗아 먹사오리까. 어린 소견에 생각하오니 바람에 떨어져 물에 빠지옵고, 잡초에 떨어져 임자 없이 버린 열매를 봉황이 물어다가 주었기로 먹었사오니 그걸 어이 죄라 하오리오. 또한 소자를 이렇게 잡아다가 천정으로 국문하옵시니, 만 번 죽사와도 이밖에는 다시 아뢸 말씀 없사오니, 복걸 대왕은 올바르게 밝혀 통촉하옵시어 가련한 목숨을 살려 주옵소서. 세상을 보게 하소서."

왕이 설홍의 말을 듣고 다시 분부하되,

"너를 지옥에 가두어 세상을 보지 못하게 할 터이되, 네 말을 들으니 일리 그러하다. 연이나 세상에 머물면 고생으로 지낼 터이기로 방송하거니와 일후는 다시 그런 허물을 없게 하라."

하며 문밖에 내치니라.

설홍이 죄를 면하고 세상에 나오게 되었으나 갈 바를 알지 못하여 부르짖더라.

– 작자 미상, 「설홍전」 –

008 ▶ 24951-0201

(가)와 (나)에 대한 설명으로 가장 적절한 것은?

① (가)와 달리 (나)는 공간의 특성과 분위기를 구체적으로 묘사하여 인물이 처한 부정적 상황을 제시하고 있다.

② (가)와 달리 (나)는 주인공이 겪은 일과 관련하여 그 후에 벌어진 경과를 서술하여 소재의 의미를 제시하고 있다.

③ (나)와 달리 (가)는 인물들의 대결 구도를 통해 서사적인 흥미를 높이고 있다.

④ (나)와 달리 (가)는 서술자가 개입하여 상황에 대응하는 인물의 모습에 대해 안타까움을 드러내고 있다.

⑤ (가)와 (나)는 모두 다른 공간에서 동시에 일어난 장면을 서술하여 사건을 입체적으로 구성하고 있다.

009 ▶ 24951-0202

(가)의 '선율'에 대해 이해한 내용으로 가장 적절한 것은?

① 무덤 속에서 살아난 후에 혼자의 힘으로 무덤 밖에 나올 수 있었군.

② 부모에 대한 여인의 말을 듣고 여인이 죄에서 벗어날 수 있는 방법을 알려 주었군.

③ 저승에서 염라대왕을 만났던 것을 사람들에게 절대 발설하지 말아야 한다고 판단했군.

④ 미처 완성하지 못했던 불경을 저승에서 완성할 수 있다는 믿음을 염라대왕에게 표출했군.

⑤ 불경을 만드는 데 도움을 주고 고통스러운 상황에서 벗어난 여인에 관한 일을 사람들에게 알려 주었군.

010 ▶ 24951-0203

㉠~㉤에 대한 설명으로 적절하지 <u>않은</u> 것은?

① ㉠: 선율이 이승으로 돌아오는 것이 필연적으로 예정되어 있는 사건임을 나타내고 있다.

② ㉡: 여인의 바람이 실현되는 것이 가능할 수 있음을 나타내고 있다.

③ ㉢: 설홍이 저승으로 끌려갈 수밖에 없는 처지에 놓였음을 나타내고 있다.

④ ㉣: 설홍이 저승에 이르는 과정이 고통스러운 길의 연속이었음을 나타내고 있다.

⑤ ㉤: 설홍이 위중한 처벌을 받게 될 위태로운 상황에 처했음을 나타내고 있다.

011 ▶ 24951-0204

(나)를 읽고 알 수 있는 내용으로 적절하지 <u>않은</u> 것은?

① 염라대왕은 천명을 거스르지 않았다는 설홍의 말에 일리가 있다고 판단했다.

② 염라대왕은 설홍이 이승에 나가면 고생하지 않고 허물없이 살 수 있다고 보았다.

③ 설홍은 저승사자를 따라 이승을 떠나면서 이승으로 돌아오는 것이 어려울 것이라고 여겼다.

④ 설홍은 염라대왕에게 봉황이 자신에게 임자 없이 버려져 있는 열매를 가져다주었다고 주장했다.

⑤ 설홍과 글로 화답한 선녀는 인간 세상에서 시련을 겪을 운명을 지니고 왕녕의 여식으로 태어났다.

012 ▶ 24951-0205

〈보기〉를 참고하여 (가)와 (나)를 이해한 내용으로 적절하지 않은 것은? [3점]

• 보기 •

『삼국유사』의 「선율 환생」은 이승의 행위에 대한 저승에서의 가치 판단을 통해 선업(善業)과 악업(惡業)을 구별하고 상벌을 받게 함으로써 특정 행위의 당위성과 정당성을 강조하고 있다. 이와 같은 화소(話素)는 후대의 저승 체험담에서도 발견된다. 후대의 고소설인 「설홍전」에서는 이승의 행위에 대한 저승에서의 판단에 따라 인물이 저승으로 잡혀가고 저승에서 체험하는 것을 통해 윤리 의식을 강조하고 있다. 그리고 「설홍전」은 저승을 이승에서 오갈 수 있는 곳으로 형상화하고 오가는 길에 인물이 겪은 일을 제시하여 저승 체험에 구체성을 더하고 있는데, 이와 같은 특징을 「선율 환생」에서도 찾아볼 수 있다.

① (가)에서 염라대왕이 선율의 수명을 연장해 준 것은, 불경의 완성을 선업으로 여기는 가치 판단을 통해 불경 완성의 당위성을 강조하고 있다고 할 수 있다.

② (나)에서 저승사자가 이십 전 여아를 저승으로 잡아 온 것은, 임금에 대한 지조와 충절을 지키는 것을 중요하게 여기는 윤리 의식을 보여 주고 있다고 할 수 있다.

③ (가)에서는 선율이 한 여인과 대화를 나누는 장면을 통해, (나)에서는 설홍이 이십 전 여아에 대해 사자와 대화를 나누는 장면을 통해 저승 체험에 구체성을 더하고 있다고 할 수 있다.

④ (가)에서는 여인이 선율에게 청을 한 것이, (나)에서는 염라대왕이 설홍의 책임을 추궁한 것이 인물을 이승으로 돌려보내는 저승의 판단에 윤리적 정당성을 부여하고 있다고 할 수 있다.

⑤ (가)에서는 논 한 이랑을 훔친 죄에 연루된 까닭으로, (나)에서는 천도를 앗아 먹었다는 죄로 저승에 잡혀 온 인물이 있는 것은, 도적질

을 악업으로 여기는 가치관을 드러내고 있다고 할 수 있다.

2022학년도 수능특강 문학 219~221쪽 01~03번

04 신영복, 「새 출발점에 선 당신에게」

[013~015] 다음 글을 읽고 물음에 답하시오.

　나와 같이 징역살이를 한 ⓐ노인 목수 한 분이 있었습니다. 언젠가 그 노인이 내게 무얼 설명하면서 땅바닥에 집을 그렸습니다. 그 그림에서 내가 받은 충격은 잊을 수 없습니다. 집을 그리는 순서가 판이하였기 때문입니다. 지붕부터 그리는 우리들의 순서와는 거꾸로였습니다. 먼저 주춧돌을 그린 다음 기둥·도리·들보·서까래·지붕의 순서로 그렸습니다. 그가 집을 그리는 순서는 집을 짓는 순서였습니다. 일하는 사람의 그림이었습니다. 세상에 지붕부터 지을 수 있는 집은 없습니다. 그럼에도 불구하고 지붕부터 그려 온 나의 무심함이 부끄러웠습니다. 나의 서가(書架)가 한꺼번에 무너지는 낭패감이었습니다. 나는 지금도 책을 읽다가 '건축'이라는 단어를 만나면 한동안 그 노인의 얼굴을 상기합니다.

　차치리(且置履)라는 사람이 어느 날 장에 신발을 사러 가기 위하여 발의 크기를 본(本)으로 떴습니다. 이를테면 종이 위에 발을 올려놓고 발의 윤곽을 그렸습니다. 한자(漢字)로 그것을 탁(度)이라 합니다. 그러나 막상 그가 장에 갈 때는 깜박 잊고 탁을 집에 두고 갔습니다. 신발 가게 앞에 와서야 탁을 집에다 두고 온 것을 깨닫고는 탁을 가지러 집으로 되돌아갔습니다. 제법 먼 길을 되돌아가서 탁을 가지고 다시 장에 도착하였을 때는 이미 장이 파하고 난 뒤였습니다. 그 사연을 듣고는 사람들이 말했습니다.

　"탁을 가지러 집에까지 갈 필요가 어디 있소. 당신의 발로 신어 보면 될 일이 아니오."
　차치리가 대답했습니다.
　"아무려면 발이 탁만큼 정확하겠습니까?"
　주춧돌부터 집을 그리던 그 노인이 발로 신어 보고 신발을 사는 사람이라면 나는 탁을 가지러 집으로 가는 사람이었습니다.

　[A] 탁(度)과 족(足), 교실과 공장, 종이와 망치, 의상(衣裳)과 사람, 화폐와 물건, 임금과 노동력, 이론과 실천……. 이러한 것들이 뒤바뀌어 있는 우리의 사고(思考)를 다시 한번 반성케 하는 교훈이라고 생각합니다.

　나는 당신을 위로하기 위하여 이 이야기를 전하는 것이 아닙니다. '위로'는 진정한 애정이 아닙니다. 위로는 그 위로를 받는 사람으로 하여금 스스로가 위로의 대상이라는 사실을 확인케 함으로써 다시 한번 좌절하게 하는 것이기 때문입니다.

　㉠나는 당신이 대학의 강의실에서 이 편지를 읽든 아니면 어느 공장의 작업대 옆에서 읽든 상관하지 않습니다. 어느 곳에 있건 탁이 아닌 발을 상대하고 있다면 상관없다고 생각합니다.

　만일 ㉡당신이 사회의 현장에 있다면 당신은 당신의 살아 있는 발로 서 있는 것입니다. 그리고 만일 ㉢당신이 대학의 교정에 있다면 당신은 더 많은 발을 깨달을 수 있는 곳에 서 있는 것입니다. 대학은 기존의 이데올로기를 재생산하는 '종속의 땅'이기도 하지만 그 연쇄의 고리를 끊을 수 있는 '가능성의 땅'이기도 하기 때문입니다.

　당신은 그동안 못 했던 일을 하고, 만나고 싶은 사람을 만나고, 가고 싶은 곳을 찾아가겠다고 했습니다. 대학이 안겨 줄 자유와 낭만에 대한 당신의 꿈을 모르지 않습니다. 지금까지 얽매여 있던 당신의 질곡(桎梏)을 모르지 않습니다. 당신은 지금 그러한 꿈이 사라졌다고 실망하고 있지나 않은지 걱정됩니다.

　그러나 '자유와 낭만'은 그러한 것이 아닙니다. 자유와 낭만은 '관계의 건설 공간'이란 말을 나는 좋아합니다. 우리들이 맺는 인간관계의 넓이가 곧 우리들이 누릴 수 있는 자유와 낭만의 크기입니다. 그러기에 그것은 우리들의 일상(日常)에 내장

되어 있는 '안이한 연루(連累)'를 결별하고 사회와 역사와 미래를 보듬는 너른 품을 키우는 공간이어야 합니다.

그리하여 당신이 그동안 만들지 않고도 공부할 수 있게 해 준 수많은 사람들의 얼굴을 만나는 연대의 장소입니다. 우리 사회를 지탱하고 있는 발의 임자를 깨닫게 하는 '교실'입니다. 만약 ㉣당신이 대학이 아닌 다른 현장에 있다면 더 쉽게 그들의 얼굴을 만날 수 있습니다. 당신이 바로 그 사람이 될 수 있기 때문입니다.

그래서 나는 당신의 수능 시험 성적 100점은 그야말로 만점인 100점이라고 생각합니다. 그것은 올해 당신과 함께 고등학교를 졸업한 67만 5천 명의 평균 점수입니다. 당신은 친구들의 한복판에 서 있다는 것을 잊지 말아야 합니다.

중간은 풍요한 자리입니다. 수많은 곳, 수많은 사람을 만나는 자리입니다.

그보다 더 큰 자유와 낭만은 없습니다.

언젠가 우리는 늦은 밤 어두운 골목길을 더듬다가 넓고 밝은 길로 나오면서 기뻐하였습니다. 아무리 작은 실개천도 이윽고 강을 만나고 드디어 바다를 만나는 진리를 감사하였습니다. 주춧돌에서부터 집을 그리는 사람들의 견고한 믿음입니다. 당신이 비록 지금은 어둡고 좁은 골목길을 걷고 있다고 하더라도 나는 당신을 걱정하지 않습니다. ㉤당신의 발로 당신의 삶을 지탱하고 있는 한 언젠가는 넓은 길, 넓은 바다를 만나리라 믿고 있습니다. 드높은 삶을 '예비'하는 진정한 '합격자'가 되리라고 믿고 있습니다. 그리고 그 길의 어디쯤에서 당신과 만날 수 있기를 기대합니다.

- 신영복, 「새 출발점에 선 당신에게」 -

013 ▶ 24951-0206

윗글에 대한 설명으로 가장 적절한 것은?

① 상황의 가정을 통해 극적 효과를 드러내고 있다.
② 과거와 현재를 대비하여 부정적 상황을 강조하고 있다.
③ 고사(故事)를 활용하여 전달하려는 바를 부각하고 있다.
④ '당신'과 같은 독자의 설정을 통해 내용의 객관성을 제고하고 있다.
⑤ 시대적 변화를 바탕으로 일상적 행위의 의미를 새롭게 해석하고 있다.

014 ▶ 24951-0207

ⓐ에 대한 설명으로 적절하지 않은 것은?

① '나'로 하여금 부끄러움을 느끼도록 만드는 인물이다.
② '나'가 경험한 구체적인 일화 속에 등장하는 인물이다.
③ '나'가 깨달음을 얻게 되는 계기를 제공하는 인물이다.
④ '나'가 중시하는 삶의 모습을 단적으로 보여 주는 인물이다.
⑤ '나'가 겪고 있는 내면적 갈등을 우회적으로 표현하는 인물이다.

Ⅲ
실전
학습

015 ▶ 24951-0208

〈보기〉를 바탕으로 ㉠~㉤을 이해한 내용으로 적절하지 않은 것은?

● 보기 ●

선생님: [A]를 통해 '나'가 궁극적으로 말하고자 하는 바를 정리할 수 있습니다. 발을 본뜬 것을 가리키는 '탁'은 '이론'을, 발을 가리키는 '족'은 '실천'을 의미한다고 볼 수 있어요. '나'는 우리의 사고 속에서 그러한 것들이 뒤바뀌어 있음을 지적하며, 우리가 배워야 할 교훈을 도출해 내고 있어요. 즉 '이론'이 '실천'보다 앞서는 것, 또는 '이론'만을 중시하는 것에는 문제가 있음을 말하며 '족'의 중요성을 부각하고 있습니다.

① ㉠: '대학의 강의실'이나 '공장의 작업대'와 같은 장소의 구분보다 실천의 중요성을 깨닫는 것이 더 가치 있다는 것을 강조하고 있군.

② ㉡: '당신'이 만약 대학을 가지 않고 '사회'로 진출한 것이라면 실천을 바탕으로 살아가는 '현장'에 있다는 의미이군.

③ ㉢: '대학의 교정'에서는 '더 많은 발'이 의미하는 실천이 아닌, 이론과 실천이 이루는 조화와 그것의 중요성을 배우는 것이 가장 우선시된다는 의미이군.

④ ㉣: '다른 현장'에서는 '당신'이 곧 실천하는 사람이 될 수 있으므로 우리 사회를 지탱하고 있는 실천하는 사람들의 '얼굴'을 더욱 쉽게 만날 수 있다는 의미이군.

⑤ ㉤: '넓은 길, 넓은 바다'를 만나기 위해서는 구체적인 삶 속에서의 실천을 통한 노력이 필요하다는 의미이군.

05 이문구, 「관촌수필」

2018학년도 대학수학능력시험 43~45번

[016~018] 다음 글을 읽고 물음에 답하시오.

조무래기들은 도깨비불만 보면 네 그르니 내 옳으니 하며 **짜그락거리기** 일쑤였고, 그러면 나이 좀 있는 사람이 얼른 쉬쉬하면서, 도깨비가 듣겠다고 나무라 주게 마련이었던 것이다. 도깨비가 들으면 무엇이 어떻다고 불똥 끄듯 서두르며 말리려 들었을까. 그것은 아무도 가르쳐 주지 않았다. 알면서도 짐짓 모르는 시늉을 해 보이려 했지만, 그네들도 어려서부터 가르쳐 준 이가 없어 **이렇다하게 내놓지 못하는 눈치가 역연**하던 것이다. 그것은 바지랑대에 등을 매달고 멍석에 둘러앉아 삼을 삼거나 태모시를 톺던* **늘그막의 아낙네들도** 마찬가지로 가늠을 못 해, **도깨비불에 손가락질하면 도깨비가 쫓아온다**는 것밖에 다른 말은 할 줄 모르고 있었다. **그네들은 낮춘말로, 도깨비들이 벌거벗고 산다**더라고 **귀띔**해 주었으며, 그것은 그것들이 여름내 왕대뫼 자드락이나 갯가에 나와 불놀이를 하다가도, ㉠기러기 그림자에 논두렁 콩노굿*이 지고 오려논에 자마구*가 일며부터는 아무도 모르게 간곳없이 사라지던 것을 보아 믿을 만한 말이라고 우길 따름이었다.

된내기* 빛에 두엄이 허옇게 쉰 위로 난초 치던 붓끝 같은 마늘 싹이 솟고, 보리밭 머리에 장끼가 내리기 시작하여 이듬해 구렁찰 논배미에서 뜸― 뜸― 뜸부기 짝 찾는 소리로 개구리 논두렁 넘기 바쁘던 여름까지는 도깨비들이 감뭇하기도* 했었다. 그러나 아직 학령기에도 이르지 않았던 나는 정말 알지 못했다. 차지던 바람이 메져지고 개펄에 성에 엉기듯 허옇게 소금기가 끼는 철이 되면, 음습한 바람이 맴돌아야 난동하던 인화(燐火)가 전혀 일지 않던 것을.

어른들이 눈을 끔적이며 먹탕곳 개펄께를 그만 보라고 타이른 밤이면 ㉡담 밑에 반딧불만 자주 날아도, 촛불 붙이려 혼자 사당(祠堂) 문을 열 때처럼 뒷덜미가 선뜩하고 떨떠름하여 담 밑에도 가지 못할 만큼이나 그 도깨비불은 여간 두려운 존재가 아니었다. 그러므로 그런 날은 **아무리 무더워도** 모기가 떼메어 간다는 핑계로 **마실 마당에서 일찍 물러나곤** 하였다.

(중략)

복산이가 자리를 만들 동안 나는 변소를 찾아 나섰다. 농가라면 흔히 그렇듯 그곳은 저만치 밭마당 구석에 따로 나와 있었다. ㉢나는 마당을 가로질러 가면서 무심결에 개펄 쪽을 둘러보다가 소스라쳐 놀라며 그 자리에 굳어 버리고 말았다.

아― 나는 참으로 오랜만에 가슴이 벅차오르는 것을 느꼈다. 도깨비불― 그렇다. 왕대뫼 밑 먹탕곳 개펄에 푸른빛을 내뿜는 도깨비불이 즐비하게 늘어서 있던 것이다.

하나 둘 서이 너이…… 나는 어느새 도깨비불들을 손가락으로 헤아려 나가고 있었다. 변치 않은 것이 한 가지 더 있다는 반가움, 반가움과 즐거움에 들떠 그것들을 차곡차곡 빠뜨리지 않고 세어 나갔다.

"마흔다섯……."
하고 중얼거리며 나는 손가락을 떨었다. ㉣내일 새벽엔 안개도 볼 수 있으리라고 믿어, 가슴의 설렘에 손가락마저 떨린 거였다. 모를 일이었다. 옛날로 돌아가 혹시 길 잃은 여우가 울부짖게 될는지도.

"게서 뭣 허나?"
복산이가 같은 용무로 나오면서 허텅지거리를 했다.
"아, 도깨비불…… 생전 못 볼 줄 알았다가 보니 좋은데. 멋있는걸."
나는 건너편을 손가락질하면서 들뜬 소리로 말했다.

"무엇이?"

"저 도깨비불……."

"무엇 불?"

"옛날에 보던 도깨비불, 그거 아녀?"

"무슨 불? 허어 참, 그러게 장가를 가라구."

"……"

"도깨비불 좋아허네…… 저게? 술고래라서 안주 두 고루 먹어 헛소리는 안 헐 중 알았더니……."

"그럼 모르겠는데……."

"뭘 몰러? 저건 서울서 온 낚시꾼들의 간드레 불이여. 명색 문화인이라면서 밤낚시 한 번두 못 해 봤구먼."

나는 무엇에 받혀 하늘 높이 떠올랐다가 거꾸로 떨어진 기분이었다. 오랜 꿈결에서 순간적으로 깨어난 것처럼 허망하고 민망했다.

"이리 죽 늘어앉은 디는 물길이구, 저쪽 저리 둘러앉은 디가 유수지여. 갯물이 들어오면 수문을 막았다가 쓸물 때 열어 물을 빼는디 민물고기, 갯물 고기가 섞이구 해서 씨알두 게가 굵구, 물길에서는 잔챙이래두 붕어만 문다네. 남포, 청라 담에는 여기를 친다는 겨."

그제서야 나는 늘어앉은 불빛들이 제자리에 죽어 있음을 비로소 깨달았다. ⓒ무등 타기와 숨바꼭질을 하던 살아 있는 불이 아니란 것만 진작 알았어도 마흔다섯까지 수효를 헤아리지는 않았을 터였다. 나는 무슨 **재산붙이**를 어둠 속에 잃고 찾지 못한 투로 **무거워진 가슴을 안고** 복산이 따라 방으로 들어갔다.

－ 이문구, 「관촌수필」 －

＊**톱던** 끝을 가늘고 부드럽게 하려고 톱으로 훑던.

＊**콩노굿** 콩의 꽃.

＊**자마구** 곡식의 꽃가루.

＊**된내기** 된서리.

＊**감뭇하기도** 보이던 것이 전연 보이지 않아 찾을 곳이 감감하기도.

016 ▶ 24951-0209

윗글에 대한 설명으로 가장 적절한 것은?

① 반복되는 사건을 제시하여 인물들의 갈등을 심화하고 있다.

② 빈번하게 장면을 교차하여 상황의 긴박한 분위기를 조성하고 있다.

③ 과거와 현재를 매개하는 경험을 제시하여 인물이 겪는 인식의 변화를 드러내고 있다.

④ 공간의 이동에 따라 서술자를 달리하여 사건에 대한 다양한 관점을 제시하고 있다.

⑤ 시간의 역전을 통해 인과 관계를 재구성한 서사를 함께 제시하여 사건의 내막을 감추고 있다.

017 ▶ 24951-0210

㉠~㉤에 대한 이해로 적절하지 않은 것은?

① ㉠에는 어른들의 말을 온전하게 받아들이지는 않는 '나'의 미심쩍음이 드러난다.

② ㉡에는 착각으로 인해 연상된 상황을 궁금해하는 '나'의 호기심이 나타난다.

③ ㉢에는 우연히 발견한 대상에 대한 '나'의 반가움이 담겨 있다.

④ ㉣에는 예측하는 상황이 일어날 것이라는 짐작에서 비롯된 '나'의 기대감이 나타난다.

⑤ ㉤에는 대상의 실체를 확인하기 전에 했던 자신의 행동에 대한 '나'의 허무감이 드러난다.

018 ▶ 24951-0211

〈보기〉를 참고하여 윗글을 감상한 내용으로 적절하지 않은 것은? [3점]

• 보기 •

금기란 어떤 대상을 꺼리거나 피하는 행위를 가리킨다. 공동체의 구성원들은 금기를 위반하면 그 대상에 의해 공동체 혹은 그 구성원이 처벌을 받는다는 인식을 공유한다. 일반적으로 금기를 설정하는 근본적인 이유는 알려지지 않지만, 금기와 그 대상에 대한 추측은 구전의 방식을 통해 은밀하게 전파되어 구성원들 간에 회자된다. 이를 통해 금기와 금기의 대상이 환기하는 의미는 세대를 거쳐 전달됨으로써 서로 다른 세대 간에 공동체의 체험을 공유하는 데에 기여하기도 한다.

① '짜그락'거리는 '조무래기들'을 말리던 어른들이 그 이유를 '이렇다 하게 내놓지 못하는 눈치가 역연'하였던 것은, 금기가 설정된 근본적 이유가 알려지지 않았기 때문이겠군.

② '늘그막의 아낙네들'이 아이들에게 '도깨비불에 손가락질하면 도깨비가 쫓아온다'고 말하는 것은, 공동체의 금기를 서로 다른 세대가 공유하는 장면이라고 할 수 있겠군.

③ '그네들'이 '낮춘말'로 '도깨비들이 벌거벗고 산다'고 '귀띔'을 해주는 행위는, 구전의 방식을 통해 금기의 대상에 대한 추측이 은밀하게 전파되는 정황을 보여 주는 것이겠군.

④ '아무리 무더워도' 핑계를 대고 '마실 마당에서 일찍 물러나곤' 한 것은, 금기를 위반한 '나'가 자신에게 닥칠 어른들의 처벌이 두려워서 한 행동이겠군.

⑤ '재산붙이'를 잃은 듯 '무거워진 가슴을 안고' 방으로 들어가는 행동은, 공동체에서 공유되던 금기에 관련된 일들이 추억으로만 남게 된 상황에 대한 '나'의 심리를 드러낸 것이라 할 수 있겠군.

3,300원으로 만나는
수능 실전 훈련
수능특강Q
미니모의고사

역대 수능 연계교재 우수 문항 선별 | 각 14회 미니모의고사 수록

최신 교재도, 지난 교재도 한눈에!
EBS 공식 네이버 스마트스토어!

EBS
북스토어
OPEN

EBS 북스토어 🔍

https://smartstore.naver.com/ebsmain

정답과 해설

2025학년도 수능 대비

수능특강 연계 기출

문학작품 연계 기출2 **고전 산문·현대 소설**

2025학년도 수능 대비

수능특강
연계 기출

문학작품 연계 기출2
고전 산문·현대 소설

정답과 해설

교과서 개념 학습

001 ②	002 ②	003 ⑤	004 ②	005 ③	006 ②
007 ①	008 ①	009 ③	010 ⑤	011 ③	012 ②
013 ①	014 ④	015 ③	016 ①	017 ①	018 ④
019 ②	020 ④	021 ①	022 ②		

교과서 개념 학습   본문 10~14쪽

01 **가 박완서, 「해산 바가지」**

수특 동일 작품

| 해제 | 이 작품은 아들과 딸을 구분하지 않고 태어난 손주들을 경건하게 맞이하는 시어머니의 모습을 통해 생명 존중 사상을 환기하면서, 남아 선호 사상의 세태를 비판하고 있는 소설이다. 또한 치매에 걸린 시어머니의 부양 문제로 갈등하던 '나'가 '해산 바가지'를 통해 시어머니의 생명 존중 의식을 환기하며 자신을 성찰하는 모습에서 우리 사회가 겪는 노인 소외에 대한 문제의식도 제기하고 있다.

| 주제 | 남아 선호 사상 비판과 생명의 소중함에 대한 인식

| 전체 줄거리 | '나'는 딸만 낳은 며느리를 구박하는 친구에게 ★교재수록부분 자신의 경험을 들려준다. '나'의 남편은 외아들인데, 첫딸을 낳고 '나'는 시어머니가 아들을 바랐을 것이라는 생각에 불편해한다. 하지만 시어머니는 아들과 딸을 차별하지 않고 경건한 마음으로 손주들을 맞이한다. 시어머니가 치매에 걸리자 힘들게 시어머니를 모시던 '나'는 신경 안정제를 복용할 정도로 괴로워한다. 결국 시어머니를 요양원에 보내기 위해 남편과 함께 요양원을 보러 가던 중에 초가지붕의 박을 보고 시어머니가 아이를 낳을 때마다 정성스럽게 준비했던 '해산 바가지'를 떠올리며, 시어머니의 생명 존중의 태도를 깨닫는다. '나'는 시어머니를 요양원에 보내려던 자신을 반성하고 시어머니를 계속 모시기로 결심한다. 이후 '나'는 3년 동안 시어머니를 더 모시고, ★교재수록부분&수특수록부분 시어머니는 평화롭게 임종을 맞이한다. ★교재수록부분

나 작자 미상, 「바리데기」

| 해제 | 이 작품은 일곱 번째 딸로 태어난 바리공주가 병든 부모를 살리기 위해 갖은 고난을 이겨 내고 무당의 조상신이 되는, 바리공주의 일대기를 담은 이야기로 혼령을 천도하는 49재 때 지내는 오구굿에서 가창된 서사 무가를 채록하여 다듬은 것이다. 바리공주가 혼령을 극락세계로 인도해 주는 무당의 조상신이 된 내력을 풀이한 본풀이로서 서사적인 성격을 지닌 구비 문학 작품이다. 이 작품에는 죽은 사람의 영혼을 저승으로 인도하고자 하는 한국 민중의 전통적인 내세관이 반영되어 있으며, 영원히 살고자 하는 민중의 소망과 초월적 세계에 대한 인식이 담겨 있다. 바리공주의 일대기는 고대 건국 신화 및 조선 후기 소설에서 드러나는 영웅 서사 구조를 지니고 있다.

| 주제 | 고난 극복 의지와 희생을 통한 구원의 성취

| 전체 줄거리 | 오구 대왕은 점쟁이의 점괘를 믿지 않고 길대 부인과 결혼하여 딸만 일곱을 낳는다. 일곱 번째도 딸을 낳자 오구 대왕은 일곱 번째 딸의 이름을 '바리공주'라고 짓고 버린다. 바리공주는 바리 공덕 할멈 내외에게 구원되어 건강하게 자란다. 세월이 흘러 오구 대왕과 길대 부인이 죽을병에 걸리게 되고, 병을 고치기 위해서는 서역국에 있는 약려수가 필요하다는 것을 알게 된다. 이 소식을 들은 바리공주는 약려수를 구하러 떠나고, 조력자의 도움을 받으며 힘들게 서역국에 도착한다. 바리공주는 약려수를 지키는 무상 신선의 요구에 따라 9년 동안 일하고 자식을 낳아 준다. 부모의 죽음과 관련된 꿈을 꾼 바리공주는 부모를 살리기 위해 약려수를 가지고 와서 죽은 오구 대왕과 길대 부인을 살린다. 이후 바리공주는 죽은 사람을 저승으로 인도하는 무조신이 되고, 무상 신선과 아들들도 신이 된다.

연결 포인트

수능특강에서는 박완서의 「해산 바가지」를 단독 지문으로 구성하여 소설의 서술상 특성에 대해 올바르게 이해하고 있는가를 묻고 있습니다. 구체적으로 서술상의 특징과 작품의 내용 이해, 작가의 관점·주제 의식 파악 등을 묻는 문항이 출제되었습니다.

남아 선호 사상에 대한 비판과 반성을 주제로 다루고 있다는 점에 주목하여 「해산 바가지」는 2021학년도 수능특강 문학에서 작자 미상의 「바리데기」와 엮어서 출제된 적이 있습니다. 출제된 장면이 상당 부분 겹치고, 중심 소재인 '해산 바가지'의 기능과 의미를 중심으로 작품의 내용과 주제를 묻고 있다는 점에서 작품의 핵심을 이해하는 데 도움이 됩니다. 따라서 두 교재에 수록된 장면의 내용과 특징을 잘 정리해 두면 「해산 바가지」와 관련된 어떤 문제도 어렵지 않게 풀 수 있을 것입니다.

001

작품 간의 공통점, 차이점 파악   정답 ②

정답 해설 (가)의 '나는 내가 낳은 첫아이가 딸이라는 걸 알자 속으로 약간 켕겼다. 외아들을 둔 시어머니가 흔히 그렇듯이 그분도 아들을 기다렸음 직하고 더구나 그분의 남다른 엄숙한 해산 준비는 대를 이를 손자를 위해서나 어울림 직했기 때문이다.'에서 '나'가 딸을 낳았을 때 불편한 마음을 지녔음을 확인할 수 있다.

오답 피하기 ① (가)의 '외아들을 둔 시어머니가 흔히 그렇듯이 그분도 아들을 기다렸음 직하고 더구나 그분의 남다른 엄숙한 해산 준비는 대를 이을 손자를 위해서나 어울림 직했기 때문이다. 그러나 퇴원한 나를 맞아들이는 그분에게서 섭섭한 티 따위는 조금도 찾아볼 수 없었다. 그 잘생긴 해산 바가지로 미역 빨고 쌀 씻어 두 개의 해산 사발에 밥 따로 국 따로 퍼다가 내 머리맡에 놓더니 정성껏 산모의 건강과 아기의 명과 복을 비는 것이었다.', '아들을 낳았을 때도 더도 아니고 덜도 아닌 똑같은 영접을 받았을 뿐이었다.'에서 '나'의 시어머니는 딸과 아들을 차별하지 않고 대했음을 알 수 있다. 그러나 (나)의 '아들이 태어나기를 기다렸는데, 계속 딸이 태어나 딸만 육 형제를 두게 되었다.'에서 오구 대왕은 딸보다는 아들을 낳기를 바랐음을 확인할 수 있다.

③ (가)의 '남의 집 대를 끊어 놓겠다는 걸 어떻게 가만히 보고만 있습니까. 그건 안 될 말이죠.'와 (나)의 "그대가 이번에는 세자 대군을 낳겠구려.", '이번 몽사는 세자 대군을 얻을 몽사로다.'에서 '나'의 친구와 오구 대왕은 모두 집안의 대를 잇기 위해 아들을 원했음을 확인할 수 있다.

④ (가)의 '저렇게 울고 속을 끓이니 저 애 꼴이 말이 아닙니다.'와 (나)의 '길대 중전마마는 그만 울음을 터뜨렸다.'에서 '나'의 친구 며느리와 길대 부인은 모두 딸만 낳은 것에 대해 울면서 속상해했음을 확인할 수 있다.

⑤ (가)의 '정성껏 산모의 건강과 아기의 명과 복을 비는 것이었다.'와 (나)의 '열 달이 되어 낳으니 공주였다. 공주의 탄생을 대왕마마께 아뢰자, / "공주를 낳았으니 세자인들 아니 날쏘냐, 귀하게 길러라."'에서 '나'의 시어머니와 오구 대왕은 '나'와 길대 부인이 낳은 첫딸을 귀하게 여겼음을 확인할 수 있다.

002

작품의 내용 이해   정답 ②

정답 해설 ㉡은 오구 대왕이 갈이 박사의 예언을 듣고도 자신의 고집대로 혼례를 진행하고자 하는 말로, 훗날 딸만 일곱을 낳게 되는 상황을 만드는 부분이지만,

오구 대왕과 갈이 박사 간의 갈등이 심화되는 것은 아니다.

오답 피하기 ① '금년에 길례를 하면 칠 공주를 보실 것이요'에서 앞으로 일곱 명의 딸이 태어날 수도 있음을 암시한다고 볼 수 있다.

③ 갈이 박사의 점괘대로 딸을 낳게 되므로 갈이 박사의 점괘 풀이가 믿을 만한 것임을 짐작할 수 있다.

④ "예, 품안에 달이 돋아 뵈고 오른손에 푸른 봉숭아꽃 한 짝을 꺾어 들고 있더이다.", "품안에 칠성별이 떨어져 보이고, 오른손에 붉은 봉숭아꽃 한 가지를 물고 있더이다."와 같은 이전의 몽사와 달리, "이번 몽사는 연약한 몸이 부지하기 어려울까 하나이다."라고 말하면서 '청룡, 황룡, 보라매, 백마, 흑 거북, 일월' 등과 같은 비범한 존재들이 꿈에 나타나므로 이전의 자식들과 다른 평범하지 않은 아이가 태어날 것임을 암시한다고 볼 수 있다.

⑤ '바리공주'라는 이름이 붙게 된 사연이 드러나므로 적절하다.

003

배경 및 소재의 기능 파악   정답 ⑤

정답 해설 '해산 바가지'는 '나'에게 시어머니가 남녀를 구분하지 않고 생명을 존중했던 지난 일을 떠올리게 하여 시어머니를 요양 시설에 맡기려 했던 생각을 바꾸게 하는 소재이다. '옥함'은 오구 대왕이 바리공주를 버리기 위해 만든 것으로, 바리공주가 버려져서 고난을 겪게 되면서 사건을 새로운 국면으로 이끄는 소재이다.

오답 피하기 ① ⓐ는 '나'의 생각을 바꾸게 하여 시어머니를 모시고 살겠다는 결심을 하게 하므로 긴박한 분위기를 조성한다고 볼 수 없고, ⓑ는 딸을 버리기 위해 만든 것이므로 이야기의 흐름을 지연시킨다고 볼 수 없다.

② ⓐ는 '나'가 시어머니를 모시고 살겠다는 결심을 하게 하므로 갈등이 해소되는 계기를 마련한다고 볼 수 있지만, ⓑ는 갈등이 약화되는 분기점을 제공하는 것이 아니므로 적절하지 않다.

③ ⓐ는 '나'의 마음이 바뀌면서 이야기가 새롭게 전

개되는 계기를 마련하지만, ⓑ는 갈등이 고조되는 과정과 관련된 소재이므로 적절하지 않다.

④ ⓐ는 '나'에게 과거를 떠올리게 하지만, ⓑ는 비현실 세계 속의 이야기가 이어지고 있으므로 적절하지 않다.

004

외적 준거에 따른 작품 감상 　　　　　 **정답 ②**

정답 해설 '나'는 딸 넷을 낳고 아들을 낳았을 때도 전혀 차별하지 않고 경건하게 아이들의 명과 복을 빌어 준 시어머니의 모습을 떠올리며, '그분은 어디서 배운바 없이, 또 스스로 노력한 바 없이도 저절로 인간의 생명을 어떻게 대접해야 하는지를 알고 있는 분이었다.'라고 말하며 생명의 고귀함에 대해 되새기고 있다. 하지만 시어머니의 임종 때의 모습에서 생명의 고귀함에 대해 처음으로 깨닫게 되었다고 볼 수는 없다.

오답 피하기 ① '나'는 자신의 잘못을 깨닫고, 이후에 시어머니에 대한 태도를 바꾸고 있다.

③ '나'의 친구가 아들을 낳지 못하는 며느리를 나무라는 모습을 통해 남아 선호 사상이 고부간의 갈등으로 이어지고 있음을 확인할 수 있다.

④ 시어머니를 잘 모셔야 한다는 사회적 굴레로 인해 '나'가 신경 안정제를 먹어야 했을 정도로 힘들게 살아왔음을 짐작할 수 있다.

⑤ 아들을 낳은 산모를 축하해 주는 사람들의 말이 '나'의 친구가 하고 싶은 말이라는 것을 통해 남아 선호 사상에 대한 내용임을 짐작할 수 있다.

교과서 개념 학습 　　　　　　　　　　 본문 15~18쪽

02 임방, 「옥소선」

수특 동일 작품

| 해제 | 이 작품은 임방(1640~1724)이 엮은 『천예록(天倪錄)』에 실려 있는 이야기로 야담과 소설의 성격을 동시에 갖고 있다고 평가받고 있다. 사대부 남성과 기녀 간의 사랑을 다룬 이 작품에서 남녀 주인공들은 빼어난 재주와 자태를 가진 인물로서, 부모에 대한 효성과 입신양명이라는 당대의 가치를 중시하며, 당시의 신분 질서 또한 존중한다. 그러나 인간의 본성적 욕

구인 사랑을 성취하는 과정에서는 이를 무시하기도 한다. 사랑이 성취된 후에는 다시 당대의 보편적 가치를 추구함으로써 남주인공은 입신양명을 이루고 여주인공은 사대부가의 정실이 되는 행복한 결말로 마무리된다.

| 주제 | 신분을 뛰어넘는 남녀 간의 사랑

| 전체 줄거리 | 평안도 관찰사가 자신의 생일날 아들과 어린 기녀인 자란(옥소선)을 짝지어 춤을 추게 한다. 이를 인연으로 두 사람은 6년간 아주 친밀한 관계를 맺는다. 관찰사가 임기를 마치고 대사헌에 임명되면서 둘은 이별을 맞이하게 되는데, 아들은 매정하게 자란을 버리고 떠난다. 과거를 준비하기 위해 절에 가서 공부를 하던 중 아들은 자란에 대한 간절한 그리움을 견디지 못하고 밤길을 나서 자란의 집을 찾아간다. ★교재 수록 부분&수특 수록 부분 그러나 자란은 이미 새로 부임한 관찰사 아들의 사랑을 받고 있어서 만날 수가 없다. 아들은 자란이 기거하는 곳의 마당을 쓰는 인부로 들어가 눈을 치우는 척하면서 자란과 만나는 계기를 마련한다. 그 후 두 사람은 마을에서 도망쳐 깊은 골짜기에 가서 살림을 차리고 정착을 한다. 자란은 관찰사의 아들에게 공부에 전념할 것을 권하고, ★교재수록부분 아들은 과거에 급제하여 벼슬에 오르게 된다. ★수특수록부분 두 사람의 사연을 들은 왕은 혼인을 허락하고, 두 사람은 사랑하며 행복하게 산다.

▶ 연결 포인트

수능특강에서는 임방의 「눈을 쓸며 옥소선을 엿보다」를 단독 지문으로 수록하여 인물을 중심으로 한 작품의 내용과 중심인물인 '생'의 성격 변모 양상을 파악할 수 있는지를 묻고 있습니다. 또한 '서사적 상황의 입체화'와 관련된 외적 준거를 바탕으로 작품의 창의적 변용의 적절성을 파악할 수 있는가도 묻고 있습니다.

「눈을 쓸며 옥소선을 엿보다」는 신분이 다른 남녀 간의 사랑을 다룬 애정 소설입니다. 작품 속 주인공들은 사회적으로 중시되는 효나 입신양명과 같은 유교적 가치, 신분 질서로부터 완전히 벗어나지 못하는 모습을 보이면서도 인간의 본질적 욕망인 사랑을 성취하는 과정에서는 이러한 구속에서 벗어나려는 모습을 드러냅니다. 또한 사랑을 성취한 후 현실적인 문제를 해결하는 과정에서는 여성 인물의 역할이 확대된다는 점도 주목할 만한 점입니다. 교재에 수록된 「옥소선」은 2020학년도 11월 고2 학력평가에 출제되었던 부분으로, 서술상의 특징과 인물의 이동 경로를 통해 작품의 세부 내용을 파악할 수 있는지를 묻는 문항이 출제되었습니다. 또한 외적 준거를 바탕으로 애정 소설로서의 「옥소선」의 특징을 파악할 수 있는가를 묻는 문항도 출제되었습니다. 사랑을 주제로 한 소설의 경우, 인물 간의 갈등 관계나 내용 파악이 어렵지 않다는 점을 잊지 말고 지문으로 수록된 내용과 외적 준거로 제시된 〈보기〉를 꼼꼼히 읽는다면 어렵지 않게 해결할 수 있을 것입니다.

005

서술상의 특징 파악　　　　　　　　　　**정답 ③**

정답 해설 이 글에는 비현실적이고 기이한 내용 등과 같은 전기적인 요소가 드러나 있지 않다.

오답 피하기 ① 자란과 도령이 도망한 후 안정적으로 정착하는 과정을 요약적으로 제시하고 있다.

② 도령이 자란을 찾아가는 동안의 힘겨운 상황을 누추한 외양을 통해 묘사하고 있다.

④ 도령이 이별할 때 의연한 태도를 보이는 원인에 대해 서술자가 개입하여 자신의 생각을 직접적으로 제시하고 있다.

⑤ 이야기의 전개 도중 예전에 도령이 절을 뛰쳐나온 이후 절에서 있었던 일, 도령과 자란이 도망친 후의 신임 관찰사의 행동을 서술하고 있다.

006

작품의 내용 이해　　　　　　　　　　**정답 ②**

정답 해설 ②의 인물들이 갇히게 된 직접적인 원인은 도령과 자란이 ②에서 ⑩으로 도망쳤기 때문이다.

오답 피하기 ① 도령이 ㉠에서 ㉡으로 이동한 이유는 부친이 ㉠에서 관찰사의 임무를 마치고 대사헌에 임명되어 조정으로 돌아왔기 때문이다.

③ 도령이 ㉢에서 ②로 향한 것을 ㉢에 있던 친구들은 알지 못한 채 '요사한 여우에게 홀려서 죽었거나 호랑이 밥이 된' 것이라 생각했다.

④ 도령이 ㉢에서 ②로 향한 것은 과거 ㉠에서 헤어진 자란이 보고 싶어졌기 때문이다.

⑤ 도령이 ②에서 ⑩으로 이동한 것은 ②에서 만난 자란과 함께 살기 위해서이다.

007

외적 준거에 따른 작품 감상　　　　　　**정답 ①**

정답 해설 양반인 도령은 이별에 대해 의연한 태도를 보이고, 기녀인 자란은 도령과 이별할 때 목메어 울며 도령의 얼굴을 차마 보지 못했을 뿐이므로, 신분

질서의 구속에서 벗어나기 위해 개인의 의지대로 행동했다는 진술은 적절하지 않다.

오답 피하기 ② 도령이 실성한 모습으로 자란을 찾아가는 것은 사랑의 감정 때문이므로, 이를 두고 인간의 본질적 욕망을 추구하는 모습이라는 진술은 적절하다.

③ 도령과 자란이 안정적으로 정착할 수 있었던 것은 자란이 베 짜기와 바느질로 생계를 이어 갔고, 옷가지와 패물을 팔거나 이웃과 잘 지내 환심을 산 결과이므로 여성 인물의 역할이 확대되었다는 진술은 적절하다.

④ 자란이 불효의 문제를 제기하자 도령이 눈물을 흘리며 동의하고 있으므로, 주인공들이 효를 중시하는 모습을 확인할 수 있다는 진술은 적절하다.

⑤ 자란은 과거 급제의 당위성으로 부모님을 다시 모실 수 있는 효와 세상에 홀로 나설 수 있는 입신양명을 말하고 있으므로, 이를 두고 유교적 가치로부터 완전히 벗어나지 못한 모습이라는 진술은 적절하다.

008

인물의 말하기 방식 파악　　　　　　　　**정답 ①**

정답 해설 [A]에서는 도령이 이별에 연연해하지 않을 것이라는 자신의 생각을 확신하며 청자인 부친을 안심시키고 있고, [B]에서는 자란이 외진 산골에서 늙어 죽을 수도 없고 집으로 돌아갈 수도 없는 자신들의 상황을 환기하며 청자인 도령에게 앞으로의 계획에 대해 묻고 있다.

오답 피하기 ② [A]에서 도령은 부친의 장점을 언급하며 부친의 성품을 칭송하지 않으므로 적절하지 않다.

③ [B]에서 자란은 도령에게 명령을 거듭하며 자신의 의지를 강요하지 않으므로 적절하지 않다.

④ [A]에서 도령은 자신의 무고함을 주장하지 않으며, [B]에서 자란은 도령의 의견에 동의하며 도령의 삶의 방식을 칭찬하지 않으므로 적절하지 않다.

⑤ [A]에서 도령은 다른 사람의 의견을 근거로 들지 않으며, [B]에서 자란은 도령의 신분적 위세를 두려워하지 않으므로 적절하지 않다.

교과서 개념 학습

03 천승제, 「만선」

본문 19~20쪽

수특 동일 작품

| 해제 | 이 작품은 바다에 삶의 의미를 두고 살아가며 만선의 꿈을 버리지 못하는 한 어부의 집념과 그로 인한 비극적 삶을 다룬 희곡이다. 만선에 대한 집념과 의지로 자연과 싸우는 곰치의 부성과 그의 아내인 구포댁의 죽음의 숙명에서 벗어나려는 모성의 갈등으로 점철된 비극적 인생을 사실적으로 잘 그려 내고 있다. 제시된 부분은 배가 없어 늘 임제순에게 배를 빌려서 고기를 잡으러 나가던 가난한 곰치가 임제순에게 배를 거절당하는 장면이다. 1960년대 희곡으로는 드물게 토속성이 강한 작품으로 평가받고 있다.

| 주제 | 한 어부의 만선에 대한 집념과 좌절

| 전체 줄거리 | 곰치는 만선의 꿈을 가지고 마을의 부자인 임제순에게 삯배를 빌려 고기를 잡지만, 빚에서 벗어나지 못한다. 어느 날 부세 떼가 몰려오지만 곰치는 임제순의 빚 독촉으로 배를 묶이고 만다. ★교재 수록 부분 곰치는 만선의 꿈을 실현하기 위해 부당한 계약서에 손도장을 찍고 바다로 나가지만 거센 풍랑을 만나 딸의 애인 연철과 아들 도삼을 잃고 혼자 돌아온다. 이로 인해 곰치의 아내 구포댁은 정신 이상자가 되고, 애인을 잃은 슬슬이도 큰 충격을 받는다. 하지만 곰치는 만선의 꿈을 포기하지 않고 하나 남은 어린 아들이 열 살만 되면 그를 어부로 만들겠다고 결심한다. ★수특 수록 부분 이 사실을 안 구포댁은 아들을 비극적인 운명에서 벗어나게 하기 위해 풍랑이 이는 바다에 배를 띄워 육지로 떠나보낸다. 곰치가 아들을 찾으러 나간 사이, 빚 때문에 아버지뻘 되는 범쇠에게 팔려 갈 처지에 이른 슬슬이는 스스로 목을 맨다.

연결 포인트

수능특강에서는 천승세의 「만선」을 단독 지문으로 수록하여 극의 특성과 극 문학의 구성 요소에 대해 올바르게 이해하고 있는가를 묻고 있습니다. 구체적으로 인물의 심리와 태도, 작품의 내용, 작가의 관점, 주제 의식을 적절하게 파악하고 있는가를 묻는 문항이 출제되었습니다.

「만선」은 2008학년도 대학수학능력시험에서 단독 지문으로 수록되어 극의 형상화 방식 이해, 인물의 성격 파악, 인물의 심리와 태도 등을 이해할 수 있는지를 묻는 문항이 출제되었습니다. 작품의 제목인 '만선(滿船)'은 우리의 삶의 욕망이며, 지향하고자 하는 가치를 상징합니다. 작품 속에서 곰치는 이러한 욕망 성취를 위해 행동하고 의지를 발하는 실존적 존재로 그려지고 있습니다. '만선'에 담긴 인간의 욕망과, 그 욕망 때문에 발생하는 비극의 아이러니를 이해한다면 「만선」의 어느 장면이 출제되더라도 잘 해결할 수 있을 것입니다.

009

극적 형상화 방식 이해　　　　정답 ③

정답 해설 이 글에는 고기를 잡았어도 모두 빚으로 뺏겨 버린 연철과 이에 대한 다른 인물들의 반응이 드러나 있다. 가난으로 인한 삶의 비극적인 모습이 드러나는 부분이라고 할 수 있다. 맥이 빠진 연철이나 연철이의 상황을 알고 놀라는 인물들의 반응들은 모두 간결하게 처리되어 장면의 전개가 빠르게 진행됨을 느낄 수 있다. 그러나 이 글에서 '언어유희'가 사용된 부분은 찾을 수 없다.

오답 피하기 ① 풀이 죽은 연철이나 연철이가 빚 때문에 모든 것을 빼앗겼다는 것을 알게 된 사람들이 놀라는 반응은 모두 간결한 대사로 처리되어 있어 속도감을 주고 있다.

② 인물들은 모두 사투리를 구사하고 있어 현장감을 느낄 수 있다.

④ '그물, 부서 떼, 배' 등을 통해 인물의 직업이 어부라는 것을 알 수 있으며, 이들이 접하고 있는 공간이 바닷가임을 알 수 있다.

⑤ 지시문의 사용이 매우 빈번한 편으로, 이는 인물의 말과 행동에 대한 독자의 이해를 쉽게 해 준다.

010

인물의 성격 파악　　　　정답 ⑤

정답 해설 연철이 담당하고 있는 역할을 파악하기 위해서는 장면의 전체적인 상황을 이해한 후, 〈보기〉에 제시된 연철에 대한 정보를 글을 통해 확인해야 한다. 연철이 "내일부터 배를 묶겠네! 묶겄어!"라는 임제순의 말에 대해 성삼, 도삼과 함께 "배를 묶다니?"라는 반응을 보이는 것으로 보아 방관자적 태도를 취하며 사태를 관망한다고 말할 수 없다.

오답 피하기 ① 연철은 잡은 고기를 처분하고 돌아와서 그 결과가 어떻게 되었는지를 무대 위에 있는 사람들과 관객들에게 전달해 주고 있다.

② 연철의 첫 대사 "놀려라우? 맘이 기뻐사 놀릴 맘도 생기지라우!"는 기대감에 차 있는 사람들에게 실망감을 주고 있다.

③ 연철은 '다 뺏겼다.', '빚에 잡혔다.', '그리고도 이 만원의 빚이 남았다.' 등의 정보를 분할하여 제공하고 있다.

④ 연철은 '쉬잇' 하는 소리로 사립문 쪽에 임제순이 나타나는 것을 알려 주고 있다.

011

인물의 심리, 태도 파악　　　　　정답 ③

정답 해설 〈보기〉에서 ㉠~㉤에 나타난 배우의 움직임을 접촉과 회피의 욕망으로 분류한 것을 바탕으로, 각 움직임에 담겨 있는 의도에 대한 설명이 바르지 않은 것을 찾아야 한다. ㉢은 연철이 하는 말에 대해 좀 더 자세한 설명을 듣고 싶은 곰치가 연철에게 다가가며 이야기해 줄 것을 요구하는 행동이다. 따라서 이는 상대를 질책하는 것이 아니라 상대방에게 대답을 요구하는 태도라고 볼 수 있다. 즉 연철이 하는 말에 대한 놀라움을 표현하고 있으며 그 말의 내용이 사실인지를 확인하고자 하는 것으로 해석할 수 있다.

오답 피하기 ① 연철을 기다리고 있었던 인물들의 태도가 드러나고 있다.

② 연철은 기대하고 있는 사람들에게 실망감을 안겨 줄 것이라는 생각으로 착잡함을 드러내고 있다.

④ 곰치의 불안하고 애절한 마음을 더욱 자극하고 있는 행동이다.

⑤ 곰치의 말에 대해 완강히 거부하는 듯한 행동을 보여 주고 있다.

교과서 개념 학습　　　　　본문 21~23쪽

04 **최순우, 「백자 달 항아리」**

수특 유사 작품

| 해제 | 이 작품은 둥근 생김새가 보름달을 닮았다 하여 이름 붙여진 '백자 달 항아리'에 대한 글쓴이의 관심과 애정을 담은 수필이다. 글쓴이는 흰 빛깔과 정형적이지 않은 둥근 모양에서 인위성을 배제하고 자연미를 따르고 있는 백자 달 항아리의 절제된 아름다움과 미적인 가치를 떠올린다. 그리고 이를 통해 우리 민족의 순수하고 어진 성품과 도공들의 흥겨움을 되새기고, 한국적 조형미가 갖는 아름다움을 부각하고 있다.

| 주제 | 백자 달 항아리에 담긴 한국적 아름다움

| 구성 | • 1문단: 백자 달 항아리에 담긴 특색 있는 한국적 조형미
　　　　• 2문단: 백자 달 항아리의 독특한 미적 가치
　　　　• 3문단: 백자 달 항아리의 자연스러운 아름다움
　　　　• 4문단: 우리 민족의 성정이 담긴 백자 달 항아리
　　　　• 5문단: 백의민족을 닮은 백자 달 항아리에 대한 자부심
　　　　• 6문단: 백자 달 항아리의 꾸밈없는 아름다움

★교재 수록 부분

▶ **연결 포인트**

　수능특강에서는 최순우의 「연경당에서」를 단독 지문으로 구성하여 교술 문학의 특성과 구성 요소에 대해 올바르게 이해하고 있는가를 묻고 있습니다. 구체적으로 표현상의 특징, 작품의 내용, 작가의 관점·주제 의식을 잘 파악하고 있는가를 묻는 문항이 출제되었습니다.

　「연경당에서」는 우리 전통 건축물에 담긴 한국적 아름다움과 문화적 가치를 주제로 하고 있습니다. 이런 주제적 유사함을 근거로, 「연경당에서」는 2020학년도 수능특강 문학에 수록되었던 같은 작가의 작품인 「백자 달 항아리」와 엮어 읽을 수 있습니다. 우리의 전통적 예술품에 대한 글쓴이의 관점과 태도, 그리고 우리나라 예술품에 담긴 한국적 아름다움을 이해할 수 있다면 주제가 유사한 어떤 작품이 출제되더라도 어렵지 않게 이해할 수 있을 것입니다.

012

서술상의 특징 파악　　　　　정답 ②

정답 해설 글쓴이는 백자 달 항아리의 흰빛과 다소 일그러진 모양에 대해 설명하고, 이러한 빛깔과 모양에 담겨 있는 의미와 미적인 가치를 주관적인 관점에서 평가하고 있다. 이를 통해 백자 달 항아리의 아름다움을 강조하고 있다.

오답 피하기 ① 여러 대상이 가진 장단점에 대한 내용은 찾아볼 수 없다.

③ 대상의 모습을 전체와 부분의 순서로 설명한 내용은 찾아볼 수 없다.

④ 대상의 변화 양상이나 시간의 흐름에 따른 내용

제시는 찾아볼 수 없다.

⑤ 백자 달 항아리에 대한 긍정적 인식을 담고 있을 뿐, 상이한 가치 판단은 드러나지 않는다.

013

구절의 의미 파악　　　　　　　　　　　　**정답 ①**

정답 해설 ㉠은 글쓴이가 백자의 흰빛과 부정형의 모양이 갖는 한국미의 특성을 제대로 이해하지 못하는 사람들을 가정하여 그들을 비판하고 있는 말이다. 따라서 글쓴이의 자조적 태도가 나타난다고 볼 수 없다.

오답 피하기 ② ㉡은 도공들이 그들의 흥겨운 마음을 따라 움직였다는 것을 드러내는 말로서, 그들이 만들어 낸 백자 항아리에서 아름다움이 느껴진다는 글쓴이의 생각이 담긴 것이다.

③ ㉢은 백자 항아리의 흰 빛깔에서 어진 아낙네의 흰옷을 떠올리고 스스로 백의민족이라는 이름을 지어 부를 정도로 흰빛을 즐기는 한국인의 독특한 미감에 대한 글쓴이의 판단이 반영된 것이다.

④ ㉣은 백자 항아리에서 느껴지는 어수룩하면서도 순진한 아름다움을 인지하지 못하고 오히려 부정적인 태도를 가진 사람들을 글쓴이가 지칭한 것이다.

⑤ ㉤은 백자 항아리의 미적 가치에 대한 글쓴이의 긍정적 판단을 나타낸 말이며, '틀림없다'고 한 것은 이러한 판단에 대한 글쓴이의 확신을 드러낸 것이다.

014

감상의 적절성 평가　　　　　　　　　　　**정답 ④**

정답 해설 〈보기〉에서 '불'로 구워 내도 얼음 같다는 진술은 역설적 표현으로서, 백자의 흰빛을 통해 드러나는 백자의 순박함을 강조한 것이다. 이는 이 글의 백자 항아리에 나타난 백의민족으로서의 순정 어린 성정과 유사하다. 또한 불로 구워 낸다는 표현은 현실의 어려움과 연관 지을 수 있다는 점에서 적절한 감상이다.

오답 피하기 ① 〈보기〉에서 '찬 서리 눈보라'와 '바람'은 백자에 그려진 소나무가 상징하는 절개를 부각하기 위한 표현으로, 도공들이 느끼는 어려움과는 직접

적인 관련이 없다.

② 〈보기〉에서 백자는 그리운 임을 위해 사용하는 소재이므로, 이 글에서 백자 항아리를 대견스럽게 대하는 조선 여인들의 마음을 떠올리게 하는 것으로 볼 수 있다.

③ 〈보기〉에서 '불로초'와 '사슴' 장식은 백자에 그려진 것이므로 백자 항아리에 아무런 장식을 넣지 않으려 했던 우리 민족의 가식 없는 마음과는 거리가 멀다.

⑤ 〈보기〉에서 '티 하나 내려와도 그대로 흠이 지다'라는 표현은 백자에 담긴 순수한 정신이나 느낌을 강조한 것으로, 백자의 연약한 형태와는 관련이 없다.

교과서 개념 학습　　　　　　　　　　본문 24~28쪽

05 황순원, 「두꺼비」

수특 유사 작품

| 해제 | 이 작품은 해방 직후 고국에서의 정착을 기대하며 서울로 온 전재민을 둘러싸고 벌어지는 이야기를 통해 당대 현실을 드러내고 있는 소설이다. 이 작품은 해방 직후의 혼란한 사회 속에서 정착하지 못한 사람들이 겪고 있던 경제적 궁핍이 도덕적 가치보다는 자기 생존을 먼저 생각하게 하는 이기심을 자극했던 비정한 시대 현실을 비판적으로 형상화하고 있다.

| 주제 | 해방 직후 혼란한 시대 현실과 비정성

| 전체 줄거리 | 현세는 일제 강점기 만주 일대를 떠돌다 해방이 되어 큰 기대를 안고 고국으로 돌아왔으나 그에게는 전재민 수용소와 배고픔만이 주어진다. 가지고 있던 옷가지를 팔고 그날그날을 지내 오던 현세는 전재민 수용소 관리 책임자에게 집을 비워 달라는 독촉을 매일 받는다. 그러던 차에 두꺼비라는 별명을 가졌던 소학 시절 친구 두갑이에게 어느 집의 셋방 사람들을 내쫓는 연극에 가담해 달라는 제안을 받는다. 현세는 방 한 칸을 얻어 주겠다는 약속에 내키지는 않지만 두갑이의 제안을 수락한다. 두갑이의 요구대로 무사히 일을 마쳤지만 두갑이는 애초에 약속한 방 한 칸은 마련해 주지 않고 약간의 수고비만 준다. ★교재수록부분 현세는 두갑이가 두꺼비 입을 하고 굶은 사람으로서는 견디기 힘든 입김을 내뿜는 장면을 떠올리고는 눈앞이 캄캄해짐을 느낀다.

　수능특강에서는 황순원의 「곡예사」를 단독 지문으로 구성하여 작품의 작가 및 독자 맥락을 올바르게 이해하고 있는가를 묻고 있습니다. 구체적으로 배경의 기능, 외적 준거에 따른 작품 감상, 감상의 적절성을 묻는 문항이 출제되었습니다.

　「곡예사」는 작가 자신이 피난지에서 겪었던 궁핍한 현실과 그로 인해 윤리와 인정이 얼마나 피폐해졌는가를 사실적으로 그리고 있는 작품입니다. 「곡예사」는 시대의 혼란상과 경제적 궁핍이 사회에 미치는 영향을 다루고 있다는 점에서, 2015학년도 10월 고3 학력평가에 출제되었던 같은 작가의 작품인 「두꺼비」와 엮어 읽을 수 있습니다. 두 작품에 나타나 있는 혼란한 시대 현실과 당대 사회의 비정성 사이의 인과 관계를 이해할 수 있다면 유사한 시대를 배경으로 하거나 유사한 주제를 담고 있는 어떤 작품도 어렵지 않게 분석해 낼 수 있을 것입니다.

015

서술상의 특징 파악　　　　　　　　　　정답 ③

정답 해설 이 글에서는 현세에 초점을 맞추어 현세와 집주름 영감, 현세와 두갑이 사이에서 벌어지는 상황에 대한 현세의 심리를 드러내고 있다.

오답 피하기 ① 대화에 제시된 삶의 모습은 경제적 어려움으로 도덕보다는 자신의 생존이 우선시되는 혼란한 현실이지 이상적인 삶의 모습이 아니다.
② 이 글에 현세 외에 다른 인물의 내적 독백은 나타나 있지 않다.
④ 이 글에 세밀하게 묘사된 공간적 배경은 제시되어 있지 않다.
⑤ 특별히 현학적이라 할 만한 표현도 없고, 인물이 처한 시대적 현실을 총체적으로 그려 내지 않고 있다.

016

인물의 심리, 태도 파악　　　　　　　　　정답 ①

정답 해설 집주름 영감은 [A]에서 현세가 빨리 이사를 할 수 있도록 셋방 사람들을 내보내는 데 애를 썼다고 이야기하고 있다. 두갑이는 [B]에서 자신이 단돈

오백 원을 내놓은 집주인에게 고함을 질러 돈을 더 받아 왔다고 이야기하고 있다.

오답 피하기 ② [A]에는 집주름 영감이 셋방 사람들 방 내는 데 속을 썩인 상황이 나타나 있기는 하지만 그에 대한 걱정이 제시되어 있지 않고, 현세의 부정적 상황도 제시되어 있지 않다. [B]는 집주인이 현세에게 오백 원만 준 부정적 상황이 제시되어 있기는 하지만 그에 대한 걱정은 나타나 있지 않다.
③ [B]에는 집주인에 대한 비판적 태도가 나타나 있으나, 현세에 대한 비판적 태도는 나타나 있지 않다.
④ [B]에는 현세에 대한 인식 변화가 나타나 있지 않다.
⑤ [A]에서 집주름 영감은 현세가 집을 얻는 데 자신의 공이 컸음을 말하고 있지, 현세의 상황에 대한 호기심을 표현하고 있지 않다.

017

외적 준거에 따른 작품 감상　　　　　　　정답 ①

정답 해설 현세가 흘린 '눈물'에서 그를 둘러싸고 벌어지는 상황 전반에 대한 슬픔 등을 읽어 낼 수 있다. 그러나 현세가 집주름 영감과 함께 공동체 의식을 바로잡기 위한 노력을 했다고 볼 수는 없다.

오답 피하기 ② '다 죽어 가는 실뱀의 악'이라는 것은 누구를 해할 수도 없는 약한 것이기에, 이는 현실에서 무력할 수밖에 없는 전재민의 처지를 보여 주는 것이라 할 수 있다.
③ 두갑이의 행동에 못 견디어 나오면서도 그가 가져온 '돈 묶음만은 집어 쥔 채' 나온 것을 통해 그 돈을 포기할 수 없을 만큼 현세가 궁핍한 처지임을 알 수 있다.
④ '우린 전재민이 아니웨까?'라는 말은 자신이 전재민이기에 경제적으로 어렵다는 것을 말하고자 하는 것이다.
⑤ 현세가 자신도 방을 구하기 어려울 만큼 경제적 어려움을 겪고 있으면서도, 같은 처지의 사람들을 내쫓는 역할을 한 것을 통해 자신의 생존을 위해 도덕적 가치를 저버릴 수밖에 없었던 당대의 상황을 알 수 있다.

018

외적 준거에 따른 작품 감상　　　　　**정답 ④**

정답 해설 두꺼비 설화에서 두꺼비는 은혜를 갚는 동물이지만 이 글에서 두갑이는 현세에게 약속한 방을 얻어 주지 않는 부정적 인물이다. 이러한 두갑이를 통해 설화 속 두꺼비와 같은 인물이 더 이상 존재하기 어려운 비정한 현실을 드러내려고 했음을 알 수 있다.

오답 피하기 ① 〈보기〉에서 설화의 두꺼비는 강자 앞에서 나약한 것이 아니라 강자와 맞서 싸우는 정의로운 동물로 등장한다고 하였다.

② 이 글에서 현세가 두갑이에게 은혜를 갚는다는 내용은 나오지 않는다.

③ 현세의 '악'이 두갑이에게 향했다는 점을 고려하면 두갑이가 희망적인 이미지로 형상화된 인물이 아니라 부정적인 인물임을 알 수 있다.

⑤ '자기는 이 다방에만 오면 만날 수 있으니 꼭 만나자는' 두갑이의 말을 현세가 '먼 메아리처럼 등 뒤로 들'은 것으로 보아 현세가 두갑이를 다시 만나고 싶어 하지 않음을 알 수 있다.

019

작중 상황에 대한 관용적 표현의 적용　　　　　**정답 ②**

정답 해설 '동병상련'은 '어려운 처지에 있는 사람끼리 서로 동정하고 도움.'이라는 의미이다. 이 글의 마지막 부분을 보면, 두갑이가 자신을 이용했음을 깨닫는 현세의 모습에서 분노를 읽어 낼 수는 있지만 '동병상련'의 정서를 느끼기는 어렵다.

오답 피하기 ① '기진맥진'은 '기운이 다하고 맥이 다 빠져 스스로 가누지 못할 지경이 됨.'을 뜻한다. 집주름 영감과 대화를 나누는 현세가 '이제는 더 서서 말할 기운조차 없어 그냥 걷기만 했다.'는 것은 '기진맥진'의 상황으로 볼 수 있다.

③ '애걸복걸'은 '소원 따위를 들어 달라고 애처롭게 사정하며 간절히 빎.'을 뜻한다. 집주름 영감이 현세에게 구문을 더 줄 것을 수차례 요구하는 것을 보면 집주름 영감이 현세에게 '애걸복걸'하는 상황으로 볼

수 있다.

④ '설상가상'은 '눈 위에 서리가 덮인다는 뜻으로, 난처한 일이나 불행한 일이 잇따라 일어남을 이르는 말'로, 집주름 영감의 집안 상황은 부양할 가족이 많은 데다 일을 보탤 아들이 앓아 눕고, 급기야 며느리까지 아이를 낳은 상황이니, '설상가상'의 상황으로 보는 것이 적절하다.

⑤ '호언장담'은 '호기롭고 자신 있게 말함. 또는 그 말'을 뜻하는데, 두갑이가 현세에게 '발 벗구 나서믄 그까짓 방 한 칸쯤 문젠가. 내 꼭 책임지지.'라는 말을 하는 것은 '호언장담'이라 할 만하다.

---

06 최인훈, 「어디서 무엇이 되어 만나랴」
수특 동일 작품

| 해제 | 이 작품은 온달 설화를 소재로 삼고 있지만, 설화에 나오지 않는 내용까지 개연성 있게 드러낸 희곡이다. 온달과 평강 공주의 만남, 온달의 죽음에 얽힌 음모, 궁중 암투 과정에서 희생되는 평강 공주의 최후 등을 중점적으로 다루고 있는 이 작품은 재해석된 설화를 통해 정치의 냉혹함을 드러내는 동시에 진정한 사랑의 의미를 전달하고 있다.

| 주제 | 신분을 초월한 순수한 사랑과 정치적 희생의 비극

| 전체 줄거리 | 미천한 신분의 온달은 꿈속에서 어떤 여인을 만나 결혼을 한다. 바로 그날 궁에서 쫓겨나 암자로 가던 공주는 어려서부터 아버지에게 들었던 말을 떠올리고 온달을 만나 그의 아내가 되기를 청한다. 그렇게 두 사람은 부부의 연을 맺게 되고, 10년 후 온달은 장군이 되어 전쟁에 나간다. 어느 날 공주는 꿈속에서 온달이 피투성이가 되어 작별을 고하는 모습을 보게 되고, 실제로 온달이 전사했다는 소식을 듣는다. 온달의 시신을 찾아온 공주는 이후 모든 것을 포기하고 온달의 어머니와 함께 살기 위해 산으로 들어간다. 하지만 권력의 암투 속에서 반역자들에게 희생된다. 고재 수록 부분&수특 수록 부분

연결 포인트

수능특강에서는 최인훈의 「어디서 무엇이 되어 만나랴」를 단독 지문으로 구성하여 작품의 문학사적, 상호 텍스트적 맥락을 올바르게 이해하고 있는가를 묻고 있습니다. 구체적으로 작품의 내용, 인물의 심리와 태도, 작품 간의 공통점, 차이점 등을 파악하는 문항이 출제되었습니다.

「어디서 무엇이 되어 만나랴」는 2011학년도 9월 모의평가에도 출제되었습니다. 제시된 지문은 거의 동일하지만 인물의 심리와 태도, 구절의 의미, 연극 연출의 방법과 효과를 묻고 있다는 점에서 문항의 유형은 조금 다르게 나타납니다. 두 지문에서 묻고 있는 질문에 답을 하면서 배경 설화와 작품의 연관성, 그리고 설화에 대한 새로운 해석을 이해한다면, 「어디서 무엇이 되어 만나랴」와 관련한 어떤 문제도 무난하게 해결할 수 있을 것입니다.

020

인물의 심리, 태도 파악   **정답 ④**

정답 해설 '장교'는 [A] 부분에 처음 등장하는데, 두 번째 발화에서 자신은 '왕명을 받들고' 공주를 잡으러 온 사람임을 직접적으로 밝히고 있다.

오답 피하기 ① 공주는 첫 번째, 세 번째 발화에서 '반역자'에 대한 처벌 의지를 드러내고 있다.

② 장수들은 공주가 '(부장의) 투구를 벗으라고' 한 말을 근거로 공주가 자신들의 반역을 눈치챘을지도 모른다는 사실에 두려움을 표명하고 있다.

③ 부장은 자신과 공주 가운데서 '과연 누구의 목이 먼저 떨어지는가를' 보자며 싸움에서 승리할 것이라는 자신감을 드러내고 있다.

⑤ 병사들은 장교의 명령대로 공주의 팔을 좌우에서 잡고, 명령에 따라 공주를 죽이고 있다.

021

구절의 의미 파악   **정답 ①**

정답 해설 〈보기〉의 밑줄 친 '설화가 지니는 비현실적 요소'가 구체적으로 어떤 상황을 가리키는지 판단해야 한다. '앞부분의 줄거리'에도 제시되었듯이 이 글의 비현실적인 요소는 장례를 치르려 하는데 '관이 움직이지 않는다.'는 것이다. 이와 내용상 연관되는 것이 ㉠이다.

오답 피하기 ②, ③, ④, ⑤ ㉡~㉤은 현실에서 충분히 일어날 수 있는 상황이므로 설화가 지니는 비현실적 요소로 보기 어렵다.

022

연극 연출의 방법과 효과 추리   **정답 ②**

정답 해설 〈보기〉에 제시된 시각 자료를 이해하고 〈보기〉 아래쪽에 제시된 조건 등을 고루 염두에 두고 해결해야 한다. 〈보기〉 아래쪽 두 번째 조건을 보면 '그림의 숫자는 등장인물이 서는 무대 지역의 중요도 순서'라고 전제되어 있다. 그런데 ②에서는 장교가 사건 진행의 주도권을 쥐고 있다고 했지만 (가)에서 장교의 위치는 2번 지역으로 지정되어 있다. 이는 '그림의 숫자는 등장인물이 서는 무대 지역의 중요도 순서'라는 조건과 어긋난다. 장교가 사건 진행의 주도권을 쥐고 있다면 그는 조건에 따라 (가)의 1번 지역에 배치되어야 할 것이다.

오답 피하기 ① '대사'와 '공주'의 거리는 (나)보다 (가)에서 더 가깝다.

③ (가)에서는 서로 갈등 관계에 있는 장교, 병사들과 공주, 대사, 온모가 좌우로 나누어져 대립하고 있다는 느낌을 주지만, (나)에서는 공간으로 이들 사이가 뚜렷이 구분되어 있지 않아 인물들의 배치만으로는 갈등 관계가 드러나지 않는다.

④ 관객의 입장에서 볼 때 (나)에서는 장교에 의해 온모가 가려질 수 있는 상황이지만 (가)의 경우는 그렇지 않다.

⑤ 그림의 숫자는 등장인물들이 서는 무대 지역의 중요도 순서를 의미한다. (가)에서 5번에 배치되어 있던 병사들을 (나)에서는 2번에 배치되어 더 중요한 의미를 갖도록 하였는데, 이는 병사들이 공주에게 주는 위압감을 더 강조하는 효과가 있다.

적용 학습

001 ②	002 ④	003 ④	004 ④	005 ③	006 ④
007 ④	008 ③	009 ②	010 ④	011 ③	012 ②
013 ④	014 ③	015 ⑤	016 ④	017 ③	018 ③
019 ⑤	020 ①	021 ④	022 ③	023 ④	024 ②
025 ③	026 ④	027 ④	028 ④	029 ③	030 ⑤
031 ①	032 ⑤	033 ④	034 ①	035 ④	036 ⑤
037 ④	038 ⑤	039 ①	040 ④	041 ⑤	042 ②
043 ④	044 ①	045 ⑤	046 ④	047 ②	048 ②
049 ③	050 ②	051 ②	052 ①	053 ⑤	054 ④
055 ③	056 ⑤	057 ②	058 ①	059 ⑤	060 ②
061 ②	062 ⑤	063 ③	064 ③	065 ②	066 ④
067 ③	068 ⑤	069 ③	070 ④	071 ③	072 ⑤
073 ⑤	074 ②	075 ③	076 ②	077 ③	078 ①
079 ③	080 ⑤	081 ④	082 ③	083 ④	084 ①
085 ④	086 ③	087 ④	088 ③	089 ⑤	090 ②
091 ②	092 ③	093 ④	094 ⑤	095 ④	096 ②
097 ②	098 ①	099 ③	100 ①	101 ⑤	102 ②
103 ③	104 ③	105 ⑤	106 ⑤	107 ⑤	108 ③
109 ⑤	110 ②	111 ④	112 ③	113 ⑤	114 ④
115 ⑤	116 ②	117 ④	118 ④	119 ⑤	120 ②
121 ⑤	122 ②	123 ④	124 ④	125 ②	126 ④
127 ⑤	128 ①	129 ④	130 ⑤	131 ②	132 ④
133 ①	134 ③	135 ④	136 ④	137 ③	138 ⑤
139 ⑤	140 ④	141 ⑤	142 ②	143 ④	144 ①
145 ①	146 ②	147 ④	148 ⑤	149 ②	150 ④
151 ⑤	152 ②	153 ③	154 ①	155 ③	156 ③
157 ②	158 ④	159 ④	160 ④	161 ⑤	162 ③
163 ①	164 ④	165 ④	166 ②	167 ①	168 ④
169 ①	170 ③	171 ③			

적용 학습
본문 34〜37쪽

01 작자 미상, 「구복 여행」
수특 유사 작품

| 해제 | 이 작품은 우리나라를 비롯해 세계 여러 곳에서 나타나는 구복 여행담으로, 복에 대한 보편적인 관념을 보여 주고 있다. 가난한 주인공이 복을 빌러 가는 길에 과부와 이무기로부터 부탁을 받고 이들을 도와주며 복을 받는다는 이야기는 복을 기원하는 마음과 권선(勸善)의 교훈을 담고 있다.

| 주제 | 자신의 삶을 적극적으로 개척하려는 자세

| 전체 줄거리 | 가난하게 살던 아들이 아버지에게 복을 구하러 옥황상제에게 가겠다고 한다. 아들은 복을 구하러 가는 길에 과부와 이무기를 만나 원정의 답을 얻어다 주기로 한다. 마침내

옥황상제를 만나 과부와 이무기가 복을 얻을 수 있는 방법을 들은 아들은 이를 과부와 이무기에게 전해 주고, 자신도 복을 얻게 된다. ★교재 수록 부분

연결 포인트

수능특강에서는 작자 미상의 구술담인 「천자를 이긴 아이」를 작자 미상의 야담집인 『거면록』에 수록된 「종놈이 상전을 속이다」와 함께 수록하여 인물을 통해 작품의 내용을 파악할 수 있는가와 근원 설화의 문학적 기능과 관련된 외적 준거를 바탕으로 작품을 감상할 수 있는가를 묻고 있습니다.

수능특강에 수록된 「천자를 이긴 아이」는 '아이 지혜담'으로 분류되는데, 이는 어른이 제기한 온당치 않은 주장이나 요구를 슬기로운 아이가 재치 있게 해결한다는 내용으로 전국적으로 발견되는 이야기 유형입니다. 이러한 아이 지혜담은 아이가 대결에서 승리를 거두는 과정을 통해 기존의 사회 통념과 낡은 질서에 문제를 제기하고, 민중이 지닌 생동하는 힘을 드러내 보여 준다는 점에서 문학 사회학적 의미가 있습니다. 이 작품은 구연자와 청중에게 흥미로운 이야기로만 구성되어 진실성을 뒷받침하기 위한 증거물이나 구체적 시간과 장소가 제시되지 않는다는 점에서 민담의 성격이 강하며, 구전되어 전승되는 설화의 특성을 잘 보여 준다는 점에서 2020학년도 수능특강 문학에 수록된 작자 미상의 설화인 「구복 여행」과 함께 읽을 수 있습니다. 2020학년도 수능특강 문학에서는 「구복 여행」이 우리나라를 비롯해 세계 여러 곳에서 나타나는 구복 여행담이라는 점에 주목하여 작품의 내용을 이해하고 구복 여행담의 특징이 작품에 어떻게 반영되어 있는가를 파악하는 문항이 출제되었습니다. 또한 기록 문학과 구비 문학의 차이점을 정리한 〈보기〉를 바탕으로 구비 문학으로서 「구복 여행」의 특징을 묻기도 했습니다. 〈보기〉로 제시된 내용을 통해 구비 문학으로서 설화가 갖는 보편성과 특수성을 이해한다면 「천자를 이긴 아이」나 「구복 여행」과 같은 구비 전승 문학이 출제되었을 때 어렵지 않게 해결할 수 있을 것입니다.

001

작품의 내용 이해   정답 ②

정답 해설 과부는 '이 앞들이 다 내 것'이라고 말하고 있다. 이를 통해 과부가 궁핍한 처지에 놓여 있지 않음을 알 수 있다.

오답 피하기 ① 아들이 옥황상제에게 원정을 가겠다고 하자 아버지는 "에이 미친놈, 네가 하늘을 어찌 가?"

라고 하며 아들을 야단쳤다.

③ 아들은 이무기가 '입으로 안개를 뿜어 무지개다리를 만들어 준 덕에' 하늘로 올라갔다.

④ 이무기는 무변대해 한가운데 산에 찾아온 아들에게 "웬 사람이 여길 오느냐?"라고 하며 의아함을 표현하였다.

⑤ 아들이 옥황상제에게 짚신을 삼아야만 겨우 살아갈 수 있게 한 까닭을 묻자 옥황상제는 "편하면 일찍 죽으니 그런다."라고 답한다. 옥황상제는 사부자에게 짚신 삼는 일을 하도록 하여 오래 사는 복을 준 것이다.

002

외적 준거에 따른 작품 감상　　　　　　**정답 ④**

정답 해설 '여의주를 얻은 남편을 얻어야 백년해로한다'는 과부를 통해 개인의 삶의 모습은 본래부터 점지되어 있는 복에 의해 나타난다는 것을 알 수 있다. 스스로 복을 만들어 내려는 노력을 해야 한다는 것은 아니다.

오답 피하기 ① '왜 우린 복이 없느냐고' 한탄하며 '하늘에 올라가'겠다는 것은 하늘이 개인에게 복을 점지해 준다는 생각을 보여 주는 것이다.

② 아들과 과부가 복이 없는 것에 대해 옥황상제에게 원정하려는 것은 주어진 복을 바꾸어 현재와 다른 삶을 살 수 있다고 보는 것이다. 즉 주어진 삶을 바꿈으로써 현실의 고통에서 벗어날 수 있다고 생각하는 것이다.

③ 이무기가 여의주를 '두 개를 가져서' 득천할 수 없다는 것은 욕심을 부리면 복을 얻을 수 없다는 것을 말해 준다. 복된 삶을 살기 위해 필요한 마음 자세에 대해 가르쳐 주는 것이다.

⑤ 아들이 과부와 이무기의 원정을 옥황상제에게 전해 준 것은 이타적 행위라고 할 수 있다. 즉 남을 위하는 행동이 복이 실현되기 위한 조건이 됨을 알 수 있다.

003

갈래의 변천 과정, 의미 파악　　　　　　**정답 ④**

정답 해설 이 글에서 '아냐, 틀렸군. 이건 나중이고.'는 이야기의 화자가 사건의 순서를 헷갈려서 한 말로, 화자가 기억에 의존해서 이야기를 전달하는 것이기 때문에 생길 수 있는 상황이다. '아냐, 틀렸군. 이건 나중이고.'와 같은 표현을 통해 사건이 달라졌다고는 볼 수 없다.

오답 피하기 ① 이 글의 이야기는 구비 문학의 이야기로서, 화자에게서 청자로 소통되는 대상임을 알 수 있다. 이는 작가에게서 독자로 소통되는 기록 문학의 작품에 대응된다.

② 구비 문학의 이야기는 청자가 다시 화자가 됨으로써 전승되므로 이 글의 이야기가 지금까지 전승될 수 있었던 것은 이야기를 들은 청자가 다시 화자로서 역할을 하였기 때문이라고 할 수 있다.

③ 이 글의 '했거든. 그러니까', '나온다 말야.'와 같은 표현은 구어적인 표현으로서, 화자에 따라 다르게 구연될 수 있는 부분이다.

⑤ 구비 문학의 이야기는 말을 통해 전해지는 것이므로, 화자에 따라 변형이 가해질 수 있다. 이 글의 '그래 잘 살았소.'와 같이 간결하게 제시된 결말은 화자에 따라 보다 구체화되어 제시될 수 있다.

적용 학습　　　　　　　　　　　　본문 38∼43쪽

02 **가** 작자 미상, 「거타지 설화」
수특 유사 작품

| 해제 | 이 작품은 『삼국유사』 〈기이편〉에 수록된 신라 진성 여왕 때의 명궁(名弓) 거타지에 관한 설화이다. 이 설화는 영웅이 요물을 퇴치하고 용을 구출하는 것을 모티프로 한다는 점에서 『고려사』에 실린 「작제건 설화」와 유사하다. 그리고 거타지가 궁수 중에서 뽑혀 섬에 남게 되는 것은 인신 공희(人身供犧) 모티프와 관계가 있고, 용녀가 꽃으로 변하여 거타지의 품속에 들어 있다가 어여쁜 처녀로 다시 변하는 점은 고전 소설 「심청전」에서 심청이 연꽃 속에서 나와 황후가 되는 내용으로 전승되었다고 볼 수 있다.

| 주제 | 거타지의 뛰어난 활 솜씨와 요물 퇴치

| 전체 줄거리 | 진성 여왕의 막내아들인 아찬 양패가 당나라에 사신으로 가는데, 거타지도 궁수로 뽑혀 따라가게 된다. 사신 일행은 당나라로 가는 도중에 곡도에서 풍랑을 만나고, 양패

는 꿈에 나타난 노인의 말에 따라 제비를 뽑아 거타지를 섬에 남기고 떠난다. 거타지가 홀로 섬에 남아 수심에 싸여 있을 때 서해의 신인 노인이 나타나 자신의 자손들을 해치는 중을 활로 쏘아 달라고 부탁한다. 거타지는 숨어 있다가 다음 날 중이 내려와 주문을 외우고 늙은 용의 간을 먹으려 할 때 활을 쏘아 중을 맞히니, 중은 늙은 여우로 변하여 땅에 떨어져 죽는다. 노인은 이에 대한 보답으로 거타지에게 자신의 딸을 아내로 주겠다고 말하고는 딸을 꽃가지로 변하게 하여 거타지의 품속에 넣어 주고, 두 마리 용에게 명하여 거타지를 받들고 사신 일행이 타고 가는 배를 따라가 호위하게 한다. 이로 인해 사신 일행은 당나라 황제의 환대를 받았고, 고국에 돌아온 거타지는 꽃가지를 다시 여자로 변하게 하여 그녀와 행복하게 산다. ★교재수록부분

🔶 라 작자 미상, 「왕수재취득용녀설」

| 해제 | 이 작품은 고려 태조 왕건의 부친을 '왕수재'라는 주인공으로 내세워 그 활약상을 나타낸 소설로 『삼국유사』에 실린 「거타지 설화」의 영향을 받은 것으로 알려져 있다. 왕수재가 여우를 활로 죽이고 그 보답으로 용녀와 부부가 되는 것, 왕수재의 아들이 나라의 주인이 될 것이라고 예언하는 도사가 출현하는 것, 아내(용녀)의 변신과 관련한 금기를 위반하여 아내와 이별하는 것 등 우리에게 익숙한 모티프들이 이어지면서 서사적 흥미를 주는 작품이다. 전통적 설화를 전승하며 변용한 작품으로 고려 태조 왕건이 용의 후손이라는 신성성을 부각한 소설로 볼 수 있다. 이 작품은 『고소설』이라는 소설집에 실려 있는데, 작자·연대 미상이며 한문 필사본 형태로 전해지고 있다.

| 주제 | 왕수재의 영웅적 능력과 활약상

| 전체 줄거리 | 고려 태조 왕건의 아버지인 왕수재는 어려서 돌림병으로 부모를 잃고 양어머니가 거두어 기른다. 스무 살이 되어 뛰어난 활 솜씨를 지니게 된 왕수재는 사절단의 상사를 만나 자신의 영웅적 자질을 보이고 사절단의 일원이 되어 중국 남경을 향해 출발한다. 바다를 건너던 도중, 갑자기 배가 제자리를 맴돌며 앞으로 나아가지 않는 변고가 일어난다. 이에 왕수재는 해신이 꺼리는 불결한 사람으로 지목되어 일행과 떨어져 홀로 섬에 남게 된다. 이때 서해 용왕의 아들인 노인이 나타나서 왕수재에게 자신의 승천을 방해하는 3천 년 묵은 구미호를 죽여 달라고 부탁한다. 왕수재는 활을 쏘아 여우를 죽이고, 노인은 이에 대한 보답으로 왕수재에게 자신의 딸(용녀)을 아내로 준다. 육지로 돌아온 왕수재는 송악산 아래 집을 짓고 큰 부자가 되고, 아내는 미래에 나라의 주인이 될 왕건을 낳는다. 그 뒤 용의 자손으로 인간 세상에서 생활하며 건강이 나빠진 아내는 왕수재에게 치료를 위해 가끔 변신을 해야 하니 자기 방을 출입할 때 미리 통지를 해 달라고 간청한다. 그러던 어느 날 왕수재는 실수로 통지 없이 아내 방에 들어갔다가 아내가 용으로

변신하는 모습을 보고 그녀에 대한 정이 사라지게 된다. 그러자 아내는 왕수재가 신의를 지키지 않았음을 지적하고 떠나간다.

🔹 연결 포인트

수능특강에서는 작자 미상의 야담집인 『거면록』에 수록된 「종놈이 상전을 속이다」를 작자 미상의 구술담으로 민간에 전해지는 이야기인 「천자를 이긴 아이」와 함께 수록하여 인물을 통해 작품의 내용을 이해하고 '트릭스터'와 관련된 외적 준거를 바탕으로 작품을 감상할 수 있는가를 묻고 있습니다.

수능특강에 수록된 「종놈이 상전을 속이다」는 이른바 '트릭스터(trickster)'라는 인물형이 등장하는 이야기로, 작중 '득거리'라는 인물이 트릭스터에 해당합니다. 트릭스터는 남다른 지적 상상력과 재치, 그에서 비롯한 대단한 말솜씨를 발휘해 거침없이 사람들을 속이고 골탕 먹여 자신의 욕망을 충족하는 인물을 이르는데, 「거타지 설화」의 주인공인 '거타지'는 자신의 능력을 통해 요물을 처치하고 행복한 결말을 보내게 된다는 점에서 '득거리'란 인물과의 공통점을 찾을 수 있습니다. 2022학년도 수능완성 독서·문학·화법과 작문에서는 근원 설화의 유형을 살펴볼 수 있다는 점에 주목하여 「거타지 설화」를 「왕수재취득용녀설」과 함께 수록하여 작품의 내용과 구절의 의미를 파악할 수 있는가를 묻고 있습니다. 또한 설화와 고전 소설에 영향을 준 근원 설화의 문학적 기능을 묻는 외적 준거를 바탕으로 작품을 감상할 수 있는가를 묻는 문항도 출제되었습니다. 〈보기〉로 제시된 내용을 통해 근원 설화의 보편성이나 민간에서 전해지는 이야기의 특성을 이해한다면 이와 관련된 문항을 어렵지 않게 해결할 수 있을 것입니다.

004

작품의 내용 이해   정답 ④

정답 해설 (나)에서 여우가 닷새 뒤에 다시 싸움을 건 것으로 보아 노인에게 계속 싸움을 건 것은 맞지만, 여우가 왕수재의 존재를 인지했거나 그가 노인을 도울지의 여부에 대해 판단했다는 근거는 찾을 수 없다.

오답 피하기 ① (가)에서 양패공은 꿈속에서 노인의 계시를 들었고 그 결과 거타지가 섬에 남아 요물을 퇴치했다. 이로 인해 노인과 가족이 안전하게 되었으므로 적절한 이해로 볼 수 있다.

② (가)에서 양패공은 꿈에 나타난 노인의 말을 믿고 주위 사람들에게 "누구를 남겨 두면 좋겠는가?"라고

묻고 제비뽑기를 통해 거타지를 섬에 남도록 했다. 이에 거타지는 섬에 남아 요물을 퇴치했으므로 적절한 이해로 볼 수 있다.

③ (나)의 '저건 사람이다. 여우가 둔갑을 한다고 어찌 저리될 수 있겠나? 사람이 사람을 쏴 죽여서야 되겠는가?', "그 얼굴을 보니 이는 사람이지 결코 여우가 아니었습니다. 그래서 차마 죽일 수가 없었습니다."를 통해 짐작할 수 있다.

⑤ (나)에서 왕수재는 나라의 주인이 될 성인이 태어난다는 도선의 예언을 듣고 "참으로 위험천만한 소리군요. 부디 그 말을 입 밖에 내지 말기 바라오."라고 말하고 있다. 이는 도선의 예언이 퍼져 자신이나 가족이 해를 입을까 염려했기 때문으로 이해할 수 있다.

005

구절의 의미 파악 정답 ③

정답 해설 '이곳에 올 때 보았던 처녀의 아리따운 자태를 가슴속 깊이 흠모하여 잊지 못하고 있었기에'를 통해 왕수재가 노인의 딸에게 반한 계기를 알 수 있다. 그러나 ⓒ 다음에 이어지는 "제 생각엔 인연을 이룰 수 없을 것 같습니다."라는 말로 미루어 볼 때 왕수재가 처녀와의 재회를 확신하고 있는 것은 아니다.

오답 피하기 ① (가)의 노인은 자기의 필요에 따라 사신 일행의 항해를 방해하거나 돕는 인물이다. 노인은 '활 잘 쏘는 사람 하나를 이 섬 안에 남겨' 달라는 요구와 그것을 수용하면 순풍이 불게 하겠다는 혜택을 밝히고 있다.

② 노인은 ⓛ에서 중(늙은 여우)이 어떤 주술적 행동을 통해 노인의 자손을 해쳤는가를 요약적으로 언급하고 있다.

④ 노인은 ㄹ에서 "큰 골칫거리가 사라졌으니, 산처럼 높고 바다처럼 깊은 은혜에 보답할 길이 없소이다."라며 왕수재의 공을 인정하고 있다. 그리고 "어찌 감히 식언을 할 수 있겠소?"라고 말하며 거짓말을 하지 않고 약속을 지키겠다는 의지를 드러내고 있다.

⑤ '콧대가 우뚝 솟고', '이마가 훤하고 눈은 샛별처럼 빛났으며', '상서로운 광채가 은은히 비치고' 등의 외

양 묘사를 통해 왕수재의 아들이 비범한 존재임을 나타내고 있다.

006

외적 준거에 따른 작품 감상 정답 ④

정답 해설 (나)에 민족적 자존 의식을 강조하는 내용은 나타나지 않는다. 오히려 (가)에서 당나라 황제가 "신라의 사신은 정녕코 비상한 사람이다."라고 말하며 잔치를 베풀고 환대하는 부분을 민족적 자존 의식과 관련된 내용으로 볼 수 있다.

오답 피하기 ① 주인공이 뛰어난 활 솜씨를 발휘하여 사악한 요물인 여우를 퇴치하는 내용은 (가)와 (나)에 모두 나타난다.

② (가)의 '노인'은 '서쪽 바다의 신'이고, (나)의 '노인'은 '바다 위를 마치 평지 밟듯이 다'니는 용궁의 인물이므로, 모두 신이한 존재로 볼 수 있다. (가)의 "공의 덕택으로 생명을 보전하게 되었으니 내 딸을 공에게 아내로 드리겠소."와 (나)의 "이 수재는 내게 큰 은혜를 베풀어 준 분이시다. 너와 평생의 짝으로 백년가약을 맺고 부부간의 즐거움을 누렸으면 한다."를 통해 (가)와 (나)의 '노인'이 모두 보은을 위해 인간인 주인공을 사위로 맞아들였음을 알 수 있다.

③ (가)와 달리 (나)에서는 도선이라는 인물이 등장하여 "1년 안에 성인이 태어나시어 이 나라의 주인이 되실 것이 틀림없습니다."라고 하며 건국 시조의 탄생을 예언하고 있으며, "주인장께서 성인을 낳으신 것을 축하드립니다! 잘 기르시면, 흉악한 무리들을 모조리 평정하고 삼한을 통일하여 도탄에 빠진 만백성을 구하고 후세에 큰 이름을 남길 분이 되실 것입니다."라고 하며 시조의 탄생을 경하하고 있다.

⑤ (가)와 달리 (나)의 왕수재는 노인의 부탁을 받은 후의 싸움에서 곧바로 요물을 활로 쏘지 않는다. 그는 "수재가 만일 이 늙은이의 말을 들어주지 않는다면 모셔 온 뜻이 없지 않겠소. 내 말을 들어주지 않으면 살아 돌아가지 못할 거요. 내게는 늦게 본 딸이 하나 있는데, 지금 나이가 열여섯이지만 아직 배필을 정하지 못했소. 수재가 내 말대로 요망한 여우를 활로 쏴 죽여 준다면 내 딸을 아내로 삼게 해 주겠소.",

"수재는 그런 걱정 말고 우선 내 골칫거리부터 없애 주시오. 베풀어 준 은혜에 대해서는 반드시 보답하겠소."라는 노인의 말을 들은 후에야 요물을 활로 쏘아 죽인다. 즉 노인의 위협과 보상 약속은 주인공이 노인의 부탁대로 활을 쏘게 된 구체적 이유에 해당한다고 볼 수 있다.

007

작품의 종합적 이해와 감상　　　　**정답 ④**

정답 해설 [A]에서는 왕수재가 요물인 여우를 활로 쏘아 죽여 문제를 해결한 후의 자연적 배경을 '구름이 사라지고 바람이 그치며 천지가 환해졌고 파도도 멈추었다.'라고 묘사하고 있다. 이는 상황의 변화를 이에 조응하는 자연적 배경을 통해 나타낸 것으로 볼 수 있다.

오답 피하기 ① [A]에서 노인은 여우와 맞서 싸우는 신이한 존재이나 왕수재에게 도움을 청한 대상이므로 조력자로 볼 수 없다. 그리고 노인의 등장이 왕수재의 고귀함을 강조하는 것도 아니다.
② 이율배반이란 서로 모순되어 양립할 수 없는 것을 말한다. [A]에 왕수재의 이율배반적인 태도는 나타나지 않는다.
③ [A]에 왕수재의 곤란한 처지는 나타나지 않으며, 서술자의 주관적 판단도 찾을 수 없다.
⑤ [A]에 노인과 여우의 대결과 왕수재가 여우를 활로 쏘아 죽이는 사건의 진행 과정은 나타나지만, 사건의 발생 원인은 구체적으로 나타나지 않는다. 그리고 [A]에서 시간 순서를 뒤바꾸어 사건을 역전적으로 제시하는 내용도 찾을 수 없다.

적용 학습　　　　　　　　　　본문 44~47쪽

03　임제, 「수성지」
　　수특 동일 작품

| 해제 | 이 작품은 임제가 지은 한문 단편 소설로, 마음을 의인화하여 심적 조화의 필요성을 강조하고 있다. 사물이나 동물을 의인화하여 세상을 경계한 가전체의 전통을 잇고 있으며, 마음을 의인화한 천군 소설(天君小說) 계열의 작품이다. 작품의 기

본 줄거리는 마음을 의인화한 천군이 수성(愁城)을 쳐서 수기(愁氣)를 물리치고 명랑함을 되찾는다는 내용으로 단순하지만, 이를 통해 당대의 부정적 현실을 우회적으로 비판하는 풍자적 성격을 지닌다는 점에서 의의를 찾을 수 있다.

| 주제 | 인간의 심적 조화의 필요성

| 전체 줄거리 | 천군이 다스리는 나라는 그의 신하인 인(仁)·의(義)·예(禮)·지(智)·희(喜)·노(怒)·애(哀)·낙(樂)·시(視)·청(聽)·언(言)·동(動) 등이 제각기 맡은 임무를 잘 수행하여 태평성대를 누리고 있었다. 하지만 예전의 충신, 의사로서 무고하게 죽은 이들이 찾아와 천군에게 허락을 받고 수성을 쌓고 항상 불안과 수심에 싸여 살게 되자, 그 세력이 천군에까지 미치게 된다. ★고재 수록 부분 중대한 위기에 처한 천군에게 주인옹은 수성을 뿌리째 없애 버릴 수 있는 방책을 제안하면서 국양(술)을 추천한다. ★수특 수록 부분 국양 장군이 천군의 명을 받고 신풍의 군사를 거느려 수성을 치니 마침내 항복을 받아 온 성안은 화기가 돌고 수심이 일시에 없어졌다. 이렇게 천군의 나라는 다시 평온을 되찾게 된다. ★고재 수록 부분 & 수특 수록 부분

연결 포인트

수능특강에서는 임제의 「수성지」를 단독 지문으로 수록하여 인물을 통해 작품의 내용을 이해하고 소재의 기능을 파악할 수 있는가를 묻고 있습니다. 또한 '천군 소설'의 서사 구조와 중국의 전고와 관련된 외적 준거를 각각 제시한 후, 이러한 외적 준거를 바탕으로 작품을 감상할 수 있는가도 묻고 있습니다.

「수성지」는 천군 소설에 해당하는 작품입니다. 천군 소설이란 '마음'이나 '감정'의 변화를 의인화한 소설로, 천군은 인간의 마음을, 신하는 인·의·예·지와 같은 사단과 관련된 마음씨나 기쁨·노여움·슬픔·즐거움·사랑·미움·욕심과 같은 칠정의 감정을 의미합니다. 이때 칠정을 의인화한 인물은 천군의 마음을 혼란하게 하고, 사단을 의인화한 인물은 천군이 마음의 혼란을 극복하고 평온한 마음을 회복하도록 돕는 역할을 수행하는데, 이러한 인물들의 대립에 의해 천군 소설은 마음의 '화평 ─ 혼란 ─ 회복'의 서사 구조를 지니게 됩니다. 「수성지」는 2019학년도 수능특강 문학에 단독 지문으로 수록되어 서술상의 특징과 소재의 기능을 파악할 수 있는지, 그리고 천군 소설의 구조와 관련된 외적 준거를 바탕으로 작품을 감상할 수 있는지를 평가하는 문항이 출제되었습니다. '천군 소설'이라는 갈래가 낯설다는 점과 「수성지」의 곳곳에 중국의 전고와 관련된 내용이 수록되어 있다는 점에서 감상하는 데 어려움이 있을 수도 있습니다. 그러나 이렇게 어려운 작품이 출제될 경우 출제자들은 어휘 풀이나 〈보기〉의 외적 준거를 통해 작품에 대한 자세한 정보를 제공합니다. 「수성지」 역시 이번 수능특강뿐만 아니라 교재에 수록된 문항에서도 출제자가 작품과 관련된 많은 정보를 제공하고 있습니다. 따라서 작품 갈래가 낯설다고, 작품 내용이 어렵다고 두려움을 갖기보다는 지문이나 문항에 주어진 작품 관련 정보를 충분히 활용하여 적극적으로 문제를 해결하는 자세를 갖출 필요가 있습니다.

008

서술상의 특징 파악　　　　　　　　　　**정답 ③**

[정답 해설] '추수처럼 맑고, 얼굴은 관옥 같고' 등에서 아름답고 맑은 인물의 특성을 비유적으로 드러내고 있으며, '물이 든 병을 거꾸로 세운 듯이', '형세가 대나무 쪼개듯이'라는 비유적 표현을 통해 급박한 상황을 드러내고 있다.

[오답 피하기] ① 이 글의 서술자는 전지적 서술자로, 서술자의 교체는 이루어지지 않는다.

② 이 글에서의 시간 흐름은 순차적이므로 시간의 역전적 구성이 사용되었다는 진술은 적절하지 않다.

④ 인물이 주고받는 대화가 나타나기는 하지만 그것을 통해 인물 사이의 갈등을 드러내고 있지는 않다.

⑤ 굴원이나 송옥, 부소, 도연명 등 역사적으로 실존했던 인물들이 등장하고는 있으나 기본적으로 이 글은 인간의 마음을 의인화한 작품이므로, 이 글에 제시된 주요 사건을 역사적 사실로 보는 것은 적절하지 않다.

009

소재의 기능 파악　　　　　　　　　　**정답 ②**

[정답 해설] 격문에는 상대의 잘못에 대한 질책과 상대가 자신을 당할 수 없으니 항복하라는 내용이 언급되어 있을 뿐, 죽음으로써 투항하라는 내용이 담겨 있지는 않다.

[오답 피하기] ① '격문' 바로 뒤에 이어지는 내용에서 '격문이 이르는 날에 일찍이 항복하는 깃발을 세우라'고 한 것으로 보아 적군의 항복을 요구하는 것이 격문의 주 목적임을 알 수 있다.

③ '수성은 우환으로 된 지가 오래여서', '거울 속의 얼굴빛을 쉽게 시들게 하고 귀밑의 머리털을 서리로 재촉하니' 등의 내용을 통해 확인할 수 있다.

④ 격문의 내용을 보면, 대장군이 자신의 군사를 '신풍의 군사'라 칭하고 자신들의 진법이나 용맹이 제갈공과 초패왕보다 우월하다고 자랑하고 있다.

⑤ '출납관을 시켜서 소리를 가다듬어 격문을 읽게 하여, 성중에 들리게 하였더니, 성안에 가득한 사람들이 모두 항복할 마음을 가졌으나'를 통해 확인할 수 있다.

010

외적 준거에 따른 작품 감상　　　　　　**정답 ④**

[정답 해설] '쫓겨난 신하와 근심 걱정이 있는 부인과 열사와 소인들'은 마음에 즐거움과 평온함이 사라져 근심이 가득한 상태를 나타내는 것이지, 즐거움과 평온함을 의미하는 것은 아니다.

[오답 피하기] ① 수심을 띠고, 눈물이 가득한 외양을 통해 '그 앞에 오는 사람'이 근심과 슬픔을 가진 존재임을 나타냄으로써, 그가 장차 천군에게 근심과 슬픔을 주어 천군을 곤경에 빠뜨리게 하는 인물이 될 것임을 짐작하게 한다.

② 천군이 근심을 상징하는 굴원과 송옥에게 땅을 허락한다는 것은 천군, 곧 사람의 마음에 부정적인 변화가 나타나게 될 것임을 짐작하게 한다.

③ ⓒ은 진나라 태자 부소가 분서갱유 때 재빠르게 유생 400명을 묻었던 사람임을 말함으로써, 수성이 빠른 시간 안에 완성됨을 말하기 위한 표현이다. 수성이 빠른 시간 안에 완성된다는 것은 사람의 마음에 근심이 자리 잡는 것이 매우 빠른 시간에 이루어짐을 비유적으로 말하는 것이다.

⑤ '구름'이나 '안개'는 우울한 마음의 상태를 의미하는 것이고, '자혜로운 바람'과 '나른한 햇빛'은 평온한 마음의 상태를 의미하는 것이다.

적용 학습

본문 48~51쪽

04 작자 미상, 「위경천전」

수특 동일 작품

| 해제 | 이 작품은 명나라를 배경으로 청춘 남녀의 애절한 사랑과 비극을 그리고 있는 한문 소설이다. 비극적 애정 소설의 기본 구도를 충실히 따른 작품으로, 사랑만이 유일한 삶의 희망이라는 생각을 바탕으로 이별의 상황에서 죽음을 맞이하게 되는 주인공들의 슬픈 운명을 형상화하고 있다.

| 주제 | 청춘 남녀의 비극적이고 애절한 사랑

| 전체 줄거리 | 위경천은 친구와 함께 동정호로 유람을 갔다가 재상의 딸 소숙방을 만나 은밀하게 인연을 맺는다. 그 후 위경천과 소숙방은 이별을 맞이하게 되고 그리움으로 인해 병이 드는데, 두 사람의 사연을 알게 된 양가 부모는 두 사람을 혼인시킨다. 조선에서 임진왜란이 일어나자 위경천의 아버지는 황제의 명에 따라 참전하고 위경천도 서기직을 맡아 아버지와 함께 떠나게 된다. 위경천은 전쟁터에서 아내를 그리워하다 ★교재수록부분&수특수록부분 그만 죽게 되고, ★교재수록부분 위경천의 죽음을 안 소숙방도 결국 죽음을 맞이하게 된다.

▶ 연결 포인트

수능특강에서는 권필의 「위경천전」을 단독 지문으로 수록하여 소재의 기능과 인물을 통해 작품의 내용을 이해할 수 있는지를 묻고 있습니다. 또한 인물의 말하기 방식의 특징과 남녀 주인공의 사랑과 이별을 서사 구조로 하는 애정 전기 소설의 특징을 정리한 외적 준거를 바탕으로 작품을 감상할 수 있는지도 묻고 있습니다.

「위경천전」은 조선 시대의 임진왜란을 배경으로 펼쳐지는 남녀 간의 비극적 사랑을 보여 주는 애정 전기 소설입니다. 주인공인 위경천과 소숙방은 상대방을 향한 마음을 솔직하게 표현하며 개인의 의지를 통해 여러 난관을 넘어서고 합법적인 부부로 인연을 맺는다는 점에서 당시에 보기 드문 인물 유형이라 할 수 있지만, 예기치 못한 운명 앞에 절망하는 모습을 보인다는 점에서는 애정 전기 소설의 전형적인 모습을 보여 주기도 합니다. 「위경천전」은 2017학년도 수능특강 문학에도 수록되어 여자 주인공인 소숙방의 심리와 태도를 파악하는 문항과 작품 창작 당시의 사회적 배경을 다룬 외적 준거를 바탕으로 작품을 감상할 수 있는가를 묻는 문항이 출제되었습니다. 「위경천전」은 대학수학능력시험이나 모의평가, 그리고 학력평가에서 출제된 적이 없기 때문에 학생들에게 다소 생소할 수 있는 작품이지만 애정 전기 소설의 전형적인 서사 구조를 따르고 있으므로 그 내용은 낯설지 않을 것입니다. 〈보기〉로 제시된 외적 준거를 바탕으로 지문의 내용을 꼼꼼히 읽는다면 「위경천전」과 관련된 문항은 어렵지 않게 풀 수 있을 것입니다.

011

인물의 심리, 태도 파악 　정답 ③

정답 해설 [A]에서 소숙방은 세상일로 인해 이별하게 됐지만 낭군이 전쟁터에서 돌아올 때까지 기다리겠다는 의지를 나타내고 있다. 그러나 낭군이 전쟁터에서 돌아온 후 학문 수양에 매진해야 한다는 생각을 드러내는 내용은 찾을 수 없다.

오답 피하기 ① 소숙방은 전쟁 시에 남자라면 서재에 머무르기보다는 전쟁터에 나가 적을 무찔러 큰 공적을 남겨야 한다고 하였다.

② 소숙방이 '애태우며 망부석이' 될 것이라고 말하는 데서 확인할 수 있다.

④ 소숙방은 '좋은 인연을 맺자마자 슬픈 이별이 찾아'와 기쁨을 누리는 일이 짧다고 하며 경천과의 이별을 안타까워하고 있다.

⑤ 소숙방은 서기도 못 구해 고통을 겪는 부친을 도와 전쟁터에 나가 낭군이 자식의 도리를 다해야 한다고 하였다.

012

외적 준거에 따른 작품 감상 　정답 ②

정답 해설 위경천이 마음의 갈피를 잡지 못하고 눈물을 흘리는 것은 부친의 편지 내용에 따라 소숙방과 이별해야 할 상황이 생겼기 때문이다. 여기에서 부당한 권력의 힘을 통해 개인이 고통을 당하는 현실을 유추하기는 어렵다.

오답 피하기 ① '왜군이 조선에 쳐들어'와 조선의 국왕이 구원을 요청하는 데서 인물들 간의 이별 상황이 발생하므로, 이 작품은 전쟁을 배경으로 사건이 전개되고 있다고 할 수 있다.

③ 위경천과 소숙방이 서로 그리워하다가 인연을 맺지만 전쟁으로 인해 슬픈 이별을 하게 된다. 사랑하는 두 남녀의 애정과 이별을 그리고 있다는 점에서 이 작품이 남녀 간의 애정을 바탕으로 사건이 전개됨을 알 수 있다.

④ 위경천이 부친께 '저승에서도 이 원통함이 사라지지 않'을 것이라며 애통해하는 모습에서, 소숙방과의

인연을 다하지 못한 인물이 겪는 심리적 정황이 잘 나타나 있다.

⑤ 위경천이 전쟁터에 나가 소숙방에게 돌아오지 못하고 결국 '숨을 거두'게 되어 죽음을 맞이한 것은 비극적 사건으로서의 성격을 나타내고 있다.

013

소재의 기능 파악   **정답 ④**

정답 해설 ㉠은 죽은 위경천이 소숙방과의 인연을 다하지 못한 고통을 토로하면서 죽어서라도 소숙방과 한 무덤에 묻히고 싶다는 소망을 드러내는 기능을 한다. 따라서 ㉠은 인물의 간절한 소망을 드러내는 장치가 되고 있다고 할 수 있다.

오답 피하기 ① 이 글에서는 대립적인 상황을 살펴보기 어렵고, ㉠을 통해 이를 해결하는 내용도 살펴볼 수 없다.

② ㉠을 통해 인물의 과거 행적을 특별히 드러내는 것은 아니다.

③ ㉠이 장면을 전환시켜 긴박한 분위기를 이완하는 것은 아니다.

⑤ ㉠을 통해 인물 간의 관계가 밝혀지거나 사건의 원인이 드러나는 것은 아니다.

014

작중 상황에 대한 관용적 표현의 적용   **정답 ③**

정답 해설 ㉮는 위경천의 목숨이 거의 죽음에 이르게 되는 상황을 나타낸 것으로, '거의 죽게 되어 곧 숨이 끊어질 지경에 이름.'을 뜻하는 '명재경각(命在頃刻)'이 가장 어울린다.

오답 피하기 ① '동병상련'은 '같은 병을 앓는 사람끼리 서로 가엾게 여긴다는 뜻으로, 어려운 처지에 있는 사람끼리 서로 가엾게 여김을 이르는 말'이다.

② '맥수지탄'은 '고국의 멸망을 한탄함을 이르는 말'이다.

④ '사고무친'은 '의지할 만한 사람이 아무도 없음을 이르는 말'이다.

⑤ '적수공권'은 '맨손과 맨주먹이라는 뜻으로, 아무것도 가진 것이 없음을 이르는 말'이다.

적용 학습   본문 52~55쪽

05 심의, 「대관재몽유록」
수특 유사 작품

| **해제** | 이 작품은 조선 중종 때 심의가 지은 한문 소설로, '대관재몽'또는 '몽기'라고도 불린다. 희필(戱筆, 장난삼아 지은 시문)의 성격이 강한 몽유록으로, 정치 현실에 대한 작가의 불만이 반영된 것으로 알려져 있다. 작가 심의가 주인공 '심 아무개'로 등장하며, 꿈속 세계에 들어가 높은 벼슬에 올랐다가 탄핵을 받아 현실로 돌아오는 과정이 그려진다. 최치원, 이색, 이규보, 김시습 등 역사적으로 유명한 인물들을 등장시켜 문인이 주도하는 왕국의 모습을 보여 준다. 성스러운 공간에서의 삶을 형상화하여 현실을 초월하려는 의식을 드러낸 것이다.

| **주제** | 꿈속에서 문인들로 구성된 이상 세계를 경험함.

| **전체 줄거리** | 현실 세계에 불만을 가지고 살아가던 문인 심의가 꿈속 세계에 들어가 천자 최치원의 총애를 받고 관직을 제수받는다. 천자는 최치원, 수상은 을지문덕, 좌우상은 이규보와 이제현, 국가의 요직은 이인로, 정몽주 등이 맡고 있으며 이색이 대제학을 맡고 있다. 심의는 자신의 시론을 인정받고, 김시습의 난을 격퇴하는 등 공을 세워 높은 지위에 오르지만, 탄핵을 받아 결국 인간 세계로 돌아온다. ★교재수록부분

연결 포인트

수능특강에서는 윤계선의 「달천몽유록」을 단독 지문으로 수록하여 서술자의 태도와 구절의 의미를 파악할 수 있는가를 묻고 있습니다. 또한 인물의 말하기 방식 및 작품 창작과 관련된 당대의 사회·문화적 요구에 대한 내용을 담은 외적 준거를 바탕으로 작품을 감상할 수 있는가도 묻고 있습니다.

「달천몽유록」은 임진왜란 직후 윤계선(1577~1604)이 지은 몽유록 소설로 '꿈'을 매개로 당대의 현실에 대한 작가의 비판적 시각을 드러낸 작품입니다. '현실-꿈-현실'의 서사 구조를 지니면서도 작가를 대변하는 서술자가 자신의 동일성과 의식을 유지한 채 꿈속 세계로 들어갔다가 다시 본래의 현실로 돌아와 꿈속 세계에서 겪은 일련의 일을 전달하는 방식을 취한다는 점에서 전형적인 몽유록 소설의 특징을 보여 주고 있습니다. 그런 점에서 이 작품은 2022학년도 수능특강 문학에 수록된 심의의 「대관재몽유록」과 연계하여 감상할 수 있습니다. 2022학년도 수능특

강 문학에서는 환몽 구조와 작품에 등장하는 역사적 인물에 대한 외적 준거를 바탕으로 작품을 감상할 수 있는가를 묻는 문항과 등장인물인 '나'와 한림 선생이 지은 상소문의 기능을 파악하는 문항이 출제되었습니다. 몽유록 소설에서의 꿈이 작가의 바람이나 현실의 불만을 드러내는 수단이나 역사적 사건 또는 인물에 대한 주관적 판단을 제시하는 방법이라는 점을 기억하고 지문을 꼼꼼하게 읽는다면 「달천몽유록」이나 「대관재몽유록」과 같은 몽유록 소설이 출제되었을 때 큰 어려움 없이 문항을 해결할 수 있을 것입니다.

015

외적 준거에 따른 작품 감상　　　　정답 ⑤

정답 해설 ㉯에 '40여 년을 기다리면' 다시 돌아올 것이라는 내용이 이색의 발화로 제시되어 있지만, 그것이 ㉯의 서술자가 기존(㉮)과 달라진 삶의 방식을 선택할 것임을 암시하는 것은 아니다. ㉯에서 서술자는 ㉯의 경험을 단지 '괴이쩍은 이야기'로만 표현하고 있으며, ㉯로 가기 위해 새로운 삶의 방식을 선택할 것이라 밝히고 있지는 않다.

오답 피하기 ① 글의 마지막 부분에서 작가는 ㉯가 자신을 대변하는 서술자인 '심의'가 꾼 꿈을 기록한 것임을 밝히고 있다. 따라서 ㉯의 '벽부학사 심 아무개'는 작가가 자신의 동일성과 의식을 투영한 주인공이라 할 수 있다.

② ㉯에서 '심의'는 이 글이 '대관재'에서 쓴 것임을 밝히고 있다. 이는 ㉯에서 심 아무개가 받은 '대관 선생'이라는 호와 관련이 깊다는 점에서 두 세계의 연관성을 부각한다.

③ 몽유록 소설은 서술자가 현실의 불만을 드러내는 경우가 많다는 점, ㉯에서 '심의'가 병든 아내가 곁에 누워 앓는 현실로 들어온 후, 궁달은 팔자소관이라고 밝히고 있는 점 등을 통해 ㉯에 제시된 '심 아무개'의 영달이 현실 세계에서는 가지지 못한 것에 대한 아쉬움과 관련된 것임을 짐작할 수 있다.

④ ㉯의 '천자'는 천상 세계의 인물로서 '나'에 대해 평가하며 '조물이 공을 꺼리는 것이 있다'고 말하고 있다. 서술자인 '심의', 꿈속의 '심 아무개'가 순탄하지 않은 삶을 겪고 있는 상황을 천자의 발화를 통해 암시한 것으로 볼 수 있다.

016

작품의 종합적 이해와 감상　　　　정답 ④

정답 해설 ㉯에서 이색은 황제의 명을 수행하여 '나'(심 아무개)를 현실 세계로 돌려보내고 있다. 이는 각몽의 과정을 그려 내는 장치일 뿐, 당시 사람들이 모르고 있던 이색의 공적을 드러내기 위한 설정이 아니다.

오답 피하기 ①, ⑤ ㉯는 작가가 상상력을 발휘해 만들어 낸 세계로, 서로 다른 시기를 살았던 역사적 인물들을 모아, 문인들이 주도하는 문인 왕국을 그려 내고 있다. 작가는 최치원, 이색 등에게 황제나 대제학 같은 높은 지위를 부여하여 문인들이 만들어 내는 이상적 세계의 모습을 보여 주려 하고 있다.

② ㉯에서 심 아무개가 첨두노(붓) 몇 명만 데리고 가 김시습의 반란을 제압하는 상황 설정은 '토황소격문'을 지었던 최치원의 일화와 유사한 지점이 있다. 이를 통해 문장으로 세상에 이름을 남긴 최치원의 삶을 작가 또한 긍정적으로 평가하고 있음을 짐작할 수 있다.

③ ㉯에서 김시습은 반란군의 수괴로 그려지며, 심 아무개에게 이렇다 할 저항을 하지 못하고 항복을 하는 무력한 인물로 그려지고 있다. 이를 통해 김시습의 능력이나 인물됨에 대한 작가의 평가가 높지 않았음을 짐작할 수 있다.

017

구성 및 서사 구조의 이해　　　　정답 ③

정답 해설 [B]를 읽은 천자는 불쾌한 표정을 보이기도 하고, [B]에 대해 '부질없는 논의'라고 평가하기도 하지만, 결국 '나'를 고향에 돌아가게 하고 있다. 심 아무개를 탄핵하려는 한림 선생의 상소가 천자의 결심을 이끌어 낸 것이다.

오답 피하기 ①, ④ [A]는 '나'가 이규보의 문제를 밝히기 위해 쓴 것이고, [B]는 한림 선생이 '나'를 탄핵하기 위해 쓴 것이다. [A]와 [B]는 결국 특정한 인물의 문제점들을 들추어 천자에게 알리기 위한 것이다.

② [A]의 경우 [B]와 달리 상대방을 직접적으로 비난하지 않고 '문장이 경솔부박하며 나약하고 뼈대가 없'다며 인물의 문장력에 대해 평가하고 있다. 그 사람의 문장 실력이 곧 그 사람의 인물됨을 나타낸다는 발상이 투영된 것이다.

⑤ 천자는 [A]를 인정하여 '나'를 영경연으로 특진시키지만, [B]를 읽은 후 '나'에게 '대관 선생이란 호를 내리고 고향에 돌아가라'는 명령을 내린다.

적용 학습   본문 56~59쪽
06 작자 미상, 「조웅전」
수특 동일 작품

| 해제 | 이 작품은 조선 후기에 쓰인 대표적인 영웅 소설로, 주인공의 영웅적인 활약을 그려 내고 있다. 중국 송나라를 배경으로 주인공 조웅이 간신 이두병 때문에 고난을 겪다가 이두병을 처치하고 왕실을 바로잡는 과정을 담고 있는 창작 군담 소설이다. 전반부는 조웅의 고행담과 애정담, 후반부는 조웅의 영웅적 무용담으로 구성되어 있으며, 당대의 사회상과 민중의 심리를 사실적으로 반영하고 있다.

| 주제 | 나라에 충성하는 마음과 자유연애

| 전체 줄거리 | 중국 송(宋)나라 문제(文帝) 때 승상 조정인이 이두병의 참소를 받고 음독자살하고, 그의 외아들 조웅은 어머니와 함께 이두병을 피해 도망 다닌다. 천자가 세상을 떠나자, 이두병은 어린 태자를 계량도로 유배 보내고 스스로 천자가 된다. 조웅 모자는 온갖 고생을 하며 유랑하다가 월경 대사를 만나 강선암에 들어가 살게 된다. 월경 대사로부터 술법과 글을 배운 조웅은 강선암을 떠나 강호의 화산 도사로부터 조웅검(삼척검)을 얻고, 철관 도사에게서 무술과 도술을 배운 뒤 용마를 얻는다. ★수특 수록 부분 조웅은 강선암으로 어머니를 만나러 가던 중 장 소저를 만나 혼인을 약속한다. 이때, 서번이 위국을 침공하므로 조웅은 위국으로 달려가서 위왕을 돕는다. 조웅은 서번군의 계략에 빠져 목숨을 잃을 위기에 처하지만 꿈에 나타난 송 문제의 계시 덕분에 위기에서 벗어난 후 ★교재수록 부분 서번군을 격파한다. 그런 다음 태자를 구출하고, 이두병 일파를 처단한다. 조웅은 위왕과 연합하여 수십만 대군으로 황성을 쳐서 이두병의 목을 베고, 태자를 천자의 자리에 등극시킨다. 황실은 다시 회복되고 조웅은 서번의 왕이 된다.

▶ 연결 포인트

  수능특강에서는 작자 미상의 영웅 소설인 「조웅전」을 단독 지문으로 수록하여 인물의 심리 및 태도를 파악할 수 있는지와 작품의 내용을 이해하고 있는지를 묻고 있습니다. 또한 영웅 소설의 등장인물과 관련된 외적 준거를 바탕으로 작품을 감상할 수 있는가도 묻고 있습니다.

  「조웅전」과 같은 영웅 소설은 일반적으로 비범한 능력을 가진 인물이 여러 가지 곤경을 뚫고 지력이나 무력으로 악인을 제압한 후 성공에 이르는 과정을 그려 내는 것이 특징입니다. 「조웅전」의 주인공 조웅은 개인적으로는 아버지를 자결에 이르게 한 원수이자 국가적으로는 왕위를 찬탈한 반역자인 이두병과 그 일파를 처단하기 위해 자신의 능력을 갈고닦습니다. 외부적 환경에만 의존하지 않고, 스스로의 성장을 위해 자발적인 노력을 게을리하지 않는 인물이라는 점에서 조웅과 다른 영웅 소설의 주인공의 차별성이 드러납니다. 「조웅전」은 모의평가뿐만 아니라 학력평가에도 여러 번 출제되었습니다. 교재에는 2020학년도 6월 모의평가에 출제되었던 부분이 수록되어 있습니다. 2020학년도 6월 모의평가에서는 작품의 내용 및 소재의 서사적 기능을 파악하는 문항과 함께 '꿈'의 서사적 기능과 관련된 외적 준거를 바탕으로 작품을 감상할 수 있는가를 묻는 문항이 출제되었습니다. 「조웅전」과 같은 영웅 소설이 출제될 경우, 조력자의 역할이나 주인공이 겪는 시련과 그 시련의 극복 과정을 통해 알 수 있는 영웅 소설의 서사 구조 등을 묻는 경우가 많습니다. 따라서 수능특강과 교재에 수록된 문항을 통해 영웅 소설에서 주로 출제되는 문제 유형을 확인할 필요가 있습니다.

018
작품의 내용 이해   **정답 ③**

[정답 해설] 조웅은 함곡으로 들어가는 길에 노옹을 만난다. 노옹은 조웅과의 만남을 기뻐하면서 '나귀를 바삐 몰아 진시에 도착하려고 했으나 피곤한 나귀 탓으로' 늦게 도착하여 조웅을 만나지 못할까 염려하였다고 말하고 있다.

[오답 피하기] ① 조웅의 꿈속에서 송 문제는 조웅이 서번에게 잡힐까 염려하여 도사를 찾아가 조웅을 구하라고 부탁하고 오느라 늦게 도착했음을 말하고 있다. 송 문제가 서번 적의 간계에 빠진 것은 아니다.

② 조웅은 송 태자를 구해 위국으로 가던 중 연주에 도달하여 군마를 쉬게 하고 자신도 사관에서 쉬었다.

함곡에서 연주로 가는 도중에 군마를 멈춘 것이 아니다.

④ 노옹이 내어 준 편지를 읽은 조웅은 위홍창에게 장졸을 함곡에 들어가지 못하게 하라고 명을 내린다. 이에 위홍창은 선봉이 이미 함곡에 들어갔다고 보고한다. 위홍창이 선봉을 이끌어 함곡에 들어간 것은 아니다.

⑤ 조웅의 꿈속에서 황금관을 쓴 노인은 궁궐의 상석에 용포를 입고 앉아 있었다. 그러나 이 노인이 뜰로 내려와 여러 사람을 맞이하지는 않았다.

019

서술상의 특징 파악 　　　　　　　　　　정답 ⑤

정답 해설 [A]에서는 조웅의 꿈속 공간에 대해 묘사하고 있다. '광활하여 완연한 별세계', '아름다운 궁궐이 하늘에 닿았거늘' 등에서 확인할 수 있는 것처럼 이 공간은 비현실적 세계, 신비로운 곳으로 그려져 있다. [B]에서는 조웅이 슬프고 상한 마음으로 행군을 하여 도달한 곳인 함곡의 모습을 묘사하고 있다. 해가 지고 잔나비와 두견이 울고 '험한 산봉우리는 가슴을 찌르는 듯'한 함곡의 모습은 어둡고 불길한 분위기를 자아내고 있다.

오답 피하기 ① [A]에서 '첩첩한 산중에 수목이 빽빽한 곳'에 들어가니 광활하였다고 언급하고는 있으나 이를 통해 인물의 진취적인 기상을 드러내고 있지는 않다.

② [B]에서는 시간의 흐름이 두드러지지 않으며 인물의 낙관적 태도가 드러나고 있지도 않다. [B]에서는 함곡의 어두운 분위기가 강조되고 있다.

③ [A]에서 조웅이 날개를 얻어 공중에 이르게 되는 것은 비현실적 사건으로, 환상성이 드러난다고 볼 수 있다. 하지만 [B]에서 구체적인 시대적 상황을 제시하지는 않았다.

④ [A]에서 조웅이 '첩첩한 산중에 수목이 빽빽한 곳'과 '아름다운 궁궐이 하늘에 닿'은 곳에 들어가는 것을 공간적 변화라고 볼 여지는 있으나 이를 통해 긴장감이 강조되고 있지는 않다. [B]에는 계절적 상황

이 드러나지 않으며, 쓸쓸함이 아니라 불안감이 강조되고 있다.

020

배경의 의미, 역할 파악 　　　　　　　　　정답 ①

정답 해설 '큰 잔치'에 참석한 사람들은 "각각 공을 밝히어 올리라"는 제왕의 분부에 따라 저마다 자신의 공적을 밝히는 글을 올린다. 참석한 사람들이 서로의 공적을 평가하지는 않았다.

오답 피하기 ② '큰 잔치'에 참석한 사람들은 조웅이 서번 적의 간계에 걸려들어 죽을 듯하다며 안타까워하며 염려하다가 송 문제의 말을 듣고 대운이 막히지 않았다며 조웅에 대한 기대를 표현하고 있다.

③ '큰 잔치'에 참석한 사람들은 "대송이 역적에 망하니 인하여 멸송이 되면 언제 회복되오리까?"라고 하며 나라를 걱정하기도 하고, "어찌 회복이 없사오리까?"라고 하며 희망을 드러내기도 한다. 이러한 말들은 모두 국가의 흥망성쇠에 대한 관심을 드러낸 것이다.

④ '큰 잔치'에 참석한 사람들은 각각 소회를 다하고 '칼을 빼들'기도 하고 '춤추기도 하는' 등 여러 행위를 통해 자신의 심정을 드러내고 있다.

⑤ '큰 잔치'의 좌석에 사람이 가득 앉았고 술과 음식이 가득하였으므로 이를 통해 풍성한 분위기를 드러내고 있다고 할 수 있다.

021

외적 준거에 따른 작품 감상 　　　　　　정답 ②

정답 해설 조웅이 행군 중에 슬퍼하는 것은 '전쟁의 패한 혼이 될 듯하니'와 '서번이 조웅을 잡으려고' 간계를 꾸민다는 등의 꿈속의 말로 인해 불안감과 위기감을 느꼈기 때문이다. 즉 꿈속의 말에 대해 확신하지 못한 것이 아니라 꿈속의 말대로 이루어질까 염려한 것이라고 볼 수 있다.

오답 피하기 ① 꿈은 초월적 세계의 뜻을 전달하는 기

능을 하는데, 조웅의 꿈속에서 송 문제는 서번의 간계로 조웅이 위기에 처할까 하여 도사를 찾아가 조웅을 구하라고 부탁하였다. 이를 통해 조웅이 초월적 세계의 비호를 받게 되는 인물임을 알 수 있다.

③ 조웅은 꿈속에서 여러 사람들의 이야기를 듣는데, 그중 한 사람이 '하늘이 송나라 왕실을 회복하고자 조웅을 명하였다'고 말한다. 조웅이 꿈을 통해 자신에게 주어진 천명을 알게 되는 것이다.

④ 조웅은 자신의 꿈속에서 서번이 간계를 꾸미고 있으며 송 문제가 도사에게 자신을 구하라고 부탁하였음을 알게 되었다. 이후 꿈에서 깨어난 조웅은 노옹이 전해 준 '천명 도사'의 편지의 지시를 따른다. 이는 조웅이 꿈속에서 알게 된 바가 현실에서 일어날 것이라고 믿었기 때문이라고 할 수 있다.

⑤ 꿈속에서 송 문제는 도사에게 조웅을 구하라고 부탁하였다. 이 꿈이 현실로 이어져 천명 도사의 부탁을 받은 노옹이 편지를 조웅에게 전해 주게 되는 것이다. 그러므로 노옹은 초월적 세계의 뜻을 전달해 주는 역할을 한다고 볼 수 있다.

적용 학습

07 작자 미상, 「이대봉전」

 수특 동일 작품

본문 60~63쪽

| 해제 | 이 작품은 이대봉과 장애황의 영웅적 활약상을 보여 주는 군담 소설로, 여성 주인공인 장애황의 활약이 두드러지게 나타난다는 점에서 여성 영웅 소설로 평가받기도 한다. 여성의 사회적 진출이 제한되어 있었던 당시의 시대적 상황으로 인해 남장(男裝) 모티프를 활용하고 있는데, 남장을 한 장애황이 과거에 급제하여 벼슬길에 진출한 후, 외적이 난을 일으켰을 때 대원수로 출전하여 공을 세우는 모습은 당시 남성 중심의 사회에 대한 여성 독자의 반발 심리를 수용한 것으로 이해할 수 있다. 또한 작품의 전개가 어려서 한 남녀의 혼인 약속과 헤어짐, 시련 뒤의 재결합으로 구성되어 있다는 점에서, 인간의 일생에서 결혼을 매우 중요시했던 당대의 의식이 담겨 있음을 알 수 있다.

| 주제 | 나라를 위기에서 구하고 사랑을 이루는 남녀 주인공의 활약상

| 전체 줄거리 | 명나라 때 이 시랑은 백운암에 시주하고 아들 대봉을 낳는다. 이 시랑의 죽마고우인 장 한림도 같은 시간에 딸 애황을 낳아 대봉과 정혼을 시킨다. 간신 왕희가 국권을 마음대로 휘둘러 나라가 위태로워지자 이 시랑은 직간하는 상소를 올리지만 왕희의 참소를 입어 백설도로 유배된다. 왕희가 뱃사공을 매수하여 유배를 가던 이 시랑과 대봉을 죽이려고 하지만 대봉 부자는 용왕의 도움으로 살아난다. 대봉 부자의 참변을 듣고 장 한림과 그의 부인은 탄식하다 병을 얻어 죽는다. 왕희는 애황의 미모가 출중하다는 말을 듣고 며느리로 맞이하려 하나, 애황은 남장을 하고 도주하여 이름을 계운으로 바꾸고 무예를 배운다. ★수특수록부분 과거에 장원 급제하여 한림학사를 제수받은 계운은 남선우가 중원을 침략하자 대원수로 출마해서 적을 크게 무찌른다. ★교재수록부분 한편 서해 용왕의 도움으로 살아난 대봉은 백운암에서 수련하면서 때를 기다린다. 마침 북흉노가 중원을 침범하여 황성을 점령하고 천자를 핍박하여 위급한 지경에 이르자, 이대봉은 필마단기로 흉노군을 격파하고 적군의 항복을 받아 낸다. ★교재수록부분 결국 이대봉은 왕희를 처단하고 장애황과 혼인한다. 이후 이대봉은 초왕이 되어 부귀영화를 누리며 일생을 마친다.

연결 포인트

수능 특강에서는 작자 미상의 영웅 소설인 「이대봉전」을 단독 지문으로 수록하여 인물을 통해 작품의 내용을 파악할 수 있는지와 공간적 배경의 기능 및 인물의 말하기 방식을 파악할 수 있는지를 묻고 있습니다. 또한 여성 영웅 소설 및 남장 모티프와 관련된 외적 준거를 바탕으로 작품을 감상할 수 있는가도 묻고 있습니다.

「이대봉전」은 제목이 남성 주인공의 이름이지만, 여성 주인공인 장애황의 활약이 두드러진다는 점에서 여성 영웅 소설로 평가받기도 합니다. 특히 여자 주인공인 장애황과 남자 주인공인 이대봉의 군담 서사가 별개의 공간에서 진행됨에도 불구하고 유사한 구조를 띠고 있다는 점에서 두 주인공의 대등한 면모를 유추할 수 있습니다. 「이대봉전」은 2023학년도 3월 고3 학력평가에 출제되었는데, 인물을 통한 작품의 내용 파악 및 시간적 배경의 변화를 바탕으로 등장인물의 갈등 관계를 파악하는 문항이 출제되었습니다. 또한 앞서 언급한 영웅 소설로서의 「이대봉전」의 특징을 다룬 외적 준거를 바탕으로 작품을 감상할 수 있는가를 묻기도 하였습니다. 조선 시대 후기에는 「이대봉전」, 「홍계월전」, 「박씨전」처럼 여성 영웅이 등장하는 소설이 다수 창작되었습니다. 수능특강 및 교재에 수록된 「이대봉전」을 통해 여성 영웅이 등장하는 소설의 특징을 파악한다면 이와 유사한 작품이 출제되더라도 어렵지 않게 문항을 해결할 수 있을 것입니다.

022

인물의 심리, 태도 파악 정답 ③

정답 해설 흉노왕은 황제가 항복하러 나오자 크게 기뻐하여 진을 굳게 하지 않았다가 뜻밖에 진중이 대란하고, 대봉이 진중에 횡행하는 것을 보고 크게 놀란다. 이는 흉노왕이 대봉의 공격을 미리 짐작하지 못했음을 나타낸다.

오답 피하기 ① 선우는 장대에 올라 촉날이 명나라 군에 대패하고 죽는 것을 보고 크게 놀라 도망쳤다. 이를 통해 선우가 장 원수와 계속 싸워 이길 수 없다고 판단했음을 알 수 있다.

② 장 원수는 선우를 죽이지 않으면 후환이 될 것이라고 말하였다.

④ 동돌수는 자신의 진중으로 공격하러 들어오는 대봉을 사납게 흘겨보고 머리카락이 위로 뻗쳐 소리를 벽력같이 지르고 있다. 이는 동돌수가 대봉에 대해 분개했음을 나타낸다.

⑤ 대봉은 주작장군을 파하고 현무장군을 베고 동돌수의 머리를 베어 칼끝에 꿰어 들고 큰 소리로 흉노왕에게 항복하라고 말하였다. 이를 통해 대봉이 자신의 위용을 드러내며 흉노왕에게 항복하라고 말했음을 알 수 있다.

023

배경의 기능 파악 정답 ④

정답 해설 대봉은 진언을 염하여 후토신장과 기백뇌공을 불러 ⓒ을 일으킨다. 이로 인해 급한 비가 크게 오고 뇌성이 진동하여 산천이 무너지는 듯하자 적진 장졸들이 겁을 먹고 대오를 지키지 못해 금사진이 무너진다. 그러자 대봉이 이리저리 다니며 여러 명의 적군 장수들과 수많은 군사들을 죽인다. 이와 같은 활약상은 대봉의 뛰어난 능력을 보여 준다. 이어 의기양양한 대봉이 흉노왕에게 항복을 요구하자 ⓔ의 변화가 일어난다. 구름이 흩어지며 천지가 밝아지자 대봉에 의해 흉노의 수많은 군사들이 죽은 모습이 드러나고 있다. ⓒ으로 드러난 인물의 역량이 전투에서 발휘된 결과가 ⓔ 이후에 확인되고 있는 것이다.

024

사건의 전개 양상 파악 정답 ②

정답 해설 장 원수는 장대에서 몽사를 생각하고 군사를 지휘하는데, 세찬 물결이 진중으로 달려드는 것을 확인한다. 장 원수는 이것이 촉날의 흉계인 줄 알고 물을 피하여 동으로 가는 체하다가 ⓐ에 들어가 군사를 쉬게 한다. 수공에 의해 수세에 몰렸던 장 원수는 수공을 피해 ⓐ로 가서 군사를 쉬게 한 것이다. 이어서 원수는 자신의 군대를 뒤쫓아 온 촉날의 추격병을 급습해 죽임으로써 자신의 군대가 ⓑ로 가서 매복하는 것을 촉날의 군사들이 모르게 한다. 장 원수의 군대가 ⓑ로 간 것을 모르는 촉날의 군대는 결국 같은 편인 굴막대의 복병에게 공격을 당해 많은 군사들이 죽게 된다. 그리고 촉날은 평구로 달아나다가 석용달의 복병을 만나 남은 군사들마저 거의 다 잃고 도망간다. 촉날은 장 원수 군사가 ⓐ에 매복해 있다고 생각하고 ⓑ의 좌편으로 갔다가 그곳에서 장 원수를 만나 결국 죽게 된다. 이와 같은 일련의 과정은 장 원수의 군사들이 ⓐ에 있다가 ⓑ로 간 것을 촉날이 모름으로써 전황이 장 원수에게 유리하게 되었음을 보여 준다.

025

외적 준거에 따른 작품 감상 정답 ③

정답 해설 장 원수는 선우에게 촉날이 이미 죽었으니 빨리 나와서 자신의 칼을 받으라고 크게 외친다. 이 말은 장 원수의 위용과 용맹함을 보여 주지만 장 원수가 예지력을 지니고 있음을 나타내고 있지는 않다. 그리고 대봉은 흉노왕에게 빨리 나와 항복하지 않으면 죽음을 면치 못하게 될 것이라고 말하고 있다. 이를 통해 대봉의 위용과 용맹함이 드러나지만 대봉이 술법에 능한 인물임을 나타낸다고 볼 수 없다.

오답 피하기 ① 세찬 물결과 진중에 싸이는 것은 인물들이 위기에 처하게 됨을 의미한다는 점에서 유사한 구조를 띠고 있다고 할 수 있지만, 세부 요소의 측면에서 보면 수공에 의한 것과 적군에 의해 포위당하는 것이라는 점에서 구별되고 있다고 볼 수 있다.

② 장 원수가 촉날의 머리를 베고, 대봉이 동돌수의 머리를 베는 것은 모두 두 인물의 무용이 뛰어남을 나타낸다. 이렇게 두 인물 모두 무용이 뛰어난 것은 두 인물의 대등한 면모를 보여 준다고 할 수 있다.

④ 장 원수에게 패한 선우가 놀라서 도망을 치고, 대봉에게 패한 흉노왕이 겁에 질려 도망을 치는 것은 서사 구조의 유사함을 보여 준다고 할 수 있다.

⑤ 장 원수는 선우와 싸우다가 '교지국'으로 향하고, 대봉은 흉노왕과 싸우다가 '앵무주'로 이동하는데, 이는 두 군담이 별개의 공간에서 펼쳐지고 있음을 보여 준다고 할 수 있다.

적용 학습

08 **가** 작자 미상, 「춘향전」

본문 64~68쪽

수특 동일 작품

| 해제 | 이 작품은 조선 시대 전라도 남원을 배경으로 하여 신분을 초월한 남녀 간의 사랑을 그리고 있는 판소리계 소설이다. 표면적으로는 양반 자제 이몽룡과 퇴기 딸 춘향의 신분을 뛰어넘는 사랑을 그리고 있지만, 그 이면에는 신분적 제약을 벗어나려는 인간 해방의 주제 의식을 담아내고 있다. 특히 춘향과 이몽룡이 신분의 격차를 뛰어넘어 사랑을 이루는 과정 속에서 정절을 지키려는 춘향의 굳은 의지와 탐관오리를 혁파하는 이몽룡의 모습이 잘 형상화되어 있다. 부친의 승진에 따라 이몽룡이 남원을 떠나는 부분에는 이별을 슬퍼하는 춘향이 이몽룡에게 하소연하는 장면이 나타나 있다.

| 주제 | 춘향의 굳은 절개와 탐관오리에 대한 비판 / 안타까운 이별로 인한 비애감

| 전체 줄거리 | 춘향은 남원읍에 사는 퇴기 월매의 외동딸이다. 춘향은 남원 부사의 아들 이몽룡과 인연을 맺지만 이 도령의 아버지가 임기를 마치고 한양으로 가게 됨에 따라 두 사람은 이별하게 된다. ★교재수록부분 춘향은 새로 부임한 남원 부사 변학도의 수청 요구를 거절한 이유로 옥에 갇히고 온갖 고초를 겪는다. ★수록수록부분 이몽룡은 과거에 급제하여 암행어사가 되어 내려온다. 이몽룡은 변학도의 생일 잔칫날 각 읍의 수령들이 모인 자리에서 통쾌하게 어사출두하여 부사를 파직한 뒤 춘향을 구해 내고 백년해로한다.

나 작자 미상, 「춘향이별가」

| 해제 | 이 작품은 판소리 「춘향가」의 일부분을 노래로 만든 조선 시대의 잡가이다. 당시 인기 있었던 판소리 「춘향가」에서 청중들이 사랑하고 좋아하는 부분인 춘향과 이 도령의 이별 장면을 따로 떼어 노래하고 있다. 한편, 잡가는 조선 시대 문학 작품 중 일부를 수용하여 당대의 정서를 표출하였고, 또 그중 일부가 국악, 민요 형식으로 현대에 계승되고 있는 점으로 보아, 조선 시대 문학이 현대로 계승되는 과도기적인 문학 양식이라 할 수 있다.

| 주제 | 이별로 인해 춘향이 느끼는 안타까움과 비애감

| 구성 | • 1~16행: 몽룡과의 이별을 거부하는 춘향
• 17~22행: 춘향을 떠나는 몽룡과 이를 막아서는 춘향
• 23~26행: '이별'이라는 글자를 깨뜨려서라도 이별을 막고 싶은 춘향의 마음
• 27~39행: 이별을 수용하고 몽룡을 떠나보내는 춘향

연결 포인트

수능특강에서는 작자 미상의 판소리계 소설인 「춘향전」을 단독 지문으로 수록하여 서술상의 특징과 인물을 통해 작품의 내용을 파악할 수 있는가를 묻고 있습니다. 또한 인물의 말하기 방식을 파악하고, 계층 간의 갈등 관계의 측면에서 「춘향전」을 분석한 외적 준거를 바탕으로 작품을 감상할 수 있는가도 묻고 있습니다.

「춘향전」은 당대 민중들이 지녔던 사회적 염원을 춘향과 이몽룡의 신분을 뛰어넘는 사랑과 탐관오리인 변학도에 대한 징계를 통해 드러내고 있는 작품으로 모의평가 및 학력평가 등에서 여러 번 출제되었습니다. 2018학년도 9월 모의평가에서는 「춘향전」이 작자 미상인 「춘향이별가」와 함께 출제되었습니다. 다양한 작품에서 '춘향'이 다양한 면모를 지닌 인물로 형상화되었다는 점에 주목하여 두 작품에 형상화된 '춘향'의 특징을 파악한다면, '춘향'을 다룬 다른 작품에서 문제가 출제되더라도 당황하지 않고 문제를 해결할 수 있을 것입니다.

026

인물의 성격, 태도 파악 　　　　　　　　　정답 ④

정답 해설 (가)에는 진시황의 분서 사건, 박랑사와 관련된 사건 등의 고사가 나타나 있다. 하지만 이것은 이별 상황에 직면한 '춘향'의 안타까운 심정을 드러내

는 기능을 하고 있을 뿐, '춘향'이 당면한 상황이 역사적 사건과 관련되어 있음을 말하기 위해 활용된 것으로 보기는 어렵다.

오답 피하기 ① '도련님'은 '어르신네 공조참의 승진'으로 인한 이별은 누구를 탓할 수 있는 일이 아니며, '네말이 다 못 될 말이니, 아무튼 잘 있거라'에서 알 수 있듯이 상황의 불가피함을 말하고 있다.
② '이런 일이 있겠기로 처음부터 마다하지 아니하였소?'에서 알 수 있듯이 '춘향'은 처음 만날 때부터 이별의 상황이 올 것을 우려하였다.
③ '제비가 되어 도련님 계신 처마에 집을 지어 ~ 도련님 품으로 들어가 볼까!'에서 알 수 있듯이 '춘향'은 '도련님' 곁에 머물고 싶은 마음을 '제비'라는 자연물에 의탁하여 드러내고 있다.
⑤ '옥황전에 솟아올라 억울함을 호소하여'에서 알 수 있듯이 '춘향'은 할 수만 있다면 이별의 억울함을 천상적 존재인 옥황에게 호소하고 싶다고 말하고 있다.

027

소재의 기능 파악 정답 ④

정답 해설 ㉣의 앞부분인 '도련님은 사대부라 여기저기 청탁하여 또다시 송사에서 지게 하겠지요.'를 고려할 때, '판결문'에는 춘향이 송사에 패소하는 내용, 즉 '도련님'에게는 죄가 없다고 판결한 내용이 담겨 있을 것임을 추론할 수 있다.

오답 피하기 ① '광한루에서 날 호리려고'에서 알 수 있듯이, '명문'을 쓴 것은 춘향이 아니라 '도련님'이다.
② '본관 원님께 이 사연을 하소연하겠소'에서 알 수 있듯이, '소지'에는 '춘향'의 억울함이 담겨 있을 것이다.
③ '순사또도 같은 양반이라 또 나를 패소시키거든'에서 알 수 있듯이, '편지 한 장'은 '도련님'이 '춘향'과의 친밀감을 강화하려고 보내는 것이 아니라 순사또에게 재판에 대해 청탁하기 위해 보내는 것이다. 그러므로 여기에는 '도련님'이 재판에서 이길 수 있는 내용, 즉 '도련님'에게는 죄가 없음을 밝히는 내용이 담길 것이다.
⑤ '마음속에 먹은 뜻을 자세히 적어'에서 알 수 있듯이, '상언'을 쓸 때는 '순사또'의 힘을 빌려 쓰는 것이 아니라 '춘향'이 직접 자신의 생각을 쓸 것이다.

028

구절의 의미 파악 정답 ④

정답 해설 '백 년 살자 언약할 때 / 물을 두고 맹세하고 산을 두고 증삼 되자더니', '이제 와서 이별이란 웬 말이오'를 고려할 때, ⓓ의 표현에 변하지 않을 것이라고 기대했던 맹세가 깨져 버린 상황에 대한 '춘향'의 심화된 슬픔이 담겨 있다고 판단한 것은 적절한 이해라 할 수 있다.

오답 피하기 ① '휘휘칭칭 감아쥐고라도 날 데리고 가시오'를 고려할 때, 여인의 아름다움을 상징하는 '삼단같이 좋은 머리'채를 잡혀서라도 '이 도령'을 따르겠다는 '춘향'의 말은 자신의 머릿결에 대한 자부심을 드러내는 것이 아니라, 이별을 막기 위해서는 어떤 일도 감수하겠다는 마음을 드러내는 것이다.
② '두어 두고는 못 가시리다'를 고려할 때, 문맥상 ⓑ는 초월적 공간에 대한 지향을 드러내는 것이 아니라, 죽음이라는 극단적 상황을 통해서라도 이별을 막고 싶은 '춘향'의 절박함이 담겨 있다고 보는 것이 적절하다.
③ '춘향'이 이별을 막기 위해 '도련님'이 탄 말의 꼬리를 잡고, 말은 춘향의 가슴을 차는 모습은 안타깝고 절박한 상황을 희화화한 면은 있지만, 이것이 현실을 풍자하기 위한 것이라고 보기는 어렵다.
⑤ '산첩첩 수중중한데'를 고려할 때, '이 도령'과 이별하게 되면 그와의 재회가 어려울 것임을 '춘향'이 탄식하고 있다고 보는 것이 적절하다.

029

작품의 종합적 이해와 감상 정답 ③

정답 해설 (나)에는 이별을 안타까워하며 자신의 슬픔을 하소연하는 '춘향'의 모습이 제시되어 있지만 이별 후 자신이 겪을 고난에 대해 말하는 '춘향'의 모습은 나타나 있지 않다. 그리고 문제 해결책을 강구하는 '춘향'의 치밀한 면모도 확인하기 어렵다.

오답 피하기 ① '춘향'은 자신의 억울함을 '원님, 순사또, 형조, 한성부, 비변사' 등에게 하소연하여도 그들이 같은 양반인 '도련님'의 편을 들 것이라 말하고 있다. 이를 바탕으로 신분 제도가 있었던 당대를 살아가던 민중들의 양반에 대한 의식을 '춘향'의 면모에서 확인할 수 있다.

② '소지, 소장' 등을 통해 억울함을 하소연하고 이에 패소하더라도 '팔만장안 억만가호'에 걸식하여 종이를 구해 임금께 '상언'을 쓰겠다고 말하는 장면을 바탕으로 '춘향'의 적극적인 면모를 확인할 수 있다.

④ '할 수 없이'에서 알 수 있듯이, '춘향'은 이별을 안타까워하면서도 주안상을 차려 송별연을 하고 있다. 이를 바탕으로 자신이 처한 이별 상황을 받아들이는 '춘향'의 수용적 면모를 확인할 수 있다.

⑤ (가)와 (나) 모두에서 '춘향'은 '이별'이라는 글자를 만든 사람을 자신의 원수라고 말하고 있다. 또한 '천하장사 항우'로 하여금 이 글자를 깨치고 싶다고 말함으로써 이별 상황에 놓인 자신의 신세를 한탄하고 있다. 이를 바탕으로 자신의 북받친 감정을 토로하는 '춘향'의 격정적 면모를 확인할 수 있다.

② [A]에서 '춘향'은 이별 상황에 대한 안타까움을 '도련님'에게 질문을 던지는 형식을 통해 표현하고 있다. 이러한 질문들이 거듭되어 진술되고 있는 점을 〈보기〉에서 언급한 분량을 늘리려는 세책업자의 의도와 관련지어 이해한 것은 적절한 감상이라 할 수 있다.

③ [B]의 첫 행의 경우 구체적인 설명 없이 '이별이라네'로 시작하고 있다. 이런 집약적인 표현은 청중의 관심을 집중시키는 효과가 있다. 이러한 도입 방식은 청중을 작품 내용 안으로 빠르게 끌어들이려는 전략과 관련되어 있으므로 적절한 감상이라고 할 수 있다.

④ 일반적으로 한 작품 속에서 유사한 구절이 반복되면 그 의미나 정서가 강조되기 마련이다. [B]에 표현되어 있는 '못 가시리다'의 반복을 〈보기〉에서 언급한 청중의 공감을 유발하려는 목적과 관련지어 이해한 것은 적절한 감상이라고 할 수 있다.

030

외적 준거에 따른 새로운 가치 발견   정답 ⑤

정답 해설 [B]에는 '이별이라네 이별이라네 이 도령 춘향이가 이별이로다 / 춘향이가 도련님 앞에 바짝 달려들어 눈물짓고 하는 말이'라고 말하는 서술자 역할을 하는 화자와 '도련님 들으시오 나를 두고 못 가리다 ~ 날 살려 두고는 못 가시리다'라고 말하는 '춘향'의 역할을 하는 화자가 등장하고 있다. 하지만 역할이 다른 두 화자가 말하고 있는 내용은 모두 '춘향'과 '이 도령'이 이별하는 장면에 대한 내용이다. 따라서 이것을 〈보기〉에 제시된 연속되지 않은 장면들이 엮여 작품이 구성되었음을 알게 해 주는 단서로 볼 수 있다고 판단한 것은 적절하지 않다.

오답 피하기 ① [A]에서 '도련님'은 자신에게 닥친 이별의 안타까움을 '생눈 나올 일'이라는 과장된 표현을 통해 드러내고 있다. 이러한 표현은 등장인물이 겪고 있는 내면을 부각하는 효과가 있다. 따라서 이러한 과장된 표현을 〈보기〉에서 언급한 작품의 흥미를 높이려는 취지와 관련지어 이해한 것은 적절한 감상이라 할 수 있다.

적용 학습   본문 69~72쪽

09 작자 미상, 「장끼전」
수특 유사 작품

| 해제 | 이 작품은 원래 「장끼 타령」 등의 제목으로 불리던 판소리가 소설로 정착된 판소리계 소설이다. 「웅치전(雄雉傳)」, 「화충전(華蟲傳)」 등으로 불리기도 하는 이 작품은 동물을 인격화한 우화 소설로 남존여비와 여성의 개가(改嫁) 금지라는 남성 중심적이고 가부장적인 시대 현실을 풍자하고 있다. 이 작품은 크게 두 부분으로 나뉘는데, 전반부는 까투리의 만류에도 불구하고 장끼가 이를 무시하고 콩을 먹다 죽는 장면이고, 후반부는 남편인 장끼가 죽은 후 홀아비 장끼를 만나 까투리가 개가하는 장면이다. 전반부가 장끼의 행동을 중심으로 남존여비와 가부장적 시대 현실에 대한 비판을 핵심적으로 드러내고 있는 데 비해, 후반부는 여성의 개가를 금지하는 시대 분위기를 비판하는 데 할애되고 있다. 특히 후반부는 현실 비판에 그치지 않고 까투리의 모습을 통해 주체적이고 여성 해방적인 인간형을 제시하고 있다는 점에서 진보적인 의식을 보여 주고 있다고 평가할 수 있다.

| 주제 | 남존여비 사상과 여성의 개가 금지에 대한 비판과 풍자

| 전체 줄거리 | 장끼 가족이 극심한 가난에 처하게 되어 양식

이 떨어지자 장끼는 도적놈인 서대주를 찾아가 극진히 존대함으로써 양식을 빌려 온다. 이를 두고 딱부리는 도적놈인 서대주에게 양식을 빌어 왔다고 장끼를 비난하고 자신은 서대주를 겁박하여 쌀을 추심해 오겠다고 호언장담한다. 하지만 서대주를 찾아간 딱부리는 쌀을 받아오기는커녕 서대주에게 결박당하고 해만 입게 된다. ★교재수록부분 이후 장끼가 아내 까투리와 함께 아홉 아들, 열두 딸을 거느리고 엄동설한에 먹을 것을 찾아 들판을 헤매다가 콩 한 알을 발견한다. 굶주린 장끼가 먹으려 하니 까투리는 전날 꾸었던 불길한 꿈을 말하며 먹지 말라고 말린다. 그러나 장끼는 고집을 부리며 그 콩을 먹다 덫에 치여 죽게 되고, 죽으면서 아내에게 개가하지 말고 수절하여 정렬부인이 되라고 유언한다. 덫의 임자가 나타나 장끼를 빼어 들고 가 버린 뒤 까투리는 장끼의 깃털 하나를 주워다가 장례를 치른다. 까투리가 상부(喪夫)하였다는 말을 듣고 문상 왔던 갈까마귀와 물오리 등이 청혼하지만 까투리는 모두 거절한다. 그러다가 문상 온 홀아비 장끼의 청혼을 받아들여 재혼한다. 재혼한 이들 부부는 아들딸을 모두 혼인시키고 명산대천을 구경하는 등 백년해로하다가 큰 물에 들어가 조개가 된다.

▶ **연결 포인트**

수능특강에서는 작자 미상의 우화 소설이자 송사 소설인 「서대주전」을 단독 지문으로 수록하여 인물의 성격 및 유형, 그리고 작품의 맥락과 등장인물의 대화 특징을 파악할 수 있는가를 묻고 있습니다. 또한 논증 유형과 관련된 외적 준거를 바탕으로 등장인물의 행동 및 대사를 파악할 수 있는가도 묻고 있습니다.

「서대주전」은 서대주의 도둑질로 인해 벌어진 송사가 관리들의 불법적 횡포와 수탈, 부정과 비리, 무능 때문에 부당한 판결로 끝나는 과정을 드러냄으로써 조선 시대 후기의 부조리한 사회상을 고발하고 있는 우화 소설입니다. 그런 점에서 「서대주전」은 동물을 인격화한 우화 소설로 남존여비와 여성의 개가 금지라는 남성 중심적이고 가부장적인 시대 현실을 풍자하고 있는 「장끼전」과 연계하여 감상할 수 있습니다. 「장끼전」은 2020학년도 9월 모의평가에서 작품의 서술상의 특징과 작중 상황에 대한 등장인물의 심리 및 태도를 파악하는 문항이 출제되었습니다. 또한 작품에 드러난 당대 사회상의 비판적 시각을 다룬 외적 준거를 바탕으로 작품을 감상할 수 있는지를 묻는 문항도 출제되었습니다. 「서대주전」이나 「장끼전」과 같이 동물이 등장하는 우화 소설의 경우, 등장인물이 형상화한 인물 유형을 파악한다면 작품을 통해 작가가 말하고자 하는 주제 의식을 쉽게 알 수 있습니다. 따라서 외적 준거로 제시되는 〈보기〉의 내용을 바탕으로 등장인물의 갈등 원인과 그 갈등 속에서 상대적인 약자에 해당하는 등장인물이 어떤 부조리를 겪는가를 파악하는 연습을 할 필요가 있습니다.

031

서술상의 특징 파악 　　　　　　　　　　**정답 ①**

정답 해설 딱부리에 대해 소개하는 대목에서 '주먹볏에 흑공단 두루마기, 홍공단 끝동이며, 주둥이는 두 자나 하고 위풍이 헌앙한 짐승이라.'와 같이 볏, 주둥이, 끝동 부분에 이르기까지 외양을 세밀하게 묘사하고 있다. 이는 '위풍이 헌앙한' 인물(딱부리)의 속성을 드러낸다.

오답 피하기 ② 서술자가 '서대주 맹랑하다'와 같이 개입하고는 있지만 이것이 인물의 행동에 대해 호감을 보이는 것은 아니다.

③ '우마도 초분식하고, 산저도 갈분식이라.'나 '교만한 자는 집이 망한다.', '남을 대접하면 내가 대접을 받는다.'와 같은 속담이나 옛글이 삽입되어 있다. 이는 일부 인물의 외적 갈등을 조성한다고 볼 수는 있으나, 인물의 내적 갈등을 강조하고 있지는 않다.

④ 과거와 현재를 대비하고 있거나 인물의 초월적 능력이 부각되는 부분은 나타나지 않는다.

⑤ 공간적 배경은 협사촌의 서대주의 집과 장끼가 사는 곳인 양지촌이다. 이 두 배경에 대한 자세한 묘사는 나타나지 않으며, 공간적 배경이 인물의 심리 변화를 암시하고 있지도 않다.

032

작품의 내용 이해 　　　　　　　　　　**정답 ⑤**

정답 해설 장끼가 서대주에게 간 이유는 양식으로 쓸 쌀을 빌리기 위해서이다. 따라서 장끼는 경제적인 이익을 취하는 데에 방문 목적을 둔 것으로 볼 수 있다. 딱부리가 장끼가 쌓아 놓은 곡식의 연유를 듣고, "나는 그놈을 찾아가서 서대주라 하고 도적질한 말을 하면 그놈이 겁내어 만석이라도 추심하리라."라고 말하는 것에서 딱부리 역시 서대주를 찾아가 양식을 구할 목적이 있었음을 추측할 수 있다. 딱부리는 목적을 이루기 위해 서대주가 도적질한 것을 들어 협박함으로써 쌀을 받아내는 방법을 택한 것일 뿐, 애초에 서대주의 도적질을 벌로 다스리고 교화하려고 한 것은 아니었다.

오답 피하기 ① 장끼와 딱부리 모두 서대주를 '도적질하는 놈', '미천한 도적놈'이라고 지칭하는 것으로 보아 서대주의 정체를 이미 알고 있었던 것으로 볼 수 있다.

② 서대주를 방문하기 전에, 장끼는 자신의 목적을 이루기 위해 서대주를 '서동지'로 존칭하며 대접하는 방식을 계획했고, 딱부리는 자기 목적을 이루기 위해 서대주를 하대하고 겁박하는 방식을 계획했다.

③ 서대주를 방문하여, 장끼는 처음부터 끝까지 서대주를 존대하는 일관된 태도를 보였다. 그러나 딱부리는 처음에는 서대주를 고압적인 태도로 대하다가 서대주에 의해 결박되어 해를 당하는 상황에 이르자 '머리를 조아리고 애걸하며' 비는 굴욕적인 태도로 돌변하게 된다.

④ 서대주의 거처에 당도하여 장끼는 '아래위 낭청으로 다니며 관리하시는 서동지 댁'이냐고 하며 서대주의 환심을 살 수 있게 예의를 갖추어 서대주의 집임을 확인했다. 이에 반해, 딱부리는 '아래위 낭청으로 다니며 도적질하는 서대주 집'이냐고 물으며 서대주의 반감을 불러일으키는 언행을 했다.

033

외적 준거에 따른 작품 감상 　　　　　**정답 ④**

[정답 해설] '시비 쥐'는 서대주를 섬기는 종이므로 신흥 부호에 해당하는 인물로 보기 어렵다. '시비 쥐'가 딱부리에게 골을 내는 이유는 자신이 섬기는 주인을 딱부리가 '도적질하는 서대주'라고 함부로 말하며 무례한 언행을 했기 때문이지 딱부리로 대변되는 몰락 양반의 경제적 곤궁함을 업신여겨서가 아니다.

[오답 피하기] ① 양식이 떨어지자 굶주리는 처자식을 위해 쌀을 빌리러 부유한 서대주를 찾아간 장끼의 모습에서 가족의 생계 문제를 걱정하며 가장으로서의 책무를 다하려는 몰락 양반의 모습을 엿볼 수 있다.

② 서대주가 '시비 쥐'를 부리면서 화려한 복색을 갖추고 손님을 '외헌'에서 맞이하는 장면은 서대주로 대변되는 신흥 부호의 호화로운 생활상을 보여 주는 것이라 할 수 있다.

③ 몰락 양반을 대변하는 장끼는 신흥 부호를 대변하는 서대주를 대접하여 양식을 빌리게 된다. 이렇게 명분보다 실리를 추구하는 장끼에게 또 다른 몰락 양

반인 딱부리는 '간사하도다'라고 말하며 비판하는데, 이는 여전히 실리보다 양반으로서의 위신과 명분을 중요시하는 모습을 보여 주는 것이다. 이러한 두 인물의 모습으로부터 신흥 부호에 대한 처신을 놓고 몰락 양반들 간에 의견 차이가 있었음을 알 수 있다.

⑤ 서대주가 '수십 명 범 같은 쥐들'에게 명령하여 딱부리를 결박하는 행위는, 서대주로 대변되는 신흥 부호가 많은 사람들을 마음대로 부릴 만큼 향촌 사회에서 막강한 권력을 행사하며 위세를 떨쳤음을 보여 주는 것이라 할 수 있다.

적용 학습 　　　　　본문 73~75쪽

10 **작자 미상, 「정을선전」**
　　수특 동일 작품

| 해제 | 이 작품은 남자 주인공 정을선과 여자 주인공 유춘연이 만나 화목한 가정을 이루는 과정에서 일어난 가정 내의 불화와 갈등을 주로 다룬 가정 소설이다. 계모 노 씨의 흉계로 춘연이 죽음을 맞이했다가 다시 살아나는 앞부분은 계모형 가정 소설의 구조를, 정렬부인 조 씨의 질투와 모함으로 인한 위기와 그 극복 과정을 다룬 뒷부분은 쟁총형 가정 소설의 구조를 보인다. 악행을 저지르는 정렬부인 조 씨를 돕는 보조 인물들과 주인공을 돕는 보조 인물들이 서로 대응되는 것이 특징적이다.

| 주제 | 봉건 가족 제도의 구조적 모순으로 인한 가족 간의 갈등과 그 해결 과정

| 전체 줄거리 | 중국 송나라 때 정 승상은 오랫동안 자식이 없다가 아들 을선을 얻고, 정 승상의 친구인 유 승상은 딸 춘연을 얻는다. 유 승상의 부인은 춘연을 낳고 삼 일 만에 세상을 떠나고, 후실로 들어온 노 씨는 춘연을 박대한다. 이후 을선과 춘연은 사랑에 빠져 혼약한다. 그러나 노 씨의 음모로 을선은 춘연에게 다른 남자가 있다고 의심하여 떠나고, 춘연은 자신의 억울함을 혈서로 남긴 후 자결한다. 이후 천지신명의 분노로 노 씨가 죽고, 춘연의 원혼이 출몰하면서 유 승상 및 부근 마을의 백성이 모두 죽게 된다. 한편 조왕의 딸과 결혼하고 승상의 자리에 오른 을선은 춘연의 유모에게서 그간의 사연을 듣고 **★교재** **수특부분**선인에게서 구한 약으로 춘연을 살린다. 죽었다 살아난 춘연은 을선과 결혼하여 충렬부인에 봉해지고 조왕의 딸인 정렬부인과 갈등하게 된다. 마침 서융의 반란으로 을선이 대원수로 출전하게 되자 충렬부인은 정렬부인의 모함으로 옥에 갇히게 된다. 시비 금섬은 충렬부인을 옥에서 탈출시킨 후 충렬부인의 옷을 입고 대신 죽고 금섬의 오라비는 을선에게 충렬부인의 서간을 전한다. 충렬부인은 지함에 숨어 아이를 낳지만 오랫동

안 굶주려 죽을 위기에 처한다. 한편 서간을 읽고 집으로 돌아온 을선은 충렬부인을 구하고 정렬부인을 처벌한다. ★수록부분 이후 을선과 충렬부인은 영화를 누리다가 한날한시에 죽는다.

연결 포인트

수능특강에서는 작자 미상의 「정을선전」을 단독 지문으로 수록하여 인물의 심리 및 태도, 시점 및 서술상의 특징을 파악할 수 있는가를 묻고 있습니다. 또한 계모형 가정 소설과 쟁총형 가정 소설의 특징을 제시한 외적 준거를 바탕으로 작품을 감상할 수 있는가를 묻고 있습니다.

「정을선전」의 전반부는 계모가 전처의 소생을 학대하는 내용이 담긴 계모형 가정 소설의 구조를, 후반부는 일부다처제의 문제로 인한 여인들의 갈등이 나타나는 쟁총형 가정 소설의 구조를 취하고 있습니다. 또한 이 작품은 선인과 악인의 인물 유형이 명확히 구별되며, 악행을 돕던 인물들과 주인공을 돕던 인물들이 맞이하는 결말의 차이를 통해 '권선징악'이라는 주제 의식을 부각하고 있습니다. 한편 이 소설의 전반부에는 여성 원귀 소설의 특징도 드러나는데, 여성 원귀 소설에서는 억울한 죽음으로 인해 원귀가 된 주인공이 자신을 해한 사람들에게 복수를 하고, 조력자의 도움을 받아 원한을 푸는 해원의 과정이 드러납니다. 교재에 수록된 「정을선전」은 2019학년도 7월 고3 학력평가에 출제된 부분으로, 바로 이러한 여성 원귀 소설의 특징을 제시한 외적 준거를 바탕으로 작품을 감상할 수 있는가를 묻고 있습니다. 등장인물의 갈등 관계 및 각각의 인물이 어떤 결말을 맞이하는가에 주목하여 작품을 감상한다면 작품의 내용뿐만 아니라 작품의 주제 의식을 어렵지 않게 파악할 수 있을 것입니다.

034

작품의 내용 이해 　　　　　　　　　　**정답 ①**

정답 해설 정을선은 유모를 통해 춘연의 억울한 죽음을 알게 된 후 원귀가 된 춘연을 위로하고자 춘연을 찾아와 만남을 시도하고 있다.

오답 피하기 ② 정을선은 익주자사에게 관자를 보내 그를 유 승상의 부중으로 불러 자신이 정을선이 맞다는 것을 춘연에게 밝혀 달라고 부탁하고 있다.

③ 유 승상은 딸이 죽은 이유를 알고자 노 씨의 시비를 심문하고 있지만 그가 죄상을 털어놓지 않아 형벌을 주고 있다.

④ 춘연은 천자의 조서를 받은 후 자신의 죽음을 확인하러 온 정을선에게 자신을 살릴 방안을 알려 주고 있다.

⑤ 춘연의 빈소 앞에서 교지를 읽은 사람은 유모가 아닌 언관이다.

035

구절의 의미 파악 　　　　　　　　　　**정답 ④**

정답 해설 ㉣은 오랫동안 밀폐되어 있던 춘연의 방의 분위기를 묘사하는 것일 뿐, 정을선에게 닥칠 위기 상황을 암시하는 것이 아니다.

오답 피하기 ① ㉠에서 춘연은 정을선이 자신을 버렸던 과거 사건을 언급하며 유모의 말을 믿지 않는 이유를 나타내고 있다.

② ㉡에서 유모는 정을선이 춘연의 방에 들어가면 좋지 않은 일이 일어날 수 있을 것이라 염려하며 정을선의 행동을 만류하고 있다.

③ ㉢에서 천자는 조서를 거역하면 역명을 면치 못할 것이라고 말하며 춘연에게 정을선의 말을 따를 것을 촉구하고 있다.

⑤ ㉤에서 춘연은 금성산 옥륜동과 금성진인과 같이 구체적 지명과 인물을 언급하며 약을 구할 수 있는 방법을 제시하고 있다.

036

외적 준거에 따른 작품 감상 　　　　　　　**정답 ③**

정답 해설 춘연이 거절의 의사를 밝힌 이유는 비록 자신이 혼령이지만 남편이 아닌 외간 남자와 한 공간에 함께 있을 수 없고 또 자신과의 만남을 요구하는 과객이 정을선이 아닐 수도 있다는 생각 때문이다. 가족 구성원으로서의 복귀를 다른 사람들 앞에서 인정받기 위한 것은 아니다.

오답 피하기 ① 노 씨는 문밖에 나와 엎어지며 피를 무수히 토하고 죽게 되는데 이는 춘연이 자신을 해한 노 씨에게 복수했음을 보여 준다.

② 정을선은 춘연이 원귀가 된 사연을 알게 된 후 자신의 과오를 깨닫게 되고 이에 춘연에게 용서를 구하

고 있다.

④ 춘연은 천자에게 직첩과 교지를 받음으로써 자신의 억울함을 씻게 된다. 정을선을 받아들이는 춘연의 모습은 그의 원한이 풀렸음을 의미한다.

⑤ 정을선이 춘연의 환생을 위해 약을 찾아 나서는 것에서 춘연이 가족의 구성원으로 복귀할 수 있도록 돕는 조력자의 모습이 드러난다.

적용 학습 　　　　　　　　　　　　　　본문 76~79쪽

11 **작자 미상, 「배비장전」**
　　　　수특 유사 작품

| 해제 | 이 작품은 위선적 인물인 배 비장을 통해 권력층을 풍자하는 조선 후기의 판소리계 소설이다. 4·4조의 율문체, 해학적 상황 설정, 이중적 언어 사용과 같은 판소리의 특성이 잘 드러나는 소설로, 제주에 부임한 배 비장이 기생 애랑에게 속아 망신을 당하는 과정을 재미있게 드러내고 있다. 지배 계층의 허세에 대한 풍자와 조롱을 통해 신분 질서가 혼란해진 시대적 상황을 그려 내고 있다.

| 주제 | 위선적 양반 계층에 대한 풍자와 조롱

| 전체 줄거리 | 서울을 떠날 때 여자를 가까이하지 않겠다는 맹세를 했던 배 비장은 제주에 도착한 후, 기생 애랑에게 이까지 빼어 주는 정 비장을 보고 비웃는다. 기생 애랑과 방자는 배 비장을 유혹하기 위해 계교를 꾸민다. 기생 애랑의 집에 몰래 찾아간 배 비장은, 방자와 기생에게 속아 여러 가지 고생을 한다. 배 비장은 알몸으로 허우적거리며 동헌 대청에 나와 온갖 망신을 당한다. 이후 배 비장은 제주를 떠나려 하지만 이마저 계략에 빠져 실패하고 ★교재 수록 부분 자신의 잘못을 뉘우쳐 현감에 올라 사람들의 칭송을 받게 된다.

연결 포인트

수능특강에서는 작자 미상의 「삼선기」를 단독 지문으로 수록하여 작품의 내용 및 맥락을 파악할 수 있는가를 묻고 있습니다. 또한 훼절 소설과 관련된 외적 준거를 바탕으로 작품을 감상할 수 있는가도 묻고 있습니다.

「삼선기」는 도덕군자의 위선적 생활을 풍자한 소설로, 주인공인 고매한 도학자 이춘풍이 활량패에 의해 비방과 조롱을 당하는 모습을 통해 유교의 문치주의와 문반의 특권 의식을 비판하고 있습니다. 특히 도학자인 춘풍이 기생의 모가비가 되는 모습은 풍자의 압권이라 할 수 있습니다. 이렇게 도도한 양반 남성이 기생과 같은 여성들에 의해 위선이 폭로되는 내용을 기반으로 하는 소설을 '훼절

소설'이라고 하는데, 그런 점에서 「삼선기」는 2022학년도 9월 모의평가에 출제된 작자 미상의 「배비장전」과 연계하여 감상할 수 있습니다. 「배비장전」은 제주에 부임한 배 비장이 기생 애랑에게 속아 망신을 당하는 모습을 통해 지배 계층의 허세에 대한 풍자 의식을 드러내고 있습니다. 모의평가에서는 작품의 내용과 소재의 서사적 기능, 그리고 배 비장의 의식 변화와 관련된 외적 준거를 바탕으로 작품을 감상할 수 있는가를 묻는 문항이 출제되었습니다. 뚜렷한 도덕관을 지닌 상층 남성이 아름답고 영리한 기녀의 속임수에 빠져 자신의 도덕적 신념을 깨뜨리는 서사 구조를 지닌 훼절 소설의 특징을 기억하고, 등장인물을 '속이는 자'와 '속는 자'로 유형화하여 작품을 감상한다면 훼절 소설에 해당하는 다른 작품이 출제되더라도 걱정할 필요가 없을 것입니다.

037

작품의 내용 이해 　　　　　　　　　　　　　정답 ④

정답 해설 '사공'은 '부인'이 혼자 빌린 배이기에 임의로 다른 행객을 태울 수 없다고 말한 것이지, '배 비장'이 낯선 인물이라 경계하여 승선을 거절한 것이 아니다.

오답 피하기 ① '계집'은 초면에 반말을 하는 '배 비장'의 태도를 양반답지 못하다고 못마땅하게 여기며, 예의염치도 모른다고 지적하고 있다.

② '계집'이 이름을 물었으나, '배 비장'은 '성명은 차차 아시지오마는'이라고 즉답을 피하며 정체를 밝히지 않고 있다.

③ 당장 제주를 떠나기 위해 서울로 가는 배편을 찾는 '배 비장'에게 '계집'은 그날 저녁 해남으로 갈 배편이 있다는 얘기를 들은 것에 대해 말해 주고 있다.

⑤ 부모 병환 급보를 듣고 급히 가는 길이라는 '배 비장'의 말에 '사공'은 '당신 정경이 불쌍하'다며 연민을 드러내고 해 진 후에 다시 오면 부인 몰래 배를 태워 주겠다고 말하며 해결책을 제시하고 있다.

038

인물의 심리, 태도 파악 　　　　　　　　　　　정답 ④

정답 해설 반말로 하대하는 '배 비장'의 태도에 계집이 불쾌함을 표하자, '배 비장'은 '사과나 하고 다시 물을

수밖에 없다'고 생각하여 '말공대를 얼마쯤 올려', '여 보시오'라고 하며 계집에게 다시 말을 걸고 있다. 또한 '배 비장'의 '반말에 비위가 틀려' 자신도 역시 반말로 응대하는 사공을 보며, 배 비장은 '춘몽을 못 깨고 또 실수를 하였'다고 하며 '어법을 고쳐' 사공을 '노형'이라 칭하고 있다. 그러므로 ⓒ와 ⓔ는 모두 '배 비장'이 상대의 기분을 풀어 주기 위해 사용한 표현이라고 볼 수 있다.

오답 피하기 ⓐ '배 비장'이 '여보게'라 하대하는 말에, 계집이 '대답도 아니 하고 고개를 돌리'는 모습에서 상대의 기분을 상하게 한 표현임을 알 수 있다.

ⓑ '배 비장'이 자신의 물음에 대꾸도 하지 않는 계집을 보고, '분해서' '책망 겸' 물었다고 하였으므로, '이 사람'은 '배 비장'이 상대의 기분을 풀어 주기 위해 사용한 표현이 아니다.

ⓓ '어이'라는 반말에 사공이 '비위가 틀렸'다고 했으므로, 이는 '배 비장'이 상대의 기분을 풀어 주기 위해 사용한 표현이 아니다.

039

소재의 기능 파악 정답 ③

정답 해설 배가 '오늘 저녁 물에 떠'난다는 사공의 말을 듣고, 배 비장은 부모 병환 급보를 듣고 급히 가는 길이라며 자신을 배에 태워 줄 것을 사공에게 사정하고 있다. 이를 통해 '조그마한 돛대 세운 배'가 주인공인 배 비장이 당일에 제주도를 떠나기 위해 타려는 대상임을 알 수 있다.

오답 피하기 ① 배 비장은 부모의 병환 급보를 들었다고 꾸며 대어 '조그마한 돛대 세운 배'를 타고 제주를 떠나려 한다.

② '조그만 돛대 세운 배'는 배 비장을 태우기 위해 준비된 배가 아니라, 제주 성내에 사는 부인이 친정에 가기 위해 비싼 값을 주고 빌린 배이다.

④ 배 비장이 배를 타야 하는 급한 사정을 사공에게 말하고는 있으나 경제적 보상을 내세우지는 않았다.

⑤ '조그마한 돛대 세운 배'는 배 비장이 행객들을 데리고 떠나기 위해 타려는 것이 아니라, 자신이 제주를 떠나기 위해 혼자 끼어 타려고 하는 배이다.

040

외적 준거에 따른 작품 감상 정답 ④

정답 해설 서울로 가는 배가 어제저녁에 다 떠났다는 계집의 말을 듣고, 배 비장은 '이 노릇을 어찌하여야' 좋겠냐고 물으며 안타까워하고 있다. 이는 난관에 처한 상황에서 해결책을 찾고 싶은 간절함 때문에 한 말이다. 여기에서 양반의 경직된 관념을 버리고 제주도 사람을 존중하는 방법이 무엇일지 고민하는 모습은 찾아볼 수 없다.

오답 피하기 ① '양반이' 묻는데 '어찌하여 대답이 없'냐고 계집을 책망하는 것은 양반으로서 대우받고자 하는 마음에서 비롯된 것이므로 배 비장이 자기 신분에 대해 우월감을 갖고 있음을 확인할 수 있다.

② '지방이라고 한 손 놓고 하대를' 하였다는 데에서 배 비장이 지역과 신분에 따른 우월감을 드러내며 제주도 사람을 얕보고 있다는 것을 알 수 있다.

③ 배 비장이 양반이라는 우월감을 버리고 계집에게 사과를 하는 것은 물을 사람이 계집밖에 없는 상황에서 그녀에게 도움을 받기 위해 불가피한 선택을 한 것이라고 볼 수 있다.

⑤ 배 비장은 사공을 하대하여 기분을 상하게 한 것에 대해 '춘몽을 못 깨고 또 실수'했다고 말하며, 우월감을 갖고 있던 스스로의 태도를 돌아보고 있다.

적용 학습 본문 80~83쪽

12 허균, 「남궁 선생전」
수특 유사 작품

| 해제 | 이 작품은 조선 중기에 허균이 지은 한문 소설이다. 『성소 부부고(惺所覆瓿藁)』 제8권 문부(文部) 제5의 전(傳) 속에 있는데 5편의 작품 중에서 가장 길다. 전기체 소설로 인물의 일대기를 기록하고 행적을 드러내어 후세 사람에게 모범을 보이거나 경계함을 목적으로 한 작품이라고 볼 수 있다. 전반부에서는 남궁두가 겪은 다양한 삶을 전기적 수법으로 형상화하고 있으며, 후반부에서는 도가의 도술적인 측면을 강조하고 있다. 시간의 흐름에 따라 불우한 인간상을 제시하고 현실 초극 의지를 반영하였으며, 인간에 대한 인식의 확대를 시도한 작품이라

고 평가받는다. 허균이 쓴 5편의 전은 공통적으로 불행한 한 인물의 생애를 통해 도교 세계를 강조하고 있는데, 이 작품은 말미에 참을 인(忍) 자에 대한 작가의 논평이 붙어 있어 도교에 대한 이론을 간접적으로 전하고 있다.

| 주제 | 불우한 인물의 삶을 통한 도교적 이상의 제시

| 전체 줄거리 | 전라도 임피(臨陂)에 살고 있던 부호 남궁두는 나이 서른에 진사가 되어 서울에 살게 되면서 애첩 하나를 시골집에 두고 농장을 경영하였다. 그러던 중 애첩이 그의 이성(異姓) 당질(堂姪)과 간통하는 것을 알게 된다. 이에 남궁두는 활로 두 사람을 쏘아 죽여 논에 묻고 서울로 돌아온다. 이후 일이 발각되고 남궁두는 붙잡혀 갖은 악형에 처해지나, 그 아내가 포졸에게 술을 먹이고 빼내어 도망친다. 남궁두는 금대산(金臺山)으로 들어가 중이 되었다가, 무주 치상산(雉裳山)에 옮겨 가서 한 장로를 만나 가르침에 따라 선술을 연마한다. 장로는 남궁두가 도를 이룰 수 있도록 성심껏 가르친다. ~~남궁두는 거의 도를 이루게 되는데, 마지막에 조급한 마음을 억제하지 못해 도를 최종적으로 이루지 못하게 된다.~~ ★교재수록부분 남궁두는 다시 속세로 돌아와 가정을 이룬다. 때마침 작가인 허균이 공주에서 파직되어 부안에 살고 있었다. ~~남궁두는 허균을 찾아와 선가(仙家)의 비결을 알려 주었다고 한다.~~ ★교재수록부분

> **연결 포인트**
>
> 수능특강에서는 이기발의 「송경운전」을 단독 지문으로 수록하여 서술상의 특징과 작품의 내용을 파악할 수 있는지를 묻고 있습니다. 또한 유득공의 「유우춘전」의 일부 장면을 〈보기〉로 제시하여 등장인물의 삶에 대한 태도를 비교할 수 있는지도 묻고 있습니다.
>
> 「송경운전」의 주인공인 송경운은 대략 16세기 말에서 17세기 전반까지 음악가로 활동했던 실존 인물입니다. 그는 서울에서 비파의 고수로 이름을 날리다가 정묘호란(1627)을 만나 전주로 내려왔다고 전해지는데, 이러한 송경운에 대한 이야기는 작중 인물로 등장하는 작가 이기발(1602~1662)의 목소리로 진술되고 있습니다. 이렇게 실존 인물의 전(傳)을 소설화한 것을 전계 소설이라고 합니다. 전계 소설은 역사적 실존 인물에 관심을 갖고 그 행적을 기록하는 열전의 서술 전통이 상대적으로 강하게 잔존한, '나름대로 근거 있는 역사적 사실에 바탕한 허구'로서의 성격을 갖고 있는 양식이라고 할 수 있습니다. 그런 점에서 「송경운전」은 2020학년도 수능특강 문학에 수록된 전계 소설인 허균의 「남궁 선생전」과 연계하여 감상할 수 있습니다. 2020학년도 수능특강 문학에서는 서술상의 특징과 인물을 통한 작품의 내용 파악, 그리고 전계 소설과 관련된 외적 준거를 바탕으로 작품을 감상할 수 있는가를 묻는 문항이 출제되었습니다. 「송경운전」이나 「남궁 선생전」, 그리고 수능특강에 〈보기〉로 제시된 「유우춘전」과 같

은 전계 소설은 사건을 입체적으로 전개하고 입전된 인물의 개성을 뚜렷이 부각하기 위해 인물의 대화와 행동을 구체적으로 제시하며 인물의 내면을 묘사할 뿐만 아니라 객관적이고 사실적인 서술 태도에 의해 실기적(實記的)인 성격 또한 지니고 있습니다. 전계 소설과 관련된 문항을 풀 때에는 이러한 전계 소설의 특징을 꼭 기억할 필요가 있습니다.

041

작품의 종합적 이해와 감상   정답 ⑤

[정답 해설] (나)에서는 (가)의 일들을 남궁 선생의 말을 통해 요약적으로 제시하고 있다. 그러나 그와 관련하여 남궁 선생에게 미래에 일어날 일을 암시하고 있는 상징적 소재는 찾아볼 수 없다.

[오답 피하기] ① (나)에 제시되어 있는 남궁 선생의 말은 그간의 행적을 요약한 내용을 담고 있다.

② (가)는 전지적 시점에서 서술이 이루어지고 있다. 그러나 (나)는 1인칭 '나'가 서술하고 있다.

③ (나)에서 서술자 '나'는 남궁 선생이 자신의 객사로 찾아와 '네 경의 오묘한 뜻을 나에게 전해 주시고, 또 그분이 선사를 만났던 전말을 상세히 이야기함이 위와 같았다.'라고 하고 있다. 이를 통해 (가)에 제시된 이야기는 (나)의 서술자가 남궁 선생으로부터 전해 들은 이야기임을 알 수 있다.

④ (나)에서는 (가)의 주인공인 남궁 선생의 말을 인용하고, 서술자인 '나'의 말을 직접적으로 제시하여 남궁 선생의 특성을 드러내고 있다.

042

인물의 심리 파악   정답 ③

[정답 해설] 장로는 남궁두가 마귀를 물리치고 도를 이루기를 빌었다. 그러나 남궁두는 결과적으로 도를 이루지 못한다. 장로는 이에 대해 탄식하면서 세상에 드문 한 사람을 만나 가르침에 성심껏 하지 않은 바가 없었음을 말하고 있다. 이와 같은 내용을 통해 장로는 남궁두가 도를 이룰 수 있는 인물이라고 생각했으나 이루지 못한 것을 안타까워했음을 알 수 있다. 따라서 장로가 운명에 따라 남궁두가 도를 이루지 못

할 것을 염려하고 그에 대비했다고 이해하는 것은 적절하지 않다.

오답 피하기 ① 장로가 '세상에 드문 한 사람을 만나서 가르침에 성심껏 하지 않은 바가 없었거늘'이라고 말한 데서 알 수 있다.

② 장로가 '그대의 운명에는 아들을 두도록 되어 있었으나 정자가 나오는 구멍이 꽉 막혔으니 약을 먹고 트이도록 하세나.'라고 말한 데서 알 수 있다.

④ 남궁두는 오래 살기를 바라지 않으므로 '속세의 음식을 금하지 않고 아들을 안고 손자를 껴안고 희롱하면서 여생을 보내다 자연의 변화를 따라 죽음에로 돌아가'겠다고 말하였다.

⑤ 남궁두는 자신이 도를 이루기 위해 애쓰던 과정을 돌아보는 말을 했다. 그리고 '우리 스승께서 일찍이 내게 '참을성 있다'고 하셨는데 참아 내지 못하고 이 지경에 이르렀으니'라는 말도 했는데, 이 말을 통해 그가 도를 이루는 과정에서 욕념을 끊지 못했던 것을 후회했음을 알 수 있다.

043

서사적 기능 이해   **정답 ④**

정답 해설 [A]에서는 '신라 시대로부터 조선 시대에 이르기까지 몇천 년이 지났으나 한 사람도 득도하여 신선이 되었다는 말을 듣지 못했다고 해서, 과연 전해 오는 말이 징험되는 것인가?'라고 말하면서 남궁 선생은 그와 다르다고 하고 있다. 즉 남궁 선생은 득도해서 신선이 될 수 있을 만큼 비범한 인물이라는 것이다. 이와 같이 [A]에서는 주인공인 남궁 선생이 비범성을 지니고 있는 인물임을 부각하고 있다.

044

외적 준거에 따른 작품 감상   **정답 ①**

정답 해설 열전은 역사적 실존 인물에 관심을 갖고 그 행적을 기록하는 갈래이다. 이 글에는 남궁두가 '그의 도가 이루어지려 함을 기뻐하여 급히 이루고자 하니, 선천의 마음이 갑자기 흔들리는 것을 억제할 수 없어서 후천의 마음에 불이 붙'어 고함을 지르며 방에서

뛰쳐나오는 장면이 제시되어 있다. 이와 같은 내용은 전계 소설이 인물의 행동을 구체적으로 제시하며 내면을 묘사해 드러냄을 보여 준다. 그리고 남궁두가 도를 이루지 못한 것에 대한 장로의 반응은 남궁두의 행적을 비판하고 있는 것이 아니다. 따라서 도를 급히 이루고자 한 남궁두의 내면을 묘사하고 장로의 반응을 제시한 부분에 대해 인물의 행적을 기록하고 그에 대해 비판하는 전의 서술 전통이 나타난 부분으로 이해하는 것은 적절하지 않다.

오답 피하기 ② 인물의 행적을 기록하여 제시하는데 그치지 않고, "아! 도가 이루어지지 않는구나."와 같이 장로가 한 말을 제시하여 상황에 대한 이해를 돕는 것은 사건 전개에 구체성을 더해 준다.

③ '지상선'은 될 수 있다며 수양을 하면 팔백 년을 살 수 있다고 한 것은 허구적인 요소가 작품에 가미되어 있음을 보여 준다.

④ '만력 무신년(1608) 가을 나는 공주에서 파직을 당하고 부안에서 살았다.'와 같이 구체적인 시간과 공간에 관한 정보를 제시한 것은 작품의 실기적 성격을 나타낸다.

⑤ 작가 허균은 자신의 집에서 본 남궁두의 모습과 행동을 제시하고 남궁두로부터 들은 말을 인용해 제시하고 있다. 이는 남궁두에 관한 입전이 경험적 사실을 토대로 이루어진 것임을 나타낸다.

---

13 유득공, 「유우춘전」

수특 유사 작품

| 해제 | 이 작품은 조선 후기 실학자인 유득공이 지은 한문 소설로, 당시 해금으로 이름을 떨쳤던 유우춘의 삶을 전기적으로 다루고 있다. 유우춘은 백성들이 좋아하는 음악을 폄하하지 않는 겸손함을 보이면서도 자신만의 예술적 이상을 추구하는 예술가로서의 자부심을 지니고 있는 인물이다. 이러한 유우춘의 모습을 통해 작가는 높은 예술적 경지에 이르기 위한 기예 연마를 중시하지 않는 세태, 예술의 진정한 가치를 외면하는 당시 현실에 대한 비판 의식을 드러내고 있다.

| 주제 | 예술적 이상과 이를 외면하는 대중으로 인한 예술가의 고뇌

| 전체 줄거리 | '나'는 서기공 앞에서 해금을 연주했다가 비렁뱅이의 음악과 다를 바 없다는 혹평을 듣게 되고, 서기공은 '나'에게 해금 연주의 달인 유우춘과 호궁기를 찾아가 해금 연주를 배우라고 말한다. 유우춘은 해금 연주를 잘할 수 있는 방법을 묻는 '나'에게 비렁뱅이의 음악과 유우춘 자신의 해금 연주는 결코 다른 것이 아니라고 말하며, 오히려 높은 예술적 경지에 도달해도 자신의 음악을 이해하는 이들이 부족하다는 현실을 들어 자신에게 해금 연주를 배울 필요가 없다고 말한다. '나'는 후에 유우춘이 해금 연주를 그만두었다는 소식을 듣고 예술의 진정한 가치를 알아주지 않는 현실에 안타까움을 느낀다.

★교재수록부분

◀ 연결 포인트

　수능특강에서는 이기발의 「송경운전」을 단독 지문으로 수록한 뒤 유득공의 「유우춘전」의 한 장면을 〈보기〉로 제시하여 '송경운'이 '유우춘'에게 할 수 있는 말로 적절한 것을 찾을 수 있는가를 묻고 있습니다.
　「송경운전」의 주인공인 '송경운'과 「유우춘전」의 주인공인 '유우춘' 모두 조선 시대 후기에 실존했던 인물로 각각 비파와 해금의 고수로 이름난 음악가였습니다. 이렇게 실존했던 인물의 전을 소설화한 것을 전계 소설이라고 하는데, 「유우춘전」 역시 전계 소설의 특징을 잘 드러내고 있습니다. 교재에 수록된 부분은 2021학년도 수능특강 문학에 수록된 부분으로, 전계 소설로서의 「유우춘전」의 특징과 등장인물의 말하기 방식을 파악할 수 있는가를 묻는 문항이 출제되었습니다. 또한 이문열의 「금시조」에 등장하는 인물의 예술관과 주인공 '유우춘'의 예술관을 비교하는 문항도 출제되었는데, 이 문항은 수능특강에서 '송경운'과 '유우춘'의 예술관을 비교하는 문항과 유사하다고 볼 수 있습니다. 이런 점에서 전계 소설을 감상할 때는 주인공의 직업이나 신분을 파악하고, 그 직업이나 신분에 대한 주인공의 가치관을 파악하는 것이 중요하다는 점을 알 수 있습니다.

045

갈래의 특징, 성격 파악　　　　　　정답 ⑤

정답 해설　이 글에서는 서기공과 호궁기, 금대 거사, 유우춘의 모친 등과 같이 유우춘과 관련된 인물들을 제시하고 있으며, 유우춘은 모친이 돌아가신 후에 자기 일을 버렸다고 밝히고 있다. 그러나 그들의 행적과 관련한 유우춘의 갈등이나 갈등의 해소 과정은 나타나지 않는다. 따라서 갈등의 해소 과정 제시를 통

해 인과적으로 사건을 전개하는 전계 소설의 특징을 확인할 수 있다는 진술은 적절하지 않다.

오답 피하기　① 이 글에서는 온 나라 사람들이 '유우춘의 해금'에 대해서는 알고 있지만 그 해금 소리를 이해하는 자는 몇 사람도 되지 않는다는 유우춘의 말을 인용하며 진정한 예술의 가치를 이해하지 못하는 현실을 비판하고 있다. 이러한 현실에 대한 비판은 독자로 하여금 진정한 예술의 의미에 대해 생각하고 성찰하게 하는데, 이는 작가가 후대에 남기려는 교훈적 측면에 해당한다.
② 이 글에서는 예술가로서 유우춘의 면모를 소개한 후 자신의 음악을 이해하지 못하는 현실에 대한 유우춘의 고뇌를 제시하고 있다. 이는 인물의 개성에 초점을 맞추는 전계 소설의 특징에 해당한다.
③ 이 글의 앞부분에서는 서기공과 금대 거사의 발언, 그리고 '나'와 유우춘의 대화를 통해 유우춘의 행적을 설명하고 있으며, 마지막 부분에서는 '효자로서 악공의 무리 중에 숨어 지내던 사람', 사람들이 이해하지 못하는 높은 기예를 지닌 사람이라는 유우춘에 대한 평가를 제시하고 있다. 이는 설명과 논평의 방식으로 이야기를 전달하는 전의 특징에 해당한다.
④ 이 글에서는 실존 인물인 유우춘의 행적을 서기공의 발언을 통해 소개하고 있으며, 1728년에 일어났던 충청도 민란과 관련지어 유우춘의 아버지인 유운경을 소개하고 있다. 이는 실존 인물과 그 인물과 관련된 실재 사건을 전달하는 전의 특징에 해당한다.

046

작품의 내용 이해　　　　　　정답 ④

정답 해설　[B]에서 유우춘은 자신의 해금과 비렁뱅이의 해금이 모두 먹을 것을 구하는 데 목적이 있다는 점에서 차이가 없음을 말할 뿐, '나'의 음악이 비렁뱅이의 음악에 미치지 못한다고 평가하고 있지는 않다.

오답 피하기　① [A]에서 서기공은 우리나라 음악을 아악과 속악으로 분류하고 각각의 특징을 언급한 후, '나'의 음악이 속악에 속하는 유우춘과 호궁기의 음악을 본받아야 한다고 말하고 있다.
② [A]에서 서기공은 '나'의 음악이 남의 집 문에 기대

어 해금을 켜서 쌀을 동냥하는 비렁뱅이의 음악과 다를 바 없다고 말하며, '나'가 제대로 된 음악을 모르고 있음을 비판하고 있다.

③ [B]에서 유우춘은 이 세상의 존재들이 소리를 내는 목적은 모두 먹을 것을 구하는 데 있다며 자신의 음악과 비렁뱅이의 음악이 다를 바 없다고 말하고 있는데, 이러한 유우춘의 말에는 비렁뱅이의 음악을 폄하해서는 안 된다는 생각이 담겨 있다고 볼 수 있다.

⑤ [A]에서 서기공은 비렁뱅이들이 해금을 켜서 쌀을 동냥한다는 점에서 비렁뱅이의 음악을 깡깡이 소리에 지나지 않는다고 평가하고 있고, [B]에서 유우춘은 비렁뱅이의 음악은 사람들이 이해하기 쉬운 음악이기 때문에 비렁뱅이들이 해금을 연주한 후 쌀과 돈을 거두어 갈 수 있다고 말하고 있다.

047

외적 준거에 따른 작품 감상　　　　　　정답 ②

정답 해설 '갑'은 서화는 높은 기예를 바탕으로 드높은 정신의 경지를 표현해야 한다고 주장하며, 서화를 이해하는 이가 많더라도 드높은 정신의 경지가 곁들어 있지 않으면 다만 검은 것은 먹이요, 흰 것은 종이일 뿐이라고 말하고 있다. 따라서 유우춘의 해금 연주를 이해하지 못하는 사람이 많더라도 높은 기예와 드높은 정신의 경지가 담겨 있다면 유우춘의 해금 연주를 높이 평가할 것이라고 추측할 수 있다.

오답 피하기 ① 유우춘의 말을 통해 비렁뱅이는 못 쓰는 해금 하나를 주워다가 몇 달을 다룬 후 먹을 것을 구하기 위해 사람들이 좋아하는 연주를 한다는 점을 알 수 있다. 이러한 비렁뱅이의 음악은 거리의 화공이 그린 그림처럼 사람들이 이해하기는 쉬울 수 있으나, 그 음악에 드높은 정신이 드러나 있다고 볼 수 없다. 따라서 '갑'이 비렁뱅이의 음악이 드높은 마음을 드러내고 있다고 판단한다는 진술은 적절하지 않다.

③ 유우춘은 자신과 궁기는 해금을 연주하면서 실수를 할 때마다 서로에게 돈을 주지만, 두 사람이 돈을 주는 일은 그리 많지 않다고 말하고 있다. 이를 통해 유우춘과 궁기 모두 높은 기예를 바탕으로 해금을 연주한다는 점을 알 수 있다. 따라서 '을'이 유우춘의 해

금 연주의 기예가 부족하여 그 음악을 높이 평가하지 않을 것이라는 진술은 적절하지 않다.

④ '을'은 서화가 선비의 뜻을 의탁하는 수단으로만 쓰여 사람들이 이해하지 못하는 것은 덧없는 일이라고 말하고 있다. 악공들의 연주는 종실과 대신들이 졸면서 듣는다는 점에서 사람들이 이해하기 쉬운 음악이라고 볼 수 없다. 따라서 '을'이 악공들의 음악을 이해하기 쉽다는 점을 이유로 그 음악을 높이 평가할 것이라는 진술은 적절하지 않다.

⑤ '을'은 높은 기예를 바탕으로 대상이 지닌 아름다움을 표현해야 사람들이 그 뜻을 이해할 수 있다고 주장하고 있다. 유우춘의 말을 통해 비렁뱅이의 음악을 이해하는 사람이 많지만 그 음악의 목적은 높은 기예를 바탕으로 음악의 아름다움을 추구하는 것이 아니라 단지 먹을 것을 구하기 위한 것임을 알 수 있다. 따라서 '을'이 비렁뱅이의 음악에 대해 높은 기예를 바탕으로 자신이 추구하는 아름다움을 표현했기 때문에 높이 평가할 것이라는 진술은 적절하지 않다.

적용 학습　　　　　　　　　　　　　본문 89~92쪽

14　**염상섭, 「만세전」**

수특 동일 작품

| 해제 | 이 작품은 일제 강점기 지식인의 내면과 식민지 현실에 대한 인식을 형상화하고 있는 중편 소설로, 작품의 제목에서 드러나듯이 3·1 운동 직전의 암울한 시대 상황을 배경으로 하고 있다. '나'는 동경에서 서울로 향하는 과정에서, 일제의 침탈을 당하면서도 여전히 전근대적 가치관에서 벗어나지 못하고 있는 조선 백성의 모습을 목격하고, 민족이 처한 현실을 희망이 없는 '공동묘지'로 규정한다. 한편 '나'는 이러한 현실로 고뇌하면서도 냉소적이고 무기력한 태도를 드러낸다. '나'가 동경에서 서울로, 서울에서 다시 동경으로 돌아가는 원점 회귀형의 여로 구조는, 현실에 대한 적극적인 대응으로 나아가지 못하고 현실 인식의 심화에 머무르고 마는 주인공의 의식 구조와도 관련이 있다고 볼 수 있다.

| 주제 | 일제 강점기 조선의 현실과 지식인의 내면

| 전체 줄거리 | 동경 유학생인 '나'(이인화)는 아내가 위독하다는 전보를 받고 귀국길에 오른다. '나'는 귀국 과정에서 일본 형

사의 감시를 받고, 또한 배 안에서 조선인을 멸시하는 일본인들의 발언을 들으면서 식민지 백성들이 처한 현실에 분개한다. 한편 조선 땅에서는 굴종적인 태도를 보이며 피폐하게 살아가고 있는 사람들의 모습을 목격하고 세상의 변화와 동떨어진 조선의 현실에 답답함을 느낀다. ★교재 수록 부분&수록 수록 부분 '나'는 죽음을 맞게 된 아내를 두고 인습에서 벗어나지 못한 모습을 보이는 가족들에게서도 괴리감을 느끼고, 결국 아내의 장례를 치른 뒤 도망치듯 무덤 속과도 같은 조선을 떠나 동경으로 향한다. ★수록 수록 부분

◀ 연결 포인트

　　수능특강에서는 염상섭의 「만세전」을 단독 지문으로 구성하여 서술상의 특징 파악, 작품의 내용 이해, 인물의 심리·태도 파악, 외적 준거에 따른 작품 감상을 묻고 있습니다.

　　「만세전」은 2014학년도 6월 모의평가 B형에서 서술상의 특징 파악, 인물의 심리·태도 파악, 외적 준거에 따른 작품 감상을 묻는 문항이 출제되었습니다. 제시된 지문이 일부 겹치고, 출제 문항의 유형도 유사하다는 점에서 두 지문에 출제된 문항의 내용을 잘 정리한다면 작품의 핵심에 접근할 수 있을 것입니다. 작품에 나타난 당대의 시대 상황과 그것을 바라보는 지식인의 의식 변화와 태도를 중심으로 작품을 감상할 수 있다면 관련된 어떤 문항도 어렵지 않게 해결할 수 있을 것입니다.

048

서술상의 특징 파악　　　　　　　　　　정답 ②

정답 해설 '천대를 받아도 얻어맞는 것보다는 낫다!'라고 생각하는 조선 사람들의 굴종적인 태도와 전근대적인 인습에 사로잡혀 선조의 산소치레나 하고 있는 조선의 현실에 대해서 업신여기며 쌀쌀하게 비웃는 '나'의 태도가 냉소적인 어조를 통해 잘 드러나고 있다.

오답 피하기 ① 갈등이 해소될 것임을 암시하는 상징적 배경을 찾을 수 없다.
③ 처음부터 끝까지 장돌뱅이와 공동묘지에 대해 이야기를 나누는 하나의 장면만 제시되고 있어 빈번한 장면 전환이 있다고 보기 어렵다.
④ 주어진 장면 속 사건 외에 동시에 진행되는 사건은 나타나 있지 않다.
⑤ 삽화 형식으로 나열된 인물들의 체험은 나타나 있지 않다.

049

인물의 심리, 태도 파악　　　　　　　　정답 ③

정답 해설 '나의 말이 조금이라도 총독 정치를 비방하는 것은 아니지만, 그중에서 무슨 오해가 생길지 그것이 나에게는 염려되는 것이었다.'를 통해 '공동묘지 법'과 관련한 자신의 발언이 정치적으로 해석되는 것을 염려하는 '나'의 태도를 엿볼 수 있다.

오답 피하기 ① '나'는 '화장'의 제도화에 대해서는 특별히 문제 삼고 있지 않다.
② '공동묘지 법'의 시행 전에 충분한 정보가 제공되지 않은 것을 문제 삼는 '나'의 태도는 나타나 있지 않다.
④ '장돌뱅이'가 '공동묘지 법'은 묘지를 간략하게 하여 집터를 넓히는 데 목적이 있다고 믿고 있는지는 이 글에서 확인하기 어렵다.
⑤ '공동묘지 법'이 '애굽'의 관습을 따른 것이라는 것은 이 글에 나타난 사실과 어긋나는 것이다.

050

외적 준거에 따른 작품 감상　　　　　　정답 ②

정답 해설 '나'는 '생활 철학'을 오랫동안 봉건적 성장과 관료전제 밑에서 만들어진 것이라며 비판적으로 인식하고 있다. 따라서 '생활 철학'을 터득하려는 개개인의 의지를 옹호했다는 진술은 이 글의 내용에 어긋나는 진술이다.

오답 피하기 ① '나'는 생활 현실과 관련된 시속의 '처세술'에 대해 비판적으로 성찰하고 있으므로, 생활의 표현을 통해 근대 문학의 정신에 접근하려고 한 작가의 주장을 엿볼 수 있다.
③ '나'는 '지금의 우리 생활'을 봉건제와 관료제의 껍질 속으로 파고들어 가는 것으로 인식하고 있으므로, 이를 통해 삶의 문제를 비판적으로 조망하려는 작가의 시각을 엿볼 수 있다.
④ '화젯거리'가 되고 있는 '공동묘지 이야기'를 다루고 있는 점으로 보아, 생활의 흔적을 다루려고 한 작가의 노력을 살필 수 있다.
⑤ 1인칭 시점을 적용하고 있는 것으로 보아, 개성을 표현하려는 작가의 관심을 찾아볼 수 있다.

적용 학습

본문 93~96쪽

15 김유정, 「봄·봄」
수특 유사 작품

| 해제 | 이 작품은 1930년대에 발표된 단편 소설로, 시점은 1인칭 주인공 시점이고, 배경은 1930년대 어느 봄 강원도 산골 마을이다. 이 작품은 구성이 특이하다. 주인공이자 서술자인 '나'의 회상에 의해 사건이 진행되는데, 현재와 과거가 교차하는 역순행적 구성 방식을 취한다. 즉 시간적 순서가 부분적으로 뒤바뀜으로써 '장인님'과 '나' 사이의 갈등을 유쾌하게 드러내고 있다. 이 소설은 혼인을 핑계로 일만 시키는 교활한 장인과 그런 장인에게 반발하면서도 끝내 이용당하는 '나'의 갈등을 그리고 있지만 삶의 현실을 따뜻하게 감싸안는 모습을 보여 준다. 또한 장인과의 갈등이 희극적으로 과장되어 작품 전반에 웃음이 넘친다. 딸의 키를 핑계로 혼례를 미루고 일만 시키는 장인의 속보이는 술책, '나'를 충동질하는 점순이의 당돌함, 장인의 술책에 맞서 보지만 번번이 당하기만 하는 '나'의 어수룩함 등이 한데 어우러지면서 해학적 모습이 잘 드러난다.

| 주제 | 우직하고 순박한 데릴사위와 그를 이용하는 교활한 장인 간의 해학적 갈등

| 전체 줄거리 | '나'는 점순이의 키가 자라면 결혼을 시켜 주겠다는 장인의 말만을 믿고 3년 7개월 동안 새경도 받지 않고 머슴살이를 한다. 그러나 장인은 점순이의 키가 자라지 않았다는 핑계를 대며 결혼을 미룬다. ★교재 수록 부분 구장을 찾아가 공정한 판결을 내려 달라 요구해 보지만 구장 역시 장인의 편을 들고, 친구 뭉태가 '나'의 어리석음을 놀린다. 여기에 점순이까지 성례를 요구하라고 부추기자 ★교재 수록 부분 '나'는 장인과 한바탕 몸싸움을 벌인다. 그러나 '나'의 편인 줄 알았던 점순이가 장인의 편을 들자 '나'는 망연자실하고 그 틈에 장인에게 매질을 당한다. 장인은 다시 '나'를 다독이며 올가을에는 결혼을 시켜 주겠노라고 다시 약속을 한다.

연결 포인트

수능특강에는 김유정의 「만무방」을 단독 지문으로 수록하여 서술상의 특징 파악, 인물의 심리·태도 파악, 작품의 내용 이해, 외적 준거에 따른 작품 감상을 묻고 있습니다. 「만무방」은 농촌을 배경으로 하고 있고, 이를 통해 식민지 농촌의 문제를 해학적으로 그려 내고 있다는 점에 주목하여 같은 작가의 작품인 「봄·봄」과 연계하여 읽어 볼 필요가 있습니다. 「봄·봄」은 2016학년도 6월 모의평가 A형에 출제되었습니다. 「만무방」과 「봄·봄」에 담긴 식민지 농촌의 문제와, 이를 풀어내는 방식으로서 풍자와 해학을 이해해 보면 김유정의 또 다른 작품이 출제되더라도 문제를 해결하는 것이 어렵지 않을 것입니다.

051

서술상의 특징 파악 　　　　　정답 ②

정답 해설 '나'와 장인이 대립하고 있던 중에 장인이 '나'의 뺨을 때린 것이 현재 진행 중인 상황이다. 이 상황에서 서술자인 '나'는 '작년 이맘때'의 사건, 즉 장인이 던진 돌멩이에 맞아 '나'가 태업을 하자 장인이 장가를 들여 주겠다고 회유했고 '나'가 이에 넘어갔던 사건을 회상한다. 그러한 회상을 통해 '나'가 점순이와 혼인하기로 하고 장인의 집에서 머슴살이를 하는 인물임이 드러나며, 인물들이 어떤 관계에 놓여 있는지를 짐작할 수 있다.

오답 피하기 ① 현재 사건을 서술하다가 '작년 이맘때'의 사건, '그 전날'의 사건을 회상하고 있으므로 동시에 일어나는 두 사건의 병치로 볼 수 없다.
③ 일상적인 구어체로 서술하고 있어서 현학적 표현을 찾기 어렵다.
④ 1인칭 주인공 시점으로, 서술자인 '나'는 자신이 겪은 일을 주관적인 관점에서 전하고 있다.
⑤ '나'가 자신이 겪은 일을 직접 이야기하고 있다.

052

인물의 심리, 태도 파악 　　　　　정답 ①

정답 해설 밭에서 일을 하고 있던 '나'에게 점순이는 "밤낮 일만 하다 말 텐가!"라고 쫑알거렸고 "성례시켜 달라지 뭘 어떻게."라고 쏘아붙이기까지 했다. 이로 미루어 점순이는 성례를 적극적으로 추진하지 않는 '나'에 대해 불만이 있음을 엿볼 수 있다.

오답 피하기 ② '나'는 '일 안 하고 우리 집으로 그냥 가면 고만이니까'라고 생각은 하지만, 집으로 돌아갈 결심을 한 것은 아니다. 이 대목은 '장인님'이 '나'에게 '큰소리할 계제'가 아님을 확인하는 차원에서 서술된 것이다.
③ '나'와 장인이 갈등을 겪는 이유는 장인이 '나'에게 일만 시키고 점순이와 혼례를 시켜 주지 않는 데 있다.
④ 장인이 동리 사람들에게 인심을 잃은 것은 마름이라는 지위를 이용하여 소작인들에게 못되게 굴었기 때문이다.

⑤ '나'는 장인이 동리 사람들에게 취하는 행동을 우호적으로 보고 있지 않다.

053

구절의 의미 이해　　　　　**정답 ⑤**

정답 해설　㉤은 점순이가 겉으로 보이는 키는 자라지 않았지만 속으로는 제법 성숙해진 듯하다는 뜻에서 한 말이다.

오답 피하기　① ㉠은 '욕필이'라는 별명이 본명인 '봉필이'와 연관되어 있음을 나타낸다.

② ㉡은 괄호를 제거해도 문장이 자연스럽다.

③ ㉢은 장인에 대한 반감을 장인 소유의 소에게 대신 표출한 것임을 드러낸다.

④ ㉣은 점순이의 행동 특성에 대해 장인이 '채신이 없이 들까분다'고 평가했음을 알려 주고 있다.

054

감상의 적절성 평가　　　　　**정답 ④**

정답 해설　'밭'에서 '나'는 점순이의 키를 보고 생긴 울화를 소에게 풀고 있다. 점순이는 '나'의 화풀이 대상이 아니다.

오답 피하기　① 장인은 마름이라는 지위를 이용해 소작인들에게 부당한 요구를 하는 인물이다. 이런 인물이 많았다면 소작인들이 안정적으로 소작하기 어려워 불안감에 시달렸을 것이다.

② 장가를 들여 주겠다는 장인의 회유에 넘어간 '나'는 '논'에서 이틀 걸릴 일을 하루에 해치우는 일꾼으로서의 모습을 보여 주고 있다.

③ '화전밭'에서 '나'는 생동하는 봄 풍경에 휩쓸려 몸이 나른하고 가슴이 울렁거리며 노래를 하는 등 분위기에 취한 모습을 보여 주고 있다.

⑤ '이날'은 '나'가 점순이도 자신과 빨리 혼례를 치르고 싶어 한다는 것을 알게 된 날이다.

적용 학습　　　　　본문 97~100쪽

16 채만식, 「미스터 방」

수특 유사 작품

| 해제 | 이 작품은 미국이라는 외세에 빌붙어 권력과 부를 축적하는 주인공 방삼복에 대한 희화화와 풍자를 통해, 해방 직후의 혼란스럽고 부패한 시대상을 사실적으로 그려 낸 채만식의 소설이다. 방삼복과 함께 이 소설의 또 다른 풍자의 대상인 백 주사는 전형적인 친일파로, 해방과 함께 몰락하게 되자 새로운 권력을 이용하여 일제 강점기에 누렸던 기득권을 되찾고자 하는 인물이다. 시대의 격변기에 하루아침에 지위가 뒤바뀐 방삼복과 백 주사를 통해, 작가는 해방 직후의 혼란한 상황을 틈타 권력에 기생하며 득세하는 기회주의적인 인물들과 사회상을 비판하고 있다. 지문에 제시된 부분은 방삼복이 자신의 이익에 부합하는지 여부에 따라 해방의 가치를 다르게 평가하는 부분과 백 주사가 자신의 재산을 되찾기 위한 복수를 방삼복에게 부탁하고 있는 장면이다

| 주제 | 기회주의자가 득세하는 해방 직후 혼란한 사회상에 대한 풍자

| 전체 줄거리 | 자신에게 이익이 되지 않는다며 해방이 되어도 기뻐할 줄 모르던 신기료장수인 방삼복 ★교재 수록 부분 은 귀동냥으로 배운 서툰 영어로 우연히 미군의 통역을 해 주면서 갑자기 출세를 하게 된다. 이 과정에서 '코삐뚤이'라는 별명은 '미스터 방'이라는 별명으로 바뀌게 되고, 미군의 세력을 필요로 하는 사람들에게 뇌물을 받으며 부를 축적하게 된다. 갑작스레 졸부가 되어 안하무인 거드름을 떨던 미스터 방이 양칫물을 내뱉은 것 ★교재 수록 부분 이 미군 S 소위의 얼굴 위로 쏟아져 미스터 방은 몰락하게 된다.

▶ 연결 포인트

수능특강에는 채만식의 「명일」을 단독 지문으로 구성하여 서술상의 특징 파악, 인물의 심리·태도 파악, 작품의 종합적 이해와 감상, 작중 상황에 대한 관용적 표현의 적용을 묻는 문항이 출제되었습니다.

채만식은 2014학년도 6월 모의평가 A형에서도 「미스터 방」으로 출제된 중요 작가로, 풍자 소설의 대표 작가로 꼽히고 있습니다. 「미스터 방」이 풍자의 대상이 되는 인물을 우스꽝스럽게 그리고 있다면, 「명일」은 좀 더 진중하게 식민지 현실의 문제를 날카롭게 비판하고 있다는 점에서 차이는 있겠으나, 기본적으로 현실의 문제에 대한 풍자 의식이 담겨 있다는 점에서 공통점을 찾을 수 있습니다. 따라서 두 작품에서 현실의 문제를 바라보는 서술자의 시선과 태도를 중심으로 작품을 이해한다면 채만식의 어떠한 풍자 소설이 출제되더라도 어렵지 않게 접근할 수 있을 것입니다.

055

서술상의 특징 파악   정답 ③

정답 해설 서술자는 주요 등장인물인 방삼복과 백 주사의 심리 상태는 물론, 해방을 맞이하여 자기의 이익에 따라 희비가 달라지는 방삼복의 작중 상황이나 백 주사가 예전의 부를 되찾기 위해 불쾌하지만 방삼복에게 비굴하게 처신하는 사건 등을 전지적 시점에서 전달하고 있다.

오답 피하기 ① 이 글은 서술자가 자신의 이야기를 중심으로 사건을 전개하는 1인칭 주인공 시점의 소설이 아니다.

② 이 글은 서술자가 작중 인물로 등장하여 이야기를 전달함으로써 사건의 현장감을 높이는 1인칭 시점의 소설이 아니다.

④ 이 글에서 회상과 관련된 장면은 찾을 수 없으며, 외부 이야기에서 내부 이야기로 이동하는 액자식 구성이 나타나고 있지 않다.

⑤ 이 글에 제시된 사건은 과거와 현재가 반복적으로 교차되지 않고 시간의 흐름에 따라 순차적으로 진행되고 있으며, 사건 전개상의 입체감도 느껴지지 않는다.

056

인물의 심리, 태도 파악   정답 ③

정답 해설 ⓒ에서 신기료장수인 방삼복은 혼자 값을 올려받는 것이 아니라, 재료를 파는 다른 업자들도 값을 올려서 팔기 때문에 전체적으로 물가만 올랐지, 자신이 얻는 소득은 예전과 비슷하다는 불만을 표현하고 있다. 따라서 당시의 경제 상황에 대한 불편한 심경을 표현한 것으로 볼 수 있다.

오답 피하기 ① ⑦은 해방의 상황에 대한 역사적 인식 자체를 갖지 못한 방삼복의 심리 상태를 표현한 것이다. 방삼복은 해방으로 인해 새로운 국가를 수립할 것이라는 미래에 대한 긍정적인 인식은 물론 이에 대한 비관적인 전망도 하지 못하는 부정적인 인물로 표현되어 있다.

② ⓛ은 순사가 없어져 시장 질서가 무너지고 사회가 혼란한 치안 부재의 상황을 표현하고는 있으나, 이로

인해 방삼복이 슬픔과 분노를 느끼기보다는 오히려 자신이 마음대로 해도 처벌받지 않을 수 있다는 상황 판단을 하고 있는 장면이다.

④ ⓔ은 일제 강점기에 친일파로 권력과 부를 누리던 과거의 영화는 사라지고 몰락하여 초라함을 느끼고 있는 백 주사의 심리를 표현한 것이다.

⑤ ⓜ은 갑자기 득세하여 미스터 방이 된 방삼복이 술을 먹으면서 생긴 버릇에 대해 이야기하는 장면으로, 혼란스러운 내면이 표현되어 있지는 않다.

057

작품의 종합적 이해와 감상   정답 ②

정답 해설 친일파로 일제에 기생하며 부와 권력을 누렸던 백 주사의 몰락을 가져온 해방의 시대 상황은 올바른 역사의 흐름이지, 개인을 억압하는 부당한 시대 변화로 볼 수 없다.

오답 피하기 ① 자신의 이익에 따라 해방된 사회에 대해 일관성 없는 태도를 보이는 방삼복의 출세는 해방 직후 사회의 혼란상이라는 부정적 단면을 보여 주므로, 이에 대한 비판적인 접근은 올바른 감상으로 볼 수 있다.

③ 백 주사가 자신의 몰락을 가져온 상황을 반전시켜 옛날의 기득권을 되찾고자 미국의 권력을 등에 업은 방삼복을 이용하려는 것은 올바른 역사 인식을 갖지 못한 부정적인 인물의 시대착오적인 발상으로 볼 수 있다.

④ 자신에게 이익이 될 때는 독립을 기뻐했다가 다시 불리할 때는 해방의 상황을 욕하는 방삼복의 일관성 없는 태도는 그가 현실을 바라보는 올바른 인식이 없기 때문이므로 이를 비판하는 활동은 올바른 감상이다.

⑤ 해방 전 자기가 권력을 누릴 때는 대수롭지 않은 존재였던 방삼복이 미군정 시대에 권력을 행사하는 존재가 되자 마음속으로는 불쾌하지만 자신의 이익을 위해 비굴하게 부탁하는 백 주사의 이중적 태도는 기회주의적인 인물의 모습으로 평가할 수 있으므로 비판적 감상이 가능하다.

058

작중 상황에 대한 관용적 표현의 적용   정답 ①

정답 해설 ⓐ는 백 주사가 방삼복을 통해 자신의 재산을 빼앗아 간 대상에게 분풀이를 하고 동시에 재산을 다시 찾을 수 있기를 기대하는 상황이므로, '한 가지 일을 통해 두 가지 이상의 이익을 보게 됨.'을 의미하는 '꿩 먹고 알 먹는다'가 이에 부합하는 속담이다.

오답 피하기 ② 조금 주고 그 대가로 몇 곱절이나 많이 받는 경우를 비유적으로 이르는 말이다.

③ 소를 도둑맞은 다음에 빈 외양간을 고치느라 수선을 떤다는 뜻으로, 일이 이미 잘못된 뒤에는 손을 써도 소용이 없음을 이르는 말이다.

④ 상대편이 자기에게 말이나 행동을 좋게 하여야 자기도 상대편에게 좋게 한다는 뜻으로, 말은 누구에게나 점잖고 부드럽게 하여야 한다는 의미이다.

⑤ 욕을 당한 자리에서는 말하지 못하다가 뒤에 가서 불평하는 것으로, 화가 난 마음을 애매한 다른 곳에 옮겨 표현하는 것을 이르는 말이다.

적용 학습   본문 101~104쪽

17 이태준, 「돌다리」

수특 유사 작품

| 해제 | 이 작품은 물질을 중시하는 근대 사회에 대한 작가의 비판적 시각이 잘 드러난 소설이다. 병원 확장을 위해 땅을 팔자고 말하는 아들에게 아버지는 땅이 천지만물의 근거라는 논리를 내세워 반대한다. 작가는 아버지의 말을 통해서 땅의 본래적 가치보다 금전적인 가치만을 중시하는 근대 자본주의 사회의 가치관을 비판하고 있다. 이러한 작가의 생각은 '돌다리'라는 소재를 통해서 상징적으로 표현되고 있다. 아버지에게 '돌다리'는 단순한 다리가 아니라 가족과 선조들의 인연이 살아 숨 쉬는 자연물이다. 땅을 팔지 않겠다는 아버지의 주장은 변화를 거부하는 고집으로 보일 수도 있지만 아버지의 가치관과 태도는 일제 강점하의 어려운 현실에서도 민족성을 지키려는 의지의 표현으로도 볼 수 있다.

| 주제 | 땅의 본래적 가치에 대한 인식을 통한 물질 만능주의 가치관 비판

| 전체 줄거리 | 서울에서 권위 있는 의사인 창섭은 병원을 크게 늘리기 위해 부모님이 계신 시골의 농토를 팔려는 생각으로 고향으로 내려온다. ★교재수록부분 창섭은 땅을 정성스레 가꾸는 아버지의 모습을 떠올리며 마을로 향하다가 마을 입구에서 돌다리를 고치는 아버지를 만난다. 창섭은 아버지에게 병원 확장에 자금이 필요하니 땅을 팔자고 설득한다. 그러나 아버지는 창섭의 제안을 거절하면서 ★교재수록부분 죽기 전에 땅을 농민에게 넘기겠다는 유언을 하고, 창섭은 자기 세계와 아버지 세계의 결별을 체험하고 서울로 올라간다. 다음 날 아버지는 고쳐 놓은 돌다리에 나가 세수를 하면서 땅을 지키는 삶이 천리(天理)임을 되새긴다.

▶ 연결 포인트

수능특강에서는 이태준의 「해방 전후」를 단독 지문으로 구성하여 서술상의 특징 파악, 구절의 의미 이해, 소재의 기능 파악, 외적 준거에 따른 작품 감상을 묻고 있습니다.

「해방 전후」는 해방을 전후한 시대 상황에서 작가가 어떤 상황에 처하고, 어떻게 행동했는가에 대한 자전적 소설입니다. 이 작품을 통해 작가로서 이태준이 해방 정국을 어떻게 바라보고 있었는지를 알 수 있습니다. 「해방 전후」가 해방을 전후한 시대의 정치적 상황에 주목하고 있다면 2012학년도 대학수학능력시험에 출제된 이태준의 「돌다리」는 경제적 가치관의 변화에 주목하여 당대를 바라보고 있는 작품입니다. 두 작품은 동시대를 서로 다른 관점에서 바라보고 비판적으로 형상화하고 있다는 점에서 연계하여 읽을 수 있습니다. 두 작품에 나타난 정치·사회·경제적인 시대 변화와 그 문제점을 이해할 수 있다면 비슷한 시대를 배경으로 하는 다른 작품에도 쉽게 접근할 수 있을 것입니다.

059

사건의 전개 양상 파악   정답 ⑤

정답 해설 사건의 발생 순서는 '어머니가 창섭을 맞이하다. → 창섭이 아버지에게 계획을 말하다. → 아버지가 다시 개울로 나가다. → 장정들이 다릿돌을 놓다. → 아버지가 점심상을 받다.'이다. 따라서 마지막으로 일어난 사건은 '아버지가 점심상을 받다.'이다.

오답 피하기 이 작품에 나타나는 사건을 시간의 흐름에 따라 정리하면 다음과 같다. 고향을 찾아가는 창섭의 심리와 처지(땅을 팔자고 할 수밖에 없는 창섭의 처지)를 서술함. → 고향집에 도착한 창섭이 어머니와 대화하고, 아버지가 창섭의 뒤를 쫓아 개울에서 집으로 들어옴. → 창섭이 아버지에게 땅을 팔아야 하는 이유를 설명함. → 아버지가 창섭의 이야기를 다 듣고 생각할 시간을 갖기 위해 그리고 장정들이 다릿돌을 놓고 있는 현장을 보기 위해 다시 개울로 나감. → 아버지가 집으로 돌아와 창섭에게 땅을 팔 수 없는 이유와 땅에 대한 신념을 밝힘.

060

인물의 심리, 태도 파악 외적 준거에 따른 작품 감상   정답 ②

정답 해설 지문의 앞부분 '창섭의 아버지는 땅을 위해서는 자기의 이해만으로 타산하려 하지 않았다.'와, 지문 끝 부분의 아버지의 발화를 통해 완고한 아버지의 성격을 짐작할 수 있다.

오답 피하기 ① 창섭은 자아로서의 논리를 통해 세계(아버지)와의 갈등을 드러내고 있을 뿐, 세계와의 갈등을 해소하는 인물로는 볼 수 없다.
③ '지금 시국에 큰 건물을 새로 짓기란 거의 불가능의 일'을 통해 창섭이 세계의 부정적 속성을 드러내는 역할을 하고 있다고 볼 수 있지만, 이는 땅을 팔아야 하는 근거 중의 하나로 든 것일 뿐 그러한 세계를 고발한다고 볼 수 없다.
④ 이 글에는 창섭과 어머니의 대립과 갈등, 갈등을 조정하는 아버지의 역할이 나타나 있지 않다.
⑤ "서울루! 제발 아이들허구 한데서 살아 봤음 원이 없겠다."는 손자에 대한 어머니의 사랑을 드러내는 것일 뿐, 어머니가 자신 속에 존재하는 또 다른 자아와 갈등하는 것으로 볼 수는 없다.

061

인물의 심리, 태도 파악   정답 ②

정답 해설 [A]는 땅을 팔아야 하는 이유를 열거하며 아버지를 설득하는 창섭의 발화 내용을 서술하고 있는 장면이다. 이는 땅을 팔아 병원을 확장하고 부모님을 모시려는 계획을 명확하게 밝히는 것이라고 볼 수 있으므로 '창섭의 계획이 일목요연하게 전해지는 효과가 생긴다.'라고 한 진술은 적절하다.

오답 피하기 ① 아버지 소유의 땅을 팔아 자신의 병원을 확장하려는 계획 자체가 창섭이 이해관계에 따라 판단하는 인물이라는 것을 보여 주므로 이해관계에 얽매이지 않는 창섭의 진심이 드러난다고 보는 것은 적절하지 않다.
③ 시국 탓에 건물 신축이 불가능하다고 하는 것은 땅을 팔아야 하는 근거로 든 것일 뿐, 이를 '현실을 대하는 태도의 원인'이라고 볼 수는 없다.
④ [A]는 창섭이 병원을 확장하기 위해 사려는 건물이 안성맞춤이라는 것을 말하는 대목이므로, 이를 창섭의 '배려심 많음'으로 보는 것은 적절하지 않다.
⑤ 창섭의 말투가 드러나려면 큰따옴표를 이용해 창섭의 말을 직접 제시하는 것이 더 적절하다. [A]는 창섭이 한 말을 서술하고 있는 부분으로, 창섭의 말투가 아니라 창섭이 한 말의 내용을 요약적으로 제시하고 있으므로 적절하지 않다.

062

외적 준거에 따른 작품 감상   정답 ⑤

정답 해설 창섭은 땅을 매매의 대상으로 여기고 있고, 어머니는 서울로 가 손자들과 함께 살고 싶은 마음이 앞서는 인물이다. 따라서 '땅을 장소애의 대상으로 여기는 의식이 두루 퍼져 있는 당시 상황'이 전제되어 있다는 이해는 적절하지 않다.

오답 피하기 ① 창섭은 땅을 매매의 대상으로만 여길 뿐 땅에 대한 애착을 보이고 있지 않다.
② "넌 그 다리서 고기 잡던 생각두 안 나니?", "내 할아버님 산소에 상돌을 그 다리로 건네다 모셨구 내가 천잘 끼구 그 다리루 글 읽으러 댕겼다."를 통해 아버지에게 돌다리는 추억과 애환이 담긴 공간이라는 것을 알 수 있다.
③ "저 사랑 마당의 은행나무는 아버님께서 심으신 거다. 그 나무 밑에를 설 때마다 난 그 어룬들 동상이나 다름없이 경건한 마음이 솟아 우러러보군 헌다."를 통해 마당의 은행나무는 아버지에게 장소애의 대상인 집의 성격을 강화하고 있음을 알 수 있다.
④ '장소애의 의미'란 땅이 '천지만물의 근거', '조상들과 그 땅의 인연'이라는 아버지의 발화를 말하므로 적절한 진술이다.

본문 105~108쪽

18 선우휘, 「단독 강화」

수특 동일 작품

| 해제 | 이 작품은 극한 상황에서 이념의 대립을 초월하는 민족애를 통해 민족의식을 회복해 가는 두 병사의 모습을 보여 주고 있다. 수송기에서 떨어진 보급 식량을 나눠 먹던 두 병사가 대화 중 우연히 서로가 적군임을 알게 되고 적대감을 드러내지만 동굴에서 하룻밤을 함께 보내면서 서로의 절박한 처지를 이해하게 되고 서로에게 마음을 열기 시작한다. 소설의 결말 부분에서 둘이 힘을 합쳐 중공군에 대항하는 장면은 이념 대립이 빚은 전쟁 상황을 극복하고 외세에 저항하기 위해서는 무엇보다 우리 민족이 민족적 동질성을 회복해야 한다는 소설의 주제 의식을 선명하게 드러낸다. 특히 죽은 두 사람의 피가 엉기는 마지막 장면은 두 사람이 죽음을 통해서나마 한 민족으로서의 혈연적 동질성을 회복하는 모습을 보여 준다.

| 주제 | 민족애를 통한 이념 대립의 극복과 전쟁의 비극성 고발

| 전체 줄거리 | 무리에서 낙오되어 미군이 떨어뜨리고 간 식량을 나누어 먹던 국군 병사 '양'과 인민군 병사 '장'은 서로가 적군임을 알고는 긴장한다. 서로 적대감을 보이던 둘은 다음 날 아침 각자의 본대를 찾아 떠날 때까지 동굴에서 하룻밤을 지내며 서로 해치지 않기로 약속한다. ★교재 수록 부분 각자의 총을 함께 묶어 놓은 뒤 그것을 등지고 잠을 청하던 '양'은 잠결에 '장'이 뒤척인 것을 자신을 죽이려는 행동으로 오해하여 '장'을 때리고 곧이어 그것이 자신의 오해였음을 알아차리고는 미안함을 느낀다. '양'은 앳되고 순수한 '장'의 모습에 연민을 느끼고 '장'은 '양'을 형이라 부르며 조금씩 마음을 열어 가지만 다음 날 아침이 되자 둘은 약속했던 대로 아쉽게 작별을 한다. ★수특 수록 부분 그러나 그 사이 나타난 중공군과 '양' 사이에 총격전이 벌어지고 '장'은 돌아와 '양'을 도와 중공군에 맞서고 둘은 끝내 죽음을 맞이한다. ★교재 수록 부분

연결 포인트

수능특강에서는 선우휘의 「단독 강화」가 단독 지문으로 구성되어 서술상의 특징 파악, 구절의 의미 이해, 외적 준거에 따른 작품 감상을 묻고 있습니다.

「단독 강화」는 2015학년도 수능완성 국어 B형에도 수록된 적이 있습니다. 출제된 장면은 서로 다른데, 교재 수록 부분과 수특 수록 부분을 합치면 거의 작품 전체의 내용을 아우를 수 있기 때문에 두 부분을 엮어 읽는 것이 효과적입니다. 이념의 대립보다 같은 민족임이 더 중요한 가치이고, 인간으로서의 유대가 우리가 지향해야 할 방향임을 이해하고, 아울러 전쟁의 폭력성과 비극성에 대한 작가의 비판적 태도를 이해할 수 있다면 이 작품과 관련된 어떤 문제가 출제되더라도 어렵지 않게 이해할 수 있을 것입니다.

063

서술상의 특징 파악   정답 ②

정답 해설 이 글은 대부분 서술자가 인물의 심리를 직접 서술하지 않고 인물의 대화와 행동을 통해 인물의 심리를 간접적으로 보여 주고 있다.

오답 피하기 ① 소설의 시·공간 변화를 장면 전환 표지로 삼는다 했을 때, 중략된 부분을 고려한다고 해도 이 글에서는 동굴이라는 하나의 공간 안에서 연속되는 시간의 흐름 속에 펼쳐지는 이야기가 전개되고 있으므로 장면이 자주 전환된다고 볼 수 없다.

③ 이 글은 대부분 3인칭 관찰자 시점에서 서술되고 있으므로 서술자가 한 인물의 시각에서 주변 인물과 사건을 관찰하고 있다는 진술은 적절하지 않다.

④ 이 글에 인물의 내적 독백은 드러나 있지 않다.

⑤ 이 글은 대부분 3인칭 관찰자 시점에서 서술되고 있으므로 장면에 따라 서술자를 달리한다는 진술은 적절하지 않다.

064

외적 준거에 따른 작품 감상   정답 ③

정답 해설 〈보기〉를 토대로 작품을 이해한다면, 두 병사가 함께 '중공군'에 맞서다 죽음을 맞는 것으로 결말을 처리한 것은 죽음을 무릅쓰면서까지 서로를 위하는 두 병사의 모습을 통해 민족의식의 회복을 보여 주고 있는 것이라고 볼 수 있다. 민족 내부의 대립을 극복하는 것이 외세에 맞서는 것보다 더 어려운 것임을 보여 준다고 할 수 없다.

오답 피하기 ① '괴뢰'는 꼭두각시처럼 조종하는 대로 움직인다는 뜻으로, 남과 북이 서로를 미국과 소련의 꼭두각시 군대라고 비난하며 이르던 말이다. 첫 장면에서 국군과 인민군이 서로를 '괴뢰'라고 부르는 모습은 남북의 이데올로기 대립이 빚어낸 갈등을 단적으로 보여 주는 것이다.

② 두 병사가 '동굴'에서 하룻밤을 지내면서 서로에 대한 적대감을 해소하고 민족의식을 회복하고 있으므

로 '동굴'은 적대감을 해소하고 우호적 관계로 거듭나는 공간으로 설정된 것이라고 볼 수 있다.

④ 두 병사가 중공군의 총격으로 인해 죽음을 맞이하는 마지막 장면에서 하얀 설원을 배경으로 두 사람의 피가 서로 엉기는 모습은 비극적이면서도 마지막 순간이나마 민족적 동질성을 회복한 두 사람의 모습을 강조하기 위한 설정이라고 이해할 수 있다.

⑤ 제목인 '단독 강화'는 '한 나라가 동맹에서 이탈하여 상대국과 단독으로 맺는 강화'를 뜻하는 것으로, 남북이 전쟁을 벌이는 가운데서도 서로 간에 화합을 이루어 낸 두 사람의 상황을 빗대어 표현한 것으로 이해할 수 있다.

065

인물의 심리 파악　　　　　　　**정답 ⑤**

정답 해설 양은 장에게 투항을 권유했으나 장은 그것을 거부하고 끝까지 총에 맞은 양을 도우려 하고 있다. 따라서 ⓓ에서 양이 느낀 안타까움은 장이 자신을 돕다 자신과 함께 죽게 될지도 모른다는 생각에서 나온 것이라고 볼 수 있다.

오답 피하기 ① 전쟁 중에 만난 적군이기 때문에 상대를 죽이지 않으면 자신이 죽을 수도 있는 상황임에도 불구하고 '시체하구야 한밤을 새울 수 있나.'라고 하면서 차마 상대를 죽이지 못하고 갈등하고 있다.

② 양은 장에게 총을 겨누고 있는 유리한 상황에서 장이 음식을 먹을 수 있도록 최소한의 배려를 하고 있다.

③ 바로 앞 장면에서 장이 중공군을 공격한 것으로 봤을 때, 장이 양을 보고 웃은 것은 양을 도와 중공군에 끝까지 저항하겠다는 의지를 표현한 것으로 이해할 수 있다.

④ 양이 총에 맞은 자신에게 뛰어오려는 장을 보고 중공군에 항복할 것을 권유하는 것에서 자신은 죽더라도 장을 살리려 하는 의지를 읽을 수 있다.

---

19 김승옥, 「차나 한잔」
수특 유사 작품

| 해제 | 이 작품은 1960년대를 배경으로 힘겹게 살아가는 소시민들의 생계에 대한 불안과 비애를 그리고 있는 단편 소설이다. 만화를 충실히 연재하는 만화가이지만 신문사로 들어오는 독자들의 투서와 값싼 미국 만화의 수입 등으로 생계를 위협받는 '그', 그리고 직업을 구하지 못한 채 아내의 재봉틀에 의지해 살고 있으면서도 술을 먹고 아내를 때리는 옆집 아저씨는 소시민적 삶의 불안과 비애를 나타내는 전형적 인물이다. 작가는 특유의 감각적이고 섬세한 문체로 이들의 삶을 형상화하고 있다.

| 주제 | 1960년대 소시민들의 생계에 대한 불안과 비애

| 전체 줄거리 | '어쩌다가' 만화가의 길에 들어선 '그'는 신문에 만화를 연재하며 밥벌이를 한다. 그런데 며칠 동안 자신의 연재 만화가 빠진 채로 신문이 나오자 심리적으로 긴장하게 되고, 이 때문인지 배앓이를 한다. '그'는 이곳저곳에 다른 만화를 연재하기도 하지만 주 수입원은 대통령이 나오는 신문 만화 연재이기에 그에 대한 걱정이 이만저만이 아니다. 옆집 아저씨는 일자리를 구하지 못한 채 아내가 재봉틀을 돌려 번 돈으로 생계를 이어 가지만 가끔 술을 먹고 들어와서 아내를 때린다. 예감했던 대로 신문사에서 연재가 중단됨을 알린 신문사 문화부장은 차나 한잔 하자고 '그'를 데리고 나가 위로한다. ★교재 수록 부분 '그'는 새로운 '밥벌이'를 찾기 위해 다른 신문사를 찾아가지만 거기서도 거절을 당한다. 만화가 선배와 술을 마시며 신세를 한탄한 후, ★교재 수록 부분 집에 들어간 '그'는 자신도 일자리를 구하지 못한 채 아내를 때릴지 알 수 없다고 생각한다.

연결 포인트

　수능특강에서는 김승옥의 「서울, 1964년 겨울」을 단독 지문으로 수록하여 서술상의 특징 파악, 작품의 내용 이해, 배경의 기능 파악, 외적 준거에 따른 작품 감상을 묻고 있습니다.

　「서울, 1964년 겨울」은 1960년대의 암울한 시대 현실을 비판적 시각에서 그려 내고 있는 작품입니다. 그런 의미에서 1960년대를 배경으로 그 시대의 우울한 단면을 형상화하고 있는 같은 작가의 작품인 「차나 한잔」을 엮어 읽을 수 있습니다. 「차나 한잔」은 2021학년도 7월 고3 학력평가에 출제되어 서술상의 특징 파악, 구절의 의미 이해, 인물의 심리·태도 파악, 외적 준거에 따른 작품 감상을 적절하게 할 수 있는지를 물었습니다. 급속한 근대화가 우리 사회와 당대인들에게 정치적·사회적으로 어떤 부정적 영향이 미쳤는지 두 작품을 통해서 이해할 수 있다면 동시대를 배경으로 한 어떤 작품이 출제되더라도 쉽게 접근할 수 있을 것입니다.

066

서술상의 특징 파악   **정답 ③**

정답 해설 '그'는 '김 선생'에게, 자신에게 해고를 통보한 '문화부장'에 대해 말하면서 속으로는 자신이 만화 연재를 부탁하러 갔던 다른 신문사의 '문화부장'을 생각하며 내적 독백을 하고 있다. 따라서 [A]에서는 인물의 말과 내적 독백의 교차를 통해 '그'의 심리가 드러난다.

오답 피하기 ① 빈번하게 장면을 전환한다는 것은 시·공간적 배경이 계속 바뀌면서 서술되는 것을 말하는데, [A]에는 '그'가 '김 선생'에게 말하는 장면만 나타날 뿐, 장면 전환은 나타나지 않는다.

② [A]에는 과거의 장면이 삽입되어 있지도 않고, 갈등 해소의 실마리 역시 제시되어 있지 않다.

④ [A]에는 '그'의 시각만 제시되어 있을 뿐, 인물 간의 시각 차이가 드러나 있지 않다.

⑤ [A]에는 하나의 사건만 제시되어 있을 뿐, 두 사건을 병치하여 제시하고 있지 않으며, 인물 간의 갈등을 부각하고 있지도 않다.

067

구절의 의미 이해   **정답 ③**

정답 해설 '문화부장'은 만화를 그려 오지 않았다는 '그'의 말에 '그'가 자신이 해고당했다는 사실을 이미 알고 있었을 것이라는 판단을 드러내고 있을 뿐, '그'가 만화를 그려 오지 않을 것을 이미 알고 있었음을 드러내고 있는 것은 아니다.

오답 피하기 ① '문화부장'은 '그'의 해고 사실을 이미 알고 있는 상황이므로 '그'의 만화를 진심으로 요구한다고 보기 어렵다.

② '그'는 편집국 안에 들어섰을 때부터 자신이 해고를 당할 것이라고 짐작하고 있다.

④ '김 선생'은 해고를 당한 '그'와 술을 마시며 '그'에게 새로운 일거리가 생길 것이라고 말하는 것에서 '그'를 위로하는 태도를 보이고 있다.

⑤ '그'가 자신이 그리는 만화 주인공인 '아톰X군'에게 '차나 한잔' 하자고 하며 "군과도 이별이다."라고 말하는 것에서 '아톰X군'을 더 이상 그리지 않으려는 '그'

의 마음을 드러내고 있다고 볼 수 있다.

068

인물의 심리, 태도 파악   **정답 ⑤**

정답 해설 ⓐ는 '그'에게 해고를 통보한 '문화부장'이고, ⓑ는 '그'가 만화 연재를 부탁한 '문화부장'이다. ⓐ는 '그'에게 해고 사실을 전하였고, ⓑ는 '그'의 만화 연재 부탁을 거절하였기 때문에 두 사람 모두 '그'에게 부정적 감정인 비애를 느끼게 하고 있다.

오답 피하기 ① ⓐ는 '그'가 해고된 상황의 책임을 독자에게 돌리고 있다.

② ⓑ는 '그'의 만화 연재 부탁을 거절하고 있을 뿐, 만화가의 자질에 대해 말하고 있지 않다.

③ ⓐ는 '그'에게 먼저 차나 한잔 하자고 권했지만, ⓑ는 차나 한잔 하자는 '그'의 말에 '그'와 함께 차를 마셨다.

④ ⓐ는 '그'를 두둔했으므로, '그'의 능력을 인정했다고도 볼 수 있지만, '그'가 ⓐ에게 어떤 제안을 하지는 않았다. 또한 ⓑ가 '그'의 제안을 거절한 것은 맞지만 능력을 인정했는지는 이 글만으로는 알 수 없다.

069

외적 준거에 따른 작품 감상   **정답 ③**

정답 해설 '그'는 신문사에서 해고를 당하고 다른 신문사를 찾아가 만화 연재를 부탁하지만 거절당한다. 좌절한 '그'는 '김 선생'과 만나 자신이 해고당했음을 말하며 술을 마신다. 따라서 '그'가 자신의 해고를 '새로운 우연이 다가온다는 징조'라고 말하는 것은 해고당하고 새로운 일자리를 구하려는 노력마저 실패한 '그'의 비애가 우회적으로 드러난 것으로 볼 수 있을 뿐, 해고당한 신문사로부터 만화 연재 의뢰를 다시 받을 수 있을 것이라는 기대를 드러낸다고 보기는 어렵다.

오답 피하기 ① 해고를 걱정하던 '그'는 '계집애'의 표정에서 자신이 두려워하고 있던 예측이 틀리지 않았다고 생각하며 전신에서 맥이 빠져나가는 것을 느낀다. 이것은 해고로 인해 생계를 걱정하는 '그'의 불안을 드러낸 것으로 볼 수 있다.

② '그'가 '김 선생'에게 해고를 '미역국'으로 비유하여 "너는 미역국이다, 이거죠."라고 말하는 것은 자신이 해고당한 상황을 비유적 표현을 통해 우회적으로 드러낸 것이라고 볼 수 있다.

④ '그'가 '차나 한잔'의 의미를 '이 회색빛 도시의 따뜻한 비극'이라고 모순 형용의 표현을 사용하여 말하는 것은 '문화부장'과 차를 마시며 해고의 말을 들었던 자신의 비참한 심리를 드러낸 것으로 볼 수 있다.

⑤ '그'가 '아톰X군'의 얼굴을 술상 위에 그렸다 지우며 '군의 힘으로 적진을 뚫고 나오기 부탁'하고 자신은 '힘이 없'다고 미안해하는 것은 그가 자신이 처한 상황에 대해 느끼는 무력감을 드러낸 것으로 볼 수 있다.

적용 학습 본문 113~116쪽

20 윤흥길, 「매우 잘생긴 우산 하나」

수특 유사 작품

| 해제 | 이 작품은 주인공 '김달채 씨'가 사회적으로 명망 높은 친구에게 받은 우산으로 인해 겪는 에피소드를 통해, 김달채가 권력을 형성하는 과정과 권력을 행사하는 모습, 그리고 그 권력이 몰락하게 되는 과정을 그리고 있다. 김달채는 친구로부터 우산을 얻는데, 그 케이스에 담긴 우산이 무전기와 유사한 형태를 띠고 있어 사람들의 시선을 빼앗는다. 그는 우산을 지니고 있는 자신의 힘을 과시하고자 일부러 사람들에게 우산 케이스를 노출하면서 사람들의 시선을 끌고, 그것을 즐긴다. 하지만 우산을 무전기로 보게 하려는 자신의 시도가 좌절되자 비굴해지는 모습을 보인다.

| 주제 | 권력의 속성에 대한 통찰과 소시민의 타산적 태도 비판

| 전체 줄거리 | 구청 공무원인 김달채는 세계적인 과학자로 출세한 중고 시절 친구였던 조기병의 귀국 환영연에서 우산 하나를 선물로 받는다. 그 우산은 케이스가 무전기처럼 생겼는데, 그것을 들고 다니자 그를 대하는 태도가 달라짐을 경험한다. 김달채는 그런 대우에 취해 비가 오지 않는 날에도 우산을 들고 다니며, 그에게 찾아온 묘한 권력을 즐긴다. ★교재수록부분 토요일 오전 근무를 마친 김달채는 사람들로 붐비는 종로통에서 시위 현장을 맞닥뜨리게 된다. 시위 학생들을 닭장차에 잡아 넣는 사복 경찰관들에게 학생들을 살살 다루라고 목청을 높이지만 그들에게는 우산 케이스가 통하지 않자 맥없이 돌

아선다. ★교재수록부분 골목길에 들어선 김달채는, 그를 사복 경찰관으로 오인한 학생들이 던진 돌멩이를 맞고 길바닥에 쓰러지고, 그의 우산은 젊은이들의 구둣발에 짓밟힌다.

연결 포인트

수능특강에서는 윤흥길의 「날개 또는 수갑」을 단독 지문으로 수록하여 서술상의 특징 파악, 작품의 내용 이해, 인물의 심리·태도 파악, 외적 준거에 따른 작품 감상을 묻고 있습니다.

「날개 또는 수갑」은 개인의 자유보다 국가주의를 앞세워 국민을 통제하던 국가 권력을 비판하고 있는 작품입니다. 윤흥길의 소설은 권력의 문제점과 허구성에 대한 비판을 담고 있는 경우가 많은데, 그런 맥락에서 「날개 또는 수갑」은 국가 권력의 허구성을 통찰하고 비판한 같은 작가의 작품인 「매우 잘생긴 우산 하나」와 엮어 읽을 수 있습니다. 「매우 잘생긴 우산 하나」는 2022학년도 대학수학능력시험에 출제되어 서술상의 특징 파악, 작품의 내용 이해, 소재의 기능 파악, 외적 준거에 따른 작품 감상을 물었습니다. 권위적이고 강압적인 권력의 문제점과 그것의 허구성, 그에 대한 소시민들의 맹목적인 복종이나 선망의 태도에 대한 작가의 비판적 시선을 중심으로 두 작품을 정리한다면 윤흥길의 많은 작품들을 해결할 수 있을 것입니다.

070

서술상의 특징 파악 정답 ④

정답 해설 김달채는 사람들이 무전기 모양의 우산과 그것을 지닌 자신에 대해 어떤 반응을 보이는지를 확인하기 위해 우산 케이스를 의도적으로 노출하는 여러 가지 행위들을 한다. 따라서 한 가지 목적으로 수렴되는 김달채의 의도적인 행위들을 나열하고 있다고 볼 수 있다.

오답 피하기 ① 중심인물인 김달채는 자신이 지닌 물건에 대한 사람들의 반응을 확인하기 위해 우산의 케이스를 살짝 보여 주는 의도적인 행동들을 하고 있다. 따라서 중심인물이 알지 못하는 사건을 제시한다는 설명은 적절하지 않다.

② 시위 현장 이외에 공간의 이동 양상은 뚜렷하게 나타나지 않으며 중심인물인 김달채의 내면 변화 역시 나타나지 않는다.

③ 자신의 의도를 실현하기 위한 김달채의 행동들이 나타나 있으므로 동시적 사건들을 병치하여 사건에

대한 서로 다른 관점을 드러낸다는 설명은 적절하지
않다.

⑤ 김달채가 상대를 달리하여 벌이는 행동들이 서술
되고 있긴 하지만 이를 통해 갈등이 점진적으로 심화
되는 것은 아니다.

071

작품의 내용 이해   정답 ③

정답 해설 김달채는 그리 멀지 않는 곳에서 뭔가 벌어
지고 있는 중이라는 생각에 흥분과 기대감을 가지고
행인들이 달아나는 방향과 정반대 편인 시위 현장을
향해 달려갔다.

오답 피하기 ① 김달채는 우산을 무전기로 오인하는
사람들의 반응을 확인하기 위해 우산이 필요하지 않
은 청명한 가을날에도 우산을 지니고 거리를 배회하
고 있으므로, 그가 비 오는 날을 기다린다는 진술은
적절하지 않다.

② 김달채가 사람들에게 보여 준 것은 무전기가 아니
라 무전기와 모양이 비슷한 우산 케이스였다.

④ 김달채가 시위 현장에서 앞사람들 틈바귀를 비집
고 전면으로 나섰다는 내용이 제시되어 있으므로, 시
위 진압의 영향으로 고통받던 김달채가 전경대의 위
세에 압도되어 구경꾼들 뒤로 물러선다는 진술은 적
절하지 않다.

⑤ 김달채는 닭장차에 타고 싶지 않으면 빨리 집에나
들어가라는 사복 경찰관의 협박에 굴복하여 돌아서고
있으므로, 그가 닭장차에 끌려가게 되었다는 진술은
적절하지 않다.

072

소재의 기능 파악   정답 ⑤

정답 해설 '청년은 그런 물건 따위는 애당초 거들떠볼
생심조차 하지 않았다.'에서 알 수 있듯이, 그가 케이
스에 담긴 우산을 무전기로 오인하게 하려는 김달채
의 의도를 알아차렸다는 설명은 적절하지 않다.

오답 피하기 ① 김달채는 우산이 들어 있는 케이스의
생김새로 인해 그 케이스에 담긴 우산을 우산 이상의

것, 즉 무전기로 인식하는 사람들이 있다는 사실을
알게 된다.

② 김달채는 사람들이 케이스에 담긴 우산을 무전기
로 잘못 보고 자신에게 겁을 먹는 반응을 효과적으로
이끌어 내기 위해 케이스를 노골적으로 보여 주는 대
신 케이스의 끝부분만 감질나게 보여 준다.

③ 김달채가 사람들의 반응을 종합해서 얻어낸 결론
이 제시된 부분에서 '진짜 무전기에 익숙한 일부 극소
수의 사람들을 제외한 거개의 서민들은 의외로 쉽사
리 우산에 속아 넘어간다'고 하였다. 따라서 '일부 극
소수의 사람들'에게는 우산 이상의 것을 가진 사람으
로 보이려는 김달채의 의도가 실현되지 않았음을 알
수 있다.

④ 김달채는 진짜 무전기에 익숙하지 않은 거개의 서
민들이 케이스에 담긴 우산을 무전기로 오인하여 자
신에게 겁을 먹는다고 판단한다.

073

외적 준거에 따른 작품 감상   정답 ⑤

정답 해설 김달채는 자신을 권력을 지닌 인물로 보이
게 하려는 시도가 좌절된 후 비표를 단 사복 경찰관
의 협박에 굴복하여 돌아선다. 이는 상황에 따라 자
신의 안위만을 위해 행동하는 타산적 태도가 나타난
것으로 볼 수 있다. 그러나 김달채가 학생들과 유대
관계를 맺었다는 설명이나 그가 기득권을 지키려 한
다는 설명은 적절하지 않다.

오답 피하기 ① 김달채는 무전기에 대한 각계각층의
반응을 떠보기 위한 일련의 행동들을 하는데, 이는
무전기로 상징되는 권력에 대해 사람들이 보이는 태
도를 살피기 위한 것이다. 따라서 김달채는 권력관계
를 의식하는 인물로 볼 수 있다.

② 포장마찻집 주인은 무전기처럼 보이는 물건을 가
진 김달채를 권력을 지닌 인물로 오인하여 저자세를
취하며 술값을 받지 않는다. 이는 권력이 인물 간의
우열 관계를 형성하는 요인이라는 것을 보여 준다.

③ 김달채는 짧은 머리를 더욱 짧게 깎았으며, 잠바
를 입고, 구청 밖에서는 항상 선글라스를 끼는 등 외
양에 변화를 주었다. 이는 자신이 권력을 지닌 인물
이라는 것을 보여 주기 위한 것으로, 허구적 권력 표

지를 이용해 타인의 승인을 용이하게 받으려 한 것이라고 할 수 있다.

④ 김달채는 시위 현장에서 사복 경찰관에게 목청을 높여 항의한다. 이는 우산 케이스를 이용해 자신을 권력을 지닌 인물로 오인하게 만들었던 때의 경험들을 통해 얻은 자신감이 행동으로 표출된 것으로 볼 수 있다.

적용 학습   본문 117~120쪽

21 송기숙, 「몽기미 풍경」

수특 유사 작품

| 해제 | 1978년에 발표된 이 작품은 귀향이라는 여로형 구조를 통해 1970년대 여성 노동자들의 고된 노동의 현실과 산업화로 인해 발생하는 문제 등을 드러내고 있다. 작가는 짧은 단편 소설 속에서 급속한 산업 발전의 버팀목인 노동자가 홀대받는 현실과 도시를 중심으로 한 산업 발전으로 낙후된 공간이 되어 버린 우리네 고향 마을인 농어촌, 물질적 가치를 중시하는 비정한 세태에서 떠올리는 고향의 공동체 사회에 대한 그리움 등 산업 사회의 문제를 총체적으로 그려 내고 있다.

| 주제 | 노동의 가치가 폄하되는 시대의 노동자의 고된 삶과 고향에 대한 그리움

| 전체 줄거리 | 서울에 올라와 장난감 공장에서 일하는 순자는 몇 년 동안 고향인 몽기미 섬에 내려가지 않다가 텔레비전에서 귀향표를 사려고 서울역에 잔뜩 모여 있는 사람들의 모습을 보고 고향 몽기미가 그리워져 ★교재 수록 부분 충동적으로 목포행 기차에 몸을 싣는다. 그곳에서 우연히 고향 친구 남분이를 만난다. 활달한 성격의 남분이는 몇 년간의 서울 생활로 말도 잘하는 아이로 변해 있었는데, 알고 보니 술집 종업원을 하며 돈을 벌어 고향집에 부쳐 주고 있었다. ★교재 수록 부분 순자는 자신이 모아오던 장난감을 고향 아이들에게 나눠 주려고 가방에 싸서 가져 가고 있었다. 목포에 도착한 두 사람은 바다 사정으로 배가 뜨지 않자 여관에서 하루를 묵는다. 남분이와의 대화에서 순자는 자신에게 청혼을 했던 명식이가 빚 때문에 자살을 했다는 소식을 듣고, 고향에 자신을 반겨 줄 사람이 없다는 사실을 깨닫게 된다. 순자는 장난감 공장에서 노동조합을 결성하다 해직된 친구 혜선이를 떠올린다. 그녀로 인해 노동조합에 가입은 했지만 용기가 없어 적극적으로 함께하지 못해 죄책감을 느끼던 순자는 몽기미행을 포기하고 혜선이의 고향인 정읍으로 향한다.

연결 포인트

수능특강에서는 송기숙의 「개는 왜 짖는가」를 단독 지문으로 수록하여 서술상의 특징 파악, 인물의 심리·태도 파악, 소재의 기능 파악, 외적 준거에 따른 작품 감상을 묻고 있습니다.

송기숙은 1970~1980년대의 불의한 시대 현실을 날카로운 비판적 시선으로 형상화한 작가입니다. 「개는 왜 짖는가」가 1980년대의 정치적 불의에 대한 비판 정신을 담고 있는 작품이라면, 「몽기미 풍경」은 경제·사회적인 관점에서 1970년대의 문제점을 드러내고 있다는 점에서 함께 엮어 읽을 수 있습니다. 「몽기미 풍경」은 2022학년도 11월 고1 학력평가에 출제되어 서술상의 특징 파악, 소재의 기능 파악, 인물의 심리·태도 파악, 외적 준거에 따른 작품 감상을 물었습니다. 두 작품을 통해 사회·경제적 발전의 시기인 1970~1980년대의 정치·경제·사회적인 문제점을 총체적으로 조망해 볼 수 있다면 당대를 다루고 있는 문학 작품들의 문제의식에 좀 더 쉽게 접근할 수 있을 것입니다.

074

서술상의 특징 파악   **정답 ⑤**

정답 해설 [A]의 '크고 작은 ~ 못했던 광경이었다.'에서 감각적인 묘사를 사용하여 관찰 대상을 실감 나게 드러내고 있다.

오답 피하기 ① 이 글의 서술자는 이야기 밖의 전지적 서술자이며, [A]에 인물의 내력이 제시되어 있지 않다.

② 인물의 행위가 부분적으로 제시되어 있기는 하지만 [A]의 분위기는 긴박함과는 거리가 멀다.

③ [A]에는 특별한 갈등 상황이 나타나지 않기에, 갈등이 해소되는 과정 또한 제시되어 있지 않다.

④ [A]에는 추측하는 표현이나 일어날 사건에 대한 예상은 제시되어 있지 않다.

075

소재의 기능 파악   **정답 ⑤**

정답 해설 '모두가 꿈에도 ~ 나타난 적이 없었다.'와 '도시의 모든 ~ 헤매는 것만 같았다.'에서 ⓐ는 인물이 경험해 보지 못한 세상을 체험하게 하는 소재임을 알 수 있다. '남분이는 어째서 ~ 그 생각뿐이었다.'에

서 ⓑ는 인물이 경험을 바탕으로 자신이 처한 현실을 인식하는 공간임을 알 수 있다.

오답 피하기 ① ⓐ를 통해 인물이 경험해 보지 못했던 세상을 체험하게 되었으나 ⓑ는 인물이 고향에 내려가며 친구와 대화를 나누는 공간이므로, 인물의 욕망이 충족되는 공간이라고 보기 어렵다.

② ⓐ에서 인물이 사회의 문제를 해결하고 있지 않고, ⓑ에서 남분이는 도시와 자신의 고향을 비교하고는 있지만 타인을 자신과 비교하고 있지는 않다.

③ ⓐ에서 인물이 타인과 단절되지 않았고, ⓑ에서 순자와 남분이가 소통을 하고는 있지만 그 공간이 원인이 된 것은 아니다.

④ ⓐ에서 인물이 거부해 오던 운명이나 운명에 대한 적극적인 수용은 나타나 있지 않고, ⓑ에서 남분이가 자신의 삶에 대해 이야기하고 있을 뿐, 그곳에서 자신의 운명을 개척하고 있지 않다.

076

인물의 심리, 태도 파악   **정답 ②**

정답 해설 ⓒ에서 남분이는 '야살스럽게 히들거'리며 말하고 있을 뿐, 순자의 마음이 상할 것을 걱정하여 조심스러워하는 태도를 드러내는 것은 아니다.

오답 피하기 ① ㉠ 다음 부분에서 남분이는 '일 년 수입이 ~ 내 한 달 벌이도 못' 된다고 고향의 상황과 비교하여 '은근히 자기 자랑을 하'고 있다. 이를 통해 ㉠과 같이 말한 의도를 알 수 있다.

③ ㉢에서 순자는 남분이의 말을 들으며 '어리둥절'해하고 있다.

④ ㉣에서 순자는 '옷물이 도는 듯 눈을 거슴츠레하게' 뜨며 남분이가 말한 '주전자 운전'의 의미를 짐작하고 있다.

⑤ ㉤에서 남분이는 자신의 직업에 대해 '조금도 스스럼이 없'이 말하고 있다.

077

외적 준거에 따른 작품 감상   **정답 ③**

정답 해설 '본전도 못 건지'며 '가슴을 조이'는 사람

이 '날이면 날마다 그 섬을 들락거렸다'는 것은 '투기를 한 사람들이' 섬을 들락거렸다는 의미이다. 따라서 '본전도 못 건지'며 '가슴을 조이'는 사람들을 도시로 상경한 인물들로 이해한 ③의 감상은 적절하지 않다.

오답 피하기 ① 서울로 올라와 '뼈마디가 저미는 고통'을 느끼며 '살벌한 현실'을 살고 있는 순자의 모습에서, 고된 노동의 현실을 짐작할 수 있다.

② 순자가 '누구 하나 돌봐 주는 사람' 없이 생활하는 자신을 '무녀리'와 동일시하는 모습에서, 도시 생활에서 느끼는 소외감을 짐작할 수 있다.

④ 순자가 '몽기미 집집마다 ~ 가슴을 후볐다'고 표현한 것에서, 경제적 발전에서 낙후된 어촌 마을의 현실을 짐작할 수 있다.

⑤ 남분이가 '식순이 공순이 ~ 하나도 돈이고 둘도 돈이'라고 하며 '십만 원 넘게 ~ 급사 턱이나 된다는 본새'인 것에서 물질적 가치를 우선시하는 세태를 짐작할 수 있다.

적용 학습   본문 121~124쪽

22 양귀자, 「원미동 시인」
수특 유사 작품

| 해제 | 이 작품은 작가의 『원미동 사람들』 연작 중 하나로, 일상인들의 소시민적 근성과 세태를 고발하는 동시에 그들을 향한 작가의 연민과 애정의 시선을 보여 주고 있는 단편 소설이다. 사건의 핵심 인물은 두 사람인데, '김 반장'은 소시민적 근성을 보여 주는 전형적 인물로 자신의 이익과 안위를 위해서는 친구도 외면할 수 있는 이기적인 존재로 그려진다. 다른 한 사람은 동네에서 바보 취급을 받는 '원미동 시인' 몽달 씨로 그런 사람을 미워하지 않고 보듬어 주는 존재이다. 한편 이 작품은 '나'라는 어린아이를 서술자로 설정함으로써 어린아이의 순수한 시선을 통해 어른들의 부정적 세계를 효과적으로 형상화하고 있다.

| 주제 | 소시민적 근성에 대한 비판과 인간다운 삶에 대한 향수

| 전체 줄거리 | 올해로 일곱 살인 '나'는 집안 사정과 동네 사정을 훤히 알고 있는 조숙한 아이다. '나'는, 선옥이 언니를 흠모하여 '나'에게 잘 대해 주는 형제슈퍼 주인인 김 반장과 동네에서 모자란 사람 취급받는 몽달 씨와 친구로 지내고 있다. 재수록부분 어느 날 '나'는 부모님의 부부 싸움을 피해 형제슈퍼

앞에 앉아 있다가 불량배들에게 쫓겨 김 반장의 슈퍼에 들어온 몽달 씨를 보게 된다. 몽달 씨는 김 반장에게 도움을 요청하지만 외면당한다. 불량배들에게 폭행을 당한 몽달 씨는 지물포 주씨 아저씨의 도움을 받는다. 불량배가 도망간 뒤에야 몽달 씨를 부축하며 불량배들을 성토한 김 반장이 싫어진 '나'는, 이후 아무렇지도 않게 가게에 나와 김 반장을 돕는 몽달 씨를 바보 같다고 생각한다. ★교재수록부분

> **연결 포인트**
>
> 수능특강에서는 양귀자의 「비 오는 날이면 가리봉동에 가야 한다」를 단독 지문으로 수록하여 인물의 심리·태도 파악, 구절의 의미 이해, 외적 준거에 따른 작품 감상을 묻고 있습니다.
>
> 「비 오는 날이면 가리봉동에 가야 한다」는 『원미동 사람들』 연작 중 한 작품으로, 서울의 주변부로 밀려난 소시민들의 다양한 삶을 그리고 있습니다. 소시민들의 다양한 삶을 그리고 있다는 점에서 이 작품은 같은 연작의 한 작품인 「원미동 시인」과 엮어 읽을 수 있습니다. 「원미동 시인」은 2024학년도 9월 모의평가에 출제되어 작품의 내용 이해, 구절의 의미 이해, 인물의 심리·태도 파악, 서술자의 태도 파악을 물었습니다. 두 작품에 드러난 소시민들이 가진 자기중심적 사고와 이기심, 그것을 포괄하는 소시민적 근성을 이해하고, 이를 바라보는 작가의 비판과 연민이 공존하는 시선이 지닌 의미를 파악할 수 있다면 『원미동 사람들』 연작 중에서 어떤 작품이 출제되더라도 쉽게 해결할 수 있을 것입니다.

078

작품의 내용 이해   정답 ①

정답 해설 '나'는 김 반장이 '그날 밤' 몽달 씨를 쫓아내는 행동을 했다고 언급하고 있으므로, 김 반장이 몽달 씨를 매정하게 대했음을 알 수 있다. 또한 '나'는 몽달 씨가 히죽히죽 웃으며 김 반장네 가게의 음료수 박스들을 쟁여 놓는 일을 하는 모습을 매우 의아하게 생각하고 있음을 알 수 있으며, 이러한 내용을 통해 몽달 씨가 김 반장네 가게 일을 해 주고 있다는 사실을 확인할 수 있다.

오답 피하기 ② 선옥이 언니가 서울로 떠난 후, '나'를 대하는 김 반장의 태도는 전과 달리 다소 퉁명스러워졌다. 김 반장이 '나'를 통해 선옥과의 관계를 회복해 나가는 모습은 제시되어 있지 않다.

③ '나'는 김 반장을 자신보다 스무 살이나 많지만 친구라고 언급하고 있으며, 매일같이 그와 함께 낄낄거리는 재미로 하루를 보내다시피 했다고 언급하고 있다. 그러므로 '나'는 김 반장을 좋은 친구라고 생각했음을 알 수 있다. 한편 김 반장은 선옥이 언니가 떠난 후 '나'를 다소 퉁명스럽게 대했지만 빈둥거리며 실없는 행동을 하지는 않았다.

④ '나'는 선옥이 언니의 예쁜 얼굴에 대해 평가하며 개천에서 용이 났다고 해도 과언이 아니라고 언급하고 있으며 자신의 집을 지지리 궁상이라고 표현하고 있으므로, '나'가 집안 형편을 부정적으로 생각하지 않았다는 진술은 적절하지 않다.

⑤ '나'는 몽달 씨가 자신보다 스무 살이나 많지만 엄연히 친구라고 언급하고 있다. 또한 '나'는 김 반장의 행동에도 불구하고 김 반장네 가게 일을 하고 있는 몽달 씨를 기억 상실증 환자라고 생각하고 있지만, 몽달 씨를 친구로 생각한 것을 후회하고 있지는 않다.

079

구절의 의미 이해   정답 ④

정답 해설 몽달 씨는 '나'가 ⓔ를 말하자 애써 외면하고 모르는 척하려는 행동을 보이고 있다. '나'는 이런 몽달 씨에게 김 반장에 대한 판단을 요구하듯 ⓕ와 같은 말을 건네고 있다. 그러므로 ⓕ는 몽달 씨의 판단을 수용하기 위한 질문이라고 볼 수 없다.

오답 피하기 ① ⓐ는 몽달 씨가 그동안 시를 자주 읽곤 하였는데, 기억 상실증에 걸린 상황에서도 예전과 같이 시를 읽고 있는 것에 대한 '나'의 못마땅함이 투영된 표현이라고 볼 수 있다. 또 ⓒ를 고려할 때, ⓐ는 실컷 두들겨 맞고 열흘간이나 누워 있다가 일상으로 복귀한 몽달 씨의 상태에 대한 '나'의 관심에서 비롯된 질문으로 볼 수 있다.

② 몽달 씨는 ⓑ와 같은 말을 건네며, 행복하게 웃었다. 또 몽달 씨는 ⓓ에서 자신이 시를 읽으면서 누워 있었기 때문에 금방 나을 수 있었다고 말하고 있다. 그러므로 몽달 씨는 시를 통해 위안을 얻었음을 알 수 있다.

③ '나'는 김 반장의 행동으로 인해 어려움을 겪어야만 했던 몽달 씨가 ⓓ와 같은 말을 한 것을 듣고 그의 정신 상태에 실망했다고 언급하고 있다. 그리고 '나'는 그날 밤의 일에 대한 기억을 상실한 것으로 생각되는 몽달 씨가 진실을 알게 되면 새로운 반응을 보일 것이라는 기대를 가지고 ⓔ와 같은 말을 건넨 것으로 볼 수 있다.

⑤ 몽달 씨는 '나'가 ⓕ와 같은 말을 건네자 김 반장은 나쁜 사람이 아니라는 반응을 보이고 있다. 하지만 '나'는 이러한 몽달 씨의 반응에 대해 ⓖ와 같은 말을 하며 다그침으로써 몽달 씨의 태도를 탐탁지 않게 여기는 마음을 드러내고 있다.

080

인물의 심리, 태도 파악　　　　　　　　**정답 ⑤**

[정답 해설] '여기'는 김 반장네 가게 앞에 있는 비치파라솔로, '나'는 '여기'에서 '그날' 김 반장이 몽달 씨를 쫓아내는 것을 목격하였다고 말하고 있다. '요즘'은 '나'와 김 반장이 재미있게 지내다가 선옥이 언니가 서울로 떠나며 김 반장의 태도가 다소 퉁명스러워졌던 시점으로, '나'가 김 반장을 친구라고 여기던 시간대라고 볼 수 있다. 그런데 '나'가 몽달 씨에게 건넨 말에 따르면, '나'는 '그날', 김 반장이 몽달 씨를 쫓아내는 행동을 보고 김 반장을 나쁜 사람으로 인식하게 되었음을 알 수 있다. 그러므로 '그날' 김 반장의 행위는 김 반장을 친구로 생각하던 '요즘' 이후에 벌어진 것이며, 김 반장에 대한 '나'의 평가가 달라지게 된 원인으로 작용하고 있음을 알 수 있다.

[오답 피하기] ① '나'는 김 반장을 친구로 여기고 '매일같이' 재미있게 낄낄거리는 행동을 했었지만, '그날' 김 반장이 몽달 씨를 쫓아내는 행동을 보고 그를 '나쁜 사람'으로 인식하게 된다. 그러므로 '나'가 '매일같이' 김 반장과 재미있게 낄낄거리던 행위는 '그날'보다 앞선 시간대에 이루어진 것임을 알 수 있다. 하지만 이 글에서 '그날'의 일을 지켜보기만 한 자신에 대한 '나'의 부정적 자기 인식이 드러난 부분은 찾아볼 수 없다.

② '나'는 김 반장이 '요즘' 자신을 대하는 태도가 다소 퉁명스러워졌다고 언급하고 있다. 그러므로 김 반장이 '나'를 퉁명스럽게 대하는 행위가 '요즘'보다 앞선 시간대에 이루어졌다는 진술은 적절하지 않다. 또한 이 글에서 김 반장이 '나'에게 반성을 유도한 부분은 찾아볼 수 없다.

③ 몽달 씨가 '히죽히죽' 웃는 행위를 한 것은 김 반장네 가게의 음료수 박스들을 나를 때이며, 이는 현재 '여기'에서 '나'에게 속내를 감추는 것보다 앞선 시간대에 이루어졌다고 볼 수 있다. 그러나 이는 '나'에게 진심을 드러내어 보여 주는 행위가 아니다.

④ '나'는 실컷 두들겨 맞고 열흘간이나 누워 있던 몽달 씨가 일상으로 돌아와, '의자'에서 시를 읽고 있는 모습을 마주하게 된다. 그리고 '나'는 이러한 몽달 씨의 행위가 '그날' 김 반장의 행동에 대한 기억을 상실했기 때문이라고 여기고 있다. 그러므로 몽달 씨가 '의자'에서 시를 읽는 행위가 '그날'의 경험보다 앞선 시간대에 이루어진 것이라는 진술은 적절하지 않다.

081

서술자의 태도 파악　　　　　　　　**정답 ④**

[정답 해설] ㉣에서 서술자인 '나'는 미숙한 어린아이의 상상력을 통해 몽달 씨가 부분적인 기억 상실증 환자라고 결정하고 있다. 그리고 이러한 '나'의 판단은 독자들로 하여금 미성숙한 어린아이의 상상력에서 드러나는 비합리성을 인식하도록 함으로써 서술자인 '나'를 의심하게 한다고 볼 수 있다.

[오답 피하기] ① 선옥이 언니와 좋아지냈던 김 반장이 선옥이 언니가 서울로 떠나자 동생인 '나'에게 다소 퉁명스러운 태도를 보이고 있다는 ㉠의 내용은 개연성과 합리성이 높아, 독자가 서술자를 신뢰하도록 유도하는 기능을 한다고 볼 수 있다.

② ㉡에는 차마 마주 보기 어려울 만큼 핼쑥한 몽달 씨의 안색과, 그러한 안색을 갖게 된 이유로 실컷 두들겨 맞아 열흘간이나 누워 있었다는 정보가 제시되어 있다. 이는 합리적이고 객관적인 정보에 해당하므로 독자가 서술자를 신뢰하도록 유도하는 기능을 한다고 볼 수 있다.

③ ㉢에는 미성숙한 어린아이인 '나', 즉 서술자가 논리적·사실적 관계를 따져 보지 않고 단순한 추측에 근거해 몽달 씨의 의식 상태를 단정하는 내용이 제시되어 있다. 그리고 〈보기〉에서는 이처럼 합리성이 부족한 어린아이의 특성이 강화되어 독자가 서술자를 의심하게 되면, 독자는 서술자와 다른 각도에서 작품이 전하려는 의미를 탐색하고 작품을 더욱 집중하여 읽게 된다고 언급하고 있다.

⑤ ㉤에는 미성숙한 어린아이인 '나'가 시에 대한 이해가 부족하고, 합당한 이유가 없음에도 몽달 씨가 시를 읽는 행위를 비난하며 못마땅해하는 내용이 제시되어 있다. 이러한 '나'의 태도와 행동은 〈보기〉에서 언급한 합리성이 부족한 미성숙한 어린아이 서술자의 특성이 강화되어 나타난 것으로, 독자가 작품에 더욱 집중하면서 서술자와 다른 각도로 생각하도록 유도하는 기능을 한다고 볼 수 있다.

적용 학습

23 김원일, 「도요새에 관한 명상」

수특 유사 작품

본문 125~128쪽

| 해제 | 이 작품은 1976년에 발표된 중편 소설로, 한 가족 구성원들의 삶과 갈등 양상을 통해 당시 우리 사회가 직면한 환경 파괴, 정치적 자유의 억압, 물질 중심적 사고의 확산, 분단의 고착화 등과 같은 문제들을 다양한 층위에서 보여 주는 작품이다. 총 4부 가운데 1~3부에서는 동생 병식, 형 병국, 아버지의 시점을 통해 각각을 중심으로 한 사건과 내면의 서술이 밀도 있게 이루어지면서 서로 균형을 이루고, 4부에서는 이야기 밖 서술자의 시점에 의해 전체 사건이 마무리된다. 병국과 병식을 통해 당대 젊은이들의 고민과 방황이, 아버지를 통해 실향민의 아픔이 형상화되며, 특히 이들의 가치관과 삶의 지향은 작품의 핵심 소재라 할 수 있는 '새'에 대한 태도를 통해서 잘 드러난다.

| 주제 | 시대적 상황으로 인해 상처 입고 방황하는 이들의 삶

| 전체 줄거리 | 재수생인 병식은 동진강 하구에서 밀렵한 새를 박제사에게 넘기고, 번 돈을 유흥비로 쓴다. 그리고 한때 촉망받는 수재였으나 학생 운동을 하다가 대학에서 제적되어 낙향해 온 병국을 보며 실망한다. 낙향한 병국은 자신을 따뜻하게 맞아 준 아버지에게 아버지가 품고 살아온 상처의 원인을 듣는다. 또 동진강 하구에서 자취를 감춘 도요새를 찾아 헤매면서 인근의 수질 오염 문제에 관심을 쏟는다. ★교재수록부분 한

편 아버지는 이북 출신 실향민으로 철새가 도래할 무렵이면 갯벌에 나가 새를 보며 고향에 두고 온 가족을 추억하는데, 아내는 그런 남편의 무기력한 모습을 못마땅하게 여긴다. 아버지는 해안 통제 구역에 들어갔다는 이유로 군 당국에 붙잡힌 병국을 데리고 오면서, 병식이 새 떼를 독살했을 것이라는 말을 병국에게 듣는다. 병국은 병식을 찾아가 잘못을 추궁하려다가 병식과 격렬하게 다툰다. 이후 술집에 갔다가 바깥에서 아버지가 친구와 대화를 나누며 통일을 염원하는 말을 듣고는 자신의 말이 아버지에게 도움이 되지 못할 것이라고 생각하여 발걸음을 돌린다. 그리고 바다를 응시하다가 도요새가 날아오르는 환상을 본다.

> **연결 포인트**
>
> 수능특강에서는 김원일의 「마당 깊은 집」을 단독 지문으로 수록하여 서술상의 특징 파악, 인물의 성격 이해, 구절의 의미 이해, 외적 준거에 따른 작품 감상을 묻고 있습니다.
>
> 「마당 깊은 집」은 전후의 혼란한 현실 속에서 당대인들의 궁핍과, 그로 인해 발생되는 도덕성의 문제 등을 다루고 있습니다. 물질만능주의가 낳은 폐해를 다루고 있다는 점에서 이 작품은 같은 작가의 작품인 「도요새에 관한 명상」과 엮어 읽을 수 있습니다. 「도요새에 관한 명상」은 2015학년도 9월 모의평가 B형에 출제되어 서술상의 특징 파악, 구절의 의미 파악, 작품의 내용 이해, 소재의 기능 파악을 물었습니다. 시대적 배경이 다르지만 물질만능의 세태와 그로 인한 인간의 이기심, 그리고 그것이 초래한 시대의 문제에 공감하며 두 작품을 정리한다면 두 작품과 관련된 어떤 장면이 출제되더라도 답을 찾는 데 문제가 없을 것입니다.

082

서술상의 특징 파악 　　　　　　　　　　**정답 ③**

정답 해설 이 글에서는 '나'가 등장하여 자신의 체험을 바탕으로 현실에 대한 인식을 드러내고 있다. 개펄에서 새 떼를 만나고 나서(체험) 도시의 생활 환경이 자연을 파손시키는 것이 문제라는 생각(현실에 대한 인식)을 갖게 됨을 보여 주고 있다.

오답 피하기 ① 서술자인 '나'는 자신의 체험을 바탕으로 현실의 문제점을 정확히 파악하고 그 문제를 극복하고자 하는 의지를 지닌 인물이다. 따라서 어리숙한 인물이라 할 수 없으며, 진술이 해학적인 부분도 없다.

② 서술자는 '나'이므로 주변 인물이 서술자가 되었다는 진술은 적절하지 않다.

④ 서술자인 '나'는 사건의 주인공이며, 체험을 바탕으로 자신의 생각을 드러내고 있다. 따라서 관찰자의 입장이라는 진술은 적절하지 않다.

⑤ 서술자는 '나'이므로 서술자가 작중 인물이 아니라는 진술은 적절하지 않다.

083

구절의 의미 파악   정답 ④

정답 해설 ㉣에서 도요새의 재잘거림을 환청으로 들어 왔다는 것은 [A]에 제시된 것과 같은 생각을 '나'가 끊임없이 반복하여 했다는 의미이다. 따라서 인물이 대상(도요새)의 존재를 의도적으로 부인했다는 진술은 적절하지 않다. 도요새는 '나'에게 정신적 자유를 의미하고 정신적 상처를 치유해 줄 수 있는 존재이므로 소중하고 가치 있는 존재이다. 이러한 존재를 '나'는 적극적으로 수용하고 기다리고 있다고 보는 것이 적절하다.

오답 피하기 ① 새가 '수백 마리로 떼를 이루어 의식의 공간을 무한대로 휘저었다.'는 것은 '나'의 머릿속이 대상(새)에 대한 생각으로 가득 차 있었음을 의미한다. 이후의 진술을 보아도 '나'는 계속 대상(새)에 대한 생각을 하고 있으므로 적절하다.

② '나'는 대상(도요새)을 찾아 헤매었으나 대상(도요새)은 이미 시베리아 등으로 북상한 뒤여서 찾을 수 없었다. 그래서 대상(도요새)이 다시 돌아오기를 기다리고 있다고 했으므로 적절하다.

③ '나'의 사고는 '전혀 자유스럽지 못한' '굳게 닫힌 문'의 상태이다. 이러한 '나'의 사고를 '도요새가 그 날카로운 부리로 쪼았다'고 했으므로 '나'의 의식이 도요새에 의해 각성되었다는 진술은 적절하다.

⑤ '나'가 석교천과 동진강을 예전의 자연수 상태로 만들겠다는 다짐을 수천 번 반복하여 자기 최면에 걸릴 정도가 되었다고 하였다. 이는 스스로의 다짐을 반복함으로써 자기 세뇌의 지경에 이르렀다는 뜻으로, '나'의 의지가 그만큼 확고하다는 것을 뜻한다.

084

작품의 내용 이해   정답 ②

정답 해설 [A]는 도요새가 사람처럼 말을 하도록 하여, 즉 우화적 장치를 통해 서술자의 생각을 드러내고 있는 부분이다. 자연을 파괴하고 스스로 기계와 조직의 노예가 되는 인간 세상을 비판하고 있다.

오답 피하기 ① [A]에 도요새들 간의 논쟁적 상황은 제시되어 있지 않다.

③ [A]에서 도요새의 이동에 따른 공간 변화는 떠올릴 수 있으나 도요새 무리의 갈등은 드러나 있지 않다. 그러므로 갈등 해소 과정도 보여 주지 않는다.

④ [A]에 도요새의 비행경로에 관한 관찰 결과라고 할 수 있는 내용은 제시되어 있지 않다. '한대의 추운 지방'에서 '지구의 반을 가로지르는 여행길'을 비행경로라고 오해하더라도 그것이 인간 문명의 발전 과정을 비유적으로 드러내는 것은 아니다.

⑤ [A]에서 도요새는 인간이 자연을 파괴하고 있다고 비판하고 있으므로 인간과 자연이 조화를 이루며 공존하고 있는 현실을 드러내고 있다는 진술은 적절하지 않다.

085

소재의 기능 파악   정답 ④

정답 해설 이 글의 '도요새'는 '나'에게 교훈과 깨달음을 주는 존재이고, 〈보기〉의 '매화'는 어리고 성기어서 피지 않을 것이라고 생각했던 것이 꽃을 피우고 암향이 부동하기까지 하여 화자가 경이로움을 느끼게 하는 존재이다.

오답 피하기 ① '도요새'가 인물에게 자신감을 주는지는 판단하기 어렵다. 도요새와 같은 자연물이 살기 어려운 환경 오염을 극복하겠다는 '나'의 의지는 찾을 수 있으나 그것이 자신감과 연결된다고 볼 수는 없기 때문이다. 또한 '매화'가 화자의 자존감을 상실하게 한다는 것도 적절하지 않다. 화자는 '매화'를 보며 감탄하고 있을 뿐, 자존감을 잃는 것은 아니기 때문이다.

② '도요새'는 '나'의 의지와 욕망을 대리 표현한 소재

라고 볼 여지가 있다. [A]에서 '도요새'가 한 말은 사실 '나'의 생각이기 때문이다. 그러나 '매화'는 화자가 극복해야 할 존재가 아니다.

③ '도요새'는 인물에 종속된 존재라고 볼 수 없다. 제시된 부분에 '도요새'는 실제로 등장하지 않으며 '나'가 자신의 의식을 강화하고 표현하기 위해 동원한 자연물에 가깝다. '매화'는 화자가 두고 보아 온 존재로 화자와 독립되어 있다고 볼 수 있다.

⑤ '도요새'는 현실의 문제점을 인식하고 극복하고자 하는 인물의 태도를 표상한다. '매화'는 화자가 추구하는 이념을 상징한다고 볼 여지가 있다. '어리고 성긴' 상태에서도 꽃을 피워 내고, '암향부동'까지 한 것은 어려운 상황을 이겨 내고 결실을 맺은 존재로 볼 수 있기 때문이다.

적용 학습 본문 129~132쪽

24 최윤, 「속삭임, 속삭임」
수특 동일 작품

| 해제 | 이 소설은 민족 분단과 이념 갈등을 소재로 두 속삭임, 즉 "나'가 딸에게 하는 속삭임'과 '아버지와 아재비가 나눈 속삭임'이 대립을 초월하는 화해와 공존의 방식이 될 수 있음을 형상화한 작품이다. 어른이 된 '나'는 여름휴가를 맞이하여 지인의 과수원에서 휴가를 보내게 되는데, 가족이 과수원을 운영하던 어린 시절에 자신을 아껴 준 어른인 '아재비'와의 일을 떠올리며 '아재비'를 가족으로 보살펴 준 자신의 부모의 선택이 가치 있는 것이었음을 말하고 있다.

| 주제 | 대화를 통한 분단의 상처 회복 가능성

| 전체 줄거리 | '나'는 여름휴가를 맞이하여 남편, 어린 딸과 함께 지인의 과수원에서 지내게 된다. 어린 시절 과수원을 하던 가족이 떠올라 흔쾌히 그곳을 선택하게 된 '나'는 휴가 동안 자신의 어린 시절을 떠올리게 되고, 가족과 함께 지냈던 '아재비'와의 일을 소개한다. '아재비'는 남로당 간부였던 인물로, 검거되어 호송되던 중 우연히 '나'의 가족의 집으로 도피하여 내내 그곳에서 머물게 된 인물이다. 나이가 어려 자세한 사정을 모르던 '나'는 그의 지극한 사랑을 받으며 지내다가 차차 그의 사연을 이해하게 된다. 그리고 어른이 되어 아재비를 다시 떠올리며 그가 자신을 아껴 준 마음의 소중함, 아재비를 가족 안으로 받아들였던 부모의 두터운 정의 가치를 깨닫게 된다. 그리고 자

신의 어린 딸을 바라보며 그 모든 사연을 언젠가는 전할 수 있기를 기원한다. ★교재 수록 부분 & 수특 수록 부분

연결 포인트

수능특강에서는 최윤의 「속삭임, 속삭임」이 단독 지문으로 구성되어 작품의 내용 이해, 인물의 심리·태도 파악, 소재의 기능 파악, 외적 준거에 따른 작품 감상을 묻고 있습니다.

「속삭임, 속삭임」은 2021학년도 10월 고3 학력평가에도 출제되었는데, 수능특강에 수록된 지문 중 '중략' 이후 부분이 겹쳐 있습니다. 문항도 서술상의 특징 파악, 작품의 내용 이해, 외적 준거에 따른 작품 감상, 소재의 기능 파악으로 대체로 유사한 문제 유형을 보이고 있습니다. 이는 「속삭임, 속삭임」이 주제를 전달하는 방식이 독특하고, 전달하는 주제 의식이 분명하기 때문이라 할 수 있습니다. 따라서 작품 속에 등장하는 소재와 배경의 상징적 의미, 인물들의 태도와 심리를 이해하고, 그것을 바탕으로 작품의 주제 의식을 이끌어 낼 수 있다면 이 작품과 관련하여 어떤 문제가 출제되더라도 어렵지 않게 풀어낼 수 있을 것입니다.

086

서술상의 특징 파악 정답 ③

정답 해설 1인칭 서술자인 '나'가 자신이 어린 시절에 겪은 일들에 대한 기억을 서술하고 있다. 고백적 진술을 통해 과거의 기억을 제시하고 있는 것이다. 그리고 '나는 그럴 때의 그들이 제일 아름다웠다고 생각한다.', '상식으로는 설명되지 않는 일들', '안온한 미소' 등과 같은 말을 통해 과거의 기억에 부여한 의미를 제시하고 있다.

오답 피하기 ① 과수원 주변에 대한 묘사가 나타나기는 하지만 그것이 인물의 태도가 변화하는 양상을 드러내는 것은 아니다.

② 이 글에는 인물 간의 대화가 제시되어 있지 않다.

④ 이 글의 서술자는 1인칭 서술자 '나'로, 서술자의 교체는 나타나지 않는다.

⑤ 서술의 초점이 되는 인물의 시선을 취할 수 있는 서술자는 전지적 서술자이나 이 작품의 서술자는 1인칭 서술자이다.

087

작품의 내용 이해 정답 ②

정답 해설 아버지는 아재비의 불안한 신원을 알고 그 것의 바람막이가 되어 주었다. 이를 통해 아버지가 그의 신원을 알아차릴 수 없었다고 이해하는 것이 적절하지 않음을 알 수 있다.

오답 피하기 ① '아재비의 어깨에 팔을 얹어 기대고 불편한 몸을 움직이며 짧은 산책을 하는 아버지와 그 옆에 그림자처럼 엉킨 아재비의 모습이었다.'를 통해 아재비는 거동이 어려운 아버지가 의지할 수 있던 대상이었음을 알 수 잇다.

③ '나'는 과수원의 호숫가에 앉아서 다시는 못 보게 될지도 모르는 낯익은 풍경들 하나하나에 애정 어린 시선을 나누어 주고 있다.

④ '나'가 어린 시절을 보낸 과수원은 인력이 부족하고 아버지의 오랜 투병으로 인한 빚 때문에 보전되지 못했다.

⑤ 어린 시절 '나'는 자신이 다니는 국민학교에서 아버지가 반공 강연을 했을 때 고개를 끄덕이는 사람들의 반응을 보고 어깨가 으쓱해졌다.

088

외적 준거에 따른 작품 감상 정답 ③

정답 해설 '나'가 딸에게 하는 속삭임에서 '고전적인 시인이어야겠다'는 것은 딸에 대한 '나'의 바람이 드러난 것이다. '나'는 딸이, 서로가 대립하고 싸우는 전쟁의 이미지인 '고약한 냄새'를 지우는, '딱딱하고 근육질이 박힌' 단어를 '가벼움과 부드러움'을 지닌 단어로 바꾸는, '미운 단어'를 아름답게 만드는 사람이 되기를 바라고 있다. 즉 딸이 세상의 대립, 대결 등을 없애고 조화와 화해를 이루는 사람이 되기를 바라는 '나'의 마음이 표현된 것이다. 그리고 '상식으로는 설명되지 않는 일들'은 가족을 모두 버리고 남쪽을 택해 내려온 만큼 공산주의를 싫어했던 아버지와, 남로당의 열성 간부였던 아재비가 대립하지 않고 조화로운 모습을 보여 준 것을 의미한다. 상식에 따르면 마땅히 대립해야 할 두 사람이 대립하지 않는 것을 의미하는 것이다. 이렇게 보면, '상식으로는 설명되지 않

는 일들'은 '고전적인 시인이어야겠다'는 것과 의미가 대응한다. '나'는 어린 시절의 체험을 통해 이미 '상식으로는 설명되지 않는 일들'이 어떤 것인지 알고 있다. 따라서 '상식으로는 설명되지 않는 일들'을 이해하려는 '나'의 소망이 '고전적인 시인이어야겠다'라는 말에 투영되어 있다고 이해하는 것은 적절하지 않다.

오답 피하기 ① '딱딱하고 근육질이 박힌'은 '공기 같은 가벼움과 부드러움'과 대조된다. '공기 같은 가벼움과 부드러움'은 '과수원'에 담긴 '평화'의 의미와 대응한다. '나'가 '과수원'에서 느낀 '평화'는 조화와 화해를 이루는 모습으로부터 느낀 것인데, 이러한 조화와 화해는 '공기 같은 가벼움과 부드러움'과 그 의미가 어울려 대립을 초월하는 화해와 공존에 대한 지향이라는 주제 의식의 형성에 기여하고 있다.

② '향기', '음악'은 화해와 공존을 보여 준 아버지와 아재비의 속삭임에서 연상할 수 있는 아름다움과 조응한다고 볼 수 있다.

④ '아버지와 아재비가 나눈 속삭임'은 이념의 대립을 넘어서는 화해와 공존의 의미가 있다.

⑤ '아재비와 아버지가 나눈 속삭임'은 과수원의 '평상 위', '좁은 길', '호수 주변' 등 사방에서 귀만 기울이면 들을 수 있는 것이었다. 이는 그들의 속삭임이 공간과 연계되어 과수원을 가득 채우는 것이었음을 나타낸다. '바람 소리 같은 그들의 속삭임'은 과수원의 여러 공간과 연계되었기에 '나'는 수많은 세월이 흘러도 그 속삭임을 잊지 못하고 있다.

089

소재의 기능 파악 정답 ⑤

정답 해설 '나'는 공책에서 아재비가 일생 동안 붙잡고 있었던 생각들이 두서없이 채워져 있는 것을 본다. 아재비가 겪어 온 사고의 모든 갈피들을 접하는데, 그것을 통해 '나'는 아재비가 변하지 않은 채로 일생을 살았던 것 같고 그것을 아버지나 어머니한테 그다지 숨겼던 것 같지도 않다고 서술하고 있다. 이는 '나'가 공책에 적혀 있는 것을 통해 아재비가 과수원에서 생활하는 동안에도 아재비의 신념에 변화가 없었다고 짐작했음을 보여 준다.

오답 피하기 ① 딱지 편지에 인용된 문장은 딱딱한 어투의 글들에 섞여 있던, 정갈하게 정리해서 쓴 모호한 암호 문자들이었다. 이 말들은 '작은 호수가 있네. 호수 주변에 채송화를 심었네.'와 같이 부드러운 말들이다. 따라서 딱지 편지에 인용된 문장이 본래 너무도 딱딱한 어투였다고 이해하는 것은 적절하지 않다.
② 부분적으로 자연을 읊은 글들이 있기는 했지만 딱딱한 어투의 글들도 섞여 있다고 했으므로 자연을 읊은 글들만 가득 차 있었다는 진술은 적절하지 않다.
③ 아재비가 일생 동안 붙잡고 있던 생각들은 '딱딱한 어투의 글들'을 통해 알 수 있다. 이 글들은 어린 '나'가 이해하기 어려운 것들이었다.
④ 아재비와 아버지가 친밀한 관계였음을 깨닫게 해 주는 말들이 적혀 있었는지는 제시된 지문만으로는 알 수 없다.

적용 학습

본문 133~135쪽

25 오영진, 「정직한 사기한」
수특 유사 작품

| 해제 | 가족으로 구성된 위조지폐 사기단이 선량한 청년을 속여 위조지폐 행각에 끌어들이는 내용을 통해, 1949년 대한민국 정부 수립 이후의 혼란하고 가난한 서민 생활을 바탕으로 배금주의 풍조, 타락한 양심의 일단을 풍자하고 있는 작품이다. 작가는 정직한 인물이 오히려 피해를 입는 모순된 현실 상황을 신랄하게 풍자하고 있다.

| 주제 | 선악이 구별되지 않는 모순된 사회 현실에 대한 풍자와 비판

| 전체 줄거리 | 가난을 면해 보려고 지폐 위조단이 된 한 가족은 빌딩에 유령 회사를 차려 놓고 사원 모집 광고를 낸다. 누명을 써서 전과자가 된 정직하고 미련한 청년이 사원으로 채용된다. 청년은 한 달 치 월급으로 받은 위조지폐로 양복을 구입하다 사복 형사에게 잡혀 사무실로 끌려오게 된다. **청년이 사용한 달러가 위조임이 밝혀지자 가족은 사기극을 중단하고 청년의 사원 채용 사실조차 부인한다. 결국 청년은 경찰서로 연행되고** ★교재 **수록부분** 일가족은 임대료를 물지 않기 위해 몰래 도망친다.

연결 포인트

수능특강에서는 오영진의 「살아 있는 이중생 각하」를 단독 지문으로 수록하여 작품의 내용 이해, 대사의 특성 이해, 연극 연출의 방법과 효과 추리, 외적 준거에 따른 작품 감상을 묻고 있습니다.

「살아 있는 이중생 각하」는 해방 직후의 혼란한 시대상에 대한 풍자와 비판을 담고 있습니다. 같은 시대 배경을 바탕으로 현실에 대한 풍자와 비판을 보여 주고 있다는 점에서 같은 작가의 작품인 「정직한 사기한」과 엮어 읽을 수 있습니다. 「정직한 사기한」은 2016학년도 9월 고2 학력평가에서 작품의 내용 파악, 외적 준거에 따른 작품 감상을 묻는 문항이 출제되었습니다. 제목에 담긴 의미와 당대 시대에 대한 풍자를 이해할 수 있다면 오영진의 두 작품 중 어떤 부분이 출제되더라도 잘 풀어낼 수 있을 것입니다.

090

작품의 내용 이해 　　　　　　　　　　　　　**정답 ⑤**

정답 해설 '사원 병'은 '청년' 때문에 위조지폐가 실패했다고 말하고, '사원 갑'은 '청년'을 모자란 사람이라고 말하고 있으므로, 그들이 '청년'을 동정한다는 진술은 적절하지 않다.

오답 피하기 ① '사복'은 '청년'의 말을 거짓말로 치부하고 '사장'의 말을 신뢰하는 모습을 보이고 있다.
② '청년'은 끌려가는 마지막 순간까지 '아씨'를 부르며 '아씨'는 거짓말을 안 할 것이라고 굳게 믿고 있다.
③ '사장'은 '사복' 앞에서 '청년'을 생면부지라고 하면서 모른 체하고 있다.
④ "결국 또 실패지."라는 말과 "그 미련한 녀석 때문에 단단히 손해 봤다."라는 말을 통해 확인할 수 있다.

091

외적 준거에 따른 작품 감상 　　　　　　　　**정답 ②**

정답 해설 [B]에서 '청년'이 위조지폐로 양복을 구매하려 한 일은 사복의 말을 통해 제시되고 있을 뿐, 무대 공간에서 일어난 것이 아니다.

오답 피하기 ① '사복'이 '청년'의 뺨을 때리고 의견을 묵살하는 일은 인물의 행동과 대화로 제시되어 있다.

③ [C]의 '인마, 떠들지 마라, 가자!(억지로 끌고 나간다.)' 등의 내용을 보면 해당 내용은 인물의 행동과 대화를 통해 제시되어 있음을 알 수 있다.

④ '지갑에서 진짜를 꺼내 대조하며'를 보면 해당 내용은 인물의 행동과 대화를 통해 제시되어 있음을 알 수 있다.

⑤ 도안과 잉크, 종이가 틀리다고 다투는 사원들의 말과 행동을 보면 해당 내용은 인물의 행동과 대화를 통해 제시되어 있음을 알 수 있다.

적용 학습   본문 136~139쪽

26 황석영, 「한씨 연대기」

수특 유사 작품

| 해제 | 이 작품은 6·25 전쟁의 왜곡된 역사 속에서 양심적이고 성실하게 살아가려는 한 지식인의 시련과 비극을 사실적으로 그려 내고 있는 소설이다. 주인공인 한영덕은 역사의 격동 속에서도 소신껏 자신의 일을 성실하게 해 나가지만 결국 남과 북 모두에게 버림받는다. 이런 그의 삶에서 분단 체제가 낳은 인간의 비극을 읽어 낼 수 있으며, 그런 점에서 역사적 사건이 어떻게 개인의 삶에 폭력을 가하고 그 삶을 피폐하게 하는가를 잘 형상화해 낸 작품이라 할 수 있다.

| 주제 | 분단의 상황에서 겪게 되는 개인과 민족의 비극

| 전체 줄거리 | 의학부 산부인과 교수인 한영덕은 6·25 전쟁 당시 특별 병동 담당 의사이지만 자신의 소신에 따라 일반 병동 환자를 치료하는 데 더 몰두한다. 이로 인해 반동분자로 낙인 찍혀 ★교재 수록 부분 사형당할 위기에 처하지만 사형장에서 기적적으로 살아나게 되고 가족을 북에 남겨 둔 채 혼자 월남한다. 이후 생계를 위해 자신의 의사 면허를 박가에게 빌려준 후 낙태 수술 문제로 양심의 가책에 시달리는 등 박가와도 갈등을 겪는다. 무면허 의사인 박가는 한영덕을 배신하고 그에게 간첩 누명을 씌워 정보대에 고발한다. 한영덕은 기관에 끌려가 모진 고문을 겪은 후 어렵게 간첩 누명을 벗지만, 불법 낙태 수술을 한 혐의로 결국 실형을 살게 된다. ★교재 수록 부분 형을 살던 중 월남 후 재혼한 아내인 윤미경으로부터 휴전이 되었다는 소식을 듣고 절망한다. 만기 출소한 한영덕은 온전한 삶을 살지 못하고 집을 나가 떠돌다가 지방 소도시에서 장의사로 삶을 마감하게 된다. 한영덕의 딸인 한혜자는 아버지의 장례식에 찾아

오지만 아버지의 매장은 아직 끝나지 않았다고 말하며 빈소를 떠난다. ★수특 수록 부분

> ◀ 연결 포인트

수능특강에서는 황석영 원작, 김석만·오인두 각색의 「한씨 연대기」를 단독 지문으로 수록하여 작품의 내용 파악, 대사의 특성 이해, 극적 형상화 방식의 이해, 외적 준거에 따른 작품 감상을 묻고 있습니다.

이 작품은 원작 소설을 각색한 희곡이라는 점에서 원작 소설인 황석영의 「한씨 연대기」와 엮어 읽을 수 있습니다. 「한씨 연대기」는 2015년 4월 고3 학력평가에서 서술상의 특징 파악, 인물의 심리·태도 파악, 외적 준거에 따른 작품 감상, 작품의 변형과 재구성을 묻는 문항이 출제되었습니다. 6·25 전쟁이라는 역사적 사건이 주인공의 삶에 미친 영향이 무엇인지 이해하고, 그 비극이 어떤 사회적 의미를 갖는지를 고려한다면 작품의 어떤 장면이 출제되더라도 어렵지 않게 이해할 수 있을 것입니다.

092

서술상의 특징 파악   정답 ②

정답 해설 이 작품은 3인칭 전지적 작가 시점에서 한영덕이나 한영숙의 내면을 직접 서술하고 있으며, 한영덕이 재판을 받게 된 정황 등을 직접 서술하여 독자의 이해를 돕고 있다.

오답 피하기 ① 인물의 가치관의 변화 과정은 드러나 있지 않다.

③ 북한과 남한에서 있었던 일을 제시했으나 동시에 진행되는 사건을 병렬적으로 서술했다고 볼 수 없다.

④ 서술자의 교체가 나타나지 않는다.

⑤ 인물의 독백을 통한 과거와 현재의 교차 서술이 나타나지 않는다.

093

인물의 심리, 태도 파악   정답 ②

정답 해설 ㉡은 '거친 음성과 구둣발 소리가 다가'오는데도 불구하고 침착하게 수술을 하는 장면이므로 한영덕이 자신에게 닥칠 상황에 대해 두려움을 느꼈다

는 진술은 적절하지 않다.

오답 피하기 ① 자신 때문에 간호원과 조수를 위험에 처하지 않게 배려하는 한영덕의 마음을 알 수 있다.
③ 한 여사는 한영덕이 정보대의 협박 때문에 재판에서 거짓 자백을 할까 걱정하며 그러지 않도록 당부하고 있다.
④ 한 여사가 한영덕의 일로 민상호와 박가, 김가, 이가에게 분노하고 있음을 알 수 있다.
⑤ 민상호가 한 여사의 말에 대해 빈정거리고 있음을 알 수 있다.

094

외적 준거에 따른 작품 감상   **정답 ⑤**

정답 해설 〈보기〉의 구조도는 공간 A인 북한에서 공간 B인 남한으로 이동하면서 개인인 한영덕이 각 사회에서 그 사회의 이데올로기와 갈등하는 것을 보여 주고 있다. 남한에서 한영덕이 '자궁 척출' 수술에 대해 '책임'을 느끼는 것은 '바로 자신의 천직에 대한 회한이었을지도 몰랐다.'라는 부분으로 미루어 의사로서 느끼는 책임감 때문임을 알 수 있다. 따라서 그가 사회의 이데올로기에 굴복한 것으로 볼 수 있다는 진술은 적절하지 않다.

오답 피하기 ① 북한에서 '특병동' 환자인 경무원을 먼저 치료하라고 요구하는 것에서 북한 사회의 이데올로기적 억압을, 남한의 정보대에서 한영덕이 죄가 없는데도 그가 간첩이라는 투서를 받아들이고 그를 '협박'하는 것에서는 남한의 반공 이데올로기의 억압이 드러난다.
② 북한에서 한영덕이 '아이'를 먼저 지료하는 것은 특병동 환자보다 아이가 더 위급하다고 판단했기 때문이며, 남한에서 한영덕이 '자궁 척출' 수술을 한 것은 환자의 생명을 구하기 위해서였으므로 의사로서 생명을 중시하는 한영덕의 가치관을 알 수 있다.
③ 한영덕이 위급한 환자를 먼저 살폈다는 이유로 '지하실'에 갇히게 된 것은 개인과 사회의 가치관 충돌을 드러낸다고 볼 수 있다.
④ 남한에서 한영덕이 자신의 양심에 따라 환자의 생명을 살리기 위해 자궁 척출 수술을 했음에도 불구하

고 이로 인해 '재판'을 통해 처벌을 받은 것은 현실의 부조리함을 보여 준다고 할 수 있다.

095

작품의 변형과 재구성   **정답 ⑤**

정답 해설 [A]와 달리 〈보기〉에서는 '간호원'이 등장하지만 이를 통해 무대 밖의 사건을 전달하지 않았으며 인물 간의 갈등이 고조될 것임을 암시한다고 볼 수도 없다.

오답 피하기 ① '원장, 입을 굳게 다물고 나간다.'를 통해 원장의 심리를 부각했음을 알 수 있다.
② '조명, 어두워진다. 포격 소리가 더 크게 들린다.'에서 조명과 음향을 활용하여 전쟁 중이라는 시대적 배경을 드러내고 있음을 알 수 있다.
③ '파편'과 그에 대한 한영덕의 대사를 삽입하여 전쟁의 비극성을 부각하고 있음을 알 수 있다.
④ 화를 억제하며 '수술대로 와서 지시봉으로 환자 얼굴을 가린 천을 들춰 보고'를 통해 원장의 부정적 모습을 강조하고 있음을 알 수 있다.

적용 학습   본문 140～145쪽

27   **가**   김수영, 「구름의 파수병」

| 해제 | 이 작품은 시를 통해 진정한 자유를 추구했지만 생활과 시 사이에서 갈등했던 작가의 진솔한 자기 성찰이 담겨 있는 시이다. 화자는 생활에 몰두하려는 자신을 '반역된 생활'을 하고 있다고 여긴다. 화자는 이러한 '반역된 생활'에 몰두하는 자신을 반성하면서 어떤 방향으로 나아가야 할지는 모르지만 '반역의 정신'을 향해 살아갈 것을 추구하고 있다. 그리하여 생활을 위해 시에서 멀어졌던 화자는 다시 자유를 노래하는 시인이 되기 위한 자신을 '구름의 파수병'으로 형상화하고 있다.

| 주제 | 진정한 시를 쓰기 위한 진지한 자기 성찰

| 구성 | • 1～3연: 시와 반역된 생활을 하고 있는 '나'
     • 4연: 낡아 빠진 생활을 하게 만드는 세상
     • 5～7연: 시를 배반하고 사는 마음
     • 8연: 구름의 파수병으로 살겠다는 다짐

| 해제 | 이 작품은 불상 제작에서 형태와 내용을 둘러싼 인물들 간의 갈등을 통해 예술의 본질이 무엇인지에 대한 물음을 던지고 있는 희곡이다. 부처의 모습(형식)을 중요시하는 동연과, 부처의 마음(내용)을 중요시하는 서연 사이의 갈등을 중심으로 함묘진과 그의 딸인 함이정, 함이정의 아들인 조숭인까지 3대의 인물이 동연, 서연과 얽혀 있는 관계가 맞물리면서 사건이 전개되고 있다. 이를 통해 형식과 내용, 이 두 요소가 상호 균형을 이루어야 비로소 예술적 완성에 이르게 된다는 주제를 제시하고 있다.

| 주제 | 예술의 본질적 가치 추구

| 전체 줄거리 | 함이정이 그녀의 아들 조숭인과 서연의 장례식장에서 대화를 나누면서 과거 회상이 시작된다. 불상 제작자 함묘진의 제자인 동연과 서연은 불상 제작에 대한 서로 다른 생각으로 갈등을 겪고, 서연은 진정한 부처의 마음을 찾기 위해 길을 떠난다. ★교재 수록 부분 이후 동연은 불상 제작자로 명성을 얻고 스승의 딸인 함이정과 결혼하여 아들 조숭인을 낳는다. 그러던 중 사고로 함묘진이 세상을 떠나자, 함이정은 서연을 찾아 나선다. 한편 조숭인은 불상 제작자가 되길 바라는 동연의 소망을 뒤로하고는 정신적인 아버지 서연과 생부인 동연의 불협화음을 조화시켜 보기로 결심한다. 함이정과 서연은 여러 곳을 돌아다니며 부처를 만들고 함이정은 서연의 임종을 지키게 된다. 그리고 함이정은 서연의 장례식장에 나타난 조숭인에게 지난날의 이야기를 들려준다.

▶ **연결 포인트**

　수능특강에는 이강백의 「북어 대가리」를 단독 지문으로 구성하여 인물의 심리·태도 파악, 극적 형상화 방식의 이해, 외적 준거에 따른 작품 감상을 묻고 있습니다.
　「북어 대가리」는 현실이 가진 문제를 비판하고 있는 작품입니다. 그런 점에서 그와 대조적으로 삶의 본질적 문제를 탐구하고 있는 이강백의 또 다른 희곡인 「느낌, 극락같은」과 엮어 읽을 수 있습니다. 「느낌, 극락같은」은 2017학년도 대학수학능력시험에 출제되었던 작품입니다. 김수영의 시 「구름의 파수병」과 함께 구성되어 '공간'의 의미를 중심으로 작품을 올바르게 감상하고 있는가를 묻고 있습니다. 또한 「느낌, 극락같은」의 갈래인 희곡의 특성을 고려하여 작품의 내용을 바르게 이해하고 있는가와 등장인물을 적절하게 이해하고 있는가를 묻고 있습니다. 희곡 문제에서 빠지지 않고 나오는 문제는 바로 '등장 인물'에 관한 질문입니다. 따라서 인물이 한 중요한 말과 행동 등을 놓치지 않고 읽을 수 있어야 합니다. 인물의 말과

행동 중에서 중요한 문장에는 밑줄을 그어 가면서 등장인물의 특성을 자세히 살펴본다면 어떠한 지문과 문제들이 나오더라도 어렵지 않게 풀 수 있을 것입니다.

096

작품의 종합적 이해와 감상 　　　　　　정답 ②

정답 해설 (가)의 화자는 3연에서 '만약에 또 어느 나의 친구가 와서 나의 꿈을 깨워 주고 / 나의 그릇됨을 꾸짖어 주어도 좋다'라고 하고 있다. 따라서 화자가 '나의 친구'의 방문을 받았다고 할 수 없을 뿐만 아니라 '나의 친구'의 방문으로 자신의 삶이 '그릇됨'을 자각하고 있다고 할 수도 없다.

오답 피하기 ① (가)의 화자는 1연에서 '만약에 나라는 사람을 유심히 들여다본다고 하자 / 그러면 나는 내가 시와는 반역된 생활을 하고 있다는 것을 알 것이다'라고 하였으며, 2연에서 '먼 산정에 서 있는 마음으로 나의 자식과 나의 아내와 / 그 주위에 놓인 잡스러운 물건들을 본다'라고 하고 있다. 따라서 화자는 자신뿐만 아니라 '자식'과 '아내', 그리고 '주위'의 '물건들'까지 살펴보면서 자기의 생활을 성찰하고 있다고 할 수 있다.

③ (가)의 화자는 4연에서 '고생도 마음대로 할 수 없는 세상에서는 / 철 늦은 거미같이 존재 없이 살기도 어려운 일'이라고 하고 있다. 따라서 화자는 '고생도 마음대로 할 수 없는 세상'에서 '존재 없이' 살아가는 것이 어렵다고 느끼고 있다고 할 수 있다.

④ (가)의 화자는 6연에서 '시를 배반하고 사는 마음이여 / 자기의 나체를 더듬어 보고 살펴볼 수 없는 시인처럼 비참한 사람이 또 어디 있을까'라고 하고 있다. 따라서 화자는 자신을 '자기의 나체를 더듬어 보고 살펴볼 수 없는' 비참한 존재로 인식하고 있다고 할 수 있다.

⑤ (가)의 화자는 1연에서 '그러면 나는 내가 시와는 반역된 생활을 하고 있다는 것을 알 것이다'라고 하였으며, 8연에서 '시를 반역한 죄로 / 이 메마른 산정에서 오랫동안 꿈도 없이 바라보아야 ☞할 구름 / 그리고 그 구름의 파수병인 나.'라고 하고 있다. 따라서 화자는 자신이 '시와는 반역된 생활'을 하고 있으며

그것을 '죄'로 받아들이면서 자신을 '구름의 파수병'으로 규정하고 있다고 할 수 있다.

097

외적 준거에 따른 작품 감상   **정답 ②**

정답 해설 3연의 '나는 이미 정해진 물체만을 보기로 결심하고'에서 '이미 정해진 물체'는 2연의 '잡스러운 물건들'로 볼 수 있다. 〈보기〉에서 ㉠은 시선을 고정하려는 태도로 나타난다고 하였는데, 2연의 '잡스러운 물건들'은 화자의 생활과 관련되어 있는 대상이므로 '나는 이미 정해진 물체만을 보기로 결심하고'에서는 생활에 시선을 고정하려는 화자의 태도를 엿볼 수 있다. 따라서 '나는 이미 정해진 물체만을 보기로 결심하고'가 ㉠과 ㉡의 갈등을 해소한 화자의 심정을 드러내고 있다고 할 수 없다.

오답 피하기 ① 〈보기〉에 따르면 「구름의 파수병」에는 시와 생활 사이에서 갈등하는 화자의 진솔한 자기 성찰이 드러난다고 하였다. 1연의 '내가 시와는 반역된 생활을 하고 있다'는 화자가 '나라는 사람을 유심히 들여다본' 결과에 해당한다. 따라서 '내가 시와는 반역된 생활을 하고 있다'에는 화자의 진솔한 성찰이 담겨 있다고 볼 수 있다.
③ 〈보기〉에 따르면 화자는 '생활에 몰두하려는 자아(㉠)'를 극복하고자 하면서 '시를 새롭게 지향하려는 자아(㉡)'를 등장시킨다고 하였으며, ㉠에서 벗어나 ㉡으로 변모하고자 하는 화자는 '날아간 제비'를 떠올리다가 '반역의 정신'을 추구하는 데 이른다고 하였다. 7연의 '어디로이든 가야 할 반역의 정신'은, 화자가 '반역의 정신'을 추구하는 데 다다른 것으로 볼 수 있다. 따라서 화자가 자신을 '어디로이든 가야 할' 존재로 여기는 것은 ㉠에서 ㉡으로 나아가려는 의지에서 비롯한 것이라 할 수 있다.
④ 〈보기〉에 따르면 ㉠에서 벗어나 ㉡으로 변모하고자 하는 화자는 '반역의 정신'을 추구하는 데 이른다고 하였다. 따라서 화자가 '메마른 산정'에서 지향하는 '반역의 정신'은 화자가 ㉡으로서 추구하는 것이라고 할 수 있다.
⑤ 〈보기〉에 따르면 ㉠에서 벗어나 ㉡으로 변모하고

자 하는 화자는 '반역의 정신'을 추구하는 데 이른다고 하였다. 화자가 ㉠에서 ㉡으로 변모하면서 '메마른 산정'에서 '구름'을 '꿈도 없이 바라보아야 할' 대상으로 삼고 있으므로, '구름의 파수병'은 시와 생활 사이에서 갈등하던 화자가 두 자아의 갈등 속에서 시를 새롭게 지향하려는 의식이 반영된 이미지라고 할 수 있다.

098

작품 간의 공통점, 차이점 파악   **정답 ①**

정답 해설 [A]에서 화자는 '방 두 칸', '마루 한 칸', '말쑥한 부엌', '애처로운 처'를 나열하면서 '남과 같이 살아간다는 것'을 '쑥스러'워하고 있다. 따라서 [A]는 대상을 나열함으로써 화자의 정서가 촉발된 상황을 제시하고 있다고 할 수 있다.

오답 피하기 ② [B]에서 함이정은 개울물을 바라보면서 '얼굴', '얼굴 뒤엔 구름', '구름 뒤엔 하늘'과 같이 물 위에 비쳐 보이는 대상들을 순차적으로 나열하고 있으며, 물을 마시며 맑고 시원함을 느끼고 있다. 따라서 [B]가 의미가 확장되는 대상들의 연쇄를 통해 함이정의 혼란스러운 내면을 보여 주고 있다고 볼 수 없다.
③ [A]의 대상들은 '남과 같이 살아'가기 위한 평범한 삶의 조건들을 의미하는데, 화자는 이러한 조건들을 갖추고 살아가는 것을 쑥스러워하고 있다. 따라서 [A]의 대상들이 화자의 만족을 드러낸다고 할 수 없다. [B]의 대상들은 개울물 위에 비쳐 보이는 것들일 뿐 함이정의 불만을 드러낸다고 할 수 없다.
④ [A]에 제시된 대상들은 화자의 생활과 관련이 있는 것들이다. 그러나 화자는 이러한 대상들을 거느리고 '외양만이라도 남과 같이 살아간다는 것'을 쑥스러워하고 있으므로 [A]에서 화자와 대상들 간의 연속성이 드러난다고 볼 수 없다. [B]에서 함이정은 물 위에 비친 자신의 얼굴과 서연의 얼굴을 '우리 얼굴'이라고 언급하고 있다. 따라서 [B]에서 인물 간의 단절감이 암시된다고 볼 수 없다.
⑤ [A]와 [B]에서는 대상의 속성을 반어적으로 표현하고 있지 않다.

099

갈래의 특징과 성격   정답 ②

정답 해설 ⓑ에서 '상복'을 입고 있던 함이정과 조승인이 '밝은 색 옷'을 입고 나오면서 함이정과 조승인이 서연의 장례식을 치르던 장면에서 서연과 동연이 서로의 예술관을 두고 의견을 달리하는 장면으로 전환되고 있음을 나타낸다고 할 수 있다.

오답 피하기 ① ⓐ에서 한가운데에 펼쳐 있던 천막이 무대 천장 위로 올라가게 되면 분리되어 있던 공간이 통합된다. 그러므로 무대 장치의 이동으로 극 중 공간을 좌우로 분리시킨다는 설명은 적절하지 않다.
③ ⓒ에서는 조명을 통해 개울물의 흐름을 나타내고 있다. 이후 장면에서 개울물은 이 세상과 저세상을 분리하는 상징적 공간으로서의 기능을 하고 있으므로 ⓒ는 조명 변화를 통해 개울물에 주목하게 하고 있을 뿐 등장인물들의 갈등 해소를 보여 주고 있다고 할 수 없다.
④ ⓓ의 뒤에서는 함묘진이 피아노 옆을 지나 개울물을 건너가는 행동이 나타나므로 ⓓ는 등장인물이 무대 안에서 피아노로 음향 효과를 낸 것이라 할 수 있다.
⑤ ⓔ에서는 인물의 다급한 행동이 나타나 있으므로 ⓔ가 소품을 이용해서 극적 긴장감을 완화시킨다고 할 수 없다.

100

외적 준거에 따른 작품 감상   정답 ④

정답 해설 (나)에서 '돌부처'를 만들며 가는 '길'은 '부처의 모습'이 아닌 '부처의 마음'을 담아내고자 한 서연의 예술관을 상징하는 공간이라 할 수 있다. 이 공간은 '하늘'과 대비되는 공간이 아니다. 그리고 조승인이 작곡을 하고 있는 장면은 서연과 함이정이 개울물 양쪽에서 서로를 바라보고 있는 장면과 연결된다. 따라서 이 '길'은 서연의 예술관이 조승인에게 전수되는 공간이라고 할 수 없다. ㅍ

오답 피하기 ① (가)의 6연의 '거리에 나와서 집을 보고 집에 앉아서 거리를 그리던 어리석음도 이제는 모

두 사라졌나 보다'에서 화자는 '생활'을 상징하는 '집'과 '시'를 상징하는 '거리' 사이에서 방황하였음을 알 수 있다. 따라서 '집'과 '거리'는 '생활'과 '시' 사이에서 갈등하며 삶의 방향을 정하지 못했던 화자에게 대비적으로 인식되었던 공간이라고 할 수 있다.
② (가)의 2연의 '먼 산정에 서 있는 마음으로 나의 자식과 나의 아내와 / 그 주위에 놓인 잡스러운 물건들을 본다'에서 화자는 '먼 산정'으로 상징되는 가상의 공간에서 자신의 생활을 들여다보고 있음을 알 수 있다. 따라서 '먼 산정'은 화자의 생활 공간과 대비되는 공간으로서 화자가 자신의 현실을 응시하기 위해 상정한 공간이라고 할 수 있다.
③ (나)의 '작업장'에서는 불상 제작과 관련하여 서로 다른 생각을 품고 있는 서연과 동연의 대립이 나타나 있다. 따라서 '작업장'은 불상을 제작하는 과정에서 동연과 서연의 예술관이 부딪치는 공간이라고 할 수 있다.
⑤ (나)에서 개울물의 '이쪽'은 이 세상을, 개울물의 '저쪽'은 저세상을 상징한다. 그런데 "극락문이 열렸다! 극락문이 열렸어!"라고 외치며 서연의 뒤를 따르는 함묘진의 행동을 고려할 때, 서연이 향한 개울물 '저쪽'은 단순히 저세상을 의미하는 공간을 넘어서 예술의 본질을 추구하던 서연이 도달하게 되는 공간이라고 할 수 있다.

101

인물의 성격 파악   정답 ③

정답 해설 "할아버지 목청은 왜 저렇게 커요?"라는 조승인의 대사는 이후에 등장하는 함묘진, 동연, 서연 사이의 일에 아무런 영향을 주지 않고 있다. 따라서 "할아버지 목청은 왜 저렇게 커요?"라는 대사에서 조승인이 등장인물의 행동을 평하면서 다른 인물들 간의 갈등을 유발하는 기능을 한다고 볼 수 없다.

오답 피하기 ① "그런데 어느 날, 스승인 아버님이~ 두 제자들이 자릴 비우고 없었어."라는 대사 이후에 극 중 사건은 현재에서 서연과 동연이 갈등하던 과거로 전환되고 있다.

② "동연아! 서연아! 어디 있느냐?"라는 대사에 등장하는 동연과 서연은 '어머니의 처녀 시절' 이야기 속에 등장하는 함묘진의 두 제자로, 함묘진이 외쳐 부르자 무대로 등장한다.

④ "서연은 쓸데없는 주장으로 저를 괴롭힙니다."라는 대사를 통해 동연과 서연이 서로 갈등하고 있음을 추리할 수 있다. 따라서 동연은 '어머니의 처녀 시절' 이야기 속 갈등의 한 축임을 알 수 있다.

⑤ "돌로도 부처님을~안 될 건 없지."라는 대사를 통해 서연은 어떠한 재료로도 부처의 모습이 아닌 부처의 마음을 추구하던 자신의 예술관을 구현해 낼 수 있음을 보여 주고 있다. 따라서 서연은 예술의 본질이 무엇인지에 대한 물음을 던지는 작품의 주제 의식을 전달하는 인물 중 하나임을 알 수 있다.

적용 학습 본문 146~150쪽

28 송혜진 · 박흥식, 「인어 공주」
수특 동일 작품

| 해제 | 이 작품은 2004년 개봉한 영화 「인어 공주」의 시나리오로, 딸이 부모님의 젊은 시절로 돌아가 겪게 되는 이야기를 담고 있다. 이 작품은 낭만적 첫사랑과 모녀간의 이해라는 두 가지의 내용을 중심축으로 전개되고 있다. 과거로 돌아가 스무 살 시절 어머니의 모습을 목격한 딸은 현실에서의 억척스러운 어머니의 모습을 진심으로 이해하게 되면서 가족 간의 사랑을 깨닫게 된다.

| 주제 | 모녀간의 갈등과 이해, 부모 세대의 낭만적 첫사랑

| 전체 줄거리 | 우체국 직원으로 일하는 나영은 쪼들리는 생활 속에서 억척스럽게 살아온 어머니(연순)와 생계를 어렵게 만들었던 무능한 아버지(진국)와의 생활에서 벗어나고 싶다고 여기며 연인 도현과의 관계에서도 미래를 설계하기 두려워한다. ☆ **수특수록부분** 아버지의 병이 깊어진 것을 알면서도 동정하지 않는 어머니, 가족들로부터 멀어지고자 사라져 버린 아버지를 외면한 채 해외여행을 떠나려던 나영은 결국 아버지를 찾아 고향인 제주로 향하는데, 그곳에서 젊은 시절의 어머니를 만나 함께 생활한다. 주워 온 아이로 자라 배우지 못하고 해녀가 된 채 어린 나이에 동생을 혼자 돌보며 살아가는 어머니 연순의 앳되고 씩씩한 모습, 젊은 우체부 진국과 사랑을 키워 가는 풋풋한 모습을 보며 현실에서의 부모의 모습을 이해하고 연민을 느끼게

된다. ★**교재수록부분&수특수록부분** 결국 현실로 돌아온 나영은 아버지를 만나 어머니와 함께 아버지의 임종을 맞이하고, 세월이 흘러 자신도 어머니가 되어 또 하나의 가정을 꾸려 살아가게 된다.

> **◁ 연결 포인트**
>
> 수능특강에서는 송혜진 · 박흥식의 「인어 공주」를 단독 지문으로 수록하여 소재의 기능 파악, 지시문의 의미와 기능 파악, 작품의 맥락 이해, 외적 준거에 따른 작품 감상을 묻고 있습니다.
>
> 「인어 공주」는 2020학년도 수능완성 국어에도 수록되어 작품의 내용 파악, 극적 형상화 방식의 이해, 외적 준거에 따른 작품 감상을 묻는 문항이 출제되었습니다. 작품 구성의 핵심이 되는 '타임 슬립'이라는 극적 장치를 이해하고, 극 갈래의 특징을 중심으로 작품의 내용을 정리한다면 작품과 관련한 어떤 문항이 출제되더라도 자신 있게 해결할 수 있을 것입니다.

102

작품의 내용 이해 정답 ②

정답 해설 S#95에서 연순은 나영에게 과거 자신이 출생의 비밀을 알게 된 일에 대해 이야기하지만, 나영에게 용서를 구하고 있지는 않다.

오답 피하기 ① S#95에서 나영이 자신을 '언니'라고 부르는 젊은 시절의 연순을 정성스럽게 간호하고 있음을 알 수 있다.

③ S#95의 연순이 물질도 하고 싶지 않다고 말하는 것에서 젊은 연순이 해녀임을 알 수 있다. 또한 S#95의 나영의 말을 통해 현재의 연순은 때밀이로 살아가고 있음을 알 수 있다.

④ S#96에서 나영은 연순이 진국에게 쓴 편지를 읽으며 눈물을 글썽이고 있다.

⑤ S#98에서 노래를 부르던 외삼촌이 나영을 맞이하고 있다.

103

극적 형상화 방식의 이해 정답 ③

정답 해설 동화 「인어 공주」 중 인어 공주가 왕자를 기다리는 장면에서 인어 공주가 연순의 모습으로, 왕자가 진국의 모습으로 대체되는 것은, 지금은 남편에게 모질게 대하는 연순 역시 과거에는 동화 속 인어 공주처럼 진국을 애틋한 마음으로 사랑하였음을 극적으로 보여 준다.

오답 피하기 ① 동화의 내용을 바탕으로 진국을 기다리는 연순의 모습을 연상할 수 있을 뿐, 이를 통해 연순이 진국을 처음으로 좋아하게 된 계기를 알기는 어렵다.

② 해당 동화의 내용을 통해 연순과 진국 사이의 갈등이 해소되는 양상을 구체적으로 설명한다고 보기는 어렵다.

④ 동화적 상상력을 통해 작품에 신비로운 분위기가 조성된다고 볼 수는 있으나, 이러한 신비로운 분위기가 나영이 회상하는 엄마의 모습과 관련이 있는 것은 아니다.

⑤ 연순과 진국이 이별하는 사건과 연순이 나영에게 동화책을 읽어 주는 사건은 동시에 전개되고 있지 않다.

104

외적 준거에 따른 작품 감상   **정답 ②**

정답 해설 #97에서 나영이 우체국을 나오는 장면과 우체국 앞에서 젊은 엄마의 모습을 떠올리는 장면은 연이어 제시되고 있으므로 병치되고 있다고 보기는 어렵다. 또한 두 장면 모두 현재의 나영이 부모님의 젊은 시절로 돌아갔을 때의 일이므로 과거에서 현재로의 변화를 보여 주기 위한 것이라는 설명도 적절하지 않다.

오답 피하기 ① S#95에서 잠든 연순을 바라보던 나영이 엄마 생각에 눈물 흘리는 것은, 젊은 연순을 만남으로써 억척스럽다고만 생각했던 현재의 엄마를 나영이 이해할 수 있게 되었음을 보여 준다.

③ S#97에서 자신을 떠미는 연순에게 밀려 화면 밖으로 나영이 빠져나온 후 시간이 변화하였으므로 이러한 영상 처리 기법이 시간 이동을 구현하는 데 활용되었음을 알 수 있다.

④ S#97에서 어린 시절의 나영이 아닌, 성장한 현재의 나영이 자신에게 신발을 신는 법을 알려 주었던

젊은 시절의 어머니를 바라보는 것은 나영이 잠시 잊고 지냈던 자신에 대한 엄마의 사랑을 깨닫고 있음을 보여 준다.

⑤ 나영이 아버지를 찾아 제주도로 떠나게 된 것은 겨울이다. S#97에서 나영이 추위를 느끼는 모습과 '다시 겨울'이라는 지시문을 통해 시간이 과거에서 현재로 다시 돌아오게 되었음을 짐작할 수 있다.

적용 학습   본문 151~153쪽

29 박상연 원작, 박찬욱 외 각색, 「공동 경비 구역 JSA」

수특 유사 작품

| 해제 | 이 작품은 판문점 공동 경비 구역 북측 초소에서 발생한 총격 사건의 진실을 파헤치는 추리극 형식의 영화 시나리오이다. 사건에 대한 남과 북의 주장이 서로 대립하자 중립국 감독 위원회에서는 한국계 스위스 장교(소피)를 파견하여 수사를 진행한다. 이 과정에서 이념을 뛰어넘어 교류했던 남북 병사의 우정이 밝혀지면서 분단 현실의 극복을 위해서는 남북한의 협력이 필요하다는 주제 의식이 제시된다. 공동 경비 구역을 분단에 따른 대치의 공간이 아닌 공존과 화해의 지역으로 이해하고자 하는 시도를 통해 이념적 갈등 상황에 대한 휴머니즘적 극복 가능성을 보여 준다는 점에서 의의를 갖는 작품이다.

| 주제 | 분단에서 비롯된 비극적 현실과 이념적 갈등을 뛰어넘은 남북 병사의 우정

| 전체 줄거리 | 판문점의 공동 경비 구역(JSA) 내 '돌아오지 않는 다리' 북측 초소에서 격렬한 총성이 나며 북측 병사 두 사람이 죽는 사건이 벌어진다. 이 사건의 해결을 위해 한국계 중립국 수사관 소피가 파견된다. 사건 현장에 있었던 남한의 이수혁 병장과 북한의 오경필 중사는 각각 상반된 진술을 한다. 사건이 발생하기 전, 수혁은 수색 중에 낙오되었다가 경필과 우진의 도움을 받아 서로 친해지고 후임 성식에게도 경필과 우진을 소개하여 네 병사는 함께 우정을 쌓아 갔다. 소피는 수혁과 경필을 대질 신문하려고 하였으나, 경필이 수혁에게 의도적으로 덤벼들어 계획은 무산되고 소피의 아버지가 과거 인민군 장교였음이 밝혀지면서 소피의 수사관 자격이 문제가 된다. 소피는 수사 본부에 수혁을 불러 자신의 추리를 이야기하고 수혁에게 진실을 말해 주면 오경필의 안전을 책임지겠다고 말한다. ★교재수록 부분 사건의 진실을 알게 된 소피는 상부에 사실대로 보고하지는 않는다. 수혁은 동생 같았던 정우진의 모습을 떠올리며, 정우진을 죽인 것에 심한 가책을 느끼고 헌병의 총을 빼앗아 자살한다.

수능특강에서는 장진의 「웰컴 투 동막골」을 단독 지문으로 구성하여, 극적 형상화 방식의 이해, 대사의 특성 이해, 작품 간 공통점과 차이점 파악을 묻고 있습니다.

「웰컴 투 동막골」은 이념 대립을 넘어선 순수한 인간애를 보여 주고 있습니다. 이런 점에서 이 작품을 분단 상황에서 이념을 넘은 남북 병사의 우정을 그리고 있는 박상연 원작, 박찬욱 외 각색의 「공동 경비 구역 JSA」와 엮어 읽을 수 있습니다. 「공동 경비 구역 JSA」는 2019학년도 9월 모의평가에 출제되어 인물의 성격 이해, 작품의 종합적 이해와 감상, 촬영·편집의 방법과 효과 추리를 물었습니다. 이념의 대립으로 인해 우리가 겪었던 비극을 이해하고, 모든 갈등을 초월할 수 있는 것은 민족애와 인간애임에 공감하는 작가의 의도를 파악하고 있다면 두 작품의 어떤 장면이 출제되더라도 쉽게 문제를 해결할 수 있을 것입니다.

105

인물의 성격 파악 　　　　　　　　　　정답 ⑤

정답 해설 이 글의 마지막 부분에 나타난 '소피'의 대사 "이 병장이 끝까지 보호하려고 하는 사람… 오경필의 안전이에요."에서 '소피'는 '수혁'이 오경필의 안전을 염려한다고 생각하고 있음을 확인할 수 있다.

오답 피하기 ① S#79의 밑줄 친 ㉢의 마지막 부분 "그들 중 지금도 행방이 묘연한 사람이 있네. 바로… 자네 아버지 장연우 같은 사람이지."에서 '소피'의 아버지가 전쟁이 끝나자 북으로 귀환한 것이 아님을 확인할 수 있다.

② S#82의 끝부분에서 '소피'는 '수혁'에게 진실을 말해 줄 것을 요구하고 있으므로, 진실에 대해 조사 의지가 없다고 보기 어렵다.

③ S#82에서 '수혁'의 두 번째 대사 "친근감이 들었습니다."를 보면 '소피' 아버지의 전력을 듣고 그녀를 경계한다고 보는 것은 적절하지 않다.

④ S#82에서 '소피'의 여덟 번째 대사 중 "사라진 얼굴'은 네 명의 병사가 오랫동안 친하게 지냈다는 걸 뜻하는 증거죠.' 부분을 통해 '소피'가 사라진 얼굴이 누구인지 짐작하고 있음을 확인할 수 있다.

106

작품의 종합적 이해와 감상 　　　　　　정답 ⑤

정답 해설 S#82에서 '소피'의 첫 번째 대사를 보면 진실을 확인하기 위해 '소피'가 '수혁'을 불렀음을 알 수 있다. 따라서 ⓔ '진실의 대가'를 얻기 위해 '수혁'이 '소피'를 만나러 왔다고 보는 것은 적절하지 않다.

오답 피하기 ① S#79에서 '팔각정에서 본 판문각 근처 부감 전경'과 '팔각정 내부로 초점 이동'하는 카메라의 시선이 드러나 있으므로, ⓐ의 공간 범위는 팔각정 내부와 외부를 모두 포함한다고 볼 수 있다.

② S#79에서 '보타'의 마지막 대사 중 "표 장군으로선 전 인민군 장교의 딸인 자네에게 사건을 맡길 수 없었겠지."를 통해 ⓑ는 '소피'가 직무에서 해제되는 원인이 되었음을 짐작할 수 있다.

③ S#82에서 '소피'가 '진짜 재미난 쇼'라고 말하며 '석장의 이미지'를 '수혁'에게 제시하며 말하는 부분을 통해, ⓒ가 네 명의 병사가 오랫동안 친분이 있었다는 것을 짐작하게 된 단서임을 확인할 수 있다.

④ ⓓ 바로 뒤에 이어지는 '소피'의 대사에서 '수혁'이 진실을 밝히느냐에 따라 어떤 디스켓을 제출할지가 결정됨을 알 수 있다.

107

촬영, 편집의 방법과 효과 추리 　　　　정답 ⑤

정답 해설 ㉮은 '소피'의 '목에 나 있는 피멍 자국'이 초점화되는 장면이므로, 실내 전체를 한 화면에 담아내는 연출로 사건의 맥락을 관객에게 인지시키기는 어렵다. 오히려 '피멍 자국'을 자세히 클로즈업하는 카메라 기법을 사용하여 장면을 연출하는 것이 적절하다.

오답 피하기 ① ㉠과 ㉡은 '보타의 관측경'으로 본 '이쪽을 관찰하는 북한 군인'의 모습과 '북한 군인의 쌍안경 시점'을 번갈아 보여 주고 있다. 따라서 이러한 장면 설정을 통해 남북한이 대치 국면임을 드러내는 팔각정과 판문각이라는 공간의 특수성을 긴장감 있게 드러낼 수 있다.

② ㉢ 바로 앞부분에서 '사진과 기록 영화 화면으로 편집'하여 제시하고 있음을 알 수 있다.

③ '소피'가 결박당한 포로수용소의 포로들 사진을 보고 있는 장면에서 ⓔ '그중 동그라미 쳐진 사람 얼굴로 줌인'하는 확대 촬영은, 바로 앞부분 '보타'의 대사 (ⓒ)와 연결된 맥락으로 '동그라미 쳐진 사람 얼굴'이 '소피'의 아버지임을 환기하는 효과를 줄 수 있다.

④ ⓜ 'S#81'은 '소피'가 자신의 숙소에서 접어 두었던 가족사진을 펴며 아버지의 모습을 물끄러미 바라보는 장면이므로, 대사 없이 행동과 소품으로 인물의 심리를 간접적으로 드러낼 수 있다.

적용 학습

30 본문 154~157쪽

가 작자 미상, 「낙빈가」

| 해제 | 이 작품은 벼슬길에서 은퇴한 관료가 산수에 파묻혀 안빈낙도하는 생활을 읊은 가사로, 전체 51구로 되었으며, 3·4조 또는 4·4조의 형식이 주를 이루고 있다. 안빈낙도를 내용으로 하는 다른 가사들과 같이 가난을 낙으로 삼는 '낙빈(樂貧)', 자연을 사랑하는 '요산수(樂山水)', 분수를 지킨다는 '안분(安分)'의 세 가지 주지(主旨)를 바탕으로 하고 있다. 산천에서의 생활상과 풍경을 구체적으로 묘사하면서 소부 및 허유에 자신의 삶을 비교하며 삶에 대한 만족감을 드러내고 있다.

| 주제 | 자연에 은거하며 안빈낙도, 안분지족하는 삶

| 구성 | • 기: 자연에 은거하게 된 계기와 소감
　　　• 승: 정자에서 바라본 풍경과 낚시하며 즐기는 자연
　　　• 전: 자연 속 무욕의 삶
　　　• 결: 자연 속에서 살고자 하는 의지

나 조위, 「규정기」

수특 동일 작품

| 해제 | 이 글은 글쓴이가 의주로 유배를 가서 정자를 짓고 이름을 '규정'이라고 붙인 이유를 밝힌 한문 수필이다. 글쓴이는 '손님'이 정자 이름에 해바라기를 뜻하는 '규(葵)'를 붙인 이유를 묻자 자신이 해바라기와 닮았기 때문이라고 답한다. 자신이 해바라기처럼 보잘것없다고 멸시당하지만, 충성과 지혜가 있는 존재임을 우회적으로 드러낸 것이다. 이를 통해 글쓴이는 유배지에서도 임금에 대한 충정이 변치 않음을 드러내려 한 것이다.

| 주제 | 정자의 이름을 '규정'이라고 한 이유

| 구성 | • 기: 정자의 이름을 '규정'이라고 지음.
　　　• 서: 정자의 이름에 대한 손님의 질문과 글쓴이의 답변
　　　• 결: 글쓴이의 답변을 듣고 깨달음을 얻은 손님 ★교재
　　수록부분&수특수록부분

연결 포인트

　수능특강에서는 조위의 「규정기」를 단독 지문으로 수록하여 서술상의 특징과 작품의 내용을 파악할 수 있는가를 묻고 있습니다. 또한 한문 수필인 '기'의 특징과 관련된 외적 준거를 바탕으로 작품을 감상할 수 있는가도 묻고 있습니다.

　「규정기」와 같은 '기'는 어떤 사건이나 대상과 관련한 경험의 과정을 기록한 것으로, 독자에게 교훈이나 깨달음을 전달하는 것을 목적으로 합니다. 그런 점에서 유배를 간 글쓴이가 정자를 짓고 그 이름을 '규정'이라고 붙인 이유를 기록하며, 손님의 질문에 답하는 방식으로 손님이 지닌 대상에 대한 통념을 비판하고 있는 「규정기」는 '기'의 특징을 잘 보여 주는 작품이라 할 수 있습니다. 「규정기」는 힘겨운 삶에 대한 작가의 가치관을 드러낸다는 점에서 작자 미상의 가사인 「낙빈가」와 함께 묶여 2020학년도 4월 고3 학력평가에서 표현상의 특징을 묻는 문항이 출제되었습니다. 경험을 바탕으로 교훈을 이끌어 내는 '기'의 특징을 고려하여 글쓴이가 어떤 경험을 했는지, 그리고 그 경험을 통해 글쓴이가 깨달은 점이 무엇인지를 알아낸다면 어렵지 않게 작품의 내용을 파악하고 관련 문항을 해결할 수 있을 것입니다.

108

표현상의 특징 파악 　　　　　정답 ③

정답 해설 (가)는 '분별이 없어거니 시름인들 있을소냐', '서호매학은~이에서 더할소냐', '내 살림살이~어느 벗이 찾아오리'에서 속세를 떠난 자연에서의 삶의 의미를, (나)는 '내가 소나무나~비웃음거리가 되지 않겠습니까?', '이런 두 가지의~여길 수 있겠습니까?', '해바라기로 나의~근거도 없다 하겠습니까?'에서 해바라기로 정자의 이름을 지은 의미를 설의적 표현을 통해 강조하여 드러내고 있다.

오답 피하기 ① (가)와 (나) 모두 역설적 표현을 통해 주제 의식을 부각하고 있지 않다.

② (가)와 (나) 모두 언어유희를 통해 대상의 속성을 희화화하고 있지 않다.

④ (가)와 (나) 모두 부르는 말의 반복을 통해 대상과의 친밀감을 드러내고 있지 않다.

⑤ (가)와 (나) 모두 명령적 어조를 통해 대상에 대한 비판적 태도를 드러내고 있지 않다.

109

외적 준거에 따른 작품 감상   정답 ⑤

정답 해설 '소허의 몸'과 '천사를 냉소'하는 것은 모두 자신의 뜻을 알아주지 않는 속세를 떠나 자연에서 살고자 하는 화자의 태도를 드러내고 있을 뿐, 자신의 뜻을 속세에서 알아주기 바라는 태도가 드러나 있지는 않다.

오답 피하기 ① '이 몸이 쓸듸 업셔~부귀를 하직하고'를 통해 화자가 정치 현실을 떠난 상황임을 알 수 있다.

② 화자가 자연을 의미하는 '산수간'에서 '만사를 다 잊으니 일신이 한가하다'고 한 것은 세속적 가치에 구애받지 않는 모습이라고 할 수 있다.

③ 현재 화자는 자연에 있으면서 자신이 있는 '여기'를 이상향을 의미하는 '무릉'이라고 한 것에서 화자가 만족감을 느끼고 있음을 짐작할 수 있다.

④ '아침에 캐온 취'를 먹으며 '일없이 노'니는 모습에서 자연에서의 소박한 생활을 영위하는 화자의 모습을 확인할 수 있다.

110

작품의 종합적 이해와 감상   정답 ②

정답 해설 "저 해바라기는 식물 가운데 보잘것없는 것입니다."와 "이처럼 하찮은 식물로~들어 보지 못했습니다."라고 한 것에서 '손님'이 해바라기를 보잘것없는 것으로 여기고 질문하고 있음을 알 수 있다. 그러나 '나'가 해바라기로 정자 이름을 선택한 이유를 말하며 "소나무, 대나무~울연한 것과 같습니다."라고 한 것에서 세상에 우뚝 홀로 선 사람들에 비유한 것은 해바라기가 아니라 특별한 풍치가 있거나 향기를 지닌 소나무나 대나무와 같은 식물들임을 알 수 있다.

오답 피하기 ① "옛날 사람들은~높이 사신 것입니까?"에서 '손님'은 소나무, 대나무 등과 같은 식물들과 해바라기를 대비하며 해바라기로 정자 이름을 지은 이유를 '나'에게 질문하고 있다.

③ '나'가 해바라기로 정자 이름을 선택한 이유를 설명하며 "내가 지금~비웃음거리가 되지 않겠습니까?"

라고 말한 것에서 쫓겨난 자신의 처지를 밝히며 소나무나 대나무 같은 특별한 풍치나 향기가 있는 식물로 정자 이름을 짓지 않은 이유를 말하고 있다.

④ "해바라기는 능히~충성이라고 해도 괜찮을 것입니다."에서 해바라기의 속성을 통해 충성이라는 덕목을 이야기하였으며, "이런 두 가지의~천하게 여길 수 있겠습니까?"에서 해바라기를 정자 이름으로 지은 이유를 물으며 해바라기를 보잘것없는 것으로 여긴 '손님'의 평가를 반박하고 있다.

⑤ '나'가 정자 이름을 지은 이유를 듣고, '손님'은 "나는 하나는~더할 것이 없어졌소이다."라며 자신의 생각이 부족하였음을 인정하고 있다.

111

화자와 글쓴이의 정서, 태도 파악   정답 ④

정답 해설 ㉠은 '성상'이 자신을 버린 후에 속세를 떠나 자연으로 돌아와 살아가는 삶에 대한 만족감을 드러내고 있을 뿐 성상에 대한 감사를 표면적으로 드러내고 있지는 않다. 이에 비해 ㉡은 '지금 내가~은혜가 아님이 없습니다.'라고 말하며 '임금님'에 대한 감사를 표면적으로 드러내고 있다.

적용 학습   본문 158~161쪽

31   **가 장복겸, 「고산별곡」**

| 해제 | 이 작품은 장복겸의 문집인 『옥경헌유고』에 수록된 총 10수의 연시조이다. '청산', '녹수', '석양', '신월' 등을 주요 소재로 삼아 시름을 잊고 자연과 더불어 소일하면서 한가롭게 지내는 삶에 대한 만족감과 흥취를 노래하고 있다. 작가는 작품 속에 등장하는 정자인 '불고정'에서 노닐며 풍류를 즐긴 것으로 알려져 있다.

| 주제 | 자연을 함께하는 삶에 대한 만족감과 흥취

| 구성 | • 제1수: 석양에 청산과 녹수에서 한 통의 술에 시름을 풀고자 함.
• 제3수: 세로의 삶 대신 강산에서 백년소일을 하겠다는 의지
• 제4수: 남의 말과 상관없이 고산 불고정에서의 삶에 대해 만족함.
• 제6수: 세 병의 술로 강, 산, 달에서 놀고자 함.
• 제7수: 세상에서의 삶에 만족감을 느끼지 못함.
• 제9수: 자신을 알아주지 않는 세상에 대한 아쉬움

■ 윤오영, 「까치」
수특 유사 작품

| 해제 | 이 작품은 까치를 소재로 자연과 조화를 이루는 삶에 대한 희구를 보여 주고 있는 수필이다. 자연이나 사물에 대한 섬세한 관찰을 통해 삶과 인생의 의미를 성찰하고 있는 작품이다. 글쓴이는 까치가 지닌 생리를 살피고 그와 관련된 여러 일화를 서술함으로써 자연과 교감하는 삶의 가치를 말하고 있다. 인간과 친밀한 관계에 있는 까치의 존재가 인생에 주는 교훈과 함께 자연과 일체가 되는 이상적인 삶의 양태를 제시하고 있는 것이다.

| 주제 | 자연과 조화를 이루는 삶

| 구성 | • 1~2문단: 기교 없이 가볍고 솔직한 까치 소리를 반가워함.
• 3~5문단: 소쇄한 맛이 나는 까치집을 좋아함.
• 6~7문단: 이른 아침 숲에서 까치를 보고 민화 속 까치를 떠올림.
• 8~9문단: 인간과 자연이 조화를 이루는 삶에 대한 희구 ★교재 수록 부분

연결 포인트

수능특강에서는 윤오영의 「참새」를 단독 지문으로 구성하여 표현상의 특징 파악, 구절의 의미 파악, 외적 준거에 따른 작품 감상 등을 묻고 있습니다.

윤오영의 수필은 자연이나 사물을 관찰하여 삶에 대한 성찰을 이끌어 내는 경우가 많습니다. 그런 점에서 발상이나 표현, 주제에서 유사성이 있는 「까치」와 엮어 읽을 수 있습니다. 「까치」는 자연과 인간이 조화를 이루는 삶에 대한 지향이 드러난다는 점에서 2018학년도 7월 고3 학력평가에 장복겸의 연시조 「고산별곡」과 함께 엮어서 작가의 정서·태도 파악, 표현상의 특징 파악, 외적 준거에 따른 작품 감상을 묻는 문항이 출제되었습니다. 자연물에 대한 글쓴이의 태도, 자연물을 통해 연상을 이어가는 발상과 표현 방식을 중심으로 작품의 내용을 잘 정리한다면 어떤 문제가 출제되더라도 잘 풀어낼 수 있을 것입니다.

112

화자와 글쓴이의 태도 파악   정답 ③

정답 해설 (나)의 글쓴이는 관조적인 태도로 '까치'에 대해 관찰하고 있으며, '까치'와 마주친 경험을 계기로 담백하고 기교 없는 삶에 대한 가치에 대해 사색

하고 있다.

오답 피하기 ①, ② (가)는 자연에 은거하며 사는 삶에 대한 화자의 만족감과 함께 관직에 나아가지 않았던 자신의 삶에 대한 아쉬움을 드러낸 작품이다. 그러나 인간의 유한한 삶에 대한 안타까움이나 불우한 환경에서 벗어날 수 있으리라 기대하는 태도는 드러나지 않는다.

④ (나)에서 글쓴이는 자연이나 사물을 관찰하며 가치 있는 삶이 무엇인지에 대해 사색하고 있다. 더 나은 삶을 살기 위해 현재의 처지를 개선하려는 태도는 드러나지 않는다.

⑤ (가)에는 부분적으로 자신을 알아주지 않는 세상에 대한 아쉬움과 그것을 잊기 위해 자연을 벗 삼는 태도가 나타나지만, (나)에는 당면한 문제 상황이나 그것을 해소하기 위한 고뇌가 나타나지 않는다.

113

표현상의 특징 파악   정답 ⑤

정답 해설 [A]에서 화자는 얼마 전 빚은 술을 물과 산과 달과 함께 마시고 싶다고 말하며, 자신이 추구하는 자연과 하나가 되는 삶에 대해 말하고 있다. [B]에서 글쓴이는 낮잠 자는 노인의 배 위에서 놀고 있는 까치 한 마리가 그려진 '민화' 한 폭을 떠올리고 있다. 이를 통해 인간과 자연이 조화를 이루는 삶을 드러내고 있다. 이런 점으로 보아 [A]에서는 '술'이라는 사물을, [B]에서는 '민화'라는 사물을 매개로 하여 화자가 추구하는 삶의 모습을 제시하고 있음을 알 수 있다.

오답 피하기 ① [B]에 공간의 이동은 나타나지 않는다. 또한 [A]와 [B] 모두 변화하는 자연의 모습을 형상화하고 있지는 않다.

② [A]에 대상을 열거하는 방식은 나타나지만, [B]에 대상을 의인화하는 방식은 나타나지 않는다.

③ [A]에 구체적 대상은 드러나지만, [B]에 추상적 소재가 열거된 것은 아니다. 또한 [A]와 [B] 모두 자연의 섭리에 대한 경외감을 표출하고 있지 않다.

④ [A]와 [B] 모두에 시각적 이미지가 나타나지만 이를 통해 자연의 역동적 생명력을 강조한 것은 아니다.

114

외적 준거에 따른 작품 감상　　　　　정답 ④

정답 해설 〈제7수〉에서 화자는 자신의 생애가 고통스럽고, 세상을 사는 맛도 무미건조하다고 여기고 있다. 이를 〈보기〉와 연결하면 출사의 기회를 얻지 못한 채 특별히 이루어 놓은 일 없이 말년에 접어든 자신의 삶에 대한 안타까움을 보여 주는 것이라 할 수 있다.

오답 피하기 ① 〈제1수〉에서 화자는 '청산', '녹수', '석양', '신월' 등을 통해 자연에서 살아가는 모습을 드러냄으로써 자연에 대한 긍정적인 인식을 보여 주면서도, 한편으로는 '일존주'를 통해 이룬 것 없이 만년에 이른 자신의 '시름'을 풀고자 한다고 말하고 있다.

② 〈제3수〉에서 '강산'은 자연을, '세로'는 속세를 의미한다. 화자는 출세를 위해 누군가에게 허리를 굽실거려야 하는 '세로'의 삶 대신에 '강산'에서 '백년소일'하겠다고 말하고 있으며, '호리라'를 통해 이러한 삶을 계속하겠다는 의지를 드러내고 있다.

③ 〈제4수〉에서 화자는 자신이 '고산 불고정'에 기거하는 이유를 그곳이 좋아서라고 말하며 '늠', '손'의 평가와 상관없이 자신의 삶에 대한 만족감을 드러내고 있다.

⑤ 〈제9수〉에서 화자는 '종기'를 언급하며 '이 곡조 게 뉘 알이' 등의 표현으로 자신을 알아주는 사람이 없는 현실에 대한 아쉬움을 드러내고 있고, 하늘의 '일륜명월'을 바라보며 이런 마음을 달래고 있다.

115

외적 준거에 따른 작품 감상　　　　　정답 ⑤

정답 해설 글쓴이는 '민화'의 내용이 기발한 상상이 아니고 사실에 근거한 것임을 새롭게 깨달으면서, 정호음의 시에 대한 이지봉과 김백곡의 시화를 언급하면서 자기가 깨닫게 된 자연과 조화를 이루는 삶의 가치에 대해 말하고 있다. 정호음의 시에 대해 이지봉이 '실경에 맞지 않는다'고 폄했던 것과 달리 김백곡은 이를 '실경을 그린 명구인 것을 알았다'고 했다는 것이 '시화'에 해당하는 내용인데, 글쓴이는 자신도 김백곡과 같이 '민화' 속의 까치가 상상이 아닌 사실

임을 깨닫게 되었다고 밝히고 있다. 그러므로 글쓴이는 '시화'의 두 상반된 해석을 통해 자신의 깨달음을 드러내고 있을 뿐, 기존의 상반된 해석들, 즉 이지봉과 김백곡의 해석을 비판하고 있지는 않다.

오답 피하기 ① '정릉 안'의 그윽한 '숲속'에서 까치와 함께 고요한 시간을 보낸 인상적인 경험이 '어느 날 이른 새벽'에 사람들로 붐비던 과거의 경험과 대비되어 이 글의 창작 동기가 되고 있다.

② '까치 소리는 반갑다.'라는 표현으로 서두를 열면서 까치 소리의 속성을 다양하게 제시하여 화자가 느끼는 정서를 드러내고 있다.

③ '까치집'의 특성을 '엉성하게 얽어 놓은 것', '나무 삭정이가 그대로 떨어져서 쌓인 것' 등으로 서술하면서 '소쇄한 맛'이 좋은 이유를 밝히고 있다.

④ '까치집'과 유사한 '제비집', 이와 대비되는 '비둘기 장'으로 소재가 이어지면서 '집'과 '장'의 차이가 무엇인지를 중심으로 글을 전개하고 있다.

적용 학습　　　　　본문 162~165쪽

32 **가 박인로, 「상사곡」**

| **해제** | 이 작품은 임과 이별한 화자가 임을 사모하는 심정을 노래한 가사이다. 임과의 이별에 대한 안타까움과 그리움, 임에 대한 기다림, 임에 대한 변함없는 일념을 형상화하고 있다. 사랑하는 임은 임금이며, 화자는 신하로 본다면 이 작품은 충신연주지사로도 볼 수 있다. 그러나 다른 충신연주지사들과는 달리 이별한 화자가 남자로 등장한다는 점이 특징적이다. 화자는 자신의 외롭고 절절한 마음을 자연에 빗대어 표현하고 있지만 곧 임과의 신의를 믿고 안분지족하며 임을 기다리겠다고 다짐하고 있다.

| **주제** | 임에 대한 변함없는 사랑(변함없는 연군의 정)

| **구성** | • 서사: 임을 그리워하는 마음
　　　　• 본사: 상사의 깊은 병과 임과 재회하지 못하는 슬픔
　　　　• 결사: 안분지족과 임에 대한 변함없는 일념

◀ **나 유경환, 「고향 이루는 생각들」**
수특 유사 작품

| **해제** | 이 글은 글쓴이가 어릴 적 고향에서 경험했던 기억들을 한 폭의 병풍처럼 그려 낸 수필이다. 자신의 어린 시절과 고향을 대표할 수 있는 특정한 사건이나 장면의 내용을 심화하는

것이 아니라, 여러 기억을 다양한 감각적 표현을 사용하여 열거하고 있다. 이렇게 고향에 대한 기억을 구체화하여 보여 줌으로써 독자로 하여금 자연스럽게 글쓴이의 고향 풍경에 빠져들게 하고 있다. 여기에 고향 사투리의 사용, 과거와 현재의 교차 등이 더해지면서 고향에 대한 그리움이 심화되고 있다. 글의 말미에서는 어린 시절의 순수함과 천진난만함을 잃어 가는 것에 대한 안타까움을 드러내며 글을 마무리하고 있다.

| 주제 | 어린 시절과 고향에 대한 그리움

| 구성 | ・처음: 집안 소개와 고향에 대한 회상
・중간: 어린 시절의 먹을거리와 풍경에 대한 추억
・끝: 고향에 대한 그리움과 어릴 적 순수함을 잃어버린 안타까움 ★교재 수록 부분

〔연결 포인트〕

수능특강에서는 유경환의 「두물머리」를 단독 지문으로 구성하여 표현상의 특징 파악, 작품의 내용 파악, 외적 준거에 따른 작품 감상 등을 묻고 있습니다.

유경환의 수필은 자신이 관찰하고 경험했던 사물과 사실을 통해 일상의 이치와 깨달음을 이야기하고 있습니다. 그런 점에서 「두물머리」는 어린 시절에 보고 경험했던 고향에 대한 그리움을 이야기하는 「고향 이루는 생각들」과 엮어 읽을 수 있습니다. 「고향 이루는 생각들」은 특정 대상에 대한 그리움의 정서를 다루고 있다는 점에서 2018학년도 9월 고2 학력평가에서 박인로의 가사 「상사곡」과 함께 수록되어 작가의 정서・태도 파악, 소재와 구절의 의미 파악, 외적 준거에 따른 작품 감상을 묻는 문항이 출제되었습니다. 다양한 감각적 표현을 사용하여 글쓴이의 기억을 구체화하는 방식, 글쓴이의 정서를 드러내기 위해 사용되는 다양한 표현상의 특징에 주목하여 작품의 내용을 잘 정리하면 관련 문제들도 충분히 대비할 수 있을 것입니다.

116

작품 간의 공통점 파악 　　　　　정답 ①

정답 해설 (가)의 화자는 '임'을 그리워하며 임과의 '옛정'을 떠올리는 등 자신의 삶을 되돌아보고 있다. (나)의 글쓴이는 '고향'을 그리워하며 '고향은 지워지지 않고, 잊어버릴 뿐. ~ 옛날의 장난감을 잃어버리듯이.'와 같이 자신의 삶을 되돌아보고 있다.

오답 피하기 ② (가)에서는 임을 만나지 못해 생긴 상사의 고통을 토로하고 있지만, (나)에서는 그와 같은 고통이 제시되어 있지 않고 현실을 비판하고 있지도

않다.

③ (가)에 나타난 화자의 정서는 차분함과는 거리가 멀다.

④ (가)와 (나)는 세속에 대한 부정이나 세속과 타협하지 않으려는 태도와 거리가 멀다.

⑤ (가)와 (나)는 현재 부재한 그리움의 대상을 떠올리고 있다는 점에서 변해 버린 현실에 대한 아쉬움이 나타나고 있으나 그러한 현실에 좌절하고 있지는 않다.

117

소재의 의미와 기능 파악 　　　　　정답 ④

정답 해설 ㉠은 화자가 현재 느끼는 슬픔의 정서를 심화시키는 소리이고, ㉡은 작가가 갖고 있던 고향에 대한 따뜻한 정서를 떠올리게 하는 소리이다.

오답 피하기 ① ㉠과 ㉡은 모두 현실 속에 있는 소재이다.

② ㉠은 화자에게 슬픔의 정서를 심화시키므로 화자가 함께하고 싶어 하는 소재로 보기 어렵고, ㉡은 고향에 대한 따뜻한 정서를 떠올리게 하므로 작가가 멀리하고 싶어 하는 소재로 볼 수 없다.

③ ㉠은 화자의 처지가 부정적임을, ㉡은 화자의 처지가 긍정적임을 알게 하는 소재이다.

⑤ ㉠이 화자의 내적 갈등이 고조됨을 나타낼 수는 있으나 (나)의 작가가 외적 갈등을 가지고 있지 않으므로, ㉡을 작가의 외적 갈등이 해소됨을 알게 하는 소재로 보기 어렵다.

118

외적 준거에 따른 작품 감상 　　　　　정답 ④

정답 해설 '초생'의 '달'은 '보름'의 달과 대비되는 소재이지만 임과의 재회가 어려운 화자의 부정적 상황을 강조하고 있지는 않다. 이 부분은 임과의 이별이라는 현재의 부정적 상황이 나중에는 나아질 것이라는 화자의 생각을 표현한 것이다.

오답 피하기 ① '가을밤'과 '적막한 방'은 모두 외로움의 정서를 떠올리게 하는 배경이다.
② '달'은 통상적으로 그리움의 대상이 되는 임을 떠올리게 하는 대상으로, '동창'에 비친 '달'은 화자의 간절함을 느끼게 하는 대상이다.
③ '언약'을 믿는다는 것은 비록 임과 헤어졌지만 임과의 재회에 대한 화자의 믿음을 보여 주는 것이다.
⑤ '초막'과 '죽'은 소박한 삶을 떠올리게 하는 소재로, 이를 통해 화자가 안분지족의 삶을 지향하고 있음을 알 수 있다.

119

구절의 의미 파악　　　　　　　　　정답 ⑤

정답 해설 ⓔ에서는 고향에서의 어릴 적 추억을 이야기하고 있으나, 순수성을 회복하기 위한 노력은 나타나 있지 않다.

오답 피하기 ① 도라지꽃의 보라색, 하늘의 파란색을 통해 고향의 이미지를 시각적 이미지로 구체화하고 있다.
② 시각적이고 미각적인 이미지를 사용하여 고향의 계절감을 생동감 있게 드러내고 있다.
③ '희죽희죽'이라는 음성 상징어를 사용하여 순수했던 추억에 정감을 표현하고 있다.
④ 말줄임표는 앞에 나열한 풍경과 추억에 대한 여운을 주는 기능을 한다.

적용 학습　　　　　　　　　　　　본문 166～169쪽

33 이옥, 「류광억전」
수특 동일 작품

| 해제 | 이 작품은 류광억이라는 인물을 통해 과시를 파는 행위가 만연한 사회의 타락상을 비판하고 있다. 작가는 가난하고 지위가 낮은 주인공이 남의 과거 시험 답안을 대리로 작성해 살아가는 처지를 드러내면서 이 세상에서 팔지 못할 물건이 없게 된 상황을 풍자하고 있다. 작가의 별호인 '외사씨'와 '매화외사'를 등장시켜 과거에 부정행위가 만연한 당시 세태와 류광억에 대한 논평을 덧붙이고 있다.

| 주제 | 과거 시험의 부정과 타락한 사회상 비판

| 전체 줄거리 | 류광억은 일찍이 영남 향시에 급제하여 서울로 시험을 치르러 올라가다가 은밀하게 어느 부잣집으로 인도된다. 류광억은 부잣집 주인의 아들을 위해 과거 시험의 답안을 대신 작성해 주는데, 이로 인해 주인의 아들이 진사가 되자 후한 대가를 받게 된다. 류광억은 그 후에도 계속해서 다른 사람의 과거 시험 답안을 대리로 작성해 이익을 취한다. 그러던 중 경상 감사와 경시관이 류광억의 글을 찾아내는 것으로 글에 대한 안목이 있음을 입증하는 내기를 하는데, 경시관이 과장에서 뽑은 시험 답안들에는 류광억이라는 이름이 나오지 않는다. 그래서 경시관이 몰래 알아보니, 시험 답안들은 모두 류광억이 돈을 받은 액수에 따라 차등을 두고 지어 준 것이었다. 경시관은 감사와 내기를 한 터였으므로 죄를 범한 사실을 증거로 얻기 위해 류광억을 잡아 오게 한다. 류광억은 지레 겁을 먹고 잡혀가면 죽음을 면할 수 없다고 생각하고 술을 마신 뒤 강물에 빠져 죽는다. ★교재 수록 부분&소특 수록 부분

연결 포인트

　수능특강에서는 당대 사회에 대한 비판적 시각을 드러내고 있다는 점에서 이옥의 「류광억전」을 신헌조의 사설시조와 김창협의 한시인 「착빙행」, '명분'과 함께 수록하여 인물을 통한 작품의 내용 파악, 외적 준거를 통한 인물전으로서의 「류광억전」의 특징을 파악할 수 있는가를 묻고 있습니다. 또한 상호 텍스트 측면에서 '류광억'에 대한 평가의 적절성 및 현실 폭로의 서사 구조와 관련된 외적 준거를 통해 「류광억전」에 드러난 작가의 비판 의식을 파악할 수 있는가도 묻고 있습니다.
　「류광억전」은 '인물의 내력 – 행적 – 논평'이라는 전형적인 인물전 구성에서 다소 벗어난 형식을 취하고 있는데, 인물의 내력을 먼저 소개하는 대신 '이곳'을 중시하는 세태에 대한 작가의 비판적 의식을 먼저 드러내고 있습니다. 또한 인물의 언행 및 사건의 장면을 중심으로 한 인물의 행적에 초점을 맞추어 서술한 후 '군자'의 논평과 '매화외사의 말'을 통해 작가 자신의 평가를 드러내고 있는데, 이때 작가는 인물뿐만 아니라 당대 사회를 향한 비판도 함께 제시하고 있습니다. 「류광억전」은 2014학년도 6월 고2 학력평가 B형에 단독 지문으로 수록되어 서술상의 특징과 작품의 내용 이해, 당대 사회에 대한 비판적 시각을 다루고 있다는 점에 대한 외적 준거를 제시하고 작품 감상의 적절성을 묻는 문항이 출제되었습니다. 인물전의 경우 그 구성 방식이 비슷하다는 점에서, 출제 요소 또한 수능특강에 수록된 유형과 크게 다르지 않습니다. 따라서 교재에 수록된 인물전의 문항 유형을 연습한다면 다른 인물전의 작품이 출제되더라도 쉽게 해결할 수 있을 것입니다.

120

서술상의 특징 파악   정답 ②

정답 해설 글솜씨가 뛰어난 광억의 특성을 드러내기 위해 몇 개의 사건을 요약하여 진술하고 있다.

오답 피하기 ① 시·공간적 배경을 구체적으로 묘사한 부분은 나타나지 않는다.

③ 삽입된 시는 광억의 뛰어난 실력을 보여 주기 위한 것이고, 앞으로 전개될 사건과는 관련이 없다.

④ 작품 전체에서 전지적 작가 시점으로 서술하고 있다.

⑤ 경시관과 감사 간의 대화에서는 인물 간의 갈등이 구체적으로 나타나지 않는다.

121

작품의 내용 이해   정답 ⑤

정답 해설 경시관은 감사와의 내기에서 이기기 위해서는 광억의 진술을 받아야 하므로 그를 체포하려고 한 것이다.

오답 피하기 ① 매매 대상에 제한을 두지 않을 만큼 이익만을 추구하는 세태를 보여 주고 있다.

② 광억과 같이 과거 답안을 대필하는 사람 외에 서사꾼처럼 글씨를 대신 써 주는 사람도 과거 부정행위에 동원되었음을 보여 주고 있다.

③ 돈은 '이만 냥을 가지고' 온 사람을 통해서 알 수 있으며, '감사'는 권력을 가진 자로 유추할 수 있다.

④ 광억이 대가의 액수에 따라 답안의 수준을 조절할 수 있었던 것은 과체에 능숙했기 때문이다.

122

외적 준거에 따른 작품 감상   정답 ②

정답 해설 (가)에서는 류광억의 집안 내력과 성장 환경 대신 매매 행위가 만연한 세태에 대해 서술과 논평을 하고 있다.

오답 피하기 ① (가)에서 '외사씨'의 논평을 제시하여 전형적인 전의 구조에서 벗어나 있다.

③ 〈보기〉에서 '전개부에서 인물의 업적이나 잘못을 열거'한다는 내용을 확인할 수 있다. 따라서 류광억의

옳지 못한 행적을 중심으로 전개된 (나)를 전개부로 볼 수 있다.

④ 과거 부정행위를 저지른 류광억이 주인공으로 설정되어 있으므로 신이(神異)하거나 부정적인 주인공이 등장하는 조선 후기의 전(傳)임을 알 수 있다.

⑤ 류광억의 잘못을 통해 이익만을 추구하는 세태를 비판하는 (다)가 논평부에 해당한다.

123

작중 상황에 대한 관용적 표현의 적용   정답 ②

정답 해설 '주인'은 아들의 과거 급제를 위해 돈으로 사람을 매수하는 등 부당한 방법을 동원하고 있다. 이를 비판할 수 있는 속담으로는 수단이나 방법은 어찌 되었든 간에 목적만 이루면 된다는 의미의 '모로 가도 서울만 가면 된다'가 적절하다.

오답 피하기 ① 주관하는 사람 없이 여러 사람이 자기 주장만 내세우면 일이 제대로 되기 어려움을 비유적으로 이르는 말이다.

③ 자기 일이 아주 급할 때는 통사정하며 매달리다가 그 일을 무사히 다 마치고 나면 모른 체하고 지낸다는 말이다.

④ 해 줄 사람은 생각지도 않는데 미리부터 다 된 일로 알고 행동한다는 말이다.

⑤ 겉으로는 얌전하고 아무것도 못 할 것처럼 보이는 사람이 딴짓을 하거나 자기 실속을 다 차리는 경우를 비유적으로 이르는 말이다.

적용 학습   본문 170~172쪽

34 유몽인, 「김인복 설화」
수특 유사 작품

| **해제** | 이 작품은 말재주가 능란하고 농담을 잘하기로 유명했던 김인복에 관한 이야기를 다룬 야담이다. 야담은 조선 시대 후기에 한문으로 기록된 비교적 짧은 길이의 잡다한 이야기를 말하는데, 이 작품은 『어우야담』에 수록되어 있다. 『어우야담』은 조선 후기에 성행한 야담류의 효시이며, 기술이 과감하고 획기

적인 작품이 수록된 것으로 평가되는 설화 문학집이다. 조선 중기에 유몽인이 5권 1책으로 편찬하였고, 1964년 그의 후손인 유제한이 가전의 잔존본에 여러 이본을 수집·보충하고 부문별로 나누어 5권 1책으로 간행하였다. 책머리에는 유몽인의 영정과 유묵(遺墨, 생전에 남긴 글씨나 그림), 이어 유영선의 서문, 성여학의 구서문(舊序文, 1621)과 연보를 실었다. 책 끝에는 후손인 유제한의 발문이 붙어 있다. 내용은 권1은 인륜편, 권2는 종교편, 권3은 학예편, 권4는 사회편, 권5는 만물편이다. 이 책에는 인간 생활의 여러 방면에서 야사(野史)·항담(巷談)·가설(街說) 등이 수록되었는데, 풍자적인 설화와 기지에 찬 것들이다. 간결하면서도 명쾌한 문체로 임진왜란 전후의 생활상이 투영되어 있다.

| 주제 | 입심이 센 익살꾼 김인복의 일화

| 전체 줄거리 | 김인복은 시골 선비의 짧은 수정 갓끈에 마음을 두고, 시골 선비를 자신의 집으로 오게 한다. 그러고는 자신의 집에서 시골 선비가 입을 벌리도록 유도하는 이야기를 한다. 결국 김인복의 익살에 넘어간 시골 선비는 입을 크게 벌리게 되고, 시골 선비의 갓끈이 끊어져 수정알들은 땅으로 굴러 떨어지고 만다. ★교재 수록 부분

연결 포인트

수능특강에서는 유몽인이 편찬한 『어우야담』에 수록된 이야기인 「노비 반석평」이 사회적 약자의 모습을 통해 삶에 대한 깨달음을 제시하고 있다는 점에 주목하여 이광사의 한시인 「늙은 소의 탄식」 및 현대 수필인 김용준의 「게」와 함께 수록하여 작품의 내용 및 작품의 주제 의식을 파악할 수 있는가에 대해 묻고 있습니다. 또한 사회적 약자를 다룬 문학 작품의 특징에 대한 외적 준거를 통해 작품을 감상할 수 있는가에 대해서도 묻고 있습니다.

「노비 반석평」은 유몽인이 편찬한 『어우야담』에 수록되어 있는 이야기로, 재능이 뛰어난 노비의 삶을 통해 그 재능을 알아보는 재상의 안목과 끝까지 은혜를 저버리지 않는 노비의 진실한 마음을 담고 있습니다. 사회 지배층이 아닌 평범한 인물에 대한 이야기를 통해 삶에 대한 교훈을 전달하고 있다는 점에서 이 작품은 1997학년도 대학수학능력시험에 출제된 유몽인의 「김인복 설화」와 연계하여 읽을 수 있습니다. 1997학년도 대학수학능력시험에서는 서술상의 특징과 내용 이해 문항, 어휘 문항 등이 출제되었습니다. 기출에서 야담을 다루고 있는 작품은 찾기가 매우 어렵습니다. 따라서 어떻게 준비를 해야 할지 잘 모르는 학생들이 많을 것입니다. 그러나 야담은 그 내용 및 서사 구조를 파악하는 것이 어렵지 않기 때문에, 작품의 내용 요소에 주목하면서 인물들의 관계, 인물의 심리 등을 파악하면 문제를 쉽게 풀 수 있습니다.

124

서술상의 특징 파악　　　　　　　　　　정답 ④

정답 해설　(가)는 개개의 사건을 시간적 순서에 따라 단순 나열하여 전개하고 있을 뿐, 인과 관계를 중심으로 엮고 있지는 않다.

오답 피하기　① '봄볕이 따뜻한 날 양지바른 곳에 장독을 두고 장을 담그면'은 사실에 해당하는 부분으로 볼 수 있으며, '달기가 벌꿀이요'는 과장에 해당하는 부분으로, (가)에서는 사실과 과장을 적절하게 안배하고 있음을 알 수 있다.

② '달기가 벌꿀', '고소한 된장' 등 미각을 자극하는 묘사가 반복되고 있음을 알 수 있다.

③ '상추를 물기를 탈탈 털어 손바닥 위에 벌여 놓고 기름이 흐르는 올벼 쌀밥 한 숟갈을 뚝 떠서 달고 고소한 된장을 얹은 위에 노릿노릿 구워진 밴댕이를 올려~남대문 열리듯 입을 떡 벌리고 밀어 넣는데……'를 통해 밴댕이 쌈을 먹는 장면을 극대화하여 부각하고 있음을 알 수 있다.

⑤ 인복은 밴댕이 쌈을 싸서 먹는 일을 장황하게 설명하고 있는데, 이는 모두 '입을 벌리'도록 하여 '갓끈이 그만 뚝 끊어'지게 하는 일로 집중되고 있음을 알 수 있다.

125

표현상의 특징 파악　　　　　　　　　　정답 ②

정답 해설　(나)에서는 자신이 가진 온갖 보물을 나열하면서 자랑만 하고 베풀지 않음으로써 상대방으로 하여금 약이 오르게 하고 있다. ②에서도 안방 금궤 안에 있는 보물들을 나열하면서, 자랑만 하고 베풀지 않는 모습을 보여 주고 있으므로 (나)와 동일한 발상법으로 볼 수 있다.

오답 피하기　① 인간의 처지를 자연 현상에 빗대어 표현하고 있는 발상법으로 볼 수 있다.

③ 추상적인 개념을 구체적인 사물로 표현하고 있는 발상법으로 볼 수 있다.

④ 정신적 가치에 비해 물질적 가치를 우선시하고 있는 현실을 풍자하고 있는 발상법으로 볼 수 있다.

⑤ '영이별'과 '생이별'을 비교하여 '생이별'의 힘겨움을 표현하고 있는 발상법으로 볼 수 있다.

④ '능소능대'는 '모든 일에 두루 능함.'의 의미이다.

126

구절의 의미 이해   정답 ⑤

정답 해설 ⑭은 김인복이 시골 선비를 홀대하는 것이 아니라, 자신의 목적을 이루기 위해 의도적으로 장소를 선택하여 선비를 맞이하는 장면이다.

오답 피하기 ① 짧은 갓끈은 김인복이 꾀를 내게 된 착안점으로 볼 수 있다.

② 수정 갓끈을 추켜세우면서 가산을 기울여서라도 가지고 싶다고 표현하는 것은, 김인복이 시골 선비의 욕심을 부추긴 것으로 볼 수 있다.

③ '배다리'에서 김인복을 물으면 알 것이라는 표현은 김인복이 자신의 유명함을 과시한 것으로 볼 수 있다.

④ 시골 선비가 아침 일찍부터 인복을 찾아온 것은, 그가 재물에 상당히 안달이 났음을 보여 주는 것으로 볼 수 있다.

128

인물의 성격, 유형 파악   정답 ①

정답 해설 김인복은 익살스럽고 과장된 말로 시골 선비를 골탕 먹이고 있으므로, 입심이 센 익살꾼이라고 평가할 수 있다.

오답 피하기 ② 김인복의 직업을 '장사꾼'이라고 평가할 수 있는 부분을 명확하게 찾을 수 없다.

③ 김인복을 이기적이고 인색한 사람인 '깍쟁이'라고 평가할 수 있는 부분을 명확하게 찾을 수 없다.

④ 김인복을 뒷심이 없고 믿음성 없는 말을 하는 사람인 '허풍쟁이'라고 평가할 수 있는 부분을 명확하게 찾을 수 없다.

⑤ 김인복을 '질이 나쁜 거짓말쟁이'로 평가할 수 있는 부분을 명확하게 찾을 수 없다.

127

작중 상황에 대한 관용적 표현의 적용   정답 ⑤

정답 해설 ⓐ에서는 소의 크기를 '낙산 봉우리만' 하다고 과장하여 표현하고 있다. '침소봉대'는 '작은 일을 크게 불리어 떠벌림.'의 의미로, 과장의 의미를 표현하는 사자성어이다.

오답 피하기 ① '과대망상'은 '사실보다 과장하여 터무니없는 헛된 생각을 하는 증상'의 의미이다.

② '기고만장'은 '펄펄 뛸 만큼 대단히 성이 남.'의 의미이다.

③ '구우일모'는 '아홉 마리의 소 가운데 박힌 하나의 털이란 뜻으로, 매우 많은 것 가운데 극히 적은 수를 이르는 말'이다.

129

대화의 특징 파악   정답 ④

정답 해설 청자인 시골 선비는 김인복의 익살스럽고 과장된 말을 전혀 거르지 않고 그대로 받아들이고 있기 때문에, 자신의 갓끈이 끊어지는 일을 당하였다. 이는 대화에서 시골 선비가 화자의 이야기를 비판적으로 듣고 받아들이지 못하였기 때문인 것으로 볼 수 있다.

오답 피하기 ① 시골 선비는 김인복의 뱀댕이 쌈 싸는 이야기를 경청하여 잘 듣고 있다.

② 시골 선비는 자신의 갓끈을 사고 싶다는 김인복의 말에 동의하여, 이튿날 김인복의 집으로 갔다.

③ 시골 선비는 김인복이 뱀댕이 쌈을 싸서 먹는 이야기를 듣고, 이를 연상하여 자신의 입을 벌리고 있다.

⑤ 시골 선비는 김인복이 뱀댕이 쌈을 싸서 먹는 이야기를 하자, 이에 시선을 주며 자신도 따라서 입을 벌리고 있다. 이는 김인복의 이야기에 관심을 표현하는 행위로 볼 수 있다.

35 **㉮ 김시습, 「유객」**

| 해제 | 이 작품은 청평사에 찾아들어 봄 산의 기운을 즐기고, 자연 속에서 속세의 근심을 털어내는 화자의 모습을 형상화하고 있다. 산새의 지저귐과 흐르는 냇물, 꽃잎, 나물과 버섯 등 다양한 자연물을 제시하여 봄 산에서 느끼는 흥취를 노래하고 있으며, 마지막 두 구에서는 아름다운 자연 속에서 속세의 근심을 잊고자 하는 화자의 마음을 드러내고 있다.

| 주제 | 자연의 아름다움 속에서 정화시키는 속세의 근심

| 구성 | • 수: 청평사 봄 산을 노니는 나그네
     • 함: 한가로운 산의 모습
     • 경: 자연의 싱그러움과 생명력
     • 미: 자연 속에서 근심을 잊음.

㉯ 김광욱, 「율리유곡」

| 해제 | 이 작품은 인목 대비 폐모론으로 삭탈관직된 작가가 인조반정으로 재출사할 때까지 약 8년 동안 한양 인근 지역인 율리에 머물면서 창작한 전체 17곡의 연시조로 『진본 청구영언』에 수록되어 있다. 이 작품에서 작가는 속세를 잊고 자연 속에 묻혀 살면서 느끼는 유유자적한 삶에 대한 만족감을 노래하고 있는데, 이는 정치적 갈등 상황을 배경으로 하는 당대의 작품들이 정치 현실에 대한 긴장감이나 시름 등을 노래했던 것과 대비된다는 점에서 그 의의를 찾을 수 있다.

| 주제 | 자연 속에서 유유자적하게 풍류를 즐기는 삶에 대한 만족감

| 구성 | • 제1곡: 자연으로 돌아온 것에 대한 자부심
     • 제8곡: 강산 청흥을 즐기는 삶의 자부심
     • 제10곡: 세속에서 벗어난 삶에서 느끼는 홀가분함
     • 제15곡: 살구꽃 핀 아름다운 봄 풍경
     • 제17곡: 소박한 삶에서 느끼는 만족감

㉰ 김용준, 「조어삼매」
수특 유사 작품

| 해제 | 이 작품은 어지러운 세상을 뒤로하고 은거하여 자유롭게 살고자 하는 글쓴이의 심정이 드러나 있다. 글쓴이는 뒤숭숭한 시절을 살아가는 답답함과 울화를 낚시를 통해 잊고자 하는데 이 낚시질조차 쉽게 되지 않는다고 말하고 있다. 또 어지러운 세상을 피해 은거했던 옛사람들의 심정에 동감하게 된다고 하면서 혼탁하고 불의한 시대를 살아가는 지식인의 고통스러운 심정을 표출하고 있다.

| 주제 | 불의한 시대를 낚시로 잊고자 하는 지식인의 마음

| 구성 | • 처음: 세상을 등지고 낚시를 하러 감.
     • 중간: 잘 되지 않는 낚시와 현실에 대한 울화
     • 끝: 은거하는 심정에 동감하게 됨. ★교재 수록 부분

▶ **연결 포인트**

수능특강에서는 김용준의 「게」가 사회적 약자들이 사회적 주류에게 느끼는 소외감이나 위화감에 대응하는 방식을 드러낸다는 점에서 이광사의 「늙은 소의 탄식」과 유몽인의 「노인 반석평」과 묶여 구절의 의미 파악, 작가의 관점·주제 의식 파악, 외적 준거에 따른 작품 감상 등을 묻고 있습니다.

「게」는 번잡한 세상사에 대한 글쓴이의 비판의식이 담겨 있는 작품입니다. 그런 점에서 어지러운 세상에 대한 울분을 표현하고 있는 같은 작가의 작품인 「조어삼매」와 엮어 읽을 수 있습니다. 「조어삼매」는 2022학년도 6월 모의평가에 어지러운 속세를 등지고 자연 속에서 살고 싶은 마음을 표현하고 있다는 점에서 김시습의 「유객」, 김광욱의 「율리유곡」과 함께 출제되어 구절의 의미 파악, 작품 간의 공통점·차이점 파악, 화자의 정서·태도 파악, 외적 준거에 따른 작품 감상 등을 묻고 있습니다. 수필의 내용을 이해하기 위해서는 작품 속에 등장하는 대상에 대한 글쓴이의 관점과 태도를 파악하는 것이 가장 중요합니다. '게'와 '낚시'에 대한 글쓴이의 정서와 태도가 어떠한지를 중심으로 작품을 이해한다면 관련된 문제를 어렵지 않게 해결할 수 있을 것입니다.

130

작품 간의 공통점 파악   정답 ⑤

정답 해설 (가)에서는 '봄 산'이라는 시어에서 계절이 드러나고 '좋은 나물은 때 알아 돋아나고 ~' 등을 통해 봄에 해당하는 자연의 모습을 구체적으로 나타내고 있다. (나)에 나타난 '살구꽃'은 봄에 피는 꽃이므로 계절을 드러내는 시어로 볼 수 있으며, '살구꽃 져 쌓이니'에서 시기에 부합하는 자연의 모습을 확인할 수 있다.

오답 피하기 ① (가)는 '좋은 나물'이 '때 알아 돋아나'는 자연물의 속성이 나타나 있지만 이를 통해 교훈적 의미를 드러내지는 않았다. (나)에는 자연물이 다양하게 나타나 있으나 그 속성이 뚜렷하게 제시되어 있다고 볼 수 없으며 자연물을 통한 교훈적 의미도 드러나 있지 않다.

② (가)에서는 (나)와 달리 설의적 표현을 확인할 수 없다.

③ (가)와 (나)는 모두 원경에서 근경으로 시선을 옮기며 심리 변화를 드러낸 부분을 확인할 수 없다.

④ (가)에서는 '나그네'라는 시어를 통해 자신을 객관화하고 있지만 내적 갈등을 드러내지는 않았고, (나)에서는 자신을 객관화한 표현이 사용되지 않았다.

131

화자의 태도 및 어조, 정서 파악 정답 ③

[정답 해설] 〈제10곡〉에서 '어지럽고 시끄런 문서 다 주어 내던지고' 돌아온 율리에서 화자는 만족감을 느끼고 있지만 자연물에 대한 연민을 드러내고 있다는 설명은 적절하지 않다.

[오답 피하기] ① 도연명이 살았던 마을이 '율리'인데, 〈제1곡〉에서 화자는 자신이 돌아온 마을의 지명이 이와 동일함을 언급하여 도연명과 같은 삶을 살겠다는 지향을 드러내고 있다.

② 〈제8곡〉에서는 강산을 삼공과도 바꿀 수 없다고 한 부분 등에서 자연의 가치가 부각되었고, 조각배에 올라 밤낚시를 하며 느끼는 맑은 흥취('청흥')를 강조하고 있다.

④ 〈제15곡〉에서는 '세버들 가지 꺾어', '낚은 고기 꿰어 들고', '주가를 찾으려' 등의 다양한 행위가 연속적으로 나열되었는데, 이를 통해 화자가 자연 속에서 누리는 생활의 일면을 제시한 것으로 볼 수 있다.

⑤ 〈제17곡〉에서 화자는 '최 행수'와 '조 동갑'을 부르며 자연 속에서 누리는 즐거운 삶을 함께하자고 말하고 있다.

132

구절의 의미 파악 정답 ④

[정답 해설] '서재'를 지켜 '한묵의 유희로 푹 박혀 있'는

것도 쉽사리 되는 것이 아니고, 서재에 '며칠만 틀어박혀 있으면 그만 속에서 울화가 터져 나온다.'라고 하였으므로 ㉣이 글쓴이에게 마음의 안정을 찾게 해 준 방법이라는 설명은 적절하지 않다.

[오답 피하기] ① '궁핍을 면할 양으로 본의 아닌 생활을 계속하'는 것이 생계를 유지하기 위한 생활이라 할 때, 이와 대비되는 낚시의 의의를 '운치 있는 생활이기도 하려니와 얼마나 자유를 사랑하는 청고한 마음이냐.'로 드러내고 있다.

② 낚시 도구와 자신의 관계를 '객'과 '주인'이라는 말로 나타내었으며 낚시에 몰입하는 태도를 '서로 무언의 우정을 교환한다.'라는 표현으로 나타내고 있다.

③ '찌'가 '까딱까딱 흔들리기 시작'하는 것은 물고기가 찌를 문 순간으로, 낚시에 집중했던 글쓴이의 기다림과 기대에 부응하는 순간을 나타낸 것으로 볼 수 있다.

⑤ 낚시를 하기 전에 글쓴이는 '그네의 심경을 한때는 욕을 한 적도 있었'다고 하였다. 그러나 낚시를 해 본 후에 글쓴이는 '고인의 불우한 그 심정을 넉넉히 동감하게 된다.'라고 하였으므로 은거했던 옛사람들에 기대어 뒤숭숭한 세상에서 느끼는 자신의 심정을 드러내었다고 볼 수 있다.

133

작품 간의 공통점, 차이점 파악 정답 ①

[정답 해설] (나)에서 화자는 '도연명'과 자신이 '수졸전원'하는 것이 다르지 않다고 말하고 있다. 따라서 '도연명'은 화자가 행적을 따르고자 하는 인물로 볼 수 있다. (다)에서 글쓴이는 '판교'가 마음에 맞지 않는 관직을 버리고 자유롭게 살았다고 하며 '강상의 어객이 되는 것'이 운치 있는 생활이라고 하였다. 글쓴이 역시 '판교'와 같은 마음으로 낚시를 하였으므로 글쓴이가 '판교'의 행적을 따르고자 한 것으로 볼 수 있다.

[오답 피하기] ② (나)의 '삼공'은 세속에서 높은 지위를 차지하고 있는 이들로 볼 수 있으나 (다)의 '성격 파산자'는 지위를 확인할 수 없다.

③ (나)의 '세버들 가지'는 낚은 고기를 꿰는 용도로 쓰인 자연물이다. 단순히 생활의 일면을 제시하는 과정에서 나타난 것이므로 화자가 이를 자신과 동일시한다고 볼 수 없다. (다)의 '청수한 한 폭 대' 역시 풍류를 즐기는 수단이므로 글쓴이가 자신과 동일시한 대상이라고 말하는 것은 적절하지 않다.

④ (나)의 '고기'는 자연 속에서 유유자적한 삶을 누리는 화자의 모습을 드러내기 위해 동원한 소재이므로 이를 화자가 자신을 보잘것없는 존재로 비유한 표현이라고 말하는 것은 적절하지 않다. (다)에서 '송사리'는 아주 작은 물고기라서 글쓴이가 낚고자 하는 대상이 아니라고 말하고 있을 뿐, 이를 글쓴이를 빗대어 표현한 것으로 볼 수 없다.

⑤ (나)의 '시름'은 번잡한 속세의 일과 관련된 것으로, 화자가 자신을 억압하는 존재를 염두에 둔 표현으로 볼 수 있다. 그러나 (다)의 '욕'은 속세를 버리고 은거한 옛사람들에 대해 글쓴이가 한때 가졌던 감정으로, 글쓴이가 자신을 억압하는 존재를 염두에 두고 사용한 표현이 아니다.

134

글쓴이의 정서, 태도 파악　　　　　　　**정답 ③**

[정답 해설] [A]에는 낚시로 큰 물고기를 잡을 수 있을 것이라는 기대감이 꺾인 상황에서 오는 실망감이 나타나 있으며, [B]에는 '제법 강상의 어객인 양하고 나섰'던 체면이 손상된 상황에서 오는 한탄이 나타나 있다.

[오답 피하기] ① [A]에 글쓴이의 경이감이 나타나지 않을 뿐만 아니라, [B]에도 인생에 대한 낙관적 기대가 나타나 있지 않다.

② [B]에 과거의 삶에 대한 동경이 나타나 있지 않다.

④ [B]에서 글쓴이가 새로운 이상을 품고 있다고 판단할 근거를 찾을 수 없다.

⑤ [B]에서 '아무리 내 재주가 서툴다기로서니'라고 말하였지만 이를 자신의 능력에 대한 겸손한 반성이라고 보기는 어렵다.

135

외적 준거에 따른 작품 감상　　　　　　　**정답 ②**

[정답 해설] (나)의 '온 골'은 화자가 유유자적한 삶을 누리는 '율리'라는 마을이고, '주가'는 '율리'에 있는 공간이므로 '주가'와 '온 골'이 대비되는 속성을 지닌 공간이라는 것과 '낡은 다리'가 두 공간의 경계를 표현한다는 설명은 적절하지 않다.

[오답 피하기] ① (가)의 '신선 골짝'은 '백 년 근심'이 사라지게 하는 공간이므로 화자가 지향하는 곳으로 볼 수 있다. '백 년 근심'은 속세에서의 삶에서 유발되는 근심이므로 '신선 골짝'은 속세와 대립되는 곳이라 할 수 있다.

③ (나)에서 화자는 자신이 돌아온 '율리'라는 마을에서 '이대도록 시원하랴'라고 말하고 있다. 이를 통해 '어지럽고 시끄런 문서'로 표상되는 속세와 '율리'가 대비되는 공간이라는 것을 알 수 있다.

④ 글쓴이는 낚시를 통해 세상일의 뒤숭숭함을 잊고자 하는데 (다)의 '푸른 물이 그득히 담긴 못가'는 글쓴이가 낚시 삼매경에 빠지기를 기대하는 공간이다. 따라서 '못가'는 글쓴이의 지향이 담긴 공간이라 할 수 있다.

⑤ (다)에서 글쓴이는 '내 서재'에서 '심사 틀리는 소식'을 피하고자 하였으나 '속에서 울화가 터져 나온다.'라고 하였다. 따라서 글쓴이는 '내 서재'에서 바람을 실현하지 못하므로, 그 이면에 새로운 공간에 대한 지향이 있음을 알 수 있다.

적용 학습　　　　　　　　　　본문 178~181쪽

36 **작자 미상, 「소현성록」**
　　　수특 유사 작품

| 해제 | 이 작품은 17세기의 가부장제 강화와 가문 중심의 사회적 분위기 속에서 소씨 가문의 수호와 번영을 다루고 있는 국문 장편 소설로, 한 가문의 3대에 걸친 이야기를 서술하고 있다. 제1대의 현성, 제2대인 운경과 운성, 제3대인 세명과 세광을 중심으로 가족 구성원들이 겪는 갈등과 그 해결이 유교 사상 및 남성 중심의 가부장적 가치관을 바탕으로 전개되고 있다.

또한 사건 전개 과정에서 가부장적 가문의 질서 유지에 필요한 유교 사상과 가족 구성원의 행동이 강조되는데, 이런 이유로 이 작품은 당대 가부장적인 가족 제도의 행동 규범을 제시하는 수신서의 역할을 담당한 것으로 평가받기도 한다.

| 주제 | 혼인을 둘러싼 소씨 가문의 갈등과 해결

| 전체 줄거리 | 제1대의 주인공인 소현성은 화 소저, 석 소저, 여 소저와 차례로 혼인한다. 소현성과 그의 부인들은 혼인 과정에서 서로 갈등을 빚기도 하지만, 그 갈등을 슬기롭게 해결하고 ★교재 수록부분 슬하에 많은 자식을 두게 된다. 제2대의 인물들 중 운성은 형 소저, 명현 공주, 소영과 혼인하는데, 운성과 그의 부인들은 혼인 과정과 혼인 후에도 많은 갈등을 겪게 된다. 특히 명현 공주는 운성과 결혼하기 위해 첫 번째 부인인 형 소저를 모함하고, 결혼 후에는 시아버지인 소현성과 남편인 운성과 대립하는 등 소씨 가문과 갈등을 빚는다. 이후 명현 공주의 죽음으로 이러한 갈등은 해소된다. 작품은 제3대 인물인 세명과 세광의 행적과 관련된 사건이 전개되며 마무리된다.

연결 포인트

수능특강에서는 유교 이념을 통해 국가 통치 질서를 확립하려는 유교적 세계관을 다루고 있다는 점에 주목하여 이정작의 「옥린몽」을 김상용이 지은 연시조인 「훈계자손가」와 함께 수록하여 인물을 통해 작품의 내용과 작품에 드러난 유교적 세계관을 파악할 수 있는지를 묻고 있습니다.

「옥린몽」은 중국 송나라를 배경으로 사대부 가문의 남녀가 겪는 고난과 그 극복, 남성 인물의 입신출세에 대한 이야기로 사대부층을 독자층으로 하고 있습니다. 작가는 사대부를 다른 어떤 계층보다 고귀하게 그려 내는데, 이는 작품 속에서 배타적인 신분 의식으로 표출돼 사대부들은 하층 인물들보다 신분적으로 우월하며, 황족들보다는 도덕적으로 우월하게 형상화되고 있습니다. 그런 점에서 「옥린몽」은 2023학년도 6월 모의평가에 출제된 작자 미상의 「소현성록」과 연계하여 읽을 수 있습니다. 「소현성록」 역시 유교적 이념을 바탕으로 당대 가부장적인 가족 제도의 행동 규범을 제시하고 있는데, 특히 황제의 딸인 명현 공주와 소씨 가문 사이에서 벌어지는 갈등 서사에서 왕권보다 가부장적인 가족 제도의 권위를 중시한다는 점에서 「옥린몽」과의 유사성을 발견할 수 있습니다. 2023학년도 6월 모의평가에서는 서술상의 특징과 인물을 통해 작품 내용 파악을 묻는 문항과 함께 음모 모티프와 관련된 외적 준거를 바탕으로 작품을 감상할 수 있는지를 묻는 문항이 출제되었습니다. 「옥린몽」과 「소현성록」 모두 많은 등장인물이 나타나고, 가문과 왕권 간의 갈등 관계가 혼사 문제를 둘러싸고 펼쳐진다는 점에서 각 인물들의 심리 및 태도를 혼사 문제를 중심으로 파악하는 것이 중요합니다.

136

서술상의 특징 파악　　　　　　　　　　정답 ④

정답 해설　제시된 부분에는 여씨와 석씨, 여씨와 상서, 여씨와 양 부인 등 한 인물이 다른 여러 가족 구성원들과 빚는 다면적 갈등 관계가 잘 나타나 있다.

오답 피하기　① '녹운당에 이르니 희미한 달빛 아래 여씨가 난간에'에서 배경 묘사가 나타나고 있지만 이를 통해 인물의 성격 변화를 암시하고 있지는 않다.
② '"알지 못하겠도다. ~ 임자를 찾아 주리라."하고 스스로 혼잣말하거늘'에서 계성의 독백이 나타나 있다. 하지만 독백을 반복하여 내적 갈등의 해결 과정을 드러내고 있지는 않다.
③ 시간 순서에 따라 서사가 진행되고 있지만 과거와 현재를 교차하면서 사건을 입체적으로 전개하고 있지는 않다.
⑤ 청운당을 비롯하여 사건이 일어나는 여러 공간이 나오지만 두 공간에서 동시에 일어나는 사건을 병렬적으로 배치하고 있지는 않다.

137

작품의 내용 이해　　　　　　　　　　　정답 ③

정답 해설　여씨가 화씨의 방을 엿들은 일을 두고 상서가 여씨를 엄숙하게 책망하자, 여씨는 '크게 부끄러워'한다.

오답 피하기　① 석파는 여씨, 석씨 등 소현성 집안의 사람들과 교류하며 여씨가 꾸민 일에 대한 실상을 밝히는 것과 같은 집안일에도 관여하고 있다.
② 상서가 한 말인 '전일 말한 사람이 있어도 ~ 그 말이 사실임을 알지라.'를 통해 상서가 남의 말의 진위를 직접 확인하여 판단하고 있음을 알 수 있다.
④ 양 부인은 집안의 큰 어른으로서 죄를 지은 여씨에게 벌을 주고, 시녀들인 '계성과 미양 등을 엄히 다스리'어 집안을 평정하는 등 권위를 지니고 며느리를 비롯한 가족 구성원들과 시녀들을 통솔한다.
⑤ 여씨가 회면단 푼 물을 먹지 않고 버티자 소씨는 여씨에게 회면단을 먹이려고 '우김질로 들이붓'는 등 여씨를 압박하여 의혹을 해소하려 한다.

138

대화의 특징 파악   정답 ④

정답 해설 ㉠은 석씨가 받는 총애를 석파가 여씨에게 자랑한 것을 두고 석씨가 석파의 경솔한 언행이 문제가 될 수 있다는 것을 염려하면서 한 말이다. 그리고 ㉡은 '상서가 정색하'면서 여씨에게 어디 갔었느냐고 묻자 상서의 의심을 피하기 위해 여씨가 거짓으로 꾸며 낸 말이다.

오답 피하기 ① ㉠은 석파의 독선에서 나온 말이 아니므로 석씨가 그러한 석파의 행동을 꾸짖어 나무라는 말로도 볼 수 없다. 상서가 여씨의 그릇된 행동을 이미 알고 있는 상태이므로 ㉡의 말이 상서의 오해를 증폭시키고 있지는 않다.

② ㉠은 석파의 안전을 도모하는 것과는 무관하며, ㉡은 상서를 속이기 위해서 한 말일 뿐 상서를 위험에 빠뜨리기 위한 말은 아니다.

③ ㉠은 석씨가 '내키지 않아 당부하'면서 한 말이므로 석파에 대한 호의를 표현하는 말로 볼 수 없다. 그리고 ㉡은 여씨가 상서를 속이기 위해 한 말이므로 상서에 대한 불신을 표현하는 말로 보는 것은 적절하지 않다.

⑤ ㉠은 석파가 한 언행에 대한 염려에서 나온 말이지 석파에게 얻은 정보를 불신해서 한 말은 아니다. 그리고 ㉡은 상서가 여씨의 행동을 이미 알고 있다는 정보를 여씨가 몰랐기에 할 수 있는 말로 볼 수 있다.

139

외적 준거에 따른 작품 감상   정답 ⑤

정답 해설 상서는 여씨가 화씨의 방을 엿들은 일을 두고 '금수의 행동'이라고 하였으며, 여씨가 앞으로 '과실을 고쳐' 나가길 당부하며 여씨를 교화하려고 하였다. 그리고 '어젯밤 일'은 여씨가 꾸민 음모와 악행의 실상을 밝혀낸 것이며 그 처분으로 양 부인이 여씨를 내치게 되었다. 이러한 두 사건에서 상서와 양 부인이 저마다 다르게 대처하는 모습을 보여 준 것일 뿐, 여씨의 처벌 방법을 두고 둘 사이에 대립이 있었다고 감상하는 것은 적절하지 않다.

오답 피하기 ① 여씨는 자신을 석씨와 견주면서 석씨의 훌륭함을

질투하게 된다. 그리하여 여씨는 양 부인과 석씨를 이간하려 하는데, 이는 석씨와의 경쟁 관계를 의식하고 집안에서 석씨보다 우위를 점하고자 하는 여씨의 욕망에서 음모가 비롯되고 있음을 보여 준다.

② 여씨가 석씨를 모해하고자 꾸민 '봉한 것'은 계성을 통해 양 부인에게 전달되며 양 부인은 '봉한 것'을 풀어 보고 '그 글에 품은 한이 흉악'함을 목도하게 된다. 이는 상하 관계에 있는 음모자(여씨)와 조력자(시녀 계성)에 의해 서사적 긴장이 고조되고 있는 것에 해당한다.

③ 양 부인이 '그 글'을 불사르고 시녀들에게 누설을 금지하여 문제가 더 커지지 않게 되었으므로 여씨가 꾸민 음모의 실행은 잠정적으로 저지되었다. 이에 따라 여씨의 욕망 실현이 지연되었으므로 서사적 긴장이 일시적으로 이완된다고 할 수 있다.

④ '회면단'을 먹자 화씨로 변했던 여씨가 본래 모습으로 돌아오게 된다. 이로써 음모자가 자신의 욕망의 실현을 위해 준비한 환상적 요소인 약을 먹고 변신하는 것이 음모의 실체를 드러내는 도구로도 작용함을 알 수 있다.

적용 학습   본문 182~186쪽

37 **㉮** 이홍유, 「산민육가」

| 해제 | 이 작품은 조선 중기 문인이자 교육자인 이홍유가 지은 연시조이다. 세속적 부귀영화를 추구하지 않고 세상과 단절된 채 자연 속에서 유유자적하는 삶의 만족감을 노래하고 있다.

| 주제 | 속세를 벗어나 자연 속에서 한가롭게 살고 싶은 마음

| 구성 | • 제1수: 공명부귀를 잊고 자연 속에서 사는 만족감
　　　• 제2수: 세상사를 잊고 자연을 벗 삼아 사는 삶
　　　• 제4수: 세상에 버림받고 자연을 벗 삼아 살아감.
　　　• 제5수: 산림에 묻혀 살아 임금의 은혜에 보답하지 못하는 안타까움

◀ ㉯ 작가 미상, 「유산가」

| 해제 | 이 작품은 조선 후기 한양과 경기 지방을 중심으로 불린 12잡가 중의 대표적인 작품으로 봄의 아름다운 경치 완상과 유흥적 흥취를 노래하고 있다. 잡가는 19세기 중반 이후 도시 유흥 공간을 중심으로 전문 가객들이 부른 노래의 총칭으로 서민 문화에 기원을 둔 노래에 시조, 가사, 민요 등이 섞여서 형성

된 장르이다. 이 작품에는 우리말과 한자어가 혼용되고 있는데, 이는 작품의 향유 계층이 서민층뿐만 아니라 양반층이 포함되어 있는 것과 관련이 있다.

| 주제 | 자연의 아름다운 봄 경치 예찬

| 구성 | • 서사: 봄 경치 구경을 권함.
　　　• 본사: 아름다운 봄 경치를 감상함.
　　　• 결사: 아름다운 봄 경치를 예찬함.

다 정비석, 「산정무한」
수특 동일 작품

| 해제 | 이 글은 금강산을 유람하고 난 후의 여정, 견문, 감상을 유려한 문체로 서술하고 있는 기행 수필이다. 글쓴이는 여정과 감상을 추보식 구성으로 정리하고 있는데, 서경과 서정의 조화를 살리며 섬세한 필치로 멋과 교양을 잘 드러내고 있다. 이 글은 기행 수필의 일반적 차원을 넘어 서정시와 같은 정서를 느끼게 하며, 기행 수필의 수준을 한 단계 높인 작품으로 평가되고 있다. 지문의 내용은 '황천 계곡, 연화담과 수렴폭, 망군대, 마하연, 마하연 여사' 등의 여정과 감상을 드러낸 부분으로, 특히 단풍과의 물아일체를 드러낸 부분은 다양한 수사법과 화려한 문체를 통해 개성적으로 묘사되고 있다.

| 주제 | 금강산의 아름다운 풍경

| 구성 | • 장안사 가는 길: 내금강 역사, 문선교에서 장안사에 이르는 길에서 본 건축물과 자연의 아름다움에 대한 예찬
　　　• 명경대: 명경대에 얽힌 고사를 떠올리며 자아 성찰의 매개로서 거울과 전생의 업에 대한 두려움을 느낌.
　　　• 황천 계곡과 망군대: 황천 계곡 단풍의 아름다움과 연화담, 망군대의 아름다운 풍경
　　　• 마하연 여사: 마하연 여사의 정취와 마하연사의 고즈넉함 ★교재 수록 부분
　　　• 비로봉: 비로봉 봉우리의 장관과 군소봉을 내려다보며 느끼는 호연지기
　　　• 마의 태자 무덤: 마의 태자에 대한 추모와 인생무상 ★수특 수록 부분

연결 포인트

수능특강에서는 정비석의 「산정무한」이 기행 문학으로서 자연에 아름다운 풍경과 그에 대한 감회를 드러내고 있다는 점에서 백광홍의 「관서별곡」과 묶어 작품 간의 공통점·차이점 파악, 작품의 내용 파악, 구절의 의미 파악, 시어·시구의 의미와 기능 파악, 외적 준거에 따른 작품 감상을 묻고 있습니다.

「산정무한」은 자연에 대한 만족감을 드러내고 있다는 점에서 2019학년도 3월 고3 학력평가에 이홍유의 「산민육

가」, 작자 미상의 「유산가」와 묶여 표현상의 특징 파악, 구절의 의미 파악, 작품의 내용 파악, 작품의 맥락 이해 등을 묻고 있습니다. 수능특강에 수록된 부분과 교재에 수록된 부분은 다르지만, 두 부분 모두 금강산의 수려한 풍경에 대한 묘사와 예찬적 태도가 나타나 있다는 점에서 공통적입니다. 제시문에 나타난 글쓴이의 여정이 어디인지, 그리고 그곳에서 느끼는 글쓴이의 감상을 중심으로 작품을 이해한다면 「산정무한」의 어떤 부분이 출제되더라도 어렵지 않게 풀어낼 수 있을 것입니다.

140

표현상의 특징 파악　　　　　　　　　　　　**정답 ④**

정답 해설 (나)와 (다)는 은유법과 직유법 같은 비유적 표현을 활용하여 봄의 아름다운 경치에 대한 흥취나 금강산의 절경에 대한 예찬의 태도를 드러내고 있다. 즉 대상을 긍정적으로 인식하고 있는 것이다.

오답 피하기 ① (나)는 '콸콸, 주루루룩, 쏼쏼' 등 음성 상징어를 사용하여 생동감을 높이고 있으나, (가)에는 음성 상징어가 나타나지 않는다.
② (가)는 과거와 현재를 대비하는 측면이 있다고 볼 여지가 있으나, (나)에서는 과거와 현재를 대비하여 지향하는 가치를 밝히는 내용을 찾을 수 없다.
③ (가)와 (다)에서 어휘의 반복은 확인할 수 있으나 움직임을 나타내는 어휘를 반복하는 것은 아니며, (가)의 경우 대상의 역동적 측면은 나타나지 않는다.
⑤ (나)와 (다)에 어조의 변화는 나타나지 않는다.

141

구절의 의미 파악　　　　　　　　　　　　**정답 ⑤**

정답 해설 ㉤은 마하연의 여사가 산중에 있어 여행객 외에는 찾는 사람이 드물다는 것을 나타낸 구절이다. (다)에서 마하연의 여사가 퇴락했다는 내용은 찾을 수 없다.

오답 피하기 ① '십장 홍진'은 혼잡한 속세를 의미한다. 그것이 가려져 차단되었다는 것은 화자가 속세와 거리를 둔 상황임을 나타내는 것이다.
② '벗님네'에게 '산천경개를 구경을 가세.'라고 권유

하고 있는데, 여기서 '산천경개'는 봄의 아름다운 경치를 의미한다.

③ '만산 홍록'은 온 산에 꽃이 활짝 핀 상황을 나타낸 것으로, '춘색'으로 제시된 봄의 계절감을 부각하고 있다.

④ 단풍으로 물든 산속을 걸어가며 단풍과 하나가 된 심정을 제시하고 있다.

142

외적 준거에 따른 작품 감상   **정답 ②**

정답 해설 (가)의 '조그만 이 내 몸'은 자연 속에서 생활하는 화자 자신을 겸손하게 표현한 것이다. 즉 (가)의 화자는 자연에 이미 귀의한 상황이므로, '조그만 이 내 몸'을 자연 속에서 심리적 위안이 필요한 속세에서의 화자의 모습으로 볼 수 없다.

오답 피하기 ① '공명부귀'는 화자가 관직에 올라 역량을 발휘하여 이룰 수 있는 세속적 가치를 상징하는 것으로 볼 수 있다.

③ 화자가 '송죽'을 의인화하여 조화를 이루는 친밀감을 드러낸 것으로 볼 수 있다.

④ '무릉도원'은 동양적 이상향을 상징하는 표현으로 (나)의 화자는 봄의 아름다운 경치를 이상향의 이미지와 연결시켜 이상적인 유흥의 공간으로 제시한 것으로 볼 수 있다.

⑤ '경개 무궁 좋을씨고'는 화자가 아름다운 풍광에 대해 감각적으로 느낀 흥을 드러내는 상황으로 볼 수 있다.

143

작품의 내용 이해   **정답 ④**

정답 해설 글쓴이는 망군대 등정 과정과 망군대에서의 조망과 관련해 여정이나 '삼백 단'의 사닥다리와 '해발 오천 척' 같은 객관적 사실과 '한사코 기어오르는', '일망무제로 탁 트인다.', '아! 천하는 이렇게도 광활하고 웅장하고 숭엄하던가!' 등의 소감을 제시하고 있다.

오답 피하기 ① 마하연 여사에서 과거를 회상하고 있으나, 여정을 계속하려는 이유는 제시하지 않았다.

② 글쓴이는 망군대에서 백마봉과 비로봉을 바라본 것이지, 백마봉에서 비로봉으로 이동한 것은 아니다.

③ 연화담과 수렴폭을 둘러볼 때 기상 상황이 좋지 않았다는 내용은 나타나지 않는다. '그림 같은'이라는 비유로 볼 때 기상 상황이 좋았음을 짐작할 수 있다.

⑤ 마하연 여사에서 동행자인 문 형이 한 말인 "남포 등은 참말 오래간만인데."를 인용하고 있으나, 이것이 일행 사이의 갈등 해소를 드러내는 것은 아니다. 또한 (다)에 일행 사이의 갈등은 나타나지 않는다.

144

작품의 맥락 이해   **정답 ①**

정답 해설 글쓴이가 두목(杜牧)의 한시 대신 영일(靈一)의 한시를 인용한 이유는 마하연사에서 느낀 분위기와 그곳에 노승이 많다는 인상을 전달하는 데 더 적절하다고 느껴서임을 짐작할 수 있다.

오답 피하기 ② (다)에 글쓴이가 마하연사에서 자신의 삶을 반성하고 깨달음을 얻었다는 내용은 나타나지 않는다.

③ '선원'이라는 표현을 통해 마하연사가 어떤 역할을 수행하는 절인지는 알 수 있으나, (다)에 마하연사의 유래는 나타나지 않는다.

④ (다)에 글쓴이가 마하연사를 방문하는 데에 고생이 많았다는 점을 알리는 내용은 나타나지 않는다.

⑤ '불경 공부하는 승려뿐이라고 한다.'를 통해 종교적 교리를 익히기 위해 애쓰는 승려들이 있는 절임을 알 수 있다.

적용 학습   본문 187~189쪽

38   **가 이한직, 「낙타」**

| 해제 | 이 작품은 과거에 대한 회상이 주조를 이루고 있으며, 시각적 이미지를 사용하여 대상에 대한 그리움을 표현하고 있

다. 작품은 크게 1~3연, 4~5연으로 나눌 수 있는데, 1~3연은 화자가 눈을 감고 생각한 세계로 선생님이 등장하며, 4~5연은 현실로 되돌아와 눈앞에 본 세계로 낙타가 등장한다. 화자는 늙은 낙타를 보며 옛날을 그리워하시던 늙은 은사를 연상하고 그리움을 느낀다. 화자가 늙은 은사를 그리워하는 것은, 동심을 잃고 메마른 삶을 살아가는 화자의 동심을 그리워하는 처지가 과거 늙은 은사의 모습과 유사하기 때문이다. 이런 점에서 선생님과 낙타와 '나'는 동일화가 이루어진 존재라 할 수 있다.

| 주제 | 은사(恩師)에 대한 회고와 동심의 세계에 대한 동경

| 구성 | • 1연: 회상의 시작
  • 2연: 선생님에 대한 회상
  • 3연: 선생님에 대한 추억
  • 4연: 낙타를 통한 연상
  • 5연: 동심의 세계에 대한 동경

🅝 피천득, 「시골 한약국」
수특 유사 작품

| 해제 | 이 작품은 글쓴이의 체험을 솔직하고 담담한 어조로 표현한 수필이다. 글쓴이는 학생 시절 자신이 방문했던 한약국의 상황과 자신이 현재 처한 상황 사이의 공통점을 바탕으로 과거를 추억하고 있다. 과거에 경험했던 한약국의 상황과 현재의 글쓴이는 모두 가난한 삶을 영위하고 있고, 그렇기에 자신에게 필요한 것을 충분하게 갖추고 있지 못하다. 하지만 글쓴이는 그런 현실에 절망하거나 좌절하지 않는다. 결핍된 한약국의 한방의가 '나'의 병을 고쳐주었듯이, 책의 결핍이 글쓴이의 삶을 초라하게 만드는 것은 아니기 때문이다.

| 주제 | 현실을 돌아보게 하는 시골 한약국에 대한 기억

| 구성 | • 처음: 학생 시절 시골 한약국에서 약을 지어 먹은 일을 떠올림.
  • 중간: 가난하고 초라한 한약국을 오히려 도와줌.
  • 끝: 시골 약국의 형편과 다르지 않은 자신의 현재 처지를 생각함. ★교재수록부분

◀ 연결 포인트

수능특강에서는 특정 대상에 대한 그리움의 정서를 표현하고 있다는 점에서 강은교의 「다락」을 정몽주의 「홍무 정사년 일본에 사신으로 가서 지음」, 이수복의 「봄비」와 엮어 작가의 관점·주제 의식 파악, 작품의 내용 파악, 시어·시구의 의미와 기능 파악, 외적 준거에 따른 작품 감상 등을 묻고 있습니다. 「다락」은 과거에 대한 회상과 추억을 바탕으로 내용을 전개하고 있는데, 이런 점에서 피천득의 「시골 한약국」과 연계하여 읽을 수 있습니다. 「시골 한약국」은 2016학년도 수능완성 국어 A형에서 연상에 의해 화자의 정서와 처지

를 드러내고 있다는 점 때문에 이한직의 「낙타」와 묶여 외적 준거에 따른 작품 감상, 구절의 의미 파악 등을 묻고 있습니다. 「다락」과 「시골 한약국」의 글쓴이는 모두 과거의 기억을 바탕으로 현재의 삶을 성찰하는 모습을 보입니다. 과거의 경험이 지닌 어떤 긍정적인 기억이 현재의 부정적인 삶을 성찰하게 했는지를 중심으로 작품을 이해한다면 작품과 관련된 문제를 해결하는 데 도움이 될 것입니다.

145

표현상의 특징 파악   정답 ①

정답 해설 (가)는 화자가 자신이 본 것과 연상한 것을 독백적 어조로 담담하게 표현하고 있다.

오답 피하기 ② '늦은 봄', '봄볕' 등 계절감을 드러내는 시어를 통해 화자가 인생에서 봄과 같던 어린 시절에 지녔던 마음을 떠올리는 상황을 형상화하고 있다.
③ '~은 ~처럼 ~다'의 문장을 반복하여 선생님과 낙타의 연관성을 드러내고 있다.
④ '이야기'라는 추상적 소재를 마치 사물처럼 여기저기 떨어져 있다고 표현하고 있는데, 이는 동물원에서 어린 시절의 이야기를 발견하고 있음을 드러낸 것이다.
⑤ '동물원의 오후'라고 시상을 마무리하여 특정 공간과 시간이 화자에게 그리움이라는 정서를 불러일으켰음을 강조하고 있다.

146

외적 준거에 따른 작품 감상   정답 ②

정답 해설 (나)에서 '나'는 연상을 통해 과거에 만났던 시골 한약국의 한방의를 떠올린다. 그리고 그때 만났던 한방의의 처지를 자신의 현재 처지와 비교한다. (나)에는 과거 자신의 삶이 어떠했는지에 대한 언급은 없고, 다만 현재의 자신이 원하는 것을 모두 다 갖고 있지는 않다고 했다. 따라서 과거의 삶보다 현재의 삶에 만족하고 있다고 볼 수는 없다.

오답 피하기 ① (가)의 화자는 연상을 통해 '선생님'과 과거에 지녔던 '동심의 옛이야기'를 떠올린다. 따라서 화자는 과거에 대한 그리움의 정서를 지니고 있음을 알 수 있다.

③ (가)의 화자는 현재 동물원에 있는 늙은 낙타를 보며 낙타처럼 늙으셨던 선생님을 떠올린다. (나)의 '나'는 '나의 책'을 보며 더 필요한 책이 있음을 인식하게 되고, 지금의 '나'와 같이 더 필요한 한약재를 갖추고 있지 않았던 시골 한약국을 떠올린다.

④ (가)의 '동물원'은 현재 화자가 있는 공간으로, 화자는 이곳에서 과거의 선생님을 연상한다. (나)의 '시골 한약국'은 현재 화자가 연상을 통해 떠올린 공간이다.

⑤ (가)에서 화자는 연상의 매개체인 낙타와 선생님을 동일시한다. 늙었고 과거를 추억하고 있다는 공통점이 있다고 여긴 것이다. (나)에서 '나'는 과거 시골 한방의가 '우황, 웅담, 사향, 영사, 야명사'와 같은 약재를 갖고 있지 않은 것처럼 현재 자신도 그 한방의의 약재처럼 값비싼 책자를 지니고 있지 않다고 했다. 결국 '나'는 과거 '한방의'와 처지가 비슷하다고 생각함을 알 수 있다.

147

구절의 의미 파악   **정답 ④**

정답 해설 시골 한의원에게 '진피, 후박, 감초, 반하, 향인'은 약국을 운영하기 위해서는 꼭 필요한 약재들이다. 따라서 '나'가 지금 가지고 있는 책은 시골 한의원의 그것처럼 자신이 일을 하는 데 반드시 필요한 중요한 책이라 할 수 있다.

오답 피하기 ① ㉠은 '나'를 치료하기 위해 필요한 것이지만, '녹용'이나 '삼'은 당시 시골 한약국에 없던 재료이다.

② ㉡은 시골 한약국을 찾는 사람이 드물다는 것을 알려 주는 소재로, '나'가 의원의 실력을 믿게 되었던 계기와는 관련이 없다.

③ ㉢은 변변한 약재조차 갖추지 못한 시골 한약국을 떠올리게 한 매개체이다.

⑤ ㉤은 '나'가 일을 하는 데 반드시 필요한 책 이외에

더 필요한 책들인데, 이를 통해 '나'가 가난으로부터 벗어날 수 있을지에 대해 언급하지는 않았다.

적용 학습   본문 190~193쪽

39 최일남, 「흐르는 북」
수특 유사 작품

| 해제 | 이 작품은 1980년대 우리 사회의 현실적 단면을 배경으로 하고 있다. 서울에 기반을 둔 중산층 가족을 집중적으로 조명하는 이 작품은 이기적 삶의 세태를 배경으로 하면서 속물적 삶과 본원적 삶과의 갈등을 예리하게 그려 내고 있다. 또한 할아버지(민익태), 아버지(민대찬), 손자(민성규)로 이어지는 세대 간의 갈등과 화합을 보여 주고 있다. 이 작품의 중심 소재인 북은 '민 노인'의 삶의 궤적을 보여 주며, 실리적인 가치보다는 정신적인 가치를 중시하는 예술 정신과 전통 세계의 가치관을 상징적으로 드러낸다. 이러한 삶을 살아간 아버지 때문에 불우한 유년 시절을 겪은 '민대찬'은 아버지를 무책임하다고 생각하며 자신은 세속적인 가치를 열렬히 추구한다. 그리고 자신의 아들 '성규'에게도 이러한 삶의 태도를 강요한다. 그러나 '성규'는 새로운 세대의 입장에서 할아버지의 삶의 방식을 이해하려고 노력하며, 더 나아가 아버지에게도 할아버지의 삶의 방식을 이해해 줄 것을 요청한다. 이러한 '성규'의 모습 속에서 우리는 세대 간의 갈등을 극복하고 서로 화합할 수 있는 가능성을 살펴볼 수 있게 된다. 결국 이 작품은 당대 사회에서 인간이 잃어 가고 있는 것은 무엇이며, 현대인의 삶의 가치가 어떻게 변질되어 가는가에 대한 소설적 성찰로 볼 수 있다.

| 주제 | 삶에 대한 인식 차이로 인한 세대 간의 갈등과 화합 모색

| 전체 줄거리 | 젊은 시절 북에 빠져 가족을 제대로 돌보지 못한 민 노인은 아들 내외에게 무시를 당하며 아들 집에 얹혀산다. 아들 친구들이 모인 어느 날 민 노인은 아들 친구들의 요청으로 북을 치게 되고, 이 일로 아들의 심기를 건드려 불편해진다. 그날 이후 민 노인은 집에 손님이 오면 항상 외출을 하게 된다. 외출을 나간 어느 날 민 노인은 손자 성규를 만나게 되고, 성규로부터 학교 동아리 발표 때 북을 쳐 달라는 부탁을 받는다. 민 노인은 아들 내외를 생각하여 거절을 하지만, 성규의 설득으로 연습을 같이 하고 공연에 참여한다. 이러한 일은 아들 내외의 심기를 다시금 건드리게 되고, 아들은 민 노인을 끌어들인 성규를 꾸짖는다. ★교재 수록 부분 이런 일이 있은 후 성규는 데모를 하다가 잡혀가게 되고, 이 소식을 들은 민 노인은 성규의 데모와 자신의 북 사이에 관계가 있다고 생각하며 북을 두드린다.

있으므로 '성규'의 아버지가 '민 노인'과 갈등하는 것에 대한 하나의 단서로 제공되고 있다.

③ ㉢을 살펴보면, '민 노인'의 아내가 살아 있던 과거의 시절에는 그래도 아내가 '어지간히 바람막이 구실'을 해 주기도 한 것으로 서술되어 있다. 그러나 아내 없이 '외톨이'로 남게 된 현재의 상황은 '운신하기가 수월찮았다.'로 제시되어 있다. 이로 보아 아들과의 '단절'로 상징되는 '민 노인'의 현재 처지가 부각되고 있는 서술로 볼 수 있다.

④ ㉣의 앞 발화는 '성규'의 말인데, 아버지와 할아버지의 관계를 이해하지만 그것이 '저와 연결'될 필요는 없다고 말하고 있다. 즉 '성규' 자신의 말은 둘 모두를 이해한다는 뜻으로 이해할 수 있다. 그래서 '성규'의 아버지는 이를 비꼬기 위해 '기특하'다고 반어적으로 말하고 있는 것이다.

수능특강에서는 번잡한 세상을 벗어나 자연 속에 머무르고자 하는 사람들의 태도가 드러나 있다는 점에서 최일남의 「서울 사람들」을 이이의 「낙지가」, 이기철의 「천산행」과 엮어 작품의 내용 파악, 작품 간의 비교 감상, 외적 준거에 따른 작품 감상을 묻고 있습니다.

「서울 사람들」은 현대의 우리 사회가 지닌 문제점을 다루고 있습니다. 그런 측면에서 같은 작가의 작품인 「흐르는 북」과 연계하여 읽을 수 있습니다. 「흐르는 북」은 2016학년도 6월 모의평가 B형에 출제되어 서술상의 특징 파악, 구절의 의미 파악, 인물의 성격·태도 파악을 묻고 있습니다. 「낙지가」가 문명화된 사회와 도시인들의 허위의식을 비판적으로 다루고 있다면 「흐르는 북」은 우리의 현대 사회에 나타난 세대 간의 갈등을 다루고 있습니다. 작품 속의 문제들을 개인의 차원이 아닌 역사와 사회의 관점에서 이해할 수 있다면 두 작품의 다른 부분이 출제되더라도 충분히 이해하고 문제를 해결할 수 있을 것입니다.

148

서술상의 특징 파악　　　　　　　　　　정답 ⑤

정답 해설 ㉤은 '성규' 어머니의 발화인데, '성규'가 자신의 아버지와 갈등을 빚고 있는 장면에 삽입되어 있다. '성규'의 어머니는 '성규'가 아버지의 말에 수긍하는 것이 아니라 자신의 의견을 지속적으로 제시하자, 이를 '또박또박 말대답'하는 것으로 보고 자신의 아들에게 핀잔을 준 것이다. 따라서 이는 둘 사이의 갈등이 발생한 근본적 원인을 보여 주고 있는 것은 아니다. 갈등의 근본적 원인은 '민 노인'의 삶에 대한 '성규'와 아버지의 가치관 차이라고 보는 것이 더 적절하다.

오답 피하기 ① ㉠은 '아들', '며느리', '민 노인은 모르지 않았다.' 등으로 서술되어 있는데, 이로 보아 이 구절은 '민 노인'의 시선을 통한 장면 제시라고 볼 수 있다. 그리고 그 모습이 '더 많은 힐난을 내쏘고 있음'이라고 해석하여 며느리('성규'의 어머니)의 심리를 보여 주고 있다.

② ㉡은 '허랑방탕한 한평생'이라고 집약된 '민 노인'의 행적을 요약적으로 제시하는 장면의 한 부분이다. 그리고 '아내와 자식을 모른 체한' 것으로 서술되어

149

구절의 의미 파악　　　　　　　　　　정답 ④

정답 해설 '성규'의 아버지가 현실에 집착하는 모습을 살펴볼 수 있는 부분은 '생활인의 감각' 바로 앞부분에 제시된 '노상 이기적인 현실에의 집착'이라고 서술된 내용이다. 이 부분의 발화는 '성규'가 자신의 아버지를 이해하는 방식을 보여 주고 있기 때문에 '생활인의 감각'이라는 구절은 아버지를 바라보는 '성규'의 태도와 연관되어 있다고 볼 수 있다.

오답 피하기 ① '세련된 입신'은 '민 노인'의 소망을 드러내고 있는 것이 아니다. 방황하는 삶을 그만두고 세속적인 삶을 지향하기를 바라는 것은 '민 노인'이 아니라 '성규'의 아버지이다. 이 구절은 '일단은 세련된 입신으로 평가되는 아들의 내력'이라고 서술되어 있기 때문에 '민 노인'의 소망이 아니라 아들, 즉 '성규'의 아버지에 대한 일반 사람들의 평가로 볼 수 있다.

② '날씬한 생활'은 '민 노인'이 자신의 아들의 삶을 서술한 것이기 때문에 '성규'가 지향하는 삶과 연관성이

없고, '성규'의 아버지의 비판적 시선과도 무관한 구절이다.

③ '역사의 의미'란 '전 세대끼리의 갈등'을 '다음 세대'가 화합하는 것과 연관된 것으로 이는 '쾌적한 만남'으로 상징된다. 따라서 '성규'의 두려움과는 관련이 없다.

⑤ '비극의 차원'은 '할아버지의 삶을 놓고, 아버지와 제가 감정적으로 갈라서는' 상황을 두고 하는 말이지 '민 노인'과 아버지가 감정적으로 갈라선 상황에 대한 진술이 아니다.

150

인물의 성격, 태도 파악   **정답 ④**

정답 해설 이 글에서 '성규'가 '민 노인'에게서 예술적 재능을 인정받으려 한 부분은 제시되어 있지 않기 때문에 ④의 진술은 적절하지 않다. 또한 '성규'가 아버지와 '민 노인' 간의 화해를 이끌어 내기 위해 적극적으로 노력하는 장면 역시 찾기 어렵다. 다만 아버지와 달리 '성규' 자신은 '민 노인'과 불화할 까닭이 없음을 아버지에게 설명하고 있는 장면이 제시되어 있다.

오답 피하기 ① '성규'의 아버지와 '민 노인'의 갈등은 '민 노인'의 예술 지향적인 삶을 '성규'의 아버지가 이해하지 못하기 때문이다. 따라서 이는 예술에 대한 가치관을 두 사람이 공유하지 못하는 것으로 볼 수 있다.

② '성규'가 자신의 아버지와 소통하기 어려운 까닭은 할아버지의 삶에 대한 판단이 서로 다르기 때문이다. 따라서 '성규'와 '성규'의 아버지는 서로 다른 가치관을 가지고 '민 노인'의 예술가로서의 삶을 바라보고 있다고 볼 수 있다.

③ 중략된 부분의 바로 앞부분을 보면, '민 노인'은 아들에게 '자신의 고통과 낭떠러지의 세월'을 떠올리게 한다. 아버지로서의 역할을 하지 못한 채 자신의 삶만 추구했기 때문에 '민 노인'은 아들에게서 예술가로서의 삶을 이해받지 못하고 있는 것이다.

⑤ 이 글의 앞부분을 보면 '성규'의 아버지는 '민 노인'이 '그냥 보통 노인네로 머물러 있기'를 바라고 있다. 그 이유는 '민 노인'의 예술가로서의 삶이 '제 체면을 판판이 우그러뜨리'는 것으로 느껴지기 때문이다.

적용 학습   본문 194~198쪽

40 **가 김득연, 「산중잡곡」**

| 해제 | 이 작품은 총 49수의 연시조로, 자연 속에서의 소박하고 한가한 생활, 계절에 따른 자연의 아름다움 등을 통해 자연에 묻혀 사는 풍류와 멋을 노래하고 있다. 작가 자신의 삶이 이루어지는 곳이 곧 '무릉'이고, 자신이 '무릉인'이라는 발상을 통해 선비들의 은일(隱逸)의 세계관을 잘 드러내고 있다. 이 작품은 시적 상상력이 뛰어나다는 평가를 받고 있다.

| 주제 | 자연 속에서의 삶의 만족감과 흥취

| 구성 | • 제3수: 자연에 몰입하여 유유자적하며 세월을 잊고 사는 삶
• 제5수: 안분지족의 삶
• 제10수: 한가롭게 자연에서 사는 삶에 대한 만족감
• 제14수: 자연에서의 삶에 대한 자긍심

나 권섭, 「영삼별곡」

| 해제 | 이 작품은 영월을 출발하여 삼척에 이르는 여정을 다루고 있는 기행 가사이다. 여행 도중의 수려한 풍경에 대한 체험과 이에 대한 흥취가 잘 나타나 있다. 개인의 순수한 여행 체험을 바탕으로 여행 자체의 감흥을 구체적으로 표현하고 있다. 시상의 안배와 조절, 섬세한 표현과 감각적 이미지, 우리말 구사 등이 인상적인 작품이다.

| 주제 | 영월과 삼척의 아름다운 경관에 대한 소개 및 감상

| 구성 | • 서사: 여행 동기 및 출발 상황
• 본사 1: 제천에서 영월까지의 여정
• 본사 2: 영월에서 단종 유적지를 돌아본 소회
• 본사 3: 영월에서 삼척까지 심산유곡을 지나면서 겪은 일
• 본사 4: 청옥산과 동해 일대의 기이한 경관
• 본사 5: 삼척 성내에서 감상한 월출
• 결사: 여행을 마친 소감

다 이수광, 「침류대기」

수특 유사 작품

| 해제 | 이 글은 작가가 창덕궁 근처에 있던 유희경의 거처인 '침류대'를 방문해 주변의 경치를 보고 생각한 바를 기록한 글이다. 침류대가 있던 곳은 맑은 물이 흐르고 청정하여 유희경은 여러 문인을 이곳에 초청해 교류한 것으로 알려져 있다. 문인들은 침류대의 아름다움에 대해 시나 산문을 남겼는데, 이 글은 그중의 하나이다. 일상적인 생활 공간에서 아름다운 경치를 접하고, 이를 통해 동양적 이상향을 연상하는 발상은 진정한 미의식이 무엇인지 생각하게 한다.

| 주제 | 침류대의 아름다운 경관에 대한 예찬

| 구성 | • 처음: 금천교 위에 올라가 경치를 구경하다 유희경의 안내로 누대를 방문함.
• 중간: 누대 주변의 아름다운 경치를 구경함.
• 끝: 군자의 덕을 갖춘 유희경의 진면목을 칭찬함.
★교재 수록 부분

연결 포인트

수능특강에서는 심로숭의 「아내의 무덤에 나무를 심으며」를 임에 대한 사랑과 이별을 다루고 있다는 점에 주목하여 문정희의 「찔레」와 김선우의 「낙화, 첫사랑」과 함께 엮어 작품의 세부 내용과 구절의 의미를 파악할 수 있는가를 묻고 있습니다. 또한 사랑과 이별을 다룬 문학 작품의 일반적 특징을 다룬 외적 준거를 바탕으로 작품에 드러난 글쓴이의 태도를 파악할 수 있는가도 묻고 있습니다.

「아내의 무덤에 나무를 심으며」는 아내와 사별한 슬픔과 이를 이겨 내려는 의지를 그린 한문 수필로, 원제는 '신산종수기(新山種樹記)'입니다. '기(記)'란 사물을 객관적인 관찰과 동시에 기록하여 영구히 잊지 않고 기념하고자 하는 데에 목적을 두는 글의 양식으로, 조선 시대에 많이 창작되었던 중요한 문학 갈래라 할 수 있습니다. 이런 이유로 '기(記)'는 대학수학능력시험뿐만 아니라 모의평가와 학력평가 및 EBS 연계 교재에도 거의 빠지지 않고 출제되고 있습니다. 이수광의 「침류대기」는 2020학년도 10월 고3 학력평가에 출제되었습니다. 「침류대기」는 작가가 창덕궁 근처에 있던 유희경의 거처인 '침류대'를 방문해 주변의 경치를 보고 생각한 바를 기록한 글로, 아름다운 자연의 모습을 드러내고 있다는 점에서 김득연의 「산중잡곡」 및 권섭의 「영산별곡」과 함께 수록되어 작품의 내용 및 구절의 의미를 파악하는 문항이 출제되었습니다. '기(記)'가 출제될 경우 주제 의식이 비슷한 다른 갈래와 함께 연계되어 출제되는 경우가 대부분입니다. 따라서 출제된 '기(記)'에서 글쓴이가 글을 쓰게 된 이유와 강조하는 점 등을 파악한다면 함께 출제된 다른 작품의 주제 의식도 쉽게 알아

낼 수 있습니다. 만약 출제된 '기(記)'의 내용이 생소하다면 함께 출제된 작품을 통해 '기(記)'의 주제 의식을 파악할 수도 있으므로 작품의 내용이 어렵다고 지나치게 걱정할 필요는 없다는 점을 기억해 두세요.

151

시어, 시구의 의미 파악　　　　　　　　　정답 ⑤

정답 해설 '아이야 술 가득 부어라'는 자연 속의 생활에 만족하며 풍류를 즐기는 것이다. (가)에서 화자가 정신적 수양을 하는 내용은 나타나지 않으며, 고뇌도 드러나지 않는다.

오답 피하기 ① 화자는 자연 속에서 유유자적하며 '한가히 앉아' 있다. '풍월'과 '연하'는 화자가 느끼는 한가함의 정서와 조응이 된다고 볼 수 있다.

②, ③ '이 사이'는 '풍월'과 '연하'로 둘러싸여 화자가 자연을 즐기는 공간이며, '산중'도 마찬가지로 자연을 즐기는 공간이다. 화자는 이렇게 자연과 조화를 이루는 공간에서 '늙는 줄을 모르'겠다고 말하며 삶에 대한 만족감을 드러내고 있다.

④ '기장밥'은 '쌀에 기장을 섞어 지은 밥. 또는 기장만으로 지은 밥'이며 '산채갱'은 '산나물로 만든 국'으로 모두 화자의 소박한 삶을 나타내는 소재이다. 이를 통해 화자가 자연 속에서 소박한 삶을 살고 있음을 알 수 있다.

152

표현상의 특징 파악　　　　　　　　　　정답 ⑤

정답 해설 (가)와 (나)에 음성 상징어를 활용하여 대상을 생동감 있게 묘사한 부분은 나타나지 않는다.

오답 피하기 ① (가)의 〈제14수〉 종장에서 '이 몸이 또 어떠하뇨'라고 묻고 '무릉인인가 하노라'라고 답변하며 자연 속의 삶에 대한 만족감을 드러내고 있다.

② (나)는 '외딴 마을', '앞내', '고개' 등으로 공간을 이동하며 시상을 전개하고 있다.

③ '대지 산악을 일야의 흔드는' 등과 같은 과장적 표현을 통해 주관적 인식을 드러내고 있다.

④ (가)와 (나)는 4음보의 율격을 사용하여 운율감을 드러내고 있다.

153

외적 준거에 따른 작품 감상　　　　　　정답 ②

정답 해설 [B]에서 화자는 일상적 생활 공간을 벗어나 여행을 하다가 체험한 풍경을 보며 무릉도원을 연상하고 있다. [B]의 화자가 새로운 이상향을 찾기 위해 애쓰는 것은 아니다.

오답 피하기 ① [A]에서 화자는 골짜기 안에 가득한 붉은 노을의 아름다움을 이상향의 이미지와 관련지어 자신을 '무릉인(무릉도원에 산다는 사람)'에 빗대고 있다.

③ [B]의 '진 때의 숨은 백성 이제 와 보게 되면 / 도원이 여기보다 낫단 말 못하려니'와 [C]의 '수백 년 동안 죽지도 않고 살아있다는 그 진나라 사람도 만나보겠군.'은 「도화원기」에 언급된 진나라 사람들의 내용과 연결하여 [B]의 화자와 [C]의 글쓴이가 자신들의 주관적 생각을 드러낸 것이다.

④ [C]와 [D]는 모두 시냇물에 복숭아꽃이 있는 광경을 통해 무릉도원을 연상하고 있다.

⑤ [B]에서는 여행지에서 체험한 풍경을 '도원이 여기보다 낫단 말 못하려니'라며 무릉도원과 비교하고 있다. [D]에서도 유희경의 생활 공간인 침류대 주변 풍경을 '옛날 사람이 일컫는 무릉도원이라는 곳도 여기보다 낫지는 않을 듯하다.'라며 무릉도원과 비교하고 있다.

154

화자의 정서, 태도 파악　　　　　　정답 ①

정답 해설 (나)의 화자는 외딴 마을에서 곰, 호랑이 같은 짐승들의 울음소리에 칼을 빼어 곁에 놓고 불안하게 밤을 새우고 있다.

오답 피하기 ② 화자는 천변에 가려진 길이 대관령에 이어졌다고 말하며 자신이 가는 길이 매우 험하다고 말하고 있다.

③ 화자는 시골 마을 인가의 봉당에 잠자리를 마련한 상황이다. 야외에서 잠자리를 찾으며 탄식하는 내용은 찾을 수 없다.

④ 화자가 하늘의 별을 바라보는 것은 사실이지만, 부재하는 임에 대한 그리움을 드러내고 있지는 않다.

⑤ 화자는 고개에 올라 끝없이 넓은 바다를 바라보고 있다.

155

작품의 내용 이해　　　　　　정답 ④

정답 해설 ㉣은 침류대 주변의 경치에 감탄한 글쓴이가 유신의 사례를 거론하며 아름다운 경치 속에서 생활하는 유희경에 대해 긍정적으로 평가하는 내용으로 볼 수 있다. 이 글의 앞부분에서 유희경이 글쓴이에게 자신의 누대를 방문할 것을 청하는 내용으로 볼 때, 유희경은 타인을 배제하고 은밀하게 자기 혼자서만 아름다운 경치를 즐기는 사람으로 볼 수 없다.

오답 피하기 ① 화자는 집 뒤에서 '자차리'를 뜯고 문 앞의 샘에서 물을 길어 밥을 짓는 모습을 통해 자신의 생활상을 제시하고 있다.

② 이동을 하다가 '앞내'에 빠진 화자는 젖은 옷을 '벌불'에 쬐어 말려 입고 있다.

③ 글쓴이는 유희경이 지은 누대의 섬돌이 흐르는 물 위로 한 자 남짓 높게 쌓여 있다는 점에 주목하여 누대의 이름이 '침류대'인 이유를 짐작하고 있다.

⑤ 글쓴이는 아름다운 경치로 인해 정신과 기운이 맑아지고 바람이 불지 않아도 날아갈 것 같다며 자신의 흥취를 표현하고 있다.

적용 학습　　　　　　본문 199~202쪽

41　**함세덕, 「산허구리」**
　　수특 유사 작품

| 해제 | 이 작품은 1936년에 『조선문학』에 발표한 함세덕의 등단작으로 어촌 마을을 배경으로 살아가는 사람들의 비극적인

삶을 사실적으로 그려 낸 작품이다. 이 작품은 복조의 죽음을 중심으로 가족들이 겪는 슬픔과 고통을 사실적이면서도 서정적으로 그려 내어 비극성을 강조하고 있다. 한쪽 다리를 바다에 빼앗기고 두 아들, 사위마저 바다에 빼앗긴 채 폐인이 된 노어부, 노어부의 아내로 큰아들과 사위를 잃은 슬픔을 미처 추스르기도 전에 둘째 아들 복조의 죽음에 대한 충격으로 실성해 가는 처, 노어부 부부의 큰딸로 남편을 바다에 빼앗기고 도적질로 연명하는 분 어미, 그리고 형제를 잃은 슬픔을 가슴에 간직하고 있는 둘째 딸 복실이와 셋째 아들 석이 등 복조의 죽음을 계기로 인물들이 주고받는 대사를 통해 펼쳐지는 내용의 비극성은 완결된 비극적 구조를 형성하고 있다. 그래서 이 작품은 1930년대 극 갈래의 확립을 앞당기는 데 큰 역할을 한 작품으로 평가되기도 한다. 무엇보다 자식을 잃은 절절한 슬픔에 정신줄이 오락가락하는 처의 행동과 가족 전체를 내리누르고 있는 비극적 삶으로 인한 무거운 분위기 등은 이 극이 관객들에게 매우 인상적인 작품으로 기억되는 데 일조를 하는 요인이라고 할 수 있다. 하지만 이 작품은 완결된 비극적 구조의 형식적 탁월함에도 불구하고 극의 내용적 측면에서는 소극적 현실 인식으로 일관하여 작가 의식의 허약성을 드러냈다는 비판을 받기도 한다.

| 주제 | 어촌 마을 사람들의 비극적인 삶

| 전체 줄거리 | 고기를 잡다가 상어 이빨에 왼쪽 다리를 잃은 노어부는 술로 하루하루를 보낸다. 노어부는 바다에서 큰아들과 큰사위를 잃었으며, 그와 그의 가족들은 바다가 한번 요동친 후 돌아오지 않는 둘째 아들 복조를 기다리고 있다. 그런데 풍랑에서 가까스로 살아온 두 어부에 의해 복조가 죽었다는 것이 확인된다. 그리고 바위틈에 낀 복조의 시체가 건져지자 노어부의 처는 실성한다. 막내아들 석이는 가난의 원인을 꼭 밝히겠다고 다짐하고, 아침이 밝아 온다. ★교재 수록 부분

▶ 연결 포인트

수능특강에서는 함세덕의 「무의도 기행」을 김정한의 「모래톱 이야기」와 '공간'에 대한 개인의 경험과 인식이 사건과 갖는 연관성을 연결 고리로 묶어 작품의 내용 파악, 작품 간의 비교 감상, 외적 준거에 따른 작품 감상 등을 묻고 있습니다.

「무의도 기행」은 일제 강점기 어촌 마을을 배경으로 어민들의 처참한 현실과 비극적 삶을 그리고 있습니다. 「무의도 기행」은 유사한 시·공간적 배경과 주제 의식을 다루고 있다는 점에서 같은 작가의 작품인 「산허구리」와 연계하여 읽을 수 있습니다. 「산허구리」는 2012학년도 대학수학능력시험에 출제되어 인물의 심리·태도 파악, 연극 연출의 방법과 효과 추리, 소재의 기능 파악 등을 묻고 있습니다. 억압받는 민중으로서 어민들의 궁핍한 삶과 그로 인한 그들의 비극적 운명에 공감할 수 있다면 두 작품과 관련한 어떤 문제에도 잘 대처할 수 있을 것입니다.

156

인물의 심리, 태도 파악 정답 ③

정답 해설 윤 첨지는 덤덤하게 이야기하고 있기는 하지만 비슷한 연배에 대한 동질감을 보여 주면서 자식을 잃은 노어부의 슬픔에 공감하는 태도를 드러낸다. 노어부는 아들의 죽음 앞에서 격한 감정에 휩싸이고 있다. 이는 애쓰며 살아왔지만 고생만 평생 했고 남는 것이 없다는 한탄을 담은 노어부의 말을 통해 알 수 있다. 그리고 이 말에 대해 노어부가 윤 첨지에게 동의를 구할 때 윤 첨지가 입을 다물고 있는 것은, 노어부의 말에 대한 암묵적인 동의라고 볼 수 있다. 말이 없는 행동 표현은 여러 가지 의미를 드러낼 수 있는데, 윤 첨지의 행동은 동의, 공감을 드러낸다고 볼 수 있다.

오답 피하기 ① 복조와 복실은 친형제이다. 석이가 복실이에게 '누나'라고 하고, 죽은 복조를 보고 '작은형'이라고 하는 것으로 보아 그 관계를 짐작할 수 있다.
② 석이는 복조의 죽음에 대해 큰 슬픔과 허탈감을 느끼고 있으며, 그런 단계를 지나 이런 현실에 대한 문제의식을 느끼고 있다.
④ 분 어미의 친정이 어디인지 드러나지 않고 있다.
⑤ 복실은 어린 시절을 행복하기만 했다고 여기고 있지 않다. 이는 '연기 한 번 무럭무럭 피어오른 적도 없었지.'라는 말로 드러나는데, 매우 궁핍하게 살아왔음을 드러내고 있다고 볼 수 있다.

157

연극 연출의 방법과 효과 추리 정답 ②

정답 해설 현재 벌어지고 있는 상황은 동리 사람들이 복조의 시체를 찾아 이를 복조의 집으로 옮겨 온 것이다. 동리 사람들이 복조의 송장을 운반해 올 때 물이 뚝뚝 떨어진다는 것은 복조의 송장을 물가에서 찾았다는 것을 암시하는 것이고, 복조의 송장이 쇠뿌리로 배 내다가 보니 범바위 틈에 끼어 있었다는 동리 사람의 말은 이런 사실과 부합하는 것이라고 할 수 있다. 그러므로 두 정보가 상반된 것이라는 진술은 적절하지 않다.

오답 피하기 ① 동리 사람들이 물이 뚝뚝 떨어지는 복조의 송장을 들고 오는 것은, 복조가 물에 빠져 죽었다는 것을 시각적 효과로 드러낸다.

③ 무대 밖으로 나간 처의 소리가 계속 들리게 설정함으로써 처가 계속 웃고, 울고 있으리라는 것을 예상하도록 하는 효과가 있다.

④ ⓒ은 무대 밖에서 일어나는 어머니의 동작을 전달해 주는 내용이므로, 관객들이 이전에 일어났던 처의 행동과 관련하여 전달 내용을 쉽게 상상할 수 있다.

⑤ 먼동이 튼다는 것은 시간이 지나 날이 밝았다는 것을 드러낸다.

158

소재의 기능 파악   정답 ④

정답 해설 '괭이'는 비극적 현실 앞에서 표출되는 노어부의 분노를 담고 있는 것이기도 하고, 노어부와 처의 불안정한 심리를 효과적으로 드러내는 기능도 수행하고 있다. 그리고 처와 노어부 사이의 갈등이 심화되어 표면적으로 드러내게 하는 기능도 수행하고 있다. 이런 점에서 볼 때 괭이가 처가 내면 심경을 직접 토로하지 못하도록 억제하는 기능을 하고 있다는 것은 적절한 내용이라고 할 수 없다.

오답 피하기 ① 괭이는 노어부가 가지고 무대 안으로 들어온 것으로, 이는 비극적 현실에 대한 노어부의 분노를 표출하는 것이기도 하다.

② 괭이는 죽은 복조와 관련이 있으므로 노어부가 괭이를 가지고 들어오자 처는 아들 생각으로 그것을 빼앗게 된다. 이는 처가 노어부를 따라 움직이게 하는 계기를 마련해 주는 것이다.

③ 처는 괭이를 잡아 뺏고 노어부는 그것을 다시 뺏으려다가 멈추는 행동을 한다. 즉 괭이는 처와 노어부가 충돌하는 매개체가 되고 있다.

⑤ 괭이에 대한 집착은 죽은 아들에 대한 집착으로, 관객들은 처의 행동을 통해 아들을 잃은 처의 허망한 심정을 이해할 수 있게 되고 처의 비정상적인 행동을 연민의 심정으로 바라보게 된다.

적용 학습   본문 203~207쪽

 42 김정한, 「모래톱 이야기」

수특 동일 작품

| 해제 | 이 작품은 1966년에 발표된 단편 소설로, 조마이섬을 배경으로 하여 격동의 근현대사에서 삶의 터전을 일구고 지키려는 하층민의 연대와 저항의 의지를 담은 소설이다. 조마이섬 사람들은 선조에게 물려받은 삶의 터전을 일제 강점기에는 총독부 권력에 의해, 광복 후에는 유력자에 의해 빼앗기는 수난을 당한다. 섬사람들은 '발을 붙이고 살아오던 사람들과는 무관하게 소유자가 도깨비처럼 뒤바뀌'는 모순된 현실에 대해 분노를 느끼고 힘을 모아 저항한다. 작품은 저항에 앞장선 갈밭새 영감이 투옥되고 건우의 행방도 묘연해지는 것으로 끝을 맺는데, 이러한 결말을 통해 모순된 현실의 문제와 억압받는 사람들의 고통이 여전히 계속되고 있음을 고발하고 있다.

| 주제 | 부당한 권력에 맞서 삶의 터전을 지키려는 조마이섬 사람들의 시련과 저항 의지

| 전체 줄거리 | K 중학교 교사로 부임한 '나'는 건우에게 관심을 가지게 되고 건우네 집에 가정 방문을 하게 된다. '나'는 윤춘삼 씨와 건우 할아버지인 갈밭새 영감으로부터 근현대사의 역사 속에서 부당한 권력에 의해 삶의 터전을 빼앗기며 고난을 겪어 온 조마이섬 사람들의 비참한 삶의 내력을 듣고 안타까움을 느낀다. ★교재 수록 부분&수특 수록 부분 어느 날, 폭풍우로 인해 홍수가 나게 되고 조마이섬 주민들은 고립되어 죽음의 위기에 빠지게 된다. 그때 갈밭새 영감은 힘 있는 자들이 섬 매립을 목적으로 만들어 놓은 둑을 허물고 그것을 막는 사람과의 마찰로 살인까지 저지르게 된다. ★수특 수록 부분 폭풍우가 끝난 뒤 9월 새 학기에도 건우는 학교에 오지 않고, 조마이섬에는 군대가 머문다는 소문이 들린다.

연결 포인트

수능특강에서는 김정한의 「모래톱 이야기」를 함세덕의 「무의도 기행」과 함께 엮어 '공간'에 대한 개인의 경험과 인식이 사건과 갖는 연관성에 주목하여 작품의 내용 파악, 작품 간의 비교 감상, 외적 준거에 따른 작품 감상 등을 묻고 있습니다.

「모래톱 이야기」는 2015학년도 6월 모의평가에 출제되어 서술상의 특징 파악, 작품의 내용 이해, 작품의 변형과 재구성, 외적 준거에 따른 작품 감상, 작중 상황에 대한 관용적 표현의 적용 등을 묻고 있습니다. 부조리한 권력의 억압과 연대를 통해 이에 저항하는 민중의 모습, 그리고 그들 사이의 갈등 구조를 중심으로 작품의 내용을 감상한다면 이 작품의 어떤 부분이 출제되더라도 쉽게 대처할 수 있을 것입니다.

159

서술상의 특징 파악   정답 ④

정답 해설 서술자는 '집 안팎 광경들'을 통해서 '건우 어머니'가 '꽤 부지런하고 친절한 여성'임을, 볼록한 이마와 짙은 눈썹에 대한 묘사를 통해 '건우 어머니'가 의지나 정열을 지닌 인물임을 추론하고 있다. 따라서 [A]는 서술자의 주관적 판단을 통해 인물의 성격이 제시되는 부분이라고 할 수 있다.

오답 피하기 ① '건우'의 집 안팎의 광경은 '건우'와 '건우 어머니'에 대한 이해를 높이는 기능을 하나, 이 작품의 전체적인 주제를 드러내는 기능을 한다고는 보기 어렵다.

② 서술자가 학생의 가정을 방문하여 보고 느낀 것을 일상적 소재의 나열로 보기 어렵고, 서술자의 판단 또한 복잡한 심리의 표출이라고 보기도 어렵다.

③ 인물의 성격이 제시되고 있기는 하나, 성격 변화는 드러나지 않는다.

⑤ 학교에서의 '건우'에 관한 이전 경험을 떠올리고 있기는 하나, 이것을 이후에 전개될 사건에 대한 단서로 보기는 어렵다.

160

작품의 내용 이해   정답 ②

정답 해설 '건우 어머니'는 젊은 나이에 과부가 된 '어려운' 상황에서도 '건우'의 입성이 깨끗할 정도로 부지런하고 '건우'가 공부를 잘해 '일류 중학'에 갈 정도로 교육열이 높은 인물이다. '일류 중학'은 '건우 어머니'와 '건우'가 어려운 가정 형편 중에서도 이룩한 성취의 의미에 가깝다. 이것을 '모자의 불화'나 '교육관의 차이'로 해석하는 것은 적절하지 않다.

오답 피하기 ① '건우 어머니'의 '손'이 '상일(별다른 기술이 없이 하는 노동)에 거칠어 있는 양'이라 묘사된 데서 그의 고된 생활을 추론할 수 있다.

③ '책상'이 '사과 궤짝 같은 것에 종이를 발라' 만든 것임을 볼 때, '건우'네의 살림살이가 넉넉하지 않음을 짐작할 수 있다.

④ '책 읽은 소감'에 섬 주민들이 '지정해 주는 기호' 밑에 도장을 찍어 투표한다는 책의 내용이 언급된 것

으로 보아, 정치 현실에 대한 건우의 관심을 확인할 수 있다.

⑤ 선조 때부터 강물과 싸우며 '둑'을 만들어 온 것이라는 '건우 할아버지'의 말을 통해 '둑'은 조마이섬 사람들의 삶의 내력을 담고 있는 것으로 볼 수 있다.

161

작품의 변형과 재구성   정답 ④

정답 해설 〈보기〉의 시나리오에서, '손에 쥔 종이(토지 문서)'를 움켜쥐고 부르르 떠는 '건우 증조부(S#98)'와, '종이 쪼각(토지 문서)'을 들고 찾아온 사람들에 맞서는 '건우 할아버지(S#99)'는 자신들의 땅으로 여겼던 조마이섬의 소유권이 부당하게 다른 곳으로 넘어간 데 대해 분노하고 있다. 나머지 인물들은 그의 말에 동조하거나 경청하고 있다. 제시된 인물 간의 갈등을 찾아볼 수 없으며 소유권 이전에 찬동하는 인물 또한 제시되어 있지 않다.

오답 피하기 ① S#98 시작 부분에서 '길게 펼쳐진 조마이섬 모습'을 제시하기 위해 섬의 전체적인 지형을 카메라에 담는 E.L.S. 기법을 쓰고 있다.

② 일제 강점기 때 토지 조사 사업을 통해 토지를 수탈한 사실이 이 작품에서는 서술자의 생각으로 제시되어 있으나, S#99에서는 대사로 제시되어 있다.

③ 내일까지 섬에서 나가라는 '시커먼 놈들'의 요구를 결코 받아들일 수 없다는 인물의 대사를 통해 관객들은 이후에 생길 수 있는 갈등 상황에 대해 긴장감을 느낄 수 있다.

⑤ S#98에서는 '건우 증조부'가 '대명천지에 이럴 수는 없는 기다!'를 외치고, S#99에서는 '건우 할아버지'가 역시 같은 말을 외치며 억울함을 표출하고 있다.

162

외적 준거에 따른 작품 감상   정답 ③

정답 해설 이 글의 중략 이후 부분에서는 '건우 할아버지와 윤춘삼 씨'가 '나'에게 들려준 이야기가 제시되어 있는데, 그 시작 대목에서 그 이야기가 '언젠가 건우가 써냈던 〈섬 애기〉'에 몇 가지 일화가 붙은 것임

을 밝히고 있다. 그런데 '조마이섬'의 두 어른이 해 준 이야기가 개의 몇 일화를 제외하고 '건우'의 〈섬 얘기〉와 같다고 해서, 어른들이 '건우'의 글을 원천으로 삼고 있다고 보기는 어렵다. 한편 서술자가 '건우'의 선생님이 된 것을 계기로 해서 '조마이섬' 사람들을 만나고 아울러 그곳의 어른들에게서 섬에 관한 이야기를 듣게 된다고 해서, '건우'를 '저항적 주체들의 중심인물'로 삼았다고 보기도 어렵다. 이 작품의 등장인물들이 〈보기〉에서 언급한 저항적 주체의 모습으로 형상화되어 있다고 볼 수는 있으나, '건우'가 그 중심이라고 볼 만한 근거는 찾기 어렵다.

오답 피하기 ① 〈보기〉에서 작가는 공동체의 고통에 대한 공감을 바탕으로 '나'의 이야기를 창조하였다고 했는데, 이 글에서도 '나'는 상대방의 말에서 연관된 역사적 사실을 떠올리거나, 원한과 저주의 깊은 감정을 읽어 내는 등 적극적이고도 공감적인 태도로 상대방의 말을 경청하고 있다.

② '건우'가 쓴 〈섬 얘기〉가 땅의 소유권에 관한 어른들의 말과 크게 다르지 않다는 점으로 볼 때, '건우'는 자신의 글로써 섬의 억울한 현실을 기록하고 증언하는 역할을 했다고 볼 수 있다.

④ '기막히는 일화'의 '기막히는'은 현실의 부조리함, 어처구니없음의 뜻에 가깝고, '나'의 이야기에서 그런 일화를 다루는 것은 현실의 부조리한 실상을 드러내기 위함으로 볼 수 있다.

⑤ 〈보기〉에서 언급된 권력의 횡포에 의해 '뿌리 뽑힌 사람들'은 작품에서 힘 있는 사람들에게 대대로 땅을 빼앗긴 섬사람들로 형상화되었으므로, 이를 통해 작가가 권력의 횡포를 비판하고자 했음을 알 수 있다.

163

작중 상황에 대한 관용적 표현의 적용   정답 ①

정답 해설 ⓐ는 서술자가 작중 인물의 깊은 원한을 헤아리는 상황이다. '각골통한'이란 '뼈에 사무칠 만큼 원통하고 한스러움.'을 나타내는 말로 ⓐ의 상황을 표현하는 말로 가장 적절하다.

오답 피하기 ② '노심초사'는 몹시 마음을 쓰며 애를 태움을 이르는 말이다.

③ '전전반측'은 누워서 몸을 이리저리 뒤척이며 잠을 이루지 못함을 이르는 말이다.

④ '풍수지탄'은 효도를 다하지 못한 채 어버이를 여읜 자식의 슬픔을 이르는 말이다.

⑤ '후회막급'은 이미 잘못된 뒤에 아무리 후회하여도 다시 어찌할 수가 없음을 이르는 말이다.

적용 학습   본문 208~211쪽

43 안수길, 「제3인간형」
수특 동일 작품

| 해제 | 이 작품은 1953년에 발표된 전후 소설로, 6·25 전쟁을 겪으며 삶의 궤적이 변화한 세 인물의 삶을 그리면서, '어떻게 살아야 하는가'의 문제를 탐구하고 있다. 이 작품에는 한때 세속적 가치에 초연한 작가였으나 운수업을 통해 경제적으로 성공하면서 정신적 가치를 잊고 타락한 조운, 그를 따르던 명랑한 문학소녀였으나 전쟁으로 집안이 몰락한 이후 시대적 사명을 깨닫고 정신적으로 성숙한 미이, 그리고 생계 문제를 해결하기 위해 교직에 종사하며 작가로서의 삶을 포기한 채 미련만 갖고 있는 석이라는 세 인물이 등장한다. 작가는 이 세 가지 삶의 유형을 통해, 인간성이 황폐해지고 생존 자체가 지상 과제가 되는 전쟁의 비극적 상황에서 바람직한 삶의 방향이 무엇인지를 독자에게 묻고 있다.

| 주제 | 사명과 생활 사이에서 방황하며 삶의 방향을 고민하는 지식인의 고뇌

| 전체 줄거리 | 6·25 전쟁 전에 작가였던 석은 피란지인 부산에서 교사로 일하고 있다. 석은 교직을 통해 생계 문제를 해결하면서 안정감을 느끼지만, 곧 생활에 치여 잡문 하나 쓸 수 없다는 사실에 초조함과 공허함을 느낀다. ★교재 수록 부분 그러던 어느 날, 동료 작가였다가 전쟁 때 소식이 끊기고 온갖 소문만 무성하던 친구 조운이 그를 찾아온다. 석은 조운이 타고 온 고급 차에 동승하고, 술을 마시며 궁금했던 것들을 물었으나, ☆ 수특 수록 부분 조운은 종이 꾸러미를 꺼내며 미이에 대해 이야기한다. 미이는 부유하게 자란 명랑한 성격의 문학소녀로, 세속적 가치에 초연했던 조운을 따르던 사람이다. 전쟁의 와중에 자동차 운수업을 통해 경제적으로 성공한 조운은 전쟁으로 인해 집안이 풍비박산이 난 미이를 부산에서 우연히 만나게 되고, 그녀를 돕고자 한다. 조운은 미이에게 다방을 차려 주겠다고 제의하

지만, 미이는 생각할 여유를 달라고 한다. 며칠 후 조운을 만나기로 한 날 미이는 간호 장교에 지원하여 시험을 보러 간다는 내용의 편지와 검정 넥타이를 담은 종이 꾸러미를 다방에 남겨 두고 떠난다. 이를 계기로 조운은 자신의 정신적 타락을 뼈저리게 느끼며 석을 찾은 것이다. ★수특수록부분 석은 조운의 이야기를 들으면서 미이에게 강한 인상을 받게 되고, 그날 밤 집으로 돌아와 잠을 이루지 못하며 자신의 삶을 돌아본다. ★교재수록부분

연결 포인트

수능특강에서는 우리 역사의 중요 사건을 배경으로 삼아 경제적 안정에 매몰된 소시민의 삶과 그의 성찰적 내면을 그린다는 점에 주목하여 안수길의 「제3인간형」을 김광규의 「희미한 옛사랑의 그림자」와 엮어 서술상의 특징 파악, 작품의 내용 파악, 배경 및 소재의 기능 파악, 외적 준거에 따른 작품 감상 등을 묻고 있습니다.

「제3인간형」은 2018학년도 수능특강 문학에도 수록되어 서술상의 특징 파악, 외적 준거에 따른 작품 감상, 소재의 기능 파악 등을 묻고 있습니다. 6·25 전쟁이라는 역사적 사건으로 인해 소시민적 삶에 안주하는 인물들과 오히려 역사적 사건 후 시대적 사명을 깨닫고 정신적 성숙을 이룬 인물의 유형을 이해하고, 이런 인간형을 통해 작가가 지향하는 삶의 유형이 무엇인지 고민해 볼 수 있다면 이 작품과 관련된 어떤 질문에도 쉽게 대답할 수 있을 것입니다.

164

서술상의 특징 파악   정답 ①

정답 해설 [A]에서는 석이 교사가 되면서 다졌던 창작에 대한 의지와 글을 쓸 여유가 없는 지금의 현실에 대해 서술하고 있다. 전지적 작가 시점이지만, 석의 입장에서 바쁜 교편생활과 출퇴근의 피곤함 등의 상황을 드러내어 석이 왜 글을 쓸 여유가 없었는지 서술하고 있다.

오답 피하기 ② [A]에서는 주로 석이 처한 상황을 석의 입장에서 서술하고 있으므로, 인물의 행동을 객관적으로 보여 준다고 할 수 없다.

③ 석이 학교에서 집으로 돌아오는 길은 꽃 한 포기 볼 수 없는 삭막한 길이며, 비 오는 날이면 진창길이 되어 걷기 힘든 길이라고 서술하고 있으나, 이는 석이 글을 쓰기 어려운 현실임을 보여 줄 뿐 내적 갈등

이 해소될 것임을 드러낸다고 볼 수 없다.

④ 글을 쓰려던 석의 의지가 어떻게 현실에서 꺾일 수밖에 없었는지를 서술할 뿐, 현학적인 표현을 사용하여 석의 의지를 긍정적으로 형상화하고 있지는 않다.

⑤ '여름과 겨울, 방학이 두 번이나 지났고, 이제 학년 말도 몇 주일 남지 않은 오늘'에서 시간의 흐름이 나타나고 있으나, 글을 쓰기 힘든 석의 처지는 변하지 않으므로 시간의 흐름에 따라 인물의 처지가 변한다는 진술은 적절하지 않다.

165

외적 준거에 따른 작품 감상   정답 ④

정답 해설 석은 조운의 이야기를 들은 후 조운이 아닌 미이에게 충격을 받는다. 그것은 사변이라는 격동 속에서 교사로 적당히 살아가던 자신에게 사변을 통해 굳세어지고 올바른 사람이 된 미이의 삶이 충격적이었기 때문이다. 따라서 조운의 삶이 자신에게 우유부단함을 버릴 것에 대해 강요하는 것으로 받아들인다는 진술은 적절하지 않다.

오답 피하기 ① 석은 글을 쓰고 싶지만 교편을 잡게 되면서 일정한 수입이 약속되는 것을 대견해한다. 따라서 '일정한 수입'은 교편생활을 유지하게 하는 요인이라 할 수 있다.

② 삼 년 동안 정신적으로 타락의 길을 걸었다는 조운의 고백을 통해 조운이 자신이 옳다고 생각하던 가치들을 부정하고 살아가는 부류에 속한다는 것을 알 수 있다.

③ 미이는 사명을 찾는 길을 가기 위해 간호 장교를 선택하는데, 이를 통해 미이가 전쟁을 계기로 가치 있는 일을 행할 수 있는 사람으로 바뀌었음을 알 수 있다.

⑤ 석은 자신이 조운처럼 사명을 포기한 것도 아니고 미이처럼 사명에 충실한 것도 아니라며 자신은 어떤 타입인가에 대해 고민한다. 이를 통해 석이 두 부류에 속하지 못하는 새로운 유형이며, 자신의 우유부단한 삶을 부끄러워하고 있음을 알 수 있다.

166

소재의 기능 파악   정답 ②

정답 해설 ㄱ. 조운은 '종이 꾸러미'에 있던 검정 넥타이를 본 후 낭떠러지로 굴러떨어지는 느낌을 받았고, 거기에서 벗어나기 위해 석을 찾았다고 하였다.

ㄷ. 조운은 '종이 꾸러미'를 보며 미이와 달리 사명을 다하는 일을 포기했던 자신을 돌아보게 되고, 석은 조운에게 미이의 이야기를 들으며 사명을 포기하지도, 사명에 충실하지도 못한 자신을 돌아보게 된다.

오답 피하기 ㄴ. 조운은 미이를 경제적으로 도우려고 하는데, 이것은 미이의 가족을 구하겠다는 생각에서 시작한 것으로 과거에 미이에게 빚진 것이 있기 때문이 아니다. 따라서 빚진 과거를 청산하지 못하는 이유가 된다는 설명은 적절하지 않다.

ㄹ. 조운은 전쟁이 일어난 삼 년 동안 미이를 만나지 못했고, 우연히 만난 미이의 변화를 보며 자신을 부끄러워한다. 따라서 전쟁 당시 미이와의 만남을 추억하는 매개체가 된다는 설명은 적절하지 않다.

적용 학습   본문 212~213쪽

44 김소운, 「특급품」
    수특 유사 작품

| 해제 | 이 작품은 우리 주변에서 흔히 볼 수 있는 바둑판을 소재로 하여, 흠이 있으면 가치가 떨어진다는 일반적인 통념과 달리 흉터가 있는 비자반이 오히려 특급품으로 인정받는 모습을 보여 주고 있다. 우리도 인생을 살면서 범하게 되는 과실에 낙담하지 않고 비자반처럼 유연하게 이겨 낼 때, 보다 성숙한 삶을 살아갈 수 있다는 교훈을 주는 수필이다.

| 주제 | 시련을 극복해 낸 인생의 가치

| 구성 | • 처음: 바둑판으로서 비자반의 우수성
    • 중간: 특급품 비자반이 만들어지는 과정과 의미
    • 끝: 과실을 이겨 내는 유연성이 지닌 인생의 가치
    ★교재 수록 부분

연결 포인트

수능특강에서는 대상에 대한 관찰과 사색을 통해 삶을 성찰하는 모습을 보인다는 점에 주목하여 이청준의 「아름다운 흉터」를 김남조의 「설일」, 고정희의 「상한 영혼을 위

하여」와 엮어 작품의 내용 파악, 외적 준거에 따른 작품 감상, 소재의 기능 파악 등을 묻고 있습니다.

「아름다운 흉터」는 부끄러움의 대상이던 흉터가 오히려 자랑거리가 된 경험을 통해 시련과 고통을 성실히 극복해 가는 삶의 가치에 대한 교훈을 전달하고 있습니다. 「아름다운 흉터」는 주제적 유사성을 바탕으로 김소운의 「특급품」과 엮어 읽을 수 있습니다. 「특급품」은 2015학년도 6월 고2 학력평가에 출제되어 갈래의 특징과 성격, 작품의 내용 파악 등을 묻고 있습니다. 흉터에 대한 일반적 인식과 글쓴이가 깨달은 흉터의 가치를 비교하여 이해할 수 있다면 두 작품과 관련된 물음도 쉽게 해결할 수 있을 것입니다.

167

갈래의 특징과 성격 파악   정답 ①

정답 해설 이 글은 흉터를 스스로 치유하여 특급품으로 가치를 인정받는 비자반의 독특한 성질을 보여 주며 우리의 인생도 과실이 있다면 그것을 슬기롭게 극복함으로써 인격적으로 성숙하고 더 나은 삶을 살 수 있다는 교훈을 전달하고 있다.

오답 피하기 ② 현실 세태에 대해 비판하고 있지 않다.
③ 과거의 삶을 되돌아보고 있지 않으며 삶의 의지를 다지고 있지도 않다.
④ 다른 사람에게 들은 이야기인지 알 수 없고, 자신이 알고 있는 비자반의 특성을 통해 깨달은 점을 주관적으로 전달하고 있다.
⑤ 대상을 다각적으로 관찰하고 있지 않고, 다양한 의미를 밝히기보다는 통념과는 다른 대상의 의미를 밝히고 있다.

168

작품의 내용 이해   정답 ④

정답 해설 특급품은 비자반이 균열을 스스로 유착·결합하여 균열의 흔적이 머리카락 같은 가느다란 흉터로 남은 것이다.

오답 피하기 ① 비자나무 바둑판은 유연성으로 인해 높은 가치를 가진다.
② 불측의 사고는 반면이 갈라지는 것으로, 사고는 어느 경우에도 별로 환영할 것이 못 된다.

③ 일등품은 특급품과 치수와 연륜에서는 차이가 없다.

⑤ 목침감은 회복될 수 없을 만큼 균열이 커서 바둑판으로서의 가치를 잃게 된 것이다.

적용 학습 본문 214~217쪽

45 임철우, 「눈이 오면」
수특 유사 작품

| 해제 | 이 소설은 급속하게 추진된 산업화와 도시화로 고향을 잃어버린 현대인의 상실감을 다룬 작품이다. 일찍이 남편을 잃고 두 아들을 억척스럽게 키워 오다가 장남마저 일찍 여읜 '어머니'가 치매에 걸리자, '그'(찬우)는 어머니를 모시고 고향 마을인 '꼬두메'를 찾아 나선다. 이 여로의 사이사이에 과거 회상 장면이 삽입되면서 고향에 얽힌 서럽고 그리운 추억들이 펼쳐진다. 작가의 비판적 현실 인식이 서정적 문체로 표현된 작품이다.

| 주제 | 도시화와 산업화로 인한 고향 상실의 아픔

| 전체 줄거리 | 서울에서 작은아들인 '그'(찬우)와 사는 어머니는 고향을 그리워하며 마루에서 보리 밟는 행동을 하는 등 치매 증세를 보인다. 어머니는 '그'에게 계속 죽은 남편과 큰아들을 찾아 고향인 꼬두메로 돌아가자는 말을 한다. ★교재 수록 부분 '그'는 몇 달째 봉급도 받지 못하는 회사 생활을 견디다 못해 사표를 어머니와 함께 꼬두메를 찾아가기로 한다. 꼬두메로 가는 기차에서 어머니의 치매 증세는 더욱 심해지고 '그'는 과거 꼬두메를 회상한다. 꼬두메에 도착했으나 마을은 이미 변하여 고향에 있던 아버지의 무덤은 사라지고 큰 아파트 단지만 들어서 있을 뿐이다. '그'가 아버지의 무덤에 대해 알아보러 간 사이 어머니는 사라져 버리고 함박눈을 맞으며 '그'는 어머니를 찾아 나선다.

연결 포인트

수능특강에서는 임철우의 「아버지의 땅」을 6·25 전쟁을 소재로 전쟁의 상처와 치유를 주제 의식으로 하고 있다는 점에서 구상의 「초토의 시 8 – 적군 묘지 앞에서」와 엮어 작품의 내용 이해, 인물의 심리·태도 파악, 외적 준거에 따른 작품 감상 등을 묻고 있습니다.

「아버지의 땅」이 6·25 전쟁으로 인한 상실과 아픔을 그리고 있다면 같은 작가의 작품인 「눈이 오면」은 산업화

시대의 상실과 아픔을 그리고 있다는 점에서 엮어 읽을 수 있습니다. 「눈이 오면」은 2018학년도 9월 모의평가에 출제되어 서술상의 특징 파악, 소재의 기능 파악, 인물의 심리·태도 파악 등을 묻고 있습니다. 시대와 환경이 변했지만 민중들의 상실과 아픔은 지속된다는 점, 그 속에서 고달픈 민중들의 삶에 대한 연민을 가질 수 있다면 작품의 다른 장면이나 임철우의 다른 소설이 출제되더라도 충분히 문제를 풀어낼 수 있을 것입니다.

169

서술상의 특징 파악 정답 ①

정답 해설 이 글은 특정 인물, 즉 '그'(찬우)가 회상하는 과거의 일을 중심으로 이야기가 전개되고 있다. '중략' 이전은 '그'의 어린 시절에 대한 회상이고, '중략' 이후는 어머니의 이상한 변화를 감지하기 시작하던 두 달 전 늦가을에 대한 회상이다.

오답 피하기 ② '중략' 뒷부분 '그날따라 겨울이 전에 없이 일찍 앞당겨 찾아온 듯한 늦가을 날씨로 밖은 유난히 썰렁했다.'에서 계절의 변화가 나타나 있다고 할 수는 있지만, 이것은 시간적 배경과 분위기를 제시한 것일 뿐 사건 해결의 실마리가 되는 것은 아니다.

③ 학교 운동장, 빈민 구호소 식당, 집 등 공간적 배경이 드러나기는 하지만, 이에 대한 상세한 묘사는 되어 있지 않기 때문에 배경 묘사로 인해 사건 전개가 지연되고 있다고 볼 수 없다.

④ 이 글은 전지적 성격을 지닌 서술자가 '그'의 내면 심리, 주관적인 느낌까지 전달하고 있다. 따라서 관찰자의 입장에서 사건을 객관적으로 전달하고 있다고 할 수 없다.

⑤ 서술의 초점은 계속 '그'에게 맞추어져 있으므로 다양한 인물로 서술의 초점을 옮겨 가며 갈등을 다각적으로 조명하고 있다는 진술은 적절하지 않다.

170

소재의 기능 파악 정답 ③

정답 해설 ⓐ는 '어머니'가 데리고 간 빈민 구호소 식당에서 '그'에게 먹이는 '한 그릇의 국수'이다. '어머니'

에게 이끌려 빈민 구호소에 들어서게 될 때 '그'는 두려움과 수치심을 느끼고, 아들인 자신을 '거지나 도둑놈'으로 키울 수는 없다는 냉랭한 어머니의 말을 듣는다. 마지못해 국수를 먹던 '그'는 소리 없이 눈물을 흘리고 있는 '어머니'의 모습을 보게 되고, 가난한 삶의 고난을 환기하는 어머니의 낡은 먹고무신을 내려다보면서 목구멍이 뻐근해져 오는 것을 느낀다. '그'는 방금 '어머니'가 자신을 무서운 힘으로 잡아끌어 구호소 식당으로 데리고 들어오고, 돌아가신 아버지 이야기를 꺼내며 혼을 내서 자기를 울게도 만들었지만, '어머니'의 속마음은 가난의 설움, 가난 때문에 배불리 먹지도 못하는 자식에 대한 안쓰러움과 사랑 같은 것이었음을, 국수를 먹으며 깨닫게 되는 것이다.

오답 피하기 ① 국수를 먹기 전까지 '그'와 '어머니'는 표면적으로 갈등 관계에 있다고 할 수 있다. 그러나 국수를 먹다가 어머니의 우는 모습을 본 '그'는 목구멍이 뻐근해져 옴을 느낀다. 따라서 국수가 둘 사이의 갈등을 지속시킨다는 진술은 적절하지 않다.
② 그때 국수를 먹은 이후로 두 번 다시 그 빈민 구호소 식당 앞에서 얼쩡거리지 않았고, 어른이 되어서도 국수라는 음식은 싫어한다고 했을 뿐, '그'가 국수 때문에 사회 문제에 관심을 갖게 되었다는 내용은 찾을 수 없다.
④ 국수를 먹게 된 것은 '그'가 '어머니'를 배려했기 때문이 아니다. 만일 여기서 국수가 배려를 드러내는 매개물이라고 한다면 그것은 오히려 '그'에 대한 '어머니'의 배려일 것이다.
⑤ 국수를 먹는 아들의 모습을 보며 '어머니'는 슬픔과 설움이 북받쳐 소리 없는 눈물을 흘렸으므로 국수를 통해 '어머니'가 위안을 받았다고 보기는 어렵다.

171

인물의 심리, 태도 파악 정답 ③

정답 해설 '그'가 ㉢을 듣고 불길함을 느꼈다는 내용은 찾을 수 없다. ('그'가 불길함을 느꼈다는 진술은 '중략' 바로 다음, 이제는 노인이 된 '어머니'한테 이상한 변화가 일어나고 있을지 모른다는 느낌을 갖게 되었다는 부분에 나온다.) 국수를 먹던 어린 '그'가 젓가락

을 딸각 놓는 행동을 한 것은 ㉢의 영향 때문이 아니라 '어머니'가 우는 모습을 보고 놀랐기 때문이다.

오답 피하기 ①, ② 아들을 향해, 그렇게도 배가 고프더냐고 넋두리 같은 말(㉠)을 한 '어머니'는 '그'를 이끌고 구호소 식당으로 간다. 그리고 자식을 '거지나 도둑놈'으로 키울 수 없다며 만약 돌아가신 아버지가 '이런 꼴'을 보시면 뭐라고 하시겠냐는 말(㉡)로 타박한다. 이러한 맥락으로 볼 때 아마도 '그'가 배고픔 때문에 구걸이나 도둑질에 해당하는 어떤 잘못을 저질렀으리라는 사실을 추론할 수 있다. 그렇기 때문에 '그'는 구호소 식당을 보고 '두려움과 수치심'을 느꼈을 것이고, 돌아가신 아버지에 대한 '어머니'의 말을 듣고는 죄책감으로 인해 울음을 터뜨릴 수밖에 없었을 것이다.
④ 그전까지, 적어도 '그'가 결혼한 후에는 한 번도 '그'의 이름을 직접 부른 적이 없었던 '어머니'는 ㉣에서 처음으로 '찬우야이!'라는 말을 했다. 그리고 그 음성은 평소의 '보이지 않는 따뜻함과 부드러움' 대신 '어딘가 냉랭하면서도 들떠 있는 듯한 건조함'이 배어 있었다. 이 '생경한 이질감'으로 인해 '어머니'의 변화를 또렷이 느끼게 된 '그'는 '내심 섬찟했다'고 하였다.
⑤ ㉡에도 드러나 있듯이 '그'의 아버지는 이미 오래전에 돌아가셨다. 그런데 ㉤에서 '어머니'는 아버지가 있는 집으로 가자고 말한다. 이는 이상한 변화가 찾아온 '어머니'가 아버지가 살아 계시던 과거를 현재와 구분하지 못하는 모습이며, 그로 인해 '그'는 '너무 당황하여 그 말이 무슨 뜻인지를 얼른 쉽사리 가려낼 수가 없었다.'라고 하였다.

실전 학습

001 ③	002 ④	003 ②	004 ①	005 ①	006 ⑤
007 ⑤	008 ①	009 ⑤	010 ①	011 ②	012 ④
013 ③	014 ⑤	015 ③	016 ③	017 ②	018 ④

실전 학습 본문 220~223쪽

01 김시습, 「만복사저포기」
수특 동일 작품

| 해제 | 이 작품은 『금오신화』에 실려 있는 김시습의 한문 소설로, 명혼 소설이자 전기 소설이다. 양생이 한스럽게 죽은 여인을 만나 생사를 초월한 사랑을 나눈다는 내용은 비현실적이고 환상적이어서 흥미를 유발하며, 사랑의 가치를 부각한다. 또한 이 작품은 우리나라를 배경으로 펼쳐지는 이야기를 담고 있다는 점, 사랑의 의지를 강조함과 동시에 세계의 횡포를 보여 주고 있다는 점에서 높은 평가를 받고 있다.

| 주제 | 생사를 초월한 사랑

| 전체 줄거리 | 외로이 지내던 양생은 만복사에서 배필 없음을 서글퍼하다가 부처와 저포 놀이를 하여 이긴 후 좋은 배필을 구해 달라는 기도를 올린다. 잠시 후 아름다운 여인이 나타나 축원문을 꺼내어 불상 앞 탁자 위에 바치게 되는데, 그 축원문에는 여인의 한스러운 사연과 운명적 인연을 만나게 해 달라는 기원이 담겨 있다. 양생과 여인은 밤이 새도록 술을 마시고 시를 주고받는다. 날이 새려고 하자 여인은 양생을 자신의 거처로 데려가고 두 사람은 즐거운 시간을 보낸다. 며칠 후 여인은 양생에게 은그릇을 주며 재회를 기약한다. 다음 날 양생은 여인이 말한 대로 보련사로 가는 길목에서 여인의 부모를 만나게 되고, 왜구가 침입하여 난리가 났을 때 여인이 죽었다는 것을 알게 된다. 이후 양생은 여인과 약속한 시각에 절에서 만난 뒤 ★교재 **수록부분** 이별하게 된다. 양생은 여인의 명복을 빌고, 약초를 캐며 살았는데, 이후 양생이 어떻게 죽었는지는 아무도 알지 못한다. ★수특수록부분

연결 포인트

수능특강에서는 김시습의 「만복사저포기」를 단독 지문으로 수록하여 작품의 내용을 이해할 수 있는지와 작품의 주요 소재인 '은그릇'의 서사적 기능을 파악할 수 있는지를 묻고 있습니다. 또한 작품 내 구절의 의미를 이해할 수 있는지와 '원혼 서사 구조'와 관련된 외적 준거를 바탕으로 작품을 감상할 수 있는지를 묻고 있습니다.

생사를 초월한 남녀 간의 사랑을 그린 「만복사저포기」는 『금오신화』에 수록되어 있는데, 『금오신화』에 수록된 다섯 편의 소설은 국문학에서 매우 중요한 위상을 차지하고 있기 때문에 대학수학능력시험이나 모의평가뿐만 아니라 학력평가 및 EBS 연계 교재에 매우 자주 출제되고 있습니다. 교재에는 2010학년도 대학수학능력시험에 출제되었던 장면이 수록되어 있는데, 작품의 내용 이해 및 공간적 배경의 기능 파악, 그리고 전기 소설과 관련된 외적 준거에 따라 작품을 다른 갈래로 변용할 때의 유의점을 파악할 수 있는가 등을 묻고 있습니다. 교재에 수록된 문항을 통해 전기 소설의 특징을 파악할 수 있다면 『금오신화』에 수록된 다른 작품들, 즉 「이생규장전」과 「용궁부연록」, 「남염부주지」 및 「취유부벽정기」가 지닌 전기 소설의 특징을 묻는 문제가 출제되더라도 어렵지 않게 문제를 해결할 수 있을 것입니다.

001

작품의 내용 이해 정답 ③

정답 해설 여인은 새로운 가사를 지어 술을 권해도 되겠냐고 물은 뒤, 만강홍 곡조에 맞춰 가사를 짓고 시녀에게 부르게 한다. 여인이 어떤 내용의 가사를 지었는가는 확인할 수 없으나 여인이 시녀에게 자신의 마음을 담은 노래를 부르게 한 것이지, 시녀가 양생에 대한 자신의 마음을 드러내기 위해 노래를 부른 것은 아니다.

오답 피하기

① 여인이 시녀에게 건넨 '오늘 일은 아마도 우연이 ~기이한 인연일 것이다.'에서 여인이 자기 행위의 명분을 제시하고 있음을 확인할 수 있다.

② '하지만 여인의 말씨와~ 의심치 않았다.'에서 양생이 여인에 대한 의심을 풀었음을 확인할 수 있다.

④ '아가씨 장례 때~ 훔쳐서 가지고 있습니다.'라는 종의 말을 통해, 종은 양생이 주발을 들고 서 있는 것을 보고 자신의 판단을 주인에게 전했음을 확인할 수 있다.

⑤ '내겐 딸만 하나 있었네.~그리고 조금도 놀라지 말게.'라는 여인 부모의 말을 통해, 여인의 부모가 양생의 말을 듣고 자신의 딸에 대한 과거를 떠올렸음을 확인할 수 있다.

002

공간의 기능 파악 정답 ④

정답 해설 ㉠(좁은 판자방)은 양생이 여인과 만나 인

연을 맺는 공간이다. ㉡(하얀 휘장 안)은 양생과 여인이 식사하는 공간으로 여인의 존재에 대해 의아해하는 그녀의 부모에게 여인의 존재를 확인하게 하는 공간이다. 따라서 ㉠은 인연을 맺는 공간, ㉡은 여인의 존재를 확인시켜 줌으로써 부모에게 여인과의 인연을 인정받는 공간으로 이해할 수 있다.

오답 피하기

① ㉠, ㉡ 모두 양생이 여인을 위해 마련한 장소와는 관련이 없다.

② ㉠은 지문을 통해 확인할 수 없으며, ㉡은 여인 스스로 들어간 공간이다.

③ ㉠은 현실적 공간으로 양생과 여인이 현실적 즐거움을 누리는 공간이며, ㉡은 현실적 공간으로 기이함(전기적 요소)이 드러나는 공간이다.

⑤ ㉠, ㉡ 모두 현실적 공간의 일부이다.

003

다른 갈래로의 변용의 적절성 파악 　　　　정답 ②

정답 해설 〈보기〉에 드러난 기획 의도의 핵심은 가벼운 만남에 익숙한 현대의 시청자들에게 이 작품에 드러난 양생의 사랑을 통해 진정한 만남의 의미를 새롭게 인식할 수 있는 기회를 제공하려는 것이다. 그러므로 가벼운 만남에 익숙한 현대인과 대비되는 양생의 모습을 부각하는 것이 기획 의도를 적절히 이해한 의견이라고 할 수 있다. ②는 양생이 여인과의 만남이라는 인연을 부각한다는 내용과 만남의 소중함을 깨닫게 한다는 내용이 의견으로 제시되었기 때문에 적절한 의견이라고 판단할 수 있다. 또한 여인이 귀신이라는 것을 알면서도 여인과 식사를 하는 장면에서 여인을 변함없이 사랑하는 양생의 태도를 확인할 수 있다.

오답 피하기

① 양생의 만남을 일상적이면서 자연스러운 만남으로 인식하고자 하는 기획 의도가 드러난 의견일 뿐, 만남의 의미를 새롭게 발견하고자 하는 기획 의도와는 거리가 먼 의견이다.

③ 죽은 여인의 환생이라는 기이한 상황(전기적 요소)을 부각하려는 기획 의도가 드러난 의견일 뿐, 만남의 의미를 새롭게 발견하고자 하는 기획 의도와는

거리가 멀다.

④ 양생과 여인의 만남을 현대인의 감각과 기호에 맞춰 구성하자는 기획 의도가 드러난 의견일 뿐, 만남의 의미를 새롭게 발견하고자 하는 기획 의도와는 거리가 멀다.

⑤ 양생과 여인의 사랑을 강조하자는 기획 의도가 드러난 의견일 뿐, 이 둘의 사랑의 의미를 새롭게 발견하고자 하는 기획 의도는 확인할 수 없다.

004

작중 상황에 대한 관용적 표현의 적용 　　　　정답 ①

정답 해설 ⓐ는 여인이 사람들과의 접촉을 끊은 채 자신이 기거하는 곳에서 틀어박혀 지냈음을 의미한다. 따라서 ⓐ의 상황을 가장 잘 나타낸 말은 '집에만 있고 바깥출입을 아니함.'의 뜻을 지닌 '두문불출'이 적절하다.

오답 피하기

② '가인박명'은 '미인은 불행하거나 병약하여 요절하는 일이 많음.'이라는 뜻이다.

③ '일편단심'은 '한 조각의 붉은 마음이라는 뜻으로, 진심에서 우러나오는 변치 아니하는 마음을 이르는 말'이다.

④ '망양지탄'은 '갈림길이 매우 많아 잃어버린 양을 찾을 길이 없음을 탄식한다는 뜻으로, 학문의 길이 여러 갈래여서 한 갈래의 진리도 얻기 어려움을 이르는 말'이다.

⑤ '독야청청'은 '남들이 모두 절개를 꺾는 상황 속에서 홀로 절개를 굳세게 지키고 있음을 비유적으로 이르는 말'이다.

실전 학습 　　　　　　　　　　　본문 224~227쪽

02 김소진, 「자전거 도둑」
　　수특 유사 작품

| 해제 | 이 작품은 서술자인 '나'가 자신의 자전거를 몰래 훔쳐 타는 범인이 위층의 젊은 여자(서미혜)임을 알게 되고, 그녀를 계기로 영화 '자전거 도둑'을 떠올리며 아버지와 혹부리 영감에 얽힌 일화들을 통해 유년 시절의 상처와 아픔을 그려 낸 이야기이다. '나'는 캐러멜과 관련된 일화를 떠올리며 한 평도 채 안

되는 구멍가게에 대한 아버지의 애착과 자신에 대한 사랑을 회상한다. 그리고 아버지가 물건을 받아 오는 과정에서 저지른 실수를 만회하기 위해 혹부리 영감을 찾아간 사건과 그 과정에서 대면한 혹부리 영감의 몰인정한 모습, 아버지의 애처로운 모습 등을 떠올리며 유년 시절에 자신이 겪었던 내면의 상처를 그려 내고 있다.

| 주제 | 유년 시절의 상처와 삶의 쓸쓸함

| 전체 줄거리 | '나'는 자신의 자전거를 몰래 훔쳐 타는 범인이 위층의 젊은 여자(서미혜)임을 알게 되고, 그녀를 계기로 오래된 영화 '자전거 도둑'을 떠올리게 된다. 어린 시절 '나'는 구멍가게를 운영하는 아버지를 도우러 혹부리 영감의 도매상에 갔다가 아버지 대신 누명을 자처하게 된다. 그러나 혹부리 영감의 요구로 아버지는 '나'의 빰을 호되게 때리고, '나'는 아버지의 눈에 어린 슬픔을 보게 된다. ★교재수록부분 그 사건은 '나'에게 평생 씻을 수 없는 상처가 된다. 서미혜와 함께 영화 '자전거 도둑'을 보던 '나'는 아버지와의 관계로 인해 상처받은 어린 아들 '브루노'와 자신을 동일시하고 내면의 상처를 털어놓는다. 그리고 서미혜 역시 어린 시절 오빠와 관계된 상처와 아픔이 있음을 알게 된다.

| 연결 포인트 |

수능특강에서는 최인호의 「모범동화」를 단독 지문으로 구성하여 작품의 내용 이해, 인물의 심리·태도 파악, 서술상의 특징 파악, 소재의 기능 파악, 구절의 의미 이해, 외적 준거에 따른 작품 감상 등을 묻고 있습니다.
「모범동화」는 어린아이를 통해 어른들의 세상이 지닌 부조리함을 드러내고 있는 작품입니다. 그런 점에서 「모범동화」는 김소진의 「자전거 도둑」과 엮어 읽을 수 있습니다. 「자전거 도둑」은 2020학년도 대학수학능력시험에 출제되어 작품의 내용 이해, 인물의 심리·태도 파악, 서술상의 특징 파악 등을 묻고 있습니다. 어린아이의 시선을 통해 본 어른들의 부조리한 모습이 무엇인지 파악하고, 그것이 어린아이에게 미친 영향이 무엇인지를 중심으로 작품의 내용을 이해한다면 두 작품과 관련된 어떤 문제도 잘 대비할 수 있을 것입니다.

005

작품의 내용 이해 　　　　　　　　　정답 ①

정답 해설 아버지는 혹부리 영감에게 물건을 받아 오는 과정에서 소주 스무 병 값을 치르고 열여덟 병만 들고 오는 실수를 저지른다. '나'와 아버지는 사태를 해결하기 위해 혹부리 영감을 찾아가 사건의 자초지종을 설명하고 하소연을 한다. 그러나 혹부리 영감은

막무가내로 인정할 수 없다는 태도를 견지하며, '정 그렇게 우기면 거래를 끊겠다는 협박성 경고'까지 덧붙인다. 마지못해 아버지는 자신의 과오를 인정하고 가게로 돌아와 아들 앞에서 눈물을 보인다. 이를 통해 아버지가 혹부리 영감의 주장을 따른 이유가 그의 위협적인 경고 때문이었음을 알 수 있다.

오답 피하기 ② 스무 병이 와야 할 소주가 열여덟 병만 온 것을 확인한 아버지의 얼굴이 '맞보기가 민망할 정도로 금세 하얗게 질렸다.'라고 표현한 부분에서 아버지가 당황한 내색을 보였음을 파악할 수 있다.

③ 가게에 있던 캐러멜 하나를 아무 생각 없이 집어먹은 '나'의 행동에 대해 아버지가 '불같이 화를 내며' 당수를 한 대 세게 내리꽂고 혼내는 장면을 통해 아버지가 '나'의 잘못을 묵인하지 않았음을 알 수 있다.

④ '나'는 혹부리 영감에게 자초지종을 설명하였지만, 혹부리 영감이 자초지종을 듣고 마지못해 '나'의 염려를 덜어 준 부분은 찾을 수 없다.

⑤ '막내인 나는 번번이 아버지의 뒤로 팔을 늘어뜨린 채 졸졸 따를 수밖에 없었다.', '그땐 그게 죽도록 싫었다.' 등의 표현을 통해, '나'의 기분과 무관하게 아버지가 '나'를 심부름꾼으로 데리고 다녔음을 추측할 수 있다.

006

인물의 심리, 태도 파악 　　　　　　　　정답 ⑤

정답 해설 혹부리 영감에게 '아버지 같은 사람 하나쯤 거래를 끊어도 장부상 거의 표가 나지 않을 것'이지만, '나'는 '거래가 끊긴다면 아버지한테는 큰 타격이 아닐 수 없었다.'라고 생각한다. 이어지는 장면에서 아버지가 자신의 구멍가게로 돌아와 기어코 눈물을 보이는 모습은 둘 사이의 거래 관계에 있어서 혹부리 영감이 절대적인 우위에 있음을 보여 준다. 따라서 '나'가 혹부리 영감에 대한 기억을 통해 형편이 어려운 사람들 간의 유대감을 느꼈을 것이라는 내용은 적절하지 않다.

오답 피하기 ① '나'는 '캐러멜 갑 안에 미키대장군이 몇 개 들어 있는지조차 훤히 꿰차고 있는 아버지'의 모습을 통해 '한 평도 채 안 되는 구멍가게'에 대한 아버지의 각별한 애정을 확인하며 그것이 아버지의 '생

존 이유'였음을 짐작하고 있다.

② 아버지가 '어차피 짝이 맞아야 파니까니'와 같은 이유를 대며, '닐큼 털어 넣지 못하겠니'라고 권하는 모습을 통해 '나'에 대한 미안함을 에둘러 서툴게 표현하고 있음을 추측할 수 있다.

③ '그땐 그게 죽도록 싫었다.', '정말 그 자리에서 혀를 빼물고 죽고 싶은 생각뿐이었다.' 등을 통해 궁핍으로 인한 '나'의 내면의 상처를 추측할 수 있다.

④ '애초 자기 눈앞에서 까 보이지 않은 것은 인정할 수 없다.'라고 반응하는 혹부리 영감의 매몰찬 태도는, 어린 '나'에게 이해타산적인 모습으로 비춰졌을 것이다.

007

서술상의 특징 파악 **정답 ⑤**

정답 해설 ⑩은 아버지가 구멍가게로 돌아와 열여덟 병의 소주를 쓰다듬으며 아들 앞에서 눈물을 보이는 모습이다. 이는 〈보기〉에 진술된 서술 방식 중, 유년 '나'로 시선을 제한하여 아버지의 행위와 표정을 묘사한 것으로 볼 수 있다. 그러나 ⑩에서 유년 '나'의 심리를 제시하고 있는 부분은 찾아보기 어렵다.

오답 피하기 ① ㉠은 〈보기〉의 세 가지 서술 방식 중 첫째 방식을 활용한 것으로 '그 구멍가게에 대한 아버지의 몰두와 자존심'이라는 표현에서 서술자가 아버지의 내면을 설명하고 있다고 볼 수 있다.

② ㉡은 〈보기〉의 세 가지 서술 방식 중 둘째 방식을 활용한 것으로 독자는 유년 '나'가 '캐러멜 네 개가 끈끈하게 녹아내릴 때까지 먹지 않고' 서 있었던 행위의 의미를 스스로 해석해야 할 것이다.

③ ㉢을 〈보기〉의 세 가지 서술 방식 중 셋째 방식으로 본다면, 아버지의 내면이 직접적으로 서술되지는 않았으므로 독자가 아버지의 내면을 스스로 해석해야 할 것이다.

④ ㉣을 〈보기〉의 세 가지 서술 방식 중 셋째 방식으로 본다면, 독자는 혹부리 영감이 '풍기 때문에 왼쪽으로 힐끗 돌아간 두터운 입술을 떠들쳐' 침을 튀기며 말하는 장면을 직접 목격한 듯한 느낌을 받을 것이다.

적용 학습 본문 228~232쪽

03 **가** 일연, 「선율 환생」

| 해제 | 이 작품은 일연의 『삼국유사』에 수록되어 있는 설화로, 선한 행위를 하면 극락에 가고, 악한 행위를 하면 지옥에 간다는 불교의 가르침을 통해 삶의 원리를 전해 주고 있다. 지옥 이야기의 중요한 구성 요소를 잘 갖추고 있는 이 설화를 통해 불교가 성행했던 시기에 지옥에 대한 가르침이 어떻게 일반인들에게 전달되었고 영향을 미쳤는지를 살펴볼 수 있다.

| 주제 | 부처님을 위해 착한 일을 해야 하는 당위성

| 전체 줄거리 | 망덕사의 승려 선율이 『육백반야경』이라는 불경을 만들다 죽어 염라대왕에게 갔지만, 불경을 만드는 큰일을 아직 완성하지 못하였다는 이유로 인간 세상으로 돌아가 보배로운 불경을 완성하라는 명을 받는다. 선율은 인간 세상으로 돌아오는 길에 한 여인을 만났는데, 그 여인은 자신의 부모가 금강사의 논을 훔친 죄로 인하여 자신이 죽어서도 고통을 받고 있다고 말하며, 자신의 부모를 찾아가 훔친 논을 돌려주고 자신이 살았을 때 간직해 온 기름과 베를 시주해 달라고 부탁한다. 선율이 환생한 후 그 여인의 말대로 하였는데, 어느 날 그 여인의 혼이 나타나 선율 덕분에 자신이 저승의 고통에서 벗어나게 되었다며 고마움을 표하였다. 당시 사람들이 이를 듣고 크게 놀라 선율을 도와 불경을 완성하였다.

나 작자 미상, 「설홍전」
수특 동일 작품

| 해제 | 이 작품은 명나라를 배경으로 하여 주인공 설홍의 고난과 영웅적 일대기를 다루고 있는 영웅 소설이다. 국문으로 쓰인 이 소설은 '군담', '변신', '환혼', '연애', '계모와의 갈등', '주인과 노비의 갈등' 등 조선 후기 통속 소설의 다양한 성공 요소들을 두루 적용하고 있어 흥미롭다. 이는 18세기 이래 세책점(도서 대여점)을 중심으로 한 상업적 독서 문화가 형성되고, 상업적 목적의 방각본 소설이 출현함에 따라 독자의 통속적 취향에 적극적으로 영합하려 했던, 당시 고전 소설의 경향에 따른 결과로 생각된다. 이 작품은 크게 두 부분으로 나누어 볼 수 있다. 전반부는 주인공 설홍이 고난을 극복하고 영웅적 능력을 갖추게 되기까지의 과정을 다루고 있으며, 후반부는 영웅적 능력을 지닌 설홍이 그 능력을 세상에 펼쳐 부귀공명을 얻게 되기까지의 과정을 다루고 있다.

| 주제 | 설홍이 겪은 고난과 영웅적 일대기

| 전체 줄거리 | 덕망 높은 처사 설희문과 그의 아내 맹 씨는 부처님의 점지로 늦은 나이에 아들 설홍을 얻는다. 그러나 맹 씨가 병을 얻어 죽고, 아내 잃은 슬픔에 설희문도 세상을 떠나자 설홍은 어린 나이에 고아가 되어 설희문의 첩 진 숙인에게 맡겨진다. 그러나 악인인 진 숙인은 시비 운성을 시켜 설홍을 산중에 내다 버린다. 버려진 설홍은 저승으로 가, 그곳에서 죄를

지은 사람은 벌을 받고 착한 일을 한 사람은 복을 받는 모습을 본다. 염라대왕의 명으로 인간 세상으로 돌아오지만 ★교재수록부분 다시 진 숙인의 핍박을 받아 그가 준 독약을 먹고 곰처럼 변한다. 진 숙인은 곰처럼 변한 설홍을 '인곰'이라 부르며 학대하다가 ★수록수록부분 강물에 버린다. 이후 설홍은 북산도의 응백에게 구조되지만, 탐욕스러운 명선에게 납치되어 여기저기 끌려다니며 명선을 위한 돈벌이 수단이 된다. 소주 땅의 왕 승상이 우연히 인곰이 된 설홍을 보고 측은히 여겨 구해 주고, 설홍은 꿈에서 만난 노승에게 약을 받아먹고 원래의 모습을 되찾는다. ★수록수록부분 다시 인간이 된 설홍은 운담 도사에게 병법과 도술을 배워 영웅의 능력을 갖춘다. 그사이 왕 승상은 강포한 하인 돌쇠에게 피살되고, 그의 딸 윤선은 위기에 빠지지만 설홍이 나타나 돌쇠를 죽이고 윤선을 구한 뒤 혼인을 약속하고 헤어진다. 한편 진 숙인은 설홍을 핍박한 죄로 천벌을 받아 거지 신세가 된다. 설홍과 윤선은 각자 여러 차례의 험난한 위기를 극복하고 나서 재회한다. 이후 설홍은 대원수가 되어 가달국과의 전쟁에서 승리를 거두고 위기에 빠진 천자를 구한다. 그 공으로 강동왕이 되고, 덕으로 백성을 다스려 태평성대를 이룬다.

> **연결 포인트**
>
> 수능특강에서는 작자 미상의 「설홍전」을 단독 지문으로 구성하여 서술상의 특징과 구절의 의미를 파악할 수 있는가를 묻고 있습니다. 또한 '현실-꿈-현실'의 구조를 지닌 「설홍전」의 서사 구조 및 외적 준거를 바탕으로 영웅 소설로서의 「설홍전」의 특징을 파악할 수 있는가를 묻고 있습니다.
>
> 「설홍전」의 주인공인 '설홍'은 죽어서 저승에 갔다가 이승으로 환생하고, 곰으로 변해 학대를 받는 등 반복해서 시련을 겪으면서도 조력자의 도움을 받아 위기를 극복하고 영웅의 능력을 갖추게 되는데, 이런 점에서 「설홍전」은 전형적인 영웅 소설의 서사 구조를 지닌 작품으로 볼 수 있습니다. 또한 '변신' 요소를 더해 이야기의 흥미와 주제 의식을 강화한다는 점에서 매우 흥미롭게 읽을 수 있는 작품입니다. 2021학년도 3월 고3 학력평가에서 「설홍전」은 주인공이 죽어서 환생한다는 점 때문에 일연의 『삼국유사』에 수록된 설화인 「선율 환생」과 함께 수록되어 서술상의 특징과 구절의 의미를 파악할 수 있는가, 그리고 저승 체험과 관련된 외적 준거를 바탕으로 작품을 감상할 수 있는가를 묻는 문항이 출제되었습니다. 「설홍전」이 학생들에게 낯선 작품일 수는 있지만 영웅 소설의 전형적인 특징을 따르고 있다는 점에서 작품의 내용을 파악하는 것이 어렵지 않을 수 있습니다. 또한 선인과 악인, 그리고 조력자의 인물 유형이 뚜렷하게 나타난다는 점에서 지문을 읽고 실수 없이 문제를 풀어 나가는 것이 중요합니다.

008

서술상의 특징 파악　　　　　　　　　정답 ①

[정답 해설] (가)에는 망덕사, 저승, 무덤, 여인의 집 등의 공간적 배경이 드러나 있지만 이들 공간의 특성과 분위기를 구체적으로 묘사하고 있지 않다. 그러나 (나)는 저승의 특성과 분위기를 구체적으로 묘사하여 설홍이 처한 부정적 상황을 제시하고 있다. 이는 '철성이 높아 하늘에 닿는 듯하고, 한 궁궐이 있으되 극히 엄숙하더라.', '염라대왕이 ~ 분주 창황하여 오락가락하는지라.' 등에서 확인할 수 있다.

[오답 피하기] ② (가)에서 선율은 불경을 완성시킨 후의 경과를 제시하여 불경의 의미를 제시하고 있다. 매년 봄과 가을에 그것을 돌려 읽으며 재앙이 물러가기를 빌었다는 것은 소재인 불경의 의미를 알 수 있게 해 준다.

③ (가)에서 선율은 염라대왕이나 여인과 대결하고 있지 않다.

④ (가)에서는 서술자가 개입하여 상황에 대응하는 인물의 모습에 대해 안타까움을 드러내는 부분을 찾아볼 수 없다.

⑤ (가)와 (나)는 모두 다른 공간에서 동시에 일어난 장면을 서술하고 있지 않다.

009

작품의 내용 이해　　　　　　　　　　정답 ⑤

[정답 해설] 저승에서 한 여인이 선율에게 참기름과 베를 불경을 완성하는 데 써 달라며 시주를 한다. 선율은 무덤에서 나와 여인의 집에 가서 참기름과 베를 찾아 여인의 바람대로 명복을 빌어 준다. 그러자 여인의 혼이 와서 고뇌에서 벗어났다며 선율에게 감사의 뜻을 표한다. 이를 당시 사람들이 듣고 모두 놀랐다고 하고 있는데, 이것은 선율이 여인에 관한 일을 사람들에게 알려 주었음을 의미한다. 여인이 시주를 하여 불경 완성에 도움을 줌으로써 고통스러운 상황에서 벗어났음을 사람들에게 알려 준 것이다.

[오답 피하기] ① 선율은 다른 승려의 도움으로 무덤에서 나왔다.

② 선율은 여인에게 여인이 죄에서 벗어날 수 있는

방법을 알려 주지 않았다.
③ 무덤에서 나온 선율은 자신이 겪은 일을 모두 말하였다.
④ 선율은 염라대왕에게 저승에서 불경을 완성할 수 있다고 말하지 않았다.

010

구절의 의미 파악 정답 ①

정답 해설 ㉠은 선율이 죽은 지 열흘이 지나 선율의 육신이 무덤에 있게 된 사실을 제시하고 있다. ㉠은 선율이 이승으로 돌아오는 것이 필연적으로 예정되어 있는 사건임을 나타내지 않는다.

오답 피하기 ② 여인이 죽은 지 15년이 지났는데도 참기름과 베가 그 자리에 그대로 있다는 것은 참기름과 베를 선율에게 시주하여 바람을 이루고자 한 것이 실현될 수 있음을 나타낸다.
③ '왕명을 어이하리오.'라는 서술자의 말은 설홍이 저승으로 붙잡혀 갈 수밖에 없는 처지에 있음을 나타낸다.
④ 넘을수록 산이 있고 건널수록 거센 풍랑이 있다는 것은 설홍이 저승에 이르는 과정이 고통스러운 길의 연속이었음을 나타낸다.
⑤ 설홍을 잡아 내려 주살하는 소리가 하늘이 무너지고 땅이 깨어지는 듯하다는 것은 설홍이 위중한 처벌을 받게 될 상황에 처해 있음을 나타낸다.

011

작품의 내용 이해 정답 ②

정답 해설 염라대왕은 설홍에게 세상에 머물면 고생으로 지낼 터라고 말하고 있다. 설홍이 이승에 나가면 고생할 것이라고 생각하고 있는 것이다.

오답 피하기 ① 염라대왕은 설홍에게 '네 말을 들으니 일리 그러하다.'라고 말하고 있다.
③ 설홍은 이승을 떠나면서 '저 공산명월은 이제 가면 언제 볼꼬. 잔잔한 시냇가에 날아오는 천둥소리 다시 듣기 어렵도다.'라고 말하고 있다.
④ 설홍은 염라대왕에게 '임자 없이 버린 열매를 봉황이 물어다' 주어 먹었다고 말하고 있다.
⑤ 상제를 모시던 선녀는 설홍과 더불어 글을 지어 화답하였다. 이 죄로 선녀는 풍도에서 '십 년을 머문 후에 명국 소주 땅의 구화동 왕녕의 여식'으로 태어났다.

012

외적 준거에 따른 작품 감상 정답 ④

정답 해설 (가)에서 선율이 이승으로 돌아온 것은 염라대왕이 불경을 완성하는 것의 가치를 높게 평가했기 때문이다. 즉, 불경 완성의 당위성 때문에 선율이 이승으로 돌아올 수 있었던 것이다. 그러나 여인이 선율에게 청을 한 것은 선율이 이승으로 돌아오게 된 것에 윤리적 정당성을 부여하지 못한다. 또한 (나)에서 설홍이 이승으로 돌아오게 된 것은 설홍이 자신의 결백함을 염라대왕에게 주장했기 때문이다. 염라대왕이 설홍을 문초한 것은 설홍에게 죄가 있다고 생각했기 때문이다. 죄가 있다고 생각하고 문초한 것은 설홍이 이승으로 돌아온 것에 윤리적 정당성을 부여하지 못한다.

오답 피하기 ① 염라대왕은 선율의 수명을 연장해 주어 이승으로 돌아가게 하고 있다. 이는 불경의 완성을 선업으로 여기는 가치 판단을 보여 준다.
② 이십 전 여아는 궁녀로서 신하를 간통하여 어진 성군을 죽이고 그 신하를 세우고자 한 죄로 저승에 붙잡혀 왔다. 이는 임금에 대한 지조와 충절을 중요하게 여기는 윤리 의식을 보여 준다.
③ (가)에서 선율은 이승으로 돌아오기 전 저승에서 여인과 대화를 나눈다. 이와 같이 대화하는 장면을 제시한 것은 저승 체험에 구체성을 더한다. 그리고 (나)에서 설홍은 염라국, 즉 저승에 들어가 이십 전 여아에 대해 사자와 대화를 나누는데, 이 장면 역시 저승 체험에 구체성을 더해 준다.
⑤ (가)에서 여인은 부모가 논 한 이랑을 훔친 죄에 연루된 까닭으로 저승에 붙잡혀 왔다. 그리고 (나)에서 설홍은 천도를 앗아 먹었다는 죄로 저승에 붙잡혀 왔다. 여인이나 설홍 모두 도적질과 관련하여 저승으로 붙잡혀 온 것이다. 이를 통해 도적질을 하면 저승에 붙잡혀 갈 수 있다는 것을 보여 줌으로써 도적질

에 대한 경각심을 불러일으킨다고 볼 수 있다.

본문 233~236쪽

실전 학습

04 신영복, 「새 출발점에 선 당신에게」
수특 유사 작품

| 해제 | 이 글은 인생의 새로운 출발을 앞둔 사람들이 갖추어야 할 삶의 자세에 대해 편지 형식으로 쓴 수필이다. 이 글에 등장하는 '당신'은 표면적인 의미로는 대학에 예비 합격한 수험생이지만, 내면적인 의미로는 이론에만 집착하고 실천을 중요시하지 않는 등 중요한 삶의 의미를 알지 못한 채 겉모습과 형식에 집착하고 있는 모든 사람이라고 할 수 있다. 글쓴이는 세상에 나아갔을 때 중요한 것은 성적, 실력 등이 아니라 우리 사회를 지탱하고 있는 다양한 사람들과의 연대이며, 이론과 실천을 바탕으로 앞으로의 인생을 주체적으로 살아야 한다는 사실임을 말하고 있다. 간결하고 짧은 문장들을 사용하여 우리말의 묘미를 잘 살리고 있으며, 함축적이고 암시적인 문장들을 사용하여 큰 울림을 주고 있다.

| 주제 | 삶의 본질을 추구하며 실천하는 삶을 살기를 당부함.

| 구성 | • 기: 목수인 노인에게서 얻은 깨달음과 차치리의 일화
• 승: 본질적인 것의 중요성에 대한 깨달음
• 전: 대학에서 만나게 될 자유와 낭만의 의미
• 결: '당신'의 미래에 대한 믿음과 소망 ★교재 수록 부분

연결 포인트

수능특강에서는 정여울의 「그때 알았더라면 좋았을 것들」이 꿈과 희망을 간직한 채 이를 실현하기 위해 노력하는 삶의 태도를 강조하고 있다는 점에서 신석정의 「들길에 서서」, 송수권의 「등꽃 아래서」와 함께 묶여 이미지의 특징과 효과 이해, 작품 간의 비교 감상, 작가의 관점·주제 의식 파악, 외적 준거에 따른 작품 감상 등을 묻고 있습니다.
「그때 알았더라면 좋았을 것들」은 꿈을 찾는 젊은이들에 대한 당부를 담고 있는 수필입니다. 그런 점에서 「그때 알았더라면 좋았을 것들」은 새로운 출발점에 선 젊은이들에 대한 당부를 담고 있는 신영복의 「새 출발점에 선 당신에게」와 엮어 읽을 수 있습니다. 「새 출발점에 선 당신에게」는 2022학년도 수능특강 문학에 수록되어 표현상의 특징 파악, 작품의 맥락 이해, 외적 준거에 따른 작품 감상 등을 묻는 문항이 출제되었습니다. 인생의 선배로서 후배인 젊은이들에게 줄 수 있는 교훈이 무엇인지, 그리고 젊은이들에게 제시되는 글쓴이의 경험이 얼마나 설득력을 지니는 지를 중심으로 두 작품을 감상한다면 글쓴이가 말하고자 하는 인생의 교훈에 충분히 공감할 수 있을 것입니다.

013

표현상의 특징 파악　　　　　　　　　　정답 ③

[정답 해설] '차치리'의 고사를 활용하여 '탁'에 얽매인 채 본질적인 '족'을 소홀히 하게 되는 현상을 비판하고 있으며, 이를 통해 보다 본질적인 '실천'을 소홀히 해서는 안 된다는 점을 부각하고 있다

[오답 피하기] ① 부분적으로 상황의 가정이 나타나기는 하나, 이를 통해 극적 효과를 드러내고 있다고 볼 수 없다.
② 과거의 고사와 자기 경험을 제시하였으나, 이것을 과거와 현재를 대비하는 서술이라고 볼 수 없으며, 깨달음을 바탕으로 한 당부가 주된 내용이므로 부정적 상황을 강조했다고 볼 수 없다.
④ '당신'이라고 지칭하는 독자를 설정하여 친근감을 주지만 이것으로 인해 내용의 객관성이 높아진다고 볼 수 없다.
⑤ 일상적인 행위의 의미를 새롭게 해석하고 있다고 볼 수 있으나, 이를 시대적 변화를 통해 드러내고 있다고 볼 수 없다.

014

작품의 맥락 이해　　　　　　　　　　정답 ⑤

[정답 해설] '나'는 '당신'에게 자신이 중요하게 생각하는 가치에 대해 조언을 하고 있다. ⓐ는 중요하게 생각하는 가치를 설명하기 위해 '당신'에게 들려주는 일화 속에 등장하는 인물로 '나'로 하여금 깨달음을 통한 반성에 이르도록 하고 있다. 이 글에는 '나'가 겪고 있는 내적인 갈등이 드러나 있지 않으며, ⓐ가 그것을 우회적으로 표현하는 인물이라고 볼 수도 없다.

[오답 피하기] ① 노인의 그림을 본 후 '나의 무심함이 부끄러웠습니다.'라고 서술한 것으로 보아, 노인은 '나'로 하여금 부끄러움을 느끼도록 만드는 인물이라고 볼 수 있다.
② 노인은 '나'와 같이 징역살이를 한 사람으로, 언젠가 '나'에게 무언가를 설명하며 집을 그렸던 일화 속에 등장하는 인물이다.
③ '나'는 노인이 집을 그리는 순서를 보고 자신의 생각이 이제껏 잘못되었다는 것을 깨달았다고 볼 수 있다.

④ 노인의 그림 그리는 순서가 실제와 유사하다는 것은 이론보다 실천이 중요하다는 것을 단적으로 보여 주는 것으로, 이는 곧 '나'가 중시하는 삶의 모습을 드러내는 것으로 볼 수 있다.

015

외적 준거에 따른 작품 감상　　　　　　　**정답 ③**

정답 해설 '당신이 대학의 교정에 있다'는 것은 대학에 진학했다는 것을 의미하며, '더 많은 발을 깨달을 수 있다'는 것은, '더 많은 발'이 의미하는 실천과 그것의 가치를 대학에서 배우는 것이 가능하다는 의미이다. 그러므로 이를 '대학의 교정'에서는 '더 많은 발'이 의미하는 실천이 아닌, 이론과 실천이 이루는 조화와 그것의 중요성을 깨닫고 배우는 것이 가장 우선시된다는 의미로 이해하는 것은 적절하지 않다.

오답 피하기 ① '당신'이 '대학의 강의실'이나 '공장의 작업대' 어디에서 글을 읽든 상관하지 않는다는 것은, 장소의 구분보다는 '탁'이 아닌 '발'을 상대하는 것, 즉 실천의 중요성을 깨닫는 것이 더 중요하다는 것을 강조하기 위한 것으로 볼 수 있다.

② '당신이 사회의 현장에 있다'는 것은 '당신'이 대학을 가지 않고 '사회'로 진출한 것을 의미하며, '당신의 살아 있는 발로 서 있는 것'은 '사회' 속에서 실천을 바탕으로 살아가고 있다는 것을 의미하는 것으로 볼 수 있다.

④ '그들'은 우리 사회를 지탱하는 '발의 임자들'이다. '다른 현장'에서는 '당신'이 곧 '발의 임자', 즉 스스로 이론을 실천에 옮기는 사람이 될 수 있으므로 '더 쉽게 그들의 얼굴을 만날 수 있다'는 의미로 볼 수 있다.

⑤ '당신의 발로 당신의 삶을 지탱'한다는 것은 구체적인 삶 속에서 실천을 한다는 것을 말하며, 이러한 노력을 계속한다면, 반드시 언젠가는 '넓은 길, 넓은 바다'를 만날 수 있다는 의미로 볼 수 있다.

실전 학습　　　　　　　　　　　　본문 237~240쪽

05　이문구, 「관촌수필」

　　수특 유사 작품

| 해제 | 이 작품은 작가 자신의 고향인 관촌부락을 배경으로

한 8편의 연작 소설 「관촌수필(冠村隨筆)」 중 하나인 '관산추정(關山芻丁)'으로, 1970년대의 산업화와 도시화로 인해 사라져 가는 것에 대한 아쉬움과 그리움을 드러내고 있다. 이 작품에서 이와 같은 정서는 '도깨비불'을 매개로 한 과거의 경험과 현재의 경험을 교차시키는 구조를 통해 드러나고 있다. '도깨비불'은 고향의 공동체가 공유했던 '금기'로서 어린 시절 '나'에게 두려움의 대상이기도 했지만, 그에 대한 금기를 공유하고 있다는 자체가 공동체의 구성원으로서의 소속감과 결속력의 원천이 되기도 했던 것이다. 작가는 사라진 '도깨비불'을 통해 산업화와 도시화가 초래한 공동체의 해체와 그에 대한 아쉬움을 나타내고 있다.

| 주제 | 1970년대의 산업화와 도시화로 인해 사라져 가는 것에 대한 아쉬움과 그리움

| 전체 줄거리 | 어릴 적 마을 어른들은 조무래기들에게 도깨비불에 대한 금기를 말하고, '나'는 그 때문에 도깨비불에 대한 두려움을 느낀다. ★교재 수록 부분 유천만은 '나'의 어릴 적 친구 복산이의 아버지로 왜정 때 징용을 다녀온 이후로 가장으로서 업을 포기하고, 복산이의 어머니가 묵을 쑤어다 생계를 꾸려 간다. 여우가 울면 그다음 날 사람이 죽어 나가는 일이 많았는데, 어느 봄날 대복이와 함께 여우 우는 소리를 듣고 갯가로 나갔다 오니 복산이 아버지인 유천만이 죽었다는 소식을 듣는다. 시간이 지나 서울에 올라와 살던 '나'는 복산이가 지키고 있는 고향 마을에 내려간다. 변소를 찾아 나선 '나'는 어릴 적 도깨비불을 보고 감회에 젖지만 그것이 도깨비불이 아닌 낚시꾼들의 간드레 불임을 알고 실망한다. ★교재 수록 부분 고향 마을이 어느덧 소비 중심적이고 퇴폐적인 관광지가 되어 버린 것이다.

연결 포인트

　　수능특강에는 이문구의 「장곡리 고욤나무」가 단독 지문으로 구성되어 서술상의 특징 파악, 작품의 내용 이해, 인물의 성격 이해, 외적 준거에 따른 작품 감상 등을 묻고 있습니다.

　　「장곡리 고욤나무」는 이문구의 주요 작품들에서처럼 농촌을 배경으로 개발에서 소외된 농촌의 황폐한 현실을 비판적으로 그리고 있습니다. 그런 점에서 「장곡리 고욤나무」는 농촌을 배경으로 농촌 공동체의 해체 문제를 다루고 있는 이문구의 「관촌수필」과 엮어 읽을 수 있습니다. 「관촌수필」은 2018학년도 대학수학능력시험에 출제되었는데, 서술상의 특징 파악, 구절의 의미 이해, 외적 준거에 따른 작품 감상 등을 묻고 있습니다. 이문구의 소설들이 보여 주는 공통의 주제 의식인 사라져 가는 전통적인 것에 대한 향수, 산업화 현실에 대한 비판적 태도, 그리고 토속적이고 해학적인 문체적 특징을 중심으로 이문구의 작품들을 이해한다면 동일 작가의 다른 작품들이 출제되더라도 쉽게 접근할 수 있을 것입니다.

016

서술상의 특징 파악   정답 ③

정답 해설 이 글은 어린 시절의 '도깨비불'에 대한 인상과 어른이 된 후의 '도깨비불'에 대한 인상을 서술하고 있다. 그런데 어린 시절에는 '도깨비불'을 보며 두려워하였는데 어른이 된 후에는 '가슴이 벅차오르는' 감격을 느끼고 있다. 그러므로 과거와 현재를 매개하는 '도깨비불'에 대한 인물의 인식 변화가 드러난다고 할 수 있다.

오답 피하기 ① 이 글은 '도깨비불'에 대한 인물의 과거와 현재의 인상을 제시하고 있으나 특정 사건을 반복하고 있다고 보기는 어렵다. 과거와 현재에 '도깨비불'을 보는 사건을 반복으로 보더라도 그로 인해 인물들의 갈등이 심화되고 있는 것은 아니다.

② 하나의 사건이 한 장면에서 벌어지고 있으므로 장면이 빈번하게 교차하고 있다고 할 수 없다.

④ 공간의 이동이 없다고 할 수는 없으나, 이 지문의 경우 '나'의 관점에서 모든 사건이 서술되고 있다.

⑤ 이 글은 시간의 순서에 따라 사건을 서술하고 있다. 그러므로 시간의 역전을 통해 인과 관계를 재구성한 서사를 함께 제시한 것도 아니며 사건의 내막을 감추고 있다는 내용도 적절하지 않다.

017

구절의 의미 이해   정답 ②

정답 해설 '뒷덜미가 선뜩하고 떨떠름하여'와 ⓛ 다음의 '여간 두려운 존재가 아니었다.'를 통해 알 수 있듯이, ⓛ에는 착각으로 인해 연상된 상황에 대한 호기심이 나타나 있다기보다는 '두려움'이 나타나 있다고 보는 것이 적절하다.

오답 피하기 ① '믿을 만한 말이라고 우길 따름이었다.'를 통해 알 수 있듯이, '나'는 어른들이 '도깨비불'에 대해 자신들이 알고 있는 것을 어린아이들에게 우기며 말한다고 생각하고 있다.

③ ⓒ 다음에 나오는 '나는 참으로 오랜만에 가슴이 벅차오르는 것을 느꼈다.'를 통해 알 수 있듯이, '나'는 어린 시절 보았던 '도깨비불'을 우연히 보게 된 것에 대한 반가움을 드러내고 있다.

④ '내일 새벽엔 안개도 볼 수 있으리라고 믿어'와 ⓔ 뒤에 나오는 '옛날로 돌아가 혹시 길 잃은 여우가 울부짖게 될는지도.'를 통해 알 수 있듯이, '나'는 앞으로 일어날 상황을 예측하며 '가슴의 설렘'과 같은 기대감을 드러내고 있다.

⑤ ⓜ 뒤에 나오는 '무슨 재산붙이를 어둠 속에 잃고 찾지 못한 투로'를 통해 알 수 있듯이, '나'는 기대했던 대상의 실체를 확인하고는 실망감과 허무감을 느끼고 있다.

018

외적 준거에 따른 작품 감상   정답 ④

정답 해설 '담 밑에도 가지 못할 만큼이나 그 도깨비불은 여간 두려운 존재가 아니었다.'라는 구절을 통해 '아무리 무더워도' 핑계를 대고 '마실 마당에서 일찍 물러나곤' 한 것은 '도깨비불'에 대한 두려움 때문이지 어른들의 처벌에 대한 두려움 때문이 아님을 알 수 있다.

오답 피하기 ① 〈보기〉에서 금기가 설정된 근본적 이유가 알려지지 않았다고 했으므로, 이 글의 어른들이 금기의 이유를 '이렇다 하게 내놓지 못하는 눈치가 역연'한 것은 금기가 설정된 이유를 알지 못했기 때문이라고 추론할 수 있다.

② '늘그막의 아낙네들'이 아이들에게 '도깨비불'에 대해 이야기함으로써 아이들 세대 역시 '도깨비불'에 대한 금기를 알게 되었으므로 이와 같은 행위는 공동체의 금기를 서로 다른 세대가 공유하는 장면이라고 이해할 수 있다.

③ '낮춘말'로 '귀띔'하는 행위는 곧 말을 통해 금기를 은밀하게 전파하는 것이므로, 이와 같은 진술은 적절한 감상이다.

⑤ '재산붙이'를 잃은 듯 '무거워진 가슴을 안고' 방으로 들어가는 행동은 곧 '나'의 상실감을 드러내는 것이고, 상실의 대상이 어린 시절의 추억인 '도깨비불'과 관련된 것이므로, 이와 같은 진술은 적절한 감상이다.

Ⅰ 교과서 개념 학습

본문 10~31쪽

001 ②	002 ②	003 ⑤	004 ②	005 ③	006 ②	007 ①	008 ①	009 ③	010 ⑤	011 ③	012 ②
013 ①	014 ④	015 ③	016 ①	017 ①	018 ④	019 ②	020 ④	021 ①	022 ②		

Ⅱ 적용 학습

본문 34~217쪽

001 ②	002 ④	003 ④	004 ④	005 ③	006 ④	007 ④	008 ③	009 ②	010 ④	011 ③	012 ②
013 ④	014 ③	015 ⑤	016 ④	017 ③	018 ③	019 ⑤	020 ①	021 ②	022 ③	023 ④	024 ②
025 ③	026 ④	027 ④	028 ④	029 ③	030 ⑤	031 ①	032 ⑤	033 ④	034 ①	035 ④	036 ②
037 ④	038 ④	039 ①	040 ④	041 ⑤	042 ②	043 ②	044 ①	045 ②	046 ④	047 ②	048 ②
049 ③	050 ②	051 ②	052 ①	053 ⑤	054 ④	055 ③	056 ③	057 ②	058 ①	059 ⑤	060 ②
061 ②	062 ⑤	063 ②	064 ③	065 ⑤	066 ②	067 ③	068 ⑤	069 ③	070 ④	071 ③	072 ⑤
073 ⑤	074 ⑤	075 ⑤	076 ②	077 ③	078 ①	079 ④	080 ⑤	081 ④	082 ③	083 ④	084 ②
085 ④	086 ③	087 ②	088 ③	089 ⑤	090 ⑤	091 ②	092 ②	093 ②	094 ②	095 ⑤	096 ②
097 ②	098 ①	099 ②	100 ④	101 ③	102 ②	103 ③	104 ②	105 ⑤	106 ⑤	107 ⑤	108 ③
109 ⑤	110 ②	111 ④	112 ③	113 ⑤	114 ④	115 ⑤	116 ①	117 ④	118 ④	119 ⑤	120 ②
121 ⑤	122 ②	123 ②	124 ④	125 ②	126 ②	127 ②	128 ①	129 ④	130 ⑤	131 ③	132 ④
133 ①	134 ②	135 ②	136 ④	137 ③	138 ④	139 ⑤	140 ④	141 ⑤	142 ②	143 ④	144 ①
145 ①	146 ②	147 ④	148 ⑤	149 ④	150 ②	151 ⑤	152 ⑤	153 ②	154 ①	155 ④	156 ③
157 ②	158 ④	159 ④	160 ②	161 ④	162 ③	163 ①	164 ①	165 ④	166 ②	167 ①	168 ④
169 ①	170 ③	171 ③									

Ⅲ 실전 학습

본문 220~240쪽

001 ③	002 ④	003 ②	004 ①	005 ①	006 ⑤	007 ⑤	008 ①	009 ⑤	010 ①	011 ②	012 ④
013 ③	014 ⑤	015 ③	016 ③	017 ②	018 ④						

"혼자 공부 **버거울 땐?**"

서울런♥EBS♥서울런
EBS♥ EBS♥
서울런 회원 전용
EBS 오 프라인 특강
서울런 안에서 EBS 바로 이동

공부는 더 잘 되고, 교육 격차는 더 줄어들도록!
교육사다리 서울런과 공교육 대장 EBS가 맛있는 혜택 준비했어요!

혼자 공부하는 학생들(취약계층)의 성적향상을 위한
서울시 운영 교육 플랫폼입니다

· 무제한 무료 인강
· 온오프라인 멘토링
· 언제든 회원가입

간편 대상확인!

서울런 고객센터 1533-0909

2025학년도 수능 대비

수능특강
연계 기출

문학작품 연계 기출2
고전 산문·현대 소설

정답과 해설

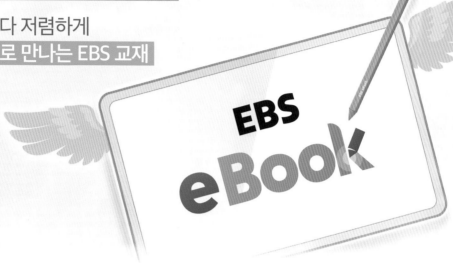

고1~2 내신 중점 로드맵

과목	고교 입문	기초	기본	특화	+ 단기
국어	고등 예비과정 / 내 등급은?	윤혜정의 개념의 나비효과 입문편/워크북 · 어휘가 독해다! · 정승익의 수능 개념 잡는 대박구문 · 주혜연의 해석공식 논리 구조편	기본서 올림포스 · 올림포스 전국연합 학력평가 기출문제집 · 유형서 올림포스 유형편	국어 특화: 국어 독해의 원리 / 국어 문법의 원리	단기 특강
영어				영어 특화: Grammar POWER · Reading POWER · Listening POWER · Voca POWER · 고급 올림포스 고난도	
수학		기초 50일 수학 · 매쓰 디렉터의 고1 수학 개념 끝장내기		수학 특화 수학의 왕도	
한국사 사회		인공지능: 수학과 함께하는 고교 AI 입문 · 수학과 함께하는 AI 기초	기본서 개념완성 · 개념완성 문항편	고등학생을 위한 多담은 한국사 연표	
과학					

과목	시리즈명	특징	수준	권장 학년
전과목	고등예비과정	예비 고등학생을 위한 과목별 단기 완성	●	예비 고1
	내 등급은?	고1 첫 학력평가+반 배치고사 대비 모의고사	●	예비 고1
국/수/영	올림포스	내신과 수능 대비 EBS 대표 국어·수학·영어 기본서	●	고1~2
	올림포스 전국연합학력평가 기출문제집	전국연합학력평가 문제+개념 기본서	●	고1~2
	단기 특강	단기간에 끝내는 유형별 문항 연습	●	고1~2
한/사/과	개념완성 & 개념완성 문항편	개념 한 권+문항 한 권으로 끝내는 한국사·탐구 기본서	●	고1~2
국어	윤혜정의 개념의 나비효과 입문편/워크북	윤혜정 선생님과 함께 시작하는 국어 공부의 첫걸음	◐	예비 고1~고2
	어휘가 독해다!	학평·모평·수능 출제 필수 어휘 학습	◐	예비 고1~고2
	국어 독해의 원리	내신과 수능 대비 문학·독서(비문학) 특화서	◑	고1~2
	국어 문법의 원리	필수 개념과 필수 문항의 언어(문법) 특화서	◑	고1~2
영어	정승익의 수능 개념 잡는 대박구문	정승익 선생님과 CODE로 이해하는 영어 구문	●	예비 고1~고2
	주혜연의 해석공식 논리 구조편	주혜연 선생님과 함께하는 유형별 지문 독해	●	예비 고1~고2
	Grammar POWER	구문 분석 트리로 이해하는 영어 문법 특화서	●	고1~2
	Reading POWER	수준과 학습 목적에 따라 선택하는 영어 독해 특화서	●	고1~2
	Listening POWER	수준별 수능형 영어듣기 모의고사	●	고1~2
	Voca POWER	영어 교육과정 필수 어휘와 어원별 어휘 학습	●	고1~2
수학	50일 수학	50일 만에 완성하는 중학~고교 수학의 맥	●	예비 고1~고2
	매쓰 디렉터의 고1 수학 개념 끝장내기	스타강사 강의, 손글씨 풀이와 함께 고1 수학 개념 정복	●	예비 고1~고1
	올림포스 유형편	유형별 반복 학습을 통해 실력 잡는 수학 유형서	●	고1~2
	올림포스 고난도	1등급을 위한 고난도 유형 집중 연습	●	고1~2
	수학의 왕도	직관적 개념 설명과 세분화된 문항 수록 수학 특화서	●	고1~2
한국사	고등학생을 위한 多담은 한국사 연표	연표로 흐름을 잡는 한국사 학습	◐	예비 고1~고2
기타	수학과 함께하는 고교 AI 입문/AI 기초	파이선 프로그래밍, AI 알고리즘에 필요한 수학 개념 학습	●	예비 고1~고2